本书出版得到
国家重点文物保护专项补助经费资助

龙头山渤海王室墓地

1997、2004～2005、2008 年发掘报告

吉林省文物考古研究所
延边朝鲜族自治州文物保护中心
吉林大学考古学院
和龙市文物管理所
编著

李强 主编
安文荣 执行主编
张恒斌 武松 白淼 副主编

文物出版社
北京·2025

图书在版编目（CIP）数据

龙头山渤海王室墓地 ：1997、2004～2005、2008 年发掘报告 / 吉林省文物考古研究所等编著 . 北京 ：文物出版社，2025. 6. -- ISBN 978－7－5010－8675－7

Ⅰ. K878. 85

中国国家版本馆 CIP 数据核字第 20242AX108 号

龙头山渤海王室墓地

——1997、2004～2005、2008 年发掘报告

编　　著：吉林省文物考古研究所
延边朝鲜族自治州文物保护中心
吉林大学考古学院
和龙市文物管理所

责任编辑：杨冠华
责任印制：张　丽
封面设计：程星涛

出版发行：文物出版社
社　　址：北京市东城区东直门内北小街 2 号楼
邮　　编：100007
网　　址：http：//www. wenwu. com
邮　　箱：wenwu1957@126. com
经　　销：新华书店
印　　刷：宝蕾元仁浩（天津）印刷有限公司
开　　本：889mm×1194mm　1/16
印　　张：29. 25　插页：3
版　　次：2025 年 6 月第 1 版
印　　次：2025 年 6 月第 1 次印刷
书　　号：ISBN 978－7－5010－8675－7
定　　价：490. 00 元

Longtoushan Cemetery of Bohai Royal Family

Excavation Report of 1997、2004~2005、2008

(*with an English Abstract*)

by

Jilin Provincial Institute of Cultural Relics and Archaeology
Protection Center of Cultural Relics of Yanbian Korean Autonomous Prefecture
School of Archaeology Jilin University
Administration of Cultural Relics of Helong City

Cultural Relics Press

Beijing · 2025

目　　录

插图目录

彩版目录

第一章 绪 论

第一节 位置与环境

龙头山墓地位于吉林省延边朝鲜族自治州和龙市头道镇东南约8公里的龙头山上，西南距和龙市约25公里，东北距延边朝鲜族自治州首府延吉市约40公里。地理坐标为北纬42°41′03.1038″，东经129°12′55.5078″（图一）。

龙头山是一条南北蜿蜒起伏的漫岗，全长约7.5公里。山的南部较宽，与层峦叠嶂的山体连接，北部逐渐变窄，嵌入海兰江及福洞河冲击形成的头道平原，其西近海兰江中

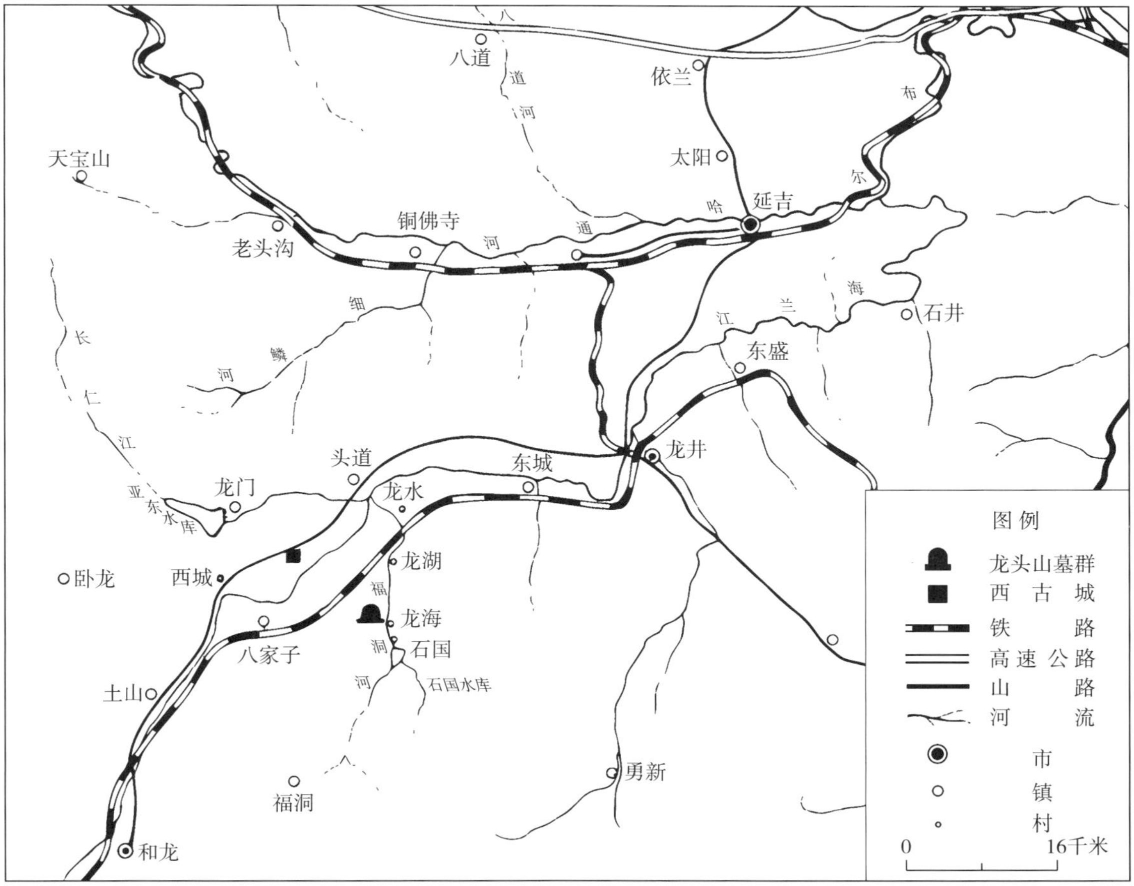

图一 龙头山墓地位置图

游，东邻福洞河下游。由于山的北端状似龙首，故当地百姓称为龙头山。20世纪30年代，日本在其侵占的延边修建的铁路切断了山体北端，龙头山的原貌遭到破坏，"龙首"也因此消失。龙头山墓地由南至北分为石国墓区、龙海墓区、龙湖墓区（图二；彩版一）。

和龙市东与龙井市毗邻，西与安图县接壤，北与龙井市、安图县搭界，南与朝鲜民主主义人民共和国咸镜北道、两江道隔图们江相望。和龙市地处长白山脉东麓、图们江

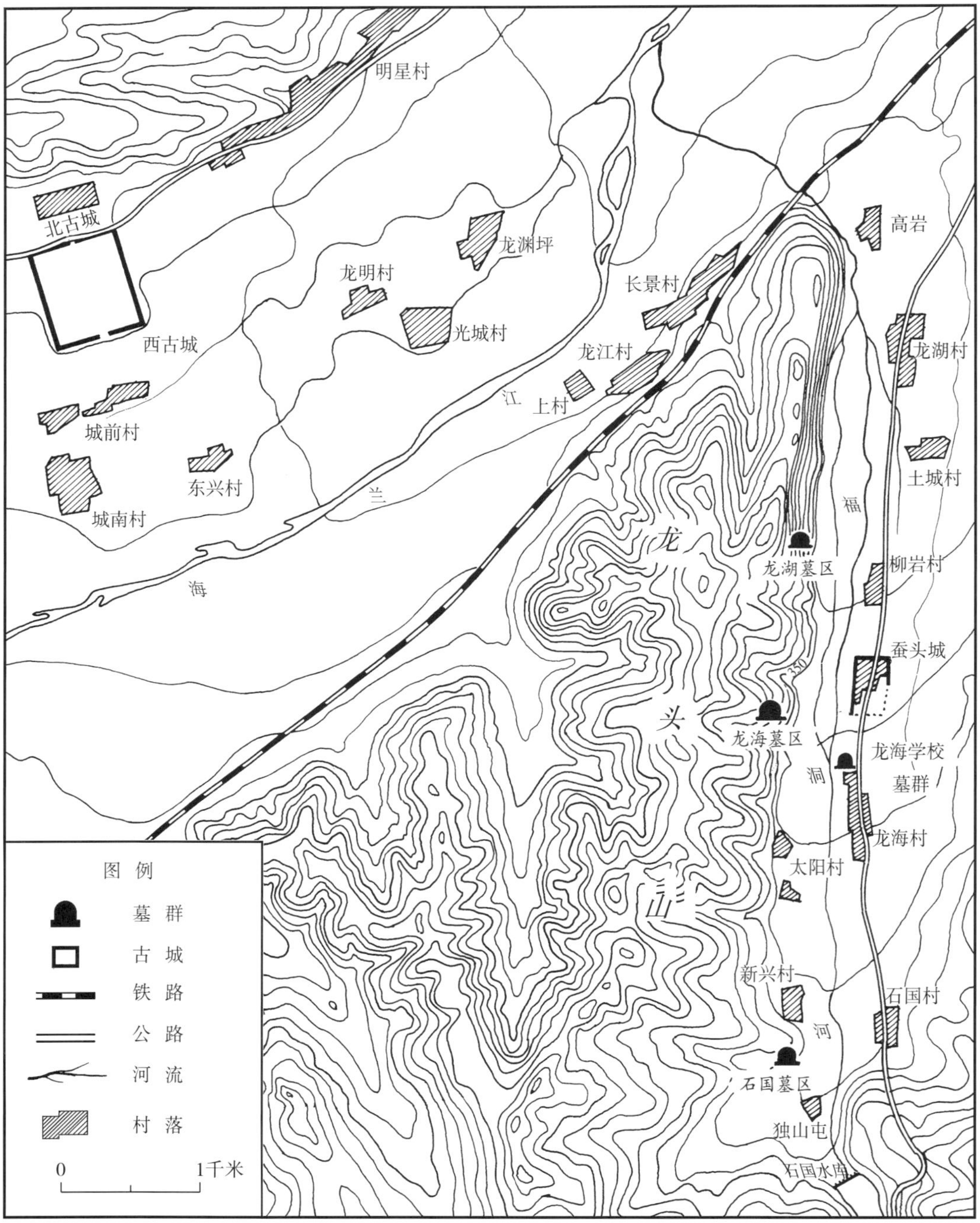

图二　龙头山墓地地形图

上游北岸，境内山峦起伏，森林覆盖率高达 82.2%，树种有 50 余种。图们江、海兰江、红旗河、二道河、古洞河、长仁江等众多河流流经市境，形成多处丘陵、台地、谷地、河谷平原。高耸的长白山系，不仅阻隔了长白山东南部来自东海的暖气流，也阻挡了长白山西北来自松嫩平原冷空气的南进，形成中温带季风气候区，相比吉林省同地理纬度、同海拔地区，具有冬暖夏凉的特点。良好的气候、肥沃的土地、充沛的水源、茂密的森林以及河谷平川两侧蜿蜒起伏的丘陵地带，使其成为适合人类繁衍生息的栖息地。

第二节 历史沿革

和龙市悠久的历史，积淀了厚重的文物遗存。据吉林大学、吉林省文物考古研究所开展的吉林东部旧石器考古调查结果，早在距今 2 万年前的旧石器时代晚期就已有人类居住在图们江上游左岸的崇善镇大洞村[1]。同时期遗存还有：南坪镇柳洞遗址[2]、龙城镇石人沟遗址[3]、龙城镇青头遗址[4]、龙城镇西沟遗址[5]、龙城镇石人沟林场遗址[6]、龙城镇牛心村遗址、崇善镇元镇村二水坪遗址、图们江左岸广兴沟口的广兴遗址[7]。

和龙兴城遗址，位于东城镇兴城村东北高约40米的山丘上，可分为上、下两层遗存。下层属新石器时代晚期，距今约4500年；上层为青铜时代遗存，其年代已进入夏商时期，西城乡北古城遗址亦属于这一时期[8]。

两汉至魏晋时期，活跃于今长白山以东至日本海狭长地带的是东北的古代沃沮人。《后汉书·东夷传》“东沃沮”条载：“东沃沮在高句丽盖马大山之东，东滨大海，北与挹娄、夫余，南与秽貊接，其地东西狭，南北长，可折方千里”“又有北沃沮，一名置沟娄，去南沃沮八百余里，其俗皆与南同，界南（实为北）接挹娄。”[9] 和龙境内属于北沃沮的活动区域，代表遗存有：芦果乡芦果遗址、德化乡南坪遗址、龙渊遗址、勇化乡上化遗址、

[1] 陈全家等：《和龙市大洞旧石器时代遗址》，《中国考古学年鉴·2008》，文物出版社，2009 年。赵海龙等：《吉林和龙大洞旧石器时代遗址》，《中国考古新发现年度记录·2010》，中国文物报社，2011 年。

[2] 陈全家等：《和龙柳洞旧石器地点发现的石制品研究》，《华夏考古》2005 年第 3 期。陈全家等：《吉林和龙柳洞 2004 年发现的旧石器》，《人类学学报》2006 年第 3 期。

[3] 陈全家等：《延边地区和龙石人沟发现的旧石器》，《人类学学报》2006 年第 2 期。陈全家等：《延边和龙石人沟旧石器遗址 2005 年试掘报告》，《人类学学报》2010 年第 2 期。

[4] 陈全家等：《吉林和龙青头旧石器遗址的新发现及初步研究》，《考古与文物》2008 年第 2 期。

[5] 陈全家等：《吉林省和龙西沟发现的旧石器》，《北方文物》2010 年第 2 期。

[6] 陈全家等：《石人沟林场旧石器地点试掘报告》，《人类学学报》2010 年第 4 期。

[7] 吉林省文物考古研究所、和龙市文物管理所：《吉林省和龙市新发现三处旧石器时代遗址》，《边疆考古研究》第 23 辑，科学出版社，2018 年。

[8] 吉林省文物考古研究所、延边朝鲜族自治州博物馆：《和龙兴城——新石器及青铜时代遗址发掘报告》，文物出版社，2001 年。延边博物馆：《延边文物简编》，延边人民出版社，1988 年。侯莉闽：《吉林省延边新石器时代文化及初步研究》，《博物馆研究》1994 年第 2 期。赵宾福：《图们江流域的青铜时代文化研究》，《考古》2008 年第 6 期。

[9] （宋）范晔：《后汉书·东夷传》“东沃沮”条，第 2816 页，中华书局，1965 年。

和龙镇兴隆遗址及西城乡北古城遗址[1]。考古学界将其命名为“团结文化”[2]。沃沮因其“国小，迫于大国之间”[3]，在其近5个世纪的时间里，随着大国、强族的势长、力衰，先后服属于朝鲜（卫氏朝鲜）、汉玄菟郡、高句丽、曹魏等[4]。和龙市的历史变迁亦当如此。

南北朝时期，沃沮北部的勿吉强大起来，5世纪，“破高丽十落”[5]，逐夫余，进入夫余故地[6]，此时勿吉或已占有沃沮之地，但尚缺乏考古学有关方面的证据。

隋末至唐初，活跃在这里的是靺鞨七部中的白山部。

唐代，粟末靺鞨的乞乞仲象和大祚荣率众自营州东奔，保太白山之东北，创建渤海国（698~926年），于东牟山筑城居之[7]，渤海第三代王大钦茂继位伊始，便选择和龙市海兰江左岸修筑了自己的第一座王城——西古城[8]，而且将其第四女贞孝公主[9]、王妃孝懿皇后，葬在了西古城东南的龙头山墓地[10]。在图们江左岸、海兰江两岸、长仁江流域保存了大量的渤海时期遗存，主要有：龙渊遗址、大洞遗址、长仁遗址、长仁墓群、青龙遗址、青龙墓群、凤照水文站遗址、北大墓群、河南屯墓葬、蚕头城、獐项墓葬、杨木顶子山城、惠章建筑址、惠章墓葬、高产寺庙址、东南沟寺庙址、军民桥寺庙址[11]，以及和龙境内由南至北长达14.94公里的边墙遗存[12]。

926年，契丹灭渤海国，改渤海国为东丹国，忽汗城（渤海上京城）为天福城。和龙市隶属东丹国辖区。928年，东丹国迁都辽东京（今辽宁省辽阳市），众多渤海国遗民亦被强行南迁[13]。982年，辽废东丹国，和龙市归辽东京道管辖。辽朝对南下的女真族采取“因俗而治”的策略，在曷懒河（今海兰江）流域设立蒲卢毛朵大王府[14]。目前和龙市境内

---

[1] 吉林省文物志编委会：《和龙县文物志》，1984年。延边博物馆：《延边文物简编》，延边人民出版社，1988年。

[2] 林沄：《论团结文化》，《北方文物》1985年第1期。

[3] （晋）陈寿：《三国志·魏书·东夷传》“东沃沮”条：“汉初，燕之人卫满朝鲜，时沃沮皆属焉。”第846页，中华书局，1959年。

[4] 李强：《沃沮、东沃沮考略》，《北方文物》1986年第1期。

[5] （北齐）魏收：《魏书·勿吉传》，第2220页，中华书局，1974年。

[6] （北齐）魏收：《魏书·高句丽传》，第2214页，中华书局，1974年。

[7] 《旧唐书·渤海靺鞨传》。东牟山究竟在何处，中外学者多有争议，主要原因是缺乏考古资料。2013年开始启动的磨盘村山城考古发掘，为东牟山之所在提供了线索。参见吉林省文物考古研究所、延边朝鲜族自治州文物保护中心：《吉林省图们市磨盘村山城2013~2015年发掘简报》，《边疆考古研究》第24辑，科学出版社，2018年。冯恩学、侯璇：《渤海国建国之地与国号变迁新识》，《北方文物》2022年第1期。

[8] 吉林省文物考古研究所等：《西古城——2000~2005年度渤海国中京显德府故址田野考古报告》，文物出版社，2007年。

[9] 延边朝鲜族自治州博物馆：《渤海贞孝公主墓发掘清理简报》，《社会科学战线》1982年第1期。

[10] 龙海墓区M11即为孝懿皇后墓葬。

[11] 吉林省文物志编委会：《和龙县文物志》，1984年。延边博物馆：《延边文物简编》，延边人民出版社，1988年。

[12] 吉林省文物局：《吉林省长城资源调查报告》，文物出版社，2015年。

[13] （宋）叶隆礼撰、贾敬颜等点校：《契丹国志》卷一四《东丹王传》，第150页，上海古籍出版社，1985年。

[14] （清）长顺修、李桂林撰，李澍田等点校：《吉林通志》卷一一《沿革志》，第194页，吉林文史出版社，1986年。

尚未辨识出与东丹国和蒲卢毛朵大王府相关的遗存。

1115年，女真族完颜阿骨打建立大金国，定都会宁（今黑龙江省阿城）。1125年，金灭辽后在金国设立六京十九路，和龙市隶属合懒路（曷懒路），归上京路统辖[1]。海兰江左岸第二台地上的东古城，周长约2000余米，有护城河、瓮城、马面、角楼等。城内外曾出土刻有金大定年号的“知审计院事印”、刻有金宣宗贞祐二年的“上京路万户钮字号印”以及“副统所印”。据此，有学者提出该城即金朝的海兰路（曷懒路）治所[2]。

1215年，金辽东宣抚使蒲鲜万奴据东京，建立大真政权，自称天王，定年号“天泰”[3]。1216年，大真政权东徙东北，改国号为东夏，年号袭用天泰，定都开元，建号上京，别置南京、北京[4]。

东夏国南京城故址为今延吉市东部磨盘村山城，学术界已有共识[5]。自2013年始，连续多年的磨盘村山城考古发掘，不仅在城内发现了东夏国时期的大型建筑基址，而且出土了大量文物遗存，为判断磨盘村山城即东夏国南京故址增添了实证[6]。1233年，蒙古军队攻进南京城，蒲鲜万奴被俘，东夏国遂亡。在此19年间和龙市属东夏国南京辖区。东古城早年出土散失的“副统所印”[7]与珲春市斐优城出土东夏国大同年号“副统所印”印文完全相同[8]，证明该城曾为东夏国沿用。

东夏国灭亡后，蒙古汗国占据该地区。1258年，又在双城（今朝鲜民主主义人民共和国咸镜南道永兴）设双城总管府[9]，管辖铁岭（今朝鲜江原道中部）至图们江流域。1928年，和龙曾出土“开元路退毁昏钞印”[10]，是元朝经略和龙市的佐证。

1368年，朱元璋推翻元朝，建立了明朝。1388年，平定东北之后，设置辽东指挥使司和奴尔干都指挥使司，并对女真人实行羁縻政策，设置卫所。1407年，在和龙市境内海兰江流域设合兰城卫[11]。和龙市河南村墓葬、福洞墓葬、大洞墓葬出土的青花白瓷碗、素面白瓷碟、镂孔铜牌饰、铜匙、银耳饰等，均是明代女真人留下的遗物[12]。

[1] 《中国历史地图集》释文论编“东北卷”，中央民族学院出版社，1988年。将合懒路定为今朝鲜民主主义人民共和国咸镜南道咸兴城5里处。

[2] 吉林省文物志编委会：《和龙县文物志》，1984年。

[3] （元）脱脱：《金史》卷一四《宣宗本纪上》，第314页，中华书局，1975年。（明）宋濂：《元史》卷一《太祖本纪》，第19页，中华书局，1976年。

[4] （明）宋濂：《元史》卷一《太祖本纪》，第19页，中华书局，1976年。

[5] 王慎荣、赵鸣岐：《东夏史》，天津古籍出版社，1990年。

[6] 吉林省文物考古研究所、延边朝鲜族自治州文物保护中心：《吉林省图们市磨盘村山城2013~2015年发掘简报》，《边疆考古研究》第24辑，科学出版社，2018年。

[7] 吉林省文物志编委会：《和龙县文物志》，1984年。

[8] 吉林省文物志编委会：《珲春县文物志》，1984年。

[9] （宋）郑麟趾等、孙晓：《高丽史》卷一三〇《卓晖传》，第3930页，西南师范大学出版社，2014年。

[10] 吉林省文物志编委会：《和龙县文物志》，1984年。

[11] 孙乃民：《吉林通史》第二卷，吉林人民出版社，2008年。

[12] 吉林省文物志编委会：《和龙县文物志》，1984年。

1616年，努尔哈赤建立大金国，1635年，改女真为满洲，1636年，改国号为清。和龙市进入清朝版图。

1644年，清军入关；1681年，清政府把兴京以北、伊通河以东、图们江以北的长白山地区视为祖先发祥地实施封禁，和龙市亦属封禁之地。

1714年，清政府在今珲春市设珲春协领，隶属宁古塔副都统，率兵驻防，和龙市隶属珲春协领。

1881年，清政府在南岗（今延吉）设招垦局，和龙市一带隶属南岗招垦局。

1884年，清政府在和龙峪，又名大砬子（今龙井市智新镇）设通商局，归珲春副都统管辖。

1902年，清政府在和龙峪设分防厅，隶属于延吉厅。

1910年，清政府将和龙峪分防厅改为和龙县。

1940年，和龙县公署由和龙峪迁至三道沟（今和龙市）。

1941年1月，和龙县政府成立，隶属吉林省政府。

1949年9月，和龙县人民政府成立，隶属吉林省政府。

1952年，和龙县归延边朝鲜族自治州管辖。

1993年7月，经国务院批准，和龙县改为和龙市，仍隶属延边朝鲜族自治州。

第三节　发现、发掘与整理经过

龙头山墓地的发现，缘于1980年延边朝鲜族自治州博物馆考古工作者对龙海村西龙头山腹地一处古遗址的调查。该处遗址地表散存大量砖瓦。为进一步了解遗址的年代与性质，1980年10~12月、1981年5~6月，延边朝鲜族自治州博物馆、延边朝鲜族自治州文物管理委员会对其进行了考古发掘，并根据墓中出土的墓志志文确认这处遗址是渤海第三代文王大钦茂之四女贞孝公主的墓葬。发掘期间，工作人员对其周边进行了考古调查，在贞孝公主墓东侧、南侧山顶至山麓间发现有一块人工平整的小台地，每处小台地上认定有两三座墓，共10座。墓葬以石块及大石板修筑墓室，封土成冢，墓室较大。该墓地被定名为龙头山墓群[1]。

1981年4月20日，吉林省人民政府发布《关于公布吉林省第二批重点文物保护单位和重新公布吉林省第一批重点文物保护单位的通知》，将贞孝公主墓列为省级重点文物保护单位。

1982年5月，延边朝鲜族自治州博物馆对福洞河右岸的龙海小学校舍北侧墓葬进行

[1] 延边朝鲜族自治州博物馆：《渤海贞孝公主墓发掘清理简报》，《社会科学战线》1982年第1期。该文中的龙头山墓群，实际为本报告中的龙海墓区。当时尚未发现石国、龙湖两个墓区。

了考古发掘，发掘者称此墓群为龙海墓群[1]。

1984年，由延边州文物管理委员会办公室、延边朝鲜族自治州博物馆、和龙县文化局组成的《和龙县文物志》编写组，再次对贞孝公主墓周边开展了考古调查，并将蚕头城、龙海寺庙址著入《和龙县文物志》一书中[2]。

1985年春，龙头山南部的石国1号墓M1被盗，延边朝鲜族自治州文物管理委员会获知后，立即委托延边朝鲜族自治州博物馆考古部严长录、温海滨对其进行了抢救性清理。发掘期间，延边朝鲜族自治州文物管理委员会李强、王春荣，延边博物馆严长录、温海滨、朴龙渊、朴润武等人对石国M1的周围进行了考古调查，发现在M1西部尚有若干墓葬，遂认定该墓地为石国墓区。

1987年5月，龙头山北部的龙湖村村民在村西果园建房挖土时发现一座大型石室墓，即龙湖墓区1号墓M1。延边朝鲜族自治州文物管理委员会办公室获知消息后，立即组织专业人员前往现场进行了清理。参加清理的人员有：延边朝鲜族自治州文物管理委员会办公室李强、王春荣，延边朝鲜族自治州博物馆严长录、朴润武，和龙县文物管理所千泰龙。发掘期间工作人员还对墓葬周边开展了考古调查，发现在龙湖M1的南北两侧分布有若干墓葬[3]，从而确认龙头山北部仍存有一个墓区。

自1980年贞孝公主墓的发现，至1987年龙湖墓区的认定，文物部门基本掌握了龙头山墓地由南至北排序的石国墓区、龙海墓区、龙湖墓区概貌。1988年1月13日，国务院将龙头山墓地公布为第三批全国重点文物保护单位。

1997年7月8日至10月29日，延边朝鲜族自治州文物管理委员会办公室、延边朝鲜族自治州博物馆、和龙市文物管理所对龙海墓区1号建筑址J1进行了考古发掘、钻探及解剖。参加考古发掘、解剖的人员有：李强、朴润武、刘载学。参加考古钻探的人员有：李强、朴润武，吉林省文物考古研究所张建宇、张立新。

1997年8月4日，国家文物局专家组成员黄景略、徐苹芳两位先生和杨晶女士，吉林省文物考古研究所所长方起东、副所长王玫，吉林省文化厅李刚莅临现场，视察指导考古发掘工作。

1997年10月29日至11月4日，按照国家文物局、吉林省文化厅的要求，延边朝鲜族自治州文物管理委员会办公室聘请延边地质六所，对龙头山墓地的三个墓区进行了测绘工作，李强、朴润武参加了测绘工作。

---

[1] 郑永振：《和龙县龙海古迹调查》，《黑龙江文物丛刊》1983年第2期。延边博物馆：《和龙龙海渤海墓葬》，《博物馆研究》1983年第3期。该文中的龙海墓葬，是指今龙海小学墓葬，用以区别当时的龙头山墓群，并非本报告中的龙海墓区。

[2] 吉林省文物志编委会：《和龙县文物志》，1984年。书中著入的龙海寺庙址，即是本报告中龙海墓区M13、M14墓上建筑。

[3] 朴润武：《龙头山龙湖墓区调查与发掘》，《博物馆研究》1983年第3期。

1998 年 9 月 24~25 日，延边朝鲜族自治州文物管理委员会办公室聘请吉林省文物考古研究所程建民、张立新，对龙湖墓区中心位置的一座大土包进行了考古钻探工作。钻探深度达 3.5 米，未见任何遗迹、遗物。参加此项工作的还有：李强、朴润武。

1998 年 10 月 12 日至 11 月 4 日，为获取石国墓区 M1 完整信息，延边朝鲜族自治州文物管理委员会办公室决定对 1985 年已做过抢救性墓室清理的石国 M1，再次开展补充发掘。本次发掘不仅弄清了该墓的形制，还在其东西两侧各发现一座墓葬，从而确认石国 M1 是一座同封三室墓。参加发掘的人员有：李强、朴润武、马成吉、刘载学。

1998 年 10 月 23 日，时任延边朝鲜族自治州副州长李洁思和文化局副局长冯建新，视察考古工地，并派专车和公安人员将当日出土的三彩俑运往延边朝鲜族自治州博物馆文物库房保存。

1998 年 10 月 29 日，李强、朴润武将石国 M1（A、B、C）三个墓室所有出土人骨送往吉林大学，吉林大学考古学系朱泓教授对出土人骨标本进行了鉴定。

1999 年 5 月 5~7 日，为了解石国 M1 的封土情况和 A、B、C 三座墓之间的关系以及建筑时序，延边朝鲜族自治州文物管理委员会办公室、延边朝鲜族自治州博物馆对石国 M1 墓上的封土进行了解剖。参加解剖的人员有：李强、朴润武、刘载学、马成吉、林林。

2004~2005 年，为配合吉林省文物局部署的龙头山墓群大遗址保护工程的制定，吉林省文物考古研究所、延边朝鲜族自治州文物管理委员会办公室、延边朝鲜族自治州博物馆、和龙市文物管理所对龙头山墓群龙海墓区开展了为期两年的考古发掘工作，李强任发掘领队。

2004 年 5~10 月，发掘清理了Ⅳ号台地的 M4~M9，Ⅴ号台地的 1 号水井（SJ1）、M2、M3、M11、M12，Ⅵ号台地的 M10，Ⅶ号台地的 M15、M21，Ⅷ号台地的 M13、M14。参加发掘的人员有：李强、朴润武、丁原翔、潘晶琳、张恒斌、张雪、王丽、马成吉、赵玉峰、赵海龙。

2005 年 6 月 26~28 日，对 M3~M9、M11 进行了解剖。参加工作的人员有：李强、朴润武、张恒斌。

2005 年 9~10 月，河南省洛阳市瀍河文物考古钻探公司受延边朝鲜族自治州文物管理委员会办公室委托，对龙头山墓地的龙海、龙湖墓区进行了考古钻探。

2005 年 7 月 30 日至 9 月 26 日，配合 M13、M14 本体保护工程，对其周边进行了考古发掘、探查工作。参加工作的人员有：李强、朴润武、张恒斌、丁原翔、朴钟镐。

2008 年，对石国墓地 M2 进行了抢救性清理。参加工作的人员有：李强、朴润武、张恒斌、丁原翔。

2005~2019 年，对龙海墓区发掘出土文物陆续进行了清绘工作。参加人员有：李强、朴润武、张恒斌、刘冬、丁原翔、潘晶琳、孙美晶。

2020 年，对龙头山墓地石国墓区、龙海墓区遗存进行全面系统整理。参加整理工作的人员有：安文荣、李强、朴润武、张恒斌、刘冬、潘晶琳、孙美晶、冯恩学、武松、林雪川、傅佳欣、林世香、侯璇、刘一凝、李鹏、张雅婷、王司晨、高铷婧、罗智文、韦之昊。另外，林沄对顺穆皇后、孝懿皇后两方墓志文进行了厘定。人骨鉴定报告由魏东负责，指导詹芃、李熙完成。金属器鉴定报告由李辰元、王冲、程枭翔、黎高波、葛帅坤完成。陶瓷器成分鉴定报告由马仁杰、崔剑锋、常东雪、金和天、李强完成。书稿由李强主编、安文荣执行主编审定，由武松和冯恩学统稿。吉林大学考古学院王培新、彭善国教授，黑龙江大学历史文化旅游学院宋玉彬教授对报告初稿提出重要修改意见。

龙头山墓地一经发现，便得到渤海史学界、考古学界的广泛关注，引发了对贞惠公主墓志和贞孝公主墓志的比较研究[1]、贞孝公主墓志研究[2]、贞孝公主墓壁画与高句丽壁画比较研究[3]、渤海墓葬形制研究[4]，并成为讨论渤海中京[5]、渤海文字[6]等诸多学术课题的重要考古资料。

龙头山墓地报告整理汇总了石国墓区 M1、M2 的考古发掘资料以及龙海墓区 1 号建筑址 J1、M2～M15、M21、1 号水井、2 号水井（SJ1、SJ2）的考古发掘资料，从而首次将龙头山墓地考古发掘工作的全部信息呈现给学界。报告中发表的渤海第三代文王孝懿皇后墓志，渤海第九代简王顺穆皇后墓志，石国 M1、龙海 M10 出土的三彩俑，顺穆皇后墓中随葬的三彩镇墓兽、三彩马，龙海 M13 墓中随葬的漆器，M14 墓主人头戴的弁帽、金冠饰，以及形制不一、大小不同的墓葬形制等，将再度掀起中外学界研究古代 7~10 世纪的学者研究的热潮，重启新一轮对渤海国政治、经济、文化的研讨。

龙头山墓地发现后，和龙市政府、延边朝鲜族自治州政府高度重视，给予文物部门极大支持。2008 年，国家文物局批复了吉林省文物局的《关于龙头山古墓群保护工程设计方案》，对龙海墓区已发掘的 M2～M10 进行了回填保护，在墓葬上方修建了展示标识。M13、M14 墓上建筑夯土台基也采取了加固措施，修建了木栈道、保护亭。

第四节 体例、编号体系及其他说明

龙头山墓地的分区，按龙头山走向自南向北分为南端的石国墓区、中部的龙海墓区、

[1] 王承礼：《唐代渤海“贞惠公主墓志和贞孝公主墓志”的比较研究》，《社会科学战线》1982 年第 1 期。罗继祖：《渤海贞惠贞孝两公主的墓碑》，《博物馆研究》1983 年第 3 期。王侠：《贞惠公主墓与贞孝公主墓》，《学习与探索》1985 年第 4 期。

[2] 王承礼：《唐代渤海国“贞孝公主墓志”研究》（上、中、下），《博物馆研究》1984 年第 2、3 期，1985 年第 1 期。邹秀玉：《渤海贞孝公主墓志并序考释》，《延边文物资料汇编》，1983 年。

[3] 李殿福：《唐代渤海贞孝公主墓壁画与高句丽壁画比较研究》，《黑龙江文物丛刊》1983 年第 2 期。

[4] 郑永振：《渤海墓葬研究》，《黑龙江文物丛刊》1984 年第 2 期。刘晓东：《渤海墓葬的类型与演变》，《北方文物》1996 年第 2 期。

[5] 朴龙渊：《关于渤海中京问题的商榷》，《延边文物资料汇编》，1983 年。

[6] 李强：《论渤海文字》，《学习与探索》1982 年第 5 期。

北部的龙湖墓区。龙海墓区台地编号：自东向西、由低向高编为Ⅰ～Ⅴ号台地，自Ⅴ号台地向南、由高渐低编为Ⅵ～Ⅷ号台地。墓葬编号采取的是按年度、行政辖区、墓区、墓葬顺序排列的形式，例如98JHLSM1A・B・C，前面数字代表年度，J代表吉林省，H代表和龙市，L代表龙头山墓地，S代表石国墓区，M1A代表1号墓A墓室，M1B代表1号墓B墓室，M1C代表1号墓C墓室。又如04JHLLM2，04代表2004年，JHL同上，代表吉林省和龙市龙头山墓地，L代表龙海墓区，M2代表2号墓。每座墓葬的编号，均按墓葬发掘先后排序，需要说明的是龙海墓区墓葬的编号是接续贞孝公主墓葬编的，即龙海墓区1980年发掘的贞孝公主墓为1号墓M1。

墓葬编号在发掘过程中有过改变，本报告以现存档案编号为准。器物编号方面，如有与之前发表的简报或文章不同者，均以本报告为准。如，本报告中的漆奁2005年10月出土后立即送到湖北省博物馆文保部修复，李澜主持了修复工作。2009年李澜发表文章，对漆奁的工艺、价值和修复过程详细阐述，其中器物编号是“05J2M1：九”，是器物携带标签的编号，本报告将其编为“M13：156”。

另外，在整理遗物时，发现部分晚期扰动遗物亦编入渤海墓葬出土遗物编号体系，此部分晚期遗物将随墓葬出土遗物单独介绍，原编号不变。

第二章　龙海墓区

第一节　地理形势与墓葬布局

龙海墓区位于龙头山墓群中部，是整个墓群中最重要的墓区。其南距石国墓区 2.3 公里，北距龙湖墓区 1.2 公里。龙海墓区占地面积约 4 万平方米，东部山麓下是福洞河北向流淌，南面有一山间小溪由西向东汇入福洞河，西面与山的漫岗连接，北侧紧邻一小沟谷。墓区自东向西、由低渐高有 5 个台地，即Ⅰ~Ⅴ号台地。从Ⅴ号台地向南至山麓依次渐低，亦有 3 个台地，即Ⅵ~Ⅷ号台地（彩版一）。

龙海墓区的墓葬及建筑基址等，除 M16 坐落在Ⅲ号台地南侧的一个狭长坡地上以外，其余均分布在Ⅱ~Ⅷ号台地上。墓葬布局具有一定的规律，多为两墓一组，或以两墓为中心，周边环绕中型墓葬（图三、四）。

第二节　Ⅰ、Ⅱ号台地

Ⅰ号台地略高于福洞河第Ⅰ台地，位于Ⅱ号台地东北。占地面积约 500 平方米。台地中央现存一个直径约 6、高约 1 米的土堆，据了解，该土堆是 20 世纪 60~70 年代人为形成的。1997 年，物探结果亦证实土堆下面没有遗迹。

Ⅱ号台地位于Ⅰ号台地的西南，占地面积约 1500 平方米。在该台地的东缘发现一处建筑基址，编号为 97JHLLJ1（简称 J1）（图五）。1997 年，延边朝鲜族自治州文物管理委员会办公室对其进行了发掘。

一　建筑址 J1

1 号建筑址（97JHLLJ1）位于龙海墓区Ⅱ号台地东侧，邻近台地边缘，是该台地发现的唯一一处遗迹。1997 年，延边朝鲜族自治州文物管理委员会办公室、延边朝鲜族自治州博物馆、和龙市文物管理所对 1 号建筑址进行了考古发掘、钻探及解剖工作。

（一）遗迹

J1 为夯土台基式建筑，平面近正方形，东壁长约 10.4、南壁长约 11、西壁长约 10.5、北

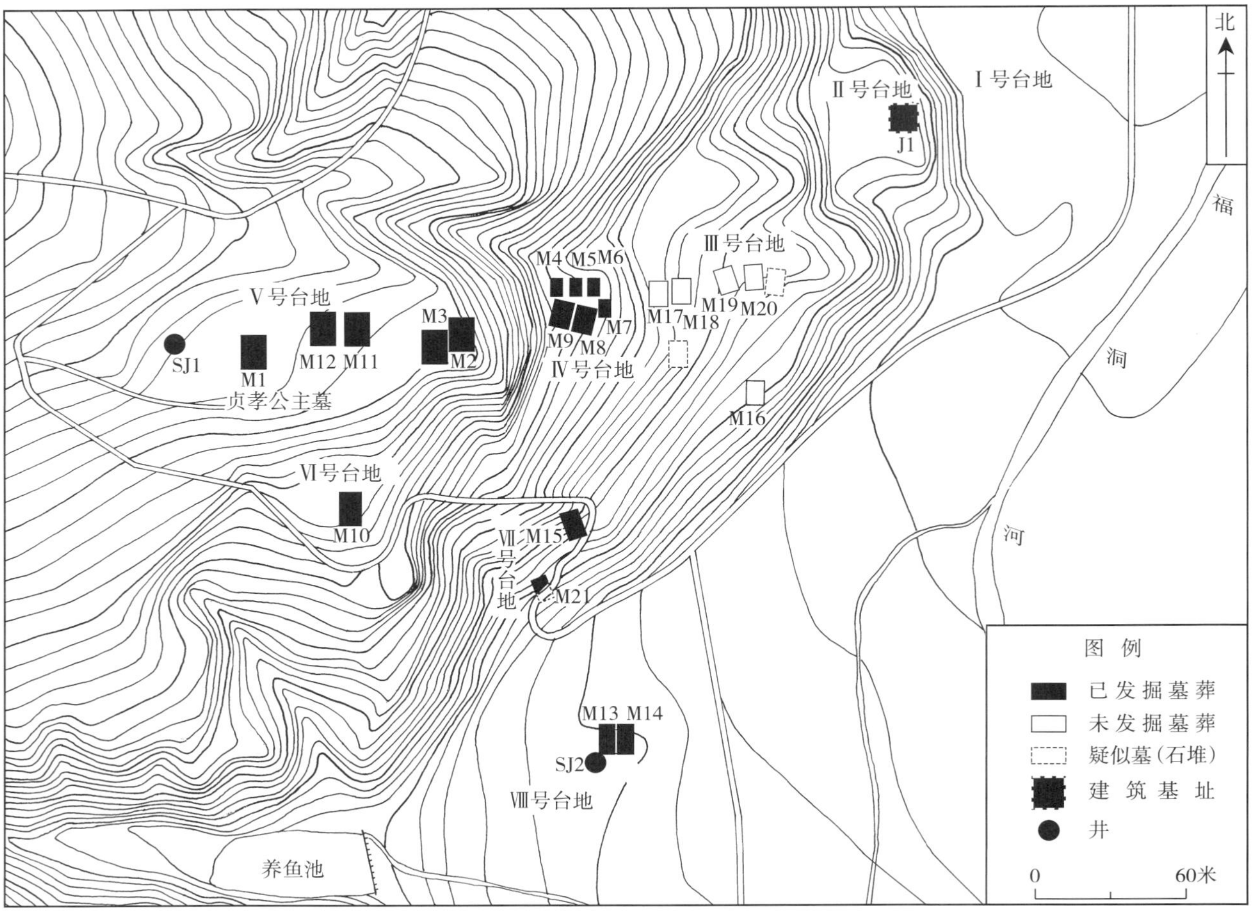

图三 龙海墓区遗迹总平面图

图四 龙海墓区远景(由东向西摄)

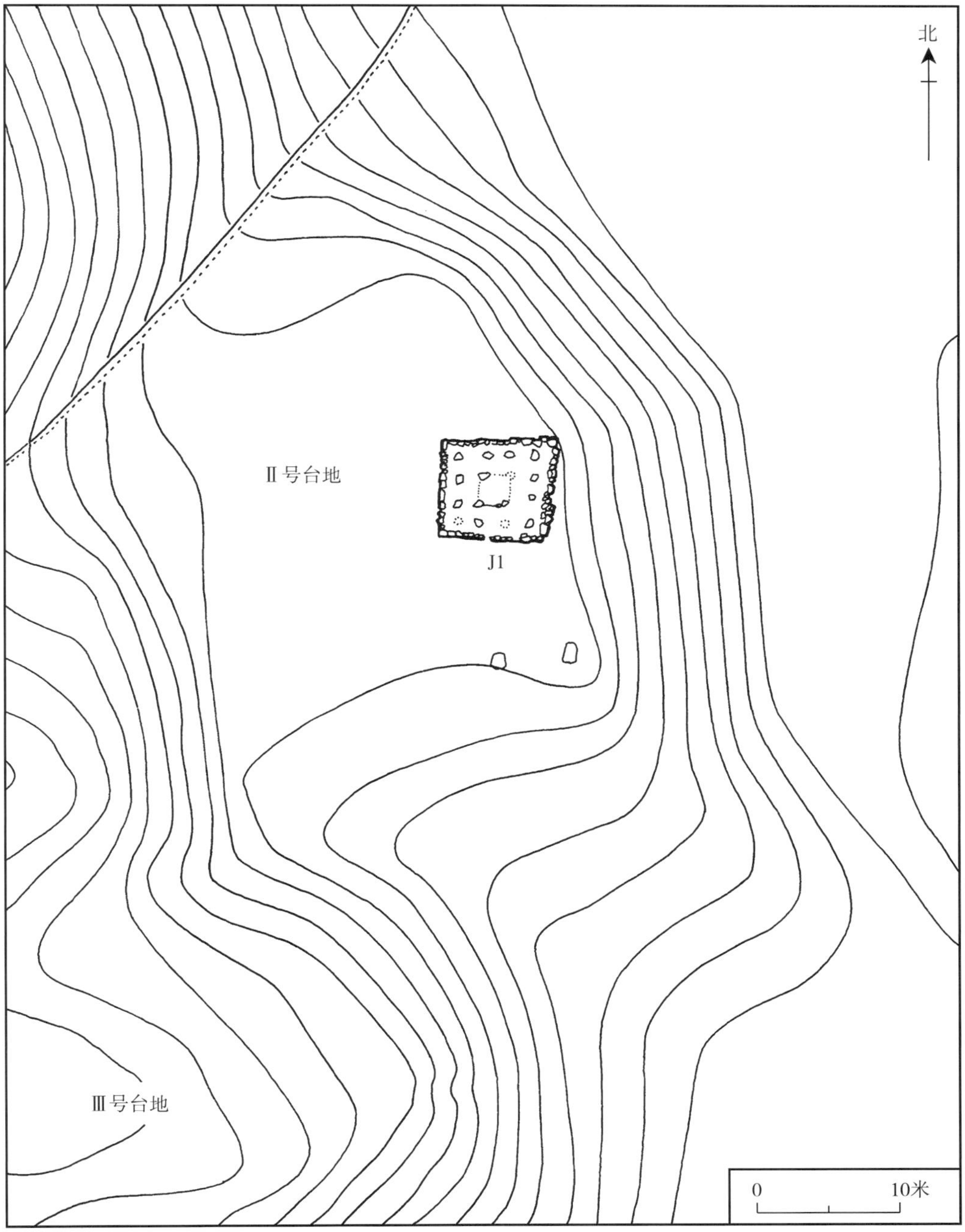

图五　龙海墓区Ⅱ号台地地形图

壁长约 11.5、高约 1 米。台基东北角整体塌陷，塌陷部分略大于整个建筑的四分之一。台基以土多次夯筑，四周以石块围砌，边缘齐整。台基之上的柱网布局呈“回”字形，外圈东西长 8.2、南北宽 8 米，内圈为方形，边长 2.8 米。外圈柱础靠近台基边缘，共 12 块，每侧各 4 块，其中四角的柱础为每排共用，西南角和南侧中部偏右的两块础石缺失，余皆保留在原位。内圈柱础仅四块，四角各一，东北角础石未能保存。础石均为明础，略高出地表，采用未加修整的自然石块，选择较平整的一面向上放置，础石之下有碎石铺垫的磉墩（图六、七）。

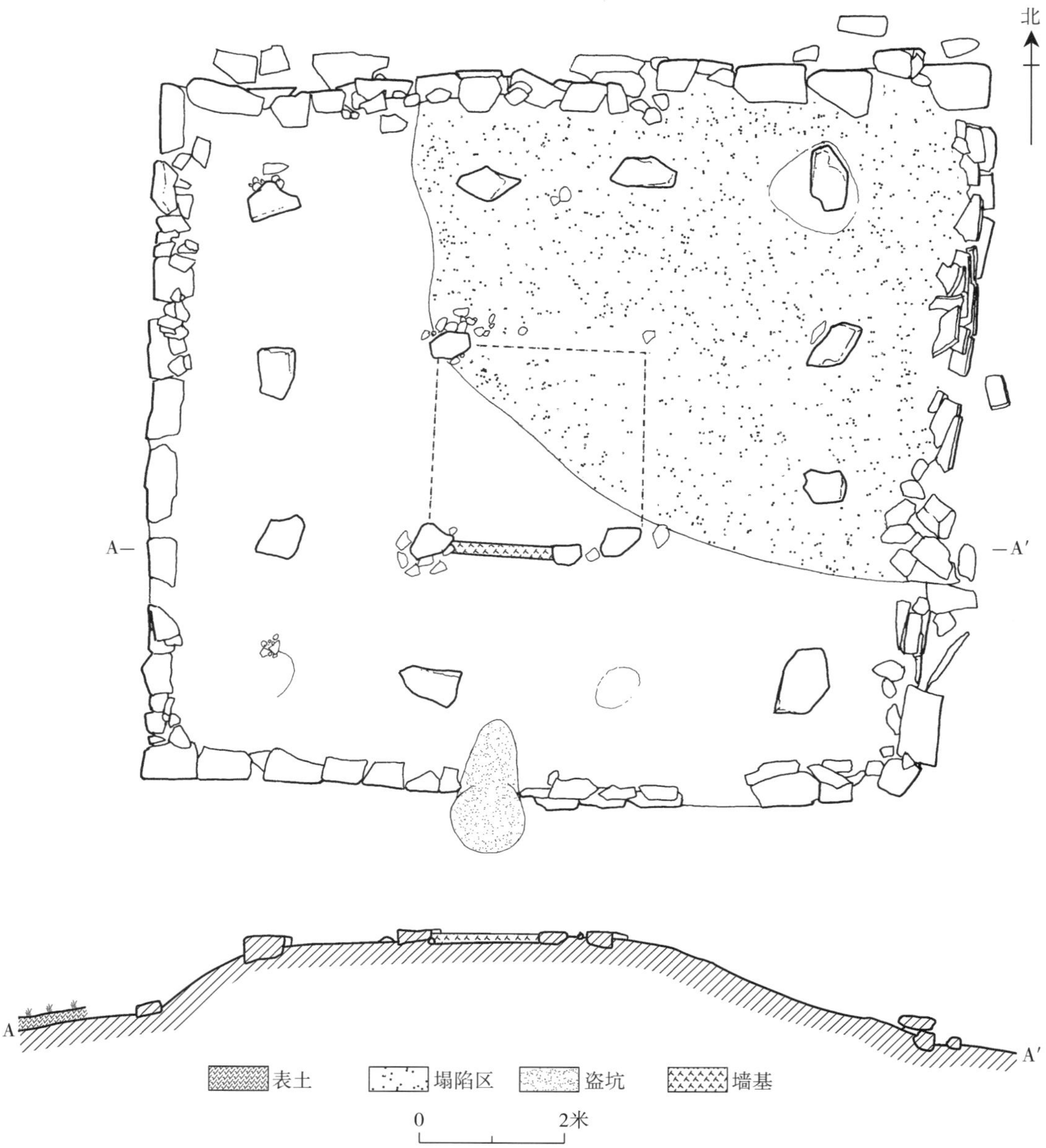

图六　J1平、剖面图

台基南缘中部有一椭圆形盗坑，长径1.9、短径1米。台基之外南侧有一直径3米的圆坑，圆坑以南约10米处有两块放置于地表的大条石，两块条石间距8.3米。为了解J1与建筑南部圆坑和条石的关系，在建筑南部共布3条解剖沟TG1~TG3。其中TG1长12、宽1米，TG2长14、宽1米，TG3长10.5、宽1米。经发掘，未发现其他遗迹迹象，因此紧邻建筑南部这些遗迹与建筑台基的关系未能明确。

为了解台基修筑方式，在台基东侧两排础石之间布置一条南北长10、东西宽1米的探沟TG4，对台基进行局部解剖（图八）。TG4内地层堆积可分为6层。

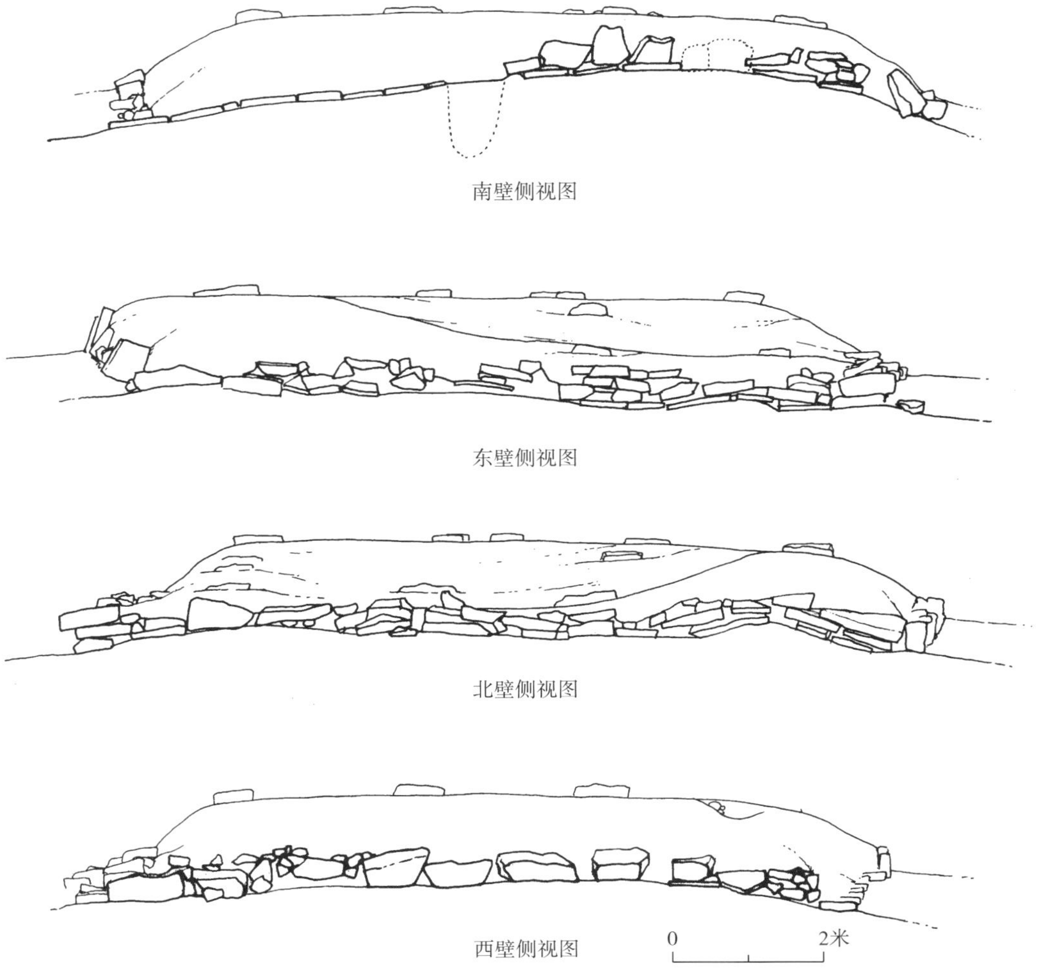

图七　J1 四壁侧视图

第①层：表土。厚 0.14 米。

第②层：黄褐土。厚 0.04～0.08 米。

第③层：黄黏土。厚 0.03～0.17 米。

第④层：灰褐土。厚 0.07～0.4 米。

第⑤层：黄褐土夹砂。厚 0.07～0.9 米。

第⑥层：风化砂石。厚 0.13～1 米。

第⑥层以下为山体岩石。

根据解剖探沟内地层堆积，J1 建筑台基的修筑方式为：先用风化砂石平整地表，填平自然山石上的沟壑，之后分三次采用不同的土夯筑台基。

（二）遗物

在 J1 建筑台基之上和周围发现较多的瓦作建筑构件，以及少许鎏金铜饰件、铁器等

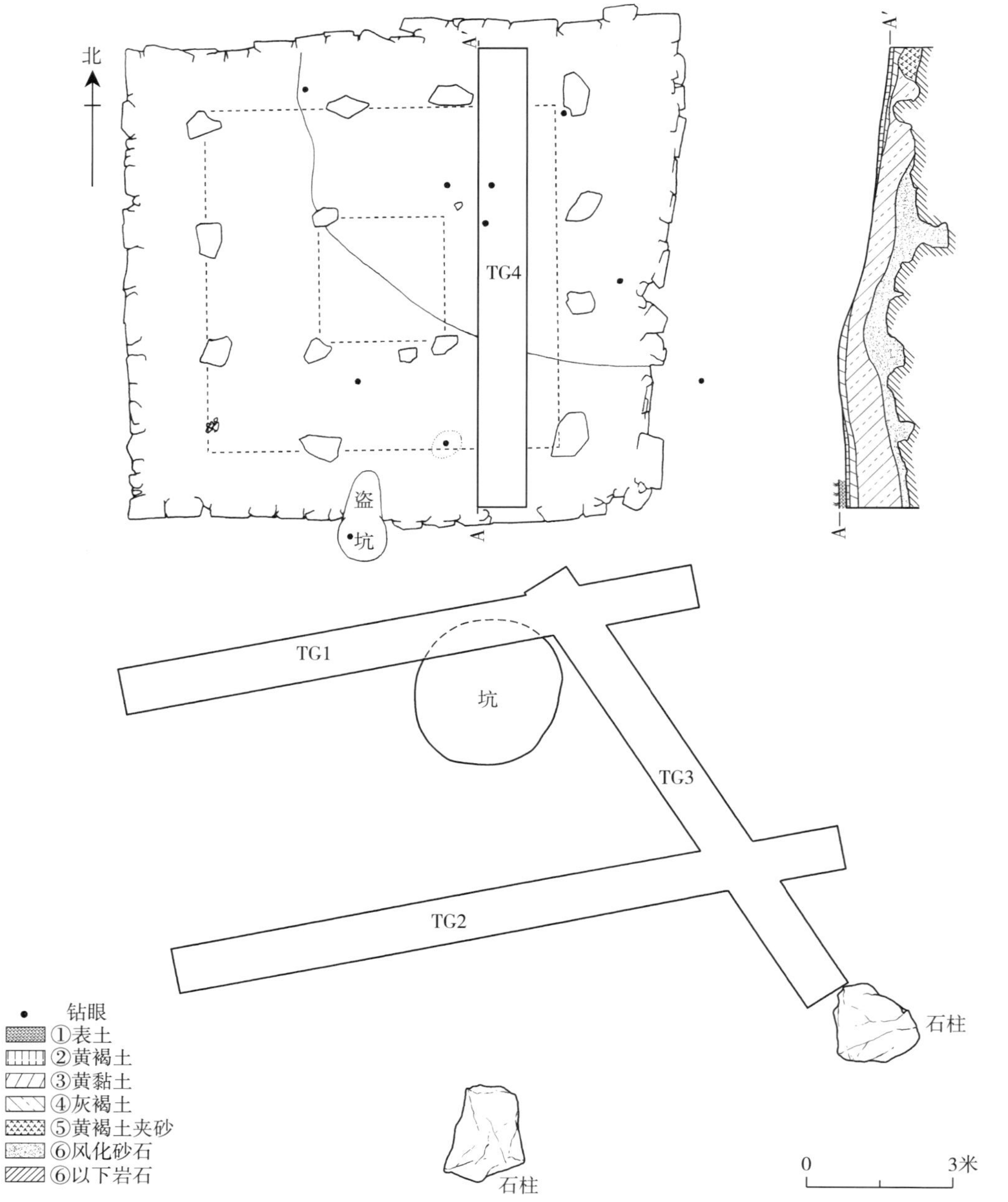

图八　J1 及周围的解剖沟

金属器物，包括兽面脊头瓦、瓦当、筒瓦、板瓦及青砖等。另还发现少量壁画残块。

1. 建筑构件

兽面脊头瓦残块　3 件。残损严重。均为夹砂红褐陶质，模制。

J1：74，为兽鼻部位。残长 10.8、残宽 6.4、厚 2 厘米（图九，1；彩版二，1）。J1：75，为脊头瓦边缘部位。残长 9.6、残宽 5.6、厚 2.4 厘米（图九，2；彩版二，2）。J1：76，为兽面脊头瓦左獠牙部位。残长 8、残宽 6.4、厚 2 厘米（图九，3；彩版二，3）。

采集瓦当　20 件。部分瓦当连接有檐头筒瓦瓦身。根据瓦当纹饰不同，可分为 5 型。

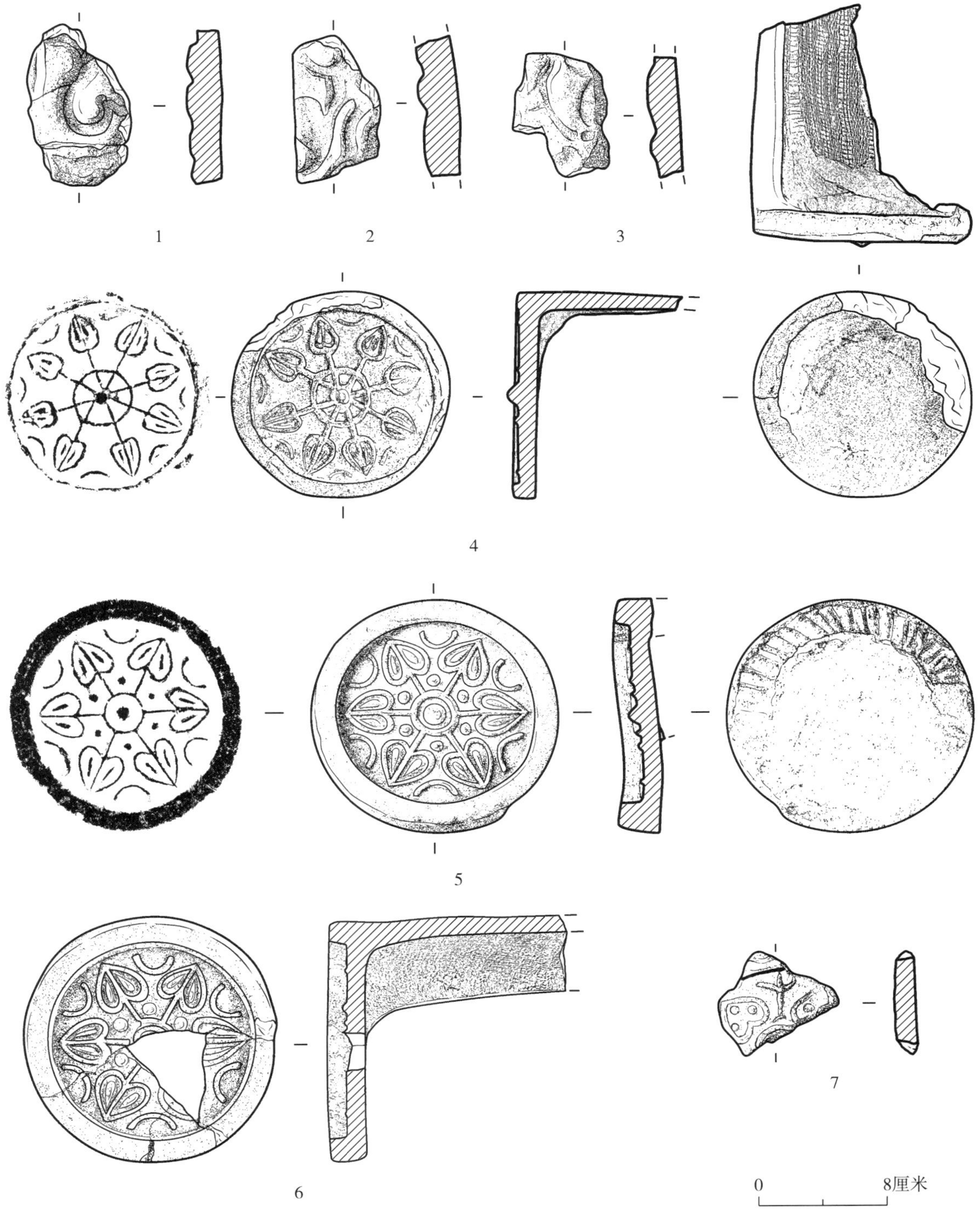

图九　J1 出土脊头瓦与瓦当

1~3. 兽面脊头瓦（J1：74~76）　4.A 型瓦当（J1：72）　5、6.B 型瓦当（J1：36、38）　7.C 型瓦当（J1：48）

A 型　新月形间饰，八个“倒心形”花瓣莲纹。1 件。

J1：72，新月形间饰八瓣“倒心形”花瓣莲纹瓦当，连接筒瓦瓦身，残，夹砂灰陶。瓦当边轮高出当面，当心由里往外饰乳突、凸棱纹同心圆。主题纹饰为八瓣“倒心形”

花瓣，花瓣相对较瘦长，花瓣底部存在叶茎，叶茎延伸至当心乳突。花瓣之间，间饰新月形纹。筒身边缘有从凹面向外切的痕迹，边缘有抹平痕迹，筒身凸面抹光，凹面饰麻布纹。残长 32、残宽 31.2、厚 1.6 厘米。瓦当直径 13.6、厚 1.6、边轮宽 1.2、边轮高 0.8、筒身残长 13.6 厘米（图九，4；彩版二，5、6）。

B 型　新月形间饰，六个“倒心形”莲瓣。8 件。

均为夹砂灰陶，当心由里往外饰乳突、凸棱纹同心圆、六颗连珠纹。主题纹饰为六瓣“倒心形”花瓣，花瓣底部存在叶茎。花瓣之间，间饰新月形纹。J1：36，出土于建筑台基东侧。瓦当背面残存套接筒身的刻划痕迹。直径 15.2、厚 2.4、边轮宽 1.6、边轮高 1.6 厘米（图九，5；彩版三，1）。J1：38，瓦当连接筒瓦瓦身，筒身边缘有从凹面向外切的痕迹，边缘有抹平痕迹，筒身凸面抹光，凹面饰麻布纹。瓦当直径 16、厚 2.4、边轮宽 1.6、边轮高 1.2、筒身残长 12.8 厘米（图九，6；彩版三，2）。

C 型　四瓣“倒心形”花瓣复合四枝忍冬纹。1 件。

J1：48，出土于遗迹东侧。残，夹砂灰陶，仅存倒心形莲瓣和忍冬纹各一个，当心纹饰缺失。推测应为四瓣“倒心形”花瓣复合四枝忍冬纹。残长 7.6、残宽 6.8、厚 1.2 厘米（图九，7；彩版二，4）。

D 型　六枝花草纹瓦当。3 件。

J1：40，檐头筒瓦，六枝花草纹瓦当，残，夹砂灰陶。瓦当边轮高出当面。当心纹饰由里及外依次为乳突、凸棱线同心圆、12 颗连珠纹，主题纹饰为六株等距分布的侧视花草纹，纹饰风格简化。筒身边缘有从凹面向外切的痕迹，边缘有抹平痕迹，筒身凸面抹光，凹面饰麻布纹。瓦当直径 13.6、厚 2.4、边轮宽 1.6、边轮高 0.8、筒身残长 15.2 厘米（图一〇，1；彩版三，3）。

E 型　“十”字纹间饰六瓣水滴形花瓣莲纹瓦当。2 件。

J1：42，夹砂灰陶，当心有凸棱纹同心圆环绕乳突。主题纹饰为六瓣环绕有凸棱纹轮廓线的水滴形花瓣。花瓣之间，间饰粗体“十”字纹。残长 11.2、残宽 7.2、厚 1.6 厘米（图一〇，2；彩版三，4）。

另有 5 件瓦当纹饰残缺严重，有的仅存檐头筒瓦瓦身。

J1：34，瓦当完全缺失，仅存檐头筒瓦瓦身。瓦身为无舌筒瓦，残，夹砂灰陶，模制。瓦身做边缘抹平处理，瓦宽端边缘做斜削处理，凸面抹光，凹面饰麻布纹。出土于遗迹南侧。残长 36、残宽 14.4、厚 1.6 厘米（图一〇，3）。

普通筒瓦　采集标本 28 件，可分为无榫头筒瓦和竹节状榫头筒瓦两种，其中以无榫头筒瓦居多。

无榫头筒瓦　20 件。根据筒瓦规格和制作工艺，可分为 2 型。

A 型　无榫头筒瓦，夹砂红褐陶，规格稍大，一般长 47~51 厘米，瓦身边缘有从凸面向内切的痕迹，瓦身边缘抹平或再削 1~2 刀使瓦身边缘较为光滑，瓦窄端边缘做斜削

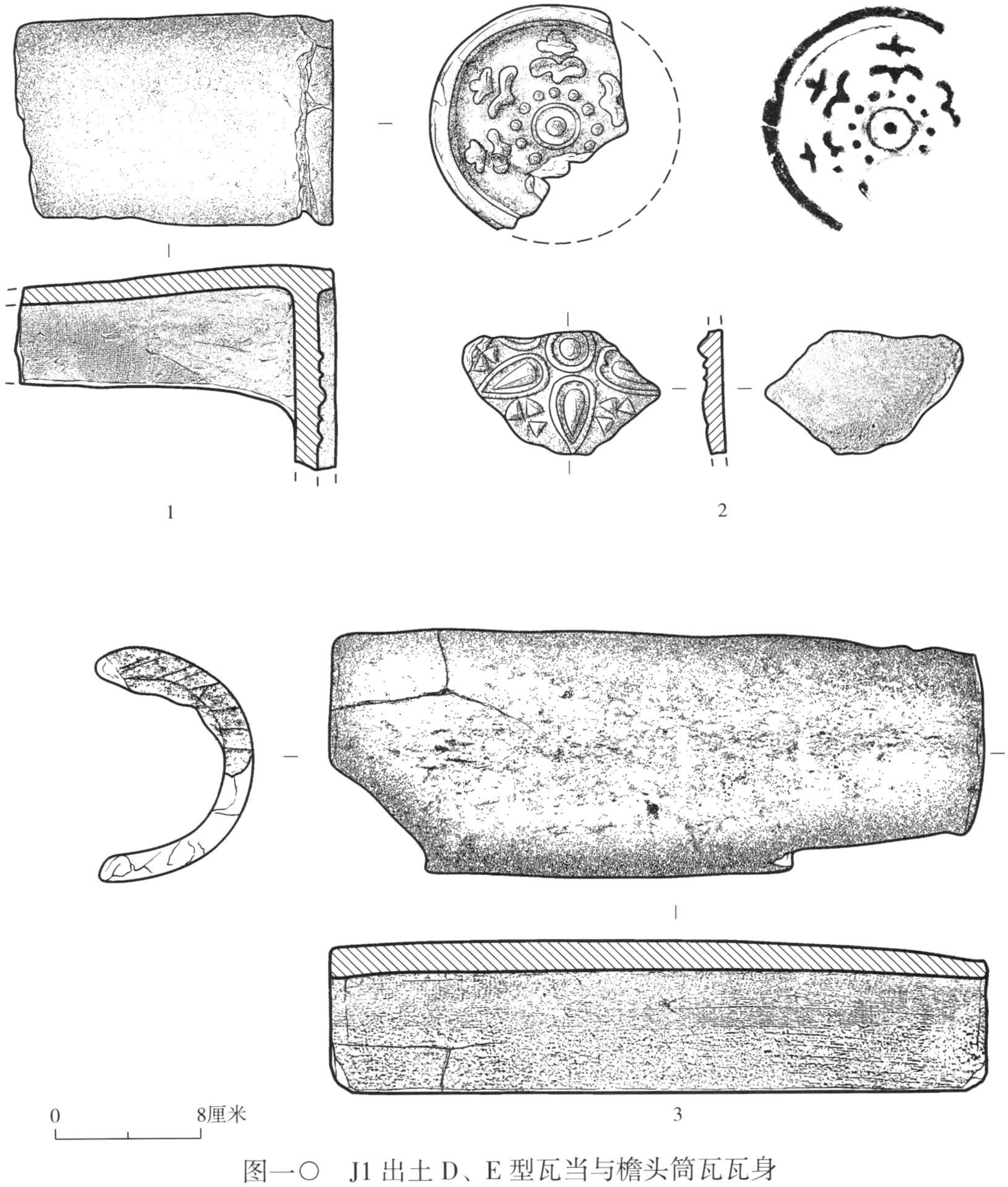

图一〇　J1出土D、E型瓦当与檐头筒瓦瓦身
1. D型瓦当（J1：40）　2. E型瓦当（J1：42）　3. 檐头筒瓦瓦身（J1：34）

处理，凸面可见纵向抹光处理痕迹，凹面饰麻布纹。可明确的有2件。

J1：19，出土于建筑址北侧。完整。长47.2、宽11.2~16.8、厚2厘米（图一一，1；彩版三，5）。J1：35，出土于建筑址东侧。残，可复原。长50.4、宽8.8~16.8、厚1.6厘米（图一一，2；彩版三，6）。

B型　无榫头筒瓦，夹砂灰褐陶，规格稍小，一般长35~40厘米，部分瓦身凸面可见明显的纵向抹光处理痕迹，瓦身边缘有从凸面向内切的痕迹，一般凹面宽端一侧不到8厘米的区域内抹平，余饰麻布纹。可明确的有13件。

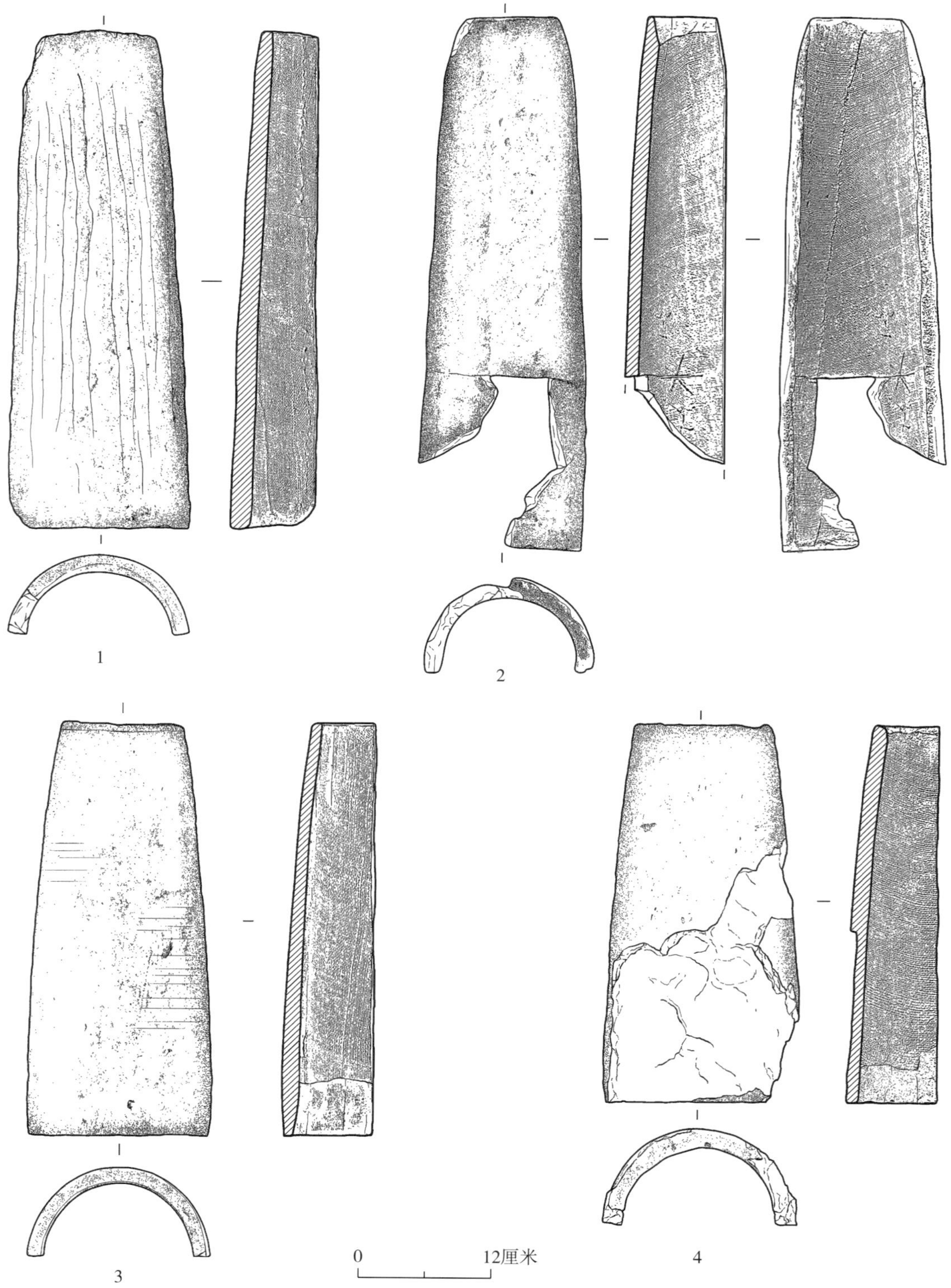

图一一 J1出土无榫头筒瓦
1、2. A型（J1∶19、35） 3、4. B型（J1∶21、25）

J1∶21，出土于遗迹北侧。凹面宽端一侧7.5厘米处抹平。长39.2、宽11.2~16.8、厚1.6厘米（图一一，3；彩版四，1）。J1∶25，出土于遗迹北侧。完整，凹面宽端2厘米抹平，余饰麻布纹。长 36、宽 12.8~16.4、厚 1.6 厘米（图一一，4；彩版四，2）。J1：32，出土于遗迹南侧。完整，凹面宽端 4 厘米抹平，余饰麻布纹。长 35.2、宽 12.8~16.8、厚 1.6 厘米（图一二，1；彩版四，3）。J1：33，出土于遗迹南侧。残，可复原，凹面宽端

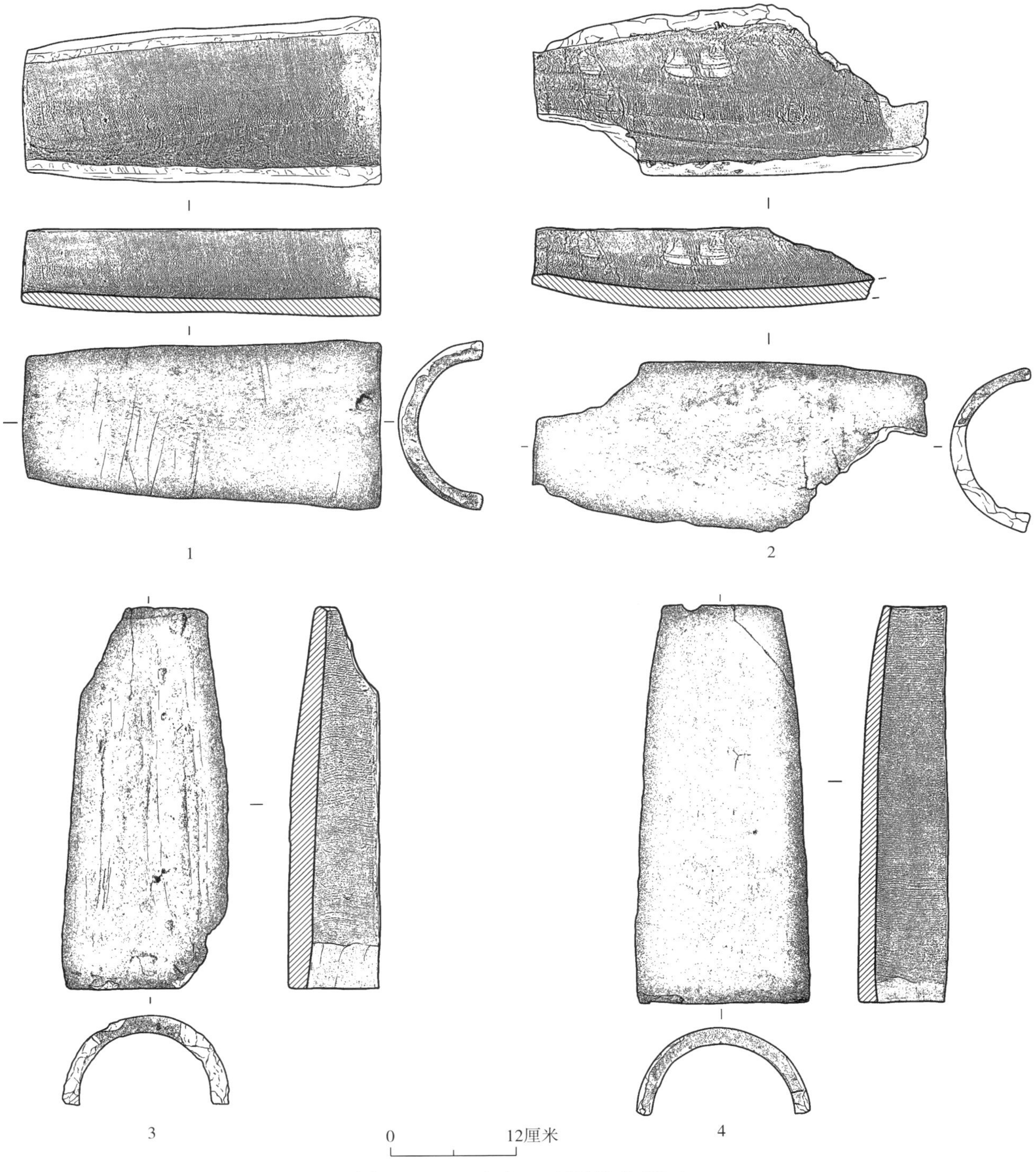

图一二　J1 出土 B 型无榫头筒瓦

1. J1：32　2. J1：33　3. J1：26　4. J1：27

一侧 4 厘米抹平，余饰麻布纹。长 38.4、残宽 16.8、厚 2 厘米（图一二，2；彩版四，4）。J1∶26，出土于遗迹北侧。残，可复原，凹面宽端一侧 6 厘米抹平。长 38、残宽 16、厚 2 厘米（图一二，3；彩版四，5）。J1∶27，出土于遗迹南侧。完整，凹面宽端一侧 2.5 厘米抹平，余饰麻布纹。长 40、宽 12~16.8、厚 1.6 厘米（图一二，4；彩版四，6）。

竹节状榫头筒瓦　5 件。均为夹砂灰陶，凸面有抹光痕迹，凹面饰麻布纹。

J1∶30，出土于遗迹东侧。瓦身边缘有从凹面向外切的痕迹。长 35.2、宽 16、厚 1.6、瓦舌长 4.8 厘米（图一三，1；彩版五，1）。J1∶31，出土于遗迹东侧。残，可复原，瓦身边缘有从凹面向外切的痕迹。长 34.4、宽 16、厚 1.6、瓦舌长 4.8 厘米（图一三，2；彩版五，2）。J1∶71，出土于遗迹北侧。残，瓦身边缘有从凸面向内切的痕迹。残长 12.8、残宽 11.2、厚 1.6、瓦舌长 6 厘米（图一三，4；彩版五，3）。J1∶103，残，瓦身边缘有从凸面向

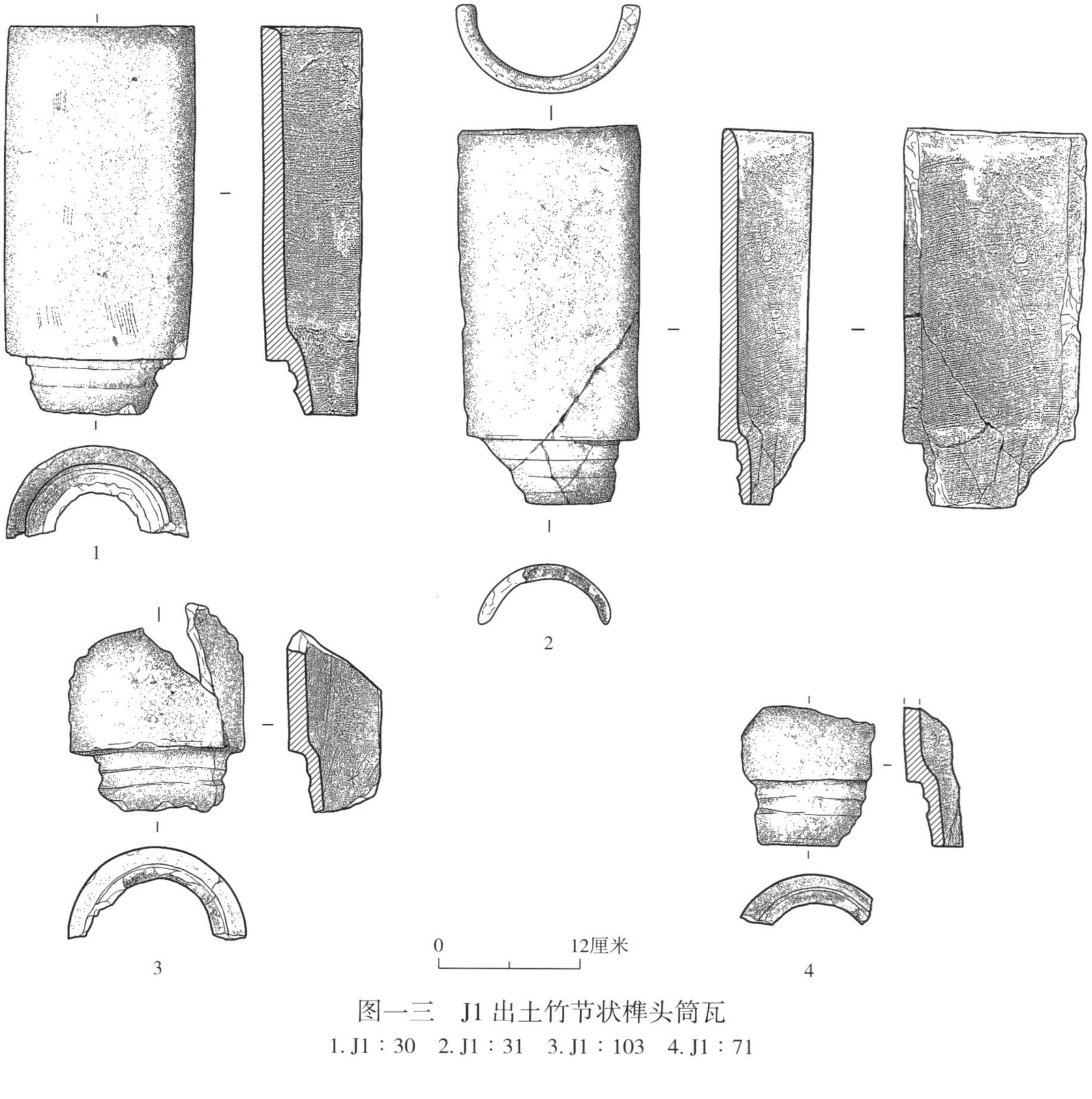

图一三　J1 出土竹节状榫头筒瓦

1. J1∶30　2. J1∶31　3. J1∶103　4. J1∶71

内切的痕迹。残长 18.4、残宽 15.2、厚 1.5、瓦舌长 5.6 厘米（图一三，3；彩版五，4）。

板瓦　根据檐头纹饰，可分为 3 型。

A 型　指压纹板瓦。23 件。

此型板瓦规格基本相同，完整的板瓦长 38~44 厘米。均为泥质灰陶，瓦身边缘有从凹面向外切的痕迹，凸面多抹光，部分凸面隐约可见横向的细绳纹，板瓦较宽的一端檐头施指压纹花边。根据指压纹的按压方向，可分为 2 亚型。

Aa 型　指压纹为自凸面向凹面方向按压。21 件。

J1：3，出土于遗迹北侧。残，可复原。长 38.4、宽 26.4~31.2、厚 1.2 厘米（图一四，1；彩版五，5）。J1：6，出土于遗迹北侧。残，可复原。长 40.8、宽 23.2~31.2、厚 2 厘米（图一四，2；彩版五，6）。J1：109，出土于遗迹北侧。残，凹面一端约 2 厘米做抹平处理。檐头的指压纹上施纹人的指纹痕迹清晰可见。残长 12、残宽 14.4、厚 2 厘米（彩版六，1）。

Ab 型　板瓦的指压纹为自凹面向凸面方向按压。2 件。

J1：56，残。出土于遗迹东侧。残长 28.8、残宽 25.6、厚 1.6 厘米（图一四，3；彩版六，2）。J1：104，残。残长 15.6、残宽 29.6、厚 1.6 厘米（图一四，4；彩版六，3）。

B 型　栉齿纹板瓦。3 件。

均为夹砂灰陶，模制，瓦头纹样近栉齿纹，中部条纹带上饰连珠纹，两边饰斜向纹。瓦身边缘有从凹面向外切的痕迹，檐头纹饰处厚于瓦身。凸面光滑，凹面麻布纹，部分麻布纹有抹光迹象。

J1：49，出土于遗迹南侧。残长 8、残宽 10.4、厚 1.2、檐头宽 2.4 厘米（图一五，1；彩版六，4）。J1：50，残，出土于遗迹南侧。凹面近檐头处 2 厘米麻布纹被抹光。残长 14.4、残宽 14.4、厚 1.6、檐头宽 2.4 厘米（图一五，2；彩版六，5）。J1：51，出土于遗迹南侧。凹面麻布纹整体涂抹光滑。残长 17.2、残宽 19.2、厚 2.4、檐头宽 3.2 厘米（图一五，3；彩版六，6）。

C 型　刻划短线纹板瓦。1 件。

J1：69，残，夹砂灰陶。瓦身边缘有从凹面向外切的痕迹，凸面抹光，凹面有麻布纹痕迹以及数道竖凸，板瓦一端边缘饰间距不等的平行直线刻划纹。残长 14.4、残宽 18.8、厚 1.6 厘米（图一五，4；彩版七，1）。

普通板瓦　采集标本均为凸面施纹的板瓦。根据纹饰不同，可分为 3 型。

A 型　绳纹板瓦。6 件。

均为夹砂红褐陶，绳纹施于板瓦凸面中间大部分，板瓦两端部分区域做抹平处理，凹面施布纹。瓦身边缘有从凹面向外切的痕迹。

J1：14，残，夹砂红褐陶，模制。瓦身边缘有从凹面向外切的痕迹，做抹平磨光处理，凸面窄端约 7 厘米抹平余饰斜绳纹，凹面有麻布纹痕迹。出土于遗迹东侧。长 47.2、

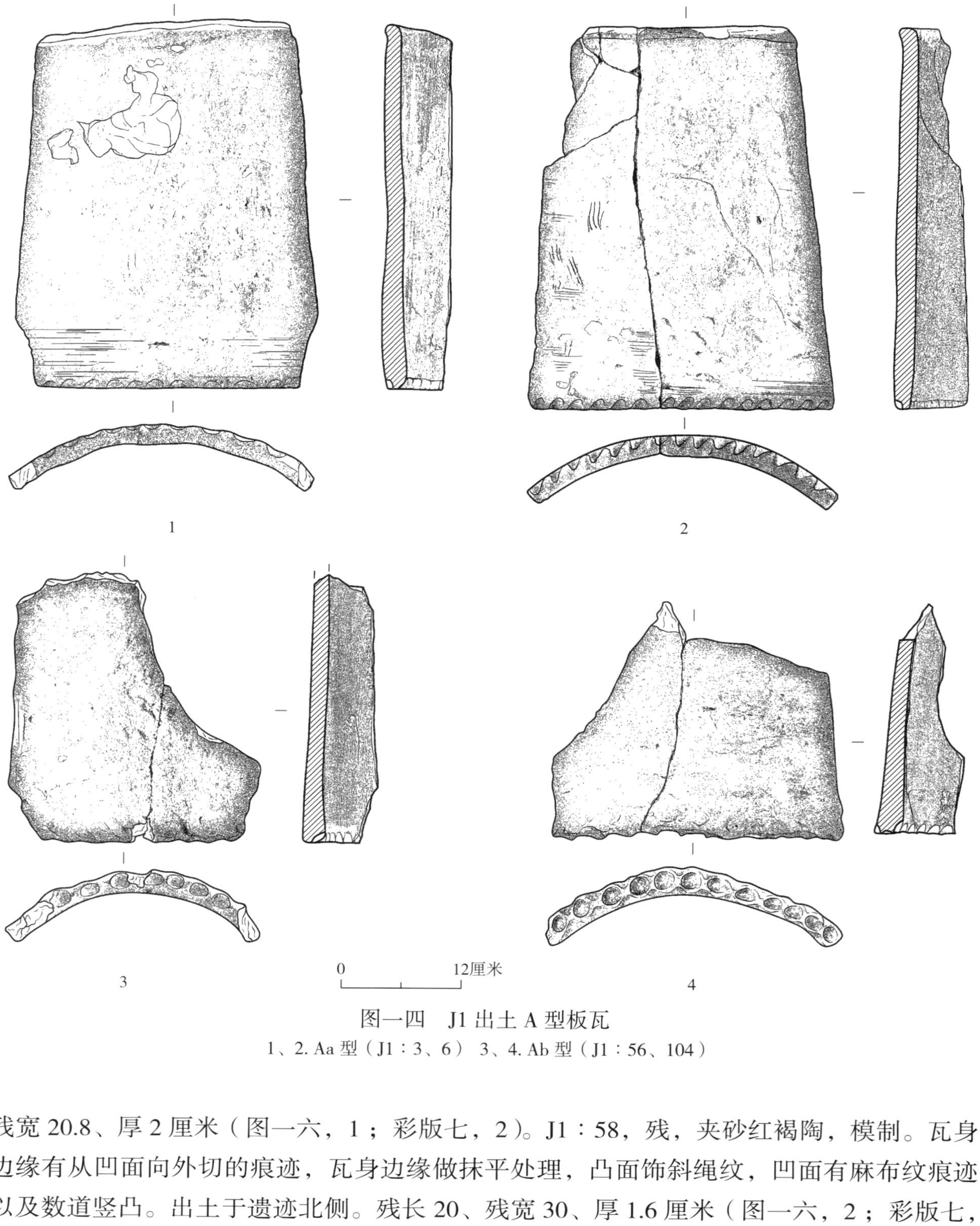

图一四 J1出土A型板瓦

1、2. Aa型（J1∶3、6） 3、4. Ab型（J1∶56、104）

残宽20.8、厚2厘米（图一六，1；彩版七，2）。J1∶58，残，夹砂红褐陶，模制。瓦身边缘有从凹面向外切的痕迹，瓦身边缘做抹平处理，凸面饰斜绳纹，凹面有麻布纹痕迹以及数道竖凸。出土于遗迹北侧。残长20、残宽30、厚1.6厘米（图一六，2；彩版七，3）。

B型 交叉绳纹板瓦。3件。

均为夹砂红褐陶，从完整的此型板瓦可知，交叉绳纹施于板瓦凸面中间大部分，板

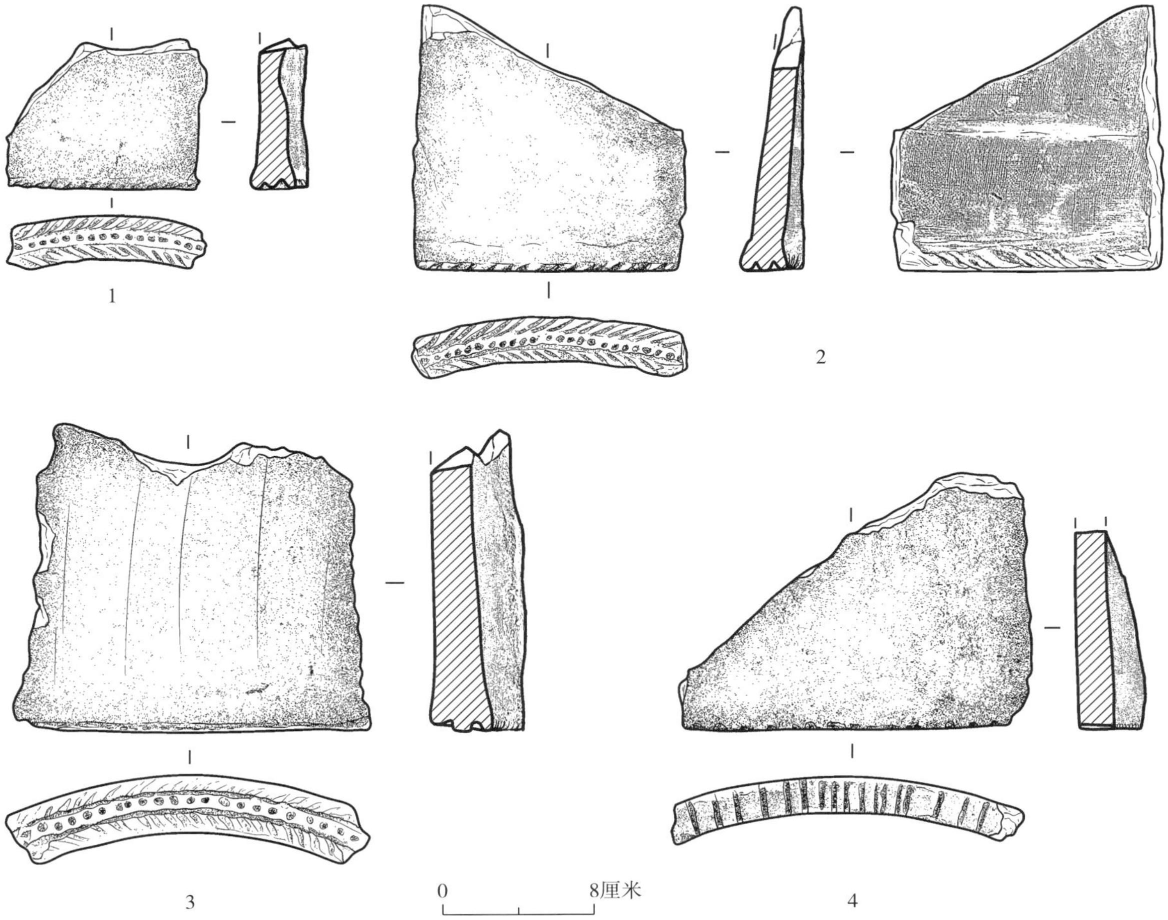

图一五　J1 出土 B、C 型板瓦
1~3. B 型（J1：49~51）　4. C 型（J1：69）

瓦两端部分区域做抹平处理，凹面施布纹。瓦身边缘有从凹面向外切的痕迹。

J1：4，残，可复原。出土于遗迹北侧。通长 48、宽 24~29.6、厚 2.4 厘米（图一六，3；彩版七，4）。J1：16，残。出土于遗迹东侧。残长 34.4、残宽 28、厚 2 厘米（图一六，4；彩版七，5）。

C 型　菱形纹复合方格纹板瓦。10 件。

多为夹砂红褐陶，从可复原的板瓦来看，菱形纹施于板瓦凸面大部分区域，方格纹仅施于板瓦凸面一端小部分区域，凹面施布纹。部分板瓦瓦身边缘可见有从凹面向外切的痕迹。由于板瓦多残损，仅有 4 件板瓦可见菱形纹复合方格纹，另外 5 件仅见有菱形纹，1 件仅见有方格纹。

J1：61，方格、菱形纹板瓦，残。凸面一端约 7 厘米宽的区域饰小方格纹，余饰菱形纹。出土于遗迹东侧。残长 28、残宽 22、厚 1.6 厘米（图一六，5；彩版七，6）。J1：62，方格、菱形纹板瓦，残。凸面一端有 1.5~2 厘米抹平，余施方格纹、菱形纹。出土于遗迹东侧。残长 27.2、残宽 22.4、厚 1.6 厘米（图一六，6；彩版八，1）。

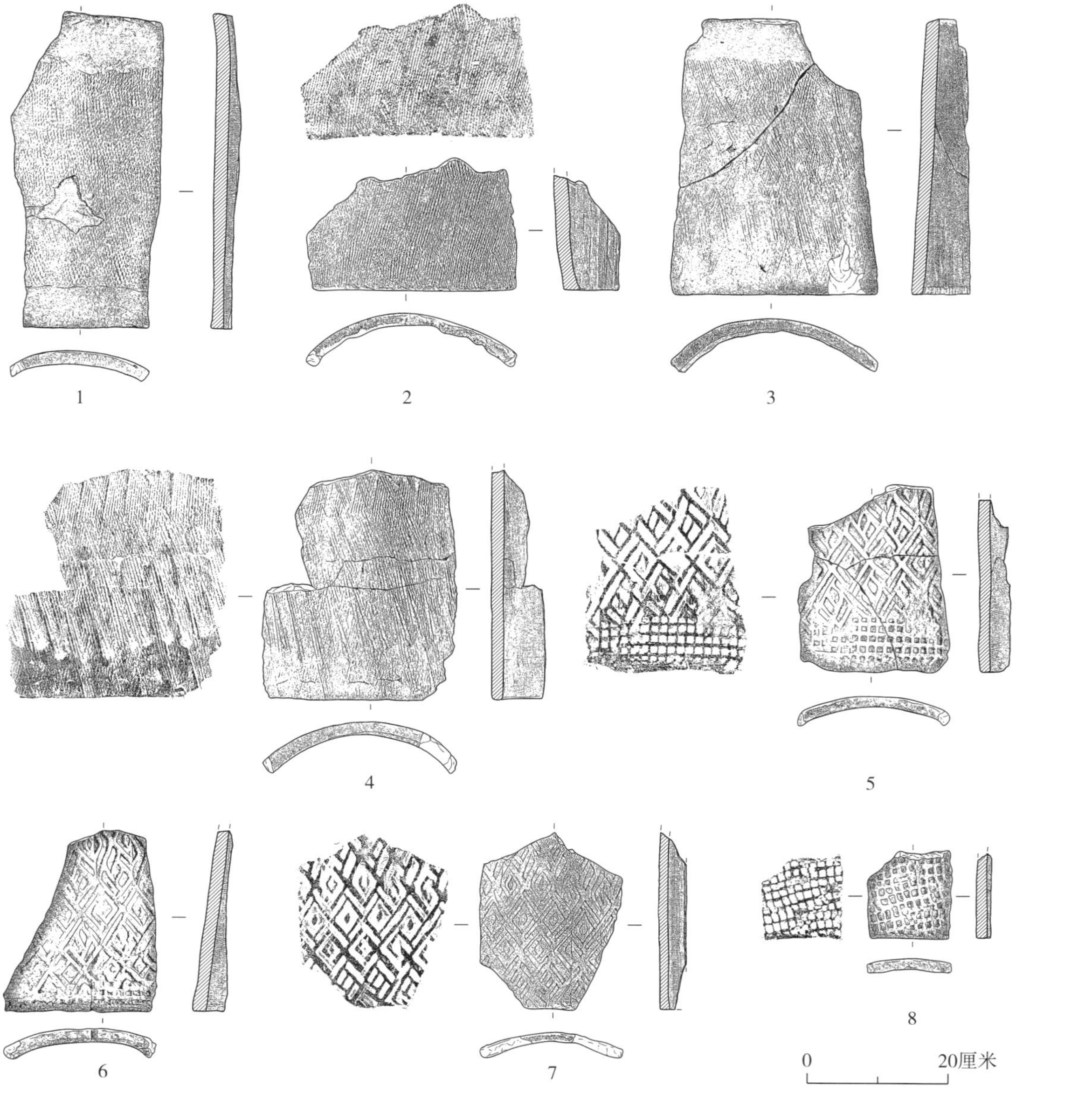

图一六　J1 出土普通板瓦

1、2. A 型纹饰板瓦（J1：14、58）　3、4. B 型纹饰板瓦（J1：4、16）　5~8. C 型纹饰板瓦（J1：61、62、59、63）

J1：59，菱形纹板瓦，残。出土于遗迹东侧。残长 27.2、残宽 20.8、厚 1.6 厘米（图一六，7；彩版八，3）。J1：63，方格纹板瓦，残。残长 13.2、残宽 12、厚 1.6 厘米（图一六，8；彩版八，2）。

青砖　1 件。

J1：77，残，夹砂灰陶，模制，砖面局部残存少许细绳纹。残长 24、宽 16.8、厚 6 厘米（图一七，1）。

2. 金属器物

金属器包括鎏金铜饰件、铁风铃、铁钉。均出土于台基上部。

鎏金铜饰件　1件。J1：85，残，锈蚀严重，镂空状。残长23.2、宽7.2、厚0.4厘米（图一七，2；彩版八，4）。

铁风铃　1件。J1：86，残。整体近锥形，底边呈波浪形，横截面为八边形，顶部有一孔。残高11.2、底最宽处为12、铃身厚0.6厘米（图一七，3）。

铁钉　5件。均为折头铁钉，钉身横截面近长方形。

J1：87，长8、折首长0.8厘米（图一七，4）。J1：88，头部微卷。铁钉长8.6、折首长1.2厘米（图一七，5）。J1：89，长11、折首长1.4厘米（图一七，6）。J1：90，长8.4、折首长1.2厘米（图一七，7）。J1：91，长6.6、折首长1.2厘米（图一七，8）。

3. 壁画残块

发现少量壁画残块，残块较小，在抹平的白灰面残块上见有墨书残迹，由于保存较差，其形不可辨识（彩版八，5、6）。

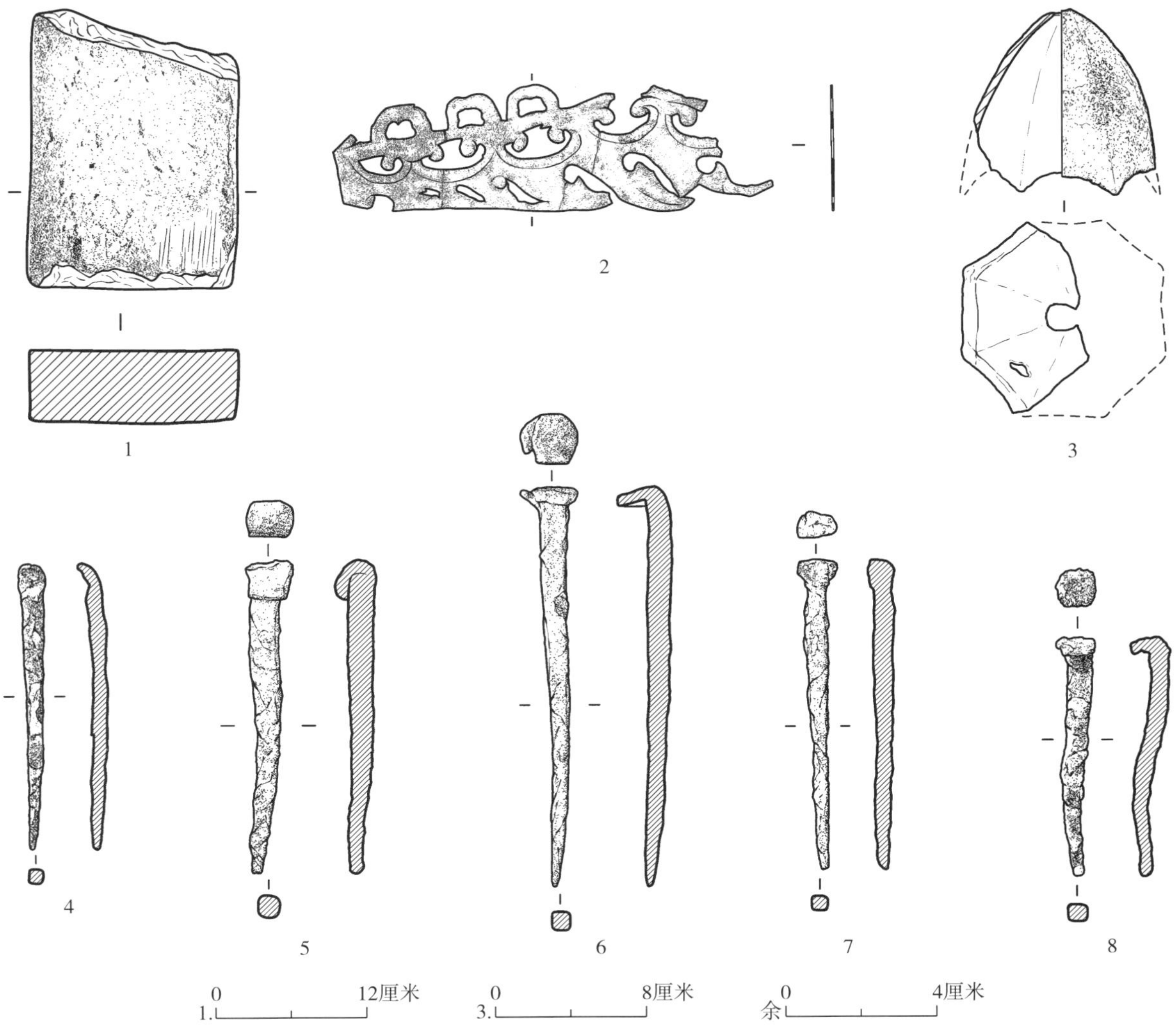

图一七　J1出土器物

1. 青砖（J1：77）　2. 鎏金铜饰件（J1：85）　3. 铁风铃（J1：86）　4~8. 折头铁钉（J1：87~91）

第三节　Ⅲ、Ⅳ号台地

Ⅲ号台地位于Ⅱ号台地西南，占地面积约4000平方米。2005年经过钻探，在台地东缘发现并列的2座大型石室封土墓，编号为M19、M20。在西缘发现的墓葬编号为M17、M18，由于地表明石较多，墓葬的具体布局情况不清。在台地南缘缓坡上发现一座石室墓，编号为M16。另外在M18南侧、M20东侧各有一处石堆分布，疑为墓葬（图一八）。

Ⅳ号台地位于Ⅲ号台地西面，占地面积600平方米。发现墓葬6座，已于2004年发掘，编号为M4～M9。其中M8为砖室墓，位于台地中央，与西侧的大型石室墓M9并列

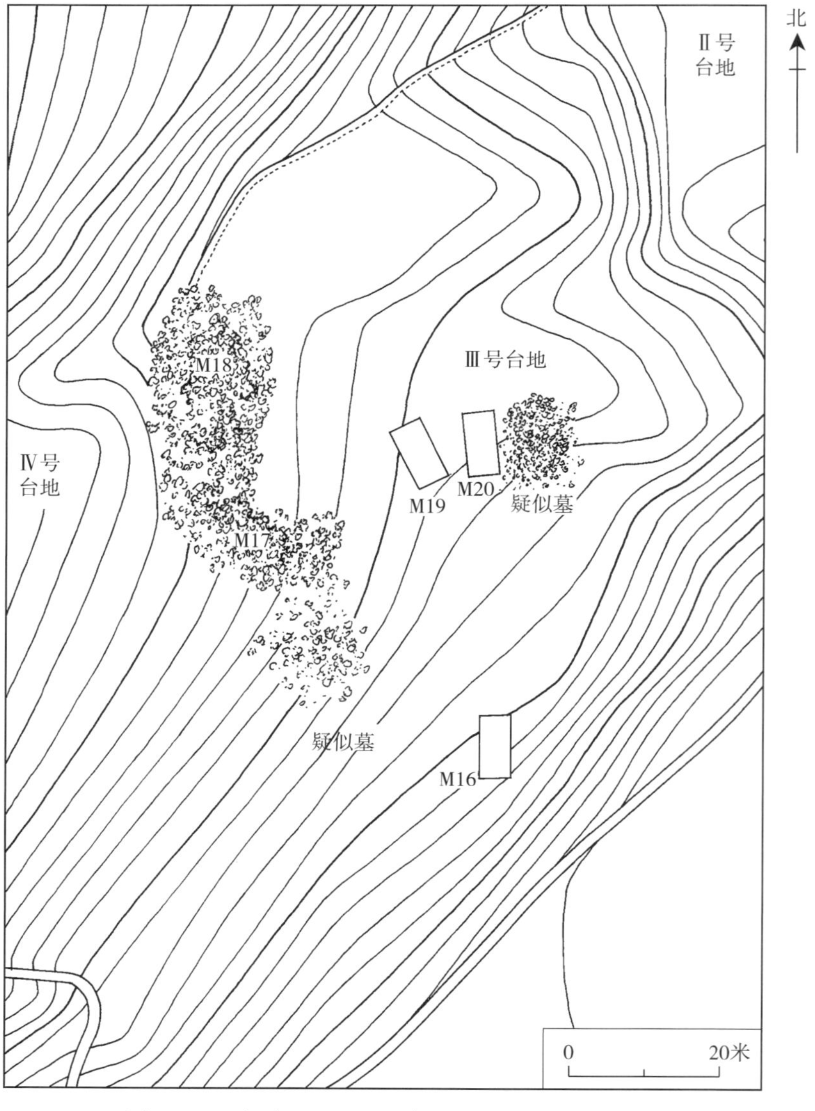

图一八　龙海墓区Ⅲ号台地墓葬分布及地形图

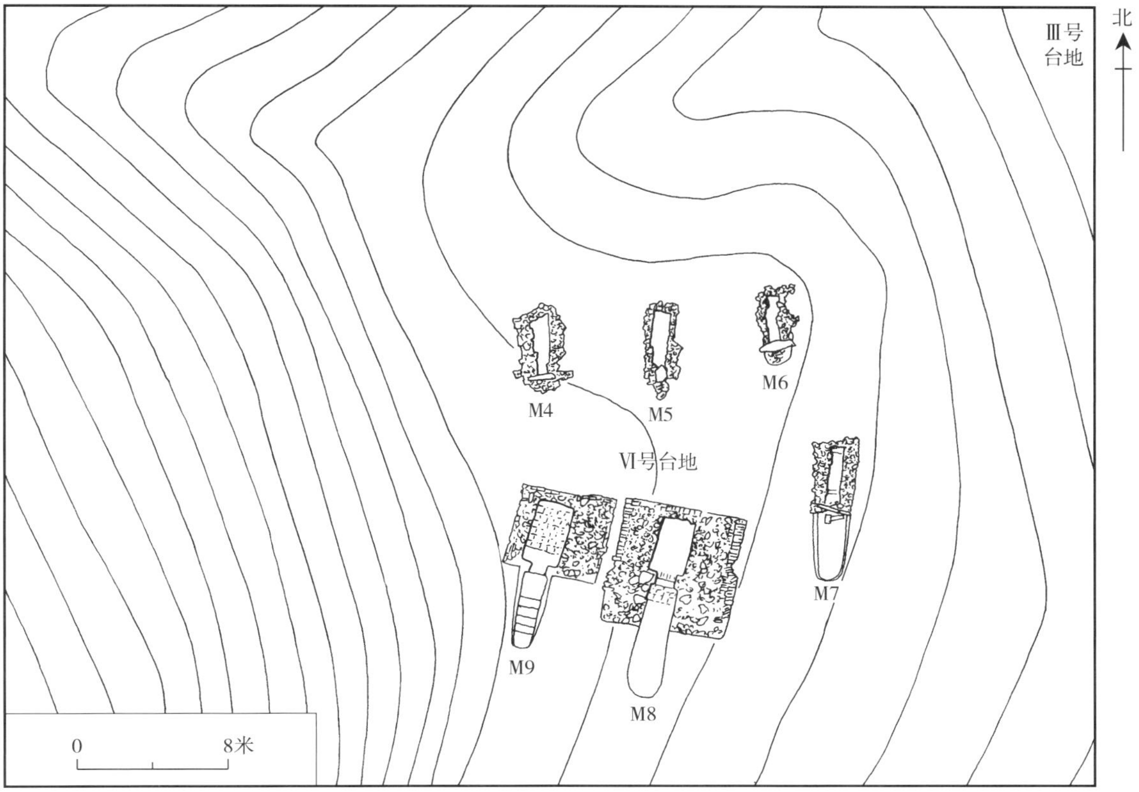

图一九　龙海墓区Ⅳ号台地墓葬分布及地形图

为一组，其余的墓属中型石室墓，分布在M8、M9的东侧与北侧（图一九）。

一　M4

（一）墓葬形制

M4位于Ⅳ号台地西北，东邻M5，南侧为M9，为中型石室墓（图二〇、二一）。

M4开口于表土层下，打破生土。墓道仅清理了靠近墓门的部分，整体结构不明。已清理的墓道底部近斜坡状，采用土石填充。

墓门以一块经人工修理平整的长方形大石封堵，宽1.4、高0.85、厚0.25米，封门石已从中部断裂为两截。封门石内侧为墓门，两边立条石作门框，墓门宽0.5米。

墓室平面呈长方形，南北长3.1、东西宽0.95、高1米。墓顶覆盖5块未经特殊修整的不规则形大石板，均已塌落至墓室内。地面封土现已无存。墓室四壁以石块垒砌，因墓顶坍塌均有不同程度的破坏，呈斜坡状。墓室地面铺垫一层厚约0.05米的黄黏土。棺床因遭盗扰未能保存。人骨保存较差，仅存下颌骨和少量肢骨，散乱分布于墓室四角。随葬器物多被盗，仅发现铁钉和铜泡钉各1件（彩版九；彩版一〇，1）。

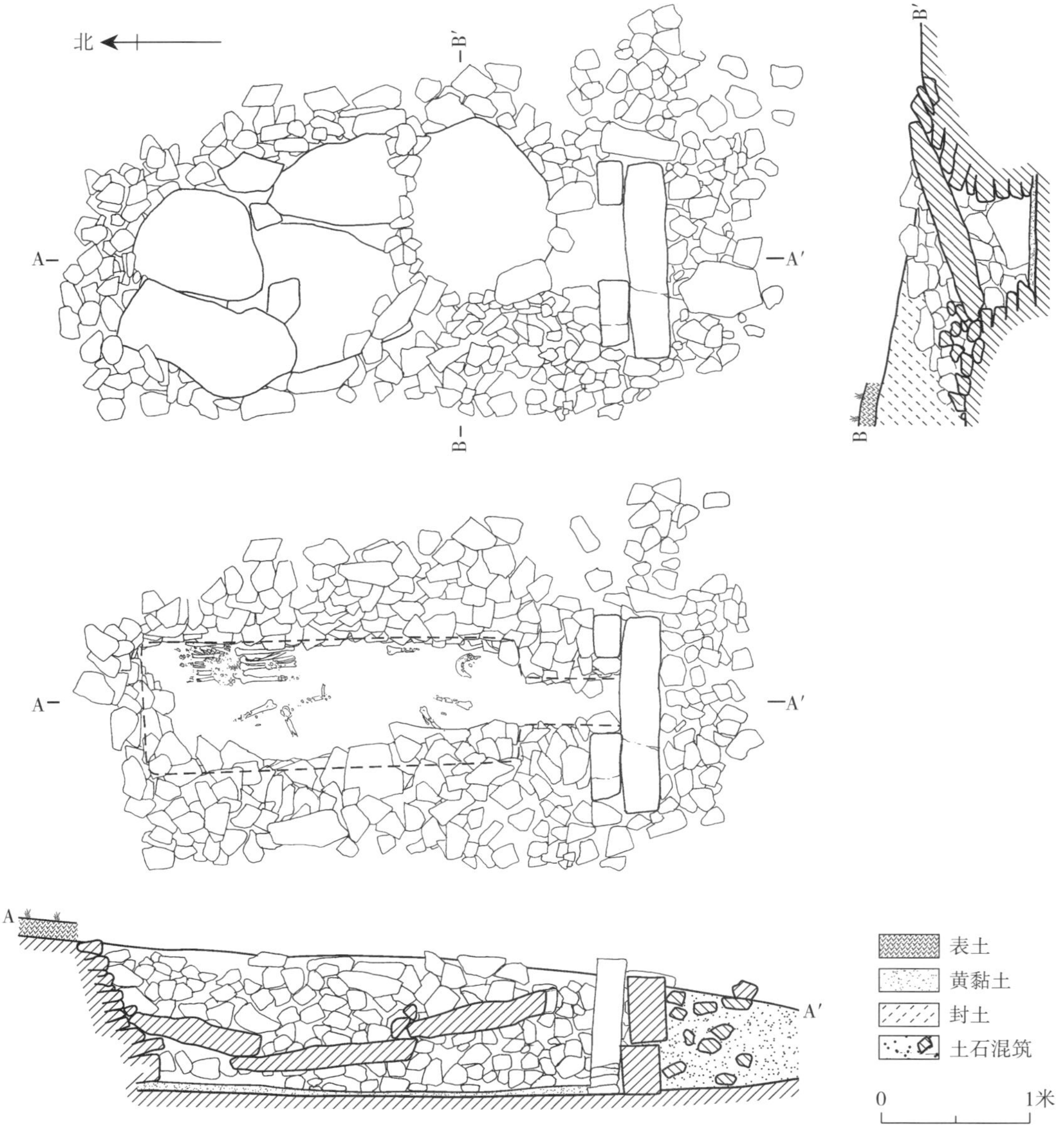

图二〇　M4 平、剖视图

（二）出土遗物

折头铁钉　1 件。M4∶1，残。横截面为方形。钉身长 9.7 厘米（图二二，1；图二三，1）。

铜泡钉　1 件。M4∶2，残，钉帽近圆形，表面锈蚀严重，是否鎏金已无法辨识。钉身长 0.7、帽径 1.9 厘米（图二二，2；图二三，2）。

二　M5

（一）墓葬形制

位于Ⅳ号台地北侧，东西两侧分别为 M4、M6，南邻 M8，为中型石室墓（图二四、

图二一　M4揭开表土后场景（由南向北摄）

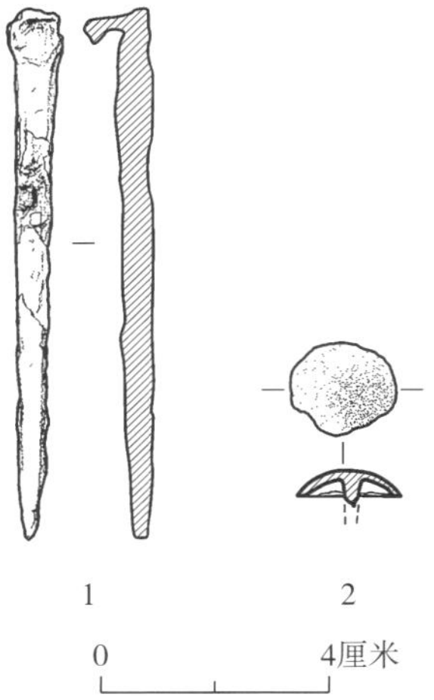

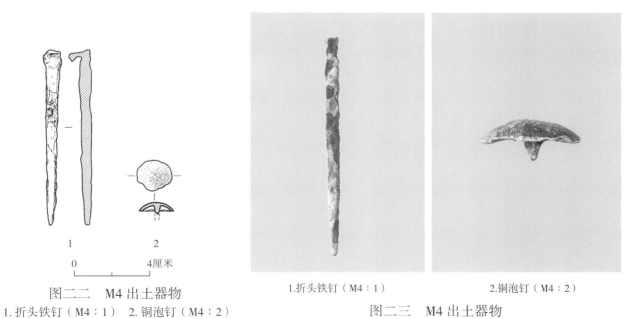

图二二　M4出土器物
1. 折头铁钉（M4：1）　2. 铜泡钉（M4：2）

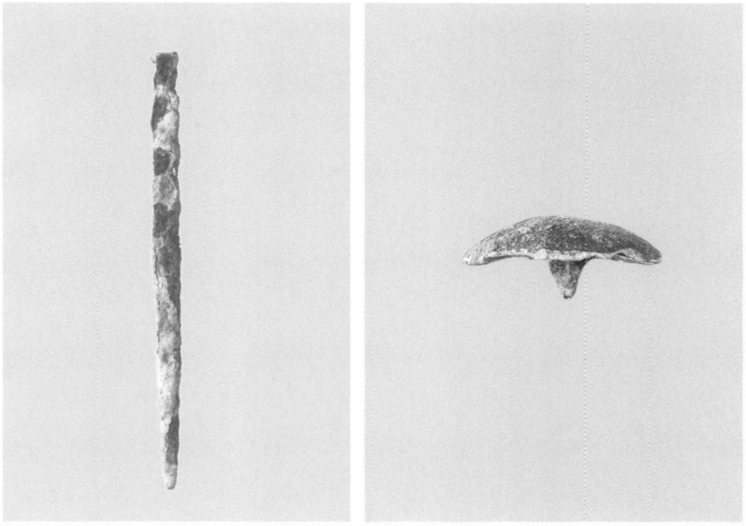

1.折头铁钉（M4：1）　2.铜泡钉（M4：2）

图二三　M4出土器物

二六、二七）。

M5开口于表土层下，打破生土。墓道、墓门皆已被破坏，形制不明。

墓门内侧有方形甬道，甬道南北长0.62、东西宽0.64米。

墓室平面呈长方形，南北长1.54、东西宽0.78、高0.55米（图二五）。墓顶以7

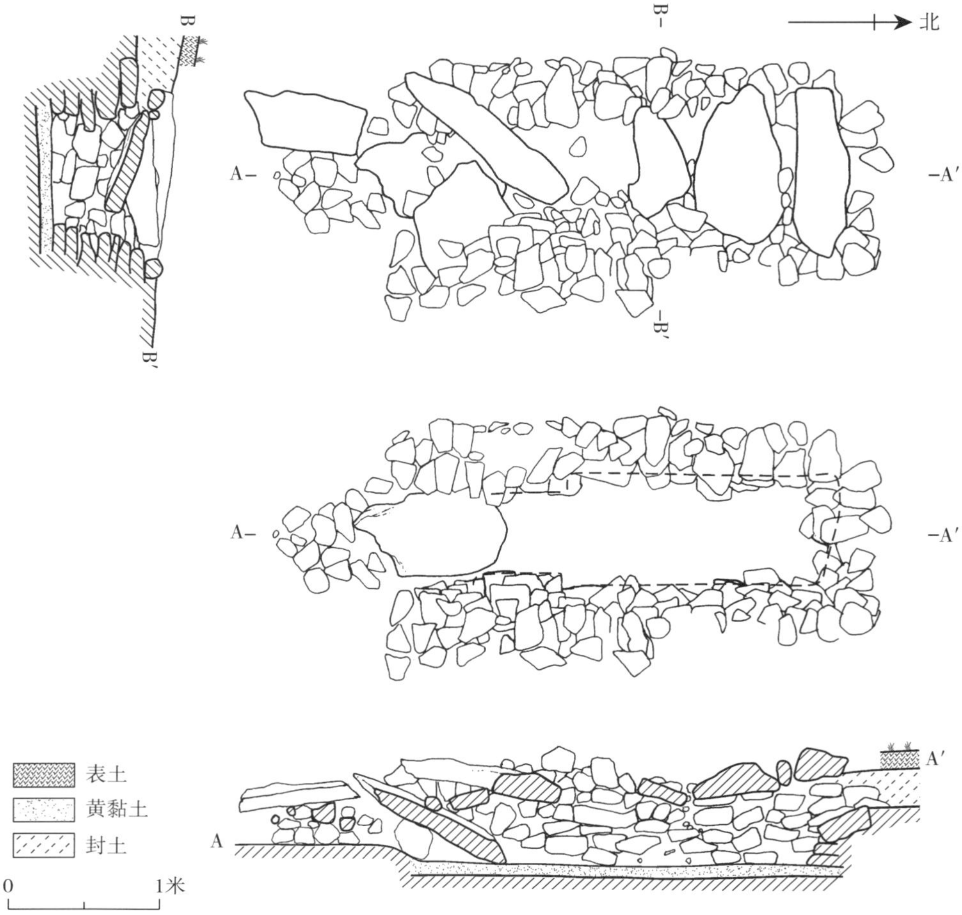

图二四　M5 平、剖视图

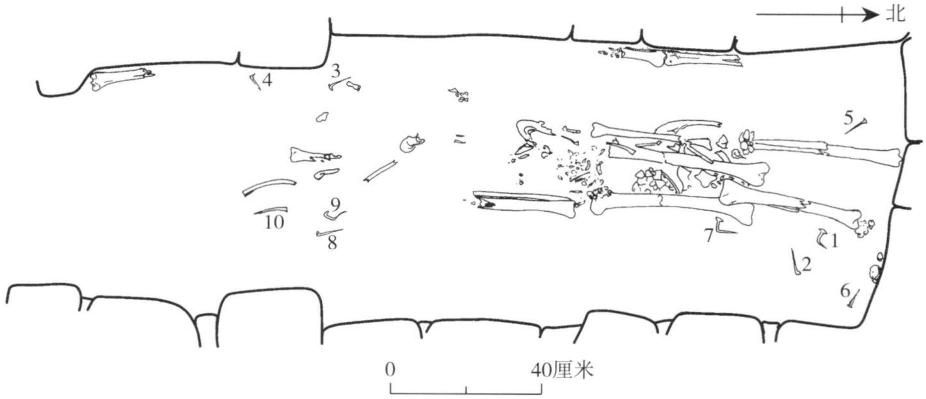

图二五　M5 墓室平面图
1~10. 铁钉

块未加修整的条形石板覆盖，近墓门处的墓顶石塌落在墓室内。地面封土破坏无存。墓室以石块垒砌四壁，整体保存情况较好。墓室地面平整，以黄黏土铺垫。未见棺床。墓主骨骼遭扰乱，上半身散失，腿骨部分基本完好，位于北侧，推测葬式应为仰身直

图二六　M5 揭表土层后墓顶盖石（由北向南摄）

图二七　M5 揭表土层后墓顶盖石（由南向北摄）

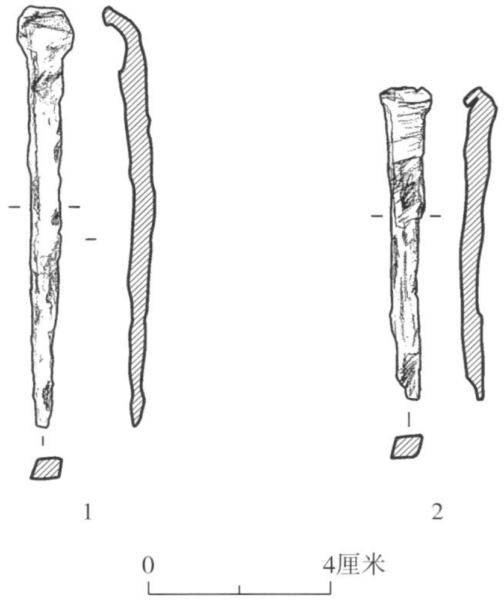

图二八　M5 出土折头铁钉
1. M5：1　2. M5：2

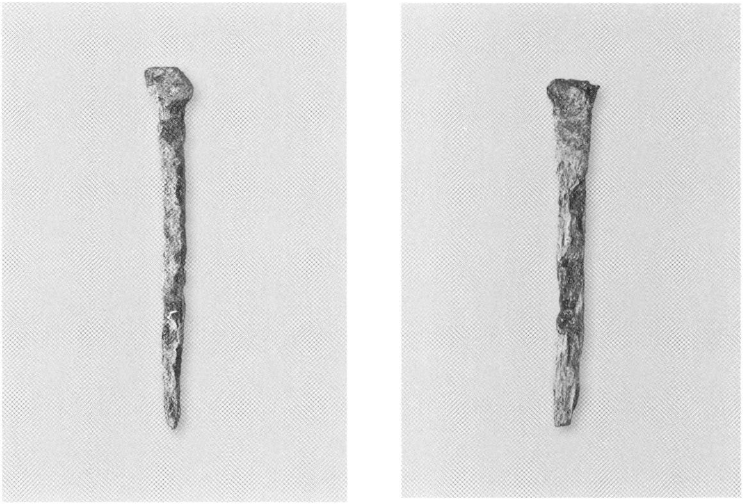

1. M5：1　2. M5：2

图二九　M5 出土折头铁钉

肢，头向正南。随葬器物多被盗，仅出土若干铁钉，应是棺木上的构件（彩版一〇，2；彩版一一）。

（二）出土遗物

铁钉　10 件。均为折头铁钉。M5：1，残，横截面近似梯形。钉身长 9.8 厘米（图二八，1；图二九，1）。M5：2，残，横截面近似方形。钉身长 7.2 厘米（图二八，2；图二九，2）。

三　M6

M6 位于Ⅳ号台地东北，西邻 M5，南侧有 M7、M8，为中型石室墓（图三〇、三一）。

M6 开口于表土层下，打破生土。墓道平面呈圆角长方形，底部平坦，以土石填充。

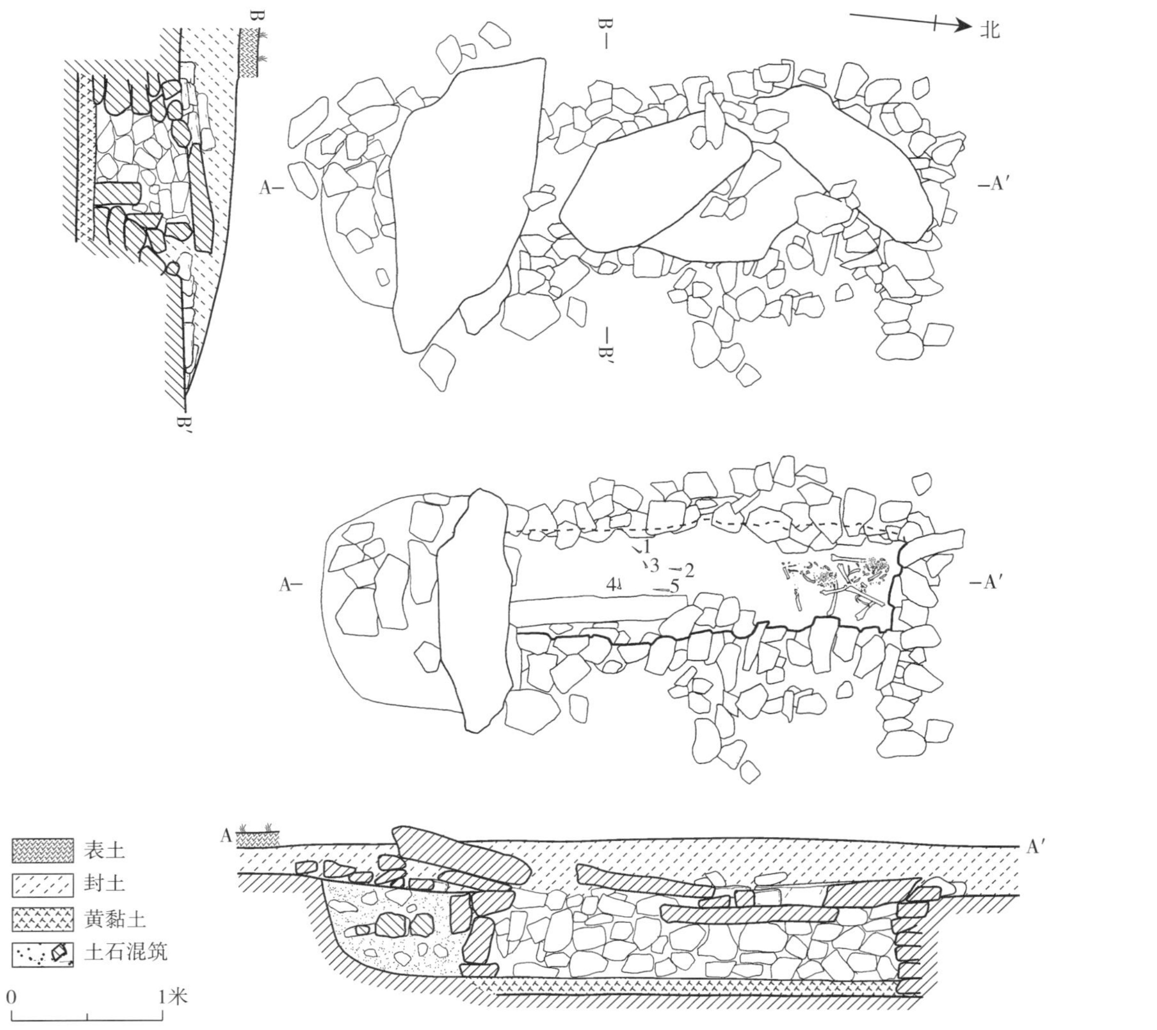

图三〇　M6平、剖视图

墓道长1、宽1.5米。

墓门以多块未经修整的石块封堵，顶部压置一长条形石板作为门楣。

墓室平面呈长方形，南北长2.7、东西宽0.8、高0.6米。墓顶以4块形状不规则的大石板覆盖，因后期扰动，墓顶盖石有相互叠压现象。墓室四壁以石块垒砌，整体保存状况一般，局部已变形或坍塌。墓室地面以黄黏土铺垫，十分平整。墓室被盗，葬具被破坏，未发现棺床迹象，人骨亦遭严重扰乱，仅有少量凌乱的骨骼集中分布于墓室北端。随葬器物多被盗，仅在墓室中部出土5枚铁钉（彩版一二、一三）。

四　M7

（一）墓葬形制

位于Ⅳ号台地东侧，西邻M8，西北有M6。M7开口于厚0.2~0.3米的表土层下，打

图三一　M6 清理表土及揭开墓顶石后场景（由西向东摄）

破生土，为中型石室墓（图三二、三三；彩版一四）。

墓道平面呈舌状，方向 185°。底部斜坡状，坡度 8.7°。墓道长 3.65、宽 0.75~1.85 米。墓道内以土石混杂填充。

墓室平面呈长方形，方向 188°。长 2.7、宽 1.1、高 0.6 米。墓顶以 7 块大石覆盖，北壁东北角和西北角抹角摆放。中部的一块墓顶盖石已塌落在墓室内。墓室四壁以块石垒砌，壁厚 0.7~0.9 米。墓室底部以经修整的条石铺砌四周，其内铺垫两层土，下层为黄褐色黏土，上层为灰黄色细沙土，垫土与条石外框呈同一水平面。墓室内盗掘一空，未发现人骨，仅发现少量朽烂的棺木残渣和铁钉等遗物。

（二）出土遗物

铁器　12 件。包括镂孔铁片、铁勺形器、铁钉等。

镂孔铁片　1 件。M7∶3，形状不规则，分布有较多的镂孔。长 9.3、宽 7.4 厘米（图三四，1；图三五，1）。

铁垫片　1 件。M7 墓道∶1，残，复原呈圆环状。直径 5.8 厘米（图三四，7；图三五，3）。

铁勺形器　1 件。M7 封∶1，出土于墓上封土，一端近勺状，柄部圆形中空，向上渐粗，柄部上端残存一长方形插孔。通长 19.9、柄宽 2.5、头部宽 3.3、柄径约 2.3 厘米（图三四，11；图三五，2）。

铁铊尾　1 件。M7∶4，锈蚀严重，残。长 3.7、宽 2.8 厘米（图三四，2；图三五，4）。

铁器残片　2 件。锈蚀严重，稍呈弧形，疑为铁刀。M7 墓道∶2，长 5.3、宽

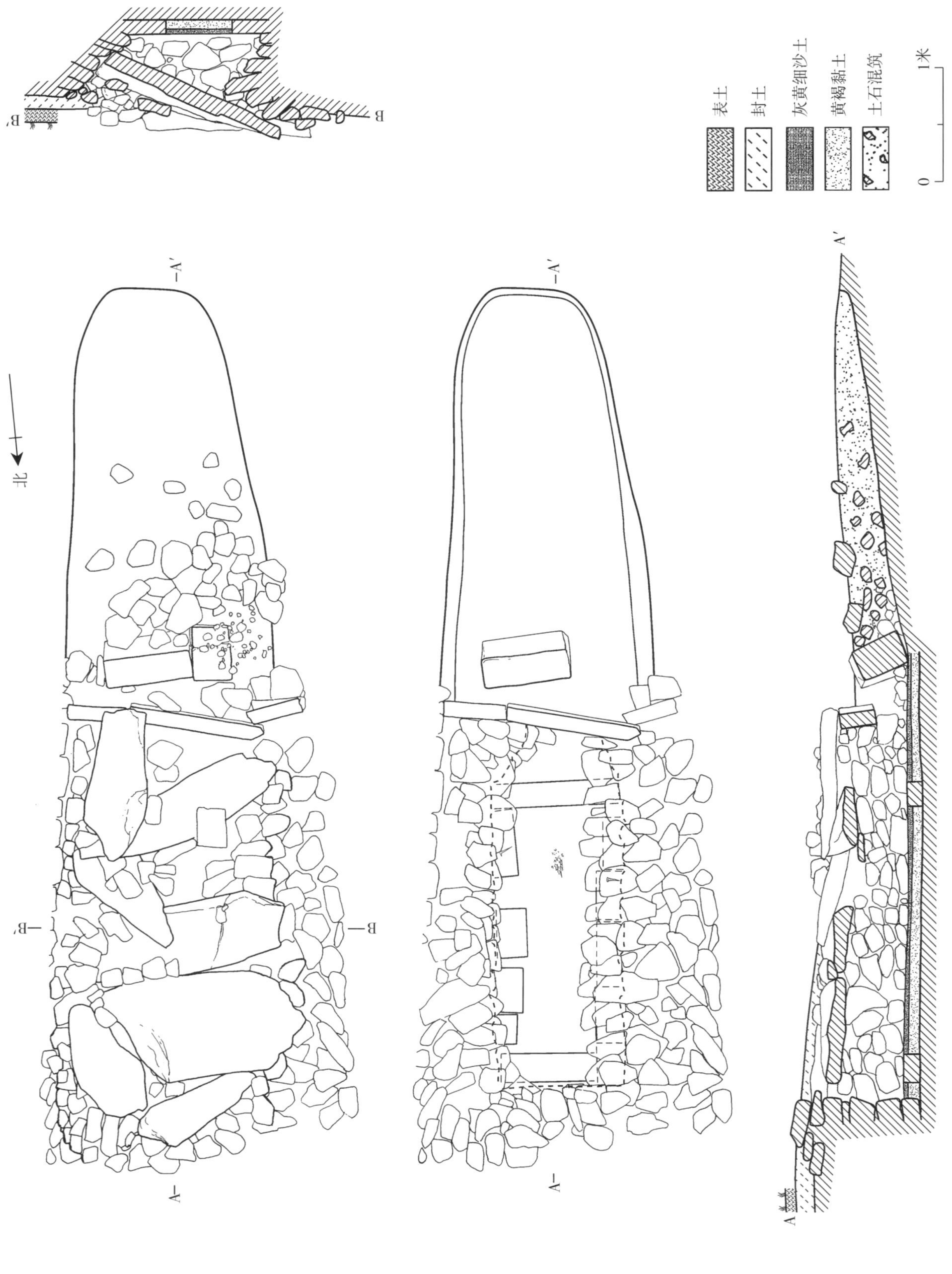
北
A
A′
B
B′
表土
封土
灰黄细沙土
黄褐黏土
土石混筑
0
1米

图三二 M7平、剖视图

图三三　M7 墓顶盖石摆放场景（由南向北摄）

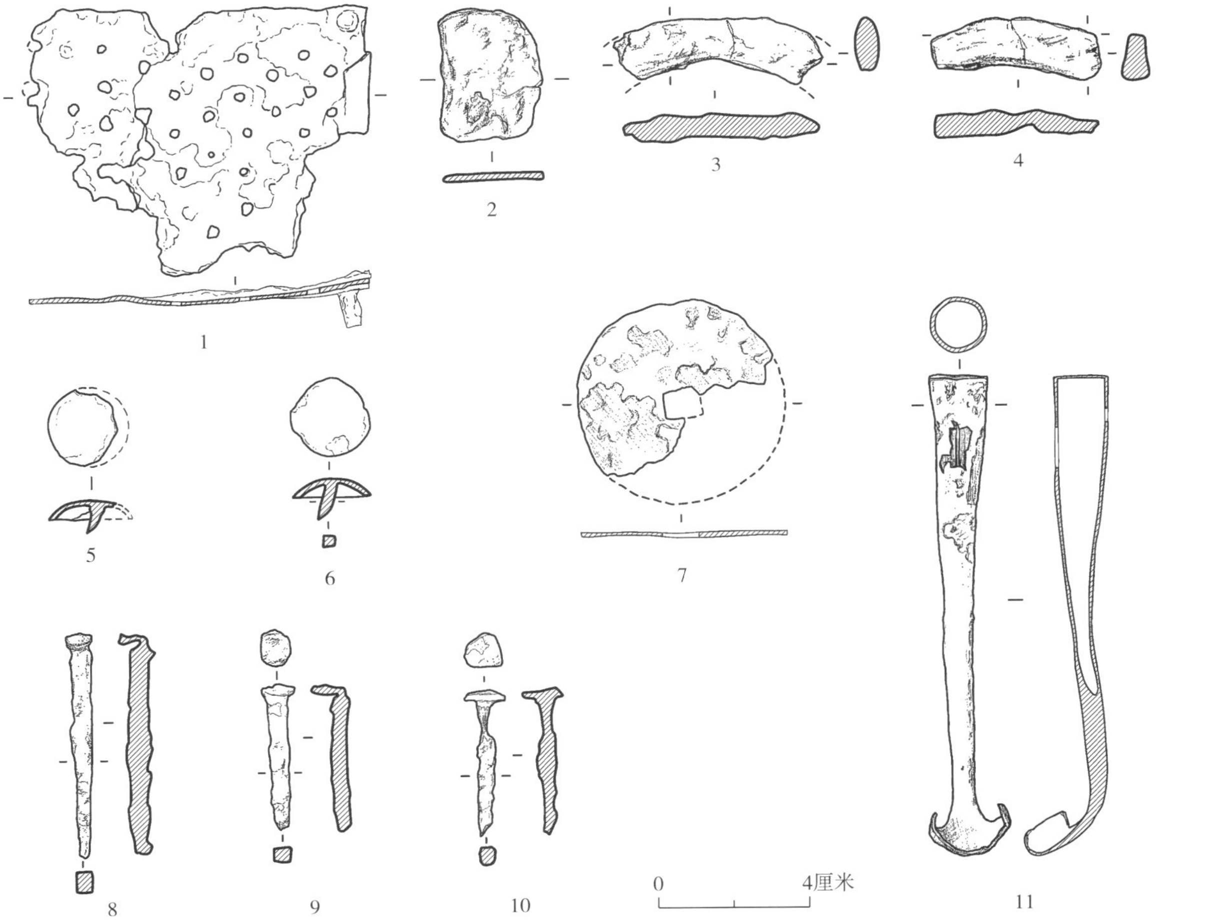

图三四　M7 出土器物

1. 镂孔铁片（M7∶3）　2. 铁铊尾（M7∶4）　3、4. 铁器残片（M7 墓道∶2、3）　5、6. 铜泡钉（M7∶1、2）　7. 铁垫片（M7 墓道∶1）　8、9. 折头铁钉（M7∶5、M7 墓道∶7）　10. 铁泡钉（M7∶6）　11. 铁勺形器（M7 封∶1）

1.2~1.5、厚0.6厘米（图三四，3）。M7墓道：3，长4.6、宽1.5、厚0.4~0.7厘米（图三四，4）。

铁钉　6件。其中铁泡钉1件。M7：6，钉帽近圆形，钉帽下面部分较钉身其他部分细，尖残。横截面为方形。长4、帽径约1.1厘米（图三四，10；图三五，5）。折头

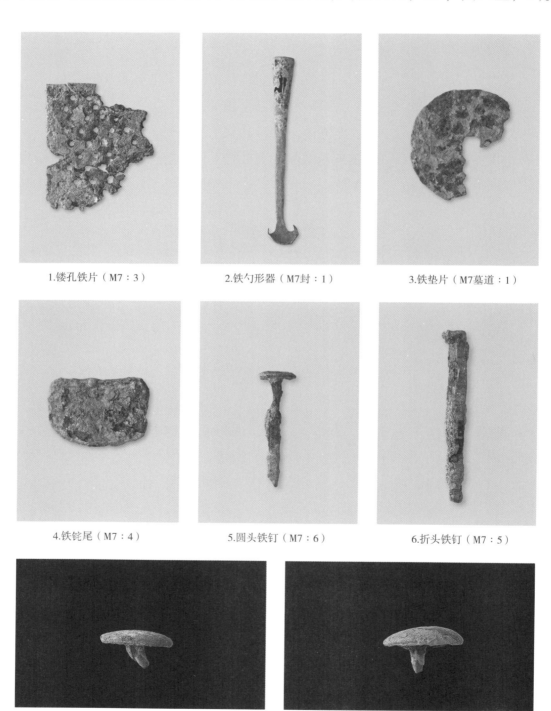

1.镂孔铁片（M7：3）

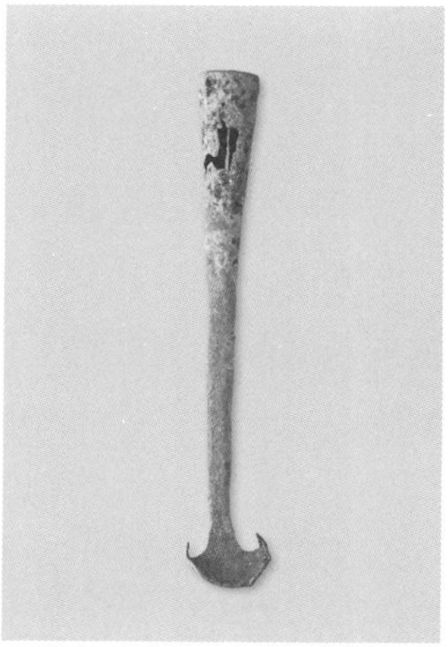
2.铁勺形器（M7封：1）

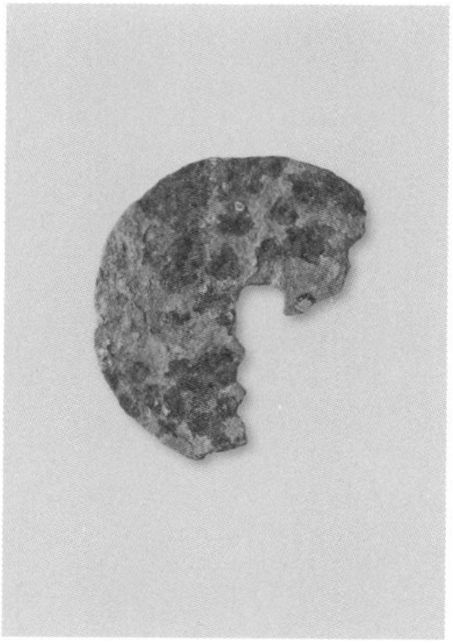
3.铁垫片（M7墓道：1）

4.铁铊尾（M7：4）

5.圆头铁钉（M7：6）

6.折头铁钉（M7：5）

7.鎏金铜泡钉（M7：1）

8.鎏金铜泡钉（M7：2）

图三五　M7出土器物

铁钉 5 件。M7∶5，尖微残。横截面为方形。长 6.2 厘米（图三四，8；图三五，6）。M7 墓道∶7，尖微残。横截面为方形。长 4.1、帽径约 1 厘米（图三四，9）。

铜器　2 件。均为泡钉。

鎏金铜泡钉　2 件。M7∶1，帽微残，尖微弯。钉身长 0.9、帽径约 2.2 厘米（图三四，5；图三五，7）。M7∶2，帽微残，尖微弯。钉身长 1.2、帽径约 2.1 厘米（图三四，6；图三五，8）。

五　M8

（一）墓葬形制

M8 位于Ⅳ号台地南侧，北邻 M5，西、东两侧分别为 M9 和 M7（图三六）。M8 与 M9 相距最近，两者地表上的墓域相距仅 1~1.6 米（图三七）。

墓道平面近喇叭形，方向 172°。底部整体呈缓坡状，坡度 10.2°。南端略陡，近墓口处较平缓。长 5.7、宽 1.6~2.3 米。墓道内填充土石，黄黏土所占比例远大于石块。墓道两侧各有一段石砌墙基，现存高 0.3 米，表面涂抹白灰，除底部外大部都已脱落（图三八，2；彩版一五）。

墓门以两块体量较大的石板竖立封堵。封门石底部有厚 0.65 米的石砌挡墙，挡墙上方斜置一块石板倚靠住封门石，这些措施均是为了防止封门石倒塌。挡墙下方有两排东西向方砖铺就的地面，表面涂抹白灰，砖面长 1.2、宽 0.7 米（彩版一六）。

墓门内侧为甬道，连接墓道和墓室。甬道平面呈长方形，地面铺两排条砖，东西长 0.85、南北宽 0.75 米。

墓室平面呈长方形，长 3.05、宽 1.85、高 1.9 米。分内外两层修筑，外层石砌，厚 1.3~2.1 米，内层砖砌，厚 0.2 米。整体保存一般，东、西两壁上部均已坍塌。墓顶以 5 块长条形大石板覆盖，多数断裂并塌落至墓室内。墓底平坦，铺垫一层黄黏土。由于墓室被破坏严重，原先有无棺床不清楚（图三九；彩版一七）。

墓顶地表可见用砖瓦石块修砌的近方形墓域，南北长 6.9、东西宽 6.5 米（图三八，1；彩版一八）。为了搞清楚 M8、M9 之间的关系，在两墓墓域之间布一解剖沟，解剖沟长 1、宽约 0.8 米（图四〇）。通过解剖可知，M8、M9 为分别挖墓坑，两墓墓坑相距约 1 米。两墓均用大小不等的石块砌筑墓壁，用大条石封顶后堆砌封土，封土中间稍高，四周稍低。然后在封土边缘用青砖垒砌一周，大致呈方形的墓域，在墓域内封土之上以土石混筑最终封护墓域（图四一）。

墓室内发现至少代表两例个体的人骨，人骨保存较差，散乱分布于墓室中（彩版一九、二〇）。另发现少许陶器、铁器等随葬器物和葬具，墓室被盗扰严重，于墓室中发现一枚“崇宁重宝”铜钱，应为后期扰进遗物。

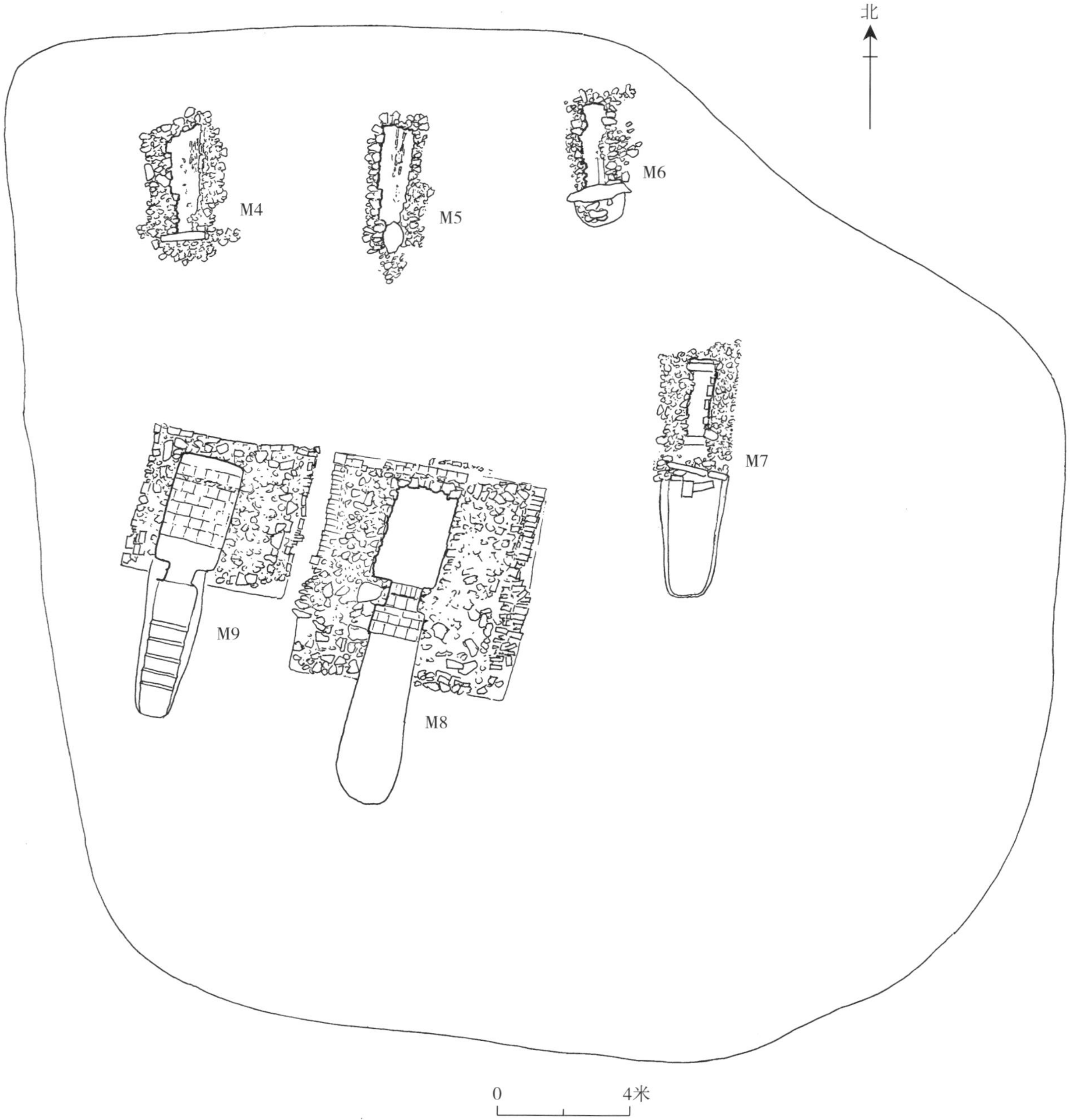

图三六　M8 在第Ⅳ台地位置图

（二）遗物

M8 被盗扰严重，随葬器物多已无存，因此出土器物相对较少，于墓室、墓道发现少许陶器残片、铁器、鎏金铜泡钉等遗物，墓域内发现较多青砖。同时，于墓室内发现有晚期扰进铜钱。

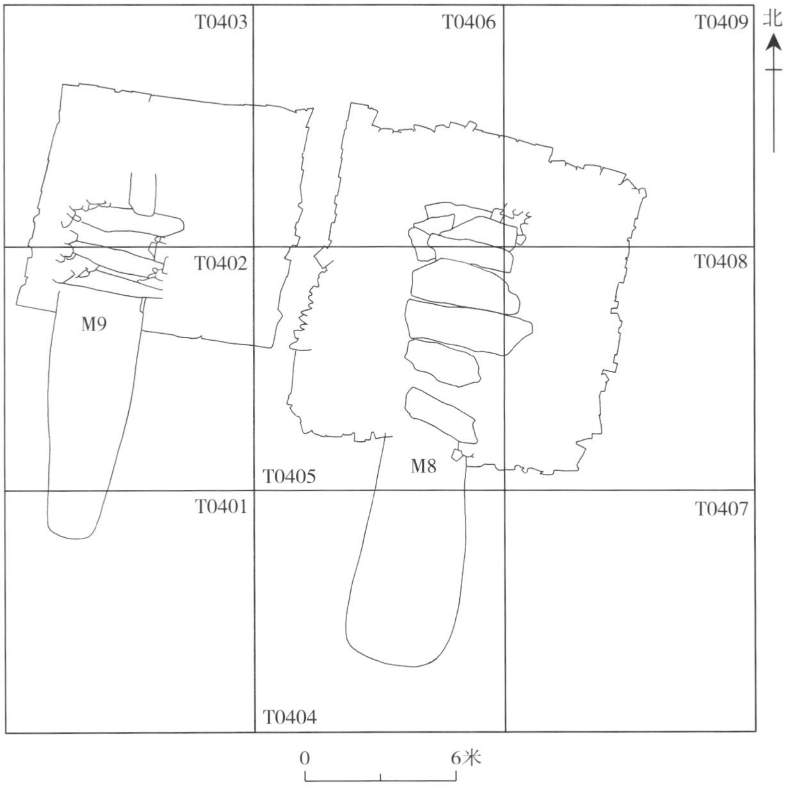

图三七　M8、M9 位置关系

1.墓顶

2.墓道

图三八　M8 墓顶与墓道

1. 随葬品及葬具

陶器　2 件。M8：31，口沿残片，出自墓室。夹砂灰陶，拉坯成形。侈口，圆尖唇，卷沿，束颈，溜肩。肩部外壁饰有一道凹弦纹，内壁有拉坯痕迹。复原口径 36、残高 9 厘米（图四二，1；图四三，1）。M8：32，口沿残片，出自墓室。夹砂灰陶，拉坯成形。侈口，圆尖唇，卷沿，束颈。复原口径 36、残高 4 厘米（图四二，2）。

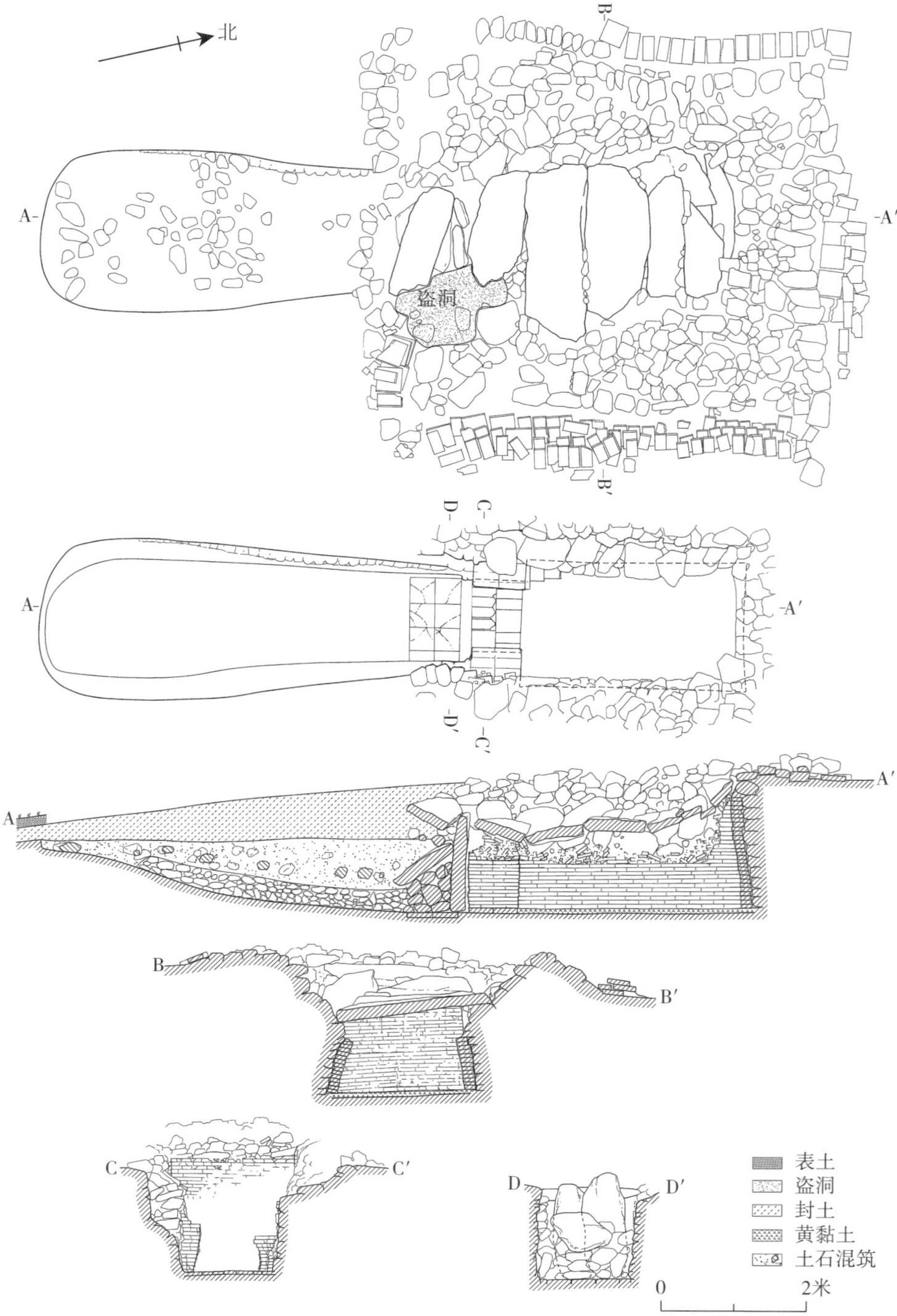

图三九　M8 平、剖视图

圭形砖　1 件。M8：34，残，夹砂灰陶。一面有绳纹痕迹，其他面皆素面。残长 21.9、宽 16.5、厚 5.1 厘米（图四二，3；图四三，2）。

坡面砖　2 件。M8：35，残，夹砂灰陶。一端有一斜面，斜面与前面折角处饰有一道凹弦纹。残长 14.7、残宽 18.6、厚 5.7 厘米（图四二，4；图四三，3）。

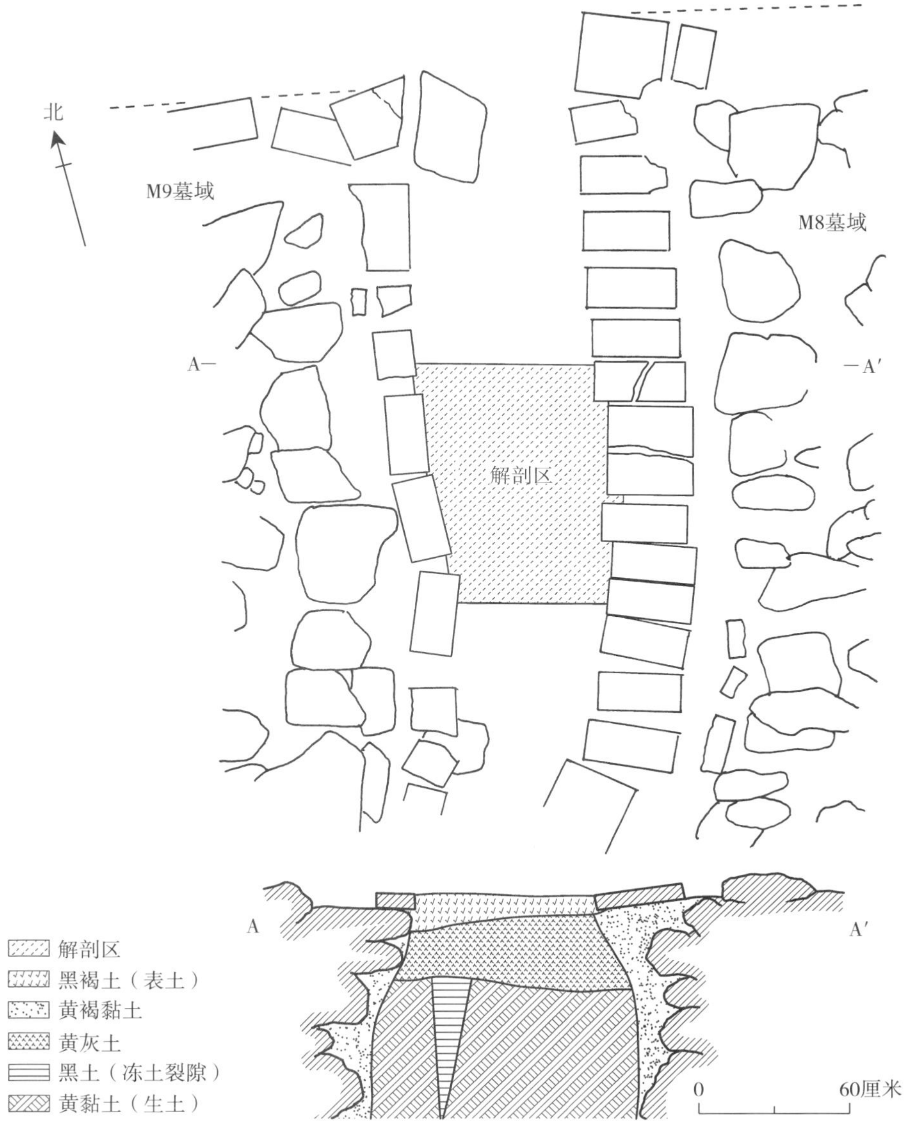

图四〇　M8、M9墓域之间区域解剖图

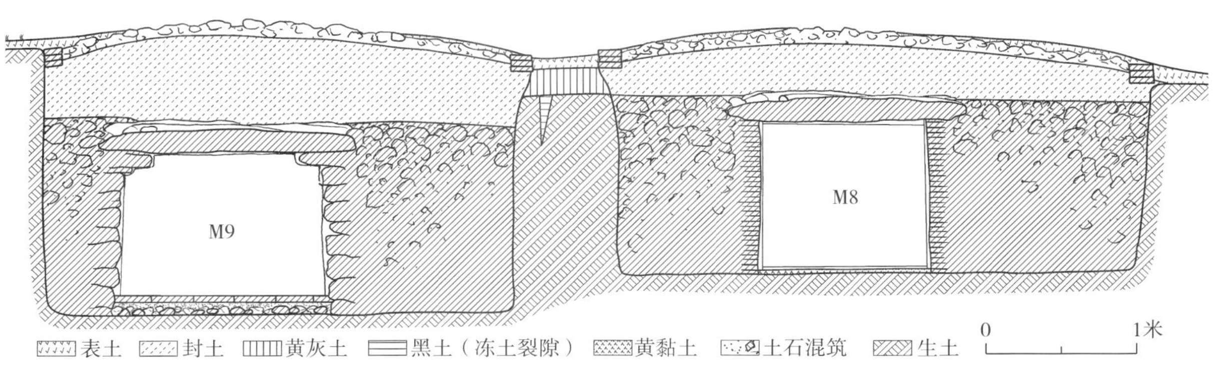

图四一　M8、M9剖面关系示意图

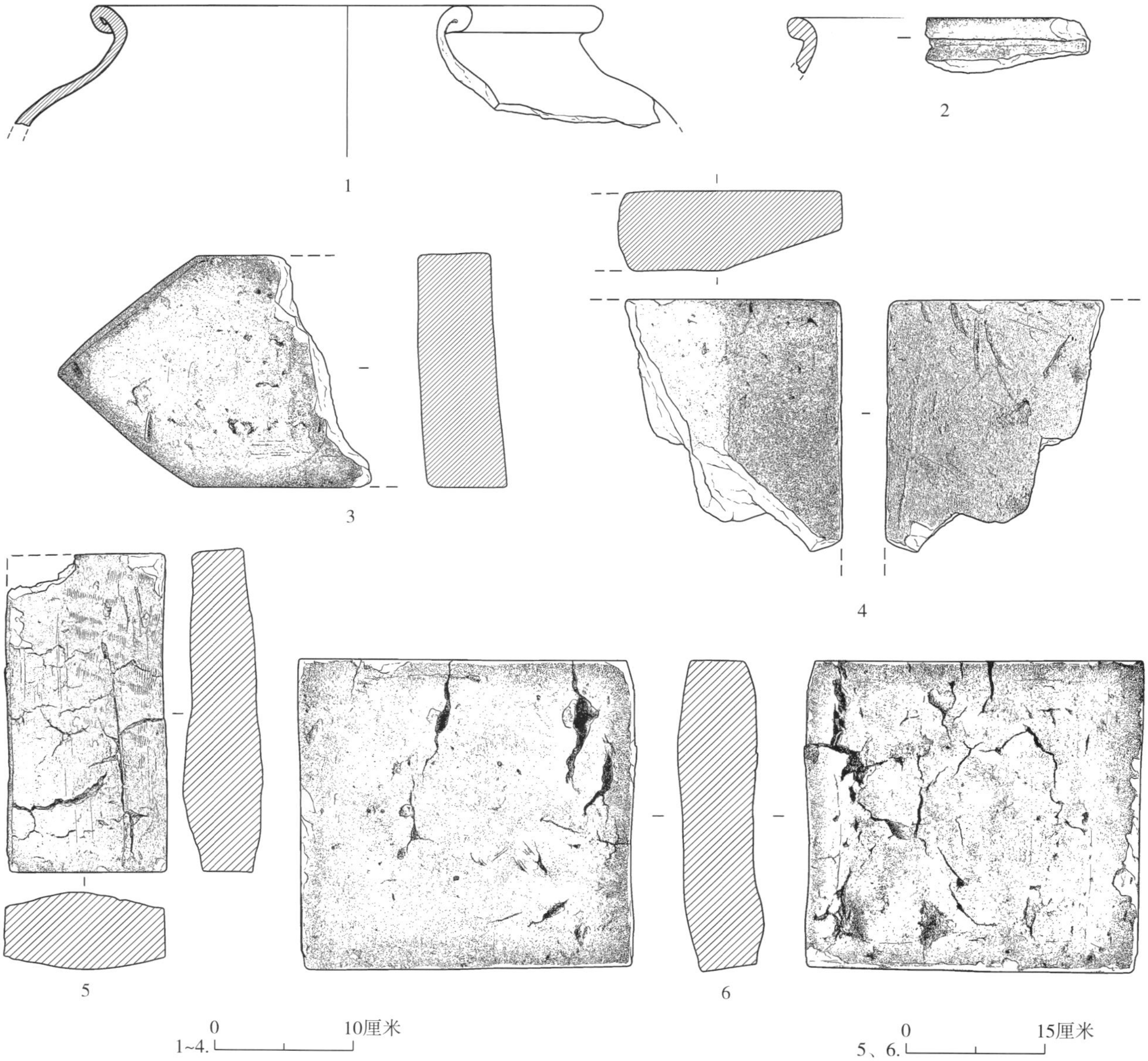

图四二　M8 出土陶器

1、2. 陶器口沿（M8：31、32） 3. 圭形砖（M8：34） 4. 坡面砖（M8：35） 5. 长方形砖（M8：36） 6. 方形砖（M8：39）

长方形砖　3 件。M8：36，残，可复原，夹砂灰陶。长 35.1、宽 17.7、厚 5.1~6.9 厘米（图四二，5；图四三，4）。

方形砖　2 件。M8：39，完整，夹砂灰陶。长 35.1、宽 33.9、厚 5.4~6.6 厘米（图四二，6；图四三，5）。

铁带扣　1 件。M8：4，残，扣环呈圆角长方形，有缺损。出土于墓道。残长 3、宽 3.8、厚 0.2~0.6 厘米（图四三，6；图四四，1）。

铁器残件　2 件。M8：8，残，略呈平行四边形，片状，其上有长方形孔洞。出土于

1.陶器口沿（M8：31）

2.陶圭形砖（M8：34）

3.陶坡面砖（M8：35）

4.陶长方形砖（M8：36）

5.陶方形砖（M8：39）

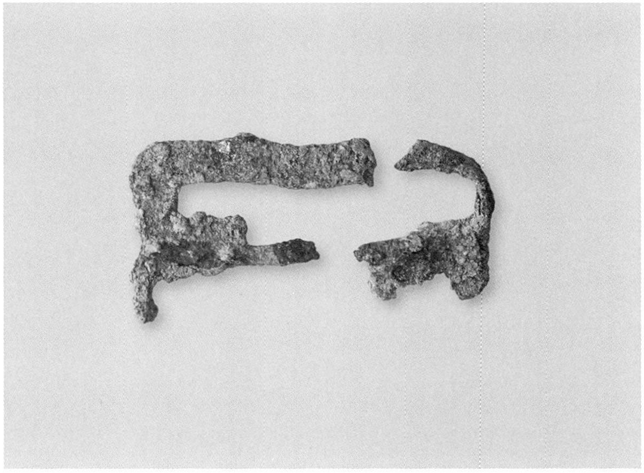

6.铁带扣（M8：4）

图四三　M8 出土器物

墓室。长 5.8、宽 3.4 厘米（图四四，2；彩版二一，1）。M8：27，残，长方形，锈蚀严重。出土于墓道。最长 4.2、宽 2.4 厘米（图四四，3）。

铁钩　1 件。M8：26，完整，似由铁钉弯折而成，钉身靠近钉首一侧弯折成问号状

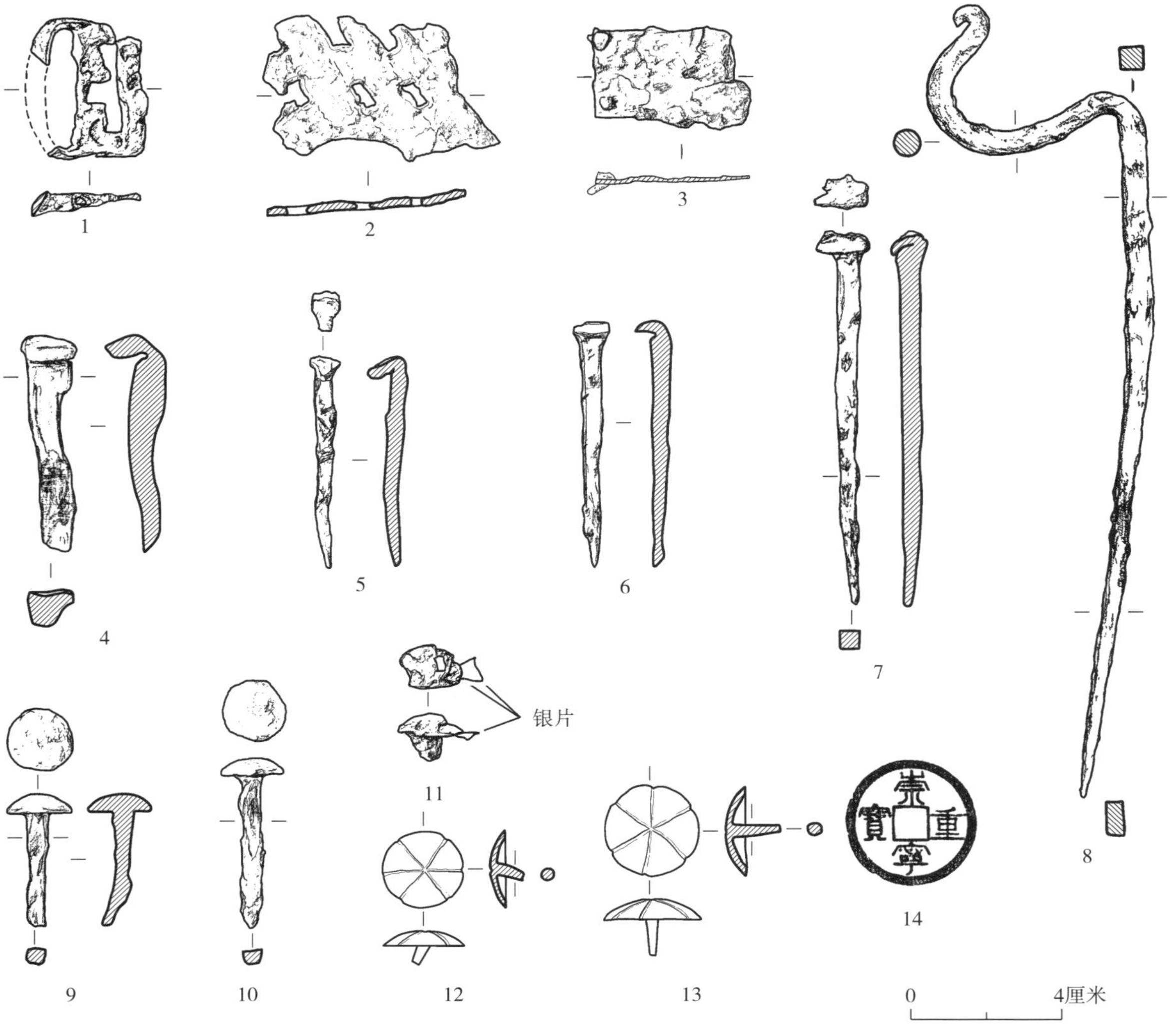

图四四　M8出土金属器

1. 铁带扣（M8：4）　2、3. 铁器残件（M8：8、27）　4~7. 折头铁钉（M8：19~21、25）　8. 铁钩（M8：26）
9~11. 包银铁泡钉（M8：2、11、9）　12、13. 花形鎏金铜泡钉（M8：12、13）　14. 崇宁重宝（M8：5）

挂钩，其余钉身部分较平直。钩首横截面为圆形，钩身横截面为长方形。出土于墓道。挂钩部分直径0.6、钩身长19.4厘米（图四四，8；彩版二一，2）。

折头铁钉　13件。皆出土于墓道内。M8：19，残，钉尖残缺。钉首扁宽，弯折。钉首与钉身垂直。钉身横截面为梯形。长6、钉首长1.2厘米（图四四，4）。M8：20，完整。钉首扁宽，弯折。钉身横截面为方形。长5.8、钉首长0.8厘米（图四四，5；彩版二一，3）。M8：21，完整。钉首扁宽，弯折。钉首与钉身垂直。钉身横截面为方形。长6.8、钉首长0.6厘米（图四四，6）。M8：25，完整。钉首扁宽，弯折。钉身横截面为方形。长10.1、钉首长0.6厘米（图四四，7）。

包银铁泡钉　7件。M8：2，完整。圆形钉帽涂黑漆后包银。钉身横截面为方形。出土于墓道。长3.6、帽径1.6厘米（图四四，9；彩版二一，4）。M8：9，残，钉帽有缺损，钉身缺失。钉帽表面包银。残长 1.3、帽径 1.7 厘米（图四四，11）。M8：11，完整，钉身断为两截。圆形钉帽涂黑漆后包银。钉身横截面为长方形。出土于墓室。长 4.8、帽径 1.6 厘米（图四四，10）。

花形鎏金铜泡钉　5 件。皆出土于墓室。钉帽表面錾刻六瓣花纹饰，圆形铜钉帽表面鎏金。钉身横截面为圆形。M8：12，残，钉尖缺失。长 0.9、帽径 2.2 厘米（图四四，12；彩版二一，5）。M8：13，残，钉尖缺失。长 1.6、帽径 2.6 厘米（图四四，13）。

2. 晚期扰进遗物

由于墓葬被盗扰严重，墓室内发现 1 件晚于渤海时期的遗物。

铜钱　1 件。M8：5，完整，钱文“崇宁重宝”，对读。出土于墓室。直径 3.5、方孔孔径 0.9、厚 0.1 厘米（图四四，14；彩版二一，6）。

六　M9

（一）墓葬形制

M9 位于Ⅳ号台地西南，北侧为 M4，东邻 M8，为大型石室墓（图四五、四六；彩版二二）。

M9 开口于表土层下，打破生土。墓道平面呈舌状，方向 172°，长 4.55、宽 0.95~1.85 米。墓道底为缓坡，坡度 14°，中部修砌 5 级踏步，每级踏步宽 0.6、高 0.065 米。墓道内以土石混合填充。

墓门以一块大石板封堵，发掘时封门石已倾斜，底部滑落在墓室内。封门石外有两层石块垒砌的低矮挡墙，挡墙上方斜放一块石板，倚靠住封门石防止坍塌。

墓门内侧为甬道，南北长 0.6、东西宽 0.85 米（图四七）。

墓室平面呈长方形，长 3.45、宽 2.05、高 1.75 米。以石块垒砌四壁，东壁厚约 2、西壁厚约 0.8 米，保存情况较好。墓顶北侧部分未发掘，已发掘部分墓顶覆盖 4 块条石和 1 块石板（图四八）。墓底未经特殊处理，为平整的生土地面。棺床位于墓室正中，平面近方形，南北长 2.3 米，东西与墓室同宽，高 0.2 米。棺床为青砖和土石混合修筑，构筑方式为先在南北两侧以 2 层青砖摆放出两列东西向条带，两端紧靠墓室内壁，然后在内部铺放一层石块，再用黄黏土填平，最后在上方整体铺砌一层青砖。棺床用砖除北侧中部一块为长方形条砖，余皆为方形砖，方砖边长 0.36~0.38、厚 0.06 米（图四九；彩版二三）。

墓顶地表可见用砖、瓦、石块修砌的长方形墓域，墓域南北 4.7、东西 5.2 米。

墓室内遭盗扰严重，不见葬具，在墓室东北和西南位置各发现一例人颅骨和少许肢骨等骨骼（彩版二四）。另见有少许陶器、铁器残片等随葬品。

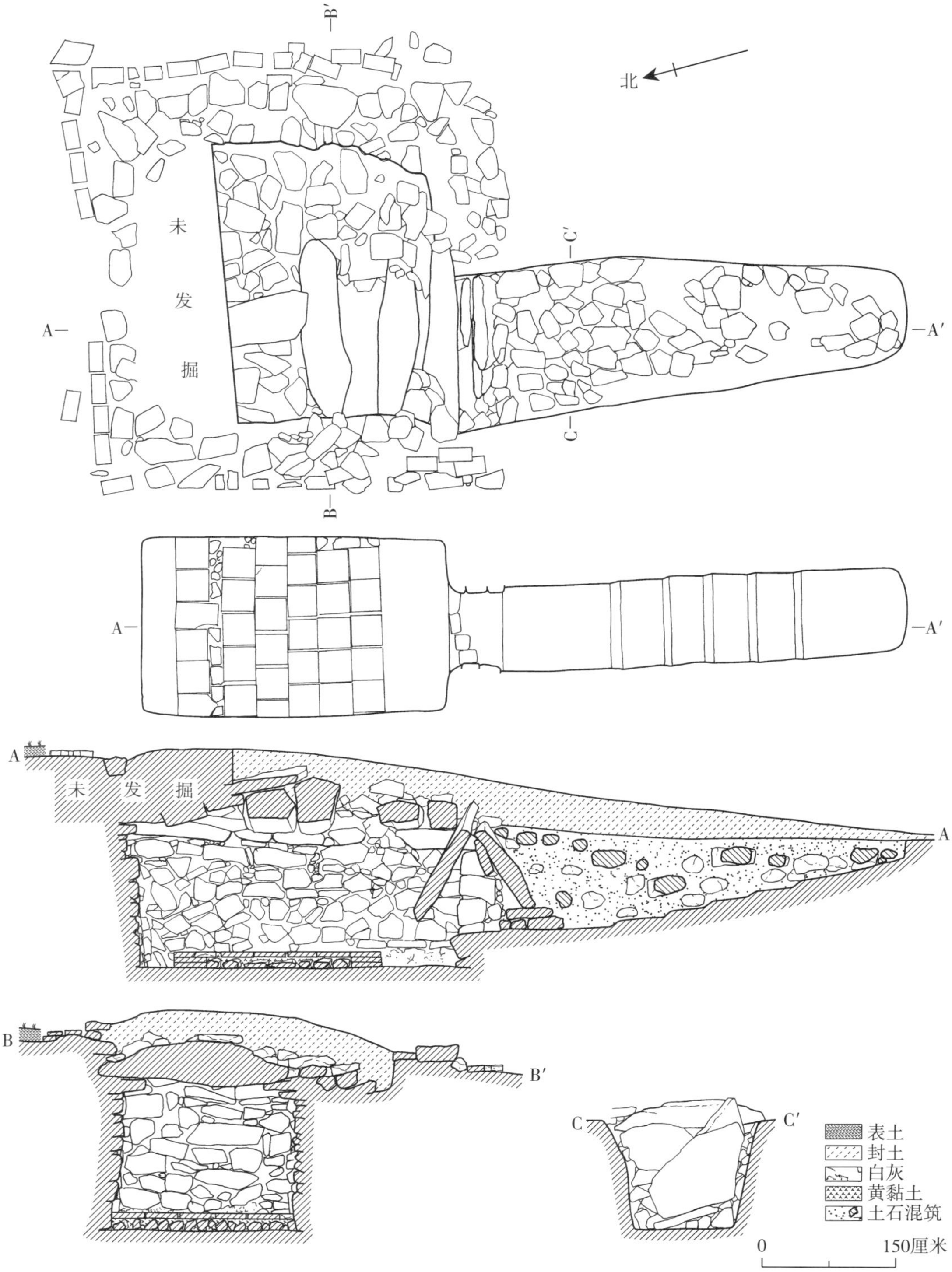

图四五　M9平、剖视图

（二）出土遗物

1. 陶器

5件。包括陶罐、陶砚台、陶器口沿等。

图四六　M9 清理表土层后墓葬全景（由南向北摄）

1.墓顶盖石（由西向东摄）

2.墓门封石（由南向北摄）

图四七　M9 墓葬盖顶石与封门石

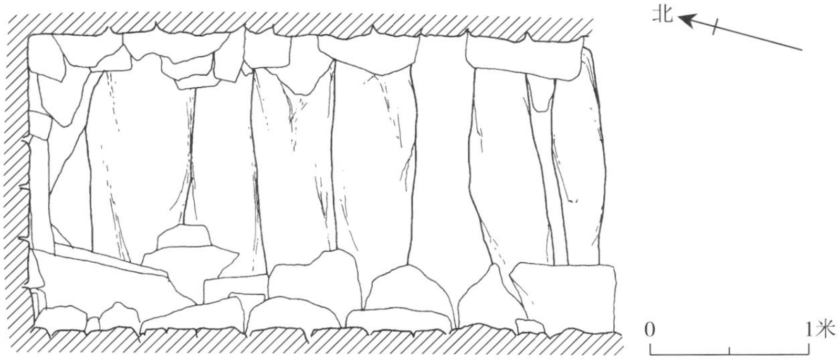

图四八　M9 墓葬顶视图

陶罐　1 件。M9∶52，残，有部分器沿和器身，不见器底。器表陶色深浅不均。折沿，溜肩，鼓腹。口径 6.6、残高 15.8 厘米（图五〇，1；彩版二五，1）。

陶砚台　1 件。M9∶53，出于墓道淤土。残，夹砂灰陶，复原后平面呈圆形，正面有宽 0.2 厘米的边轮略高于砚台面，残存墨迹。复原直径 11.7、台面厚 0.5 厘米（图五〇，2）。

陶器口沿　2 件。M9∶55，夹砂灰陶，轮制。敞口，尖唇，束颈，弧壁。外壁饰有

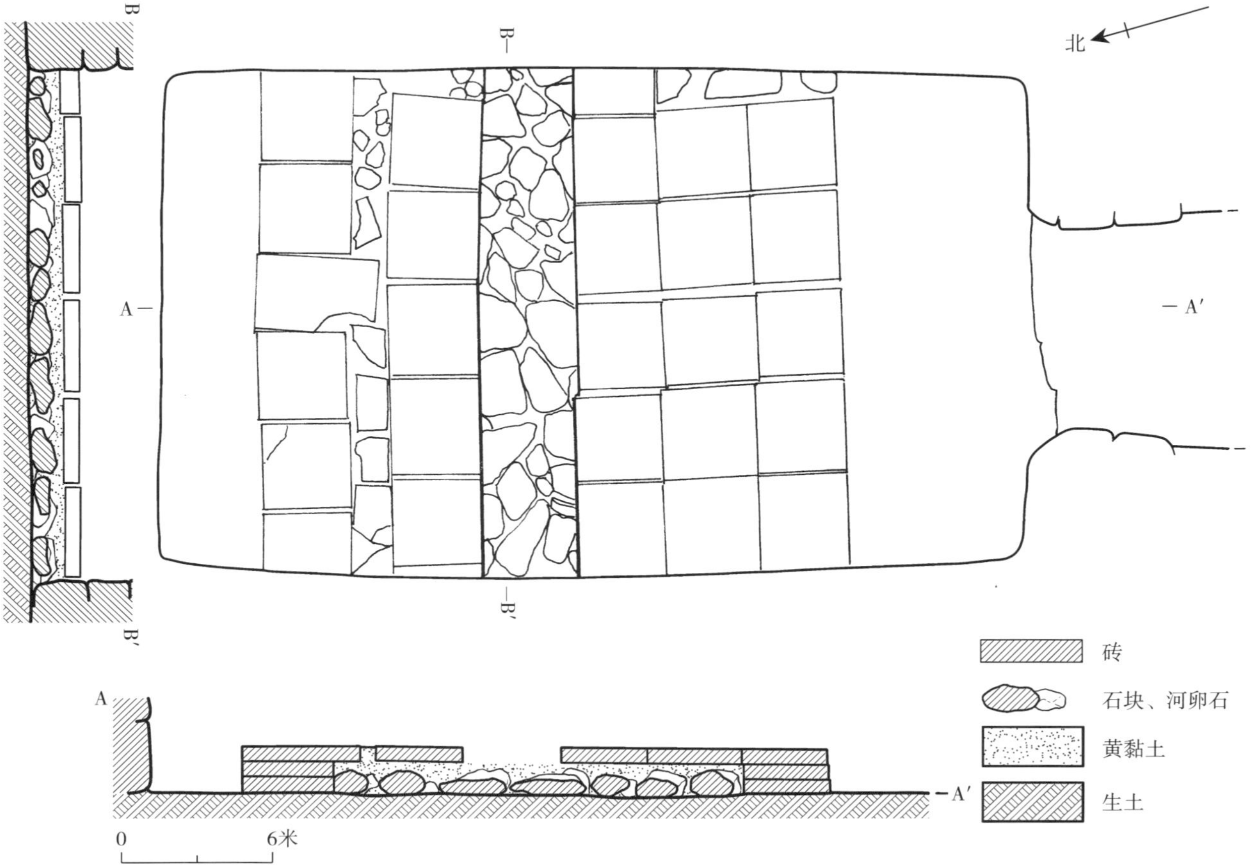

图四九　M9 棺床平、剖视图

凹弦纹，内壁有斜凹弦纹痕迹。残长 5.8、残宽 5、壁厚 0.8 厘米（图五〇，3）。M9：56，夹砂灰陶，轮制。敞口，卷沿外翻，束颈，弧壁。残长 4.8、残宽 4.2、壁厚 0.6 厘米（图五〇，4）。

陶器底　1 件。M9：54，出于墓道淤土。残，夹砂红陶，轮制。斜直壁，平底。复原底径 26、残高 4.8 厘米（图五〇，5）。

2. 金属器

鎏金铜泡钉　11 件。据钉帽尺寸和纹饰，可分为三种。

钉帽较大者　3 件。M9：11，完整。圆形铜钉帽表面鎏金。钉身横截面为方形。出土于墓室中。长 1.6、帽径 3.6 厘米（图五〇，6；彩版二六，1）。

钉帽稍小者　7 件。M9：9，完整。钉身被木头包裹，圆形铜钉帽表面鎏金。出土于墓室中。长 2.2、帽径 2.4 厘米（图五〇，8；彩版二六，2）。M9：12，完整。圆形铜钉帽表面鎏金。钉身横截面为方形。长 2.5、帽径 2.2 厘米（图五〇，9）。

花形钉帽　1 件。M9：10，残，钉尖缺失。钉帽表面錾刻六瓣花纹饰，圆形铜钉帽表面鎏金。钉身横截面为方形。出土于墓室中。残长 1.3、帽径 2.6 厘米（图五〇，7；彩版二六，3）。

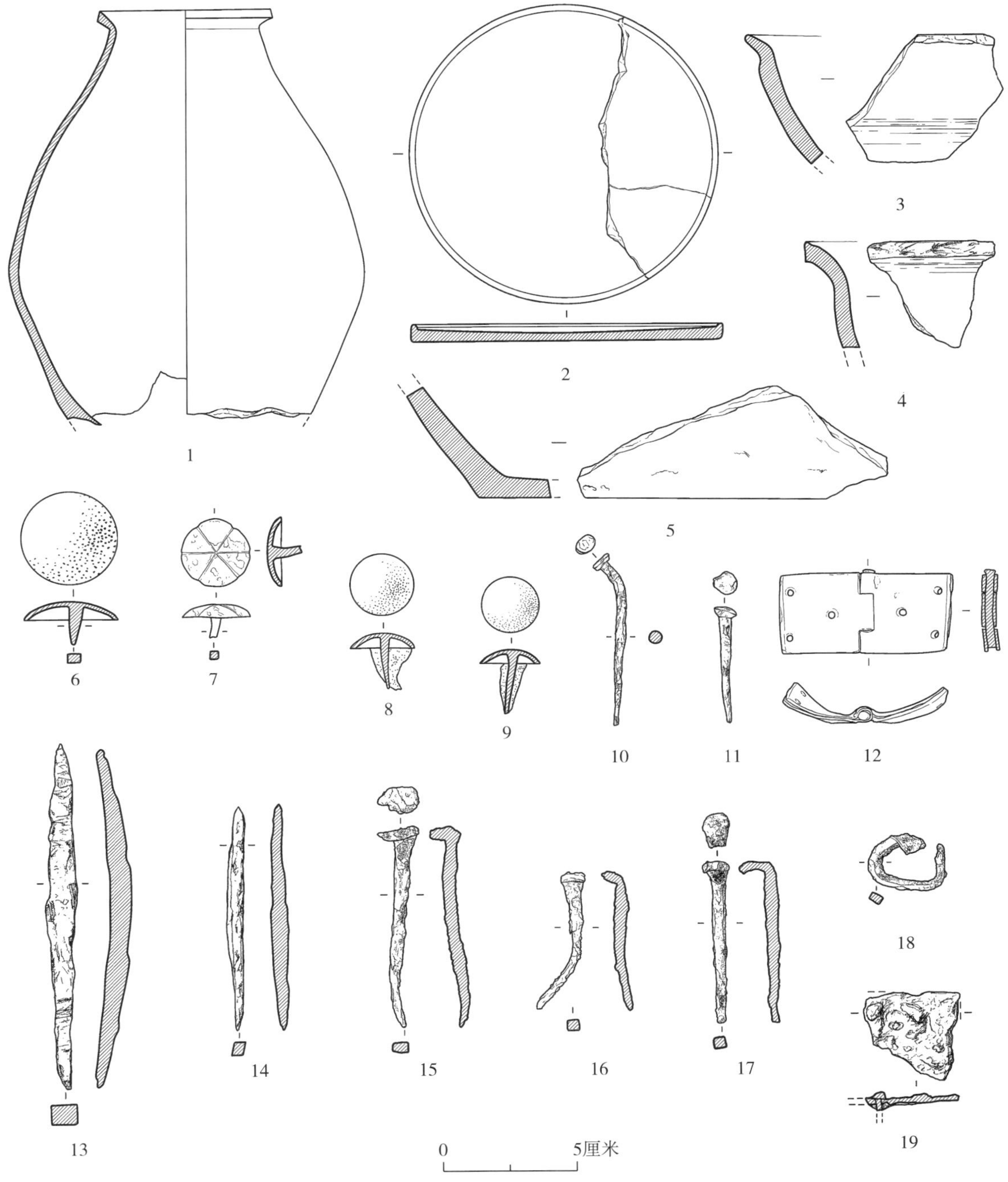

图五〇 M9出土器物

1. 陶罐（M9∶52） 2. 陶砚台（M9∶53） 3、4. 陶器口沿（M9∶55、56） 5. 陶器底（M9∶54） 6~9. 鎏金铜泡钉（M9∶11、10、9、12） 10、11. 鎏金长铜钉（M9∶13、14） 12. 鎏金铜合页（M9∶1） 13、14. 榫卯铁钉（M9∶22、26） 15~18. 折头铁钉（M9∶34、37、39、46） 19. 铁片（M9∶21）

鎏金长铜钉 4件。皆出自墓室中。钉帽截面呈圆形，钉帽扁平，表面鎏金，钉身横截面为圆形。M9∶13，完整，钉身靠近钉帽处弯曲。长6.8、帽径0.8厘米（图五〇，10；彩版二六，4）。M9∶14，完整。长4.6、帽径0.8厘米（图五〇，11；彩版二六，5）。

鎏金铜合页　1件。M9：1，完整。铜合页左右对称，以轴相连，表面鎏金。出土于封土中。长6.5、宽3厘米（图五〇，12；彩版二六，6）。

榫卯铁钉　8件。均出土于墓室中。钉身竖直，中间略宽，两端窄尖，钉身横截面为长方形，长短不等。M9：22，完整。长13.4厘米（图五〇，13）。M9：26，完整。长8.6厘米（图五〇，14）。

折头铁钉　22件。M9：34，完整，钉首打制扁平，与钉身呈直角，钉尖略有弯曲。钉身横截面为方形。通长7.8、钉首长0.6厘米（图五〇，15）。M9：37，完整，钉首打制扁平，与钉身呈45°角。钉身弯曲。钉身横截面为方形。长5.4、钉首长0.6厘米（图五〇，16）。M9：39，完整，钉首打制扁平，与钉身呈直角。钉身横截面为方形。长6.2、钉首长1厘米（图五〇，17）。M9：46，残，钉首缺失，钉身弯折。残长9.2厘米（图五〇，18）。

铁片　5件。M9：21，残，出土于墓室中。锈蚀严重。铁片上似有小铁钉。残长3.6、宽3.4、厚0.4厘米（图五〇，19）。

3. 建筑构件

板瓦　7件。按檐头纹饰，可分为指压纹板瓦、竖凹弦纹板瓦。

指压纹板瓦　5件。均为夹砂灰陶，模制。边缘有修整痕迹，是由凹面向外切割而成，凹面有数道抹平痕迹且有麻布纹痕迹，凸面饰有细绳纹，有抹平磨光处理。一头宽一头较窄，凸面较宽一端边缘有指甲压印纹花边。M9J：1，完整。长37、最宽处30、厚1.3~1.8厘米（图五一，1；彩版二五，3）。M9J：2，长39、最宽处31.5、厚1.3~1.8厘米（图五一，3）。

竖凹弦纹板瓦　2件。均为夹砂灰陶，模制。边缘有修整痕迹，是由凹面向外切割而成，凹面有抹平痕迹且有麻布纹痕迹，凸面做抹平磨光处理。一头边缘饰有竖凹弦纹，且有数道斜向划痕。M9J：6，残长20、残宽23、厚1.9~2.1厘米（图五一，2）。M9J：8，残长11.5、残宽16.5、厚1.6~1.9厘米（图五一，4；彩版二五，2）。

第四节　Ⅴ号台地

Ⅴ号台地位于Ⅳ号台地西侧，是龙海墓区最高的一个台地，占地面积约2900平方米。台地经过人工修整，北高南低。发现墓葬5座，分别编号为M1~M3、M11、M12。墓葬分为两组：一组位于台地中部，自西向东依次是M1（贞孝公主墓）、M12（孝懿皇后墓）、M11三座墓；另一组位于台地东缘，西侧是M3（顺穆皇后墓），东侧是M2。另外，在贞孝公主墓的西北还发现一眼井，编号为04JHLLSJ1（简称为SJ1）。除贞孝公主墓已于1980年发掘外，其余为2004、2005年发掘（图五二）。

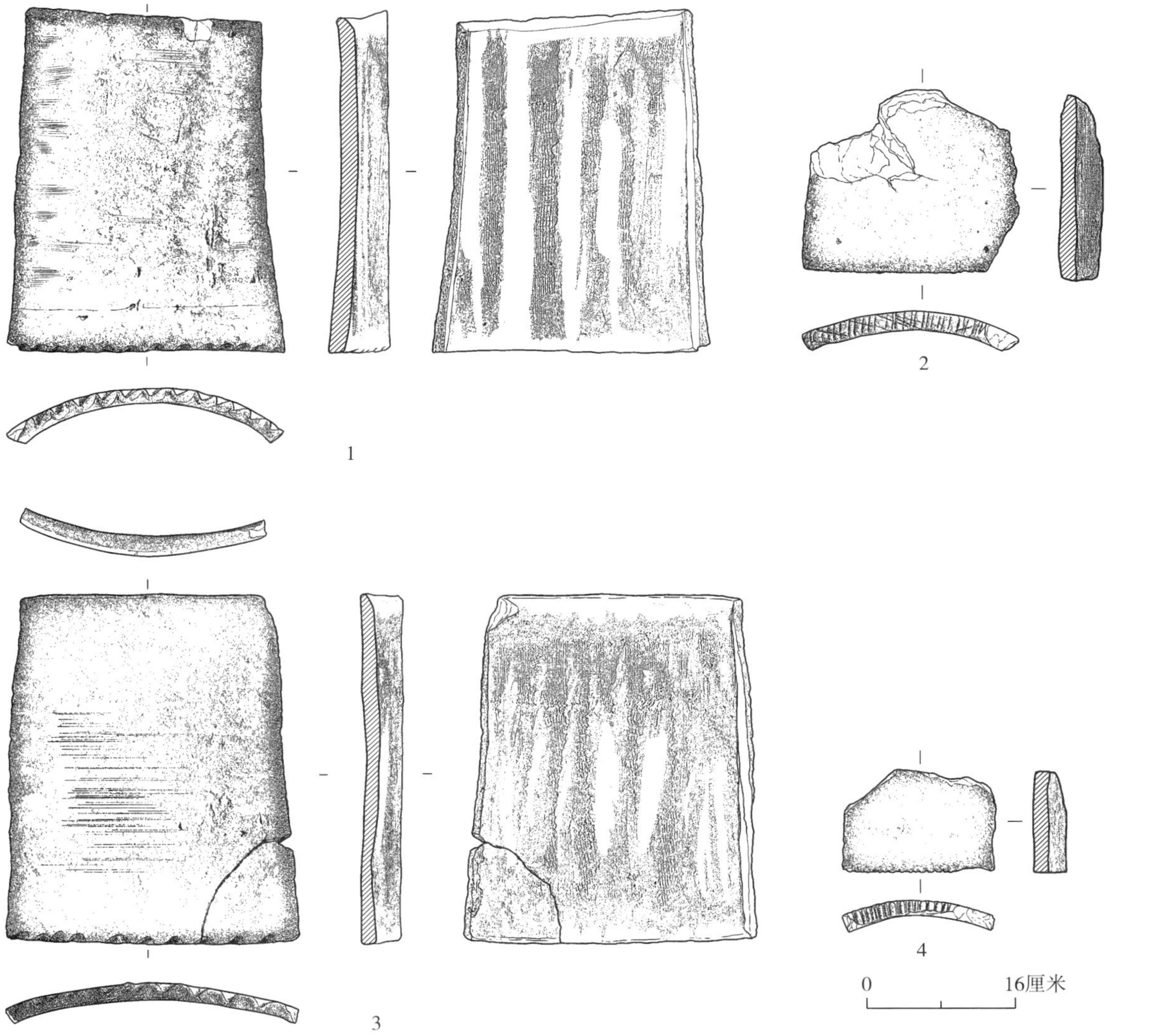

图五一　M9墓上出土器物

1、3. 指压纹板瓦（M9J：1、2）　2、4. 竖凹弦纹板瓦（M9J：6、8）

一　M2

（一）墓葬形制

M2位于V号台地东侧中部，靠近台地边缘（图五二）。与M3东西并列，呈一组分布。M2位于M3东侧，两墓相距2.6米（图五三）。表土层下0.2~0.3米即见墓葬开口，打破生土。M2为大型石室墓，由南向北依次为墓道、甬道、墓门、墓室（彩版二七）。

墓道平面呈长舌状，方向175°。南侧被一现代战壕打破。墓道底部整体呈斜坡状，坡度12°。前端坡度略陡，靠近墓门处坡度变缓。墓道长6.1、宽1.7~3.9米，以土石填充，填充土石厚0.6~1.95米；土石之上以封土覆盖，封土厚0.15~0.42米（图五四~五六）。

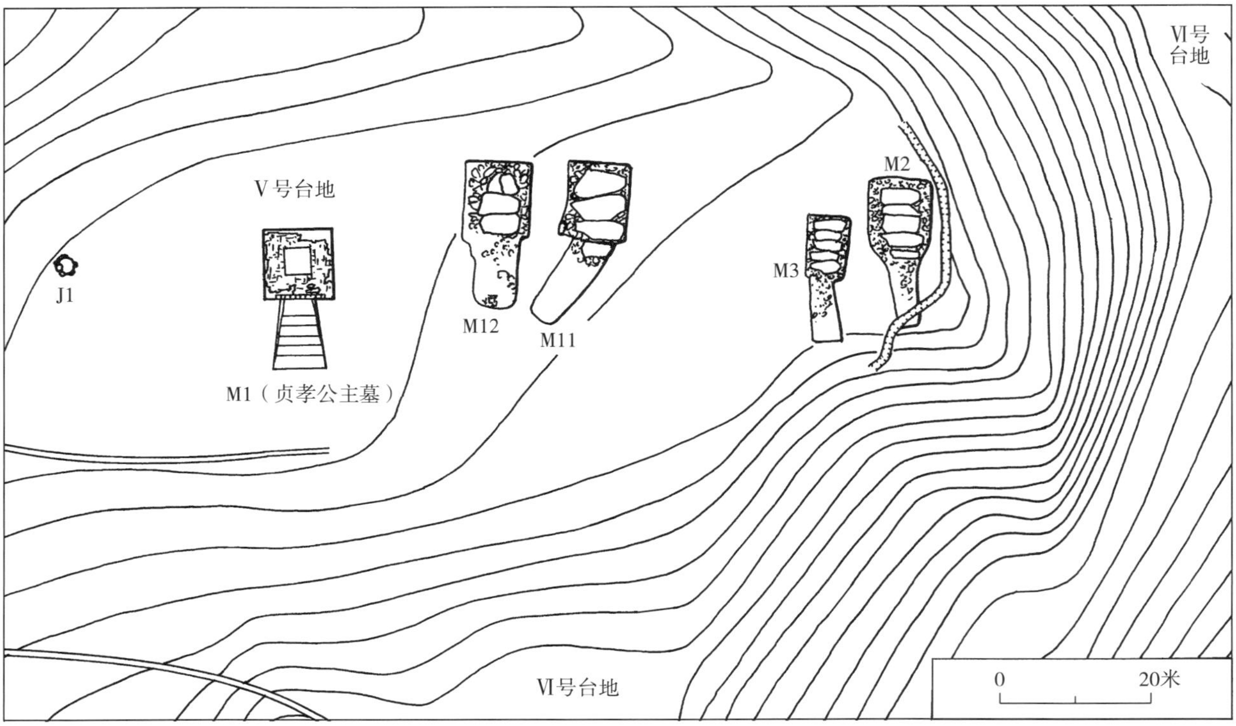

图五二　龙海墓区Ⅴ号台地墓葬分布及地形图

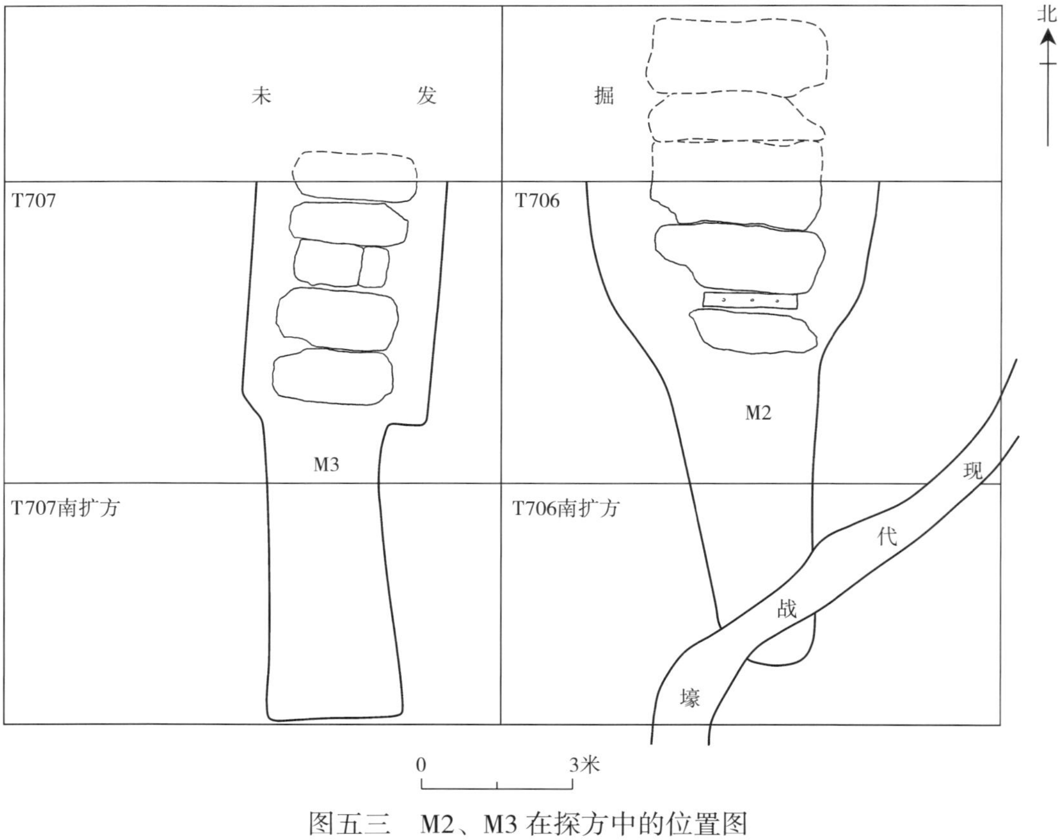

图五三　M2、M3在探方中的位置图

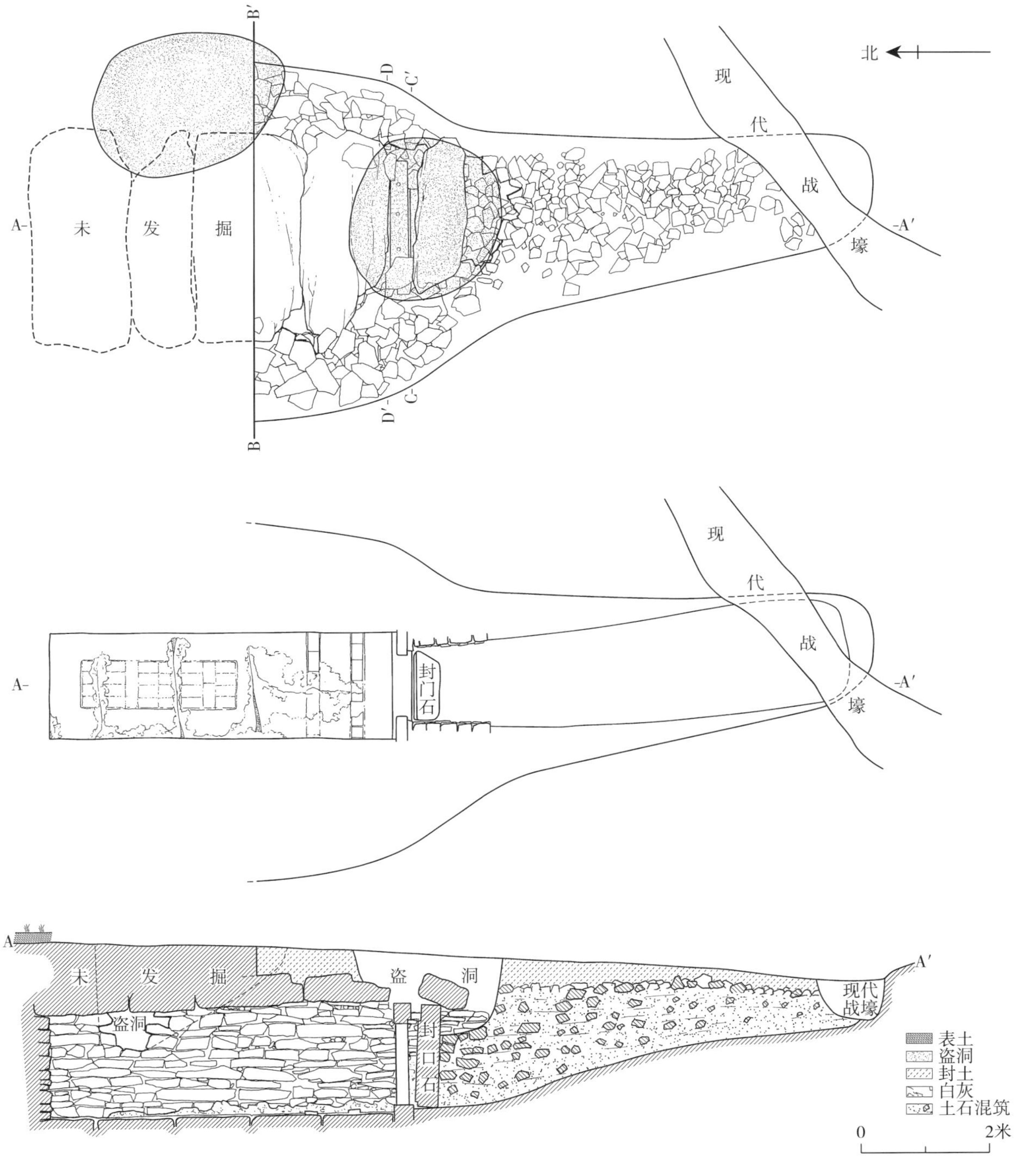

图五四　M2平、剖视图

甬道以石块砌筑而成，甬道两侧以白灰涂抹，长1.1、宽1.2~1.35米，甬道内以四层平整石块垒砌的石墙封堵，应为防止封门石向外倾斜倒塌（图五七，1；彩版二八）。

墓门以一块经人工修整的长方形大石块做封门石，封门石纵剖面呈“凸”字形榫卯结构，以扣合门楣石与门槛石，封门石长1.72、宽1.18、厚0.3~0.35米（图五七，2、3；

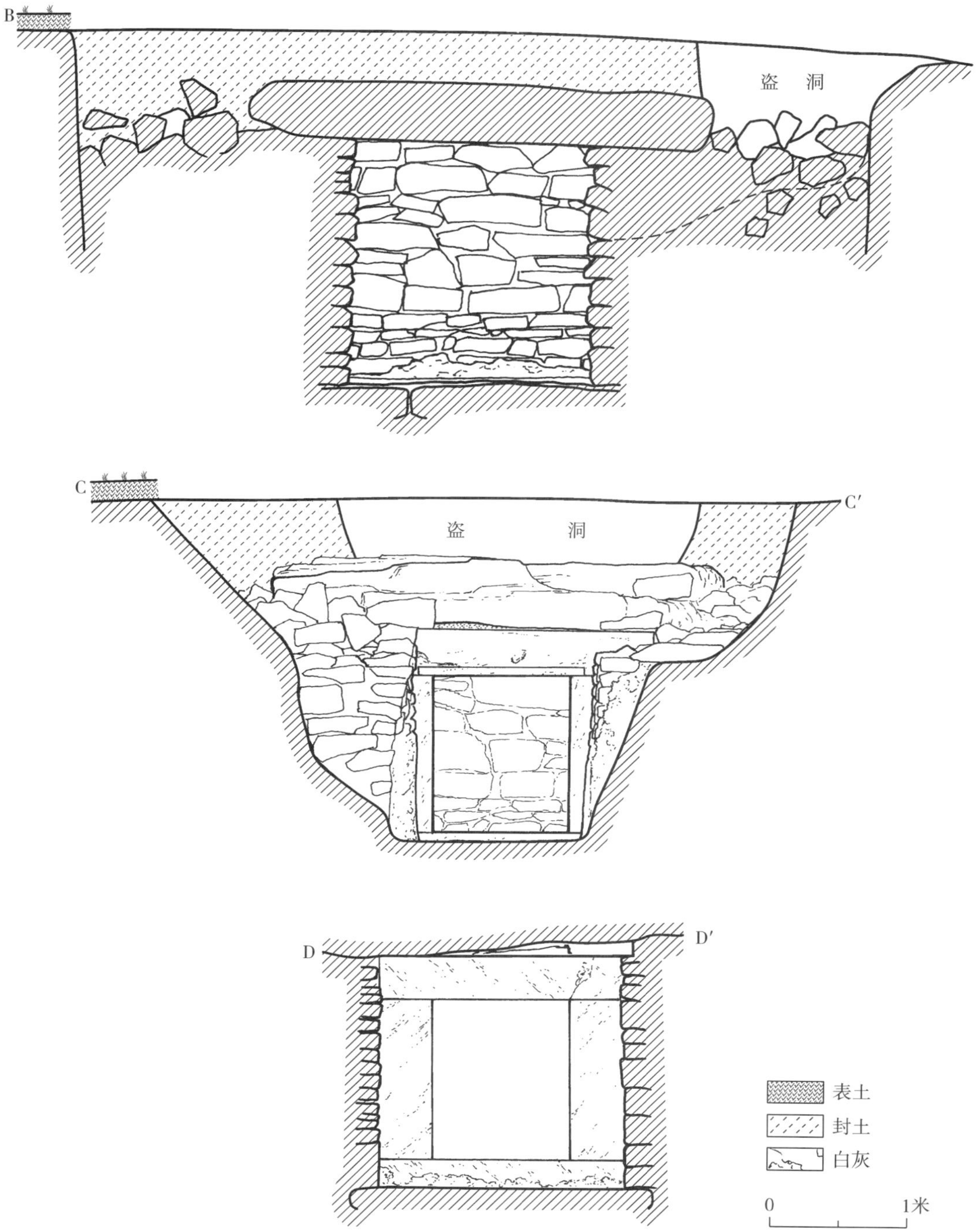

图五五　M2 剖视图

彩版二九）。墓门正上方有一处圆形盗坑，直径 2.4~2.6、深 1.25 米。

墓室整体保存较好，平面呈长方形，南北长 5.6、东西宽 1.8、高 1.7~1.8 米。墓顶以 5 块长方形大石板覆盖（图五八），东侧有一椭圆形盗坑，长径 3.15、短径 2.25、深 0.65 米。墓顶盖石上方原有封土，现已不存。墓室四壁以稍加修整的大型块石垒砌，内壁整体较为平整，北、西、南三面保存基本完好，东壁北侧上部遭盗坑破坏，墓壁砌石塌落

1.墓道内填充石块（由南向北摄）

2.封门石第三、四层（由北向南摄）

图五六　M2墓道内填充石块与封门石

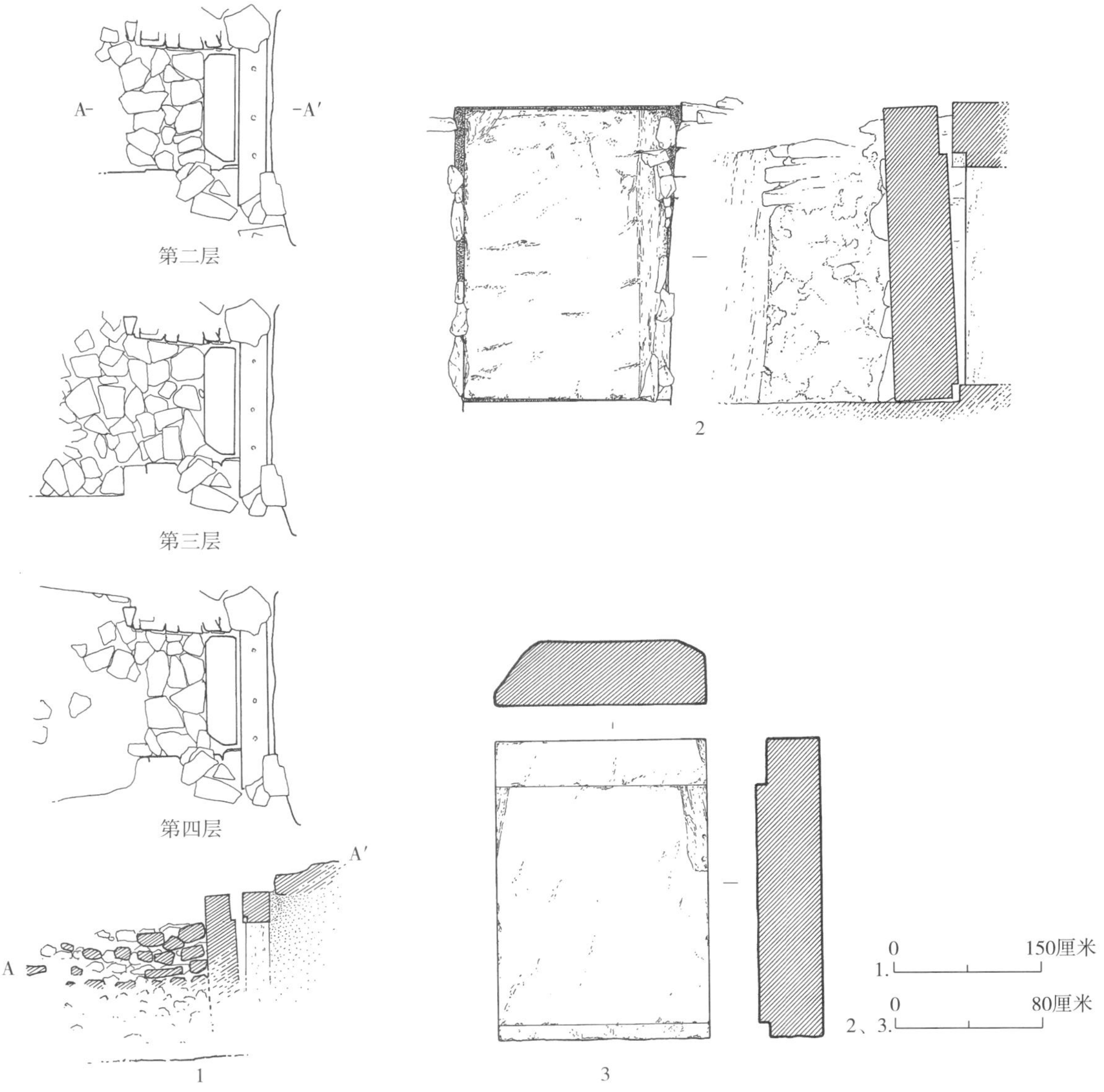

图五七　M2墓门石墙及封门石

1. 墓门外侧石墙平、剖面图　2. 墓门封门石正视、剖面图　3. 封门石平、剖面图

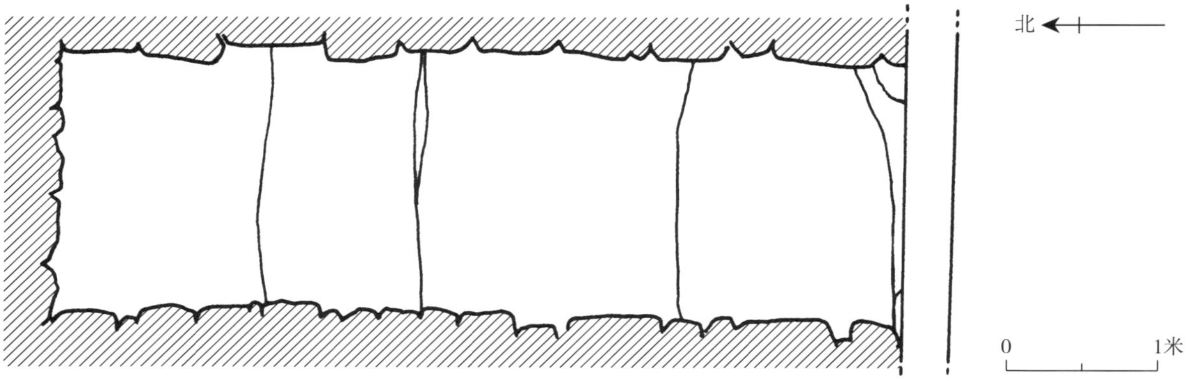

图五八　M2 墓室顶视图

于墓室内。墓室前部有两条东西向摆砌的长方形青砖，间距 0.5 米，长度与墓室宽度一致，现仅余一层，原始高度不详。墓室底部以 5 块平整的大石板铺砌，表面涂抹一层白灰。墓室中后部有棺床遗痕，长 2.5、宽 0.8 米，因破坏严重其高度不明，从残存遗痕结合墓室中出土的散乱青砖推测，棺床应为青砖砌筑（彩版三〇~三二）。

墓室内因遭盗掘，墓主骨骼已被严重扰乱，仅存下颌骨和部分头骨残片。墓室填土上部和下部有大块木炭痕迹，推测原应有木棺，墓室填土下部有大量白灰残块。随葬品多被盗，墓室淤土中和盗洞中出土若干鎏金泡钉、铁钉和少许陶瓷器、鎏金铜饰件等遗物。

（二）遗物

M2 被盗扰严重，随葬品多被盗，因此出土器物相对较少，发现陶瓷器残片、砖、鎏金铜饰件、鎏金铜泡钉、铁钉、铁镞等遗物。同时，墓室内发现少许晚期扰进瓷器。

1. 随葬品及葬具

陶器　4 件。均为残片。M2：15，陶器口沿，夹砂灰陶，敞口，圆唇，器表内壁残有炭黑色痕迹。长 5、宽 1.8 厘米（图五九，1）。M2：20，陶器底，残，内夹砂红陶，外为夹砂灰陶，斜直壁，平底。复原底径 15.5、残高 5.8 厘米（图五九，2）。M2：21，陶器底，残，夹砂红陶，斜直壁，平底。复原底径 18.5、残高 3.8、底厚 0.8、壁厚 1 厘米（图五九，3）。

绿釉陶器　5 件。均为残片，疑为同一件器物（彩版三三，1）。M2：23-1，口沿，敞口，内外皆半釉，白胎。残长 5、残宽 4、厚 0.4 厘米（图五九，4）。

鎏金铜饰件　2 件。M2：2，墓葬填土所出，残，仅残部分鎏金铜片。最长 6.6、最宽 4.5 厘米（图六〇，1；彩版三四，1）。M2：16，残，呈云纹状。最长 4.3、最宽 2.3 厘米（图六〇，2；彩版三四，2）。

鎏金铜垫片　1 件。M2：1，墓葬填土所出。完整，平面呈圆环形。直径 3.8、中心孔径 0.7 厘米（图六〇，7；彩版三四，3）。

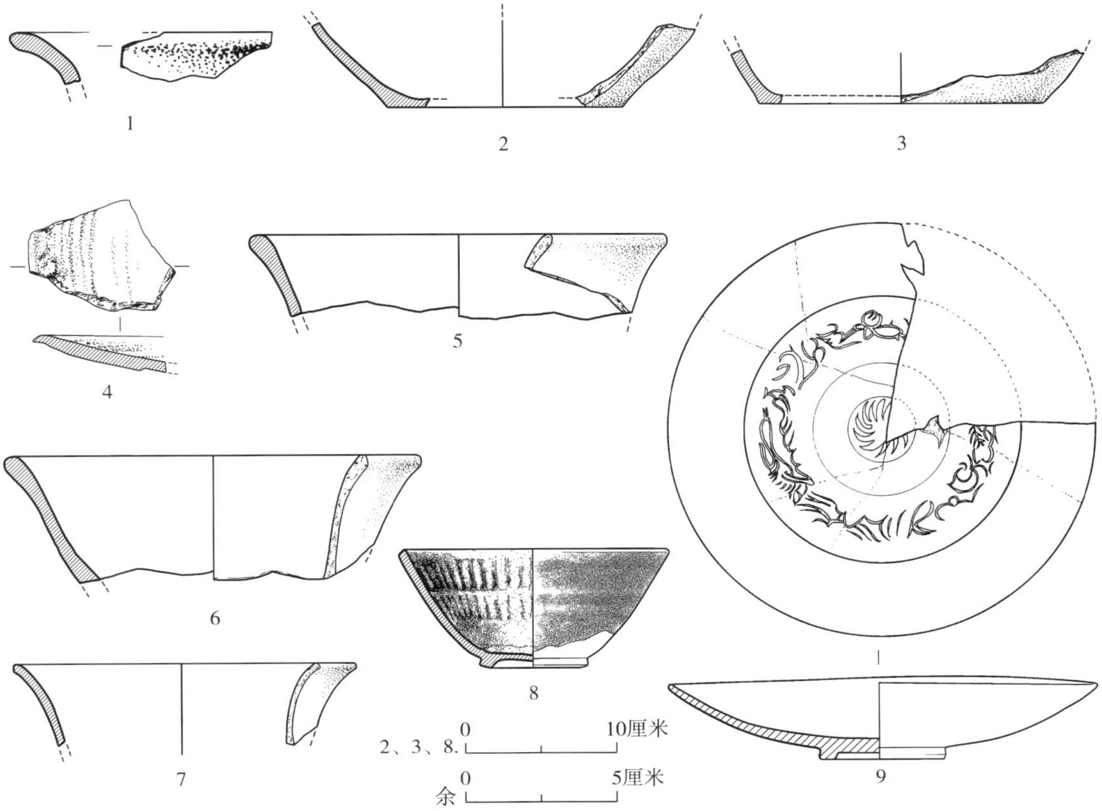

图五九　M2出土陶瓷器

1～3. 陶器（M2：15、20、21）4. 绿釉陶器（M2：23-1）5～7. 白瓷碗口沿（M2：4、13、24）8. 黑釉瓷碗（M2：3）9. 细白瓷碟（M2：31）（1～4为随葬器物，5～9为晚期扰进瓷器）

鎏金铜泡钉　9件。有两种规格。

钉帽较大者　3件。M2：22，钉身钉帽分离，钉身横截面为方形。钉身长1.7、帽径2.4厘米（图六〇，3；彩版三四，4）。M2：26，完整，横截面为方形。帽径2.3、钉身长1.8厘米（图六〇，4；彩版三四，5）。

钉帽稍小者　6件。M2：10，出于墓口淤土。钉身弯曲，横截面为方形。帽径1.2、钉身长2.3厘米（图六〇，5）。M2：30，钉身较直，横截面为方形。帽径1、钉身长1.9厘米（图六〇，6；彩版三四，6）。

铁镞　1件。M2：6，分叉刃式铁镞，箭头横截面为长方形，箭铤截面呈圆形。残长6.5厘米（图六〇，8；图六一，1）。

铁钉　25件。按形制，可分为折头铁钉、铁泡钉、无头铁钉。

折头铁钉　6件。M2：36，钉头弯折，横截面近方形。钉身长4.4厘米（图六〇，9；图六一，2）。M2：46，尖残，横截面为方形。钉身长3.8、帽长1.3厘米（图六〇，10）。M2：7，尖残，横截面为方形。钉身长5.1厘米（图六〇，11）。

铁泡钉　13件。M2：12，钉身弯曲，横截面近圆形。帽径约1.3、长3.5厘米

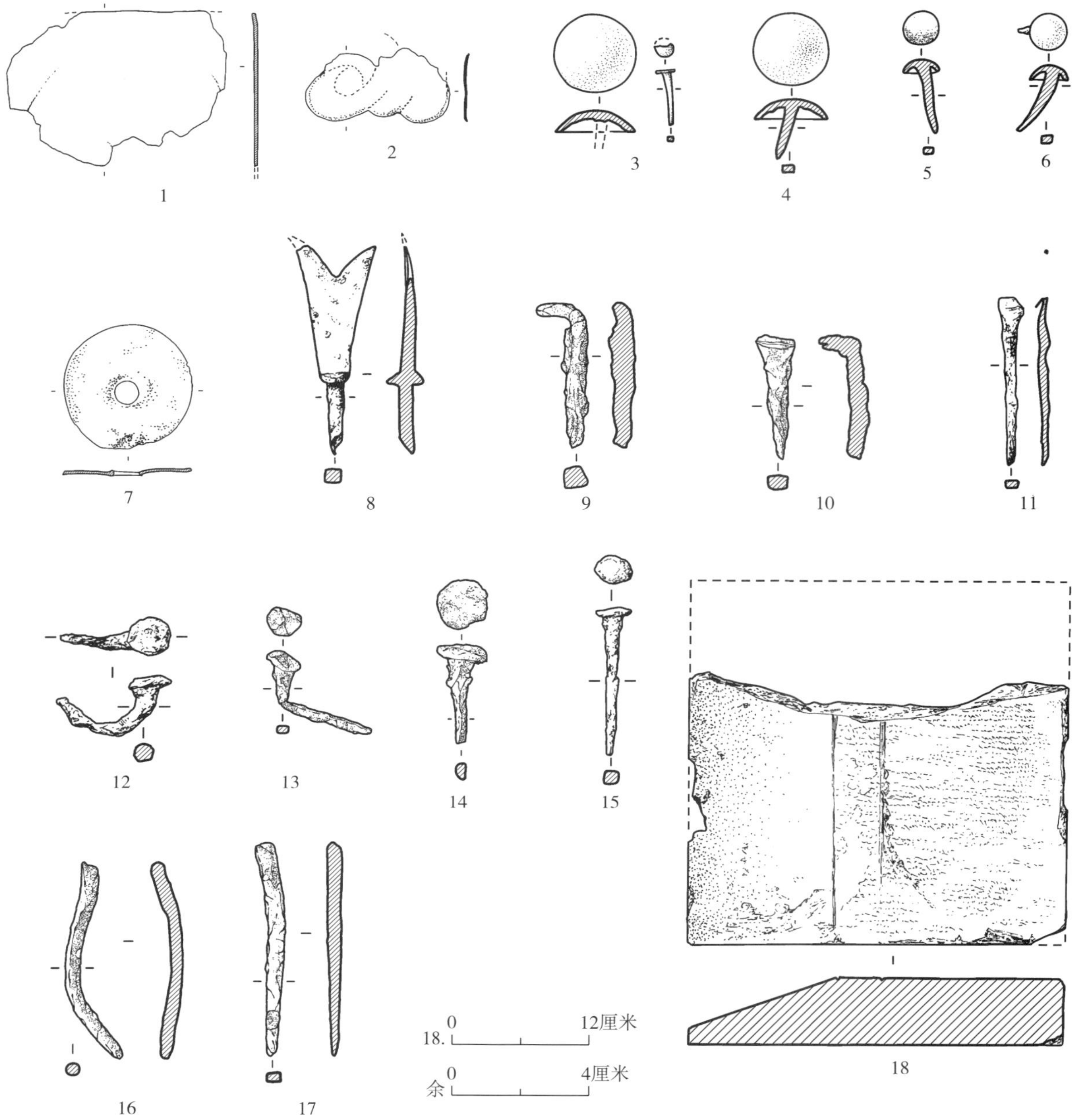

图六〇 M2出土器物

1、2. 鎏金铜饰件（M2：2、16） 3~6. 鎏金铜泡钉（M2：22、26、10、30） 7. 鎏金铜垫片（M2：1） 8. 铁镞（M2：6） 9~11. 折头铁钉（M2：36、46、7） 12~15. 铁泡钉（M2：12、42、18、25） 16、17. 无头铁钉（M2：35、38） 18. 坡面砖（M2：49）

（图六〇，12；图六一，3）。M2：42，钉身弯曲，横截面为长方形。帽径1厘米（图六〇，13；图六一，4）。M2：18，钉尖残，横截面椭圆形。钉帽直径1.5、长3厘米（图六〇，14）。M2：25，尖微残，横截面为方形。帽径约1.2、长4.5厘米（图六〇，15）。

无头铁钉 6件。M2：35，钉身弯曲，横截面近方形。钉身长6.2厘米（图六〇，16；图六一，5）。M2：38，横截面近方形。钉身长6.5厘米（图六〇，17）。

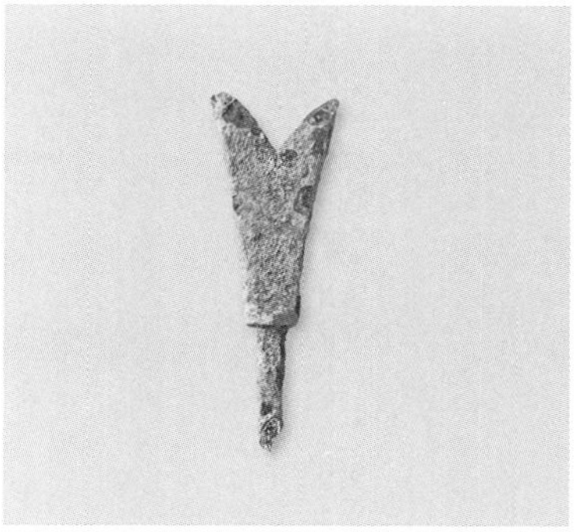

1.铁镞（M2：6）

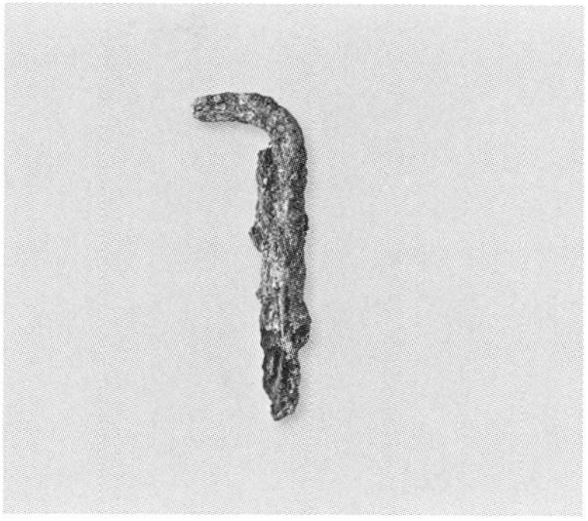

2.折头铁钉（M2：36）

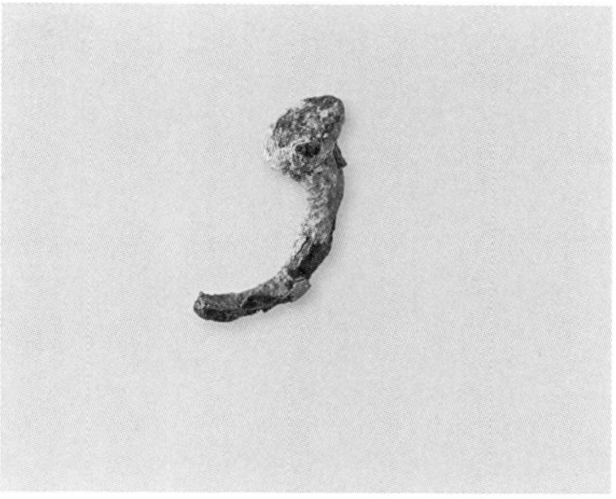

3.铁泡钉（M2：12）

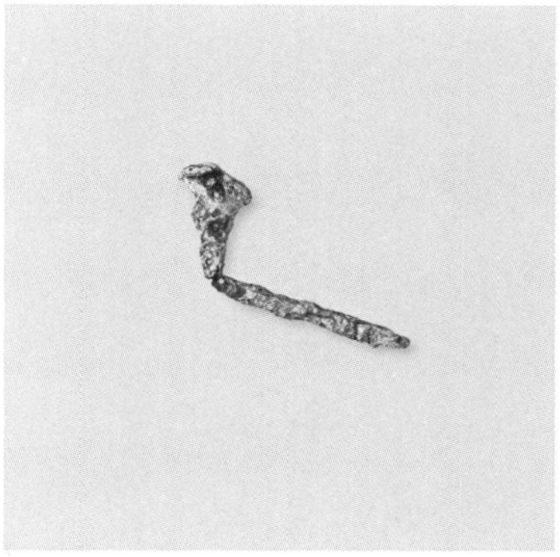

4.铁泡钉（M2：42）

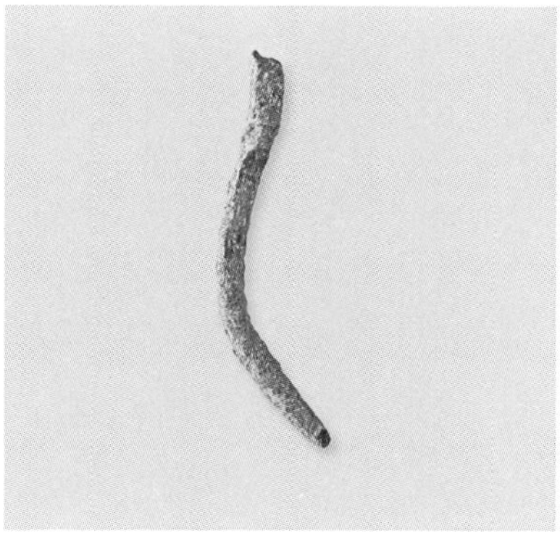

5.无头铁钉（M2：35）

6.坡面砖（M2：49）

图六一　M2 出土器物

坡面砖　1 件。M2：49，夹砂灰陶。横截面为梯形，砖面饰细绳纹。残长 33、宽 24.9、厚 6 厘米（图六〇，18；图六一，6）。

2. 晚期扰进遗物

瓷器　5 件。其中黑釉瓷碗 1 件、细白瓷碟 1 件、白瓷碗 3 件。

黑釉瓷碗　1 件。M2：3，部分口沿缺失，可复原。侈口，弧腹，圈足外撇，挖足过肩，足心微凸。胎质较细腻，可见小气孔，胎色为灰白色。器整体施黑釉，间有窑变，外壁施釉未及底。内壁从近口部开始以褐彩绘有两排竖条纹，上大下小。内底粘连有三块砂堆支烧痕，圈足底亦粘连有砂堆支烧痕。口径 18、足径 7.4、高 8.7、圈足高 0.8 厘米，口部厚 0.7、器腹中部厚 0.5、器腹下部厚 0.8 厘米（图五九，8；彩版三三，4、5）。

细白瓷碟　1 件。M2：31，器身、器底及口沿部分缺失，已复原。敞口，圆唇，弧腹，圈足微外撇，圈足内外底中心有一凸起。胎体薄，胎色为灰白色，胎质较细腻，可见小气孔。内壁施满釉，仅内底刮釉一圈形成涩圈，外壁施釉及底，有流釉现象。釉色洁白。内壁有印花，印花仅施于内壁下部和涩圈内部，为阳纹。内壁下部纹饰为花草纹，似乎为莲花荷叶的组合。涩圈内部印纹不清晰，推测为团菊纹。口径 14.3、足径 4.2、高 2.9、圈足高 0.4 厘米，器底和器腹均厚 0.3、口部厚 0.2 厘米（图五九，9；

彩版三三，2）。

白瓷碗口沿 3件。M2：4，残，化妆土白瓷。侈口，圆唇，胎呈浅黄色，较细腻，可见有小气孔。釉色白中泛黄，有开片。复原口径14、残高3厘米（图五九，5；彩版三三，3）。M2：13，残，化妆土白瓷。侈口，圆唇，胎呈浅黄色，较细腻，可见有小气孔。釉色白中泛黄。复原口径14.1、残高4.4厘米（图五九，6；彩版三三，6）。M2：24，残，细白瓷。敞口，圆唇。胎呈灰白色，胎质细腻，气孔较少。釉色洁白。复原口径11.5、残高2.9厘米（图五九，7）。

二 M3

（一）墓葬形制

M3位于V号台地东侧中部，靠近台地边缘。与M2东西并列，呈一组分布。M3位于M2西侧，两墓相距2.6米。表土层下0.2~0.3米即见墓葬开口，打破生土。M3为大型石室墓，由南向北依次为墓道、墓门、甬道、墓室（图六二~六四；彩版三五）。

墓道平面呈亚腰长方形，方向172°。底部呈斜坡状，坡度12°。长6、宽2.4~2.75米，土石填充。

封门石近圆角方形，略经人工修整，宽1.3、高1.6、厚0.3米。封门石两侧以碎石块填缝。封门石上方有一椭圆形盗坑，长径2.3、短径1.9、深0.75米（彩版三六，1）。

甬道连接墓室和墓道，平面近方形，东西长1.15、南北宽1.1、高1.3米。甬道正中出土顺穆皇后墓志，因被盗墓者扰动，墓志志文一面向下倒置于甬道地面（彩版三六，2）。

墓室北高南低，平面近长方形，南北长4、东西宽1.85~2、高1.65米。以5块长方形大石板盖顶，缝隙填充碎石块（图六五、六六）。地表封土已破坏无存，正中有一椭圆形盗洞，长径2.45、短径1.75、深0.96米。墓室四壁石砌，壁厚0.9米。墓室地面以石板铺砌，石板表面用黄泥抹平，黄泥上再涂抹一层白灰。棺床位于墓室正中，以3层青砖修砌，因盗扰破损较甚，南北长2.4、东西宽1.15、高0.2米。棺床南端正中有一凸出的砖台，用砖两层，东西长0.8、南北宽0.35、高0.1米（彩版三七，1）。

墓内人骨扰乱严重，葬式不明（彩版三八）。随葬品多被盗走或破坏，出土陶器、三彩马头、马身、三彩兽和装饰木棺的鎏金饰件、泡钉等遗物。墓室中还见有涂红、黑彩的壁画残块，纹饰已不可辨识（彩版三七，2）。

（二）出土遗物

1. 陶器

陶罐 2件。M3封：1，残，可复原，残片采集于封土中的4个不同地点。侈口，尖唇，平折沿，束颈，溜肩，鼓腹，腹最大径偏上，腹部有一对横桥状耳，平底。复原口

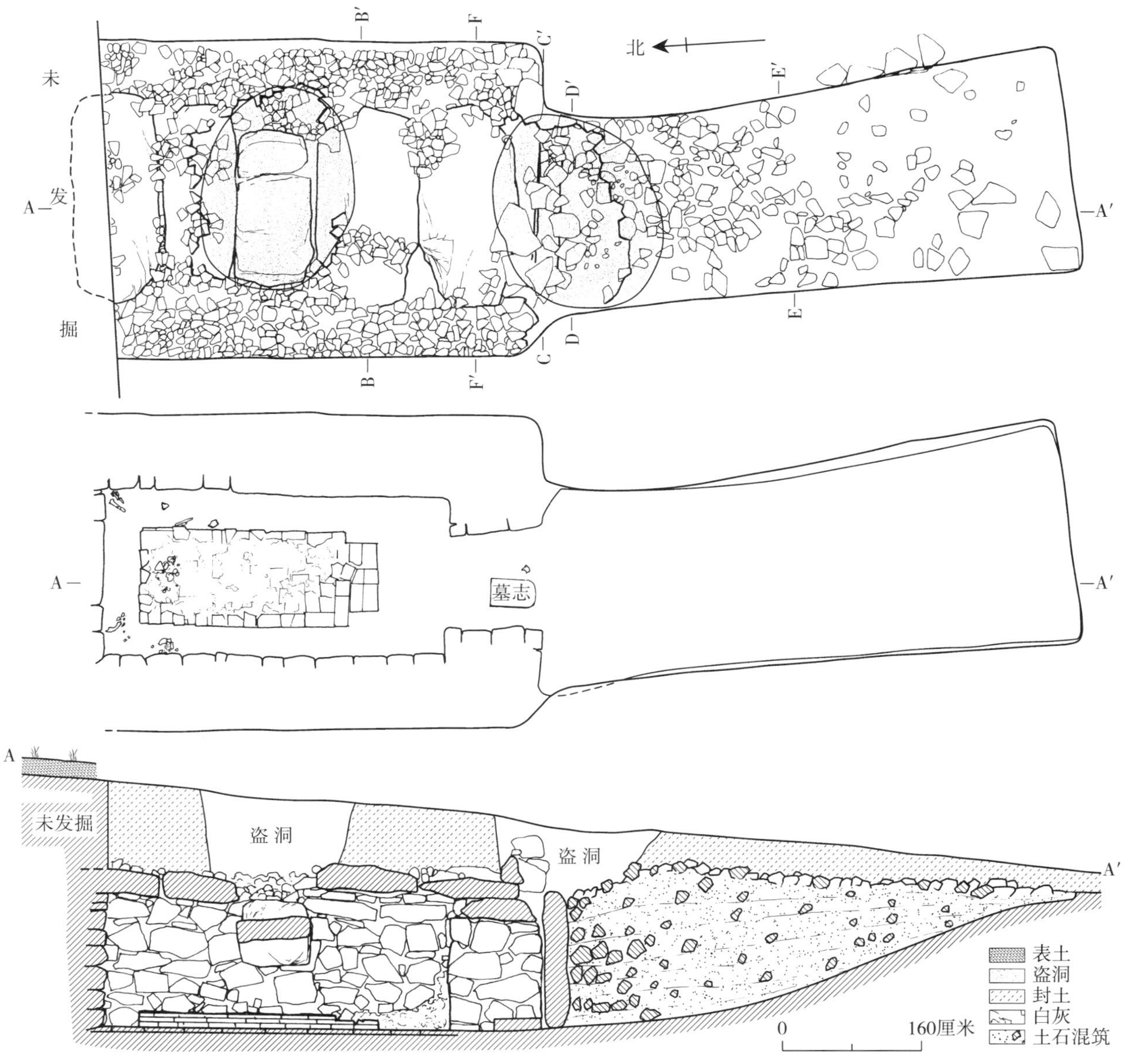

图六二　M3平、剖视图

径36、腹最大径39、底径18.5、高41.5厘米（图六七，1）。M3封：3，陶器口沿。拉坯成形，夹砂灰陶，外壁呈青灰色，内壁残存铁锈红涂料痕迹，疑似朱砂。敞口，尖唇，平折沿，束颈，溜肩。复原直径36、残高7厘米（图六七，4；图六八，1）。

陶盆　2件。M3封：2，残，可复原，出于墓门外的墓道填土中。敞口，方唇，斜直腹，平底。复原口径21.3、底径16.5、高3.7厘米（图六七，2；图六八，2）。M3封：10，残，仅存口沿，出于墓门外的墓道底部。夹砂灰陶。敞口，尖唇，束颈，鼓腹。复原口径24、残高5.6厘米（图六七，3；图六八，3）。

陶器耳　1件。M3封：4，夹砂灰陶，内壁残存铁锈红涂料痕迹，疑似朱砂，横桥耳。耳长12、宽5.6、厚0.8厘米（图六七，5；图六八，4）。

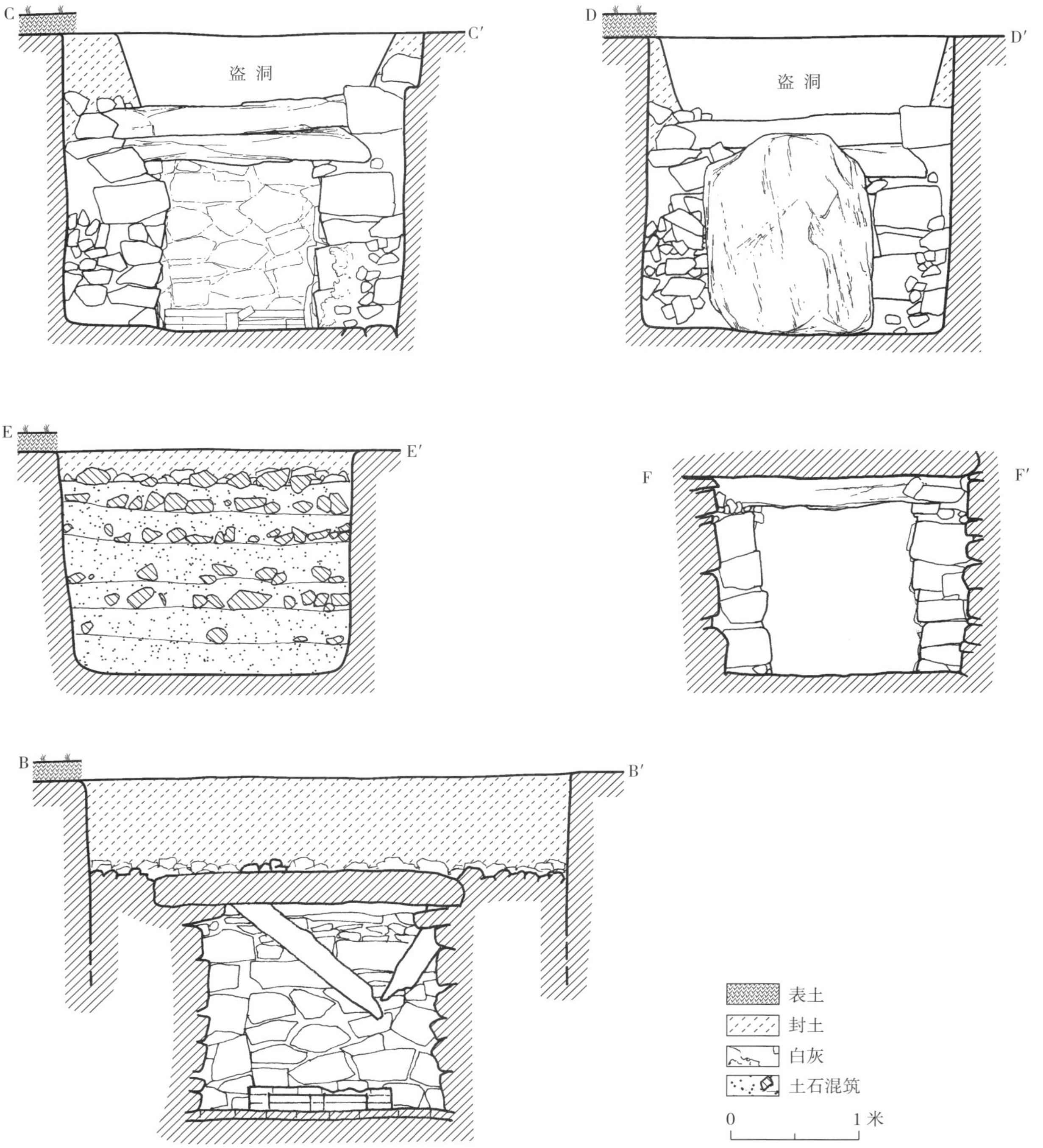

图六三　M3 剖视图

陶器腹片　1 件。M3 封：6，夹砂灰陶，轮制。弧壁，外壁有绳纹痕迹，内壁有弦纹装饰。残高 10.3、残宽 10.6、厚 0.5 厘米（图六七，6；图六八，5）。

陶器底　1 件。M3 封：11，夹砂灰陶，内壁残存铁锈红涂料痕迹，疑似朱砂。平底，底部外壁有绳纹痕迹。复原底径 17、残高 2.4、厚 0.5 厘米（图六七，7；图六八，6）。

图六四 M3 墓道与墓室顶部石块（由南向北摄）

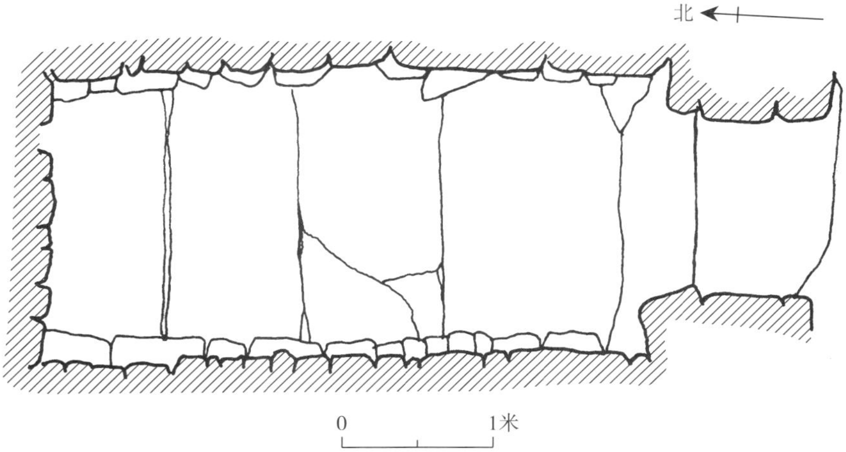

图六五 M3 墓室顶视图

图六六 M3 墓室中部盗洞下墓顶盖石折断情况（由北向南摄）

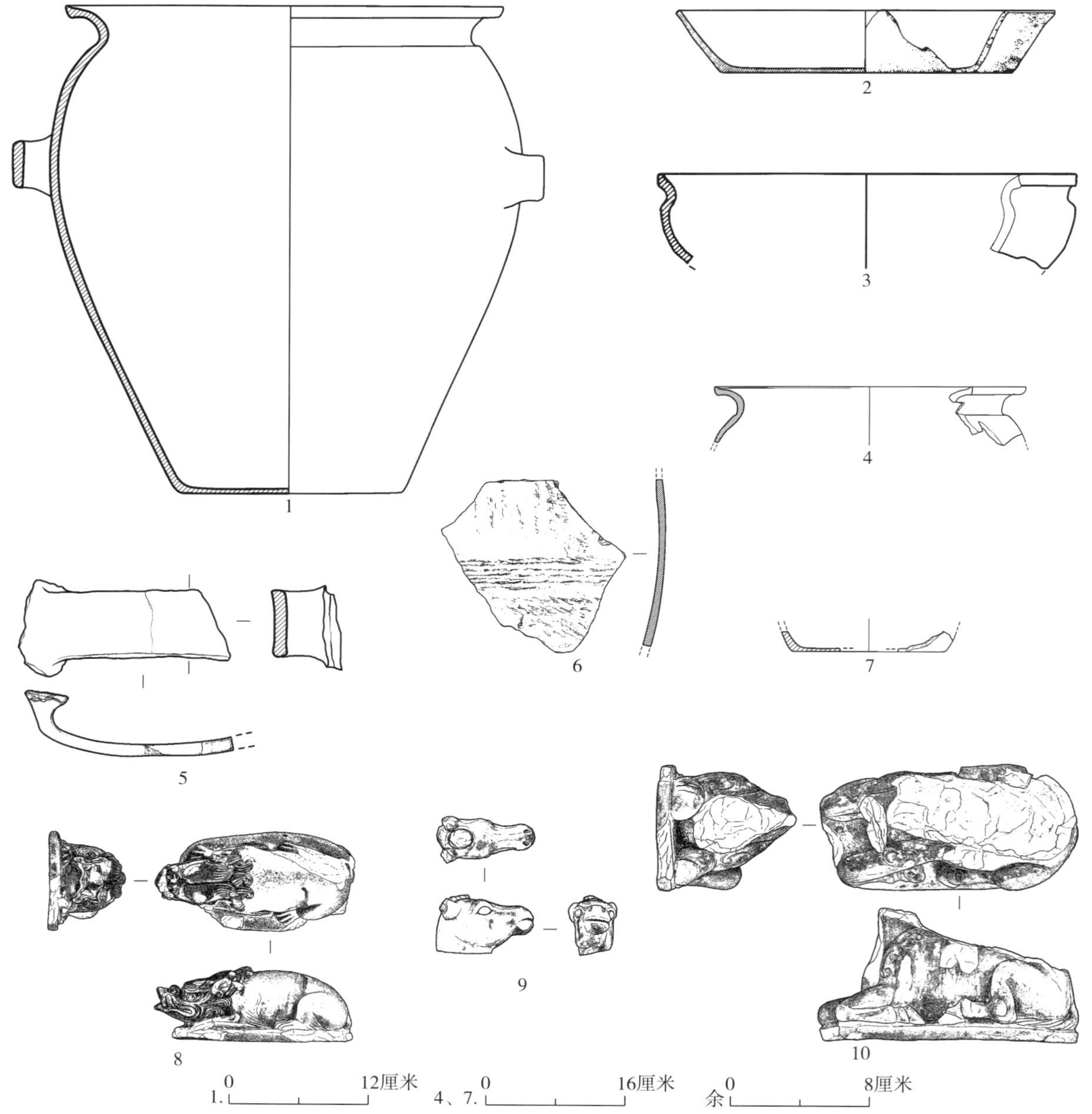

图六七　M3 出土器物

1、4. 陶罐（M3 封：1、3）　2、3. 陶盆（M3 封：2、10）　5. 陶器耳（M3 封：4）　6. 陶器腹片（M3 封：6）　7. 陶器底（M3 封：11）　8. 三彩兽（M3：5）　9. 三彩兽头（M3：14）　10. 三彩兽身（M3：8）

2. 三彩器

三彩兽　3 件。M3：5，三彩卧兽，略残。卧于一椭圆形台座上，大嘴，牙齿上翘，猪鼻，弯月眼，发鬃向后卷曲，腿毛向后斜直。施绿黄釉。身长 11.6、高 4.4 厘米（图六七，8；彩版三九，1、2）。M3：14，三彩兽头，自颈部残断。脸较短，双目圆睁，额顶有一饰物，已残。施深黄釉。可能为独角兽，推测三彩兽头为麒麟。长 5.5、残高 3.5 厘米（图六七，9；彩版三九，3、4）。M3：8，三彩兽身，兽头残缺，身呈跪卧状，前

1.陶罐（M3封：3）

2.陶盆（M3封：2）

3.陶盆（M3封：10）

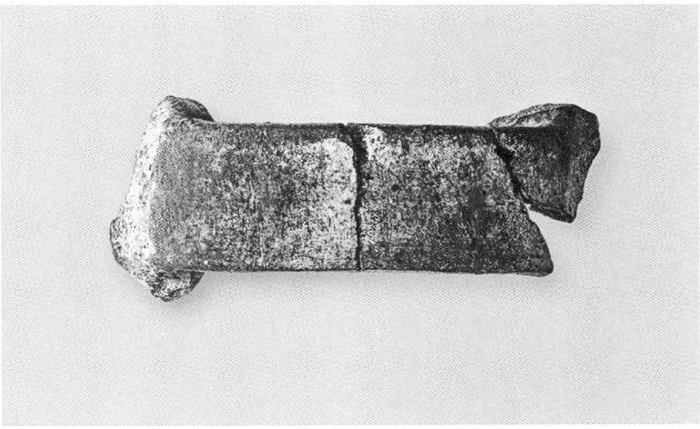
4.陶器耳（M3封：4）

5.陶器腹片（M3封：6）

6.陶器底（M3封：11）

图六八　M3 出土陶器

腿跪屈，兽尾向左前方弯曲至左后腿内侧。颈部有鬃毛，兽身下有一椭圆形台座。施绿釉。长 15.2、残高 8 厘米（图六七，10；彩版三九，5、6）。

3. 玳瑁器

玳瑁片　8 件。M3：41，两端残，呈四边形，出于墓室填土。长 4.9、宽 3 厘米（图六九，1；彩版四〇，1）。M3：45，两端残，呈不规则形，出于墓室填土。长 5.2、宽 3 厘米（图六九，2；彩版四〇，2）。

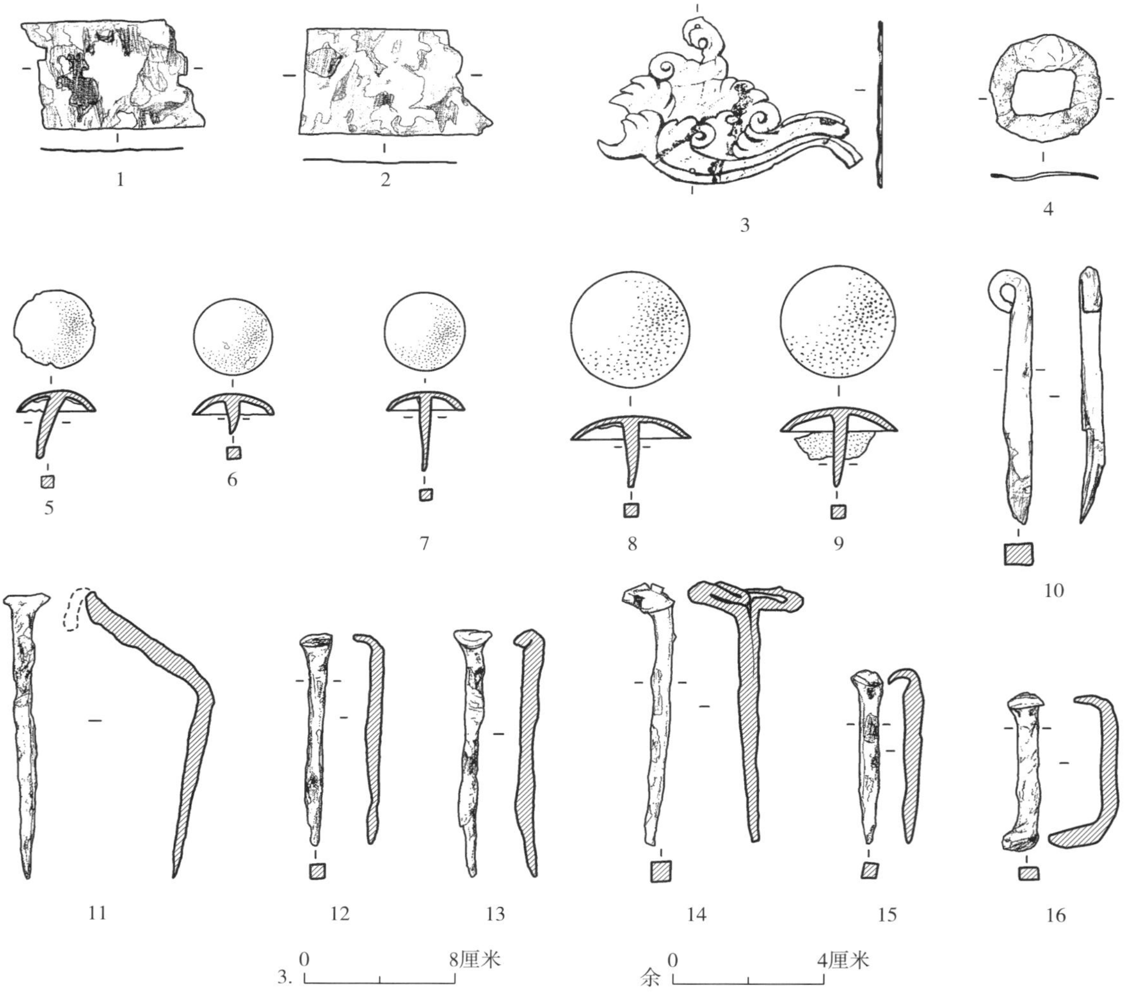

图六九　M3 出土器物

1、2. 玳瑁片（M3：41、45）　3. 鎏金铜饰件（M3 盗 1：1）　4. 铜垫片（M3 盗 1：2）　5~9. 鎏金铜泡钉（M3：1~3、18、24）　10. 铁刀（M3：16）　11~16. 折头铁钉（M3 盗 1：3、M3：27、49、48、50、53）

4. 金属器

鎏金铜饰件　1 件。M3 盗 1：1，出土于墓门上方盗洞扰土中。系用较薄的铜片以剪、錾等工艺制作出一卷云纹样。正面鎏金，微残。残长 14、高 9、厚 0.1 厘米（图六九，3；彩版四〇，3）。

铜垫片　1 件。M3 盗 1：2，出土于墓门上方盗洞扰土中。外呈圆形，内孔近长方形。直径 2.9、孔长 1.5、孔宽 1.1 厘米（图六九，4；彩版四〇，4）。

鎏金铜泡钉　31 件。从钉帽尺寸看，有两种规格。

钉帽较小者　26 件。M3：1，完整，圆形铜钉帽表面鎏金。钉身横截面为方形。长 2、帽径 2.2 厘米（图六九，5；彩版四〇，5）。M3：2，完整，圆形铜钉帽表面鎏金。钉身横截面为方形。长 1.1、帽径 2.2 厘米（图六九，6）。M3：3，完整，圆形铜钉帽表面鎏金。钉身横截面为方形。长 2.2、帽径 2.1 厘米（图六九，7）。

钉帽较大者　5件。M3：18，完整，圆形铜钉帽表面鎏金。钉身横截面为方形。长1.9、帽径3.1厘米（图六九，8；彩版四〇，6）。M3：24，完整，圆形铜钉帽表面鎏金。钉身横截面为方形。长2.2、帽径3厘米（图六九，9）。

铁刀　1件。M3：16，一端卷成环手状，另一端扁尖，横截面为长方形。长7厘米（图六九，10；图七〇，1）。

折头铁钉　13件。M3盗1：3，出土于墓门上方盗洞扰土中。钉身近中端折有约120°，横截面呈方形，钉帽平面近长方形。钉帽长1.2、宽0.4、钉身长8.8厘米（图六九，11；图七〇，2）。M3：27，钉首扁宽，横截面为方形。长5.8、钉首长0.5厘米（图六九，12）。M3：48，铁钉整体呈“T”形，钉首与钉身垂直，横截面为方形。长7.2、钉首长3厘米（图六九，14；图七〇，3）。M3：49，钉首扁宽，钉首与钉身垂直，钉身略弯曲，横截面为方形。长6.6、钉首长0.4厘米（图六九，13）。M3：50，钉首扁宽，弯折，横截面为方形。长4.8、钉首长0.8厘米（图六九，15）。M3：53，钉首和钉身向一侧弯折，横截面为长方形。长4.4、钉首长0.8厘米（图六九，16；图七〇，4）。

墓志　1方。M3：55，顺穆皇后墓志，砂岩，红褐色。志首为平顶圆角形，墓志宽34.5、通高55、厚13厘米。志文竖向9行，计141字。除两字脱落外，余皆可辨识。志文分两部分，序6行，铭2行（图七一；彩版四一）。志文如下：

渤海国顺穆皇后墓志铭　并序

简王皇后泰氏也／禀灵桂景／引曜银潢／德会母仪／行成内则／关关之化／用于邦国／而坤厚有倾／月华时缺／以延平二年四月廿四日崩／殡于鲜卑不易山原／率由典礼／建兴十二年七月十五日迁安□陵／礼也／祖讳长文／为南海之守／父讳兴节／为中台右相／述其德美为铭／铭曰／懿乎我后／嫔轨载扬／繁华早落／娥彩沈藏／幽明永隔／重泉夜长

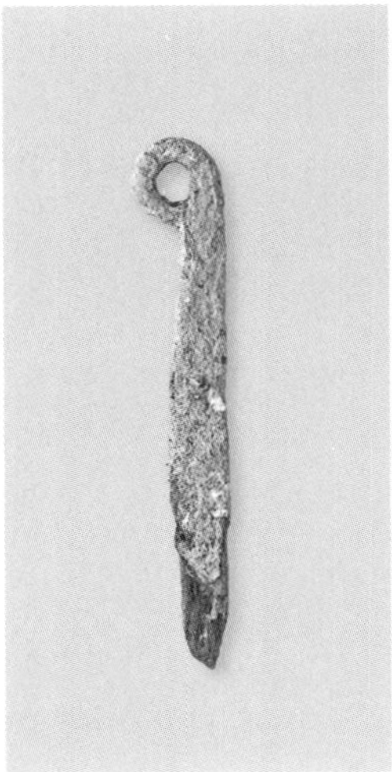
1.刀（M3：16）

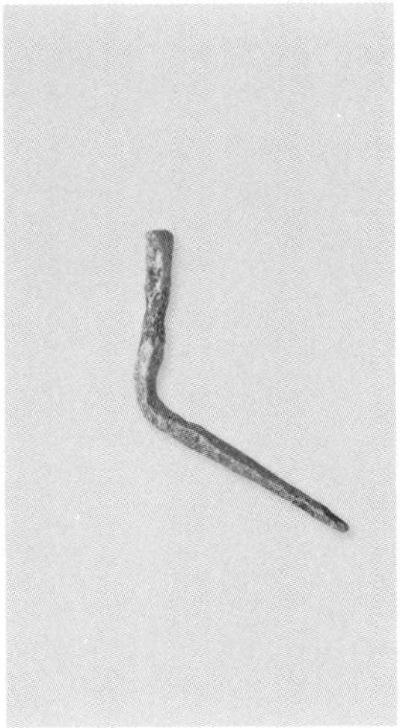
2.折头钉（M3盗1：3）

3.折头钉（M3：48）

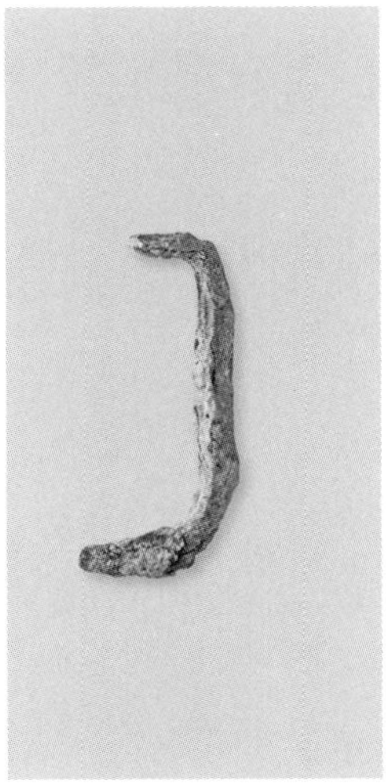
4.折头钉（M3：53）

图七〇　M3出土铁器

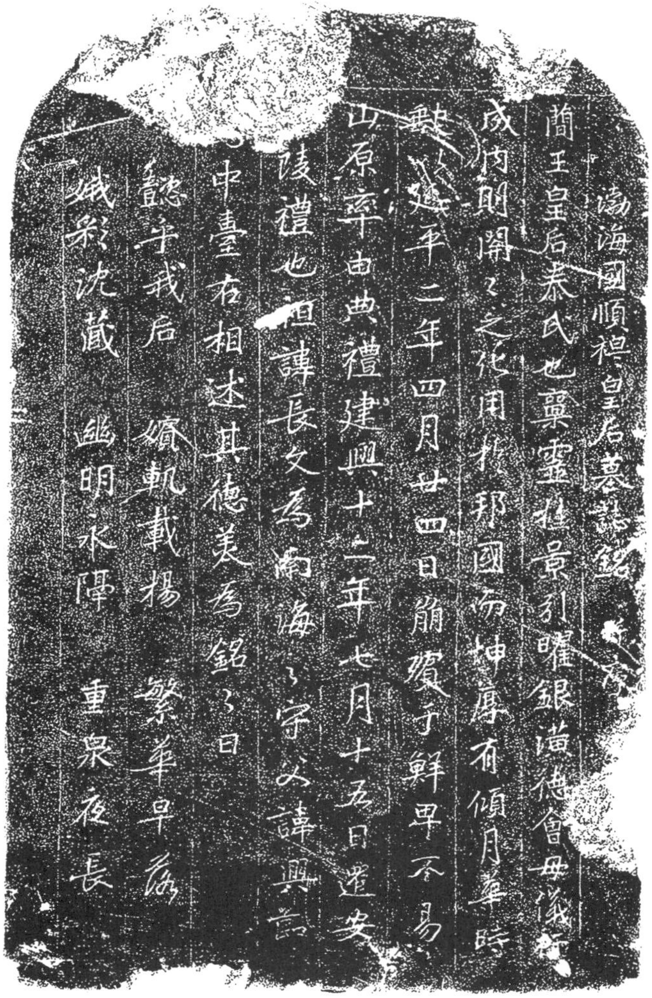

图七一　顺穆皇后墓志（M3：55）拓片（1/4）

三　M11

（一）墓葬形制

M11 位于 V 号台地东侧，西侧紧邻 M12，为大型石室墓（图七二~七四）。

M11 开口于表土层下，打破生土。墓道平面呈长舌状，偏向西南，与墓室不在同一方向。南北长 6.4、东西宽 1.85~2.6 米。墓道底部南半部分为斜坡，坡度 32°，修砌 9 级踏步，每级踏步宽 2.15、高 0.15 米。墓道北半部分底部平坦。中部有类似木栅形式的阻隔（彩版四二，1；彩版四三）。

墓门以一块大石封堵，封门石已向墓内倾斜，底部有 4 层石块垒砌的低矮护墙（图七七）。

墓门内侧为连接墓道和墓室的甬道，平面略呈倾斜状，两侧不对称，西侧进深 1.3、东侧进深 1、宽 1.4 米（图七七）。

图七二　M11、M12 清理后全景（由南向北摄）

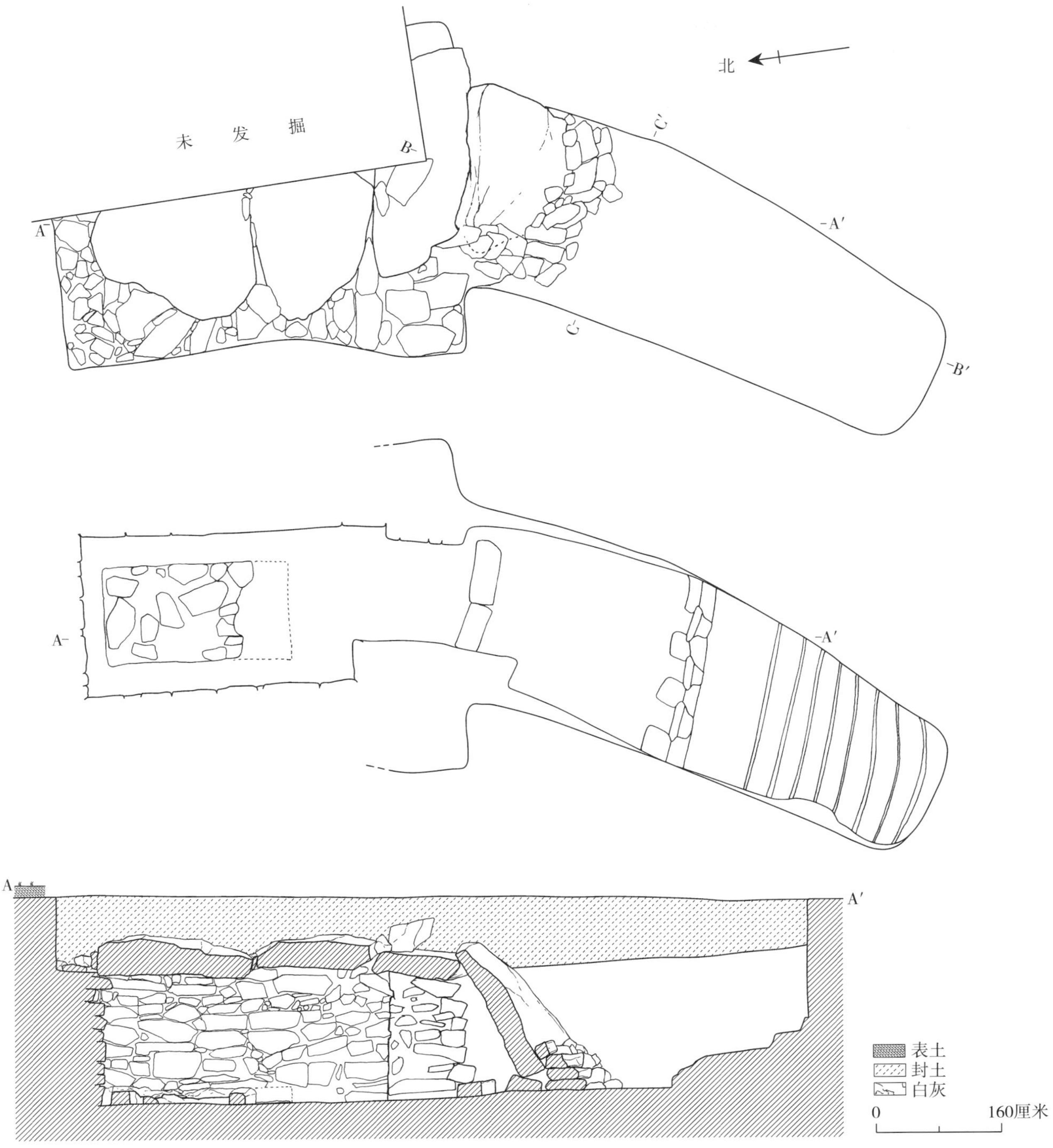

图七三　M11平、剖视图

墓室平面近长方形，两侧亦不对称，西壁长3.45、东壁长3.95、宽2.2、高1.75米。墓顶用3块大石覆盖（图七五、七六；彩版四四），西北角和东北角抹角叠涩。墓室四壁以石块修砌，保存较好，结构基本完整。墓室正中有石砌棺床，南端已遭破坏，复原长度2.4、宽1.35、高0.25米（彩版四二，2）。

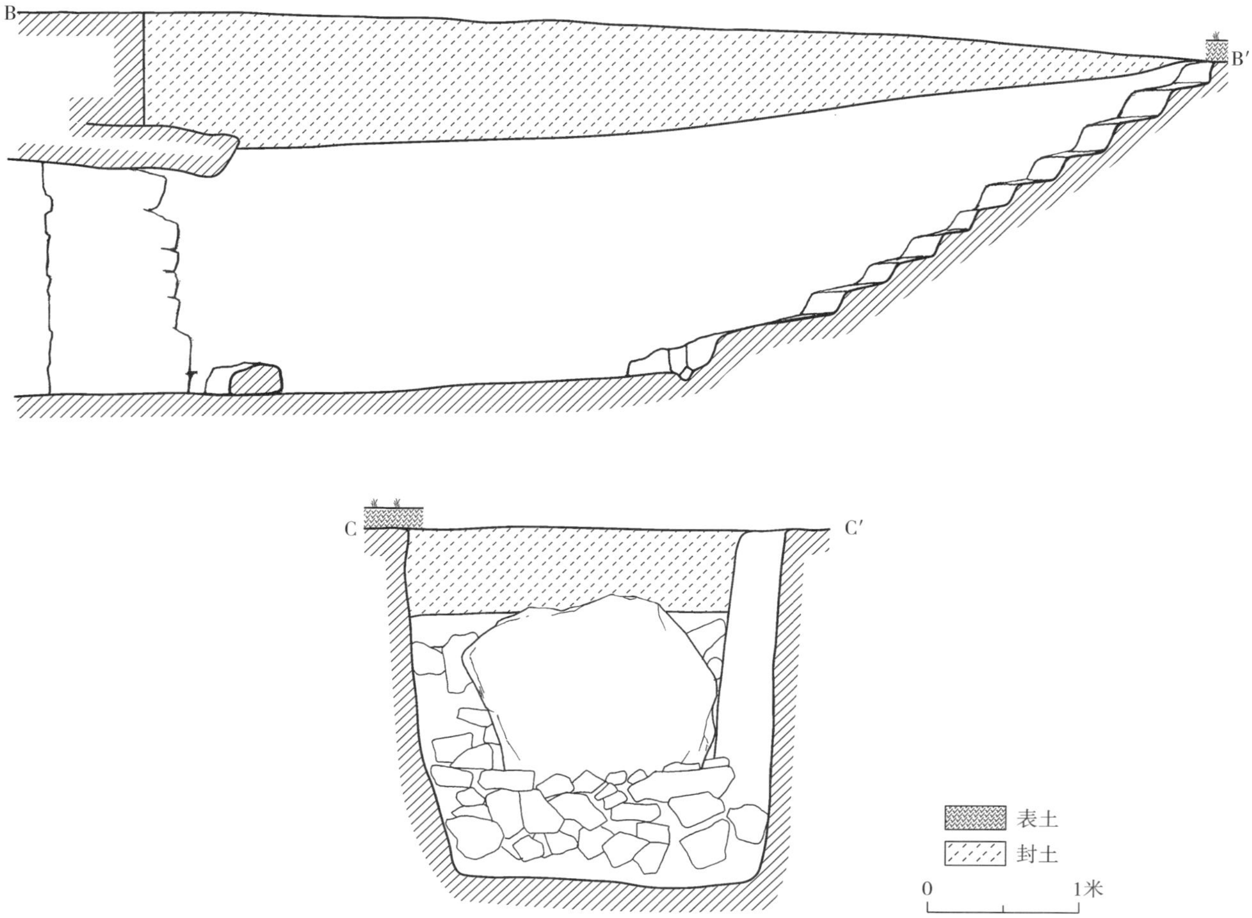

图七四　M11 剖视图

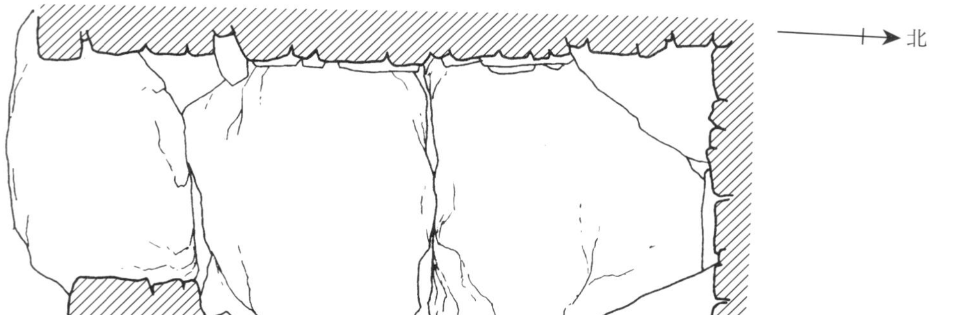

图七五　M11 墓室顶视图

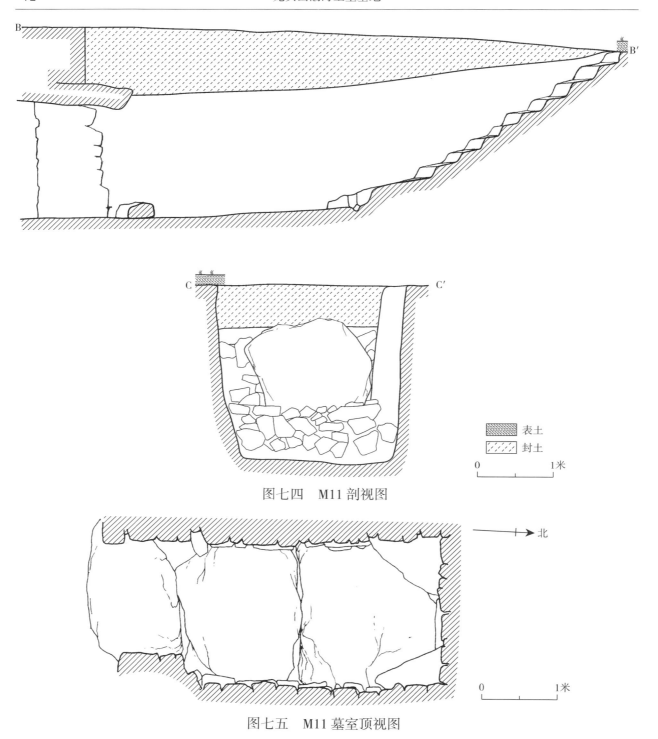

墓内已被盗掘，仅发现少许人骨，另有漆皮残块和鎏金饰件、鎏金铜泡钉、铁钉等遗物（彩版四五）。

（二）出土遗物

鎏金铜饰件　17 件。从残存纹饰可见有花形、缠枝蔓草纹、凤鸟纹、马等纹饰，为铜片捶揲錾刻而成，表面鎏金。

花形与缠枝蔓草纹鎏金铜饰件　6件。M11：15，呈花形，中心为圆珠象征花蕊，周围饰以连珠纹，外层共有八个花瓣。直径6.4厘米（图七八，1；彩版四六，1）。M11：18，呈花形，中心为圆珠象征花蕊，周围饰双重六瓣花，外层花瓣较大，内层花瓣稍小。直径4.2厘米（图七八，2；彩版四六，2）。M11：21，饰以蔓草纹，表面有两个小圆钉孔。长7.6、最宽6厘米（图七八，3；彩版四六，3）。M11：20，呈缠枝蔓草纹。长17.5、最宽5.2厘米（图七八，5；彩版四六，4）。M11：22，饰以蔓草纹，表面有三个小钉孔，其中一个钉孔上尚存小铜铆钉。长12.8、宽5.6厘米（图七八，9；彩版四六，5）。M11：25，饰以蔓草纹，表面有三个圆形钉孔。残长12.4、宽6.8厘米（图七八，10；彩版四六，6）。

图七六　M11盖顶石（由西向东摄）

图七七　M11墓道和封门石（由南向北摄）

凤鸟纹鎏金铜饰件　3件。M11：19，似凤鸟羽毛残片，器表残存2个小圆孔，应为钉附于棺木表面的钉孔。最长6.2、最宽3.8厘米（图七八，6；彩版四七，1）。M11：24–1，有羽毛状的纹饰，应是凤鸟残片。残长7.4、宽6.1厘米（图七八，7；彩版四七，2）。M11：24–2，残长3.4、宽2.5厘米（图七八，8；彩版四七，3）。

马形鎏金铜饰件　1件。M11：23，残存马头，马头顶部有一小钉孔。残长4.6、宽2.6厘米（图七八，4；彩版四七，4）。

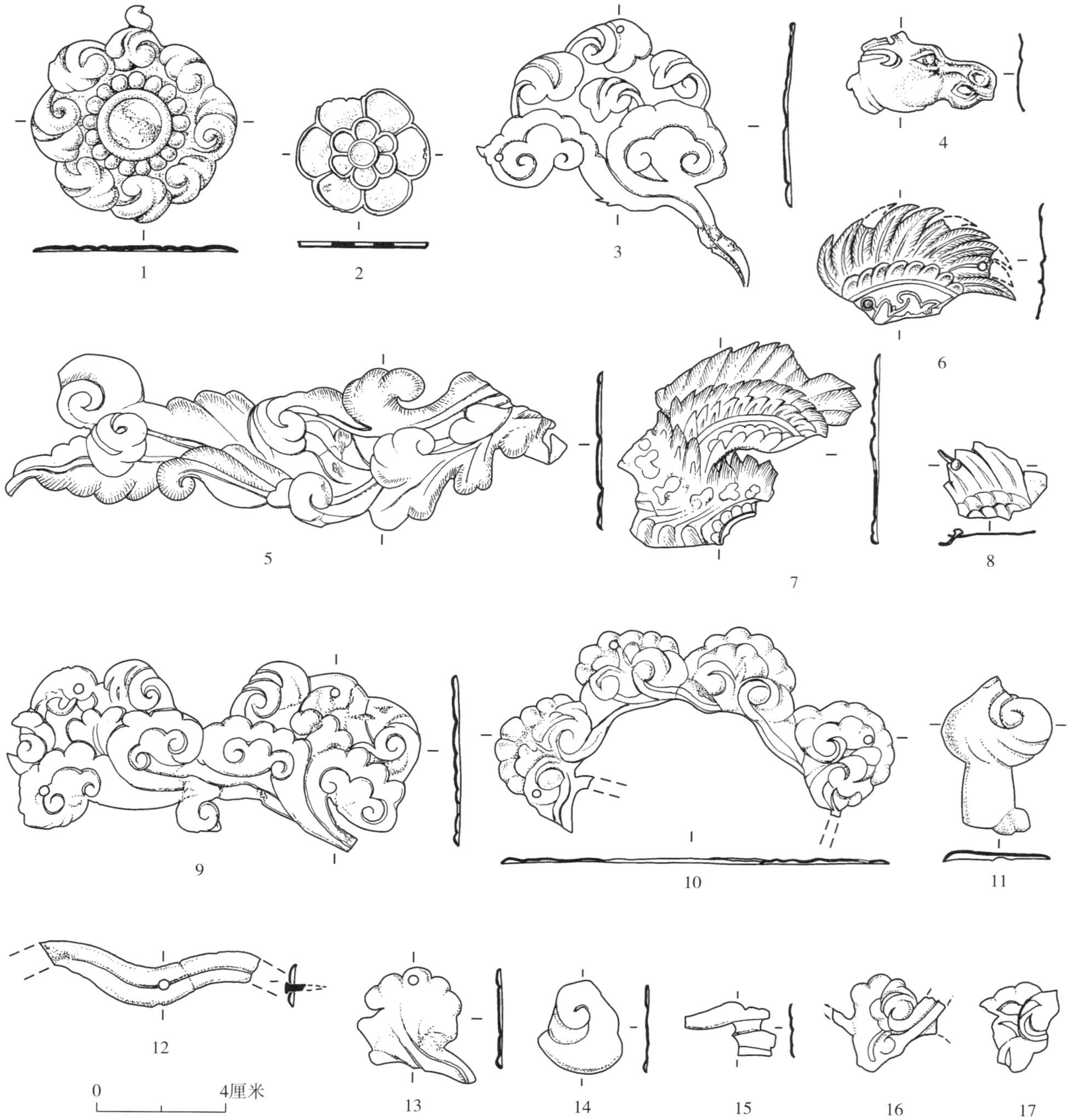

图七八　M11出土鎏金铜饰件

1. M11：15　2. M11：18　3. M11：21　4. M11：23　5. M11：20　6. M11：19　7. M11：24-1　8. M11：24-2　9. M11：22　10. M11：25　11. M11：26　12. M11：27　13. M11：28　14. M11：29　15. M11：30　16. M11：52　17. M11：53

其他鎏金铜饰件　7件。因尺寸较小，纹饰不可辨识。M11：26，残长5、宽3.4厘米（图七八，11；彩版四七，5）。M11：27，表面有线条沟槽和一个小钉孔。残长6.8、宽1.2厘米（图七八，12）。M11：28，可能为蔓草纹，表面有一个圆形钉孔。残长3.2、宽3.2厘米（图七八，13）。M11：29，残长3、宽2.6厘米（图七八，14）。M11：30，残长 2.6、宽 1.8 厘米（图七八，15）。M11：52，残长 3.2、宽 3.1 厘米（图七八，16）。M11：53，残长 2.8、宽 2.4 厘米（图七八，17）。

鎏金铜垫片　2 件。M11：16，完整。圆形，中部有一方孔。径长 4.8、厚 0.2、中部方孔长 1.2 厘米（图七九，1；彩版四七，6）。

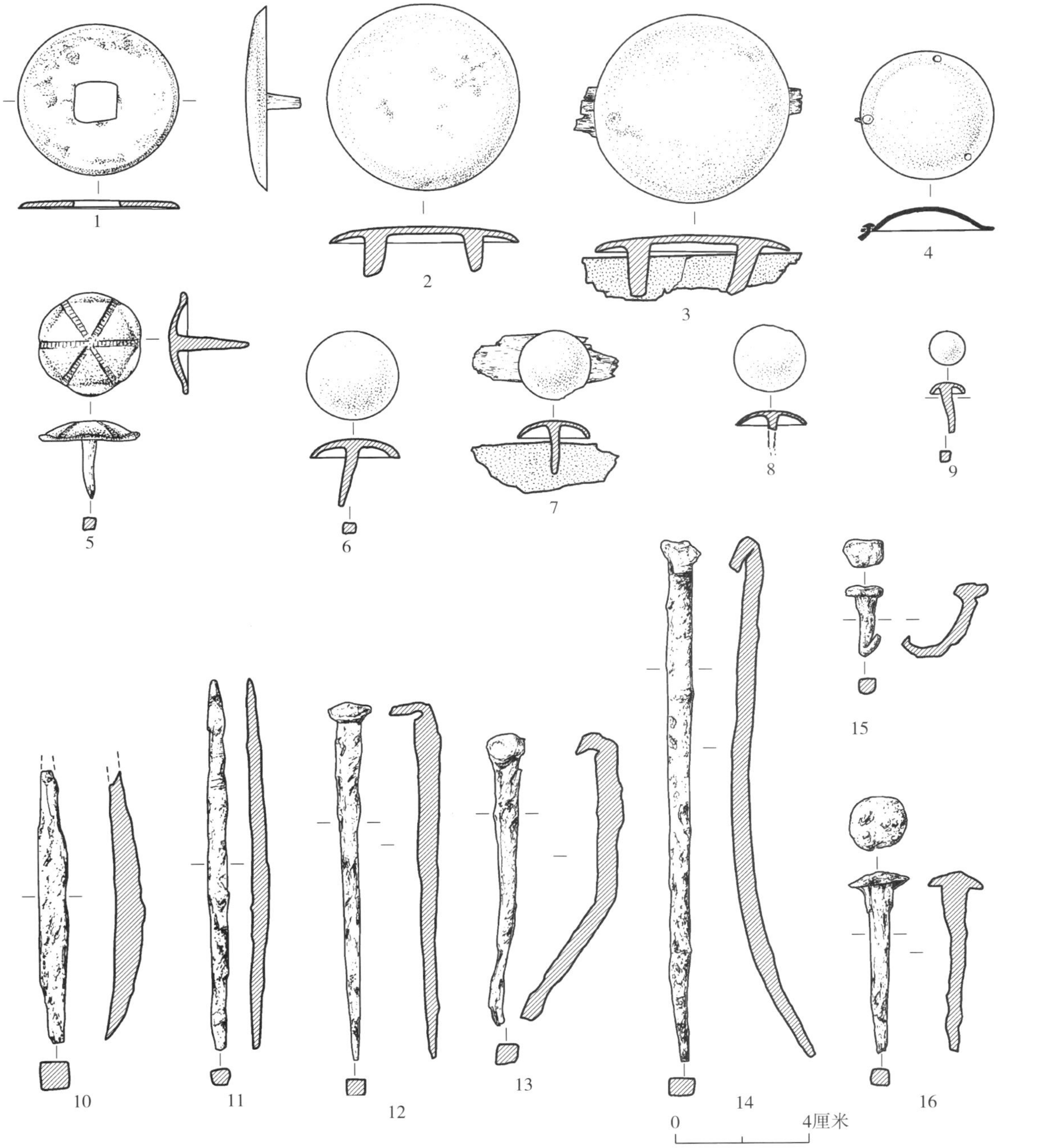

图七九　M11 出土金属器

1. 鎏金铜垫片（M11：16）　2、3. 双钉头型鎏金铜泡钉（M11：1、2）　4. 三钉头型鎏金铜泡钉（M11：3）　5. 六瓣花形铜泡钉（M11：4）　6~9. 素面鎏金铜泡钉（M11：11~14）　10、11. 榫卯铁钉（M11：41、42）　12~14. 折头铁钉（M11：33、34、32）　15、16. 铁泡钉（M11：35、37）

鎏金铜泡钉　14 件。据钉头数量，可分双钉头型、三钉头型、单钉头型。

双钉头型　2 件。钉帽扁平，圆形钉帽表面鎏金，钉帽下面左右两侧各有一个钉子对称分布。M11：1，完整。长 1.6、帽径 5.8 厘米（图七九，2；彩版四八，1）。M11：2，完整，钉身连接木块。长 1.8、帽径 5.8 厘米（图七九，3）。

三钉头型　1 件。M11：3，残。钉身残缺。钉帽边缘扁平，中部隆起。钉帽边缘平均分布三个小细钉，仅残存 1 个钉子。圆形钉帽表面鎏金。泡钉帽径 4、残存钉子长 0.6 厘米（图七九，4；彩版四八，2）。

单钉头型　11 件。其中包括六瓣花形鎏金铜泡钉、素面鎏金铜泡钉。

六瓣花形铜泡钉　7 件。M11：4，完整，钉帽表面錾刻六瓣花纹饰，平面呈六瓣梅花形，铜钉帽表面鎏金，钉身横截面为方形。长 2.4、帽径 3 厘米（图七九，5；彩版四八，3）。

素面鎏金铜泡钉　4 件。长短不一。M11：11，完整，长 2.2、帽径 2.8 厘米（图七九，6；彩版四八，4）。M11：12，略残，钉身连接木块。长 1.7、帽径 2.1 厘米（图七九，7）。M11：13，钉身残缺。残长 0.6、帽径 2.1 厘米（图七九，8）。M11：14，钉尖残缺。长 1.6、帽径 1 厘米（图七九，9）。

榫卯铁钉　8 件。中间略粗，两端稍细，横截面为方形。M11：41，残长 8.2 厘米（图七九，10；图八〇，1）。M11：42，长 11.4 厘米（图七九，11）。

折头铁钉　10 件。长短不一。M11：33，完整，钉首扁宽，弯折，与钉身垂直，钉身横截面为方形。长 11、钉首长 0.8 厘米（图七九，12；图八〇，2）。M11：34，完整，钉首扁宽，弯折，与钉身垂直，钉身弯曲，钉身横截面为方形。长 9、钉首长 0.6 厘米（图七九，13）。M11：32，完整，钉首扁宽，弯折，钉身弯曲，钉身横截面为方形。长 16、钉首长 1 厘米（图七九，14）。

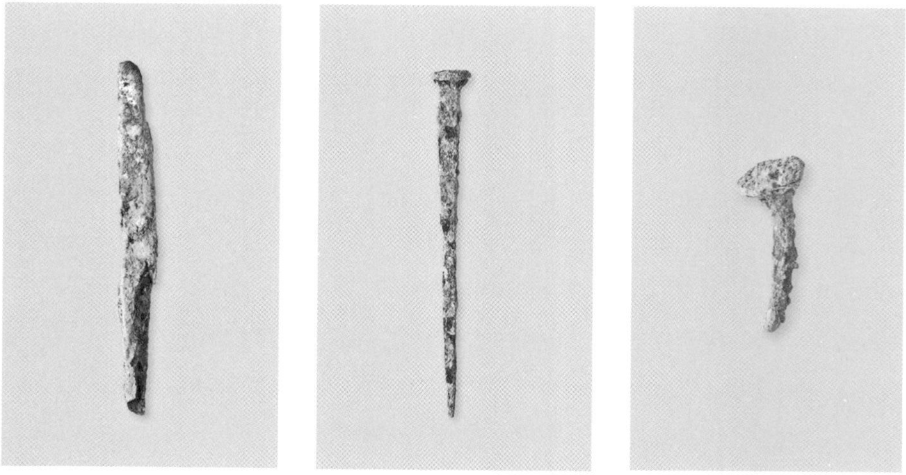

1.榫卯铁钉（M11：41）　2.折头铁钉（M11：33）　3.铁泡钉（M11：35）

图八〇　M11 出土铁钉

铁泡钉　3件。M11：35，残，钉帽扁平，呈不规则圆形，钉身弯折，钉身横截面为方形。长2.2、帽长径1厘米（图七九，15；图八〇，3）。M11：37，完整，钉帽扁平，呈圆形，钉身略弯曲，钉身横截面为方形。长5.5、帽径1.8厘米（图七九，16）。

四　M12

（一）墓葬形制

M12位于Ⅴ号台地东侧，东邻M11，为大型石室墓（图八一；彩版四九）。

M12开口于表土层下，打破生土。墓道平面呈舌状，南北长5、东西宽2.95米。内以土石填充（图八四，1）。墓道底部为斜坡状，坡度20.6°，修砌9级踏步，每级踏步宽0.4、高0.075米。墓道入口处正中有一砖龛，长0.6、宽0.35、高0.25米（彩版五〇～五二）。

墓门以一块大石竖立封堵，封门石下有垫石（图八三）。

墓门内为甬道，东西宽1.65、南北进深1.25米，甬道以北地面出土孝懿皇后墓志一方（图八四，2）。

墓室平面呈长方形，南北长3.45、东西宽2.2、高1.9米。墓顶盖石3块，北侧有一圆形盗洞，墓顶石塌落至墓室内（图八二）。墓室四壁石砌，整体保存较好。墓室正中有棺床，为一整块的长方形大石板，表面及边缘经修凿，十分规整。棺床长2.45、宽1.6、厚0.25米。

墓室被盗扰严重，发现少许人骨与动物骨骼散乱分布于墓室中（彩版五三）。仅残存少量鎏金铜饰件、鎏金铜泡钉、铁钉、玉器等遗物。另发现少量漆片，部分漆片上残留木头纹理和丝织品痕迹。

（二）出土遗物

鎏金铜饰件　3件。M12：11，残。呈“S”形，刻有线条图案，有一个钉孔，两个铆钉，造型不明。残长5、宽3.4厘米，短钉长0.7、长钉长1厘米（图八五，1）。M12：12，残。刻有线条图案，造型不明。残长4.3、宽3厘米（图八五，2）。M12：28，鎏金铜饰件，残。其上有一铆钉，造型不明。残长6.2、宽3.6、铆钉长1厘米（图八五，3）。

鎏金铜泡钉　12件。据钉帽尺寸，可分为两种。

钉帽稍大者，帽径大于3厘米　1件。M12：1，完整，钉身弯曲，圆形铜钉帽表面鎏金。钉身横截面为方形。长2、帽径4厘米（图八五，4；彩版五四，1）。

钉帽稍小者，帽径小于3厘米　11件。M12：5，完整，钉身连接木块，圆形铜钉帽表面鎏金。长2、帽径2.8厘米（图八五，5）。M12：6，完整，钉身略弯，钉身连接木块，圆形铜钉帽表面鎏金。长2.4、帽径2.6厘米（图八五，6；彩版五四，2）。M12：7，

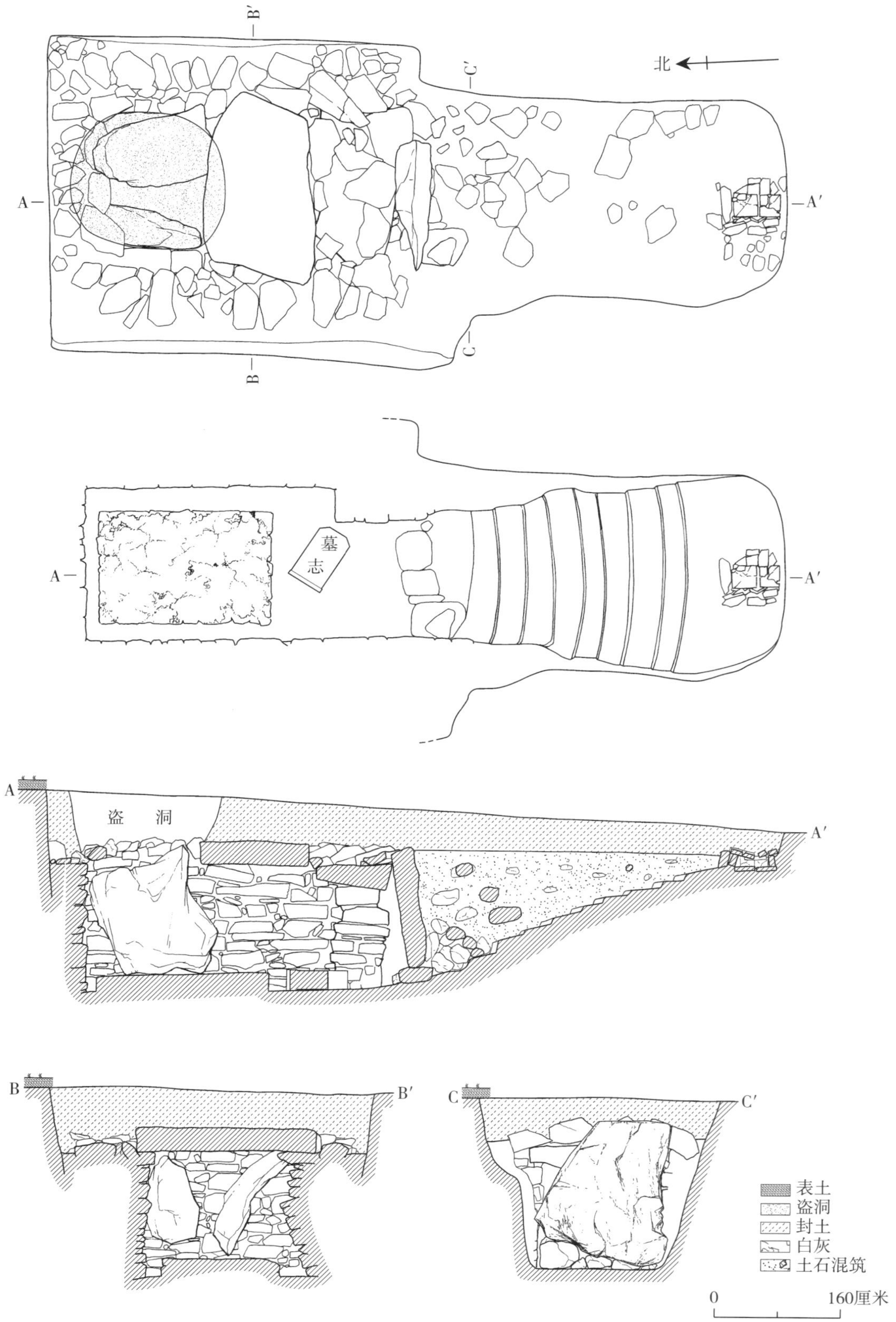

图八一　M12 平、剖视图

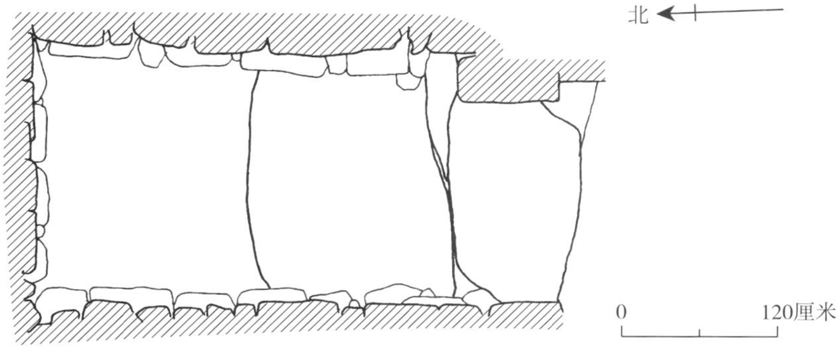

图八二　M12 墓室顶视图

图八三　M12 封门石（由南向北摄）

1.M12墓道中填石（由南向北摄）

2.M12甬道北侧出土孝懿皇后墓志（由南向北摄）

图八四　M12 清理场景

完整。圆形铜钉帽表面鎏金。钉身横截面为长方形。长 2、帽径 2.8 厘米（图八五，7）。

玉羊　1 件。M12∶17，完整。羊身呈俯卧状。长 7、宽 4.8、高 4.4 厘米（图八五，8；彩版五四，3、4）。

折头铁钉　9 件。长短不一。M12∶13，钉身略有残缺。钉身横截面为长方形。残长 9.8 厘米（图八五，9）。M12∶21，残，钉首，钉尖残缺。钉身弯曲。钉身横截面为长方形。残长 3.2 厘米（图八五，10）。M12∶22，钉尖残缺。钉首扁宽，弯折。钉身上部弯曲。钉身横截面为方形。残长 5.8、钉首长 0.8 厘米（图八五，11）。

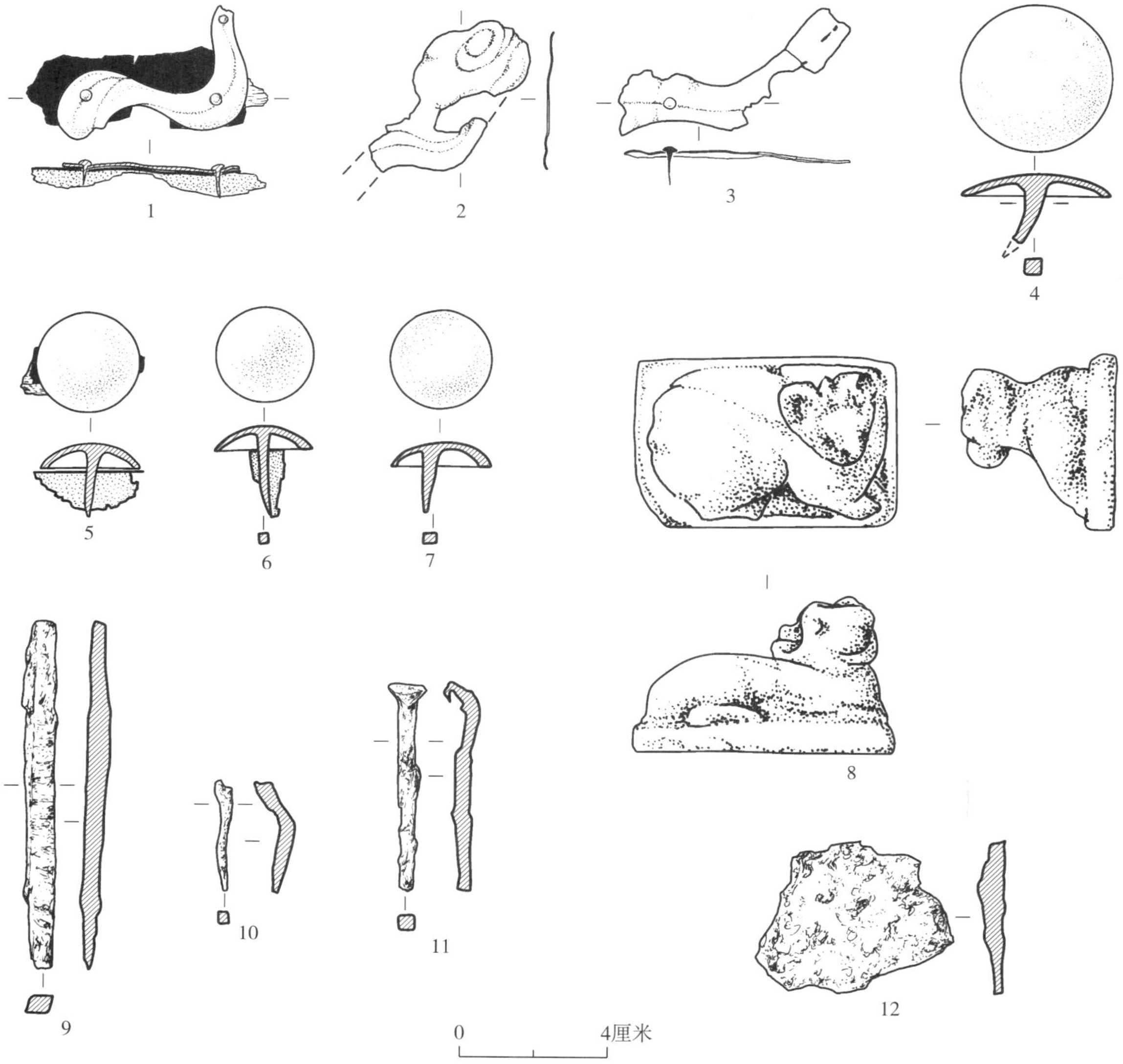

图八五　M12 出土器物

1~3. 鎏金铜饰件（M12：11、12、28）　4~7. 鎏金铜泡钉（M12：1、5~7）　8. 玉羊（M12：17）　9~11. 折头铁钉（M12：13、21、22）　12. 铁器残件（M12：16）

铁器残件　3 件。M12：16，残，钉片扁平，锈蚀严重。残长 5.4、宽 4.4、厚 0.9 厘米（图八五，12）。

墓志　1 方。M12：30，孝懿皇后墓志，形制、墓志纹饰与贞惠公主墓出土墓志基本一致，墓志首为平顶抹角，带有长方形底座，正面志文四周环绕卷草纹，圭形顶部为四朵对称的祥云纹。孝懿皇后墓志 19 行，含序 14 行、铭 4 行及末 1 行立碑的年月，字数共计 981 字。通高 94、志面高 87.5、最宽 52、厚 28、底座高 6.5、宽 55.5、厚 31.5 厘米（图八六；彩版五五）。志文如下：

图八六　孝懿皇后墓志（M12：30）拓片（1/2）

图八六　孝懿皇后墓志（M12 ： 30）拓片（1/2）

孝懿皇后墓志一首并序

粤若河洲之鸟／诗人表其和声／为鲁夫人之传家录其奇掌故／细求窈窕／立以英贤／积行累功／扶助　王化／后妃之义／其在兹乎／皇后嚮氏者／本夏神乡人也／肃慎福地／久号隼集之林／昆仑胜区／先称虎臣之地／惟祖惟父／升辟将门／尽忠　圣朝／以身许国／安边之计／营平侯之大功／赴敌之心／李将军之雄气／剖符受印／衮轩冕而永传／比山担河／如带砺而不绝／　皇后□形松岫／扬神影于行云／吐秀桂藂／挥奇耀于流月／春归青谷／花发紫岩／学柳枝而纤纤／居槐里而艳艳／幼闻婉行／长蕴惠仁／语无戏言／目不妄视／以蕑入侍／以贤被　恩／诸姬竞推／靡不崇仰／庆云年内／乃人徙居／定都　龙泉／勤承凤历／立为皇后／助化　紫宫／大度□深／高宇山峙／衹修四德／无阙组紃之功／备践十仪／有闻环佩之响／允聪允慧／雅韵天然／乃温乃良／英才日就／不饰粉黛／逍遥道义之林／不贵绮罗／敦悦诗书之训／德高东国／容类西施／比马后于蛾眉／想樊姬于兽肉／勤之以礼／操之以贞／君子好仇／谁出其右？覃思美政／罢妆镜于春台／研精妙词／寻欢扇于秋句／虽阴丽华之被宠／慎夫人之奉恩／彤史所书／俱为下第／加以游心本觉／恋味真如／愿乘般若之舟／到涅般之岸／不妒不嫉／明辨绳蛇／深解深知／细分巾□／是以宣风之道／排女节而先鸣／护法之心／并昙称而高视／书契之后／释教已来／或无德而有姿／或学外而阙内／未有我　后应感而生／美艳绝伦／德行皆备／周览内外之典／专奉儒释之资／礼佛诵经／卫　主安国者也／岂唯嫔则休要／化被三宫／抑亦母道深慈／润沾万姓／玉台晓辟／烂朱渌之新文／珠帘夜开／发芙蓉之神彩／我　皇圣明之化／日照天临／我　后贤智之猷／月行地载／岂谓忽随逝水／俄动藏舟／以宝历二年二月五日戊辰／薨于文思堂侧寝／春秋五十爱□□泪／圣主伤心／凄切之怀／于斯为惨／其年冬十月廿四日甲申／迁葬于珎陵台礼也／　皇上彻悬、损膳、废朝、恸□／赐东园秘器、羽葆、鼓吹／丧事之仪／并皆优给／车马云转／辞　丹阙而低昂／旌旐霞飞／出青门而飘飏／方之蕑翟／礼峻营陵／喻以□□嘉在立厝／下原之首／髣髴神女之台／大河之隈／连接蛟人之室／白扬路上／悲风度而凄寒／青松陇头／片云凝而迢遰／乃作铭曰／择　后之制／礼备琼篇／窈窕淑女／必取其贤／国之臧否／靡不由然／洲鸟之义／明主攸怜／其一　山川之感／必有英灵／将军之气／壮士之精／六奇善略／万里长城／衣冠之族／带砺之名／其二　□欤嚮后／福地之隈／玉树贞质／红花始开／行云飏影／流月徘徊／纤纤学柳／居里号槐／其三　蕑在皇意／入侍紫宫／椒房厚泽／桂殿芳风／深量泻浪／高宇悬峰／道德缉熙／美政时雍／其四　不借妆饰／不贵绮罗／动中规则／行从切磋／芙蓉甚伟／淳直为多／味不近兽／艳眉如蛾／其五　精研般若／栖念真如／崇贵儒释／内外经书／忽然物化／孤哀有馀／霜飞窓寂／月落屏虚／其六　废朝彻乐／皇望灵车／去马似云／飞旐写霞／送葬之路／薤歌接笳／陵台之里／长掩寒花／其七宝历二年十月廿四日

五　SJ1

（一）遗迹

SJ1位于V号台地西侧，东南为M1（贞孝公主墓），东邻M12。平面近圆形，井穴直径3.2米。清理过程中，因地下不断泛水未能清理至井底，清理深度2.25米。井壁以石块修砌，井口径1.15米。北侧正中有一南北向石砌水槽与井相连，水槽宽0.65米，经两级石砌台阶入井。位于上方的第一级台阶宽0.4、高0.5米，下方第二级台阶宽0.25、高0.15米，两级台阶东西长度均与石砌水槽宽度相同（图八七、八八；彩版五六）。

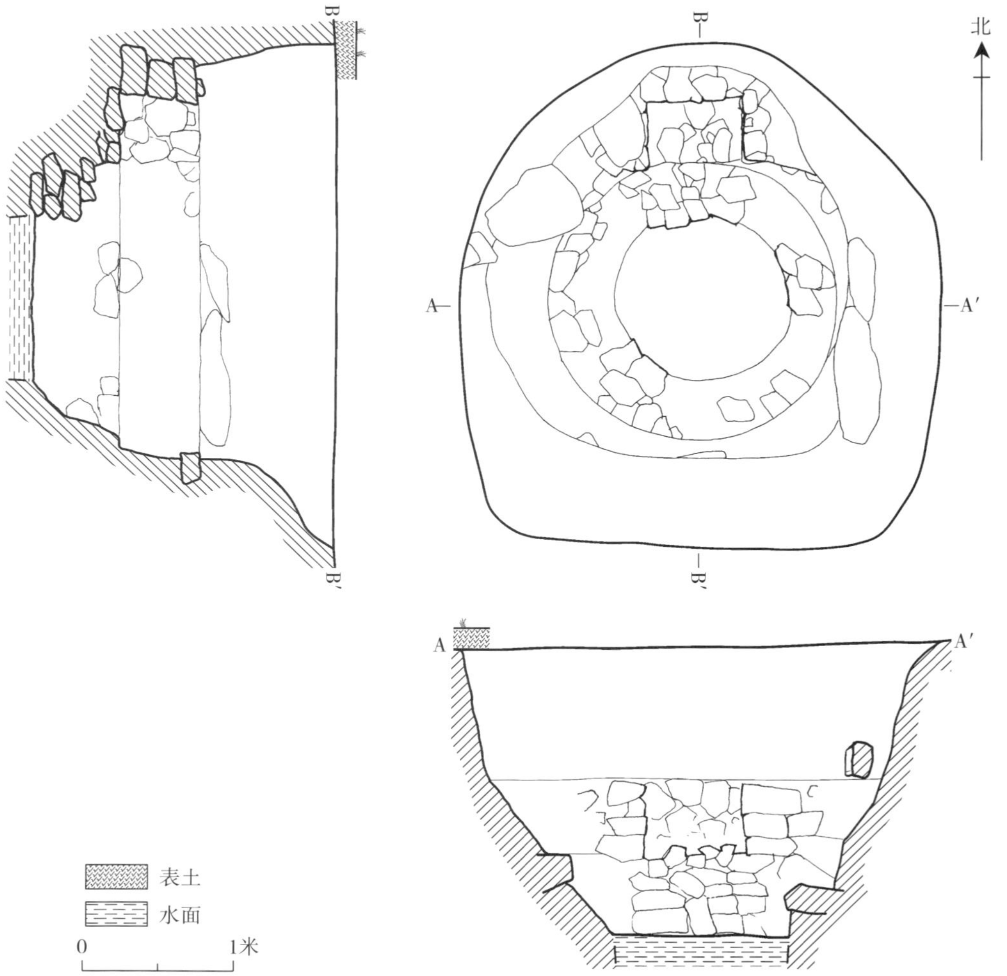

图八七　SJ1平、剖视图

图八八　SJ1 清理后场景（由南向北摄）

（二）出土遗物

水井中共发现 2 件器物，分别为陶俑头和陶器口沿。

陶俑头　1 件。SJ1：1，仅存头部、颈部，夹砂灰陶。头部整体呈圆方体，面部中央鼻子呈等腰三角形凸起，其两侧微凹形成眼眶，颈部近圆柱状，颈部下端前、后各有一个斜向下贯穿的小圆孔，小圆孔汇于颈部下面。头部长 7.2、颈部直径 3.2、颈部残长 5.2、整体残高 12.4 厘米（图八九，1；图九〇，1）。

陶器口沿　1 件。SJ1：2，夹砂灰褐陶，轮制。敞口，方尖唇，平折沿，束颈，溜肩。长 7.7、高 6.3、壁厚 0.8 厘米（图八九，2；图九〇，2）。

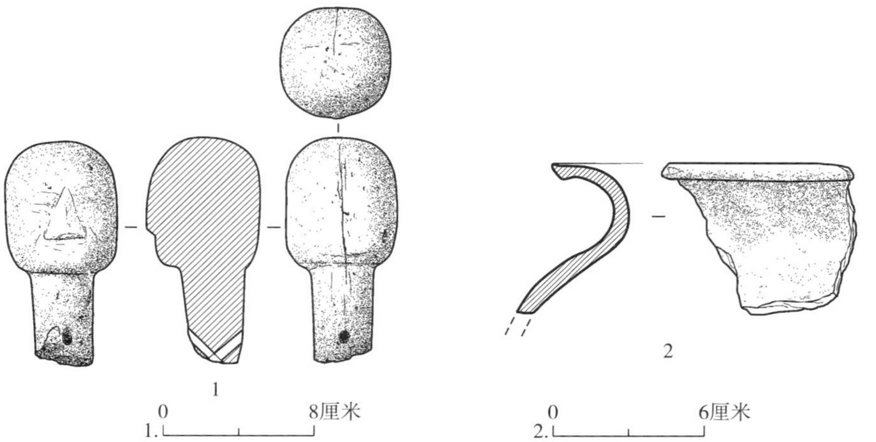

图八九　SJ1 出土陶器

1. 俑头（SJ1：1）　2. 陶器口沿（SJ1：2）

1.陶俑头（SJ1：1）　　2.陶器口沿（SJ1：2）

图九〇　SJ1 出土器物

第五节　Ⅵ号台地

Ⅵ号台地位于Ⅴ号台地南面，占地面积约 500 平方米。台地中央发现 1 座墓葬，编号为 M10，该墓采取的是塔葬形式（图九一）。

一　M10

（一）墓葬形制

M10 位于Ⅵ号台地中央，是该台地发现的唯一一座墓葬。大型砖室塔墓，由墓上砖塔和塔下墓葬两部分构成。砖塔已坍塌，仅剩塔基部分，修建的塔身青砖散落于塔基周围约 100 平方米的范围内。塔基平面呈“回”字形，边长 6 米，北墙厚 1.65、西墙厚 1.4 米，东、南两侧墙体已破坏殆尽（图九二~九五，1、2；彩版五七）。

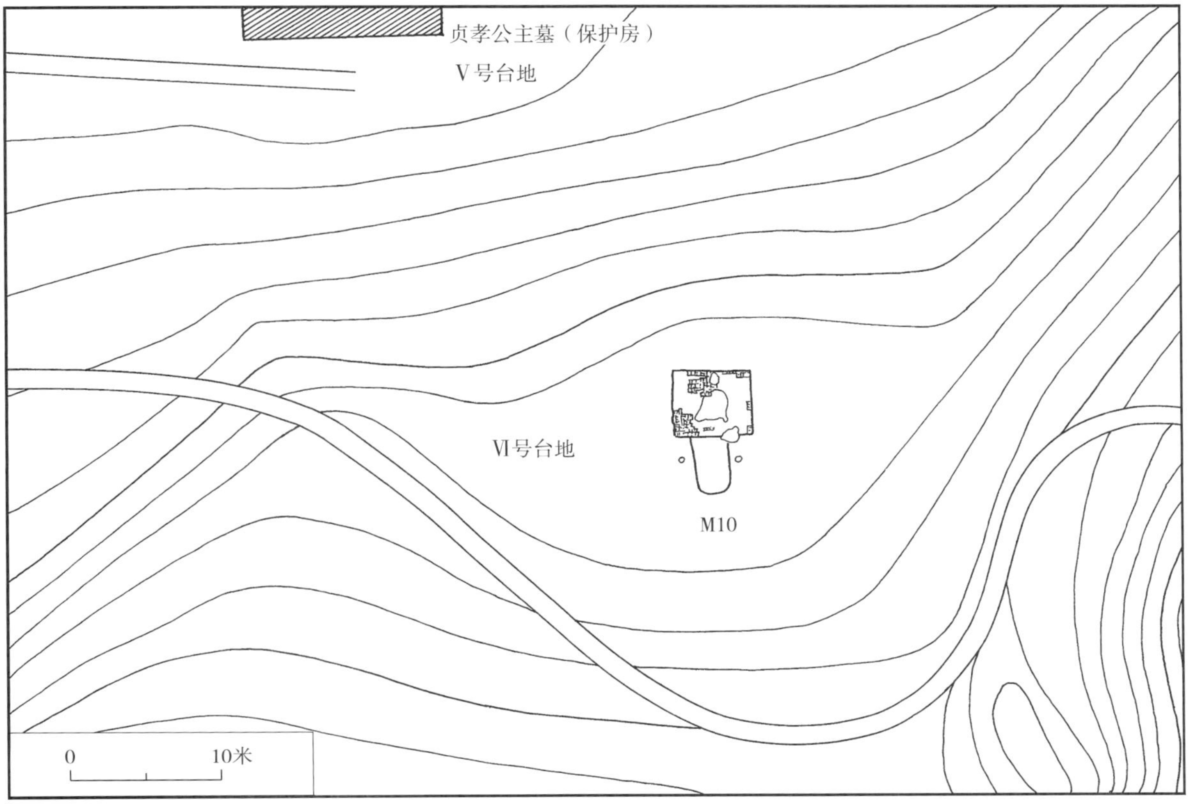

图九一　龙海墓区Ⅵ号台地墓葬分布及地形图

塔下墓葬墓道平面呈舌形，方向183°。墓道长5.5、宽1.85~2.25米。墓底为斜坡状，坡度24.8°，修有8级踏步，每级踏步高约0.2、宽约0.5米。墓道内充填黄花土。墓道北端靠近墓门处有一不规则形盗洞（图九五，3、4）。

墓门以一块大石板封堵，封门石经扰动向墓室外倾斜。墓门内侧为甬道，进深0.55米。

墓室平面呈长方形，方向186°。南北长3.45、东西宽1.9、高2.1米。以4块大石板盖顶，中央塌陷，北侧有一现代扰坑。墓室四壁可分两层，外层石砌，内层以青砖错缝叠筑。墓室底部铺有一层青砖，中央以两层平铺青砖修砌棺床，棺床上涂抹白灰，棺床南北长2.7米，东西与墓室等宽，高0.2米（彩版五八）。

墓内遭严重盗扰，仅发现少许人骨散乱于墓室中。墓室内出土10余件残碎的三彩俑，另有鎏金铜器、玉器、蚌器、铁器、漆器残片等遗物（彩版五九）。墓上塔基地表出土大量砖构件和铁器。

（二）墓室中出土遗物

1. 三彩俑

可复原女俑　5个。

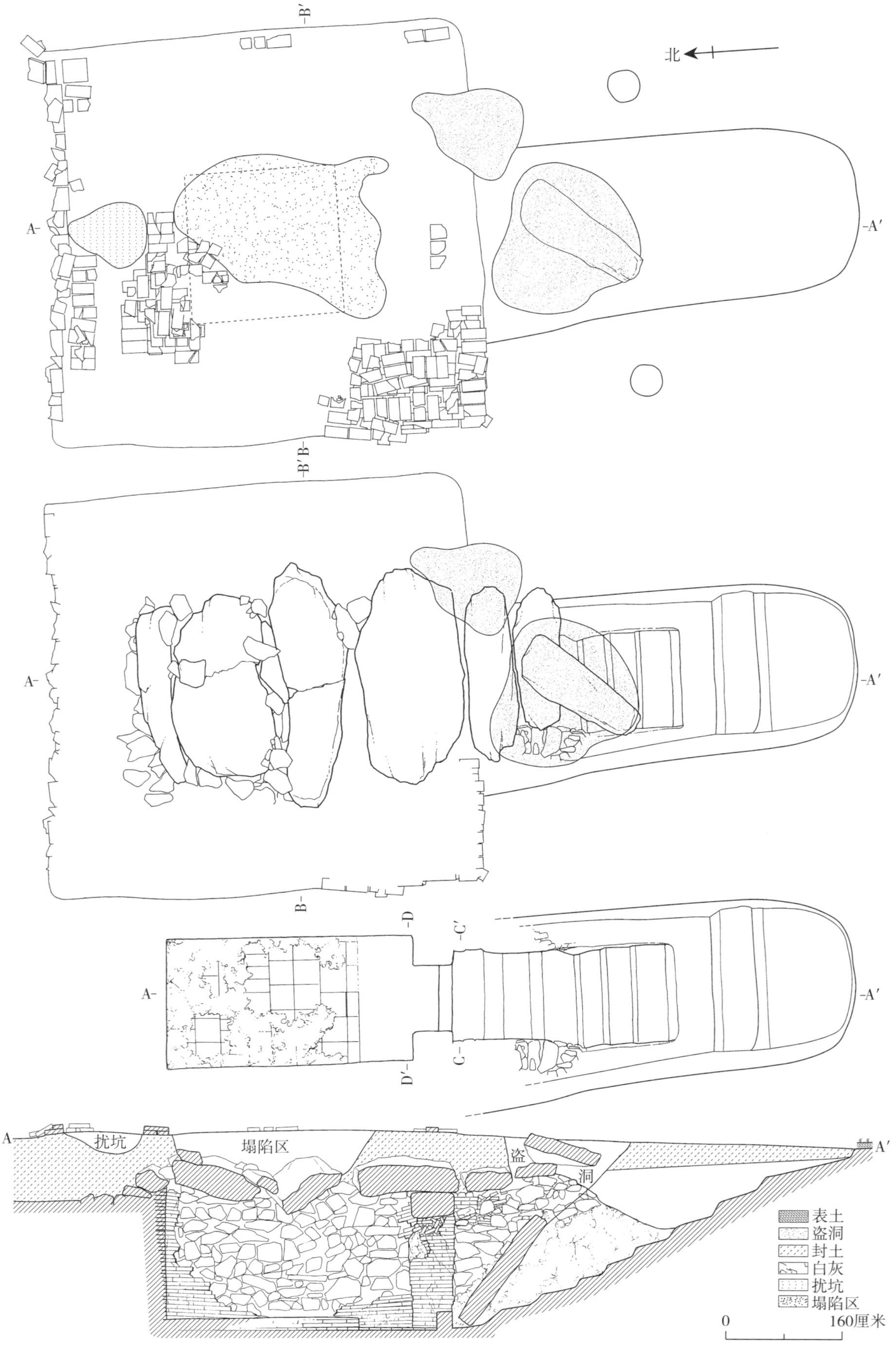

图九二　M10 平、剖视图

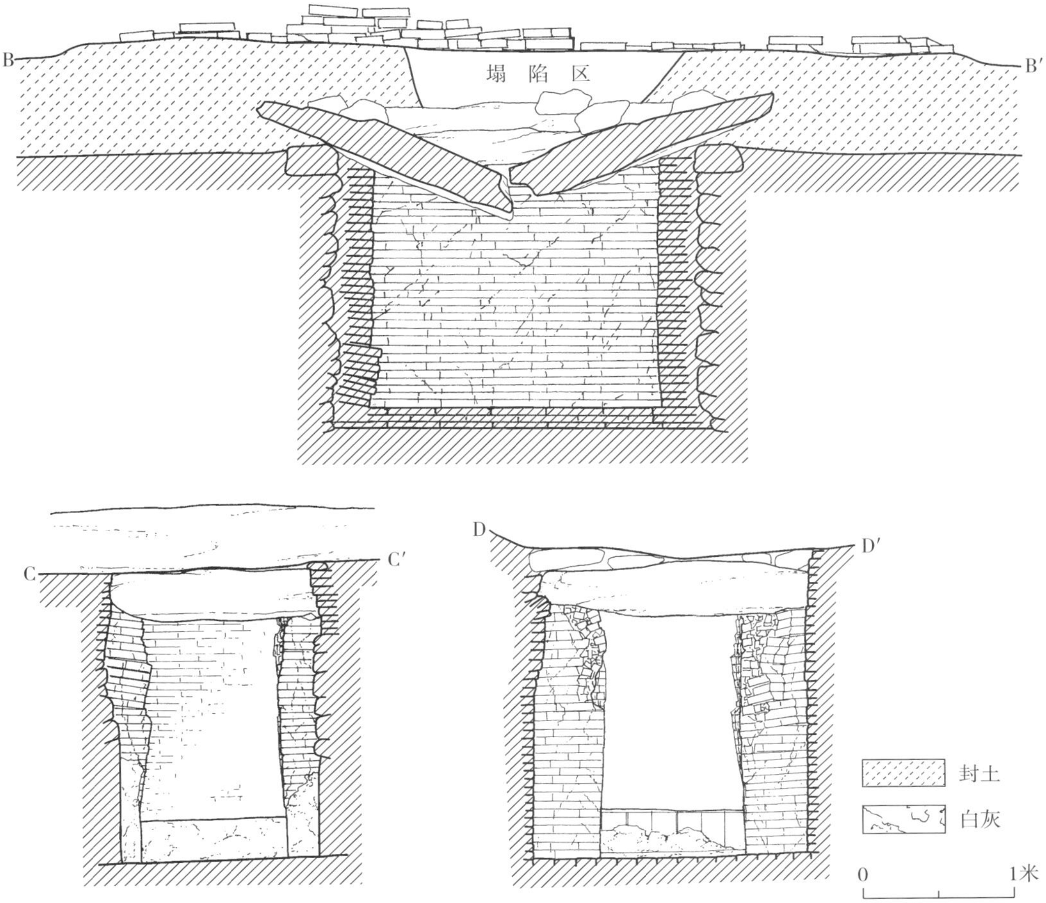

图九三　M10剖视图

图九四　M10塔基全景（由南向北摄）

1.M10塔基北侧（由西向东摄）

2.M10塔基西南角（由南向北摄）

3.M10墓顶盖石（由北向南摄）

4.M10墓顶盖石（由南向北摄）

图九五　M10 塔基、墓顶盖石与封门石

M10：5，头部不施釉，余施绿黄釉。先以素土烧出坯胎，再以高岭土制作出外表细部。面部为白色瓷土胎，眼、眉、发等施黑彩，头绳施红彩。发中分，耳鬓处发辫折叠后在中部系一红绳。身与面微左倾，脸颊有两个浅浅的小酒窝。双手拱于胸前。身着男装，长衫圆领，腰系带，铊尾在左后腰处下垂。足蹬勾头履，踏低矮圆形台座。通高 35.5、底座直径 14.5 厘米（图九六，1；彩版六〇，1）。M10：10 与 M10：5 形制、尺寸基本相同，不同之处是其面部微微右倾。通高 36.4、底座直径 13.5 厘米（图九六，2；彩版六〇，2）。

M10：4，头戴裹巾，面左倾，身微右倾，面有淡淡的微笑。双手放于袖中，置于左腹。身着齐胸衫裙，两条细长的系带垂到腰部下方。足蹬勾头履，脚踏低矮圆座。通高 40.2、底座直径 16 厘米（图九七，1；彩版六一，1）。

M10：16，头戴裹巾，似是目眺远方。手持花束，拱于胸前。身着圆领衫裙。通高 38.5 厘米（图九七，2；彩版六二，1）。

M10：17，头梳堕马髻，两鬓包面，发髻垂向一侧。身着齐胸衫裙，两条细长的系带垂到腰部下方。双手拱于胸前，从双手上残存的小孔来看，双手原应捧持物件。足蹬勾头履，底座缺失。残高 38.4 厘米（图九八，1；彩版六一，2）。

可复原男俑　1 个。

M10：6，头部不施釉，余施绿黄釉。先以素土烧出坯胎，再以高岭土制作出外表细部。面部为白色瓷土胎，眼、眉、发等施黑彩，头绳施红彩。发中分，耳鬓处发辫折叠后在中部系一红绳。俑身前倾，双手拱于胸前，作毕恭毕敬状。头戴幞头，身穿圆领长衫，腰系带，铊尾在左后腰处下垂。足蹬靴，踏低矮圆形台座。通高 33.5、底座直径

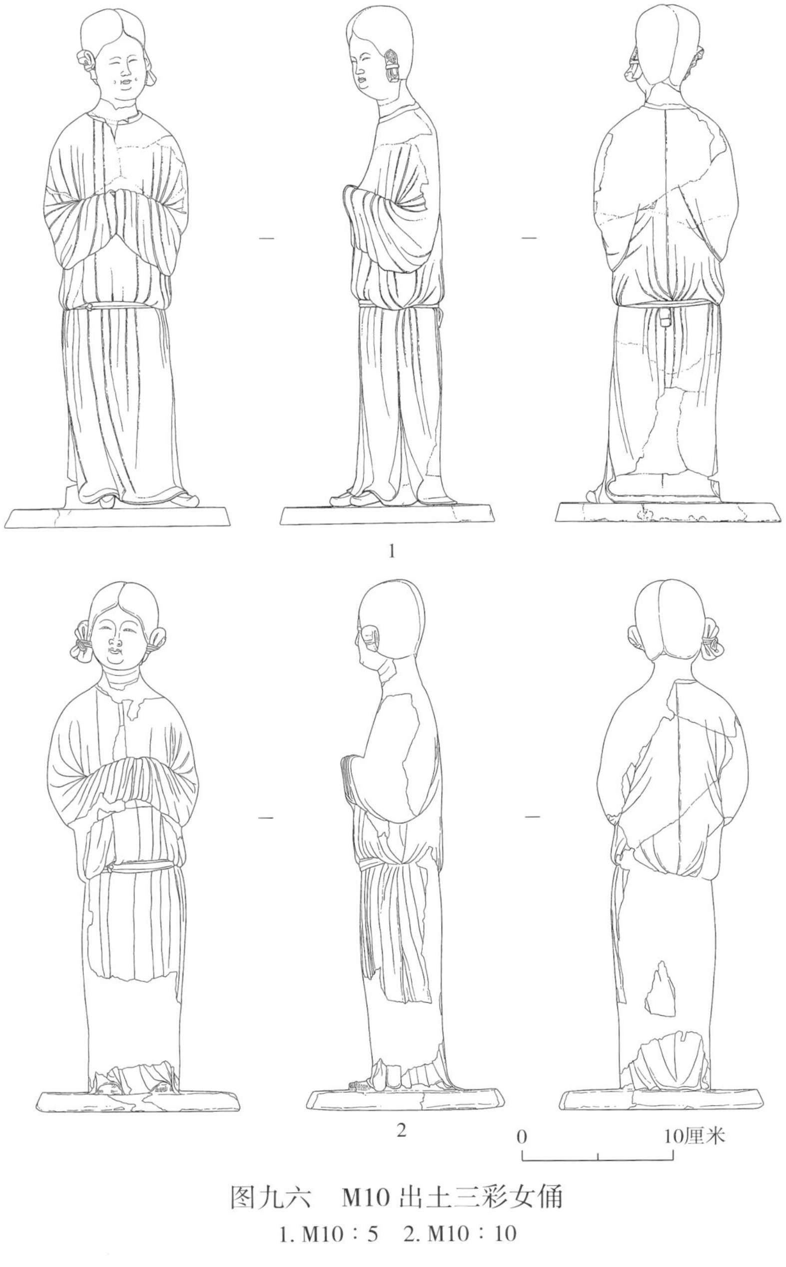

图九六　M10 出土三彩女俑

1. M10：5　2. M10：10

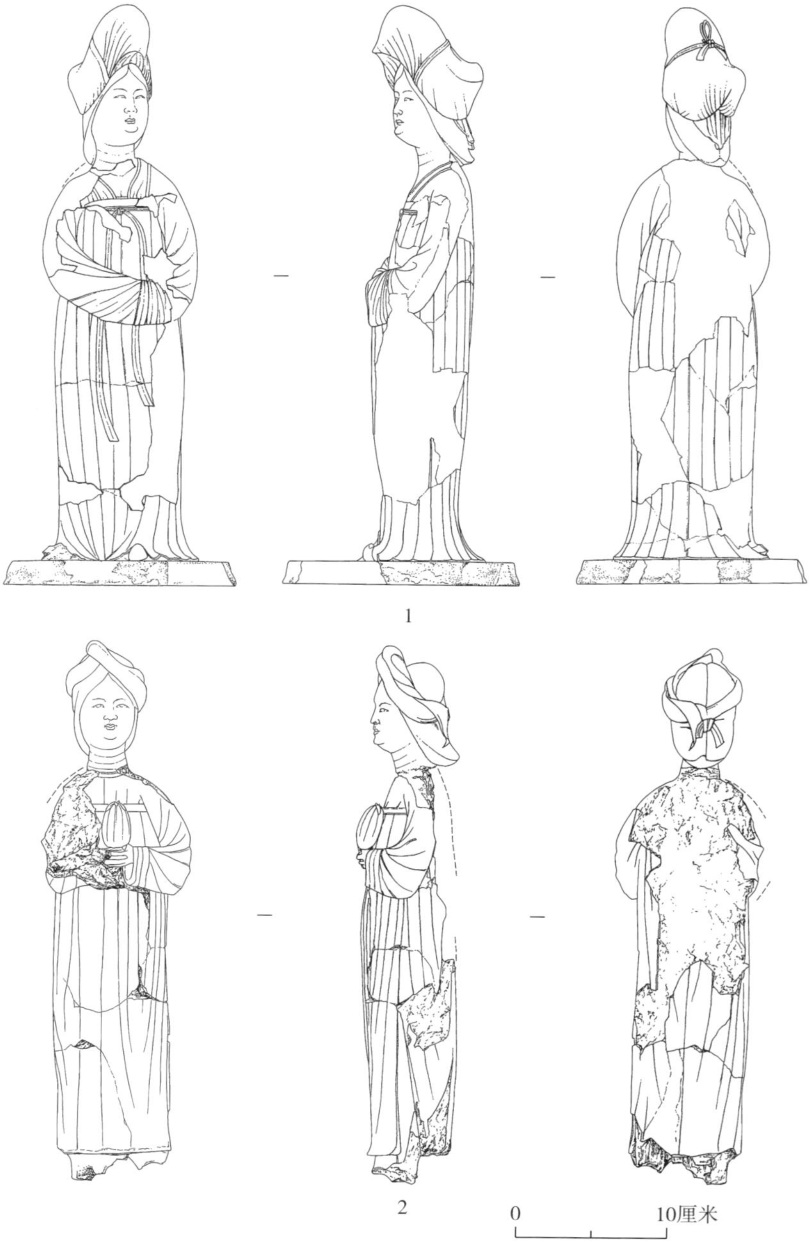

图九七　M10出土三彩女俑
1. M10：4　2. M10：16

12.5厘米（图九八，2）。

女俑头　5件。

M10：9，两鬓包面，头发由裹巾包裹。通高11厘米（图九九，1；彩版六三，1）。M10：23与M10：9形制基本相同，双目微阖，眉中央有痣。通高9.6厘米（图九九，2；彩版六三，3）。

M10：22，头梳倭堕髻，双鬓抱面，发髻向前置于头顶，面带微笑。通高8.4厘米（图九九，3；彩版六三，2）。

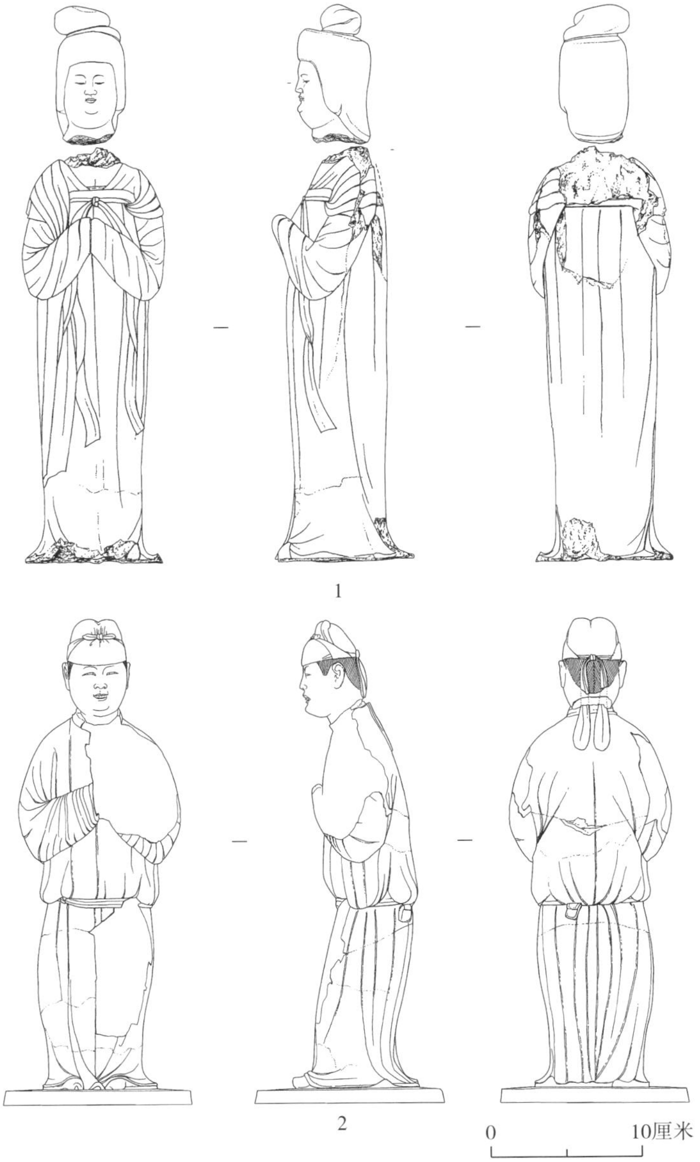

图九八　M10出土三彩俑
1. 女俑（M10：17）　2. 男俑（M10：6）

M10：20，发中分，梳双垂髻，耳鬓处发辫折叠后在中部系一绳，面容严肃。通高5.8厘米（图九九，4；彩版六三，4）。

M10：19，头梳椎髻。通高7.6厘米（图九九，5；彩版六三，5）。

男俑头　3件。

形制基本相同，均戴幞头。M10：1，面带微笑。通高7.8厘米（图九九，6；彩版六三，6）。M10：21，通高9厘米（图九九，7；彩版六四，1）。M10：24，通高8.3厘米（图九九，8；彩版六四，2）。

三彩俑身　14件。

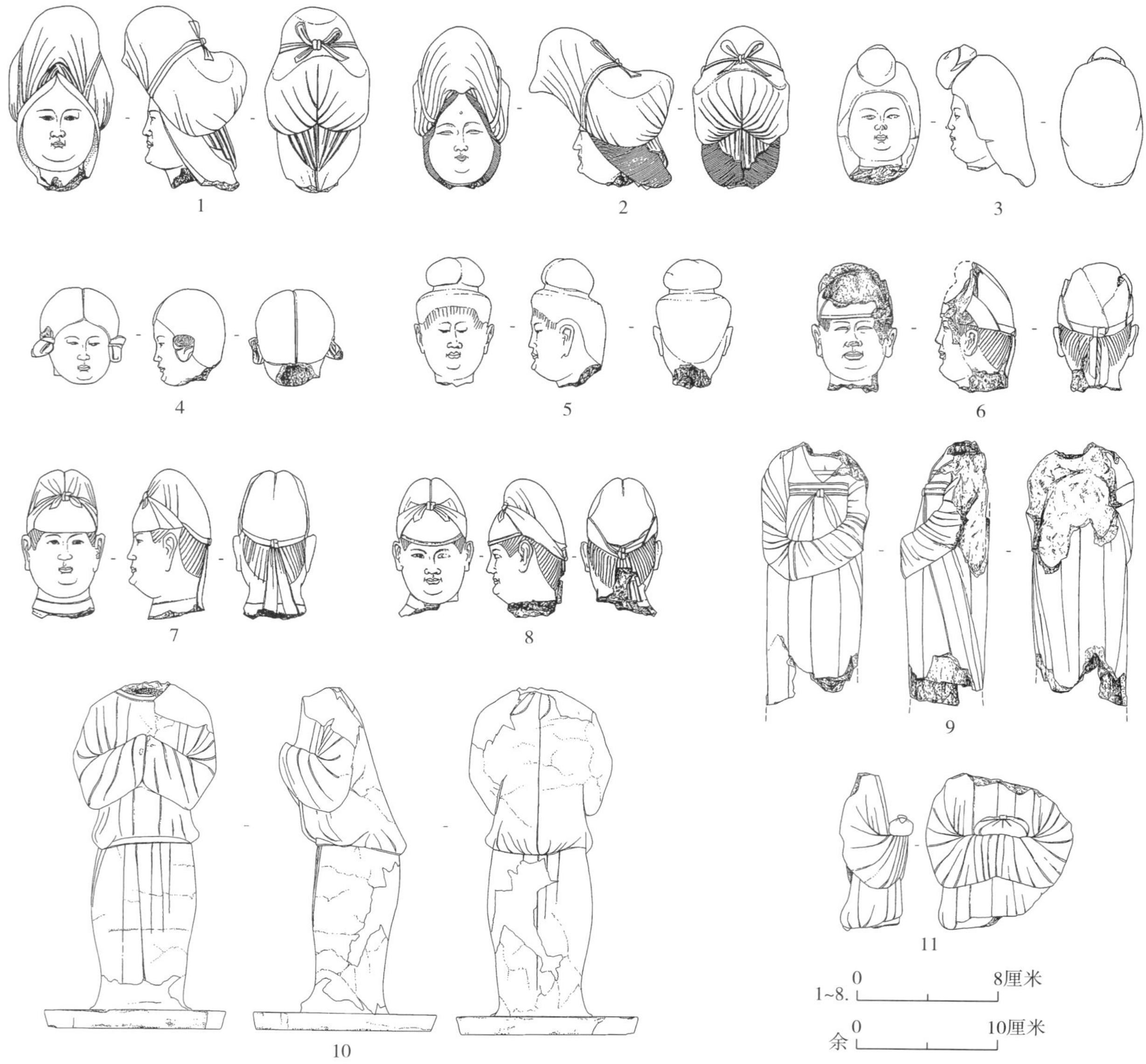

图九九　M10出土三彩俑

1~5. 女俑头（M10：9、23、22、20、19）　6~8. 男俑头（M10：1、21、24）　9~11. 俑身（M10：7、2、25）

M10：7，头部和足部缺失。双手放于袖中，置于右腹前。身着齐胸衫裙。通高15.4厘米（图九九，9；彩版六二，2）。

M10：2，头部缺失，俑身前倾，左肩高耸，双手拱于胸前，作毕恭毕敬状。身穿圆领长衫，腰系带。踏低矮圆形台座。通高25.8、底座直径13厘米（图九九，10；彩版六二，3）。

M10：25，双手拱于胸前，捧持一件包裹。残宽10.6、残高11.8、最厚处5.4厘米（图九九，11；彩版六二，4）。

M10：11、M10：14、M10：15，三件俑身形制基本相同，头部缺失。双手置于袖中，左手在右手上方，置于腹前。长衫圆领，腰系带，铊尾在左后腰处下垂。足蹬勾头履，踏低矮圆形台座。M10：11，通高 30.2、直径 13.5 厘米（图一〇〇，1；彩版六五，1）。M10：14，通高 28.5 厘米（图一〇〇，3；彩版六五，2）。M10：15，足踏低矮圆形台座。通高 26.8 厘米（图一〇〇，5；彩版六五，3）。

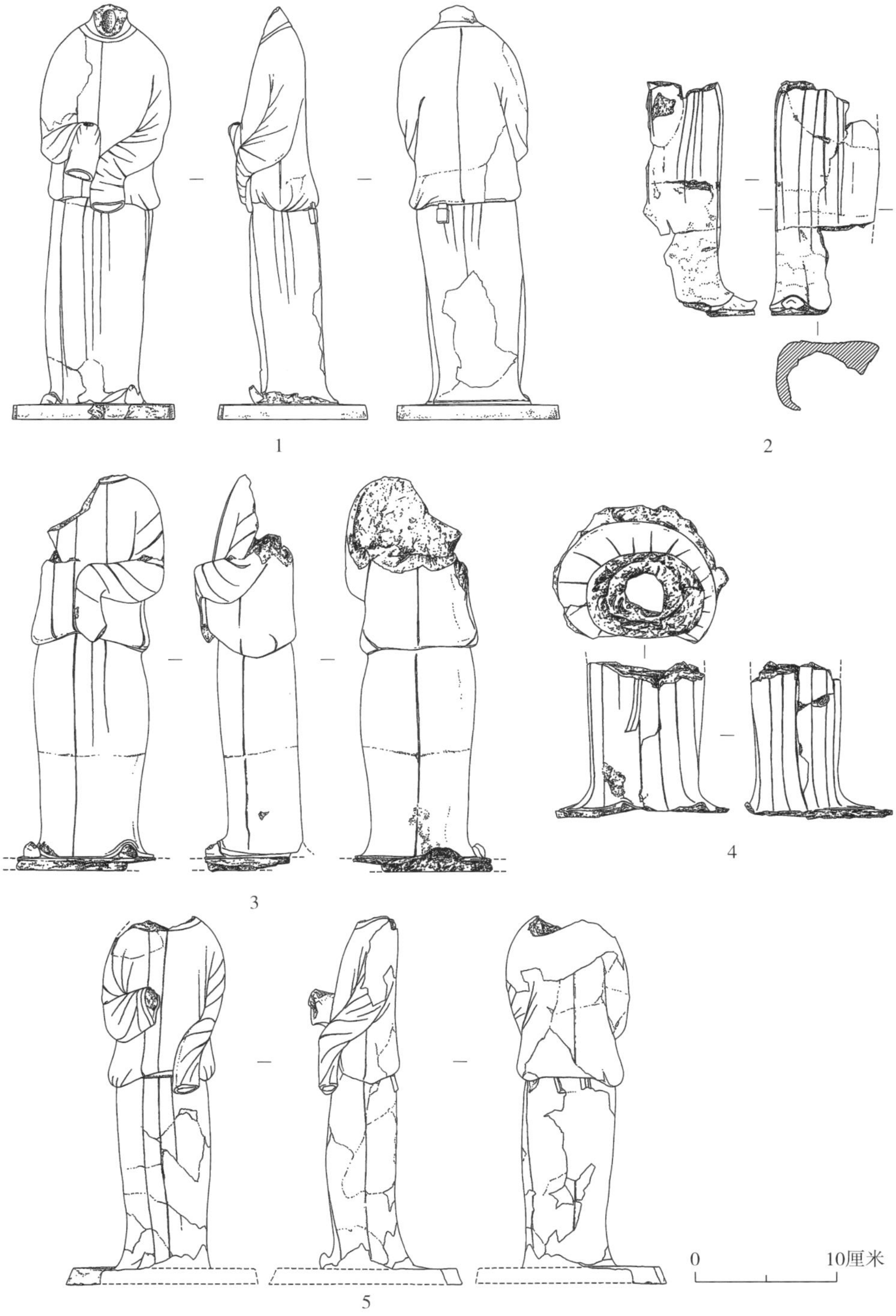

图一〇〇　M10 出土三彩俑身

1. M10：11　2. M10：27　3. M10：14　4. M10：28　5. M10：15

M10：27，仅存部分下肢，衣摆垂地仅露一足，足蹬靴子，踏低矮台座。衣摆施绿釉，足不施釉。残高 17.2 厘米（图一〇〇，2；彩版六五，4）。

M10：28，仅存躯体下半部分，筒状，着百褶裙垂地未露足，踏低矮台座。裙摆施绿釉，台座不施釉。残高 12 厘米（图一〇〇，4；彩版六四，4）。

M10：8，头部和足部缺失。右手持兜，兜内似装三本书，左手食指单独伸出。身着圆领长衫，脖子后垂幞头脚。通高 16.4 厘米（图一〇一，1；彩版六四，5）。

M10：13，女俑的下半部。通长 19.7 厘米（图一〇一，2；彩版六五，5）。

M10：12，俑头部缺失。双手拱于胸前。身着齐胸衫裙，两条细长的系带垂到腰部下方，足蹬勾头履，踏低矮圆形台座。通高 21.6、底座直径 10.2 厘米（图一〇一，3；彩版六五，6）。

M10：18，俑的上半部。右手抬于胸前，左手微下垂，放于腹前。通长 14.3 厘米（图一〇一，4；彩版六六，1）。

M10：3，俑的下半部。足蹬勾头履，脚踏低矮圆座。通高 8.4 厘米（图一〇一，5；彩版六六，2）。

M10：26，俑仅存部分下肢，衣摆垂地仅露一足，足蹬勾头履，脚踏低矮台座。衣摆施绿釉，足不施釉。残高 7.3 厘米（图一〇一，6；彩版六六，3）。

三彩兽　3 件。均为残块，可辨个体数量 1 件。

M10：57，三彩兽底座，残。复原平面近圆角矩形，顶部残有三个兽足，四爪，皆施绿釉，底座施褐色釉。底座残长 11.4、残宽 11.2~13.4、厚 1.3 厘米（图一〇一，7；彩版六四，7）。

M10：58，残。饰有旋卷的鬃毛。长 9.7、宽 4.9 厘米（图一〇一，8；彩版六四，8）。

M10：59，残。上有鬃毛。长 9.7、宽 4.7 厘米（图一〇一，9；彩版六四，6）。

三彩坯体　1 件。M10：61，素胎，无釉，部位不可辨，坯体上有两个圆形小孔。长 3.1、宽 1.5、高 0.5 厘米（图一〇一，10；彩版六四，3）。

2. 金属器

鎏金铜饰件　27 件。按形制，可分 7 型。

A 型　对称的草叶纹。3 件。

M10：72，花草纹造型，顶部有一穿孔。残长 6、最宽处 3.8 厘米（图一〇二，1；彩版六六，4）。

M10：77，残长 3.7、最宽处 3.3 厘米（图一〇二，2）。

M10：83，上有忍冬纹。长 3.3、宽 2.8 厘米（图一〇二，3）。

B 型　一侧或两侧平直的忍冬纹。8 件。

M10：68，带有漆片，嵌入棺木残块。长 7.6、宽 1.8 厘米（图一〇二，4；彩版六六，5）。M10：71，残长 3.9、最宽处 2.6 厘米（图一〇二，5）。M10：73，残长 4.5、

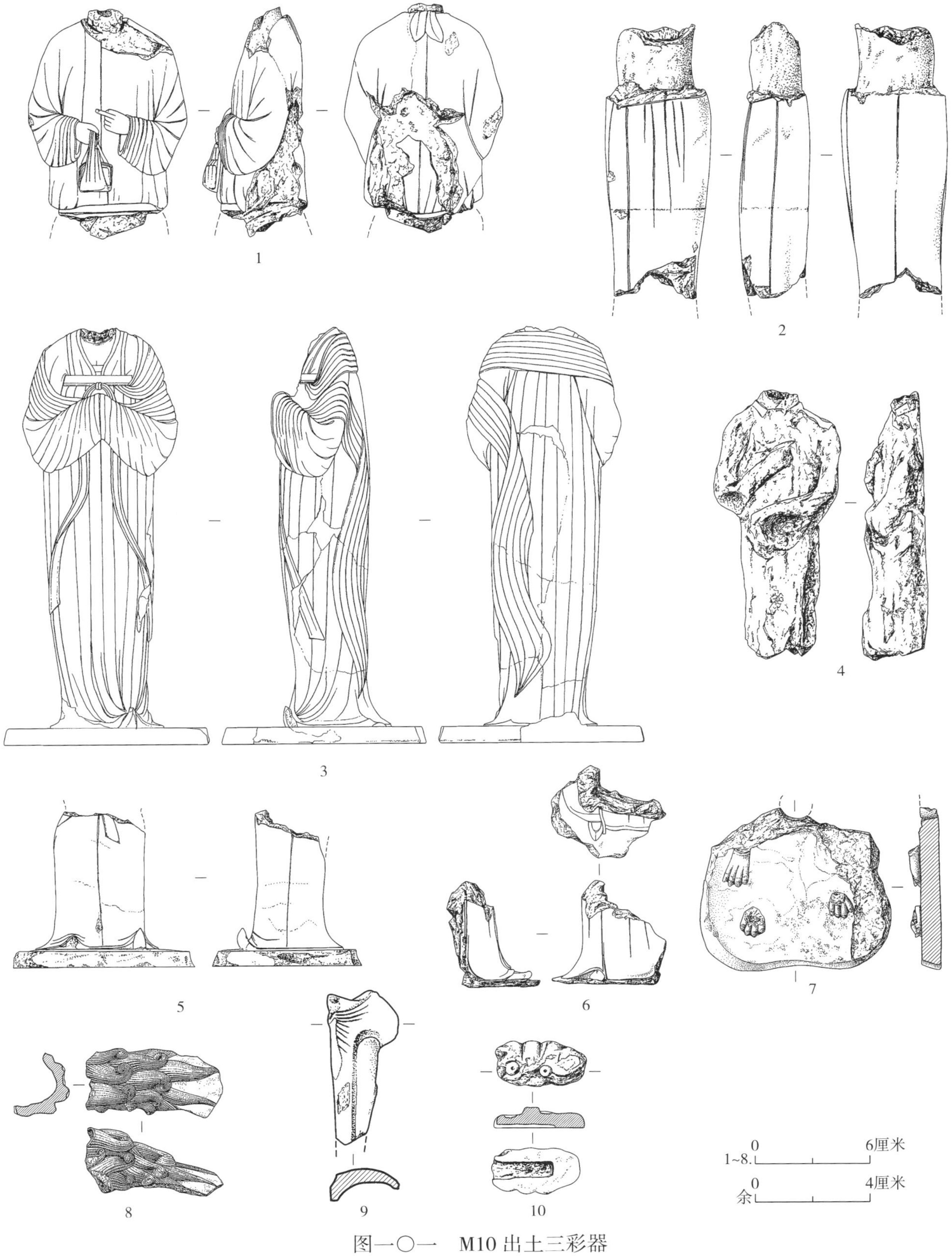

图一〇一　M10出土三彩器

1~6. 人物俑身（M10：8、13、12、18、3、26）　7~9. 兽（M10：57~59）　10. 坯体（M10：61）

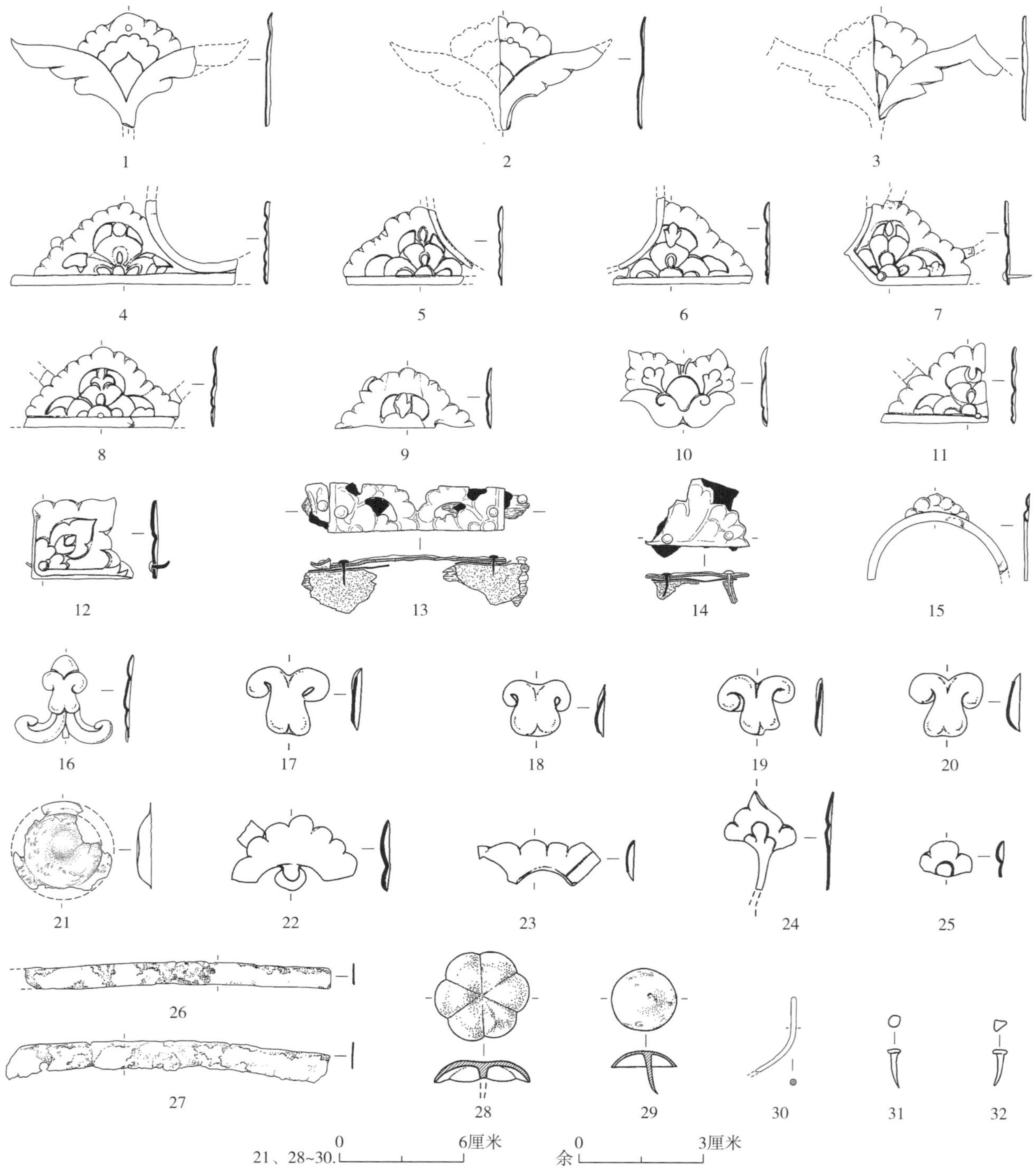

图一〇二　M10出土铜器

1~20、22~25. 花形鎏金铜饰件（M10：72、77、83、68、71、73、74、70、75、67、69、64、66、76、78、79、85、86、89、93、80、87、91、97）　21. 圆形鎏金铜饰件（M10：65）　26、27. 条形鎏金铜饰件（M10：81、82）　28. 六瓣花形鎏金铜泡钉（M10：99）　29. 素面鎏金铜泡钉（M10：100）　30~32. 鎏金小铜钉（M10：109、107、108）

最宽处 2.8 厘米（图一〇二，6）。M10：74，残。两边较平直，另有一弧边，有一鎏金小铜钉穿附其上。残长 4.2、最宽处 2.8、钉长 0.8 厘米（图一〇二，7）。M10：70，残。近三角形，底边边缘平直，底边中部有一穿孔。长 5、宽 2.7 厘米（图一〇二，8）。M10：75，残。底边较平直。残长 4.3、最宽处 1.9 厘米（图一〇二，9）。M10：69，残。两侧边缘平直，折角处有一穿孔。长 3.4、宽 2.6 厘米（图一〇二，11）。M10：64，残。有两侧边缘平直，折角处穿附一鎏金小铜钉。残长 3.5、宽 2.6 厘米（图一〇二，12）。

C 型　对称的忍冬纹。1 件。

M10：67，残长 3.8、宽 2.6 厘米（图一〇二，10；彩版六七，1）。

D 型　条形忍冬纹。2 件。

M10：66，残。带有漆片，嵌入棺木残块。残长 6.2、宽 1.4 厘米（图一〇二，13；彩版六六，7）。M10：76，残长 4.6、宽 6.6 厘米（图一〇二，14）。

E 型　对称的缠枝纹。5 件。

M10：79，长 3.2、宽 3 厘米（图一〇二，16；彩版六七，3）。M10：85，长 1.8、宽 1.5、厚 0.4 厘米（图一〇二，17）。M10：86，长 1.5、宽 1.3、厚 0.2 厘米（图一〇二，18）。M10：89，长 1.7、宽 1.4、厚 0.2 厘米（图一〇二，19）。M10：93，长 1.6、宽 1.5、厚 0.4 厘米（图一〇二，20）。

F 型　条形素面。2 件。

M10：81，残长 10、宽 0.8 厘米（图一〇二，26；彩版六六，6）。M10：82，残长 10.7、宽 0.9 厘米（图一〇二，27）。

G 型　圆形素面。1 件。

M10：65，残。复原平面近圆形。复原直径 6.5 厘米（图一〇二，21；彩版六七，4）。

其他不可辨纹饰　5 件。据残存纹饰推测，可能为忍冬纹。

M10：78，直径约 4.7 厘米（图一〇二，15；彩版六七，2）。M10：80，残长 3、宽 1.4 厘米（图一〇二，22）。M10：87，残长 2.5、残宽 1 厘米（图一〇二，23）。M10：91，长 2.3、宽 1.6 厘米（图一〇二，24）。M10：97，长 1.2、宽 0.8 厘米（图一〇二，25）。

鎏金铜泡钉　6 件。按形制，可分 2 型。

A 型　六瓣花形鎏金铜泡钉。2 件。

M10：99，钉残，钉帽呈六瓣花状。钉帽直径 4、钉身残长 0.5 厘米（图一〇二，28；彩版六七，6）。

B 型　素面鎏金铜泡钉。4 件。

M10：100，完整，钉帽呈圆形。钉帽直径 2.7、钉身长 1.3 厘米（图一〇二，29；彩版六七，5）。

鎏金小铜钉　7 件。

M10：109，无钉头，钉身弯折。钉身长 3.8 厘米（图一〇二，30；彩版六七，7）。

M10：107，钉尖微弯。长 0.9 厘米（图一〇二，31）。M10：108，帽微残，钉尖微弯。长 0.8 厘米（图一〇二，32）。

镂孔铁片　4 件。器表残存多排平行的小圆孔。

M10：113，不规则形，残存横向 4 排，纵向 4 排小孔。残长 13、宽 9.6、小孔径 0.3 厘米（图一〇三，1；彩版六八，1）。M10：114，不规则形，残存横向 5 排，纵向 5 排

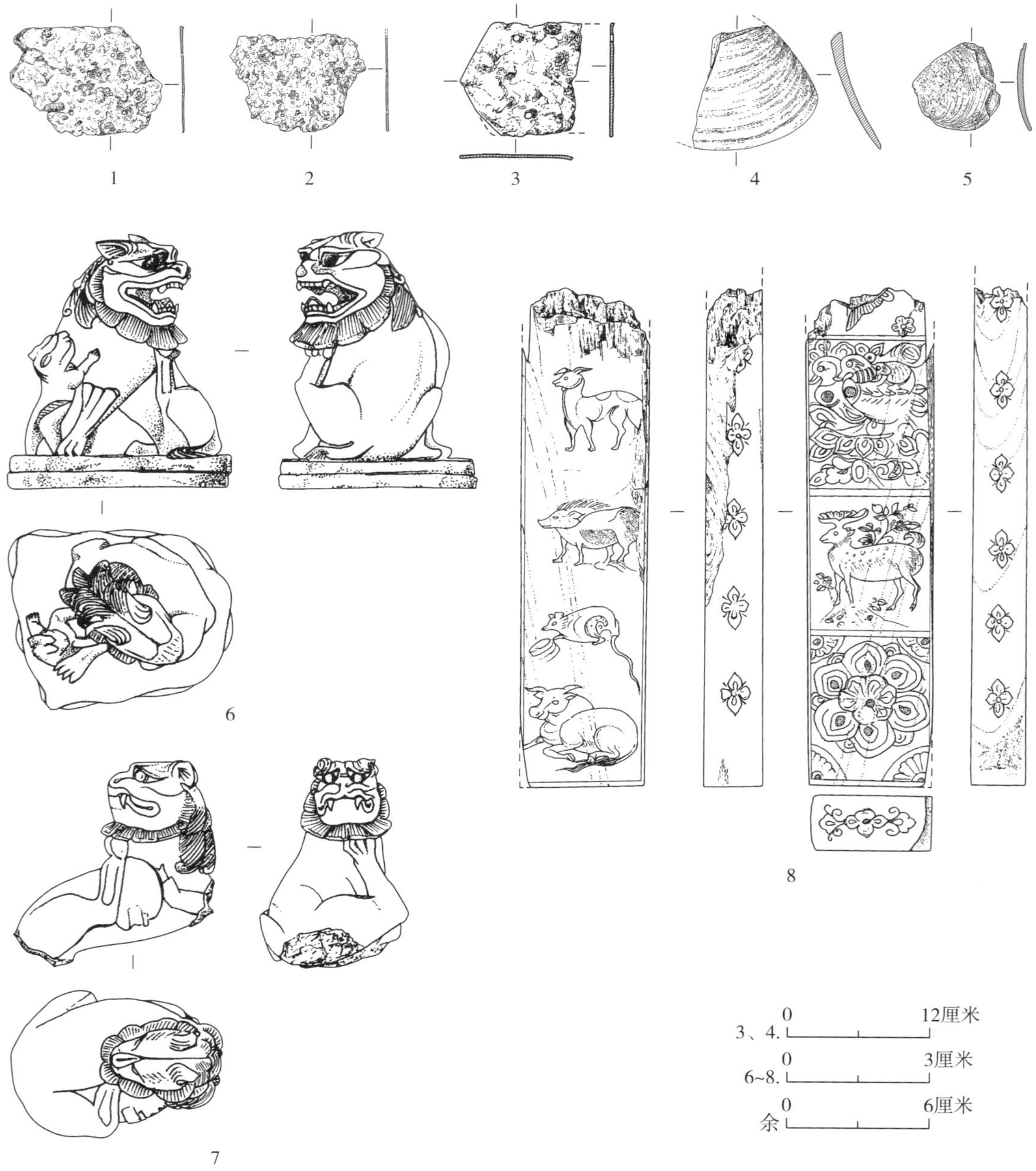

图一〇三　M10 出土器物

1~3. 镂孔铁片（M10：113~115）　4、5. 贝壳（M10：60、117）　6、7. 玉子母狮子（M10：62、63）
8. 雕刻骨板（M10：111）

的小圆孔。残长11.6、宽8.4、小孔径0.3厘米（图一〇三，2）。M10：115，圭形，一端残缺，器身残存2个小圆孔。残长5.2、宽5厘米（图一〇三，3；彩版六八，2）。

3. 玉器

玉子母狮子　2件。

M10：62，完整，大狮子蹲坐，有一小狮子呈站立状趴于其胸前，底座不规则形，分为两层。通高5.6、底座高0.7厘米（图一〇三，6；彩版六八，3~5）。M10：63，残，应为子母狮子，胸前残存小狮子的左前腿。残长4.2、残宽3.2、残高4.5厘米（图一〇三，7；彩版六八，6）。

4. 骨器和贝壳、漆木器

骨器　1件。

M10：111，雕刻骨板，残，长方体，一端残，其他五面均有雕刻纹饰，一面雕刻动物纹，自上而下为狗、猪、鼠、牛，背面自上而下可辨雕刻三幅纹饰，分别为鸳鸯、鹿、六瓣莲花，骨板两侧和一端饰对称的多个花瓣，端头为雕刻出云头的四瓣花，推测此骨板应为唐朝的拨镂尺。残长11、宽2.7、厚1.3厘米（图一〇三，8）。

贝壳　2件。

M10：60，残，白色。残长5.4、残宽5.4、厚0.3~0.5厘米（图一〇三，4；彩版六七，8）。M10：117，残，白色。残长3.9、残宽3.7、厚0.4厘米（图一〇三，5）。

另外在墓室中发现多件漆器残片，漆器残片背面均有木头纹理，推测应为棺木涂漆后，棺木腐朽剥落残存的漆片。

（三）墓上建筑出土遗物

在墓上地表、塔基上和周边发现大量铁器和砖构件。

1. 铁器

58件。其中铁构件11件，铁钉47件。

铁构件　11件。包括铁挂件、铁环等。

M10T：1，铁挂件，完整，由两部分组成，两端由弯折成环相连接。长13.4厘米（图一〇四，1；图一〇五，1）。M10T：2，铁挂件，与M10T：1基本一致，完整。长12.6厘米（图一〇四，2）。M10T：3，S形铁挂钩。环径1.9、S形铁钩直线长4.9厘米（图一〇四，3；图一〇五，2）。M10T：4，铁吊环。环径5、鼻钉长7.1厘米（图一〇四，4；图一〇五，3）。M10T：5，环形铁器，残，鼻环缺失一段。环径4.2厘米（图一〇四，5；图一〇五，4）。M10T：6，环形铁器，微残。环径2.5、长2.8厘米（图一〇四，7）。M10T：37，环形铁器，残，环缺失一段。环径约5.6厘米（图一〇四，6）。M10T：38，环形铁器，残，环缺失一半。环径约4.2厘米（图一〇四，8）。M10T：39，铁器残件，片状。最长处7、最宽处4.1厘米（图一〇四，9）。

铁泡钉　4件。

M10T：9，尖微残。帽径约1.3、钉身长3.2厘米（图一〇四，10；图一〇五，5）。M10T：23，钉帽微残，钉身弯曲。帽长径约为2.1、钉身长约4厘米（图一〇四，11）。

折头铁钉　43件。长短不一。

M10T：7，帽微残。钉身长约6.8厘米（图一〇四，12；图一〇五，6）。M10T：24，帽微残。帽径约为0.8、钉身长约7厘米（图一〇四，13）。M10T：22，帽微残，钉身弯曲。钉身取直长约10.4厘米（图一〇四，14）。M10T：53，完整。钉身弯折呈直角，钉身横截面为长方形。取直长7.4厘米（图一〇四，15）。M10T：14，钉身微弯，钉帽略残。

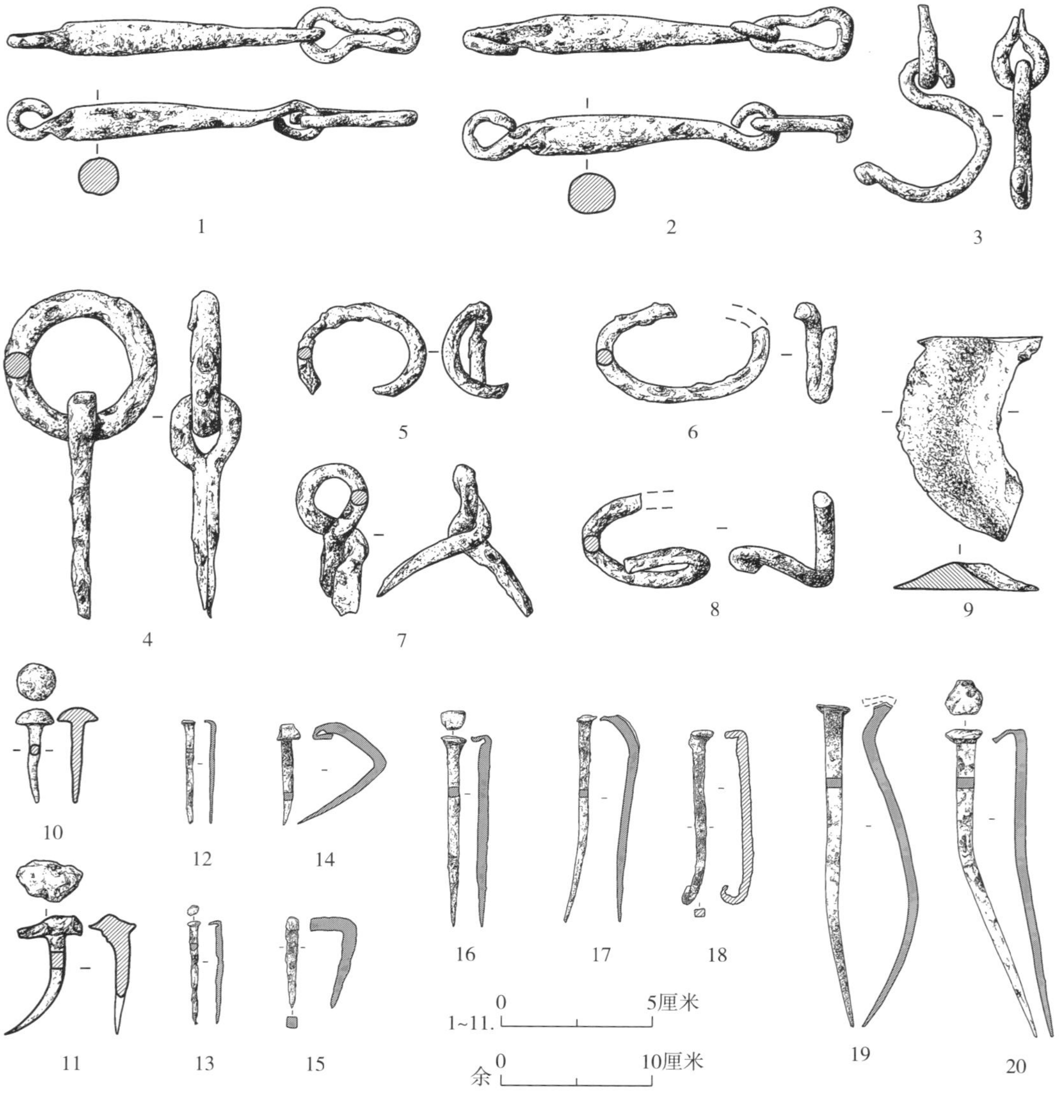

图一〇四　M10墓上塔基出土铁器

1、2. 铁挂件（M10T：1、2）　3. S形铁挂钩（M10T：3）　4. 铁吊环（M10T：4）　5~8. 环形铁器（M10T：5、37、6、38）　9. 铁器残件（M10T：39）　10、11. 铁泡钉（M10T：9、23）　12~20. 折头铁钉（M10T：7、24、22、53、14、15、47、33、35）

帽径约 1.5、钉身长 12.6 厘米（图一〇四，16）。M10T：15，帽微残，钉身微弯。钉身长约 14.1 厘米（图一〇四，17）。M14T：47，完整。钉首扁宽，弯折，钉首与钉身略呈直角，钉尖部分弯折，钉身横截面为方形。取直长 12.8、钉首长 1 厘米（图一〇四，18）。M10T：33，帽残，钉身弯曲。长约 21.3 厘米（图一〇四，19）。M10T：35，帽微残，钉身弯曲。帽径 2.4、长约 21 厘米（图一〇四，20）。

2. 建筑构件

砖构件　47 件。其中包括素面方砖、花纹方砖、坡面方砖、起脊方砖、锯齿纹方砖、圭形砖、长方形砖、花纹榫卯砖、符号砖等。

素面方砖　3 件。

M10T：63，残。横截面为方形。长约 34.5、厚 5.1 厘米（图一〇六，1；图一〇七，1）。M10T：62，残。横截面为方形，正面有压印的兽爪纹。长约 34.5、宽约 33.6、厚 6 厘米

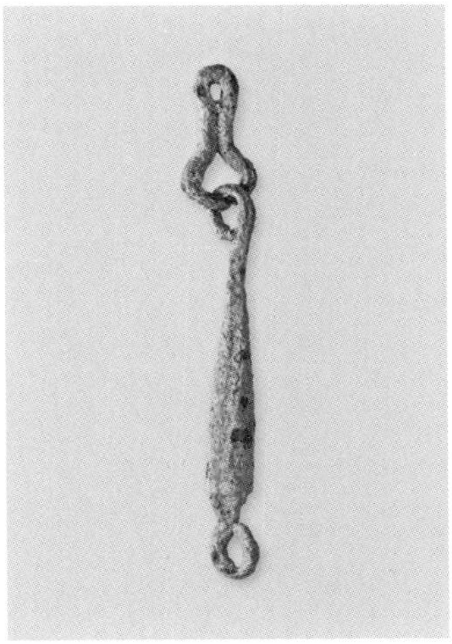

1.挂件（M10T：1）

2.S形挂钩（M10T：3）

3.吊环（M10T：4）

4.环形器（M10T：5）

5.泡钉（M10T：9）

6.折头钉（M10T：7）

图一〇五　M10 墓上塔基出土铁器

（图一〇六，2）。

坡面方砖　2件。

M10T：64，残。横截面为五边形，正面有坡面。长约33.9、厚5.1厘米（图一〇六，3；图一〇七，2）。M10T：77，残。横截面近五边形，一边有坡度，表面刻有半个人物像。残长约19.4、宽约11.6、厚5.8厘米（图一〇七，3；图一〇八，11）。M10T：76，残。横截面近五边形，两边有坡度，表面刻有两个方框和一个圆圈，方框中分别有“中”“十”字。残长约17.6、宽约15.2、厚5.2厘米（图一〇七，4；图一〇八，14）。

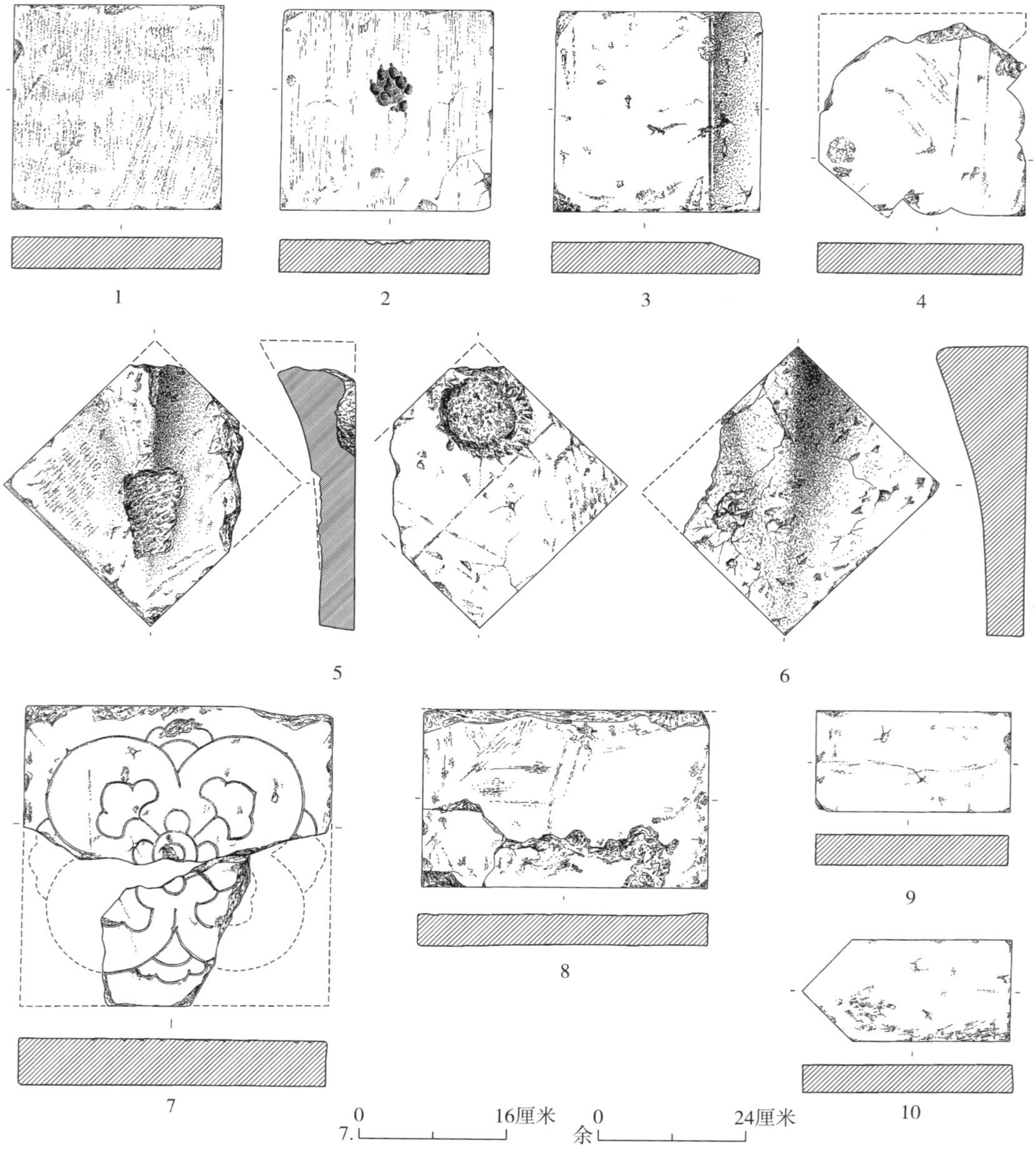

图一〇六　M10墓上塔基出土砖构件

1、2. 素面方砖（M10T：63、62）　3. 坡面方砖（M10T：64）　4. 锯齿纹方砖（M10T：66）　5、6. 起脊方砖（M10T：68、69）　7. 花纹方砖（M10T：72）　8、9. 长方形砖（M10T：65、70）　10. 圭形砖（M10T：71）

1.素面方砖（M10T：63）

2.坡面方砖（M10T：64）

3.人物纹砖（M10T：77）

4.符号砖（M10T：76）

5.锯齿纹方砖（M10T：66）

6.起脊方砖（M10T：68）

图一〇七　M10 墓上塔基出土砖构件

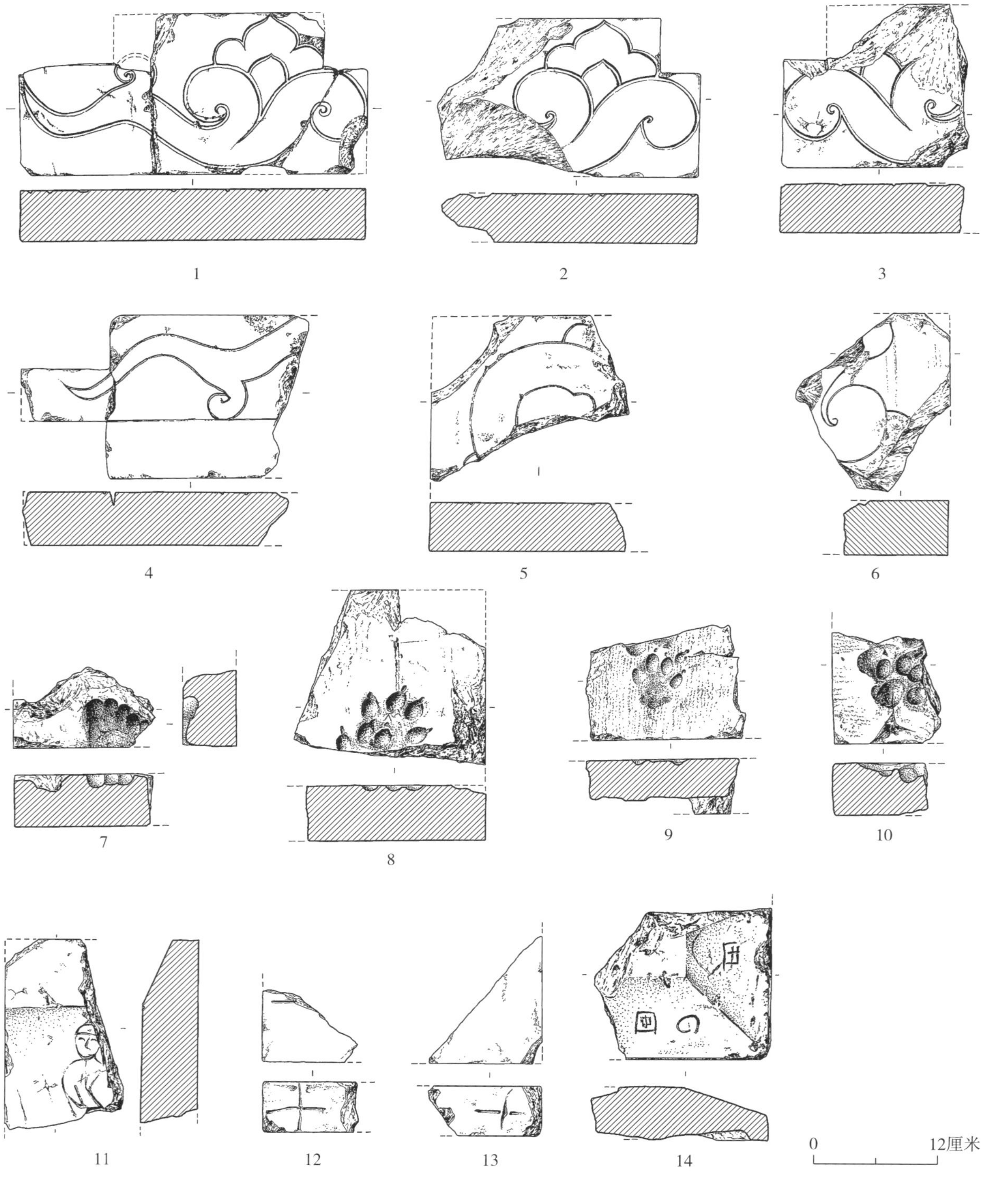

图一〇八　M10墓上塔基出土砖构件

1~6. 花纹榫卯砖（M10T：73、85、86、74、87、88）　7. 脚印纹砖（M10T：78）　8~10. 兽爪纹砖（M10T：82~84）　11. 人物纹砖（M10T：77）　12~14. 符号砖（M10T：80、81、76）

锯齿纹方砖　可复原者 2 件。

M10T：66，残。长约 33.9、厚 5.1 厘米（图一〇六，4；图一〇七，5）。

起脊方砖　可复原者 2 件。

M10T：68，残。长约 34.8、最厚处 13.2 厘米（图一〇六，5；图一〇七，6）。M10T：69，残。长约 36.3、宽约 33.4、厚 15 厘米（图一〇六，6）。

花纹方砖　可复原者 1 件。

M10T：72，残。横截面近方形，表面刻有四瓣花纹。长约 33.2、宽约 34、厚 5.4 厘米（图一〇六，7；图一〇九，1、2）。

1.花纹方砖（M10T：72）　2.花纹方砖（M10T：72）

3.长方形砖（M10T：65）　4.圭形砖（M10T：71）

图一〇九　M10 墓上塔基出土砖构件

长方形砖　完整者2件。

M10T：65，残。横截面为方形。长约47.1、宽约30、厚5.7厘米（图一〇六，8；图一〇九，3）。M10T：70，残。横截面为方形。长约32.1、宽约17.1、厚5.4厘米（图一〇六，9）。

圭形砖　完整者1件。

M10T：71，横截面为方形。通长约34.2、两边长约26.4、宽约17.1、厚4.5厘米（图一〇六，10；图一〇九，4）。

花纹榫卯砖　14件。

M10T：73，残。横截面近方形，表面刻有局部卷云纹。残长约34.2、宽约16.2、厚5厘米（图一〇八，1；图一一〇，1）。M10T：85，残。横截面近方形，表面刻有局部卷云纹。残长约25.6、宽约16.1、厚5厘米（图一〇八，2）。M10T：86，残。横截面近方形。表面刻有局部卷云纹。残长约18.4、宽约为16、厚5厘米（图一〇八，3）。M10T：74，残。横截面近方形，表面刻有局部卷云纹。残长约28、宽约16.8、厚5.4厘

1.花纹榫卯砖（M10T：73）

2.脚印纹砖（M10T：78）

3.兽爪纹砖（M10T：82）

4."十"字纹砖（M10T：80）

图一一〇　M10墓上塔基出土砖构件

米（图一〇八，4）。M10T：87，残。横截面近方形，表面刻有不明纹饰。残长约 19.4、宽约 16、厚 5 厘米（图一〇八，5）。M10T：88，残。横截面近方形，表面刻有局部卷云纹。残长约 18、宽约 15.2、厚 5.6 厘米（图一〇八，6）。

人物纹砖　1 件。M10T：77，残。横截面近五边形，一边斜削，表面刻划人物形象（图一〇八，11）。

符号和脚印纹、爪印纹砖　8 件。

M10T：78，残。横截面近方形，表面刻有压印的脚印纹。残长约 14、宽约 8.4、厚 5.4 厘米（图一〇八，7；图一一〇，2）。M10T：82，残。横截面近方形，表面刻有压印的兽爪纹。残长约 18.8、宽约 18、厚 5.8 厘米（图一〇八，8；图一一〇，3）。M10T：83，残。横截面近方形，表面刻有压印的兽爪纹。残长约 15.6、宽约 11.8、厚 5.2 厘米（图一〇八，9）。M10T：84，残。横截面近方形，表面刻有压印的兽爪纹。残长约 11.4、宽约 10.8、厚 5.2 厘米（图一〇八，10）。M10T：80，残。横截面近五边形，表面刻有"十"字。残长约 9.2、宽约 7.4、厚 5 厘米（图一〇八，12；图一一〇，4）。M10T：81，残。横截面近五边形，表面刻有"十"字。残长约 11.4、宽约 12.8、厚 5 厘米（图一〇八，13）。

第六节　Ⅶ号台地

Ⅶ号台地位于Ⅵ号台地南面，占地面积约 350 平方米。台地中央略偏北发现 1 座墓葬，编号为 M15。台地南侧发现一座墓葬，编号为 M21。此两座墓葬发掘时，墓顶石已遭破坏（图一一一）。

一　M15

M15 位于Ⅶ号台地中央偏北，为大型石室墓（图一一二）[1]。

墓道平面呈长舌状，南北长 4、东西宽 0.8~2.3 米。墓道底部不平，南半部分略呈斜坡状，坡度 6.7°，西侧略有高低起伏，整体较平。墓道底部铺垫一层石块，上方以土填充（图一一三）。

墓门处不见封门石。墓门内侧有两层青砖铺砌的甬道，进深 0.65、宽 1 米。

墓室平面呈长方形，南北长 2.8、东西宽 1.6、高 1.4 米。墓顶盖石全无，地表可见石块修砌的长方形墓域，南北长 4.25、东西宽 3.4 米。墓室保存较好，四壁以石块垒砌。墓室中央有砖砌棺床，长 2.1、宽 0.8、高 0.08 米（彩版六九、七〇，1）。

[1]　原简报中将其归为"大型砖室墓"，是为纰漏，墓葬情况以此次介绍为准。

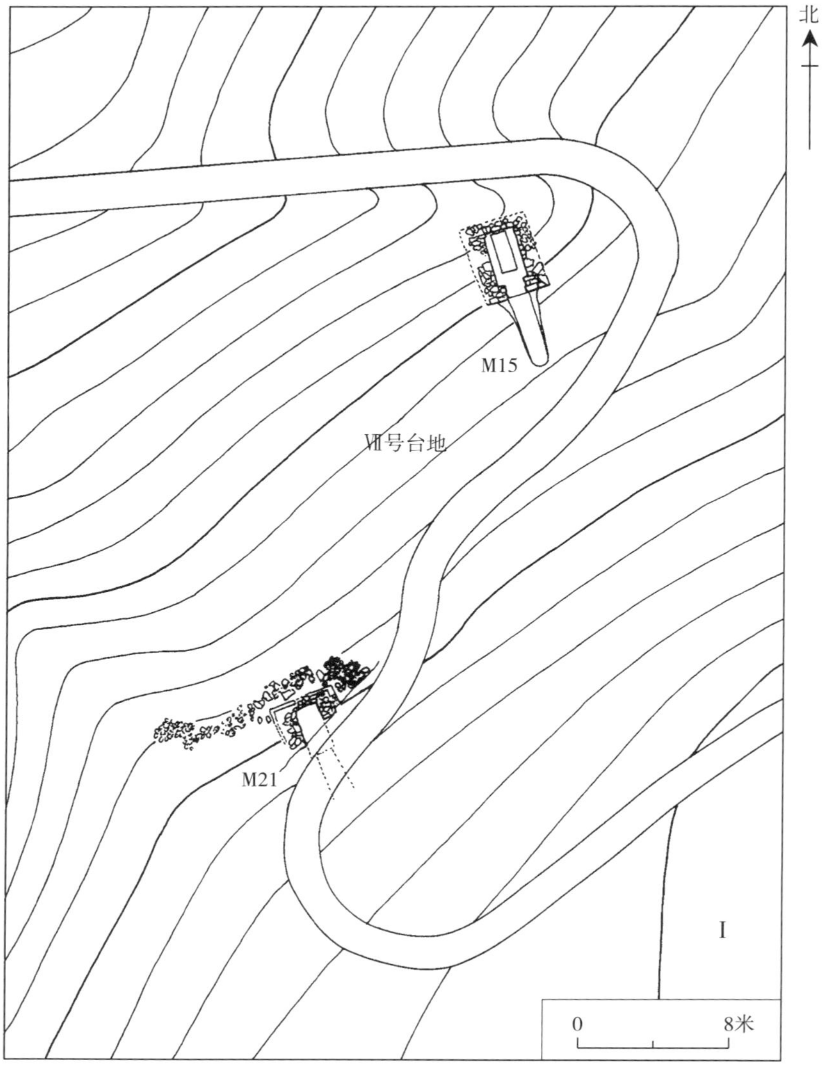

图一一一　龙海墓区Ⅶ号台地墓葬分布及地形图

墓内遭盗掘，未出土遗物，可见少许人骨散乱分布。仅发现较多的壁画残块，其上残存红、黑、绿等多种颜料迹象，纹饰已不可辨识（彩版七〇，2、七一、七二）。

二　M21

（一）墓葬形制

M21位于Ⅶ号台地南缘，北邻M15，为中型石室墓。

墓葬南部大部已被现代马车道破坏，墓道、墓门、甬道皆已无存，墓室东南角亦遭破坏。墓室现存部分南北最大残长1.9、东西宽1.3、高1米。未发现墓顶盖石，地表有石砌墓域，南北最大残长2、东西宽3.45米。墓室墙壁以石块垒砌，四壁及地面均涂抹一层白灰。棺床位于墓室正中，平面呈长方形，底部以石块垒砌，上方铺一层青砖，表

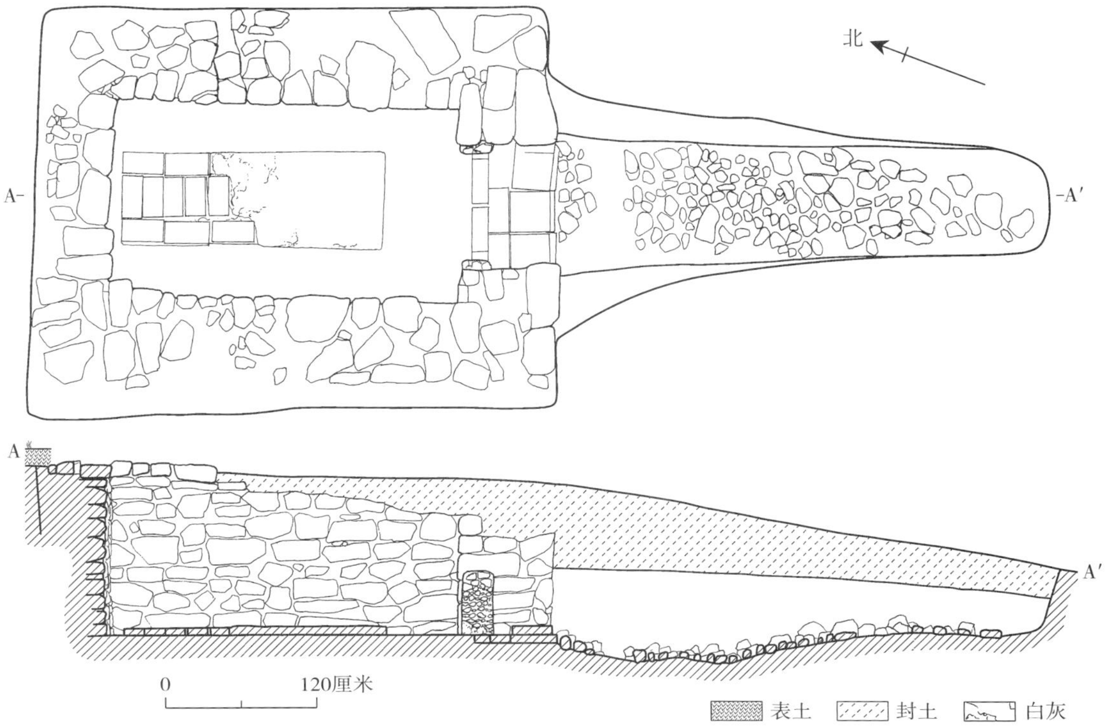

图一一二　M15 平、剖视图

面涂抹白灰，长 1.05、宽 0.55、高 0.2 米（图一一四）。

此墓因遭盗掘，墓室中未见人骨。

（二）出土遗物

在墓上地表的石砌墓域中发现 2 件文字板瓦。M21∶1，残，阴刻有“本”字。残长 9、残宽 8、厚 1.6 厘米（图一一五，1、2）。M21∶2，残，刻字疑为“本”字。残长 6.1、残宽 5、厚 1.8 厘米（图一一五，3）。

第七节　Ⅷ号台地

Ⅷ号台地位于墓区南麓的一个平地上，为墓区的最低处，海拔 349.6 米，与Ⅴ号台地的落差为 44 米，占地面积约 8000 平方米。台地中央有大型夯土建筑台基，其上可见排列有序的础石，周边散存大量的建筑瓦件等。在建筑基址中央的夯土台基之下发现 2 座异穴同封墓葬，编号为 M13、M14。另在 M13、M14 西南角发现一座水井，编号 05JHLLSJ2（简称 SJ2）。墓葬及建筑基址、水井于 2005 年发掘（图一一六）。

M13、M14 由墓上建筑和地下砖椁墓室组成，分别介绍如下。

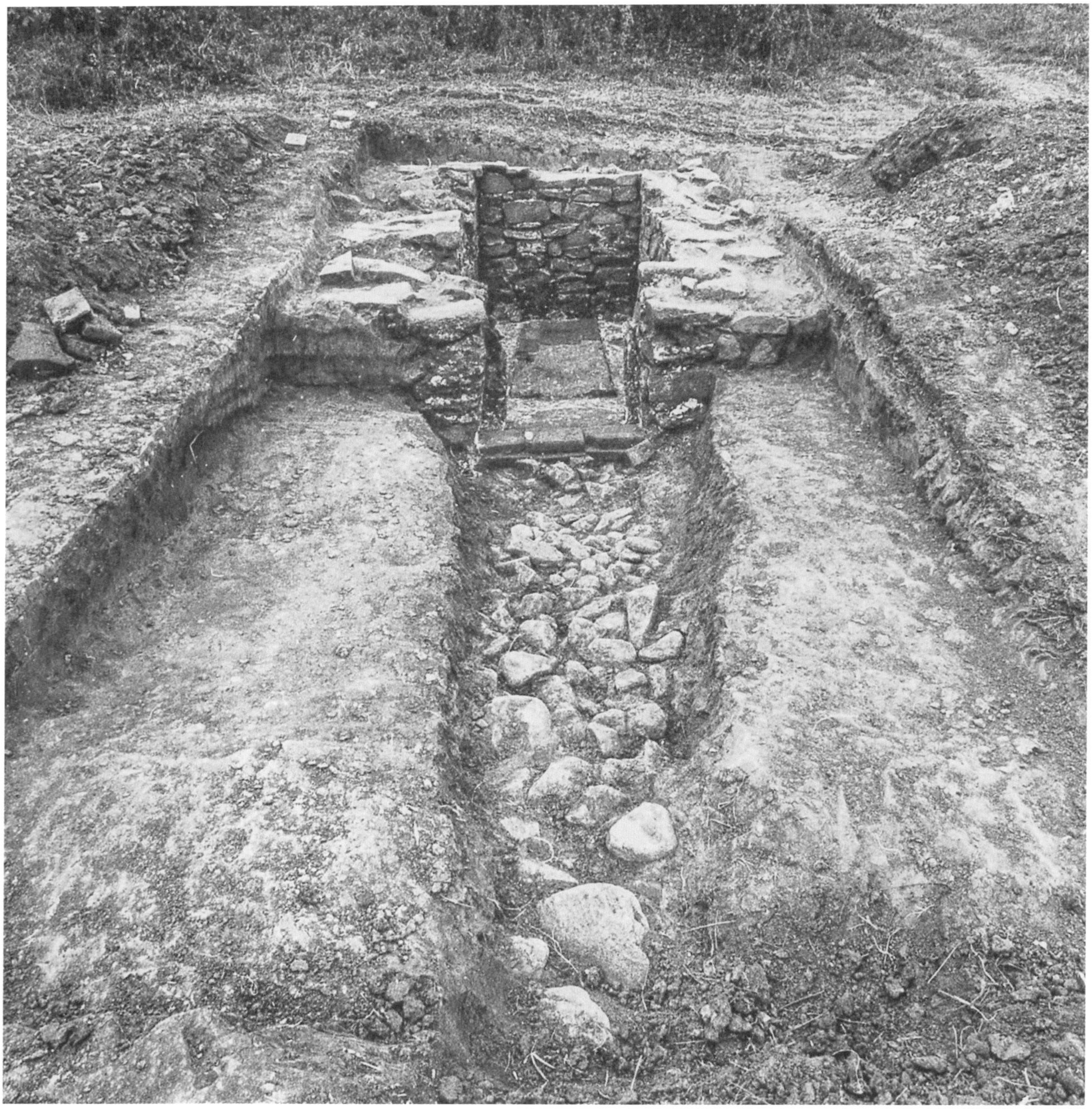

图一一三　M15 清理后场景（由南向北摄）

一　M13、M14 墓上建筑

（一）建筑遗迹

清理前墓上方是一高出周边地表约 0.7 米的大土堆，土堆处地层较薄，仅有厚 0.3 米的耕土，其下为一大型夯土台基。共布四个 10 米 ×10 米探方，分别为 T0501、T0502、

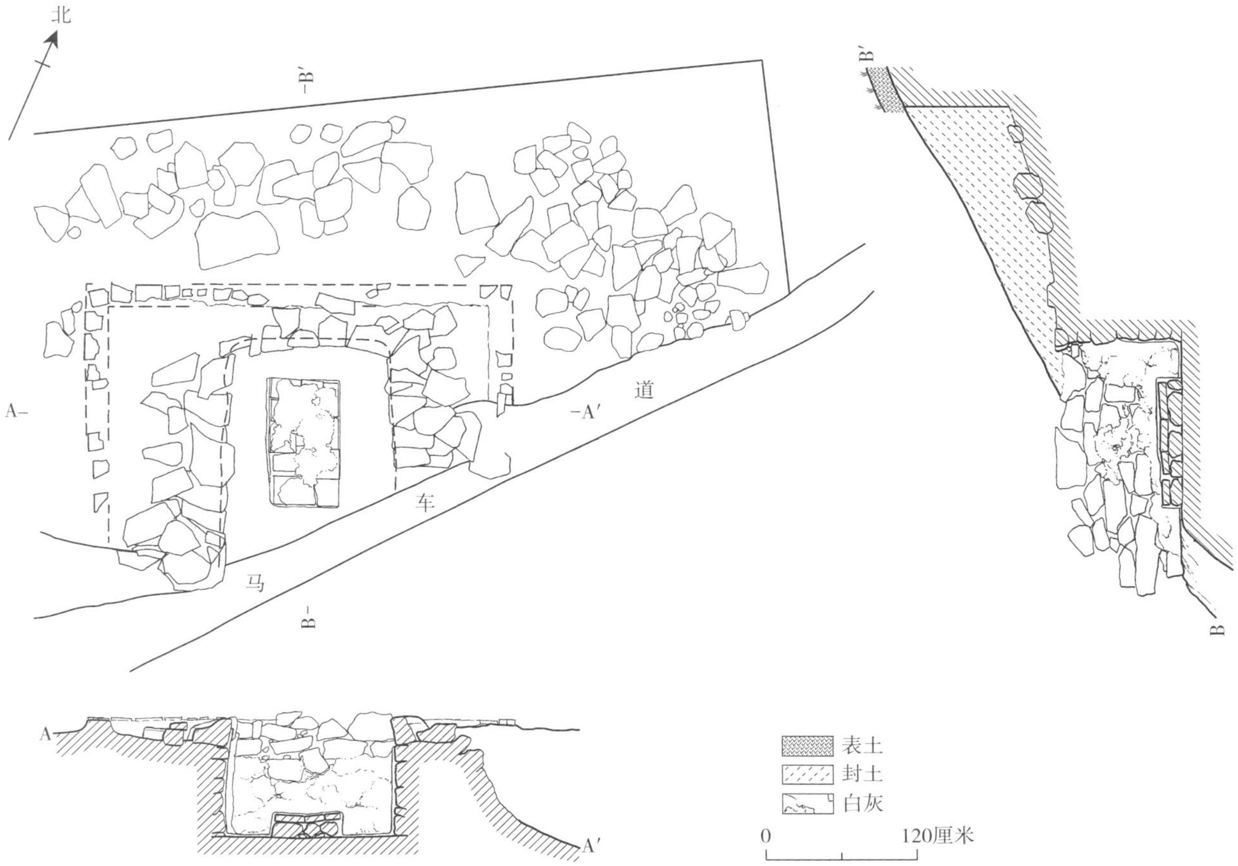

图一一四　M21平、剖视图

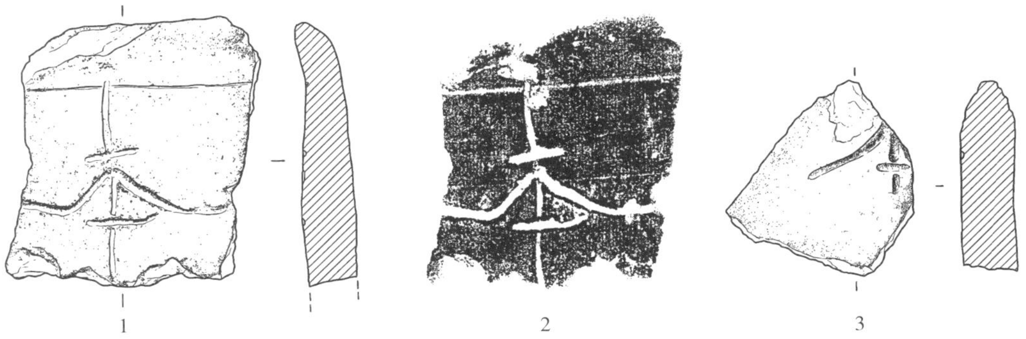

图一一五　M21出土文字板瓦

1. M21：1　2. M21：1拓片　3. M21：2

T0503、T0504，为全面了解墓上建筑及墓域情况，后期对探方进行了扩方，并新布设两个探沟G2、G3。G2与探方扩方部分相连接。探沟G2长13.8、宽1米，探沟G3长10.5、宽1米（图一一七；彩版七三）。

土堆周围地层堆积较厚，可分为两层。第①层为耕土层，厚约0.3米。第②层为建筑

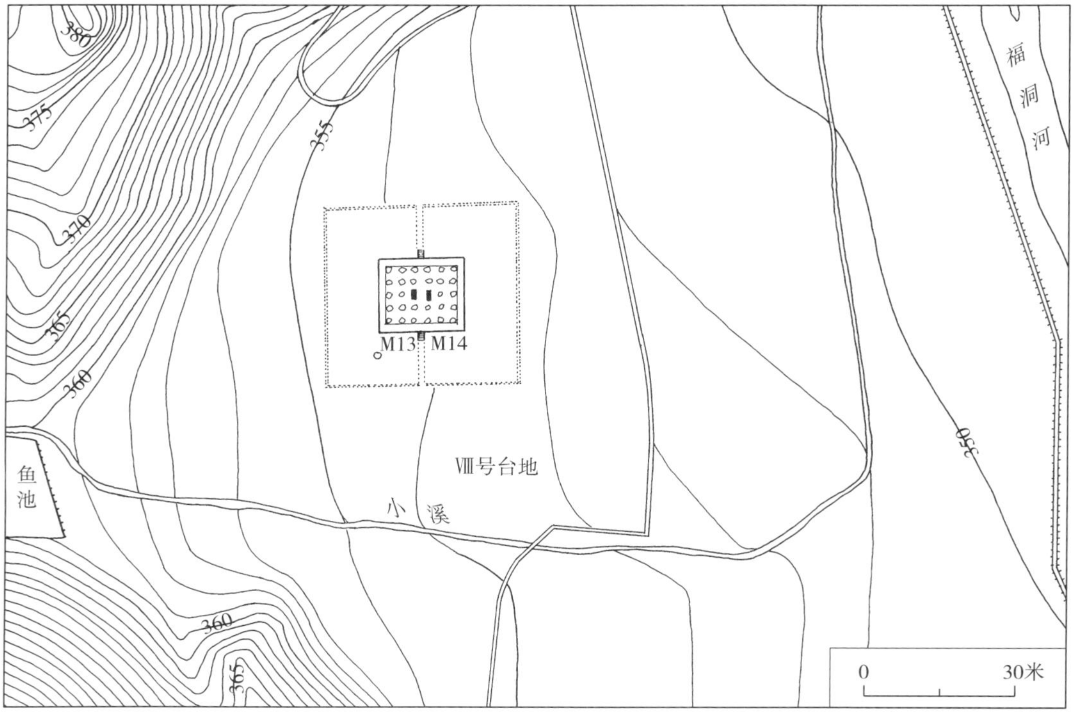

图一一六　龙海墓区Ⅷ号台地 M13、M14 地形图

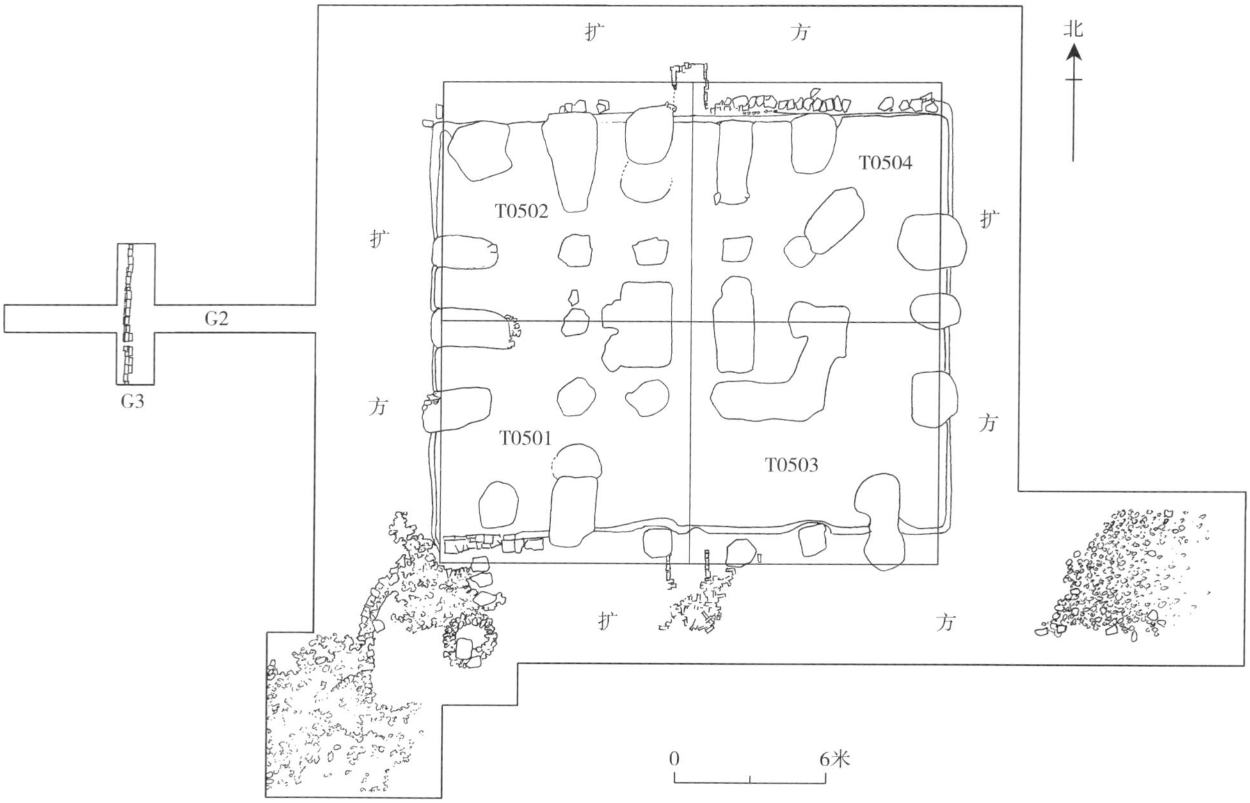

图一一七　M13、M14 墓上建筑探方位置图

址坍塌后的堆积层，厚0.4~0.7米，内含大量的瓦砾、红烧土以及铁钉等。第②层以下为生土层。夯土台基呈长方形，中央凸起四周渐低，东西长21.5、南北宽17.5、最高1.5米（图一一八）。台基之上原有布局规整的柱网，清理时一些础石已移位，但础石下的磉墩及础坑尚存，为了解台基上的建筑格局提供了重要依据。柱网布局呈“回”字形，外圈柱础分布在近台基边缘，计18块，东西两排各5块，南北两排各6块，其中四角础石为每个相连边所共有。内圈为东西向三排，计10块，南北两排各4块，中排2块（图一一九，1）。两座墓葬（M13、M14）修建在中排减柱处。础石近圆形，直径1.25~1.5、厚0.3米以上（图一二四，1）。夯土台基四周以青砖、薄石板、小石块围砌（图一一九，3、4；图一二一、一二二）。在台基南侧和北部正中，各有一个边缘用青砖围砌的斜坡状踏道。由于破坏较严重，踏道是否有阶梯已不清楚（图一一九，2；图一二〇，1）。建筑址南部的踏道长约2.2、宽1.6米，北侧的踏道长约2、宽1.5米（图一二三）。

台基周围有四处遗迹，分别为距离台基东南部4~11米的石堆遗迹、西南角相接处的石堆遗迹、距离台基西南部约4米的水井遗迹（SJ2），台基西13米处的墙基遗迹（图一二〇，2）。

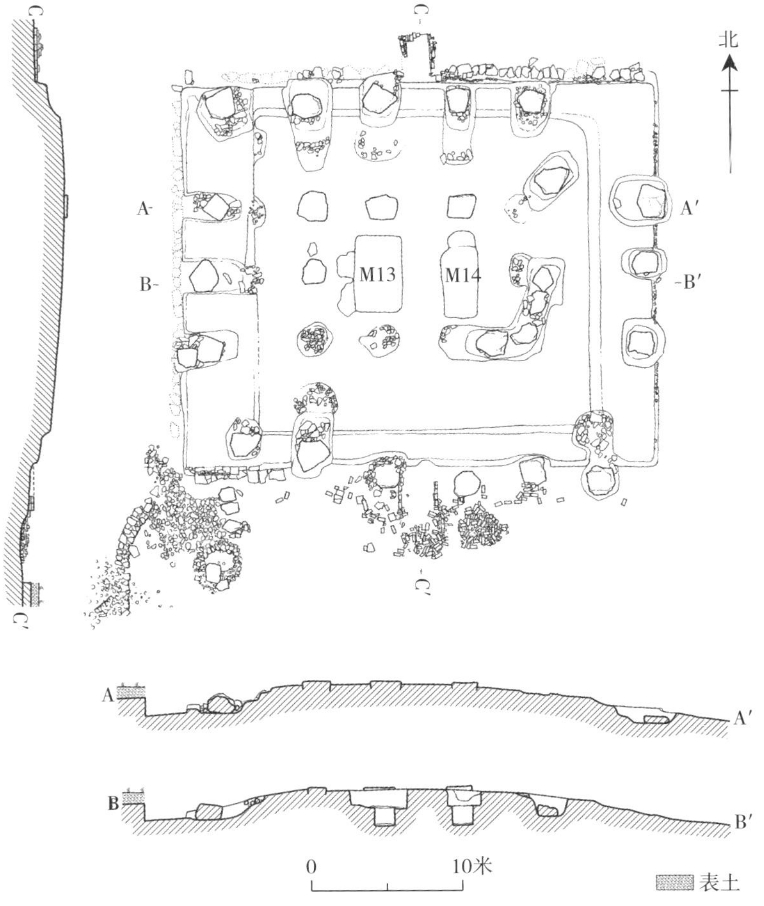

图一一八　M13、M14墓上建筑平、剖视图

1.北侧南排础石（由西向东摄）

2.南侧踏道（由北向南摄）

3.北侧东部散水石（由北向南摄）

4.护基砖及散水石（由西向东摄）

图一一九　M13、M14 墓上建筑

东南角石堆大致呈菱形分布，石块中夹杂有部分瓦件，石堆南北长 11.2、东西宽 18.9、高出地表 0.2～0.6 米（图一二五，1）。西南角石堆呈不规则状分布，南北长 21.1、东西宽 17.2、高出地表 0.2～0.4 米（图一二五，2）。

水井遗迹 SJ2 位于台基西南部约 4 米处，遗迹详情见后文水井遗迹。

台基西侧墙基遗迹与台基平行分布，呈南北向。揭露部分墙基用青砖堆砌，残高 2 层，长 11.3、宽 0.6、高 0.45 米。墙基所在的 G3 地层堆积：第①层为黑褐土，耕土层；

1.墓上建筑北部踏步清理后全景

2.西侧院墙基础（由南向北摄）

图一二〇　M13、M14 墓上建筑

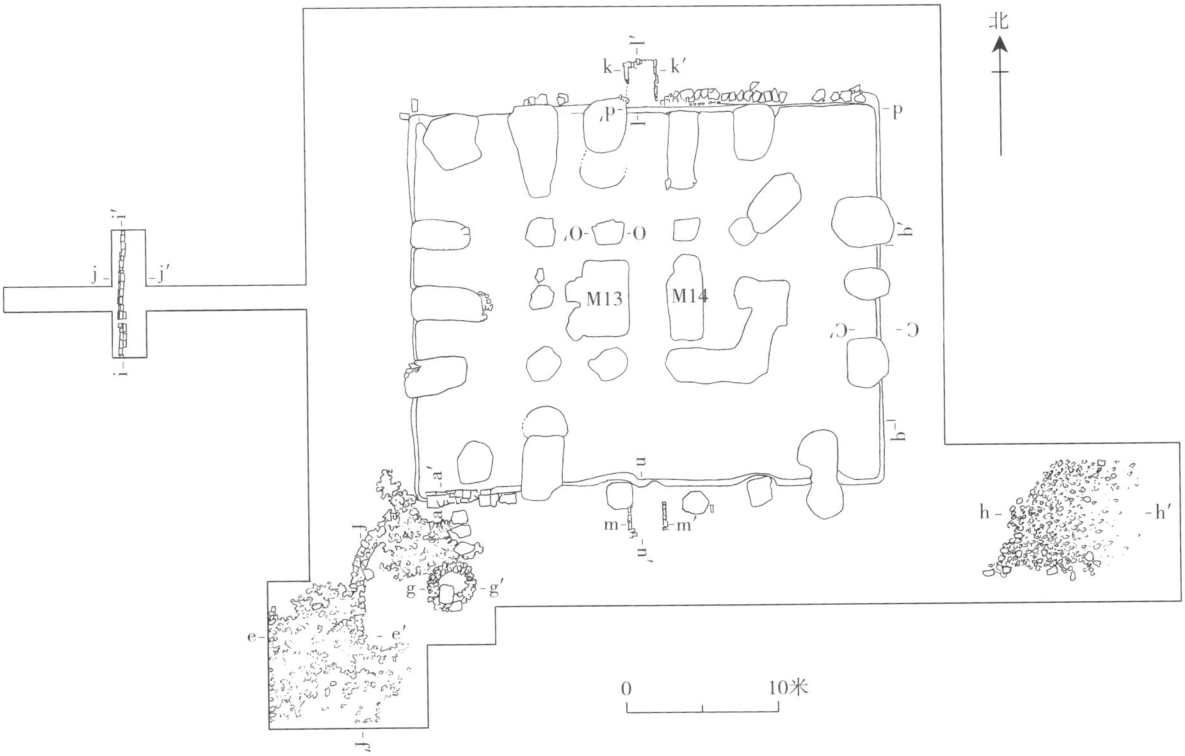

图一二一　M13、M14 墓上建筑局部解剖位置示意图

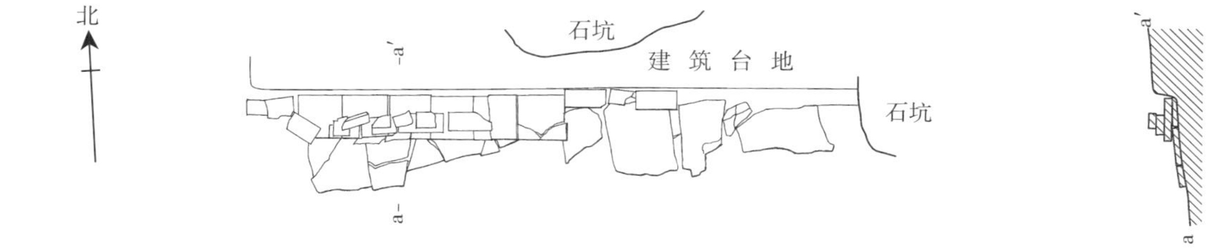

台基南侧西半部散水平、剖视图

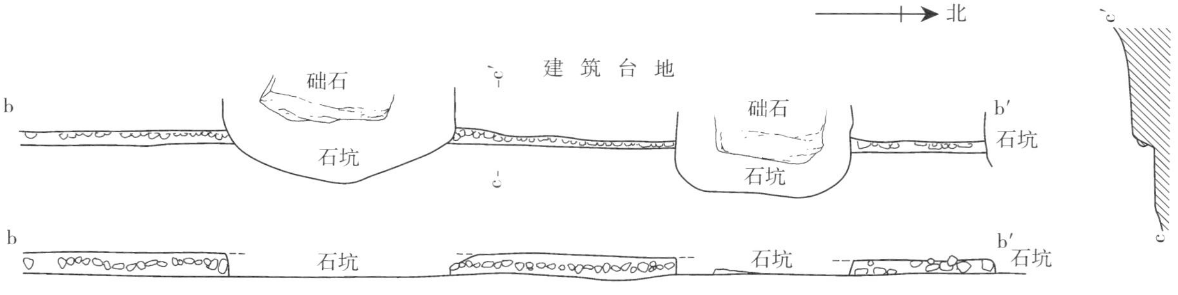

台基东壁断层平面、侧视、剖视图

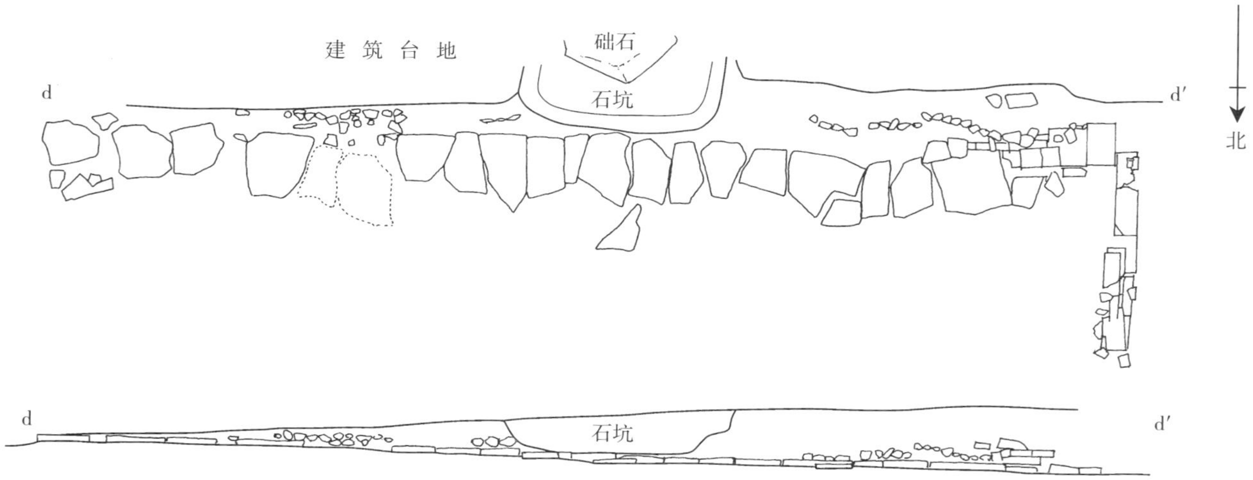

台基北侧东半部散水平面、侧视图

图一二二　台基局部剖面及剖视图

第②层为黄褐土层；第③层为黑灰土，墙基被第③层黑灰土叠压（图一二四，2）。

根据台基保存现状对台基复原，台基东西长21.5、南北宽17.5、最高1.5米。柱网布局呈“回”字形，内圈柱网所在的台基高于外圈柱网所在的台基约0.7米。两座墓葬（M13、M14）修建在中排减柱处，位于台基正中央。柱础间距约为3.1米。墓上建筑应为进深四间、面阔五间的夯土台基式建筑，台基四周以砖、石砌筑包边，台基南北正中

图一二三　台基北、南侧踏步平、剖视图
1. 台基北侧踏步平、剖面图　2. 台基南侧踏步平、剖视图

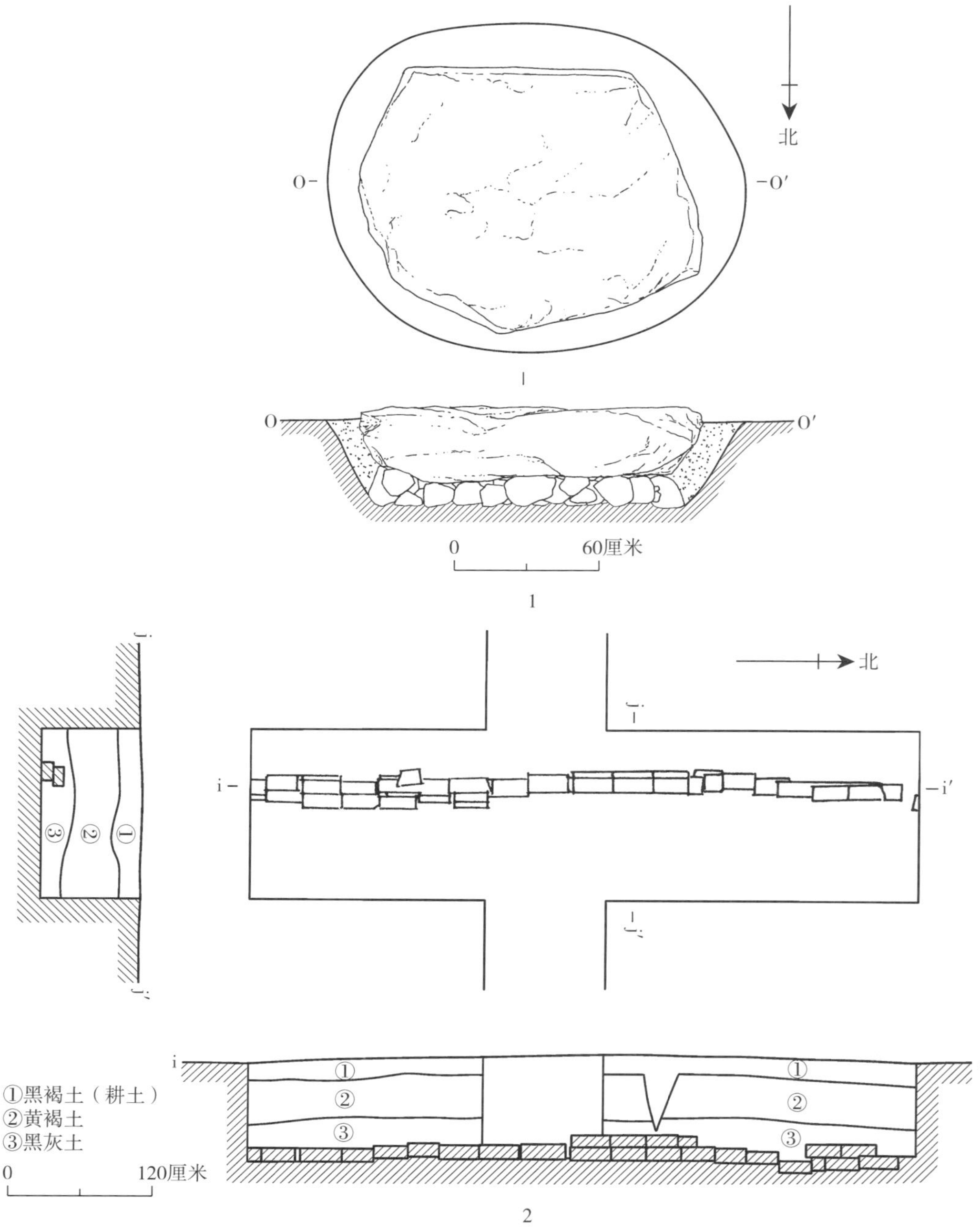

图一二四　础石和墙基所在的 G3 平、剖面图
1. 台基础石平、剖面图　2. G3 平、剖视图

央各有一砖砌的踏步（图一二六）。

根据建筑台基周围的遗迹分布状况，复原墓域为长方形，南北长 43.5、东西宽 46.5 米，周长约 180 米。墓域内除了墓上建筑外，还有西南部的水井和石堆遗迹，以及东南部的石堆遗迹。整体上，M13、M14 的墓上建筑应为带围墙院落及相关附属设施的夯土台基式建筑（图一二七）。

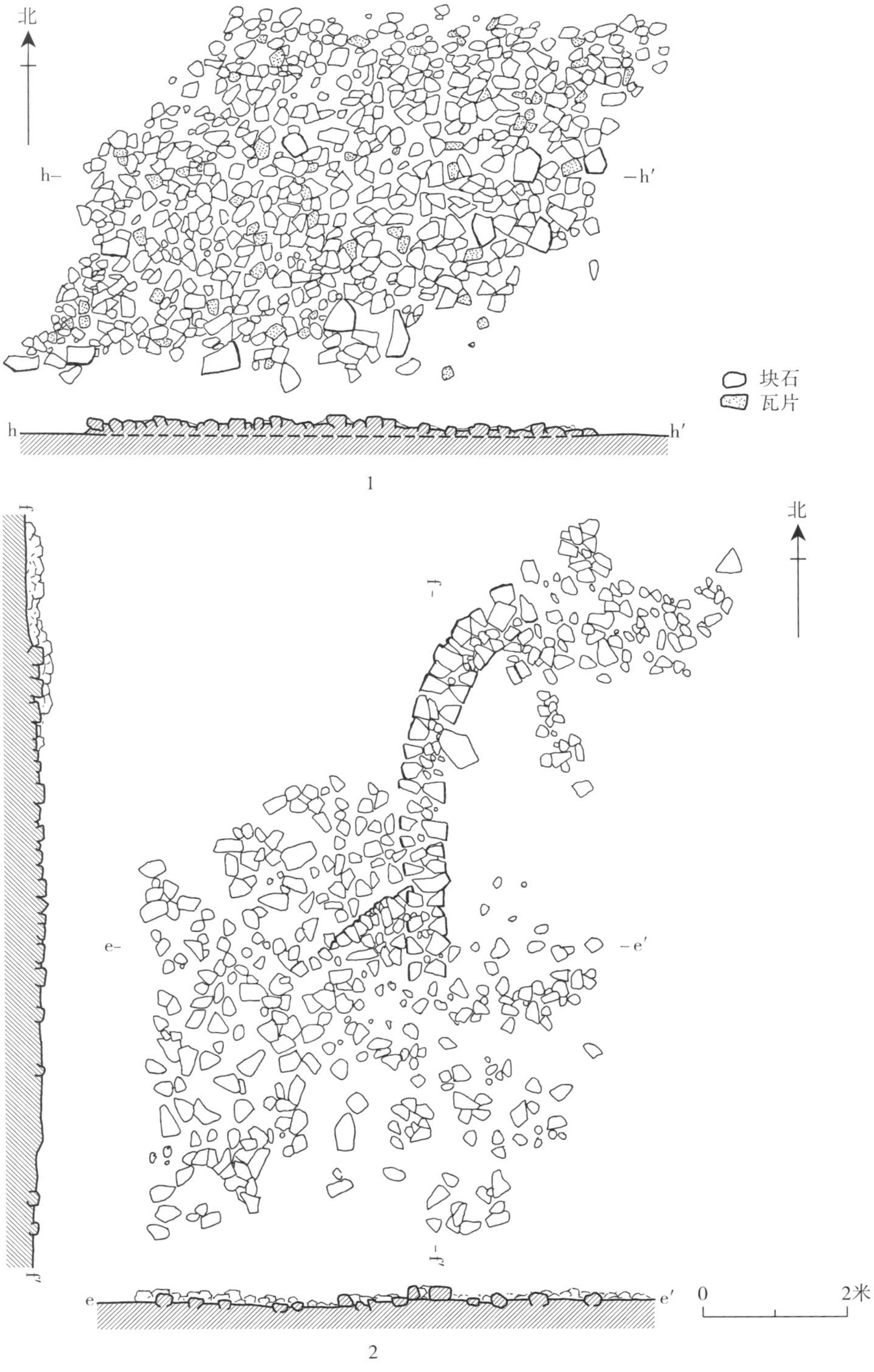

图一二五　台基东南角、西南角石堆平、剖面图
1. 台基东南角石堆平、剖面图　2. 台基西南角石堆平、剖面图

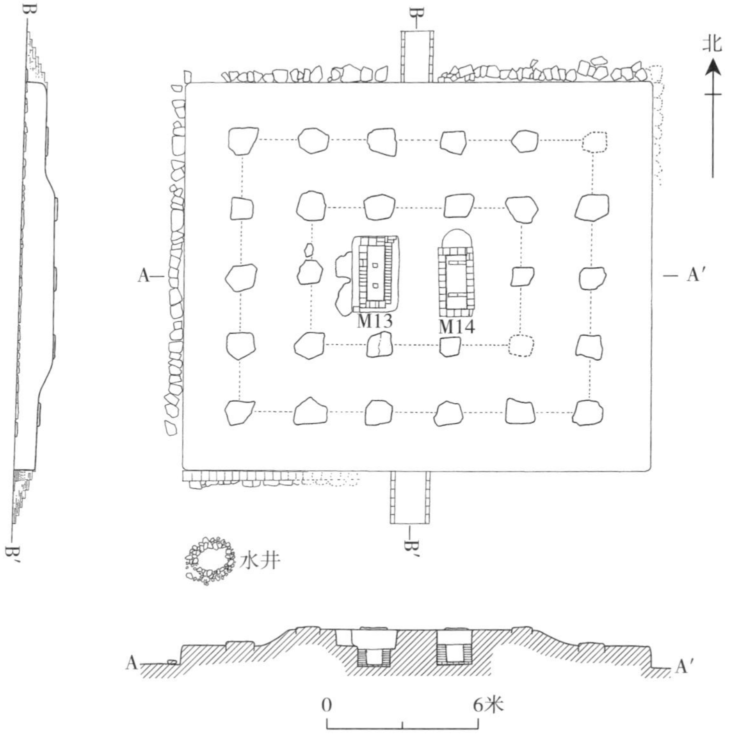

图一二六　台基布局复原图

（二）出土遗物

墓上建筑出土遗物包括陶器、三彩器、陶建筑构件、铁器、铜器等。

1. 陶器

陶器口沿　9件。

敞口陶器口沿　5件。其中M13、M14J∶48、49、53可能为同一件陶器，大敞口，圆尖唇，均为泥质灰白陶口沿，轮制，口沿下器表有两道凸弦纹，火候较高。M13、M14J∶48，残高10.6、残宽19、壁厚0.9厘米（图一二八，1）。M13、M14J∶49，残高8.8、残宽10、壁厚0.9厘米（图一二八，2）。M13、M14J∶53，残高8.5、残宽14.5、壁厚0.9厘米（图一二八，3）。M13、M14J∶66，泥质浅灰陶，拉坯成形。敞口，圆唇，弧壁。口径18、残高2.8、壁厚0.9厘米（图一二八，5）。

卷沿陶器口沿　1件。M13、M14J∶52，泥质灰陶，拉坯成形。敞口，平折沿，圆唇，束颈，溜肩。残宽13、残高4.9、壁厚0.5厘米（图一二八，4）。

平折沿陶器口沿　1件。M13、M14J∶58，夹砂灰陶，轮制。敞口，平折沿，方唇，束颈，溜肩。唇上有一道凹槽。残宽7.4、残高4.4、壁厚0.6厘米（图一二八，6）。

直口陶器口沿　1件。M13、M14J∶61，泥质灰陶，近灰黑色，轮制。侈口，斜折沿，外尖唇内方尖唇，弧壁。口沿及外壁残有白色陶衣。残宽7.6、残高4.6、壁厚0.6厘

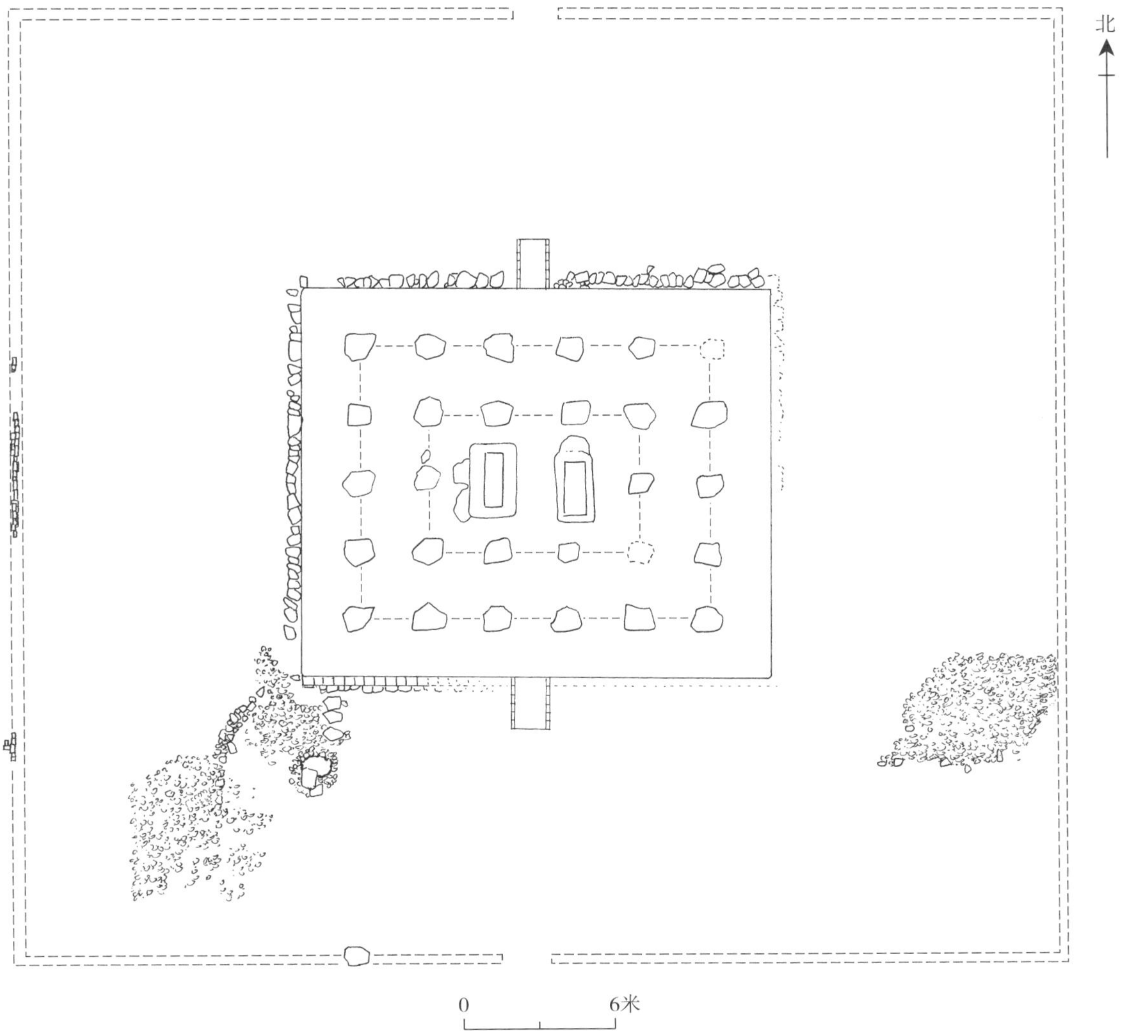

图一二七　墓域平面复原图

米（图一二八，7）。

敛口陶器口沿　1件。M13、M14J：62，泥质灰陶，轮制。敛口，尖唇，外方唇内尖唇，束颈，溜肩。口沿及器身残有白色陶衣，器身肩颈结合处有一道细凸棱。复原口径43.5、残高7.6、壁厚0.6厘米（图一二八，8）。

陶器腹片　4件。M13、M14J：54，泥质灰陶，轮制。器表饰有数道凹弦纹。残高8.5、壁厚0.4厘米（图一二八，9）。M13、M14J：240，夹砂灰陶，轮制。器表饰有一道凸弦纹。残高10.5、壁厚1厘米（图一二八，10）。M13、M14J：239，夹砂灰陶，轮制。器表饰有一道凸弦纹。残高9、壁厚1厘米（图一二八，11）。M13、M14J：50，泥质灰陶，轮制，火候较高。长颈，鼓腹。肩部有一条凸弦纹。残高9.5、壁厚1.4~2厘米（图一二八，12）。

陶器耳　3件。M13、M14J：67，残，泥质灰陶，轮制结合手制，横桥状。残高5.8、

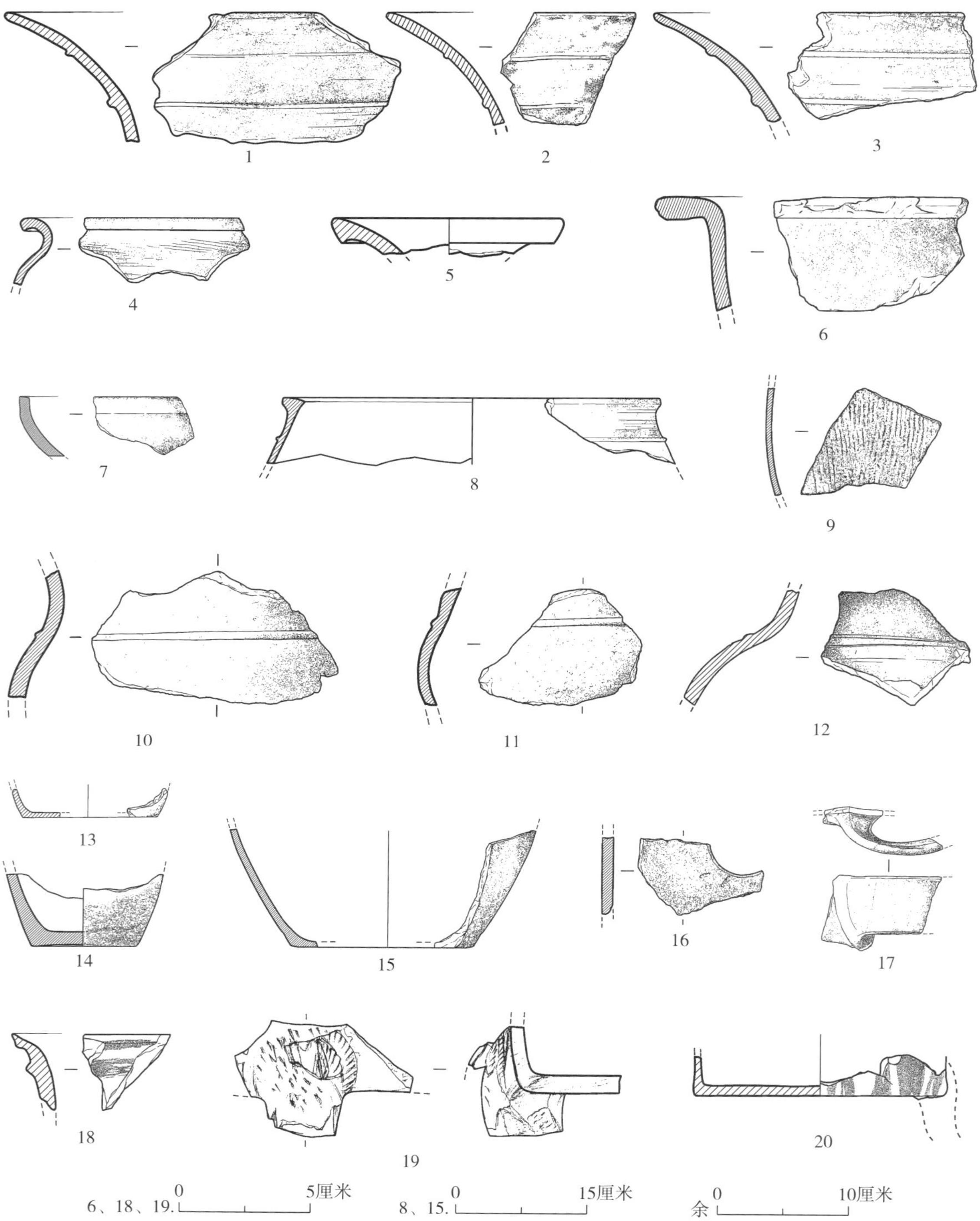

图一二八 M13、M14J 出土器物

1~3、5. 敞口陶器口沿（M13、M14J：48、49、53、66） 4. 卷沿陶器口沿（M13、M14J：52） 6. 平折沿陶器口沿（M13、M14J：58） 7. 直口陶器口沿（M13、M14J：61） 8. 敛口陶器口沿（M13、M14J：62） 9~12. 陶器腹片（M13、M14J：54、240、239、50） 13~15. 陶器底（M13、M14J：55、56、59） 16. 陶甑底（M13、M14J：60） 17. 陶器耳（M13、M14J：67） 18~20. 三彩炉残器（M13、M14J：185、183、182）

耳残长 7、耳宽 4.3、耳壁厚 0.6 厘米（图一二八，17）。

陶器底　6 件。M13、M14J：55，泥质夹砂灰陶，轮制，浅红褐色胎，火候较高。残高 4、复原底径 10.4、壁厚 0.7、底厚 0.8 厘米（图一二八，13）。M13、M14J：56，泥质夹砂灰陶，轮制，浅红褐色胎，火候较高。残高 5.6、复原底径 7.8、壁厚 0.7、底厚 0.8 厘米（图一二八，14）。M13、M14J：59，泥质灰陶，轮制，器表磨光，火候较高。残高 14、复原底径 20.3、壁厚 0.7~1.1、底厚 0.7 厘米（图一二八，15）。M13、M14J：60，陶甑底，泥质灰陶。残存两个甑眼。残长 9.3、残高 6 厘米（图一二八，16）。

陶器盖　2 件。M13、M14J：33，残，泥质灰白陶，轮制，盖外中部有环状隆起，边缘饰三道凹弦纹以及一圈连珠纹，有轮制痕迹。残高 8、壁厚 1.2~1.4 厘米（图一二九，1）。M13、M14J：36，残，泥质灰白陶，轮制，母口，顶部呈盘状，饰有凸棱及凸卷云纹。盖高 7.6、厚 1.6~2 厘米（图一二九，2）。

2. 三彩器

三彩陶器　3 件。可能为同一件三彩熏炉的残片，均为白胎，器表施三彩后再施透明釉。M13、M14J：185，口沿，敞口，尖唇。口沿下有一道凸棱。残长 2.9、壁厚 0.6 厘米（图一二八，18）。M13、M14J：183，器足，直壁，平底。足部外壁胎体上有戳印痕迹。残高 4.5、壁厚 1、底厚 1.4 厘米（图一二八，19；彩版七四，1）。M13、M14J：182，器底，直壁，平底。底部残存支脚痕迹。残高 3、复原底径 19.5、壁厚 0.4、底厚 0.8 厘米（图一二八，20；彩版七四，2）。

3. 陶饰件

灰白陶饰件　6 件。M13、M14J：31，正面雕刻卷草纹，背面素面平滑。残长 7.1、壁厚 3 厘米（图一二九，3）。M13、M14J：34，正面饰连珠与卷草纹，背面光滑且有轮制痕迹。残高 8.4、壁厚 0.8~1.1 厘米（图一二九，4；彩版七四，3）。M13、M14J：35，呈卷草纹，背面有轮制痕迹。残高 7.6、壁厚 1.7 厘米（图一二九，5）。M13、M14J：38，呈卷草纹，背面有轮制痕迹。残高 6.4、壁厚 1.6 厘米（图一二九，6）。M13、M14J：32，球腹形，器表光滑，器内壁有轮制痕迹，器表三侧均有转折迹象。残长 10、壁厚 0.9~2.4 厘米（图一二九，7）。M13、M14J：37，整体似器盖，残存一个莲瓣贴塑于器表，从器表的交错刻划纹推测，莲瓣旁可能还贴塑其他莲瓣或饰件，器内壁有轮制痕迹。残高 9、最厚处 5、单个莲瓣宽 10.8 厘米（图一二九，8；彩版七四，4）。

灰陶塑件　1 件。M13、M14J：249，表面残存部分灰白色化妆土，陶质粗糙，整体似莲瓣状，表面弧形凸起，饰有弧线纹饰，背面呈红褐色。残长 14.5、残高 13 厘米（图一二九，9）。

红褐陶塑件　6 件。M13、M14J：39，夹砂红陶，弧面通饰弧形凹弦纹，凹面大部分呈黑灰色。残高 10.4、厚 3.8~4 厘米（图一二九，11；彩版七五，1）。M13、M14J：40，一面饰有衣褶纹，表面有施酱釉痕迹，另一面略内凹，表面呈深灰黑色。残高 13.6、壁

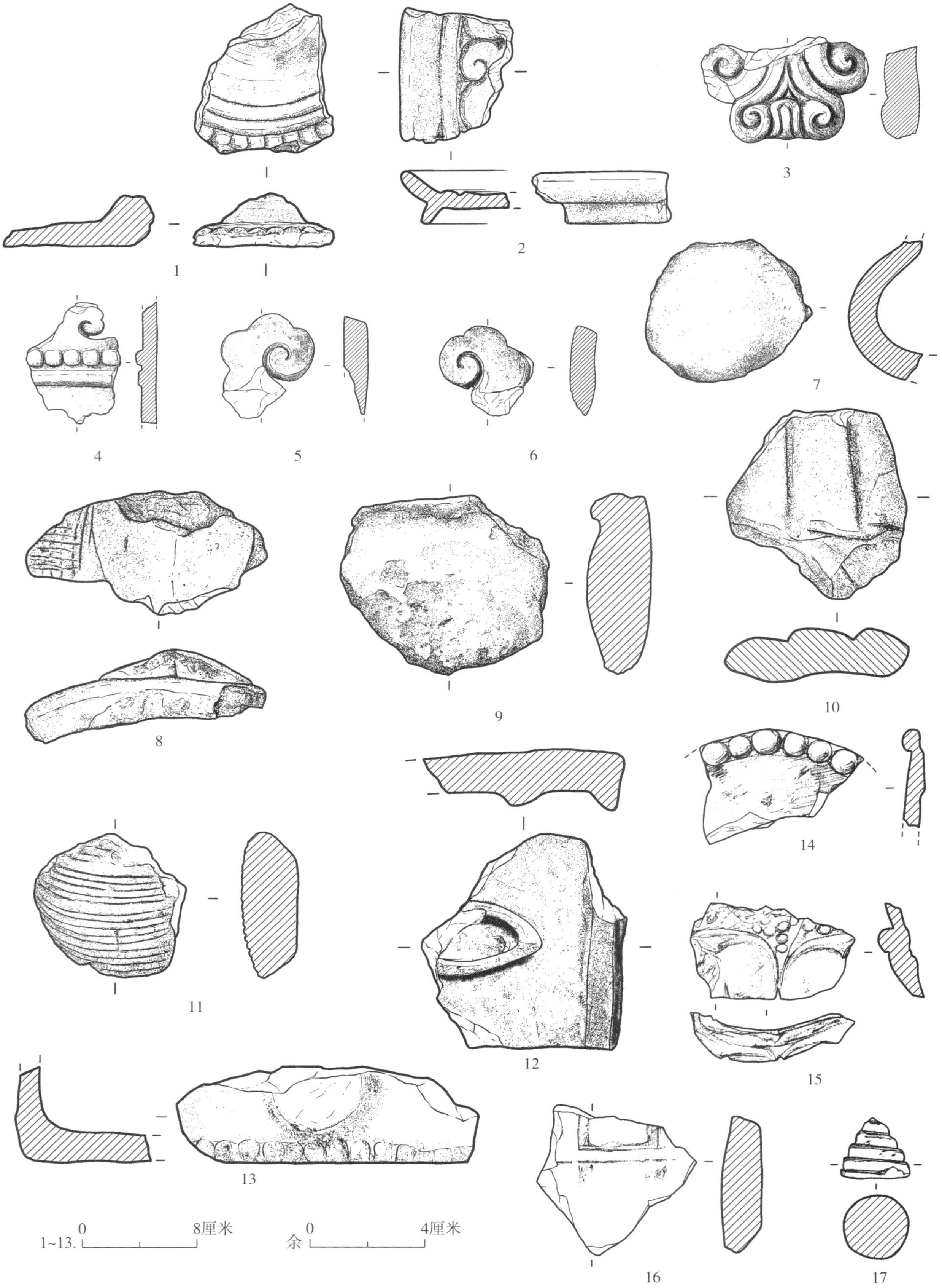

图一二九　M13、M14J 出土陶器

1、2. 灰白陶器盖（M13、M14J：33、36）　3~8. 灰白陶饰件（M13、M14J：31、34、35、38、32、37）　9. 灰陶塑件（M13、M14J：249）　10~13. 红褐陶塑件（M13、M14J：40、39、45、64）　14~16. 鎏金陶饰件（M13、M14J：186~188）　17. 红褐陶佛造像螺髻（M13、M14J：189）

厚 3.2～3.6 厘米（图一二九，10）。M13、M14J：45，表面饰莲瓣纹，边缘凸棱隆起，背面较平。残长 13.4、壁厚 4 厘米（图一二九，12）。M13、M14J：64，整体形似器底残片，直壁，平底，底平面呈圆弧形。外壁表面有施釉痕迹，表面贴塑部件已不存，底部边缘饰连珠纹，内底表面呈黑灰色。残高 7、残长 21.2、壁厚 1.8～2 厘米（图一二九，13）。M13、M14J：189，佛造像螺髻，呈圆锥形，带有螺旋状纹饰。直径 2.4、残高 2.2 厘米（图一二九，17；彩版七五，2）。

鎏金陶饰件　3 件。M13、M14J：186，表面鎏金，胎为泥质红褐陶，平面呈圆弧形，边缘饰连珠纹。复原直径 9.4、厚 0.4～0.6 厘米（图一二九，14；彩版七四，5）。M13、M14J：187，表面鎏金，大部分已剥落，胎为泥质灰陶，器表饰莲瓣纹。残长 5.8、残高 3.4、厚 0.9～1.1 厘米（图一二九，15）。M13、M14J：188，表面鎏金，胎为泥质红褐陶，器表为交错的凸棱纹。残长 5.6、残高 5.4、厚 1～1.3 厘米（图一二九，16；彩版七四，6）。

4. 金属器

折头铁钉　66 件。钉头扁平，弯向一侧，有的钉身亦弯折，钉身截面为方形或长方形，长短不一。M13、M14J：193，完整。钉长 20.7、横截面长 1、宽 0.8 厘米（图一三〇，1）。M13、M14J：300，完整。钉长 11.4、横截面长 0.7 厘米（图一三〇，2）。M13、M14J：333，完整。近钉首处钉身呈 L 形弯折。钉长 8、横截面长 0.4 厘米（图一三〇，3）。M13、M14J：337，完整。钉长 7、横截面长 0.8、宽 0.4 厘米（图一三〇，4）。M13、M14J：195，完整。钉身近顶尖处呈 L 形弯折。钉身长 9.8、横截面长 0.6 厘米（图一三〇，5）。M13、M14J：295，钉身呈 L 形弯折。钉身长 17.9、横截面长 1 厘米（图一三〇，6；图一三一，1）。

铁泡钉　13 件。M13、M14J：206，完整，钉帽下带垫，钉身穿过铁片。垫片长 5.6、钉身长 6 厘米（图一三〇，13）。M13、M14J：354，完整。钉身弯折。钉身横截面为方形。钉长 14.4、帽径 3.8 厘米（图一三〇，8）。M13、M14J：355，钉帽及钉身部分表面有白色痕迹。钉长 6.5、帽径 2.3 厘米（图一三〇，7；图一三一，2）。

条形铁器　7 件。有的可能为钉帽残缺的铁钉，有的长度远大于铁钉，一端弯折，有的两端弯折成弧形，与铁钉明显不同。M13、M14J：363，横截面为长方形。长 12 厘米（图一三〇，9）。M13、M14J：208，一端弯折，横截面呈菱形。弯曲部分长 6、直体部分长 18 厘米（图一三〇，10）。

钩形铁器　7 件。包括挂钩、钉身和圆形铁垫片。挂钩弯折呈 U 形，横截面为圆形。挂钩与钉应为一根铁条弯折而成。钉身穿过圆形铁垫片。M13、M14J：202，完整。通长 9、挡板直径 5.5、钉身长 4 厘米（图一三〇，11；彩版七五，3）。M13、M14J：222，无铁垫片，挂钩横截面为圆形。通长 10.6、钉长 6.4 厘米（图一三〇，12；图一三一，3）。

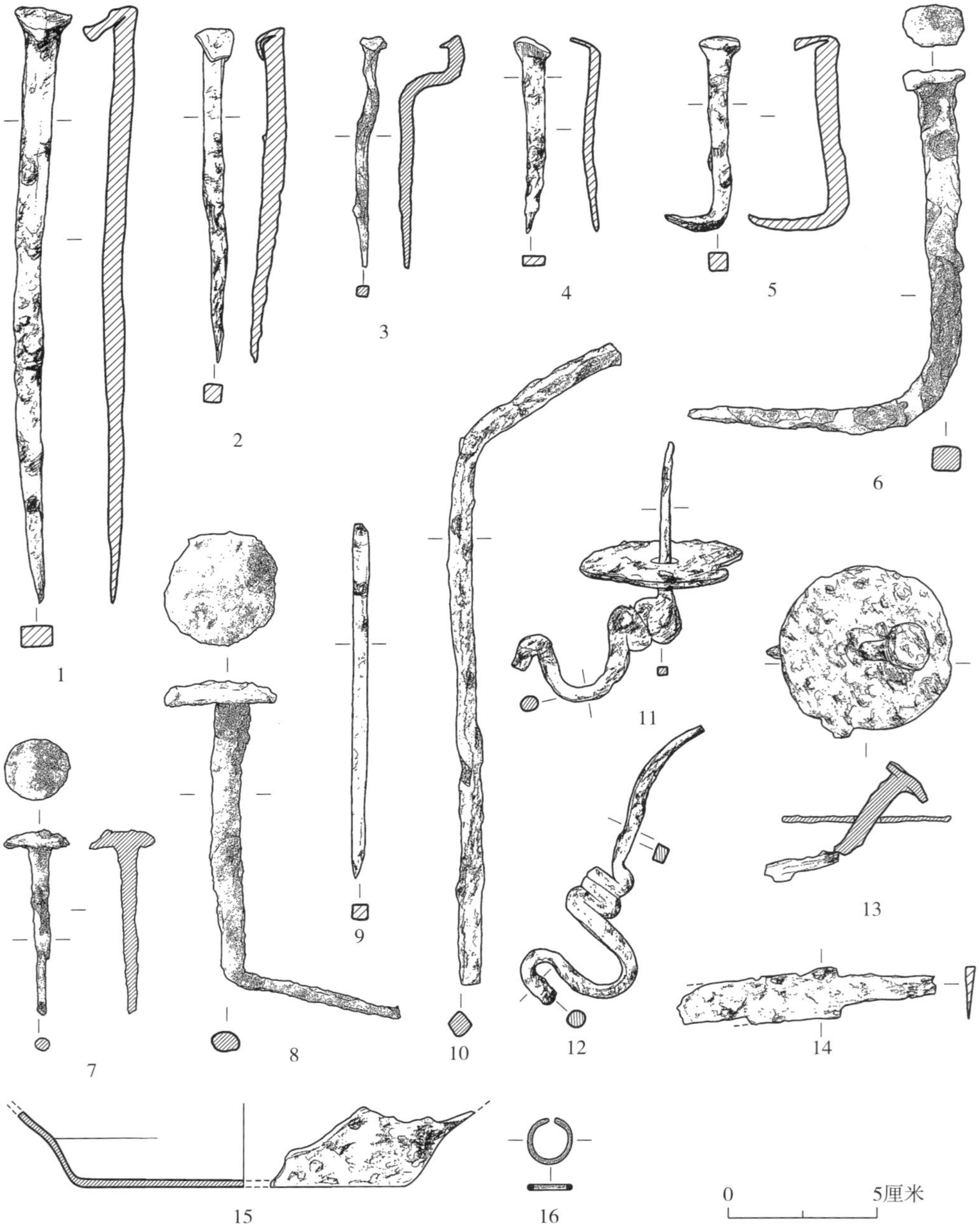

图一三〇 M13、M14J 出土金属器

1~6. 折头铁钉（M13、M14J：193、300、333、337、195、295） 7、8、13. 铁泡钉（M13、M14J：355、354、206） 9、10. 条形铁器（M13、M14J：363、208） 11、12. 钩形铁器（M13、M14J：202、222） 14. 铁刀（M13、M14J：198） 15. 铁锅（M13、M14J：199） 16. 铜环（M13、M14J：190）

铁刀　1 件。M13、M14J：198，铸造。尖与柄残。直刃，斜弧背。残长 8.7、宽 1.7、背厚 0.3 厘米（图一三〇，14；彩版七五，4）。

铁锅　1 件。M13、M14J：199，铸造。已残。斜腹，平底。底径 10.8、残高 2.8 厘米（图一三〇，15；图一三一，4）。

铜环　1 件。M13、M14J：190，完整，呈圆环形。外径 1.6 厘米（图一三〇，16）。

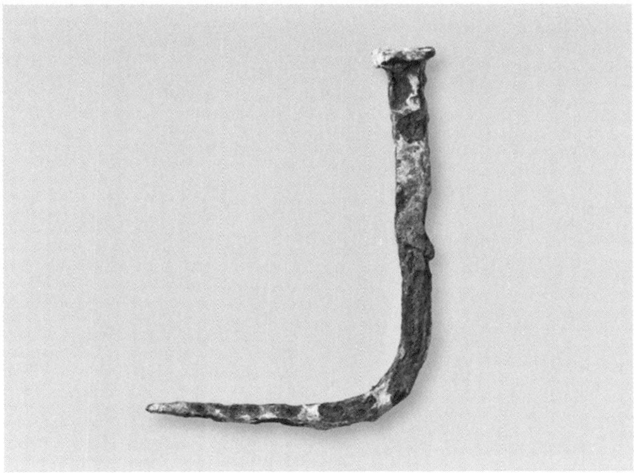

1.折头铁钉（M13、M14J：295）

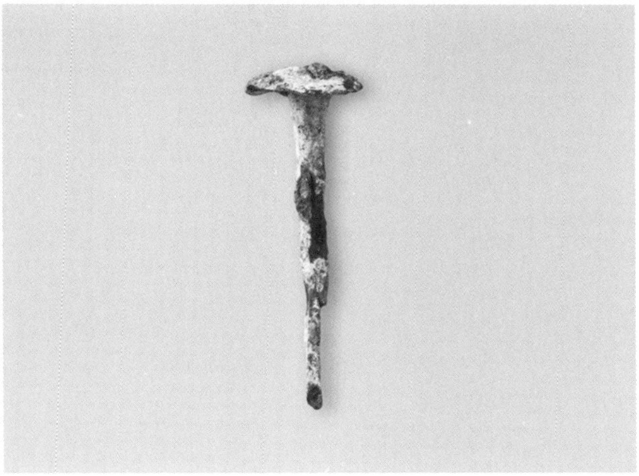

2.铁泡钉（M13、M14J：355）

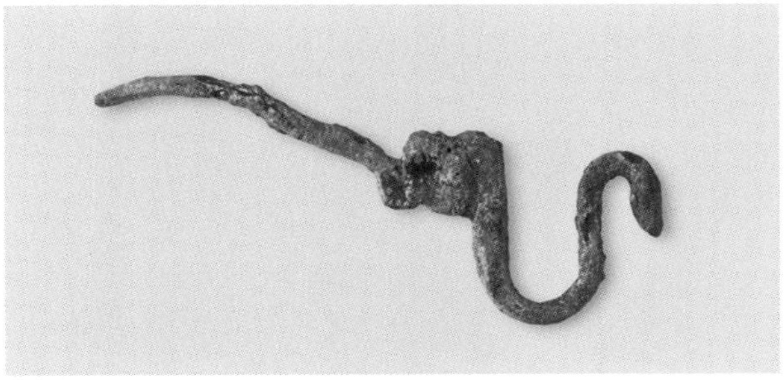

3.钩形铁器（M13、M14J：222）

4.铁锅（M13、M14J：199）

图一三一　M13、M14J 出土铁器

5. 建筑构件

（1）鸱吻

鸱吻陶板残件　6 件。均为夹砂灰陶，平直陶板，两面较光滑。M13、M14J：41，正面刻划房屋模型，房屋正脊两侧安置鸱尾，房屋模型有门，两侧有两扇直棂窗。残长 25.5、残宽 17.5、厚 2.5 厘米（图一三二，1；彩版七六，1）。M13、M14J：252，正面刻划有建筑模型。残长 22、壁厚 2.5 厘米（图一三二，2；彩版七六，2）。M13、M14J：253，正面刻划有一动物纹饰，疑似鹿。残长 20.5、厚 2.5 ~ 2.8 厘米（图一三二，4；彩版七六，3）。M13、M14J：271，一侧有榫卯结构的凸棱，近边缘处有两个直径 0.8 厘米的小圆孔，残存手捏制痕迹。残长 35.5、残宽 21.5、厚 2.5 ~ 3.5 厘米（图一三二，7）。

鸱吻顶部　1 件。M13、M14J：251，夹砂灰陶。整体呈圆饼状，内中空，底面有一个小圆孔。边缘抹光处理，通体有手制加工痕迹。残宽 19.2、厚 2 厘米（图一三二，5）。

鸱吻腹部　2 件。M13、M14J：42，夹砂灰陶。正面刻划有数条竖线和一条横线，一侧有弧形缺口，此构件可能为鸱吻腹部最下部位。残长 23.5、残宽 20、残高 6、厚 2.2 ~ 2.9 厘米（图一三二，3）。M13、M14J：270，夹砂灰陶。平面近三角

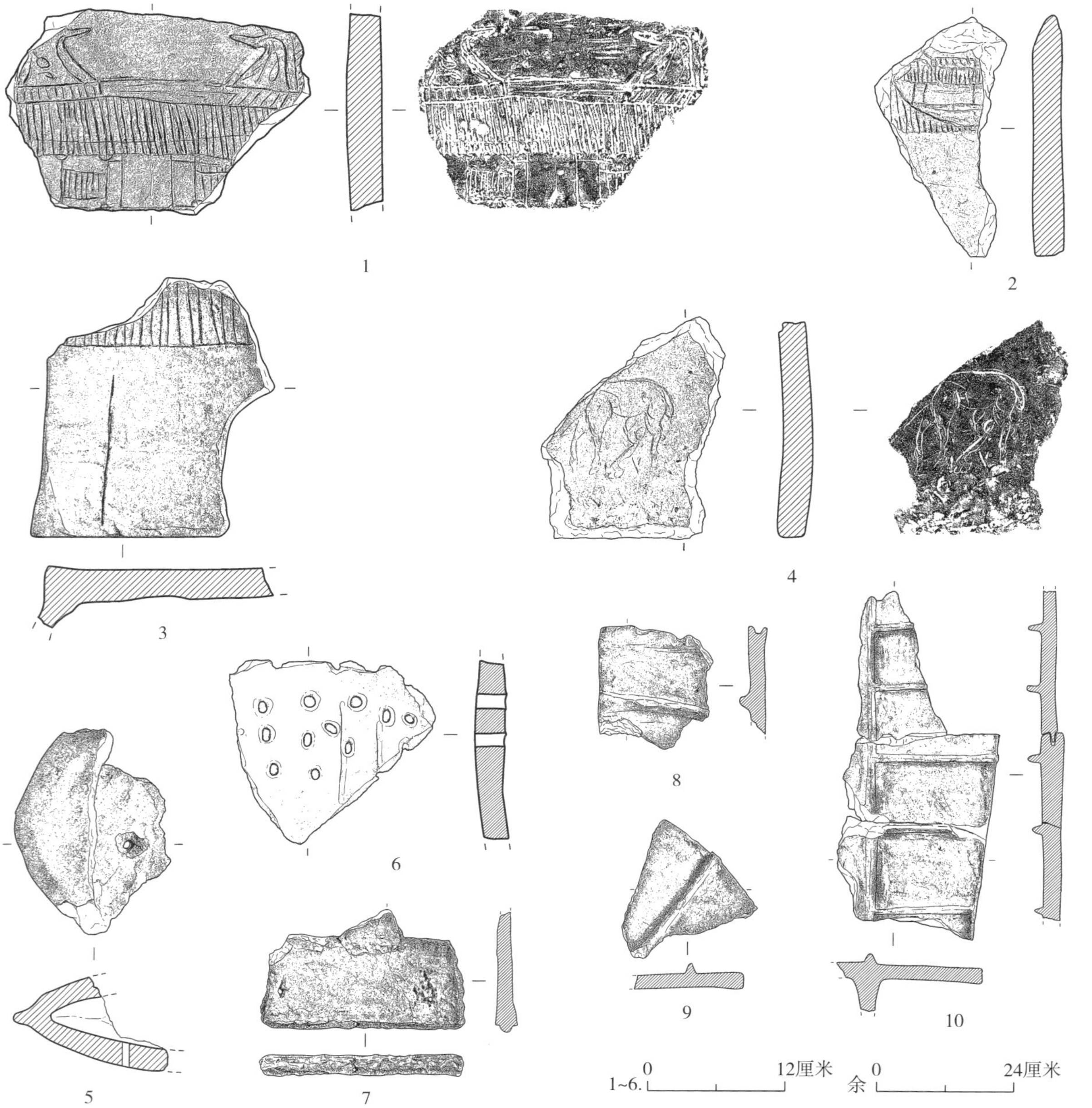

图一三二　M13、M14J 出土陶器

1、2、4、7. 鸱吻陶板残件（M13、M14J：41、252、253、271）　3、6. 鸱吻腹部（M13、M14J：42、270）　5. 鸱吻顶部（M13、M14J：251）　8～10. 鸱吻鳍部（M13、M14J：367、385、63）

形，其上有几排小钻孔，应为鸱吻安插拒鹊之部位。残长 17.5、厚 2～2.3 厘米（图一三二，6）。

鸱吻鳍部　5 件。均为夹砂灰陶，表面贴筑数条平行的凸棱纹，部分鳍部有相连接的榫卯结构。M13、M14J：367，正面捏塑贴筑凸棱，一侧平直，上部有榫卯结构的凹槽。残长 21.5、残宽 20、厚 2.6~3 厘米（图一三二，8）。M13、M14J：385，正面捏塑贴筑凸棱纹，外缘微弧。残长 23.5、残宽 23、厚 3~3.7 厘米（图一三二，9）。M13、M14J：63，鸱吻鳍部残件，分上下两部分，以榫卯结构相接。夹砂灰陶，表面捏塑贴筑横向平行的凸棱装饰，外侧边缘平直，内侧有一条纵向捏塑贴筑的凸棱，为鳍部与纵带分隔线。残高 64、残宽 16、厚 2.6~3 厘米（图一三二，10；彩版七六，5）。M13、M14J：279，正面有三道凸棱。残长 45、壁厚 2.3~2.8 厘米（图一三三，1）。

鸱吻胴部　8 件。M13、M14J：97，夹砂灰陶。正面捏塑耳廓状纹饰。残长 20、残宽 8、残高 6 厘米（图一三三，3）。M13、M14J：274，正面捏塑三条凸棱和兽眼状纹饰。残长 20、残高 6.5 厘米（图一三三，2；彩版七五，5）。M13、M14J：278，夹砂红褐陶。正面捏塑贴筑卷草纹装饰。残长 43.2、残宽 31、厚 2.7~3.2 厘米（图一三三，8；彩版七六，4）。M13、M14J：280，夹砂灰陶。正面捏塑贴筑卷草纹装饰。残长 32、残宽 30.4、厚 2.8~3.2 厘米（图一三三，9）。

鸱吻纵带　4 件。均为夹砂灰陶，一般两侧为凸棱，中间为捏塑贴筑的大连珠纹，大连珠中心有一小圆孔，外环绕一周小连珠纹。M13、M14J：272，纵带上的大连珠直径 7.5 厘米，中心为一直径 2.3 厘米的小孔贯穿。残长 16、残宽 14、整体高 6 厘米（图一三三，4）。M13、M14J：273，残长 22、残宽 14、整体高 11.2 厘米（图一三三，5）。M13、M14J：366，残长 30、残宽 29、厚 2.7、大连珠直径 6.5 厘米（图一三三，6；彩版七五，6）。M13、M14J：369，残长 21、残宽 13、厚 2.3~3.3、大连珠直径 6.5 厘米（图一三三，7）。

（2）兽头

从兽头残件推测，至少存在 4 个兽头个体，且存在大小两种规格的兽头。

兽耳与兽腮连接环　5 件。M13、M14J：77，灰陶饰件。残块，夹砂灰陶，轮制。呈残环状，一面弧形向内隆起，一面内凹，有一头残留一隆起状部位。表面残留白灰。残长 27、宽 4.5~4.8、残高 6.5 厘米（图一三四，1）。

兽耳　3 件。均为夹砂灰陶，整体近舟形，截面为弧形，一头渐窄头部呈圆角，一侧边缘有一外凸。其中右耳 2 件，左耳 1 件。M13、M14J：87，兽头右耳。残长 20、最宽处 9、厚 1.1~1.7 厘米（图一三四，2）。M13、M14J：86，兽头左耳。残长 21.5、最宽处 8.8、厚 1.1~1.7 厘米（图一三四，3；彩版七七，1）。

兽头顶部竖鬃　2 件。M13、M14J：82，夹砂灰陶。整体近长条柱状，一头渐细。宽头一侧底部残有一凹坑。残长 23.5、宽 1.5~4.7 厘米（图一三四，4）。

兽眼　7 件，从尺寸大小看应存在两种规格的兽头。其中稍小的兽眼 3 件，兽眼直径 5.2~7.6 厘米。M13、M14J：101，夹砂灰陶。整体近圆柱状，前面眼球近半球状。残长 13、直径 7.6 厘米（图一三四，5；彩版七七，2）。较大者 4 件，兽眼直径 9.2~12 厘米。M13、M14J：103，整体近圆柱状，前面眼球近半球状。残长 18、直径 10.3 厘米（图一三四，6）。

兽鼻　5 件，可辨个体至少 4 个。M13、M14J：283，夹砂灰陶。鼻部整体近拳头状，前部表面有两道浅凹槽且有抹光处理，两侧各有一喇叭形鼻孔，底部有一道插孔。残长

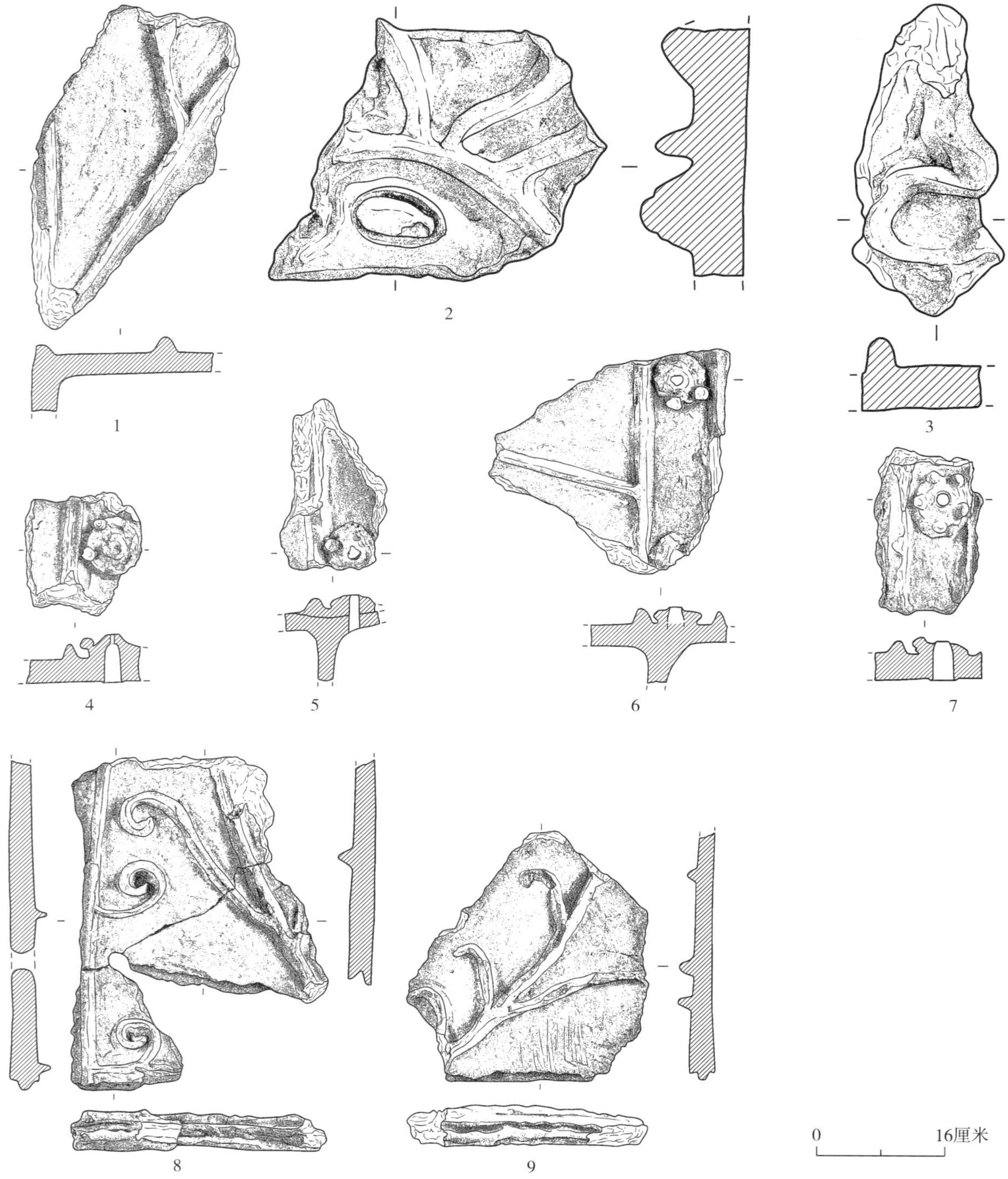

图一三三　M13、M14J 出土鸱吻

1. 鸱吻鳍部（M13、M14J：279）　2、3、8、9. 鸱吻胴部（M13、M14J：274、97、278、280）　4~7. 鸱吻纵带（M13、M14J：272、273、366、369）

13、鼻宽 13.5、残高 8.8 厘米（图一三四，8；彩版七七，3）。

半圆形兽头残件　4 件。可能为兽嘴左下、右下两侧部件。M13、M14J：93，夹砂灰陶。平面呈半圆形，横截面呈弧形。直径 9、厚 1.1～1.7 厘米（图一三四，9）。

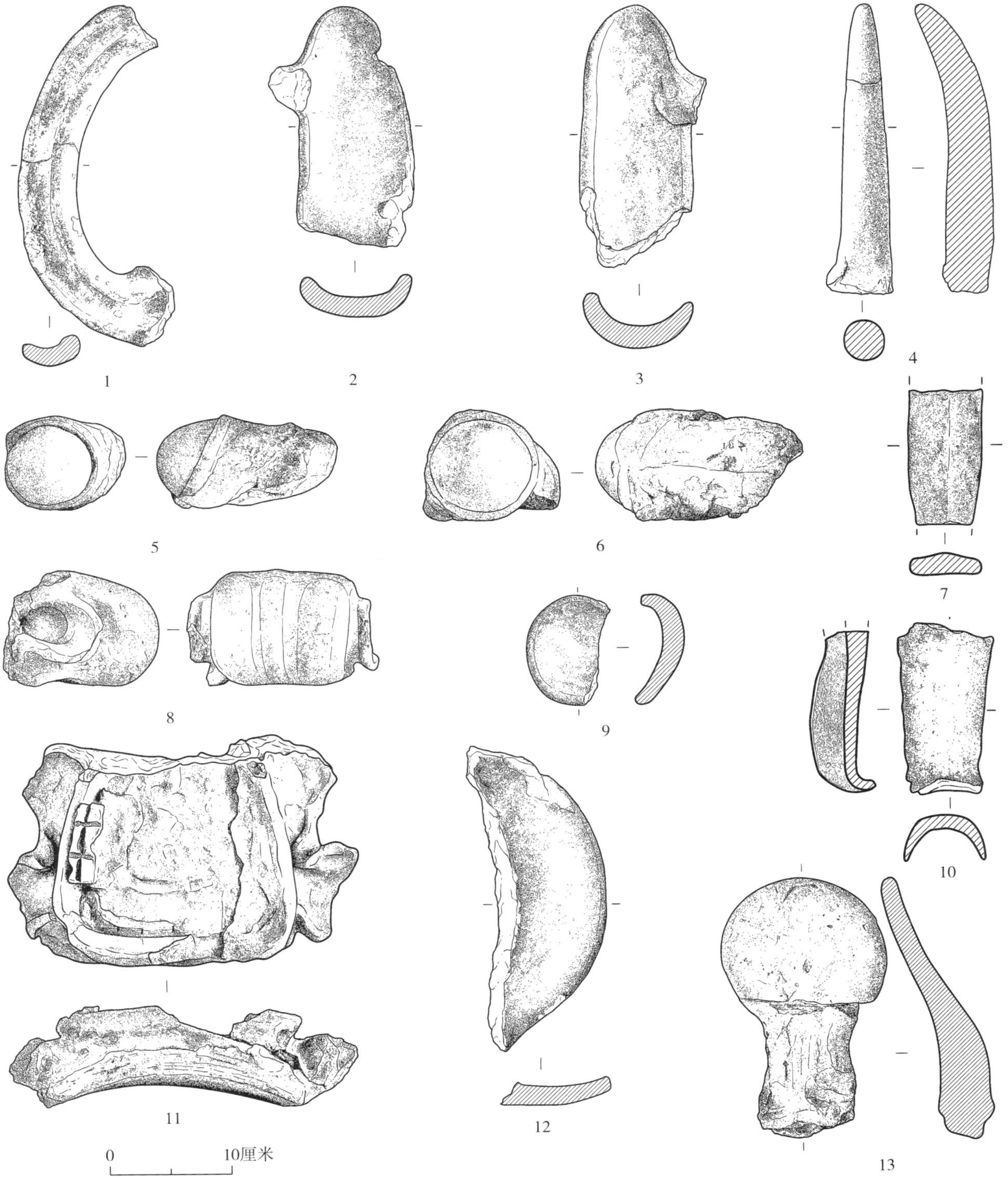

图一三四　M13、M14J 出土兽头

1. 兽耳与兽腮连接环（M13、M14J：77）　2、3. 兽耳（M13、M14J：87、86）　4. 兽头顶部竖鬃（M13、M14J：82）　5、6. 兽眼（M13、M14J：101、103）　7、10、13. 长条状陶饰件（M13、M14J：79、43、100）　8. 兽鼻（M13、M14J：283）　9. 半圆形兽头残件（M13、M14J：93）　11. 兽头嘴部（M13、M14J：287）　12. 半月形兽头残件（M13、M14J：74）

半月形兽头残件　4件。可能为兽嘴左右两侧部件。M13、M14J：74，夹砂灰陶。平面近月牙形，横截面呈弧形，有手制加工痕迹。残长25、残宽9.5、厚1.3~2.8厘米（图一三四，12）。

兽头嘴部　6件。可辨兽头个体至少有4个。M13、M14J：287，夹砂灰陶。残存部分下颌，边缘做抹平处理，表面贴筑捏塑嘴、牙等造型。残长20、残宽28.5、残高9厘米（图一三四，11；彩版七七，4）。

长条状陶饰件　3件。M13、M14J：79，夹砂灰陶。平面呈梯形，横截面呈弧形，一面中部有一脊凸，可能为兽舌。残长10.8、厚1.2~2厘米（图一三四，7）。M13、M14J：43，夹砂灰陶。手制，横截面呈弧形，纵截面稍呈“L”形，外壁表面有抹光痕迹，推测为兽头残件。残高13.2、厚1.2厘米（图一三四，10）。M13、M14J：100，夹砂灰陶。整体似球拍状，有手制加工痕迹，可能为兽头顶部残件。直径13.5、厚1.4~2.2厘米（图一三四，13）。

（3）瓦当

瓦当　根据纹饰，可分为7型。

A型　新月形间饰六瓣“倒心形”花瓣莲纹瓦当。3件。

均为夹砂灰陶，模制。当心由里往外饰乳突、凸棱纹同心圆、六颗连珠纹。主题纹饰为六瓣“倒心形”花瓣，花瓣底部存在叶茎。花瓣之间，间饰新月形纹。M13、M14J：110，残。复原直径16、当面厚0.7、轮宽1.4、轮厚2、当心厚1.1厘米（图一三五，1；彩版七八，1）。

B型　四瓣“倒心形”花瓣复合四枝忍冬纹。2件。

M13、M14J：107，残。夹砂灰陶，模制。边轮残，当心缺失，主题纹饰残存两枝忍冬纹复合一个“倒心形”花瓣。推测应为四瓣“倒心形”花瓣复合四枝忍冬纹。复原直径14、当面厚1.2、轮宽1.2、轮残厚1.3厘米（图一三五，3；彩版七八，2）。

C型　六枝花草纹瓦当。1件。

M13、M14J：121，残。泥质灰陶，模制。当心纹饰由里及外依次为乳突、凸棱线同心圆、12颗连珠纹，主题纹饰为六株等距分布的侧视花草纹，纹饰风格简化。直径13.2、当面残厚1.1、轮宽1、轮厚1.8厘米（图一三五，4；彩版七八，3）。

D型　六枝侧视四叶花草纹瓦当。29件。

均为夹砂灰陶，瓦当纹饰为六枝单体花草纹，瓦当边轮高出当面。当心由里往外依次饰乳突、凸棱纹同心圆、六颗连珠纹、凸棱纹同心圆。主题纹饰为六枝花草纹，每枝花草纹有上大下小、两两相对、弯曲展开的四片叶片，枝头呈圆珠形花蕾造型。M13、M14J：126，瓦当连接瓦身，残，模制结合手制。筒身凸面有凹弦纹痕迹，凹面饰有麻布纹，筒身与瓦当结合处做加厚处理。瓦当直径15.5、当面厚1.1、轮宽1、轮厚1.9、当心厚2、筒身残长20、厚1.6厘米（图一三五，2；彩版七八，4）。

E型　双重花草纹瓦当。2件。

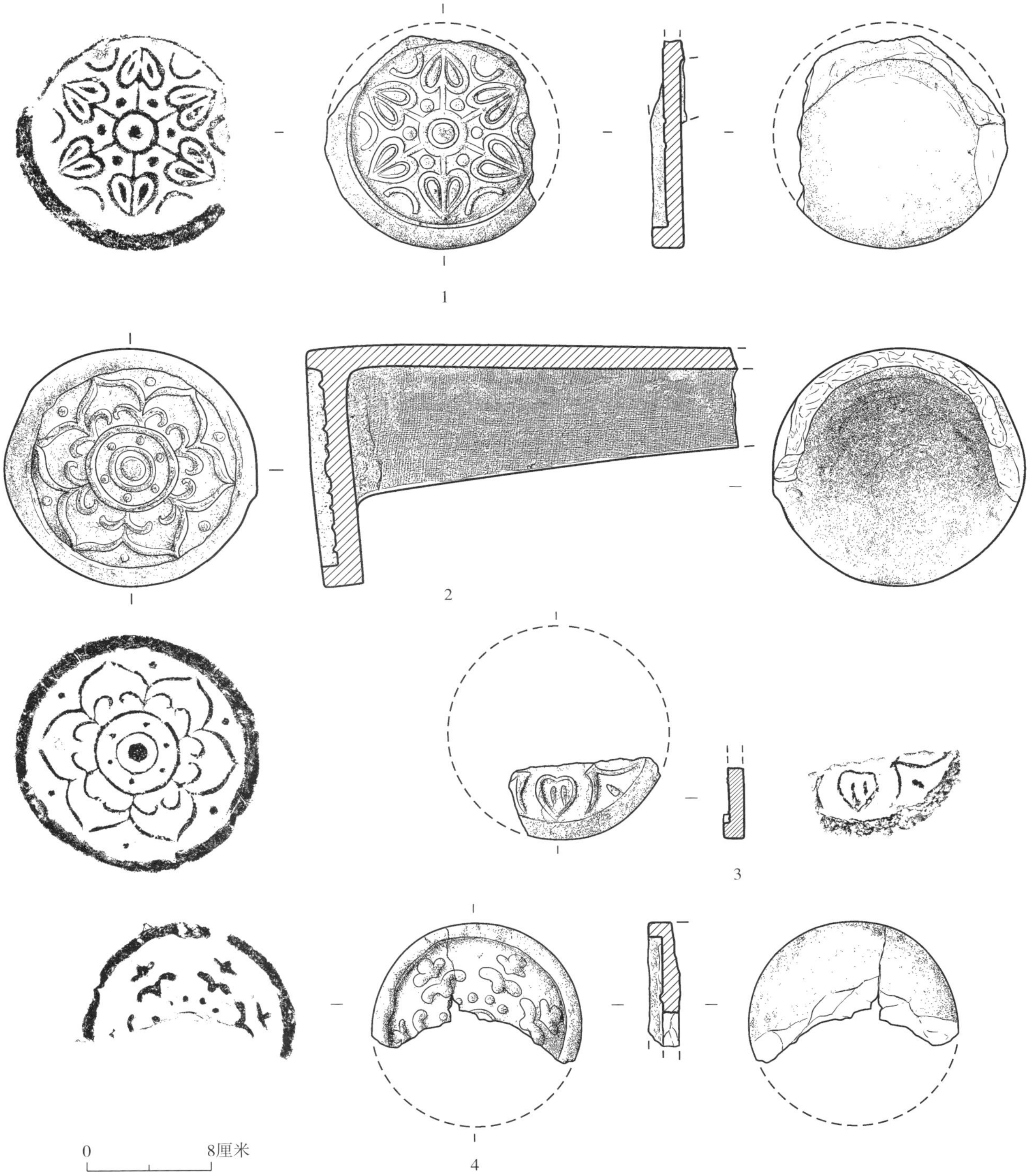

图一三五　M13、M14J出土瓦当

1. A型（M13、M14J：110）　2. D型（M13、M14J：126）　3. B型（M13、M14J：107）　4. C型（M13、M14J：121）

均为夹砂灰陶，模制。边轮高出当面。当心为圆形乳突，其外饰双重主题纹饰，内圈为“裂瓣纹”构图的六瓣萼形花纹＋六瓣环绕外轮廓线的萼形花纹，外圈为环形分布

的六瓣花瓣 + 六枝花草。M13、M14J：122，残，瓦当背面边缘部位有多处戳印的短刻线痕迹。复原直径 14、当面厚 1.3、轮宽 1.2、轮厚 1.9、当心厚 2 厘米（图一三六，1；

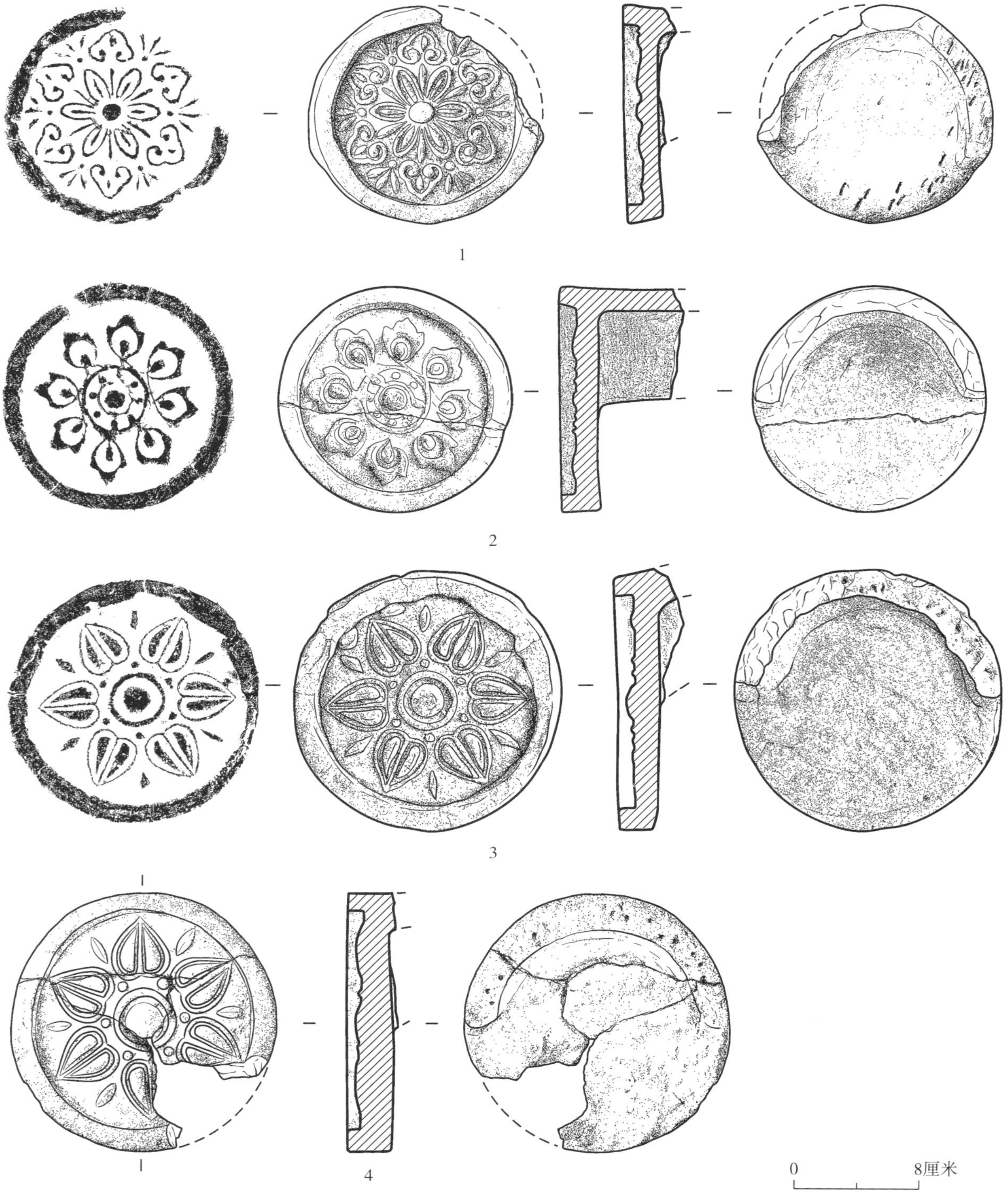

图一三六　M13、M14J 出土瓦当

1. E 型（M13、M14J：122）　2. F 型（M13、M14J：151）　3、4. G 型（M13、M14J：221、115）

彩版七八，5）。

F 型　八朵侧视莲花纹瓦当。39 件。

均为夹砂灰陶，模制。边轮高出当面。当心由里及外为乳突、凸棱线同心圆、8 颗连珠纹、凸棱线同心圆。主题纹饰为八朵侧视的莲花纹，位置与小乳丁对应。M13、M14J：151，残。瓦当连接瓦身。瓦当直径 14.5、当面厚 1.6、轮宽 1.2、轮厚 2.3、当心厚 2.2、筒瓦身残长 5.8 厘米（图一三六，2；彩版七八，6）。

G 型　萼形间饰六瓣"倒心形"花瓣瓦当。11 件。

均为泥质灰陶，模制。当心由里及外依次饰乳突、凸棱线同心圆、6 颗连珠纹。主题纹饰为六瓣"倒心形"莲瓣，莲瓣边线及中心连线凸起，花瓣肥大，莲瓣之间饰以水滴形花萼。边轮凸起，高于当心。M13、M14J：221，瓦当连接部分瓦身，残。瓦当直径 16、当面厚 1.7、轮宽 1.4、轮厚 2.3、当心厚 2.3、筒身残长 2.5 厘米（图一三六，3）。M13、M14J：115，残。复原直径 16.2、当面厚 1.8、轮宽 1.4、轮厚 2.7、当心厚 2 厘米（图一三六，4；彩版七九，1）。

（4）曲背檐头筒瓦

曲背檐头筒瓦　4 件。根据瓦当纹饰，可分为 2 型。

A 型　2 件。夹砂灰陶，模制结合手制。瓦当纹饰为新月形间饰六瓣"倒心形"花瓣莲纹，与本建筑址 A 型瓦当纹饰相同。与瓦当衔接的瓦身呈弧曲状，瓦身内饰麻布纹，瓦当与瓦身衔接处有涂抹加固痕迹，瓦身边缘有 2~3 刀的切割痕迹。M13、M14J：246，瓦当与瓦身均残半。瓦当直径 14.5、当面厚 0.9、轮宽 1.5、轮厚 2.3、筒瓦身残长 14 厘米（图一三七，1；彩版七九，2）。

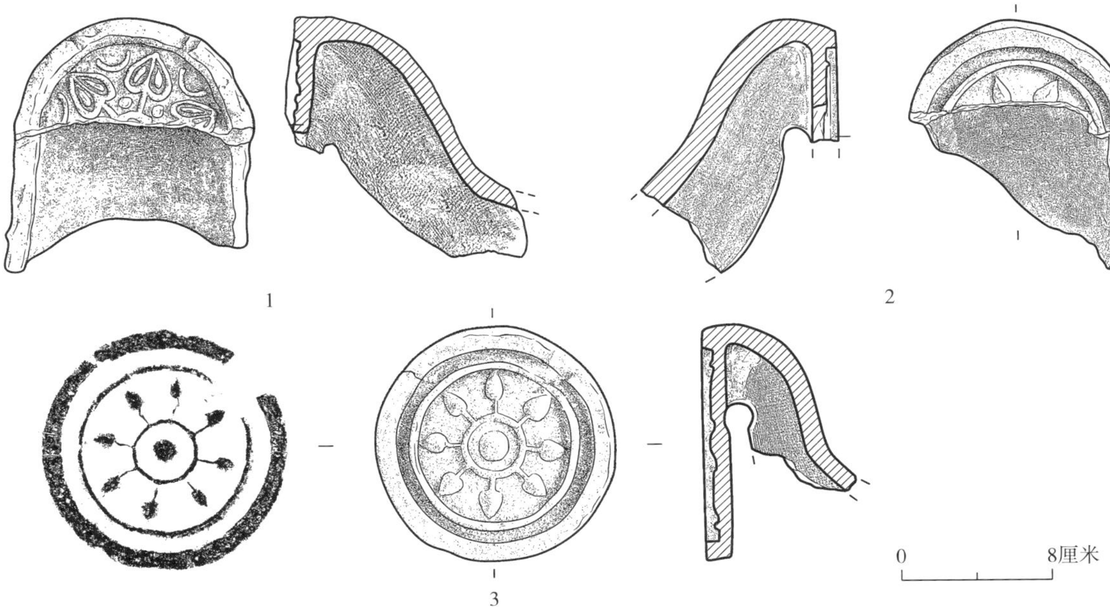

图一三七　M13、M14J 出土曲背檐头筒瓦

1. A 型（M13、M14J：246）　2、3. B 型（M13、M14J：112、113）

B 型　2 件。夹砂灰陶，模制结合手制。瓦当为模制，当面纹饰为八瓣萼形纹，当心由里及外为乳突、凸棱线同心圆。主题纹饰为八瓣带有叶茎的萼形纹，其外环绕一周凸棱线同心圆。瓦当衔接的瓦身呈弧曲状，瓦身内饰麻布纹，瓦当与瓦身衔接处有涂抹加固痕迹，瓦身边缘有 2~3 刀的切割痕迹。M13、M14J：112，残，筒瓦身凸面抹光。瓦当直径 15、当面厚 1、轮宽 1.3、轮厚 1.7、筒瓦身残长 15 厘米（图一三七，2）。M13、M14J：113，残。瓦当直径 15.2、当面厚 1~1.4、轮宽 1.3、轮厚 1.5、当心厚 1.6、筒瓦身残长 15 厘米（图一三七，3；彩版七九，3）。

（5）筒瓦

无榫头筒瓦　5 件。泥质灰陶，模制，凸面抹光，凹面施麻布纹，瓦件凹面宽端一侧抹平部分区域，瓦身边缘有从凸面向内切的痕迹，窄端瓦沿呈坡状，宽端瓦沿平直。M13、M14J：12，凹面宽端 3~4.5 厘米区域抹平，其余部分饰麻布纹。瓦身长 37、厚 2 厘米（图一三八，1；彩版八〇，1）。M13、M14J：232，无舌筒瓦，残。夹砂灰陶，模制。瓦身边缘有从凸面向内切的痕迹，窄端瓦沿呈坡状，宽端瓦尾平直。凸面抹光，凹面饰麻布纹。长 38、宽 13~21、厚 1.4~1.9 厘米（图一三八，2）。

直节榫头筒瓦　6 件。榫头直，均为夹砂灰陶，模制，部分瓦件瓦身边缘有从凹面向凸面切割留下的切痕，部分瓦件瓦身边缘有切割 2~3 刀的痕迹。M13、M14J：7，榫头短，瓦身边缘有从凹面向外切的痕迹，凸面有抹光处理，凹面饰麻布纹。通长 45、宽 15、厚 1.4 厘米（图一三八，3）。M13、M14J：230，残，瓦身边缘有切割 2~3 刀的涂抹痕迹，瓦舌上刻划类似“十”字的符号，刻划符号下有一瓦钉孔，凸面抹光，凹面麻布纹多抹光。残长 30、宽 13.5、厚 1.2~1.7 厘米（图一三八，4）。

曲节榫头筒瓦　榫头呈竹节状，模制。筒瓦瓦身边缘从凹面向凸面切割、从凸面向凹面切割的均有。M13、M14J：8，瓦身边缘有从凹面向外切的痕迹，凸面有抹光处理，在近瓦舌处发现有绳纹痕迹，凹面宽端有 3~5 厘米抹平其余部分饰麻布纹。通长 36、宽 16、厚 1.5 厘米（图一三九，1）。

文字或符号筒瓦　6 件。均为带榫头筒瓦，模制，夹砂灰陶。M13、M14J：229，曲节榫头筒瓦，瓦身边缘有从凹面向外切的痕迹，凸面抹光，残留绳纹痕迹。瓦舌一侧近瓦身处戳印符号“〓”，阴文。残长 58.5、宽 16.5、厚 1.6~2 厘米（图一三九，2；彩版八〇，2）。M13、M14J：19，曲节榫头筒瓦，瓦舌中央近筒身处戳印符号“|||”，阴文。残长 11、残宽 13、厚 1.6 厘米（图一三九，4；彩版八〇，3）。M13、M14J：210，瓦身边缘有从凹面向外切的痕迹，瓦舌凸面用粗头工具刻划阴文“本”，应为“本”字。残长 23、残宽 11、筒身厚 1.2、瓦舌厚 0.9 厘米（图一三九，5；彩版八〇，4）。M13、M14J：18，瓦舌凸面模印有阴文“市”，应为“市”字，带有边框。残长 10.5、残宽 14.3、筒身厚 1.7、瓦舌厚 1.1 厘米（图一三九，3；彩版八〇，5）。M13、M14J：209，瓦舌有一直径 0.8 厘米的钻孔，孔内残留有截面为方形的铁器，钉孔旁有用细头工具刻划阴文

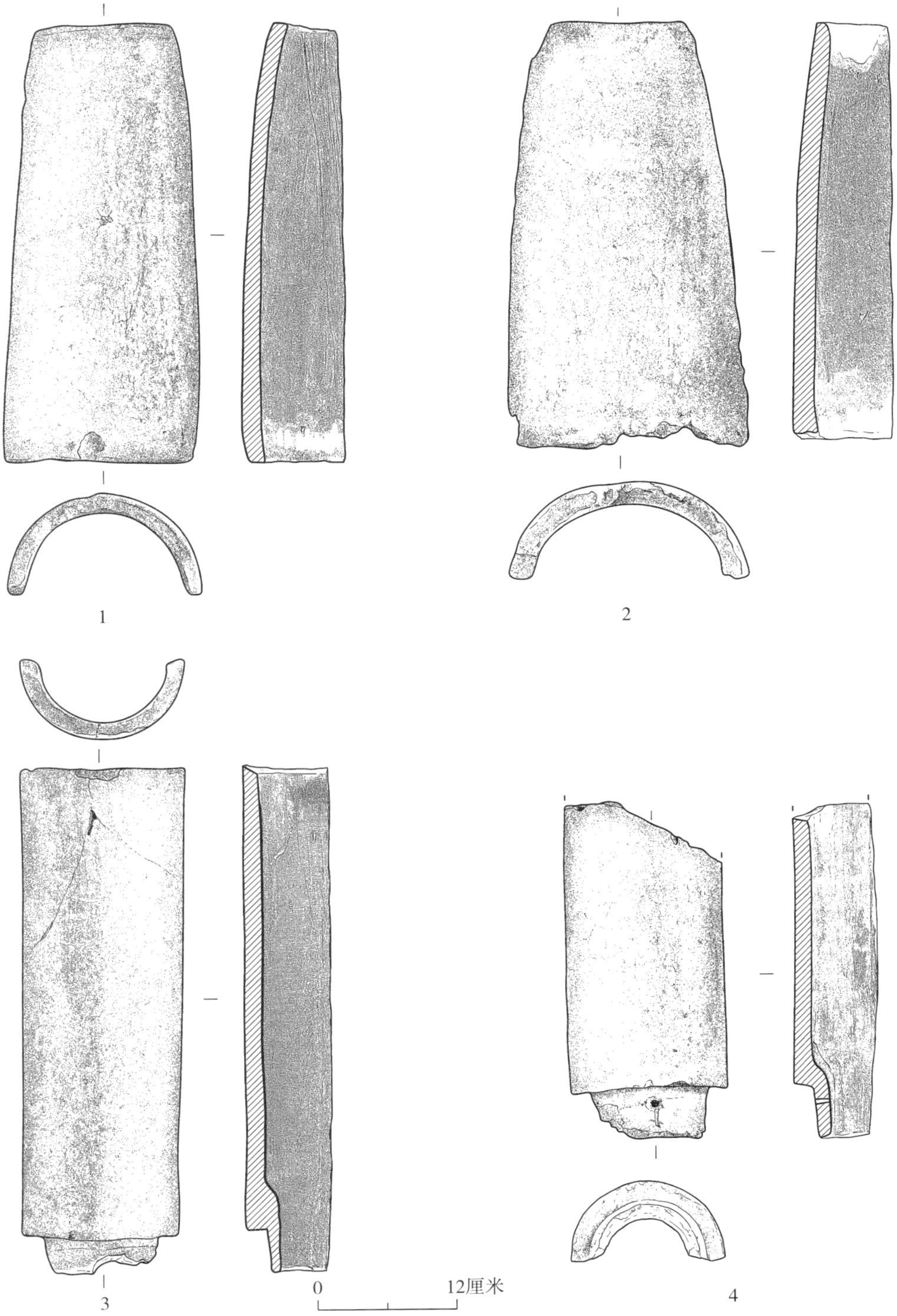

图一三八　M13、M14J 出土筒瓦

1、2. 无榫头筒瓦（M13、M14J：12、232）　3、4. 直节榫头筒瓦（M13、M14J：7、230）

“[illegible]”，文字不可辨识。残长 7、残宽 12.2、筒身厚 1.4、瓦舌厚 1.1 厘米（图一三九，6；彩版八〇，6）。

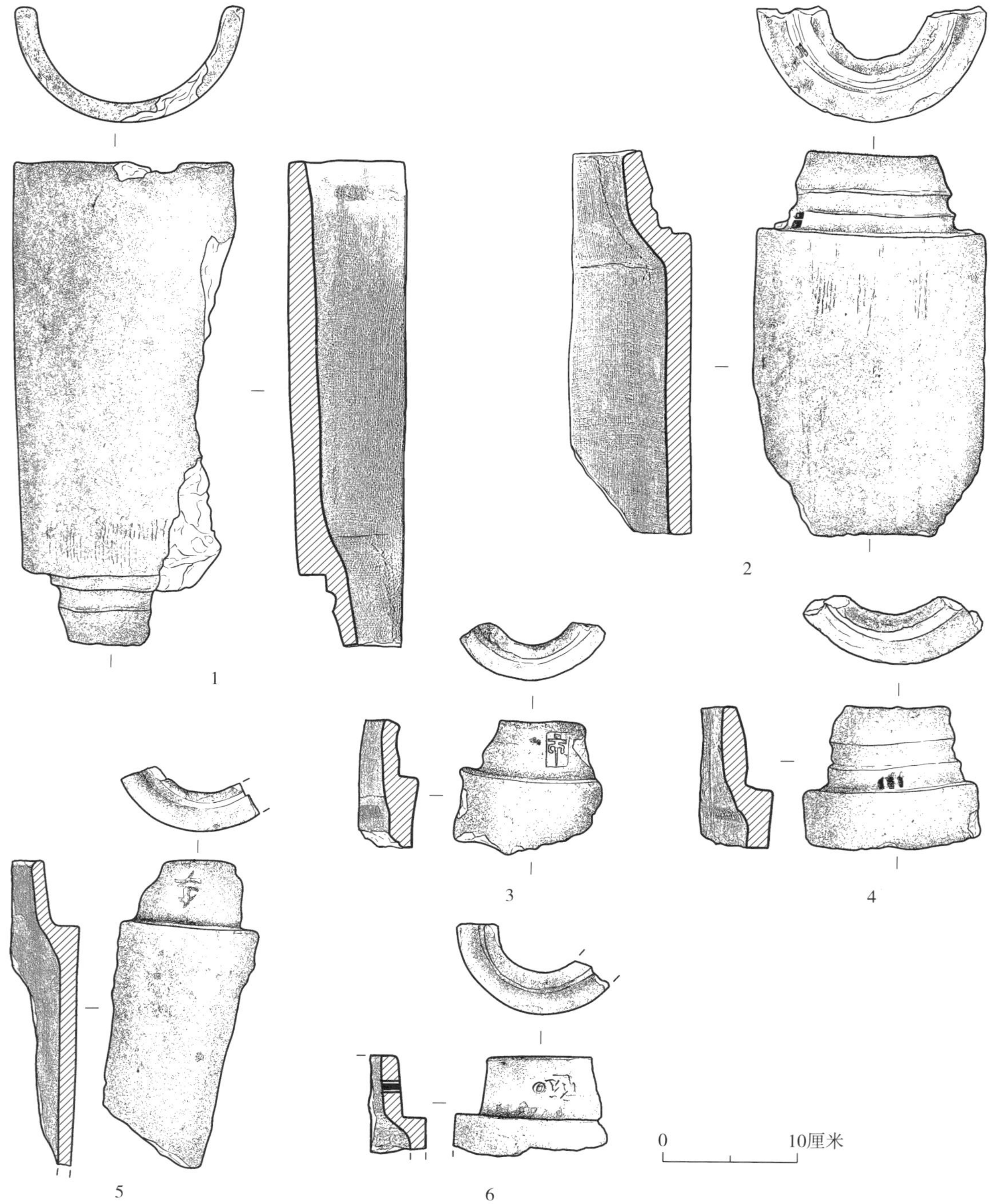

图一三九　M13、M14J 出土筒瓦
1. 曲节榫头筒瓦（M13、M14J：8）　2~6. 文字或符号筒瓦（M13、M14J：229、18、19、210、209）

（6）板瓦

板瓦　根据檐头纹饰，可分 3 型。

A 型　檐头无纹饰，数量较多。M13、M14J：2，残，可复原。青灰色，模制。瓦身边缘有从凹面向外切的痕迹，一端宽一端稍窄，两端有修整痕迹皆向凸面渐薄，窄端略向凸面上翘，凸面有抹光处理，凹面有麻布纹痕迹。长 42、最宽处 32、厚 2 厘米（图一四〇，1；彩版七七，5）。

B 型　指压纹板瓦。6 件。模制，瓦凸面较宽一端有指压纹花边，瓦身两侧边缘有从凹面向外切的痕迹，凸面一般抹光，凹面为麻布，个别瓦件凹面麻布纹基本被涂抹平。M13、M14J∶214，残。夹砂灰陶。凸面隐约有横向细绳纹，凹面麻布纹基本被涂抹平。

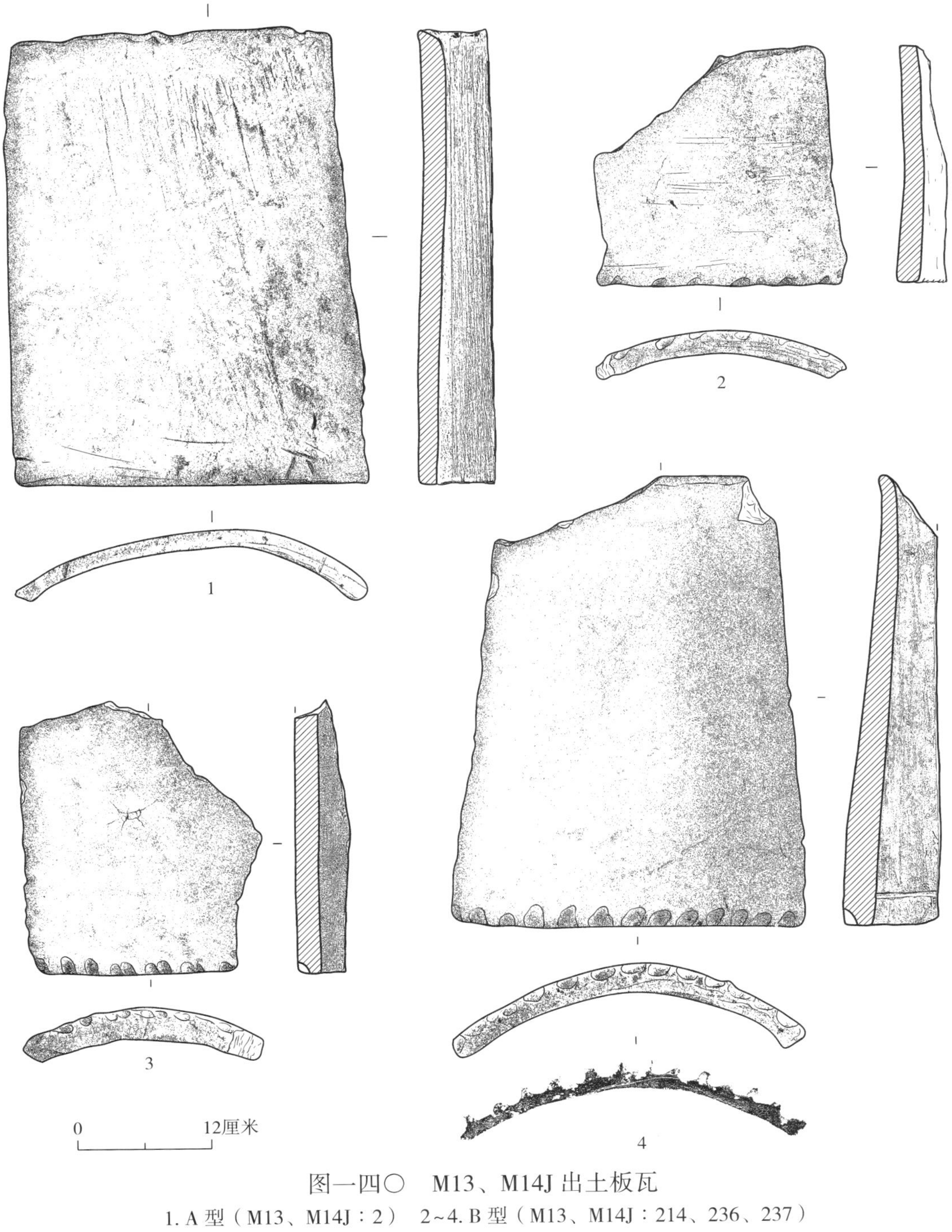

图一四〇　M13、M14J 出土板瓦

1. A 型（M13、M14J∶2）　2~4. B 型（M13、M14J∶214、236、237）

残长 22、残宽 21.5、厚 1.5~1.9 厘米（图一四〇，2）。M13、M14J：236，残。夹砂红褐陶，模制。凹面有麻布纹以及抹平痕迹。残长 25、残宽 21.5、厚 2.4 厘米（图一四〇，3）。M13、M14J：237，残。夹砂灰陶。凸面抹光，凹面有麻布纹以及抹平痕，一头宽一头较窄，窄端瓦尾略上翘。长 41.5、最宽处 31、厚 1.3~2.7 厘米（图一四〇，4；彩版八一，1）。

C 型　栉齿纹板瓦。7 件。模制，均为夹砂灰陶，瓦头纹样近栉齿纹，中部条纹带上饰连珠纹，两边饰斜向纹。瓦身边缘有从凹面向外切的痕迹，檐头纹饰处厚于瓦身。凹面为麻布纹，部分麻布纹有抹光迹象。M13、M14J：4，残，一端宽一端稍窄，两端有修整痕迹皆向凸面渐薄，凹面有麻布纹以及抹平痕迹，长 41.4、最宽处 33.2、厚 2.2 厘米（图一四一，1；彩版八一，2）。M13、M14J：25，残，凸面饰细绳纹，凹面有麻布纹以及抹平痕迹。板瓦残长 34、檐头处残宽 26、厚 1.9~2.4 厘米（图一四一，2）。

刻划文字或符号板瓦　4 件。均为夹砂灰陶。M13、M14J：211，残。表面残有白灰，模制。凸面抹光，凹面有麻布纹以及抹平痕迹，残留窄端渐薄略向凸面上翘，窄端凸面刻划符号“个”。残长 18、残宽 16.5、厚 1.3~1.8 厘米（图一四一，3；彩版八一，3）。M13、M14J：20，残，表面残有白灰，窄端凸面刻划阴文“〣乚”，应释读为“坤”字。残长 8、残宽 12.5、厚 1.3~1.6 厘米（图一四一，4；彩版八一，4）。M13、M14J：212，残。凸面抹光，刻划阴文“介”。残长 10、残宽 14.5、厚 1.5~1.8 厘米（图一四一，5；彩版八一，5）。M13、M14J：238，残。瓦身边缘有从凹面向外切的痕迹，凸面抹光且刻划阴文“乂”，凹面有麻布纹以及抹平痕迹。长 40、残宽 13~21、厚 1.7~2.1 厘米（图一四一，6；彩版八一，6）。

凹面戳印麻点纹板瓦　1 件。M13、M14J：44，残，夹砂灰陶。凹面饰戳印麻点纹以及抹平痕迹。残长 23.4、最宽处 15、厚 1.4 厘米（图一四一，7；彩版七七，6）。

（7）当沟

当沟　数量较多，均为夹砂灰陶，正视近舌状。根据制作方式，可分 2 种。

改制当沟　为筒瓦改制而成，当沟两侧边缘有明显打制痕迹，较为粗糙。M13、M14J：23，高 13、上端宽 27、下端宽 15 厘米（图一四二，1；彩版八二，1）。

预制当沟　为预制而成，当沟两侧边缘有明显的切割痕，较为光滑。M13、M14J：22，残。上端宽 26.5、高 17.5、厚 2~2.4 厘米（图一四二，3；彩版八二，2）。M13、M14J：219，残。上端宽 23、高 15.5、厚 1.5~2.3 厘米（图一四二，4）。

（8）垒脊瓦

垒脊瓦　数量较多。模制，瓦身边缘均有从凹面向凸面切割的痕迹，凹面抹光，仅少许区域残留布纹痕迹。M13、M14J：29，完整，夹砂灰陶。长 40、宽 9.5~10.5、厚 1.7 厘米（图一四二，6；彩版八二，3）。M13、M14J：27，残，夹砂红褐陶。残长 21、最宽处 8.5、厚 1.9~2.4 厘米（图一四二，5）。

（9）砖

砖　数量较多。根据形制，可分长方形砖、方砖、圭形砖、榫卯砖、弧形砖、特殊

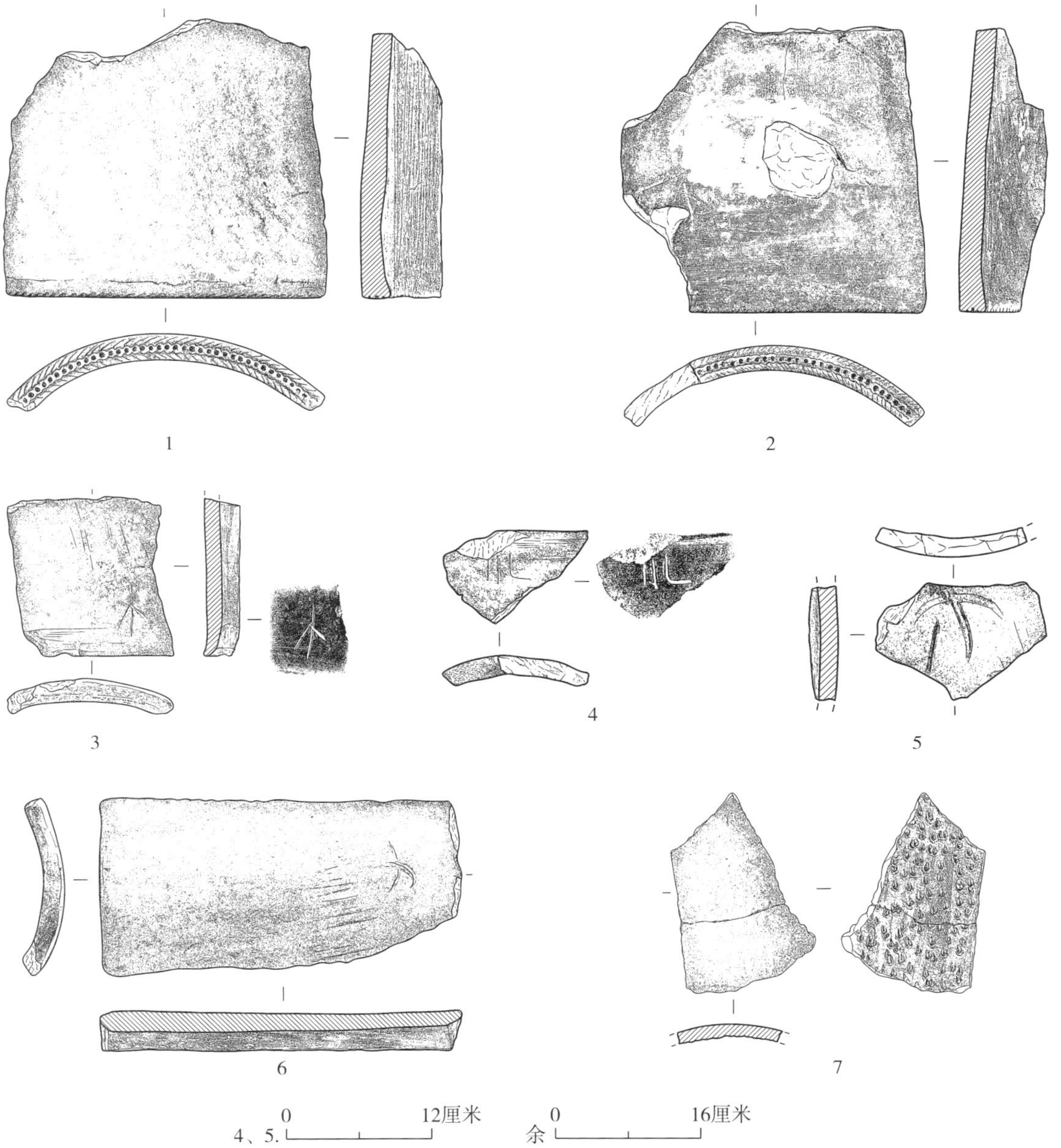

图一四一　M13、M14J 出土板瓦

1~2. C 型板瓦（M13、M14J：4、25）　3~6. 刻划文字或符号板瓦（M13、M14J：211、20、212、238）　7. 凹面戳印麻点纹板瓦（M13、M14J：44）

砖构件。

长条形砖　数量较多，均为泥质灰陶，模制，平面呈长方形。M13、M14J：14，通体素面，表面残存白灰痕迹。长 33、宽 17.5、厚 5 厘米（图一四二，7；彩版七九，4）。M13、M14J：265，通体素面。长 35、宽 11、厚 6 厘米（图一四二，8）。M13、M14J：16，残，一面刻划一条状斜向凹槽，一面有七个直径为 0.8 厘米的小圆孔。残长 17、宽 16、厚 5 厘米（图一四二，9）。M13、M14J：268，一面有细绳纹，中央凹凸不平，有敲琢痕迹。长 37、宽 18.3、厚 6.5 厘米（图一四二，10）。M13、M14J：17，一面满饰绳纹，其他面素

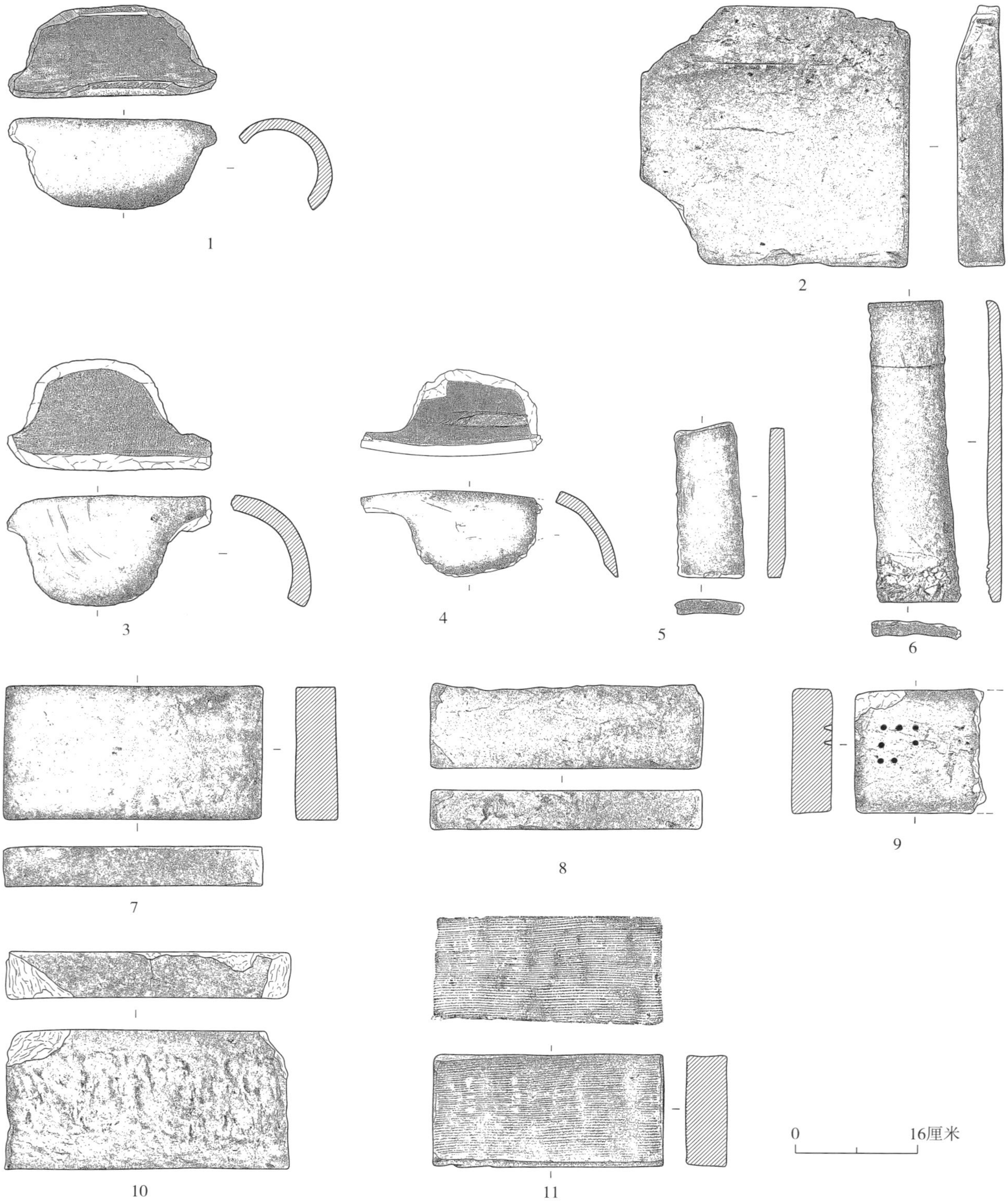

图一四二　M13、M14J 出土砖瓦件

1. 改制当沟（M13、M14J：23）　2. 坡面方砖（M13、M14J：255）　3、4. 预制当沟（M13、M14J：22、219）　5、6. 垒脊瓦（M13、M14J：27、29）　7～11. 长条形砖（M13、M14J：14、265、16、268、17）

面。长30、宽14.5、厚5~6厘米（图一四二，11；彩版七九，5）。

方砖　数量较多。均为夹砂灰陶，模制，平面为方形。M13、M14J：255，一侧有斜坡面，残。长35.2、厚6厘米（图一四二，2；彩版八二，5）。M13、M14J：256，表面有刻划和绳纹痕迹。长34.4、宽32.8、厚6厘米（图一四三，1）。M13、M14J：257，一面施绳纹，部分区域有敲琢痕迹，凹凸不平。长33.6、宽33.4、厚6厘米（图一四三，2）。

圭形砖　1件。M13、M14J：267，残，夹砂灰陶，模制。一面饰有细绳纹。长33、

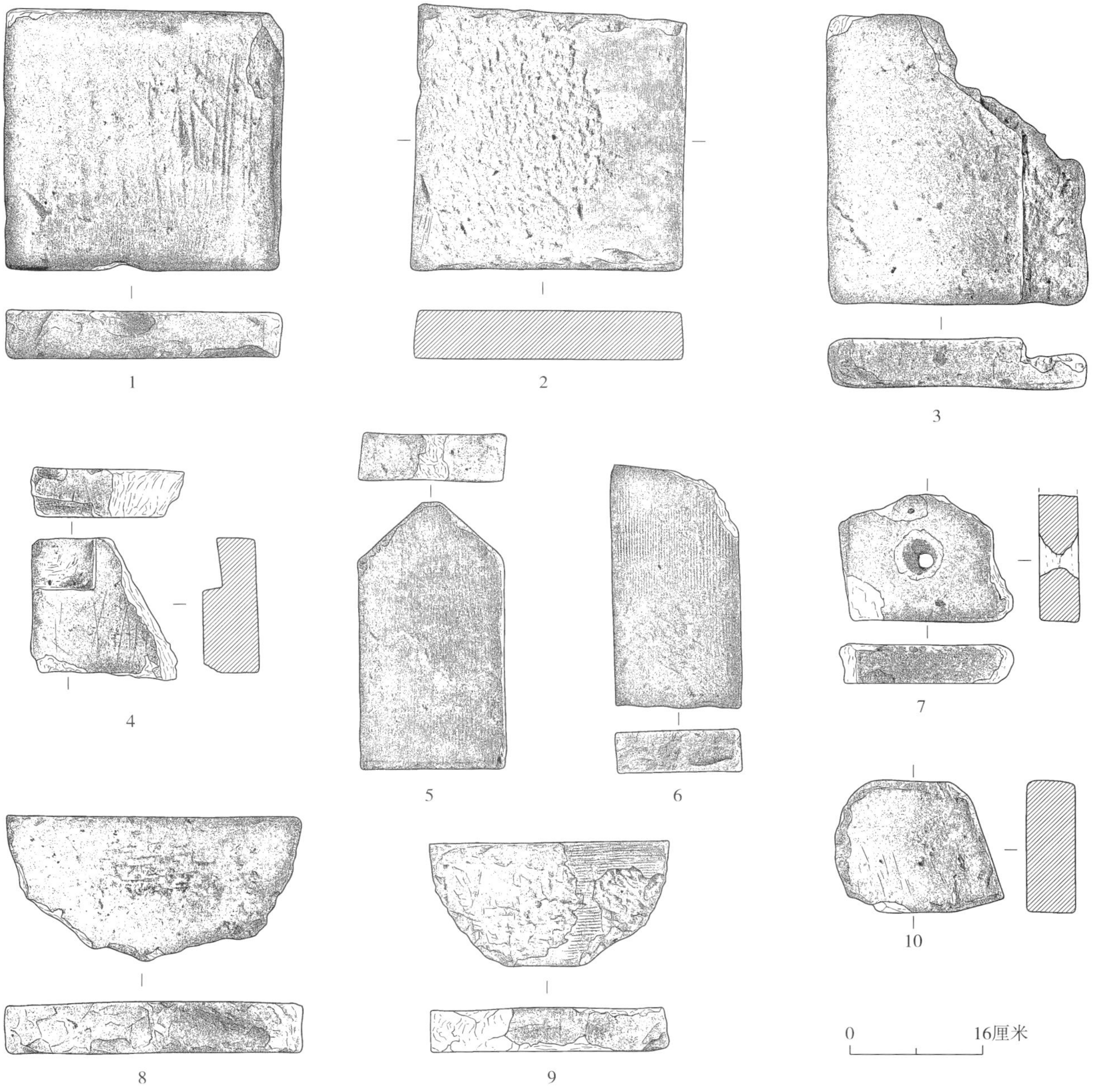

图一四三　M13、M14J出土砖构件

1、2. 方砖（M13、M14J：256、257）　3、4. 榫卯砖（M13、M14J：254、264）　5. 圭形砖（M13、M14J：267）　6. 一端弧形砖（M13、M14J：382）　7、10. 特殊砖构件（M13、M14J：263、269）　8、9. 两端弧形砖（M13、M14J：259、258）

宽 17.5、厚 6 厘米（图一四三，5；彩版八二，6）。

榫卯砖　2 件。M13、M14J：254，方砖，残，夹砂灰陶。残砖平面呈直角梯形。长 36.8、宽 32、厚 6.8 厘米（图一四三，3；彩版八二，4）。M13、M14J：264，夹砂灰陶。通体素面，有一面砖角处有长方形凹槽。砖残长 17、宽 16、厚 6 厘米，方形凹槽长 7.5、宽 6、深 2 厘米（图一四三，4）。

弧形砖　可分为两端均弧形和一端弧形两种形制。

一端为弧形　1 件。M13、M14J：382，夹砂灰陶。整体近直角梯形，一面有绳纹痕迹。长 30.5、宽 15、厚 5 厘米（图一四三，6）。

两端均为弧形，砖似当沟　7 件。均为夹砂灰陶，以青砖改制而成，边缘有打制痕迹，平面近半圆形。M13、M14J：259，长 35.5、最宽处 18 厘米（图一四三，8）。M13、M14J：258，平面近梯形。长 29.5、最宽处 15 厘米（图一四三，9）。

特殊砖构件　2 件。M13、M14J：263，穿孔砖，残，夹砂灰陶，模制。中央有一穿孔贯穿砖面。砖残长 21、残宽 15.5、厚 4.5 厘米，钻孔最外缘直径 6.5 厘米（图一四三，7）。M13、M14J：269，弧边尖角砖，残，夹砂红褐色陶。最长 21.5、厚 6 厘米（图一四三，10）。

二　M13 墓室

（一）墓葬形制

M13 由土圹、砖椁、木棺构成。方向 178°。土圹平面呈长方形，南北长 3.6、东西宽 1.9、现深 1.7 米。土圹西壁外侧有两个半圆形浅坑，直径 1.3、深 0.8 米，与砖椁石板盖顶持平。此两个浅坑是与筑墓者为方便修砌墓葬及下葬等有关，还是与祭祀等葬俗有关，有待更多类似材料的发现和进一步研究（图一四四；图一四五，1、2）。

砖椁系用青砖砌筑。椁室平面亦为长方形，南北长 2.36、东西宽 0.8~0.85、高 0.8 米。椁室四壁以方砖平铺，东西两壁顶部两层砖微平行叠涩。椁顶以 4 大块和若干小块薄石板封盖。盖石上是黑黄色的封土，存厚 0.7~0.8 米。椁室外与土圹之间的空隙用土填实至砖椁顶部（图一四五，3、4）。

木棺置于砖椁内，已腐朽，尚存若干未朽尽的棺板。棺板上及砖椁内残存许多装饰木棺的鎏金铜泡钉。木棺形制及尺寸已不得而知。棺内人骨也已腐朽，从痕迹可推测墓主人应为仰身直肢一次葬，头北脚南。在头骨和两小腿骨之间的下方各残存镂孔方形铁板一块，当初应是钉在木棺底部。在两手腕处各出土 1 件金钏，头部出土 1 件金钗，头顶出有漆盒、漆奁。奁盖上摆放鱼形金饰件及银柄粉扑各 1 件，奁边置一较大的铁剪，奁内盛放 1 件铜镜、1 盒蛤喇油和 3 纸袋胭粉等。根据墓中所出随葬品，推断 M13 墓主人为女性（图一四六；彩版八三、八四）。

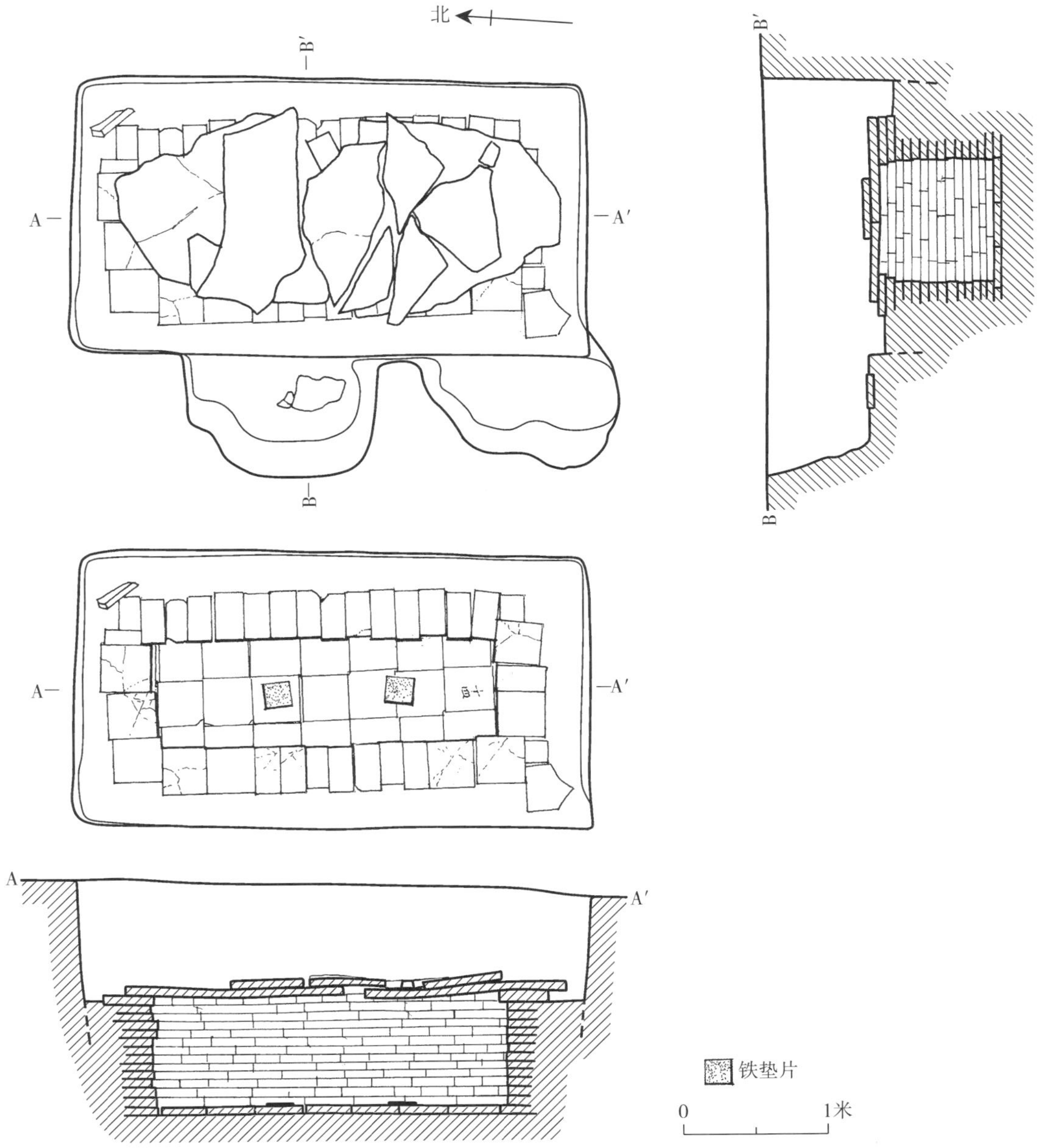

图一四四　M13平、剖视图

（二）出土遗物

M13墓室内出土遗物包括金银器、铜器、铁器、漆木器、蚌器、纺织品等。

1. 金银器

环首银筒　1件。M13∶158，通长5.4、银筒最大孔径1.1、环首孔径0.8厘米（图一四七，1；彩版八五，1）。

环首鱼尾形金头饰　1件。M13∶159，鱼尾弧凸处刃部锋利。环首为刀柄尽端延伸出的一根金丝缠绕而成，金丝缠绕三圈形成环首后，又缠绕11圈。通体长7.4厘米，刀

1.M13砖椁顶盖石（由北向南摄）

2.M13砖椁内木棺（由北向南摄）

3.M13砖椁清理场景（由南向北摄）

4.M13砖椁（由北向南摄）

图一四五 M13砖椁

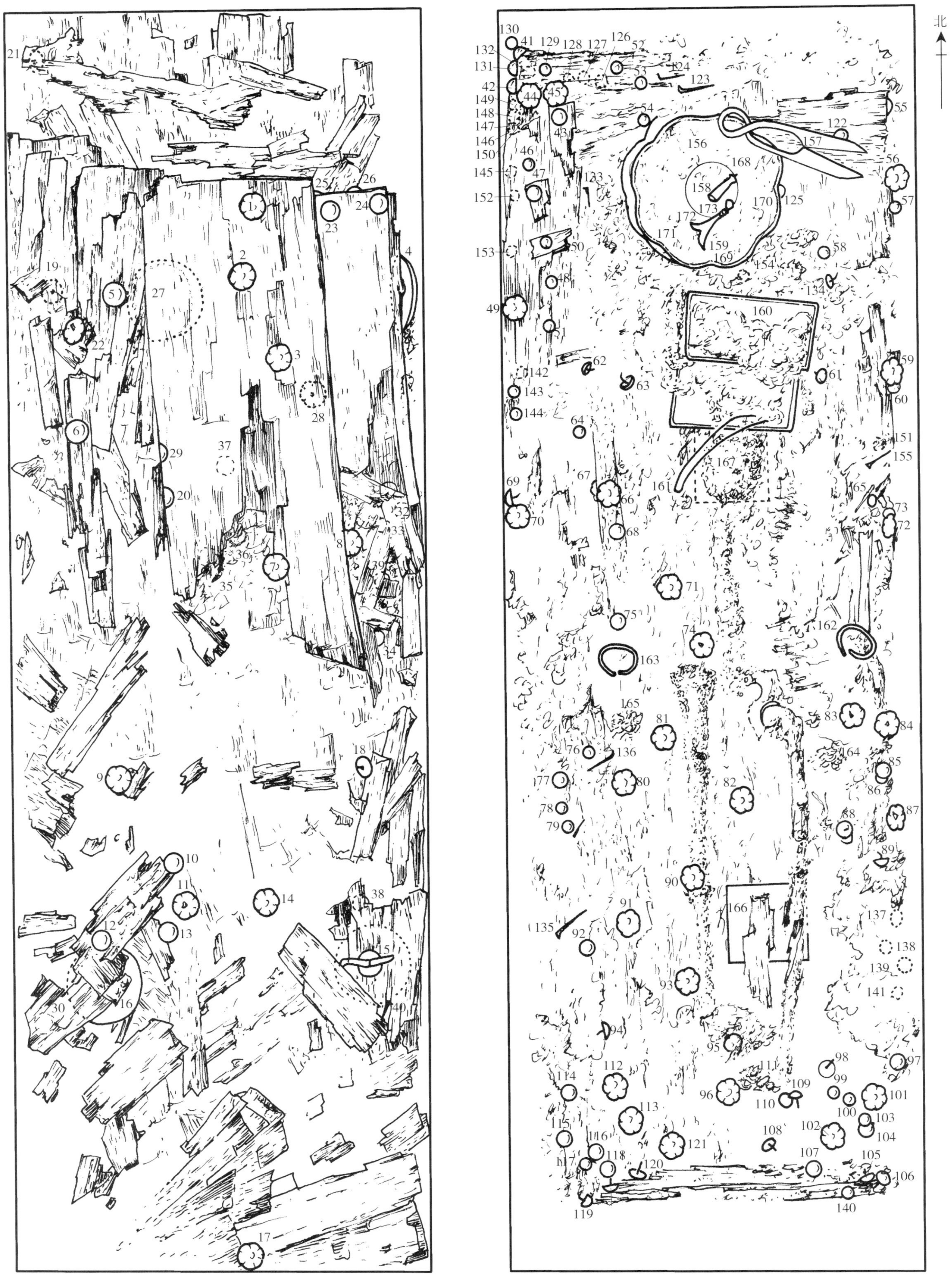

图一四六　M13随葬器物分布图

上层器物编号　1~3、7、9、11、14、17、22、28. 六瓣花形鎏金铜泡钉　4、15、16、27. 鎏金铜棺环　5、6、8、10、12、13、18、19、21、23~25、29~33、37、38. 普通鎏金铜泡钉　20、26、34、35. 铁泡钉　36. 银丝状饰件　40. 折头铁钉

下层器物编号　41~43、46~48、53、55、60、61、68、69、75、77~79、85、88、97、103、105~107、116、117、119、120、125、127、142、149、153、194、225、249、317、321、322、383、400~403、405~407. 鎏金铜泡钉　44、45、49、56、59、66、70~72、74、80~84、87、90、91、93、96、101、102、112、113、121. 六瓣花形鎏金铜泡钉 123、124、133、135~136、155、191、408~470. 折头铁钉　39、50~52、54、57、58、62~65、67、73、76、86、89、92、94、95、98~100、104、108~111、114、115、118、122、126、128~132、134、137~141、143~152、154、174~190、192、193、195~224、226~248、250~316、318~320、323~382、384~399、404. 铁泡钉　156. 漆奁　157. 铁剪刀　158. 环首银筒　159. 环首鱼尾形金头饰　160. 漆盒　161. 金钗　162、163. 金手镯　164、165. 金丝状饰件　166、167. 方形铁板（A. 头骨　B. 股骨）168. 银背铜镜　169、170. 木梳　171. 蚌盒　172. 纸袋　173. 丝织品

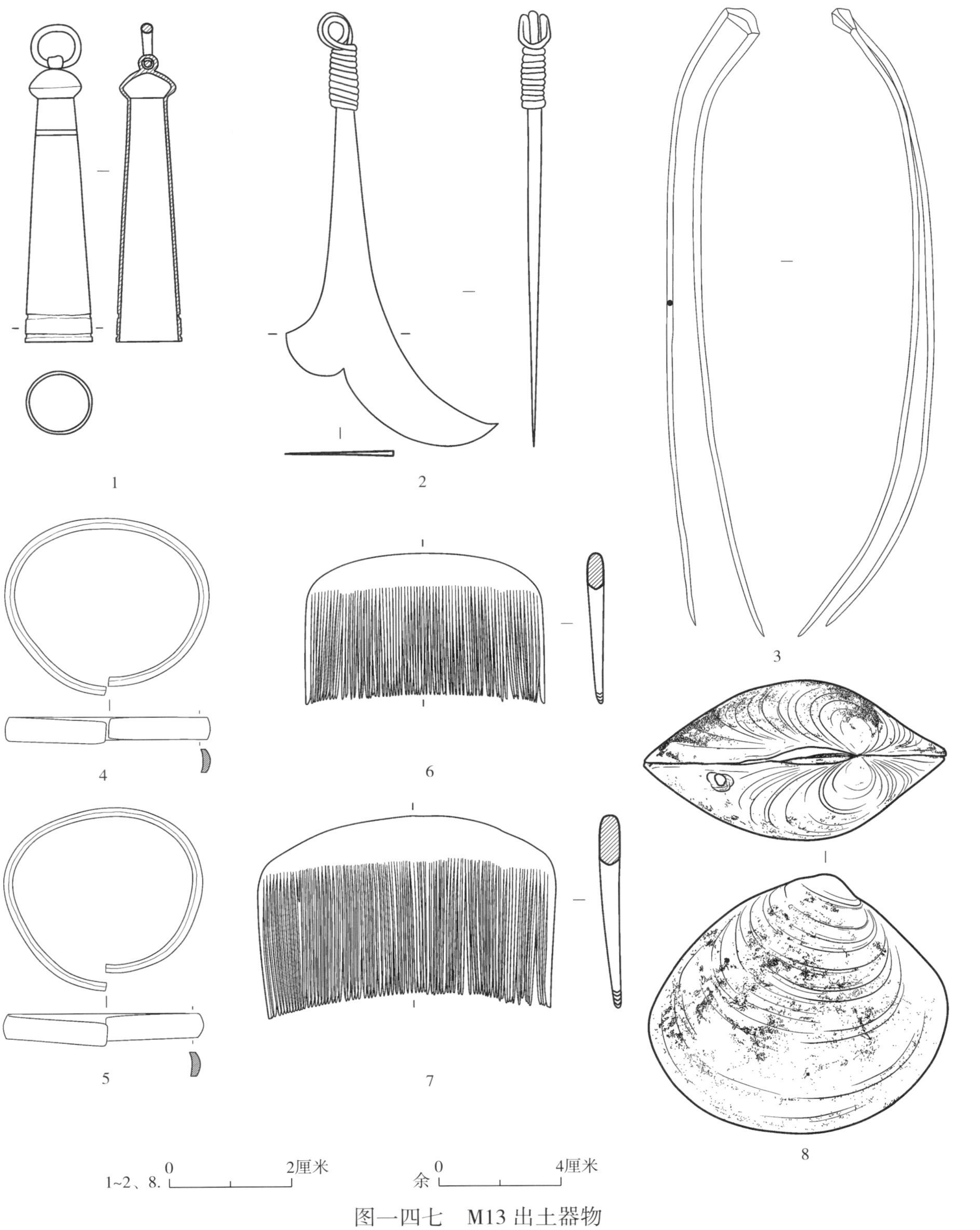

图一四七　M13出土器物

1. 环首银筒（M13：158）　2. 环首鱼尾形金头饰（M13：159）　3. 金钗（M13：161）　4、5. 金手镯（M13：162、163）　6、7. 木梳（M13：169、170）　8. 蚌盒（M13：171）

身最宽处 1.9、刀身最厚处 0.2、环首孔径 0.2 厘米（图一四七，2；彩版八五，2）。

金钗 1 件。M13：161[1]，呈弧曲的 U 形，双股钗，钗顶圆折处凸起。长 23.5、横截面直径 0.2 厘米（图一四七，3；彩版八五，3）。

金手镯 2 件。M13：162、163[2]，两件形制基本相同，大致呈圆形，手镯两端接口处稍有交错。手镯外表面弧凸光滑，内表面稍内凹。直径 6~6.8、手镯宽 0.7~0.8、厚 0.11~0.12 厘米（图一四七，4、5；彩版八五，4）。

金丝状饰件 2 件。M13：164、165，残碎严重，金丝线以螺旋状方式卷成筒状饰件（彩版八六，1、2）。

银丝状饰件 1 件。M13：36，残碎严重，银丝线以螺旋方式卷成直筒状（彩版八六，3）。

2. 漆木器

漆奁 1 件。M13：156[3]，呈八瓣梅花瓣形，奁盖与器身子母扣合，器身纹饰使用了银平脱工艺。在器身的口沿、底沿和盖的口沿包有黄铜扣条固定漆奁。漆奁胎体出土时已基本腐朽不存，仅剩残缺不全的漆膜，强度极差。漆膜出现严重扭曲、变形、断裂等现象，部分漆膜已有酥粉现象。粘贴在漆膜上的部分银饰也出现腐蚀酥粉现象，另有部分银饰花纹与漆膜整体脱离。铜扣件均已完全与漆膜分离，断裂成长短不等的若干段。经复原后可知，奁盖上纹饰主要分为盖顶中心和外侧两大区域，盖顶中心纹饰由内至外分别为云纹盘龙、锁链圈、缠枝花草飞虫图案，外侧纹饰主要由 2 组倒立童戏图、2 组胡人跳胡腾舞图、2 组仙鹤衔绶图、2 组孔雀衔绶图组成，每组图交叉对称分布，表现出热闹喜庆的场面。奁盖下纹饰自中心向外分别为 1 个禽鸟衔带飞、4 个相对夹杂分布的云纹与蝴蝶、8 个相对夹杂分布的禽鸟衔带飞与缠枝花卉纹，其中在最外层的禽鸟衔带飞与缠枝花卉纹中夹杂一只蝴蝶。奁盖侧面与奁身侧面为对称的缠枝花草纹。复原器高 5.2、最大直径 30 厘米。漆奁内装有 2 件木梳（M13：169、170）、1 件铜镜（M13：168）、1 件蚌盒（M13：171）以及装有胭脂粉的纸袋（M13：172）（图一四八；彩版八七~九〇）。

木梳 2 件。出土于漆奁内。表面发黑，似有髹漆，梳被稍弧凸。M13：169，长 7.8、宽 4.8、厚 0.7 厘米（图一四七，6）。M13：170，长 9.6、宽 6、厚 0.8 厘米（图一四七，7；彩版九一，1）。

[1] 原简报编为 M13：1。

[2] 原简报编为 M13：1、2。

[3] 李澜：《吉林省渤海国王室墓地出土银平脱梅花瓣形漆奁修复》，《江汉考古》2009 年第 3 期。文章将此漆奁编号为 05J2M1：九。

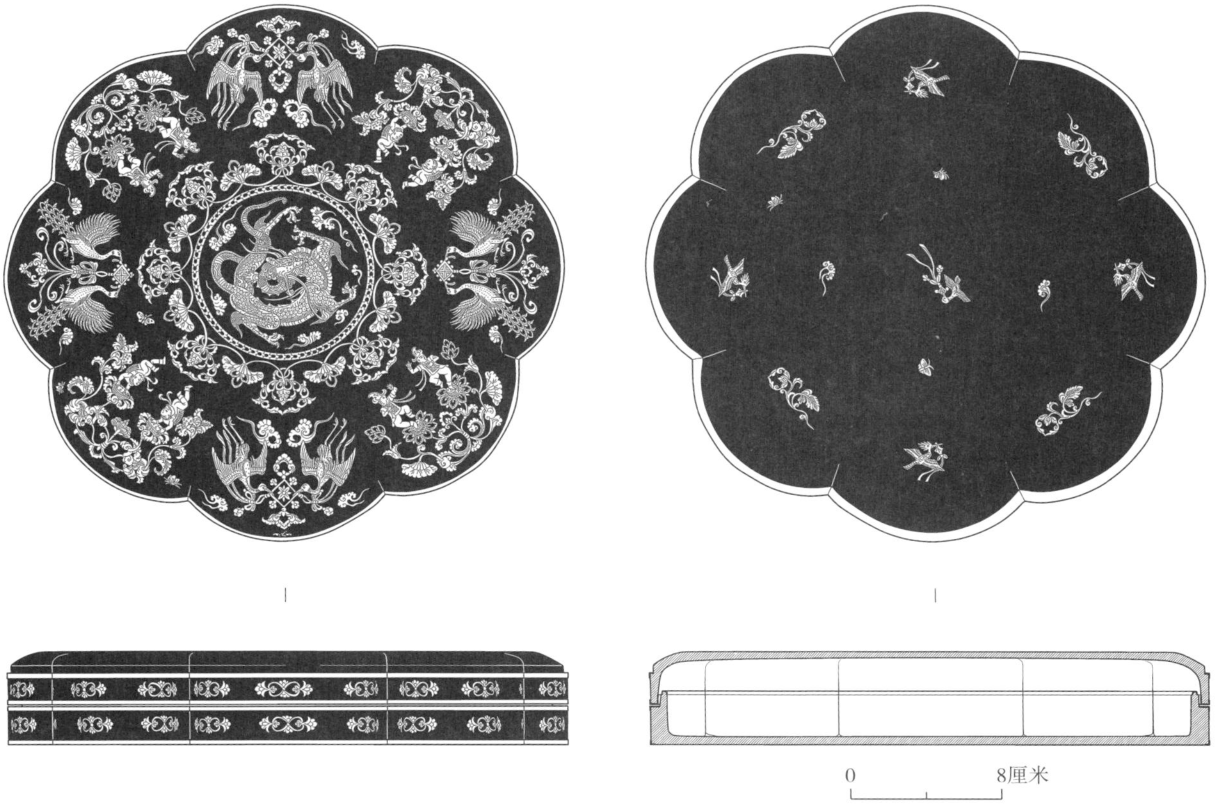

图一四八　M13 出土漆奁（M13：156）

漆盒　1 件。M13：160，平面呈梯形，由顶部活板、盒盖、盒身三部分组成。顶部活板，平面呈等腰梯形。活板两面均为银平脱的纹饰，边缘处以银框包边。表里两面均以繁密的缠枝葡萄为底纹。表面左右两侧各一只相对站立的孔雀，孔雀中间下部为一只蹲坐的神兽，两只孔雀上部左右及合页两侧各有 1 只鹦鹉和 2 只鸟形兽；里面纹饰与表面纹饰布局相似，不同之处是主题纹饰为两只相对站立的凤凰，凤凰下部各 1 只奔跑的神兽。活板长 25.1~29.1、宽 13.7、厚 0.5 厘米（图一四九，6、7；彩版九二）。盒盖表面及四周，以及盒身四周均有银平脱的纹饰。盒盖与盒身均以铜合页相连接，盒盖正前部与盒身正前部置铜锁构件。盒盖与盒身边缘处以银框包边。漆盒胎体出土时部分腐朽不存，部分漆膜有酥粉现象，粘贴在漆膜上的部分银饰也出现腐蚀酥粉现象。盒盖顶面及四周、盒身四周的银平脱纹饰均以繁密的缠枝葡萄为底纹，主体纹饰不尽相同。盒盖顶面主体纹饰为两只相对站立的凤凰，凤凰周边为站立的鹦鹉与鸟形兽，鹦鹉头部被合页遮挡。盒盖四周与盒身四周纹饰相对应，前面为八只相对奔跑的神兽，盒盖与盒身各四只；左右两侧纹饰基本一致，盒盖上为一只鸟形兽与鹦鹉，盒身上为一只奔跑的神兽和鹦鹉。盒盖后部的主体纹饰为两只相对的鹦鹉和鸟形兽，盒身后部主体纹饰为四只相对奔跑的神兽。盒盖顶面呈等腰梯形，长 24~26.1、宽 14.5、厚 0.5 厘米；盒盖前部高 4.6、后部高 2.8 厘米；盒身底面与盒盖顶面尺寸一致，盒身高 4.6 厘米（图一四九，

1~5；彩版九三~九五）[1]。

3. 蚌器

M13：171，蚌盒，出土于漆奁之中。出土时蚌壳为扣合状态，贝壳里底面发黑，有发黑的沉淀物。直径 4.5~5.1、厚 2.8 厘米（图一四七，8；彩版九一，2）。

4. 铜器

银背铜镜　1 件。M13：168[2]，出土于漆奁内。镜纽为趴伏的狮子，镜缘为八出菱花。内区狮子左前方为衔枝回首的孔雀，与右后方的孔雀相对应；右前方和左后方为两只狮形瑞兽相对应，区别是一只头顶有双角且回首，另一只无角。孔雀、凤鸟、狮形兽之间以缠枝石榴花相隔，菱花凸出部位大约分别位于孔雀、凤鸟、狮形兽尾部上方的位置饰有四只或站立或飞翔的鸟。外区每一菱花凸出部位饰三朵缠枝花。镜背缘高隆，背下凹并嵌入菱花形银片。银片錾出鱼子地纹和缠枝花及珍禽瑞兽，银质镜背通过锡镴焊料与铜镜紧密地焊接在一起。出土时镜面仍光可照人，镜背纽所系绶带尚存。最大径 20.8、缘厚 1.6 厘米（图一五〇，1；彩版九一，3）。

鎏金铜棺环　4 件。形制纹饰基本一致。M13：27，棺环由挡头、环、榫钉组成。挡头呈圆形伞状，表面有鎏金，其上线刻缠枝花纹，与珍珠地纹结合。挡头中部有一纽，上有两道宽弦纹，环套于此纽上。环截面呈菱形。挡头纽下有方孔，榫钉从中穿过，固定在棺木残块上。棺环外径 15.6、内径 13.6、环宽 1、棺钉帽径 16.4、棺钉上环首外径 2.8~3.6、棺钉长 8、棺钉最宽处 1.2、垫片直径 4~4.4、残存棺木厚 2.5 厘米（图一五〇，2；彩版八五，5）。

六瓣花形鎏金铜泡钉　35 件。形制基本一致。钉帽为六瓣花形，表面鎏金，钉身截面为长方形。M13：28，尖微残。钉长 1.2、帽径 5.2 厘米（图一五一，1；彩版八五，6）。M13：80，残，钉帽部分缺失，钉身下半部分缺失。钉长 1.4、帽径 4.9 厘米（图一五一，2）。M13：83，钉长 4.2、帽径 5.1 厘米（图一五一，3；彩版八六，5）。M13：101，钉帽直径 5.6、钉长 3、钉身截面 0.3×0.3 厘米（图一五一，4；彩版八六，6）。

鎏金铜泡钉　根据钉帽大小，可分为 2 种规格。小型的钉帽径为 1.8~2 厘米，大型的钉帽径为 3.2~3.6 厘米。

较小的鎏金铜泡钉　28 件。M13：23，钉于棺木侧面，其旁边还有一个小铁泡钉（M13：26）和两个较大的鎏金铜泡钉（M13：24、25），此四件泡钉钉身皆嵌入棺木残块中。棺木残块最厚处 2.4 厘米，其中 M13：23 的帽径为 1.8 厘米（图一五一，5）。M13：61，钉身弯曲。钉长 2.5、帽径 1.8 厘米（图一五一，6；彩版八六，4）。

较大的鎏金铜泡钉　37 件。M13：24、25 的帽径分别为 3.3、3.4 厘米（图一五一，5）。

[1] 复原的照片与线图稍有不同，表现为盒盖、盒身左右两侧的漆木板上下颠倒，从发掘现场照片来看，复原存在问题，应以线图为准。

[2] 原简报编号 M13：13，且认为铜镜鎏金，经科技检测后发现并未鎏金，相关描述均以本报告为准。

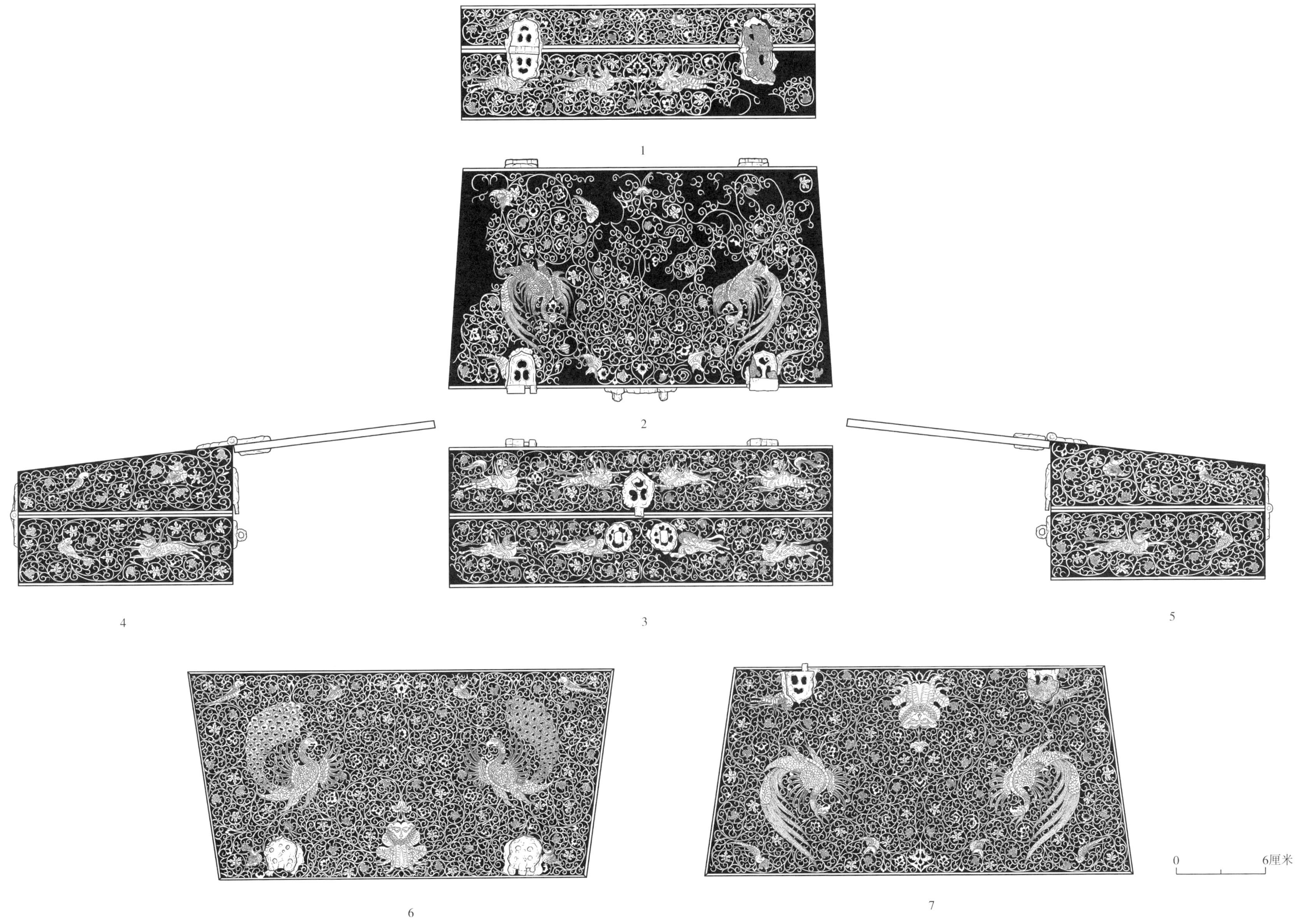

图一四九　M13出土梯形漆盒（M13：160）

1. 后视图　2. 盒盖顶视　3. 前视图　4. 左视图　5. 右视图　6. 活板表面　7. 活板里面

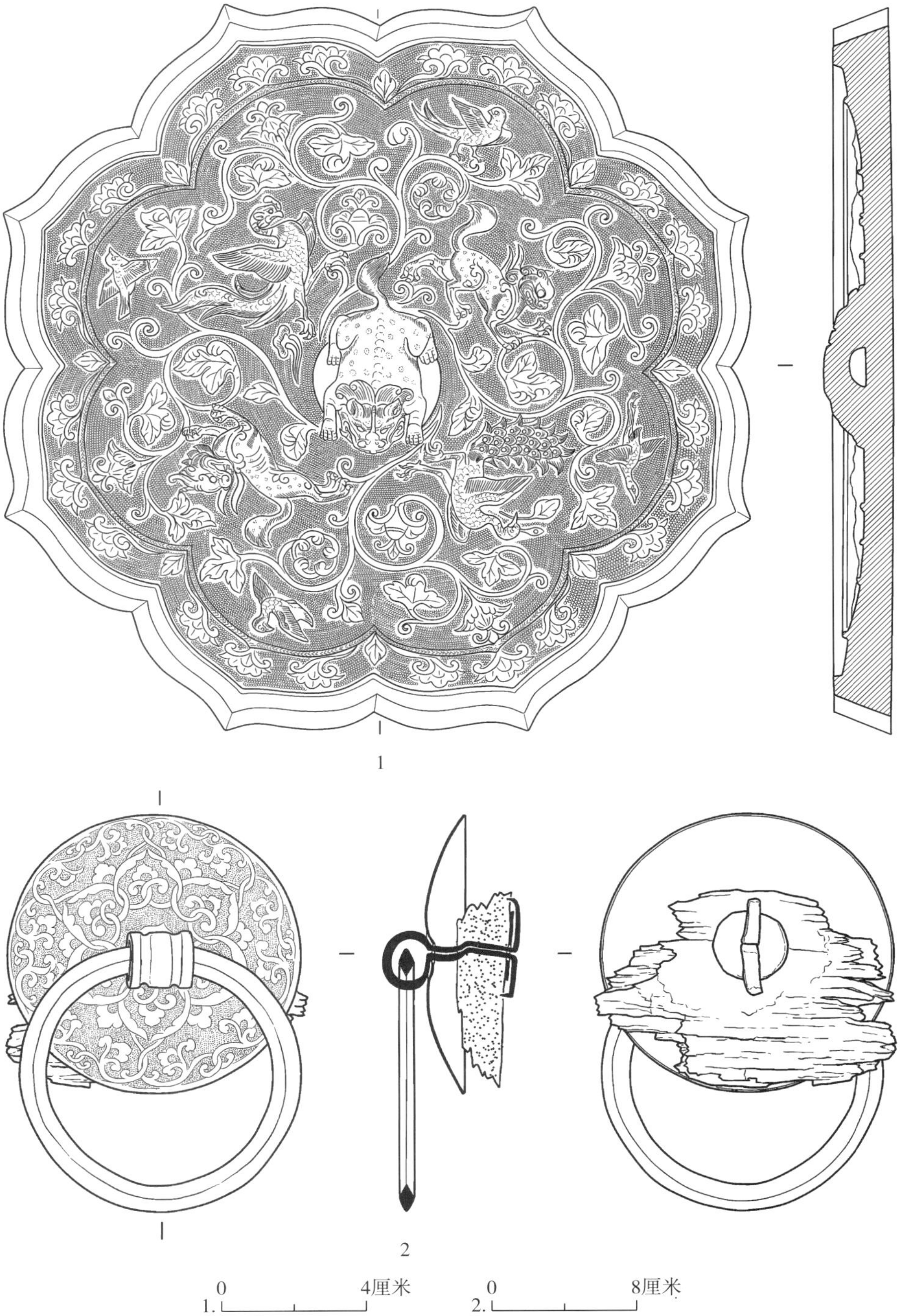

图一五〇　M13出土铜器

1. 银背铜镜（M13：168）　2. 鎏金铜棺环（M13：27）

M13：88，钉身弯折。钉长3.4、帽径3.6厘米（图一五一，7）。M13：55，钉身嵌入棺木残块中。钉长3.3、帽径3.5厘米。铜帽下有一铁钉与之共出，两者应为组合使用，铁钉钉首缺失，附着有棺木残块，钉身略弯曲，截面为长方形。铁钉残长8.3厘米（图一五一，8；彩版九一，5）。

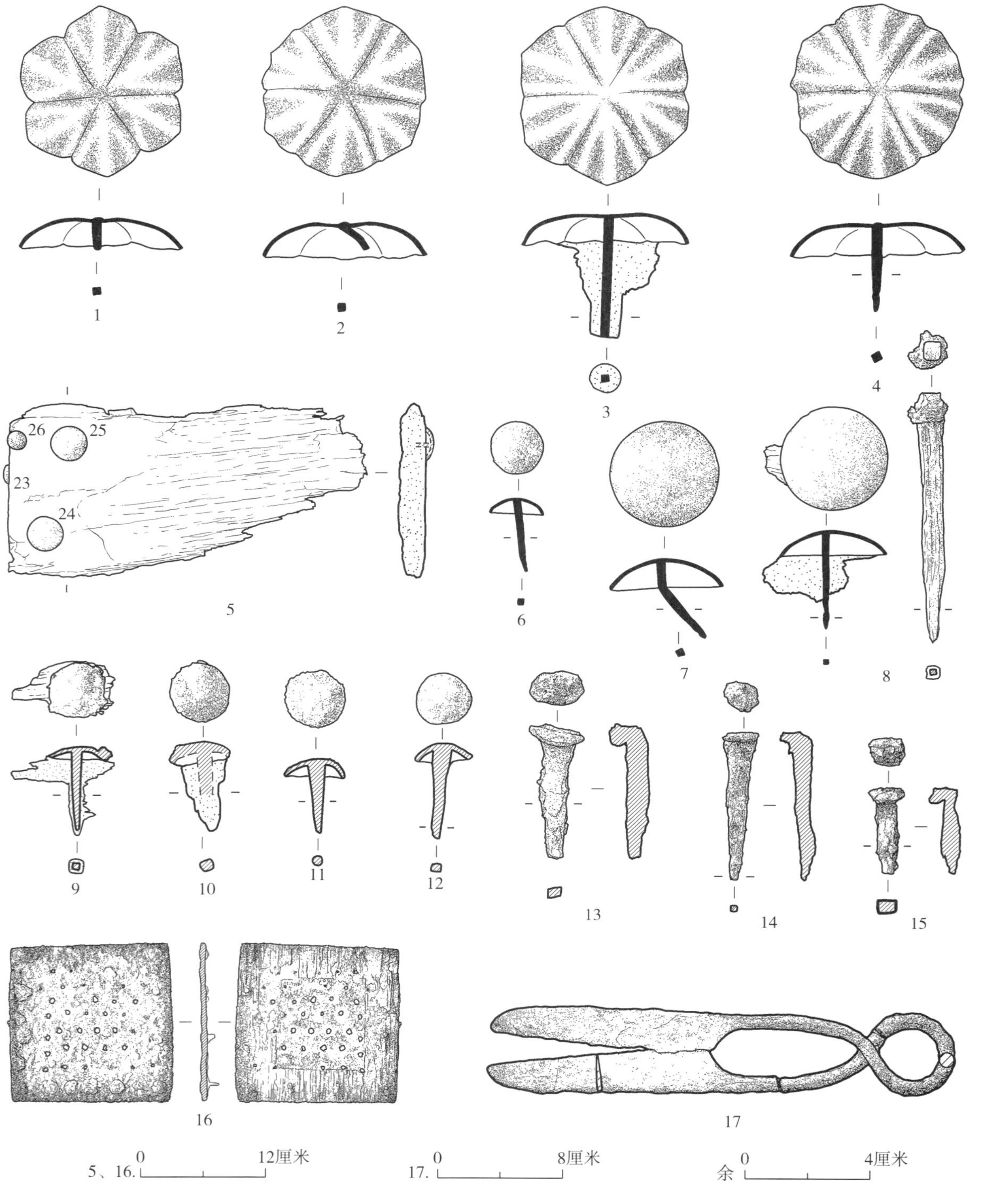

图一五一 M13出土金属器

1~4. 六瓣花形鎏金铜泡钉（M13：28、80、83、101） 5. 钉于棺板上的鎏金铜泡钉和铁泡钉（M13：23~26） 6、7. 鎏金铜泡钉（M13：61、88） 8. 鎏金铜泡钉与铁钉组合（M13：55） 9~12. 鎏铜铁泡钉（M13：20、26、118、51） 13~15. 折头铁钉（M13：411、416、418） 16. 方形镂孔铁板（M13：166） 17. 铁剪刀（M13：157）

5. 铁器

铁泡钉　276件。钉帽呈伞状，圆形，表面均有铜锈痕迹，钉身遍布铁锈，钉帽表面可能有鎏铜。钉帽径1.5~2.2、钉身长2~3厘米。M13：20，钉身嵌入棺木残块。钉身长2.8、帽径1.9、棺木残块厚0.8厘米（图一五一，9）。M13：26，钉身嵌入棺木残块中。帽径2、棺木残块最厚处2.6厘米（图一五一，10）。M13：118，钉长2.4、帽径2厘米（图一五一，11）。M13：51，钉帽直径1.7、钉长3厘米（图一五一，12）。

折头铁钉　71件。钉首打制扁平弯向一侧，钉身截面为长方形。M13：411，残长4.4厘米（图一五一，13）。M13：416，残长4.9厘米（图一五一，14）。M13：418，残长2.8厘米（图一五一，15）。

方形镂孔铁板　2件。M13：166，完整，上有小孔37个，小孔分布较均匀，一面可见六处钉身凸出。边长15.6、厚0.6厘米（图一五一，16；彩版九一，4）。

铁剪刀　1件。M13：157，铁质，锈蚀严重，“8”字形交股剪。剪刀残长30、环首直径5.5、铁条直径1、刃部最宽处3.1、最厚1.1厘米（图一五一，17；彩版九一，6）。

三　M14墓室

（一）墓葬形制

M14位于M13东侧，两者相距1.8米，亦由土圹、砖椁、木棺组成。方向与M13相同。土圹平面呈长方形，南北长2.9、东西宽1.4、存深1.6米。土圹北端连接一簸箕状浅坑，底部平坦，与第一层盖石位于同一层面，坑口径1.1~1.2、底径0.8~1、存深0.5米。其作用应与M13西壁外凸的浅坑相同（图一五二；图一五五，1）。

M14共有两层盖石。第一层盖石由4块大薄石板组成，石板厚0.05米，距现夯土台基上部0.35~0.4米，此层盖石与第二层盖石之间有厚0.1米的封土。第二层盖石亦为4块大薄石板，直接盖于砖椁顶部，缝隙处叠压小的薄石板，防止封土散落椁内（图一五五，2）。

砖椁形状及修筑方式与M13基本相同。唯东西两壁未做平行叠涩。椁内侧南北长2.3、东西宽0.8~0.9、高0.8米。砖椁内侧南壁中部有一条橘红色竖线条，其用意有待进一步研究（图一五三）。木棺虽已腐朽，但据残存遗迹可推知其长约2、宽约0.7米，棺木基本上贴着砖椁四壁。椁内未见散落的鎏金泡钉，仅遗留一些铁钉，砖椁南北两端各有两块长方形青砖东西向摆放，其作用与垫棺石相同（图一五五，3、4）。

人骨亦腐朽，但可依稀辨为仰身直肢一次葬，头北脚南。墓主两手各握1块金条，腰间系1条金托玉带，头上戴三叶形金冠饰和小皮弁，小皮弁用2件金钗固定于发辫上。从随葬器物推测，墓主人为男性（图一五四；彩版九六）。

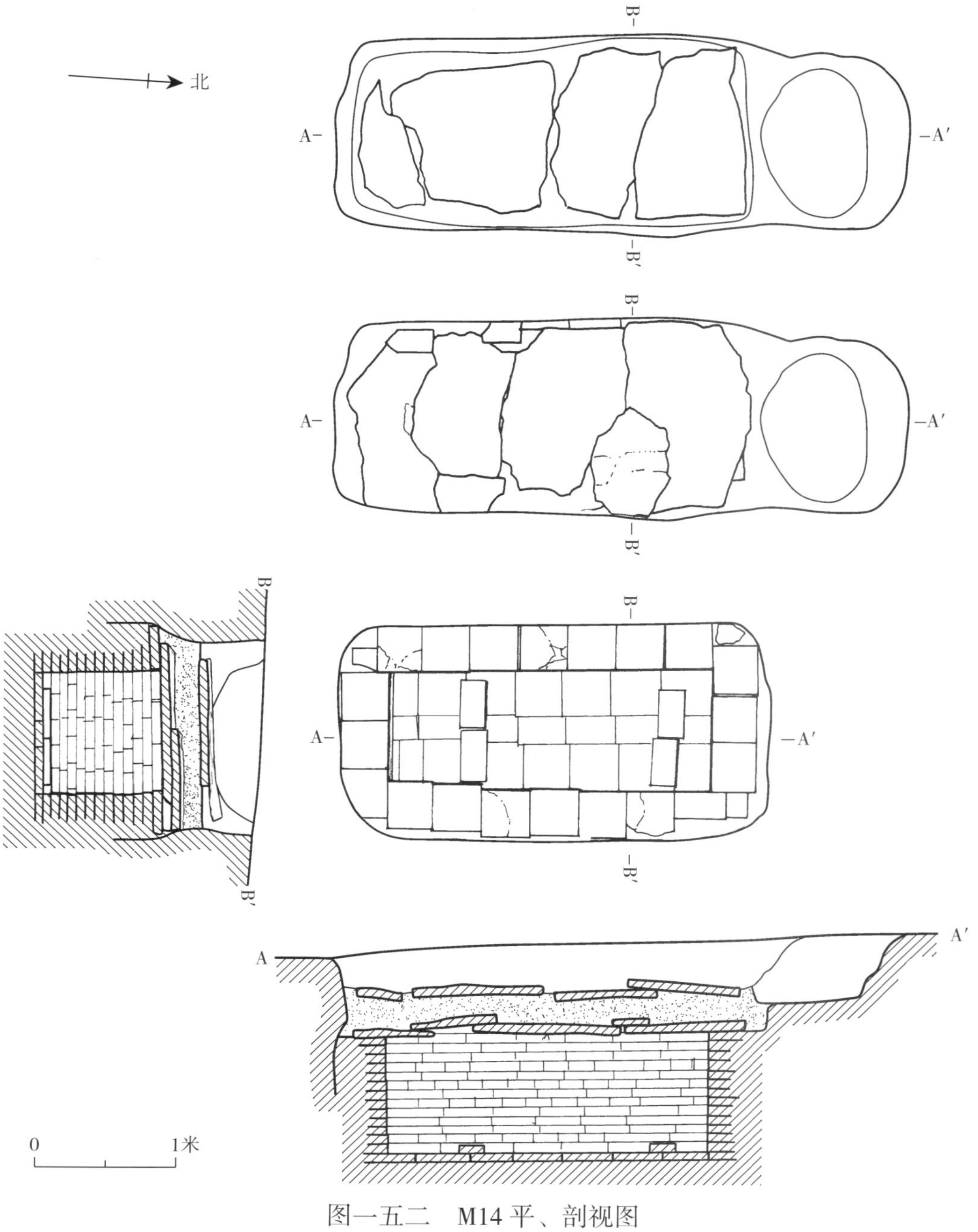

图一五二　M14 平、剖视图

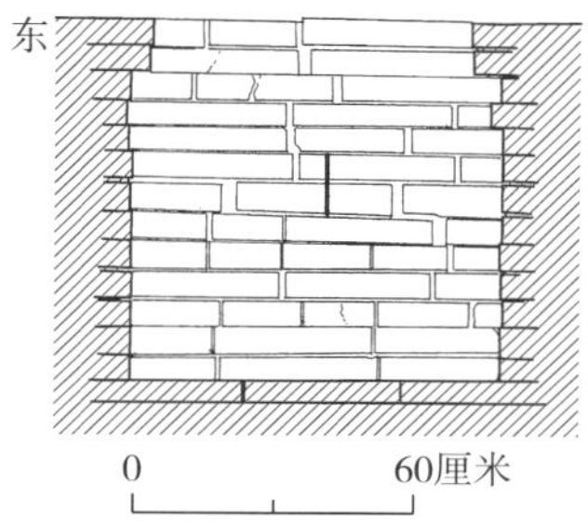

图一五三　M14 南壁中部橘红色竖条

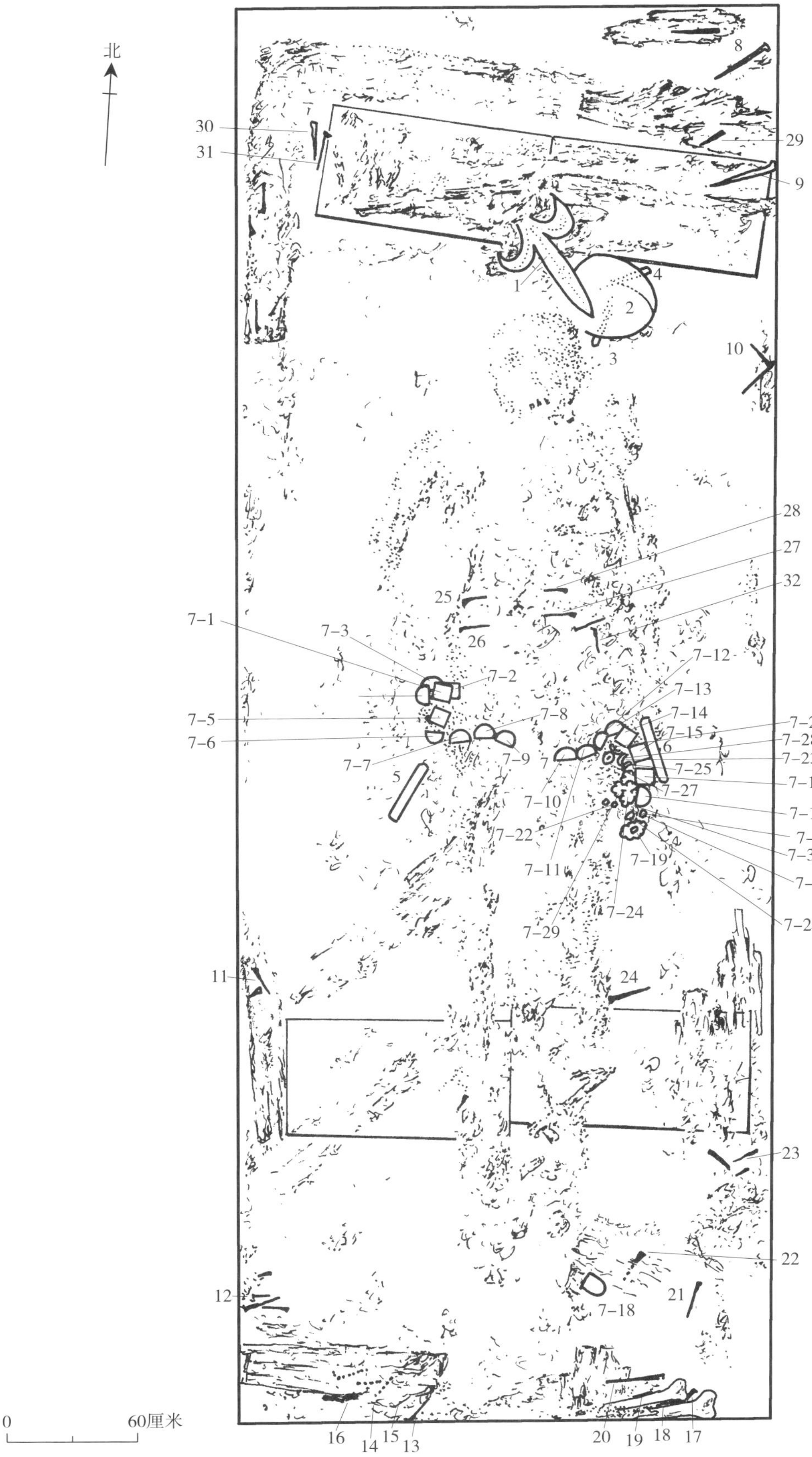

图一五四　M14随葬器物分布图

1. 三叶形金冠　2. 皮弁　3、4. 金钗　5、6. 金条　7. 带具（7–1、2、5、14~16. 方形金托玉带銙　7–3、4、6~13、17. 半圆形金托玉带銙　7–18. 玉铊尾　7–19、22. 亚腰形金带饰　7–20、28. 金带扣　7–21、23. 桃形双钉小金饰件　7–24. 单钉小金带饰　7–29~41. 桃形单钉小金饰件　7–25. 莲纹小金带饰　7–26、27. 环形金带饰　8–32. 铁钉）13、21、27、29、36、41. 折头铁钉

1.砖椁第一层盖石

2.砖椁第二层盖石

3.揭除第二层椁盖石

4.清理后全景

图一五五　M14 清理场景（由北向南摄）

（二）出土遗物

M14墓室内出土遗物包括金器、玉器、皮具、铁器等。

三叶形金冠　1件。M14：1，由一较厚的金片制成三叶状。中叶直挺，两侧叶作展翅状。冠饰以鱼子纹为地，中叶主体图案是如意云朵和折枝花纹，两边缘饰枝蔓纹样，两侧叶饰缠枝花纹。冠饰底部焊接一长方形铜片，再用不明物缠裹。展开宽20.7、高16.8厘米（图一五六，1；彩版九七，1）。

金钗　2件。M14：3、4，出土时横插于皮弁之上，形制大小基本相同，呈“U”形，顶部平面为椭圆形。长10、顶部长径1.1、短径0.6厘米，金钗条直径0.2厘米（图一五六，2、3；彩版九八，1）。

金条　2件。M14：5、6，形制大小基本相同。长条形，两端微弧。M14：5，长

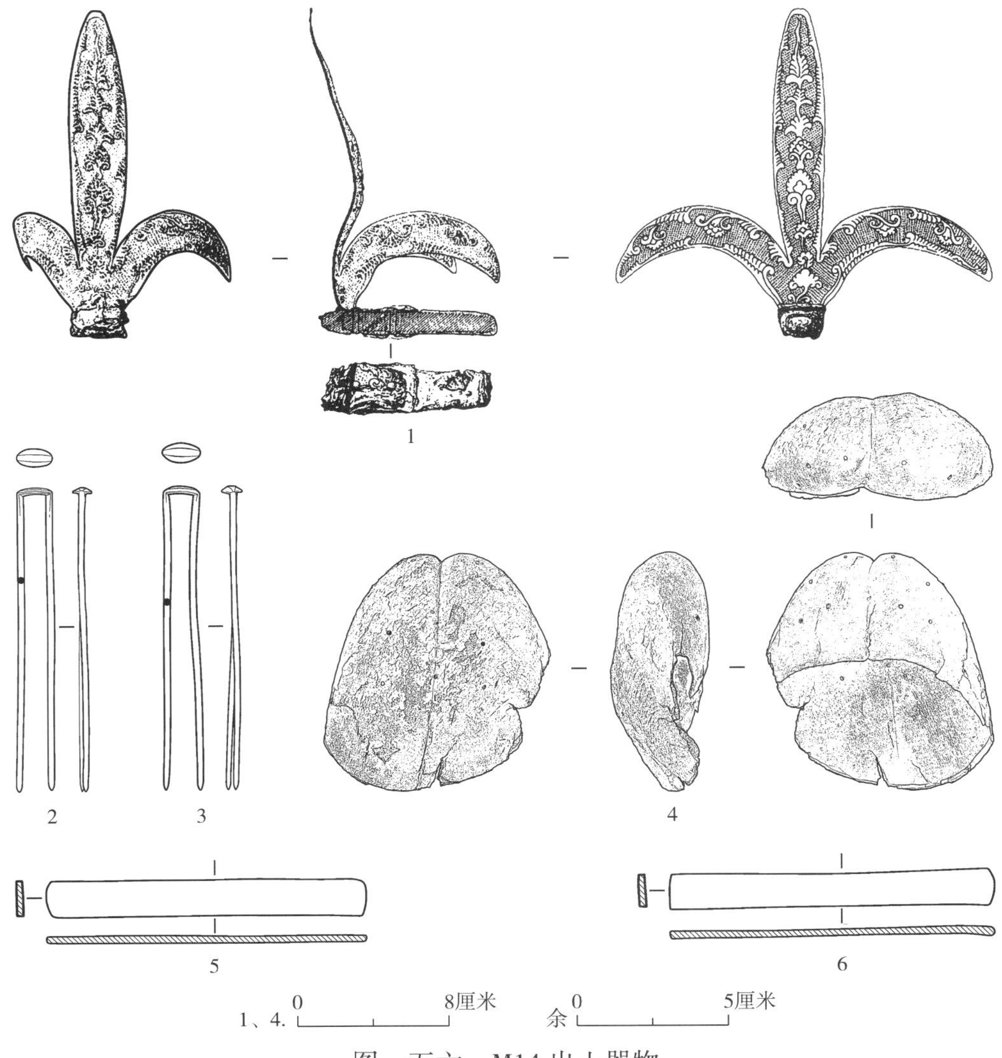

图一五六　M14出土器物

1. 三叶形金冠（M14：1）　2、3. 金钗（M14：3、4）　4. 皮弁（M14：2）　5、6. 金条（M14：5、6）

10.4、宽 1.2、厚 0.22 厘米（图一五六，5、6；彩版九八，2）。

皮弁　1 件。M14：2，左右对称，前帽檐有 10 个小钉孔，后沿有 12 个小钉孔，前沿高 6、后沿高 13.3、左右宽 11 厘米（图一五六，4；彩版九七，2、3）。

带具　1 套。M14：7[1]，带具由 2 件金带扣、6 件方形金托玉带銙、11 件半圆形金托玉带銙、1 件玉铊尾、2 件亚腰形金饰、15 件桃形金饰件、1 件椭圆形金饰件、1 件莲纹金饰件、2 件圆环形金饰件组成。带具下残存皮革痕迹。

金带扣　2 件。M14：7-20、28，大小形制相同。平面呈舌形，表面有三个铆钉用于固定。整体长 2.5、宽 1~1.6、扣针长 1.2、金片厚约 0.15、带扣环条直径约 0.3 厘米（图一五七，1、2；彩版九九，1）。

方形金托玉带銙　6 件。M14：7-1、2、5、14~16，形制基本相同（彩版九八，3、4）。方形銙正面用玉片浮雕五叶花草纹样，背面以金片为托，金片与玉片之间有铜绿现象，两者等大，以 5 个金钉固定，间距为 0.3 厘米。玉片宽 3~3.2、高 2.8、厚 0.4 厘米，金片厚 0.1 厘米。其中 M14：7-1、5、14 三件带銙的金片下部连接一椭圆形金环用以系挂蹀躞。金环长径 1.9、短径 1.2、金环条直径 0.25 厘米（图一五七，3、4、7、16~18）。

半圆形金托玉带銙　11 件。M14：7-3、4、6~13、17，形制基本一致，正面用玉片浮雕五叶花草纹样，背面以金片为托，两者以 3 个金钉固定，玉片呈浅墨绿色，表面有四个未凿穿的小孔痕。玉片与金片等大，两者平行间距为 0.3、玉片底宽 2.2、最宽处 3、高 2、厚 0.3、金片厚 0.1 厘米（图一五七，5、6、8~15、19；彩版九八，5）。

玉铊尾　1 件。M14：7-18，铊尾呈半椭圆形，正、背面均以玉片制成。正面浮雕纹样同方形銙，但花叶细长。两玉片以 9 个金钉固定。铊尾长 3.5、宽 3、整体厚 0.7 厘米（图一五七，24；彩版九八，6）。

亚腰形金带饰　2 件。M14：7-19、22，形制相近。带饰由两部分组成，主体带饰两端表面呈莲花形，各由四个相连的花瓣组成，背部有四个铆钉用以固定，中间为长椭圆形穿孔，长椭圆形穿孔中伸出一个“U”形金条饰，“U”形金条饰两端外折以固定于亚腰形带饰之上，用以穿系蹀躞。整体长 3.2、最宽处 2、厚 0.3 厘米，“U”形金条饰凸出亚腰形带饰约 1 厘米。M14：7-22 的“U”形金条饰外折两端有两个铆钉（图一五七，25、26；彩版九九，3）。

桃形双钉小金饰件　2 件。M14：7-21、23，形制相同，背部有两个铆钉，呈条形莲瓣状，正面为有脊之变体莲瓣。长 1.2、宽 0.7、厚 0.3 厘米（图一五七，20、21；彩版九九，2）。

桃形单钉小金饰件　13 件。M14：7-29~41，形制相同，背部有一个铆钉，呈条形莲瓣状，正面为有脊之变体莲瓣。长 1.2、宽 0.7、厚 0.4 厘米（图一五七，22、23、27~37）。

单钉小金带饰　1 件。M14：7-24，近菱形。长径 1.3、短径 0.8、厚 0.2 厘米，铆钉

[1]　原简报编为 M14：5。

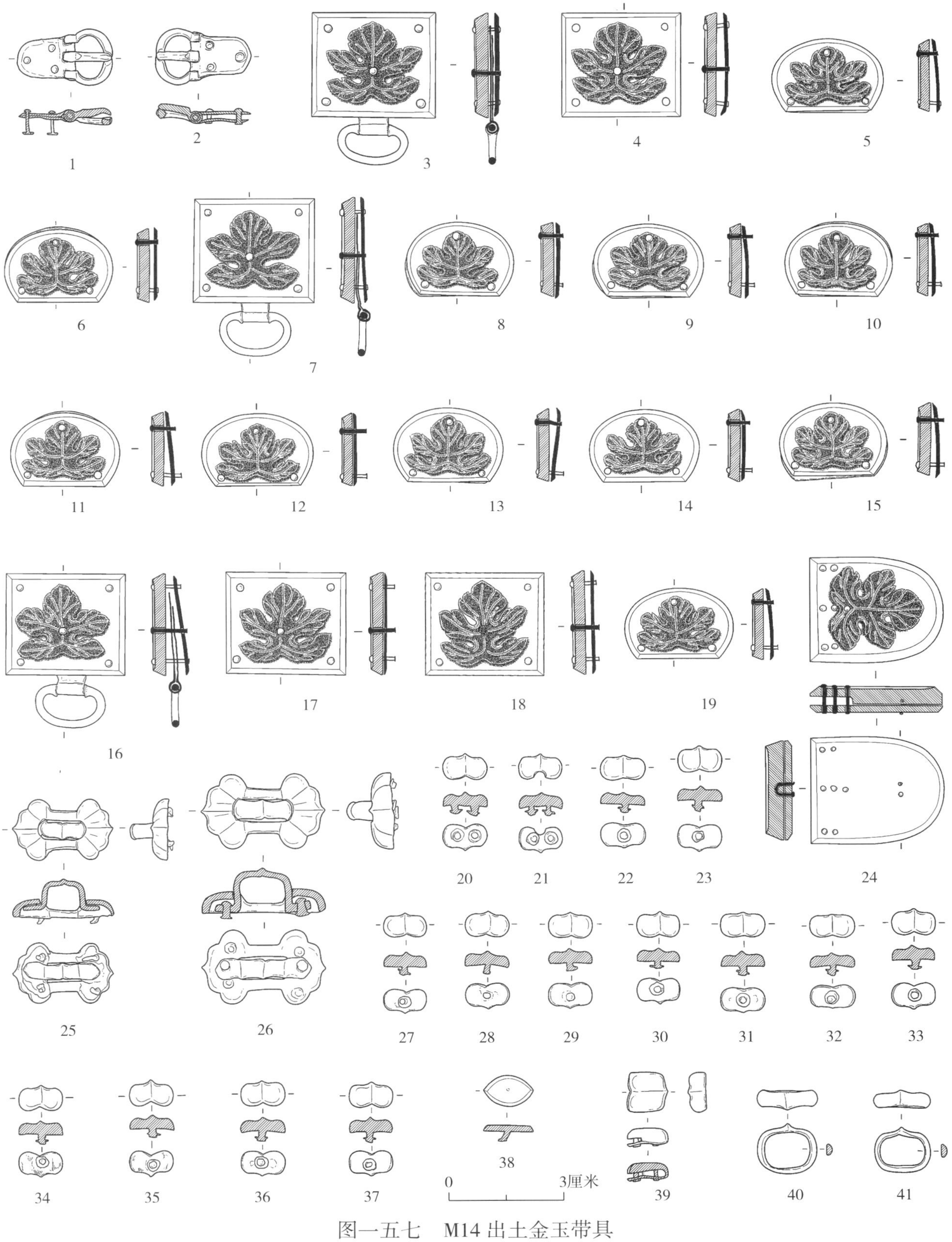

图一五七　M14 出土金玉带具

1、2. 金带扣（M14：7-20、28）　3、7、16. 方形悬环带銙（M14：7-1、5、14）　4、17、18. 方形金托玉带銙（M14：7-2、15、16）　5、6、8~15、19. 半圆形金托玉带銙（M14：7-3、4、6~13、17）　20、21. 桃形双钉小金饰件（M14：7-21、23）　22、23、27~37. 桃形单钉小金饰件（M14：7-29~41）　24.玉铊尾（M14：7-18）　25、26. 亚腰形金带饰（M14：7-19、22）　38. 单钉小金带饰（M14：7-24）　39. 莲纹小金带饰（M14：7-25）　40、41. 环形金带饰（M14：7-26、27）

长 0.3 厘米（图一五七，38；彩版九九，4）。

莲纹小金带饰　1 件。M14：7–25，正面为有脊突的两瓣莲纹，背部有三个铆钉固定。长径 1.1、宽 1.1、厚 0.5 厘米（图一五七，39；彩版九九，5）。

环形金带饰　2 件。M14：7–26、27，大小形制相同。一端出尖，正面圆润，背面平整。直径 1.3~1.6 厘米（图一五七，40、41；彩版九九，6）。

折头铁钉　47 件。钉头扁平，折向一侧，锈蚀严重，顶尖多残缺，个别钉头缺失，钉身横截面为方形。M14：29，长 9.8、钉首长 1 厘米（图一五八，1；图一五九，1）。M14：13，残长 8.4、钉首长 1.8 厘米（图一五八，2）。M14：21，残长 7.3、钉首长 1.3 厘米（图一五八，3；图一五九，3）。M14：27，残长 5.6 厘米（图一五八，4；图一五九，2）。M14：36，残长 3.3、钉首长 1 厘米（图一五八，5）。M14：41，长 5.6 厘米（图一五八，6；图一五九，4）。

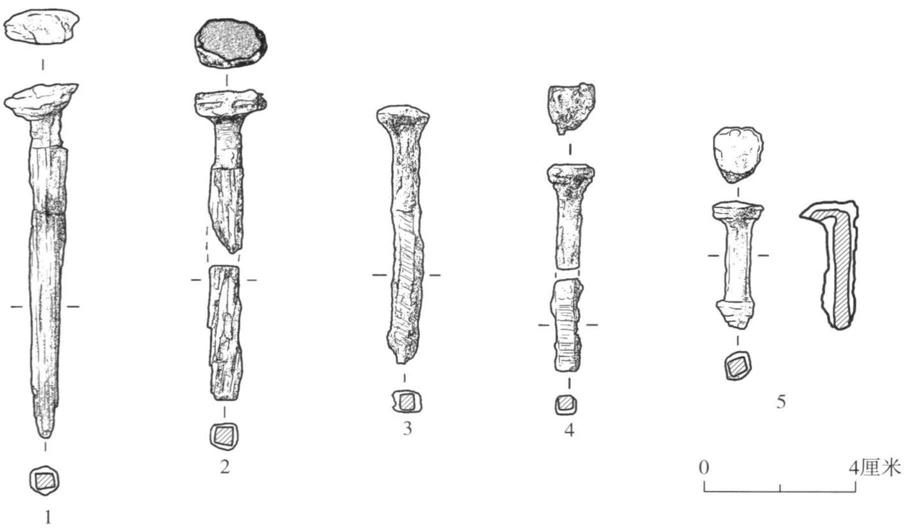

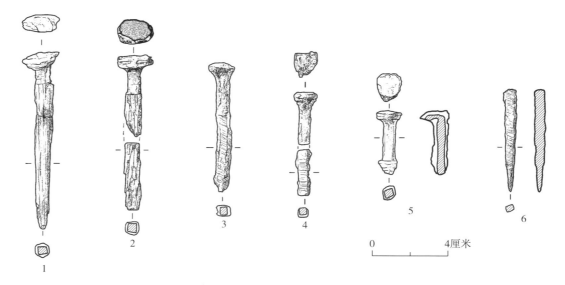

图一五八　M14 出土折头铁钉

1. M14：29　2. M14：13　3. M14：21　4. M14：27　5. M14：36　6. M14：41

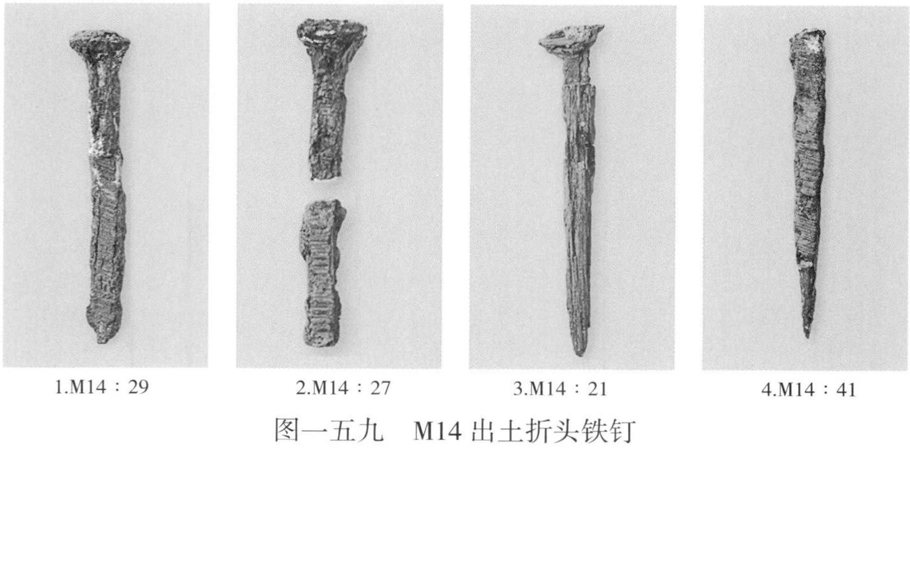

1.M14：29　2.M14：27　3.M14：21　4.M14：41

图一五九　M14 出土折头铁钉

四　SJ2

（一）遗迹

SJ2 位于 M13、M14 墓上建筑西南侧，紧邻 M13、M14 墓上建筑台基。井口平面近圆形，清理过程中，因地下不断泛水未能清理至井底，清理深度 4.8 米。井口和井壁以石块修砌，井口径 1.15 米。井深 4.6 米处有木框架（图一六〇、一六一）。

（二）出土遗物

SJ2 中发现少许陶器口沿和瓦件残片。

陶器口沿　2 件。SJ2：1，夹砂红褐陶，轮制。侈口，方唇，平折沿，斜直壁微弧，外壁口沿与器身结合处有一道凹槽。残高 8.8、壁厚 0.7 厘米（图一六二，1；图一六三，1）。SJ2：2，夹砂灰陶，轮制。侈口，圆方唇，平折沿，斜直壁微弧，外壁口沿与器身结合处有一道凹槽。长 6.8、高 5、壁厚 0.4 厘米（图一六二，2；图一六三，2）。

板瓦残片　2 件。均为夹砂灰陶。板瓦侧边残存从凹面向外切割的痕迹，凹面、凸面皆有抹平磨光处理。SJ2：3，残长 11.5、残宽 8.2、厚 2 厘米（图

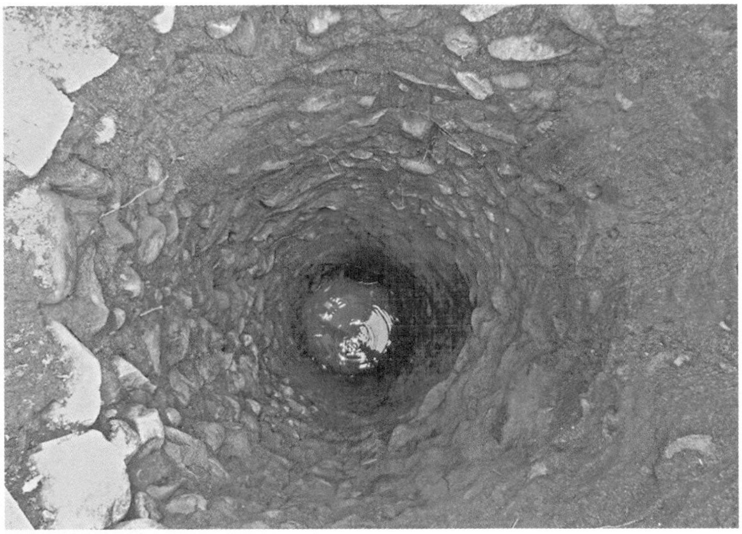

图一六〇　SJ2 清理后全景

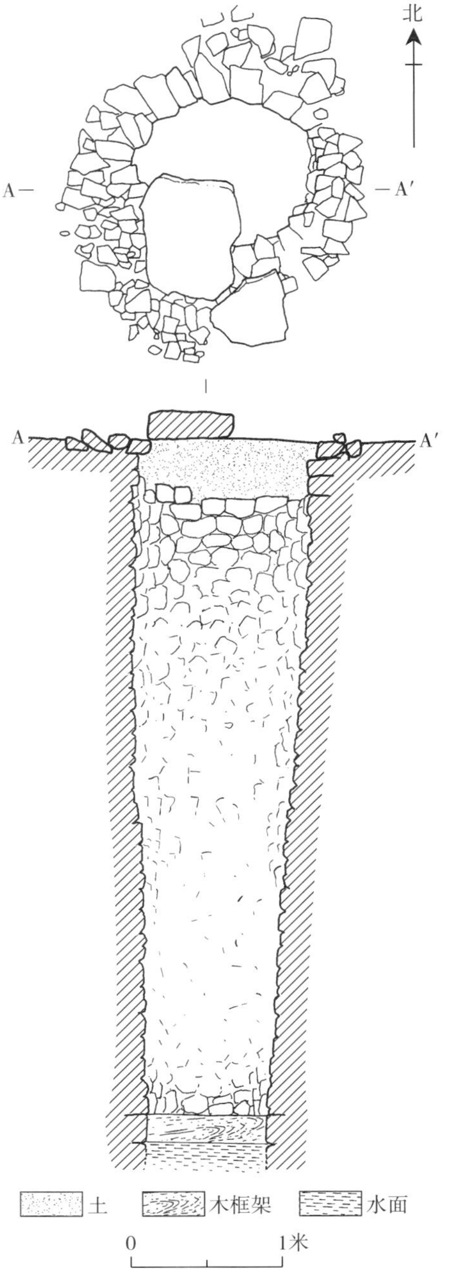

图一六一　SJ2 平、剖视图

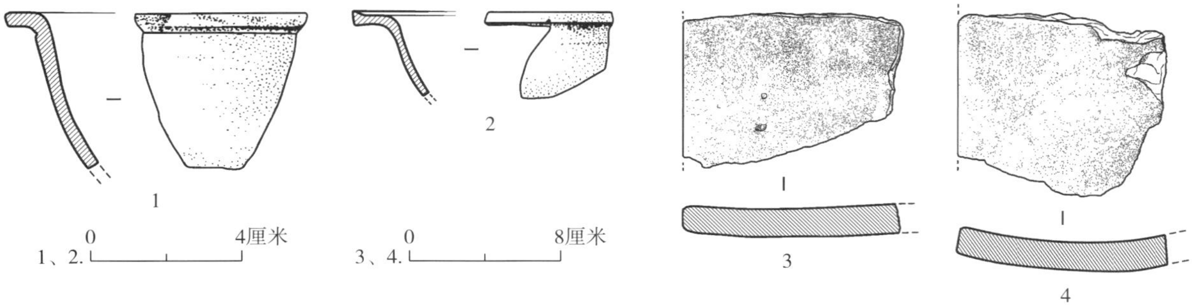

图一六二　SJ2出土器物
1、2. 陶器口沿（SJ2：1、2）　3、4. 板瓦残片（SJ2：3、4）

1.陶器口沿（SJ2：1）

2.陶器口沿（SJ2：2）

3.板瓦残片（SJ2：3）

4.板瓦残片（SJ2：4）

图一六三　SJ2出土器物

一六二，3；图一六三，3）。SJ2：4，残长11、残宽9.5、厚1.7厘米（图一六二，4；图一六三，4）。

第三章　石国墓区

第一节　地理形势与墓葬布局

石国墓区位于龙头山墓区南端的东侧坡上，石国村西偏北部。海拔 295～310 米（彩版一〇〇，1）。共发掘 2 座墓葬，M1 为三座墓室并列的石室墓，M2 为双室并列的石室墓，M1 位于 M2 南约 10 米处（图一六四、一六五）。

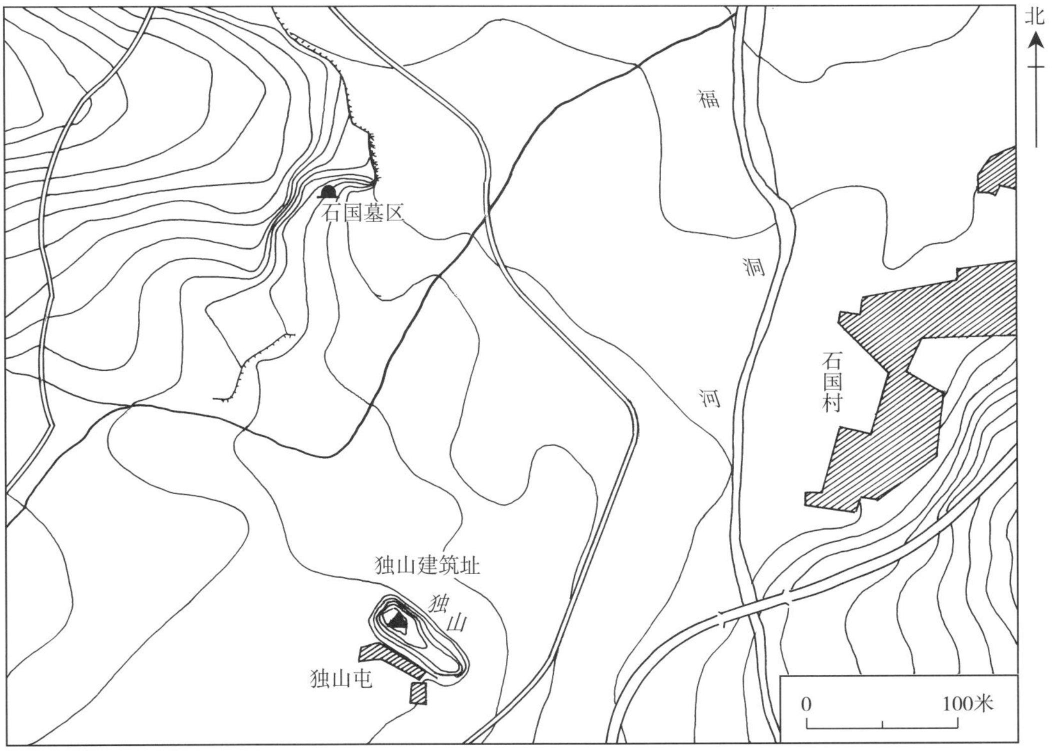

图一六四　石国墓区墓葬地形图

第二节　石国 M1A、M1B、M1C

石国 M1A、M1B、M1C 为同封异穴石室墓。地表封石东西长 14.7、南北宽 12、最高

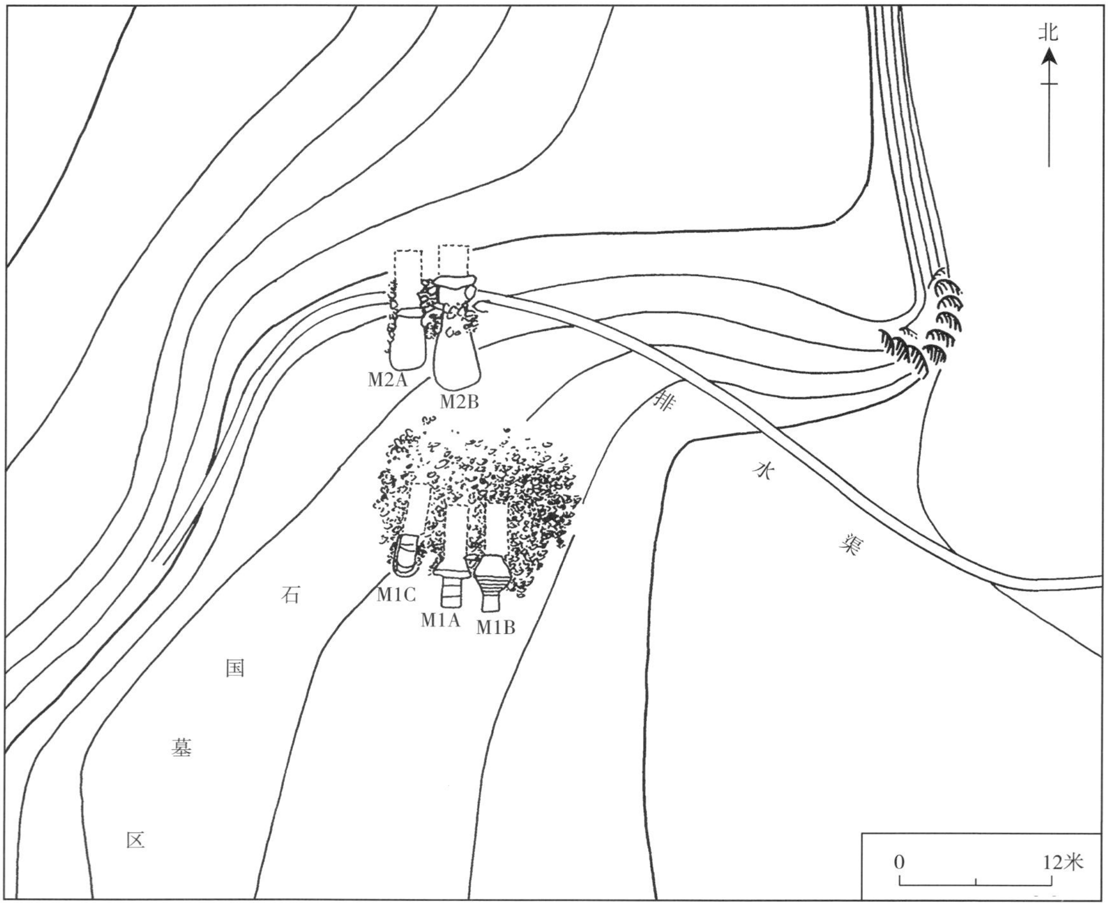

图一六五　石国墓区墓葬分布图

1.96 米。封石下东西并排分布 3 座墓葬，由西向东依次为 M1C、M1A、M1B（图一六六、一六七；彩版一〇〇，2）。为了解石国 M1 封土情况和 M1A、M1B、M1C 三座墓之间的关系以及建筑时序，在 M1C 西侧起至 M1B 布置有一条长 9.6、宽 1.6 米的探沟（编号 TG1）（图一六八、一六九）。

探沟 TG1 地层堆积情况如下。

第①层：黑褐土，为表土层，厚约 0.15 米。

第②层：黄褐色沙土，土质疏松，厚约 0.13 米。

第③层：黄褐土，土质较疏松，厚约 0.1 米。

第④层：石块封土层，分布于整个探沟，此层主要为大量密集分布的石块，厚约 0.3 米。

第⑤层：黑褐色黏土，夹杂少许石块，土质致密，分布于整个探沟，厚 0.15~0.5 米。

第⑥层：石块层，分布于 M1C 上部，厚 0.2~0.35 米。

第⑦层：浅黄灰色土，分布于 M1C 上部，厚 0.08~0.2 米。

第⑧层：黄褐色黏土，土质十分致密，应经人工夯打，分布于 M1A、M1B 两墓室之

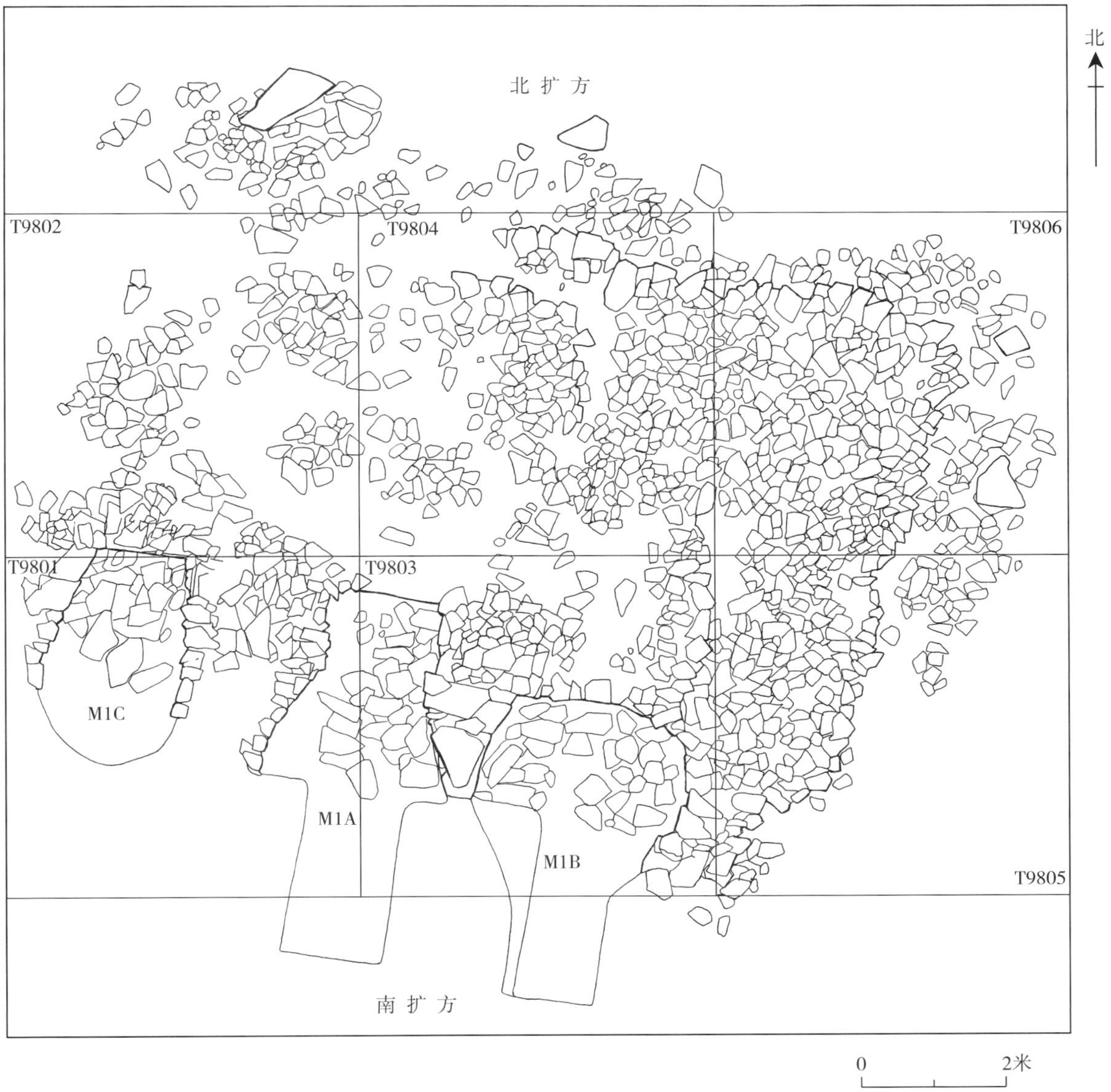

图一六六　M1 探方遗迹分布图

上，厚 0.25~0.3 米。

第⑨层：灰黄土，夹杂少量石块，分布于 M1A、M1B 两墓室之上，厚 0.3~0.6 米。

从墓葬发掘及解剖沟的情况来看，在墓室与墓道营造方面，A、B 两座墓室与部分墓道为整体下挖一个较大的墓圹，在这个较大的墓圹中，垒砌石墙，分隔成 A、B 两个墓室和梯形墓道，并分别在梯形墓道以南再加修较窄的墓道，两墓室、墓道之间石墙厚 0.4~1 米。C 墓室为单独下挖墓圹与墓道，其整体位于 M1A 西偏北方向，东距 M1A 墓室约 1.9 米。墓上封土方面，先在 M1A、M1B 两墓室之上堆土石后夯筑一层土，其次在 M1C 墓室之上堆筑一层土后再堆筑石块，最后在三座墓室之上堆筑一层黑褐黏土后再堆筑两层石块。

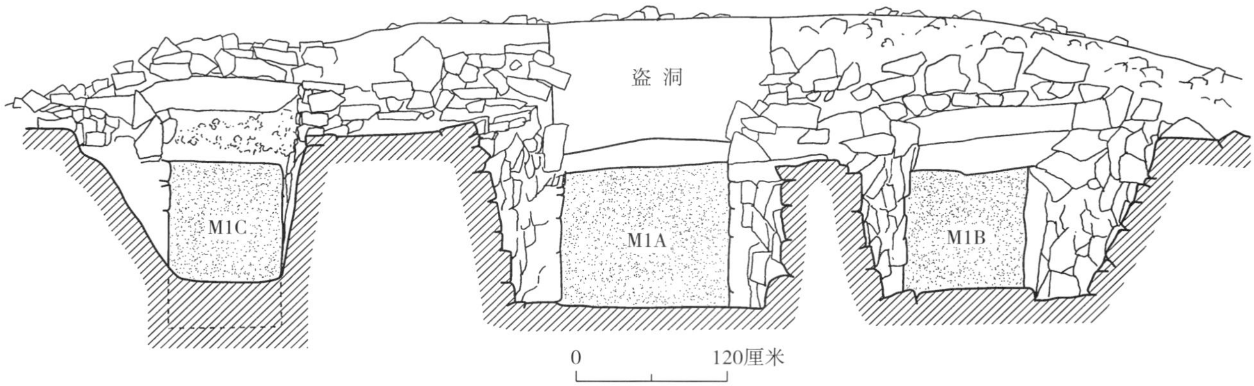

图一六七　M1A、M1B、M1C 墓葬关系图

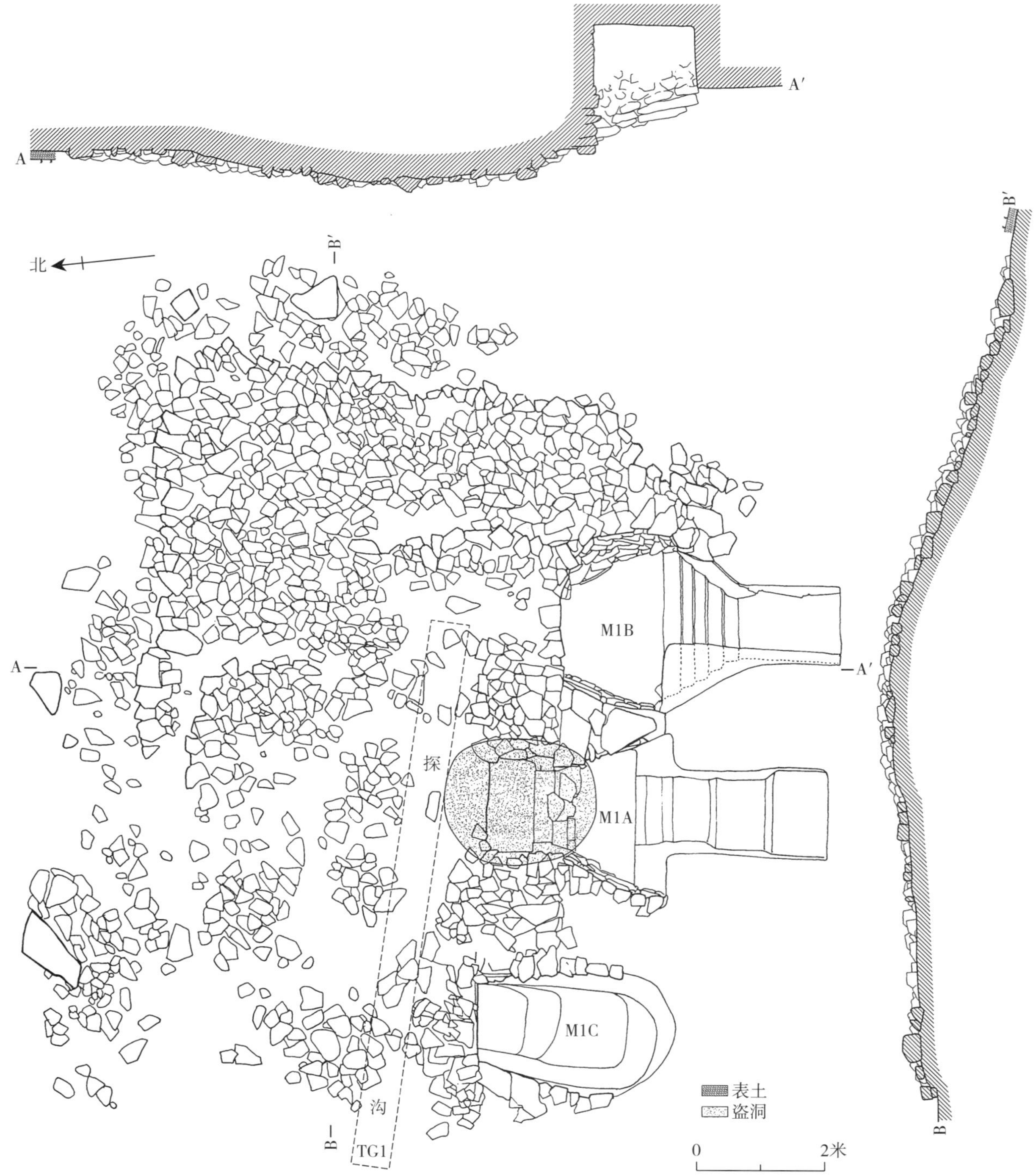

图一六八　M1 封土平、剖视图

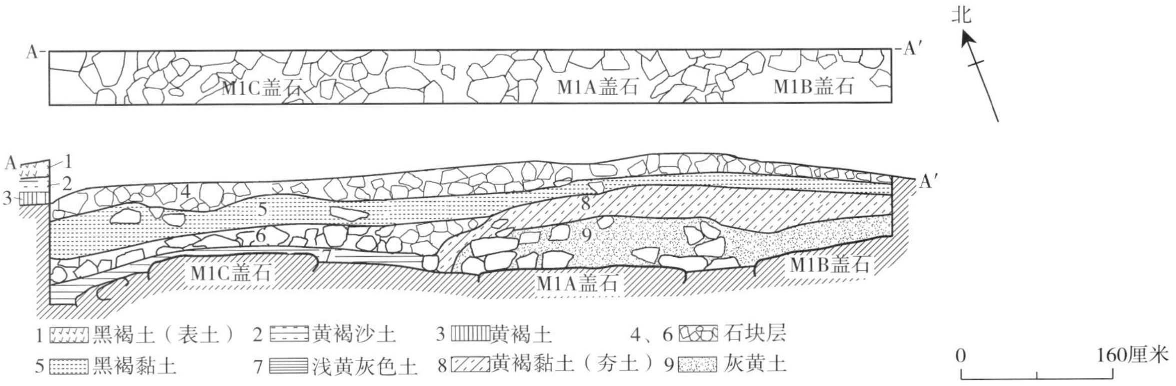

图一六九　TG1 平、剖面图

一　M1A

（一）墓葬形制

根据形制，墓道可分为两部分。南半部平面呈长方形，南北长 2.45、东西宽 1.5 米，底部为斜坡状，修砌 3 级生土踏步，踏步宽 0.65~0.85、高 0.15~0.22 米。北半部平面呈梯形，北宽南窄，南北长 1.6、东西宽 1.4~2.65 米，南端有 1 级踏步，宽 0.35、高 0.22 米，墓道东西两壁以石块垒砌（图一七〇）。

墓门以 3 块大石竖立封堵，门口两侧各有 1 块，中间一块封门石位于墓内，挡外侧两块封门石之间的缝隙。封门石内侧为甬道，南北进深 0.3、东西宽 1.2 米（图一七一；

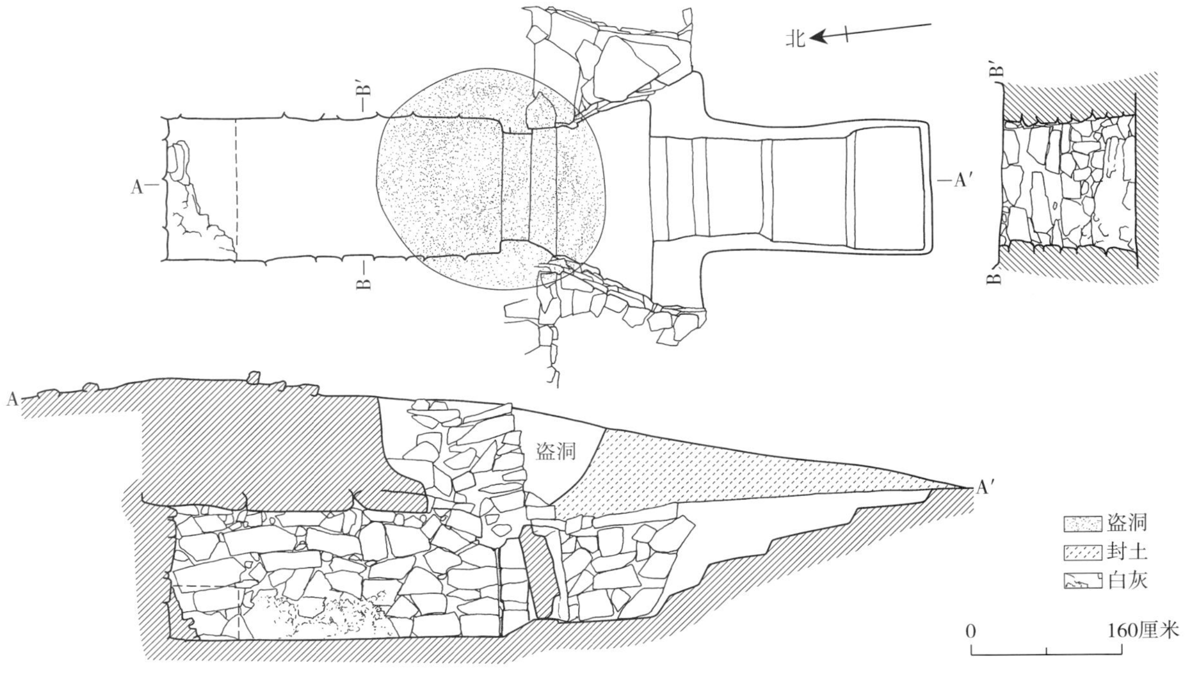

图一七〇　M1A 平、剖视图

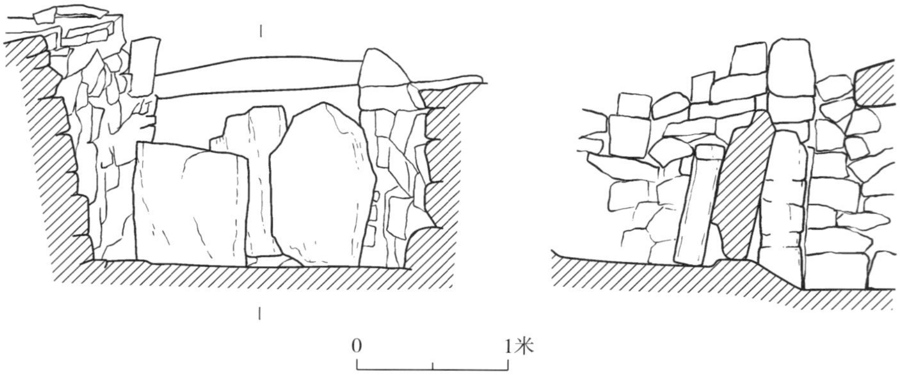

图一七一　M1A 墓口封门石立、剖视图

彩版一〇一，1）。

墓室平面呈长方形，南北长 3.65、东西宽 1.55、高 1.5 米。墓顶盖石原应有 4 块，现存北侧 3 块，南侧被一圆形盗洞破坏（图一七三）。墓室四壁以石块垒砌，表面涂抹一层白灰，大多已经脱落，仅底部有部分保留。墓室地面为经过平整的原生土（图一七二；彩版一〇一，2）。

墓室因被盗掘，未见棺床、葬具、人骨，仅于墓室和墓道内发现少许陶片、石器、铁钉等遗物。

（二）出土遗物

1. 陶器

3 件。

陶器口沿　2 件。皆出土于墓室石壁白灰缝。M1A：5，夹砂灰陶，轮制。敞口，方尖唇，平折沿，束颈。残长 13、宽 7、口沿厚约 1.32 厘米（图一七四，1；图一七五，1）。M1A：6，夹砂灰陶，轮制。敞口，方尖唇，平折沿，束颈。残长 5.9、宽 5.4、口沿厚约 1 厘米（图一七四，2；图一七五，2）。

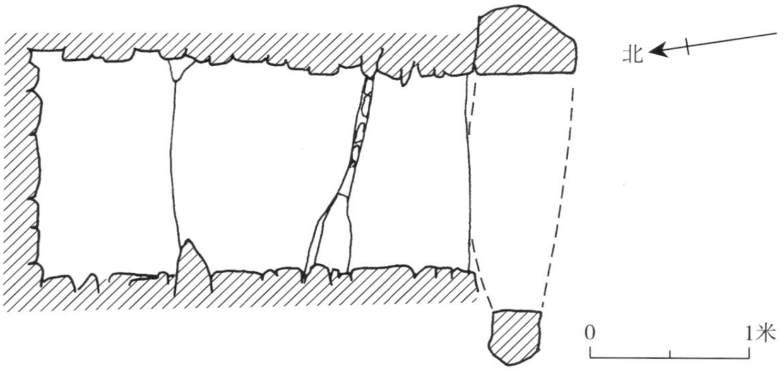

图一七二　M1A 墓室顶视图

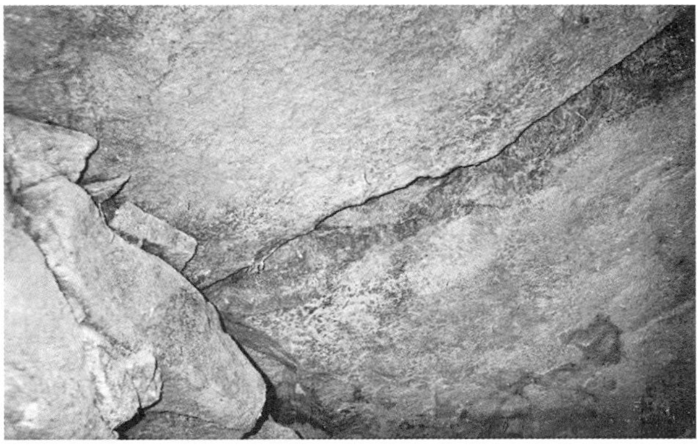

1.石国M1A墓室西侧墓顶石

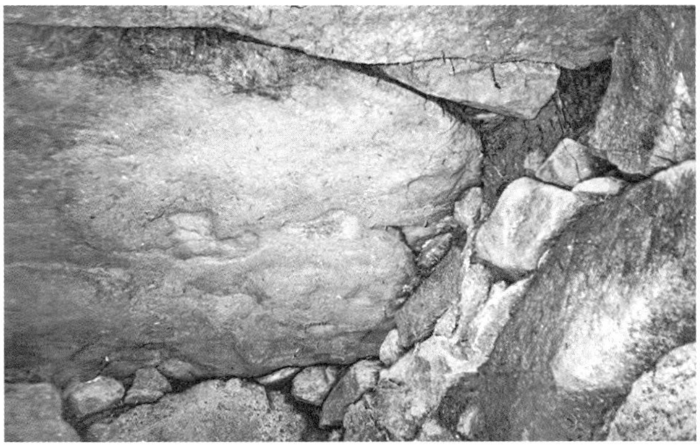

2.石国M1A墓室东北部墓顶石

图一七三　M1A 墓室顶盖石

1.陶器口沿（M1A：5）

2.陶器口沿（M1A：6）

图一七四　M1A 出土陶器

陶腹残片　1 件。M1A 墓道：2，残，夹砂红褐陶。出土于墓道西侧填土。长 4.9、宽 3.9、厚 0.9 厘米（图一七五，6）。

2. 铁器

无头铁钉　2 件。皆出土于墓室内。M1A：1，残，无钉帽和尖。钉身长 5.3 厘米（图一七五，7）。

铁器残片　2 件。皆出土于墓室内。M1A：4，残，表面不平滑。残长 4.9、宽 2.95 厘米（图一七五，8）。

3. 石器

石铲　1 件。M1A 墓道：1，残，无柄，无肩，表面较不平整，弧刃。长 12.5、宽 10.4 厘米（图一七五，3）。

黑曜岩刮削器　2 件。刃部有修理痕迹，出自墓道西侧填土。M1A 墓道：3，长 3.7、宽 1.7、最厚处 0.5 厘米（图一七五，4）。M1A 墓道：4，长 3、宽 2.2、最厚处 0.6 厘米（图一七五，5）。

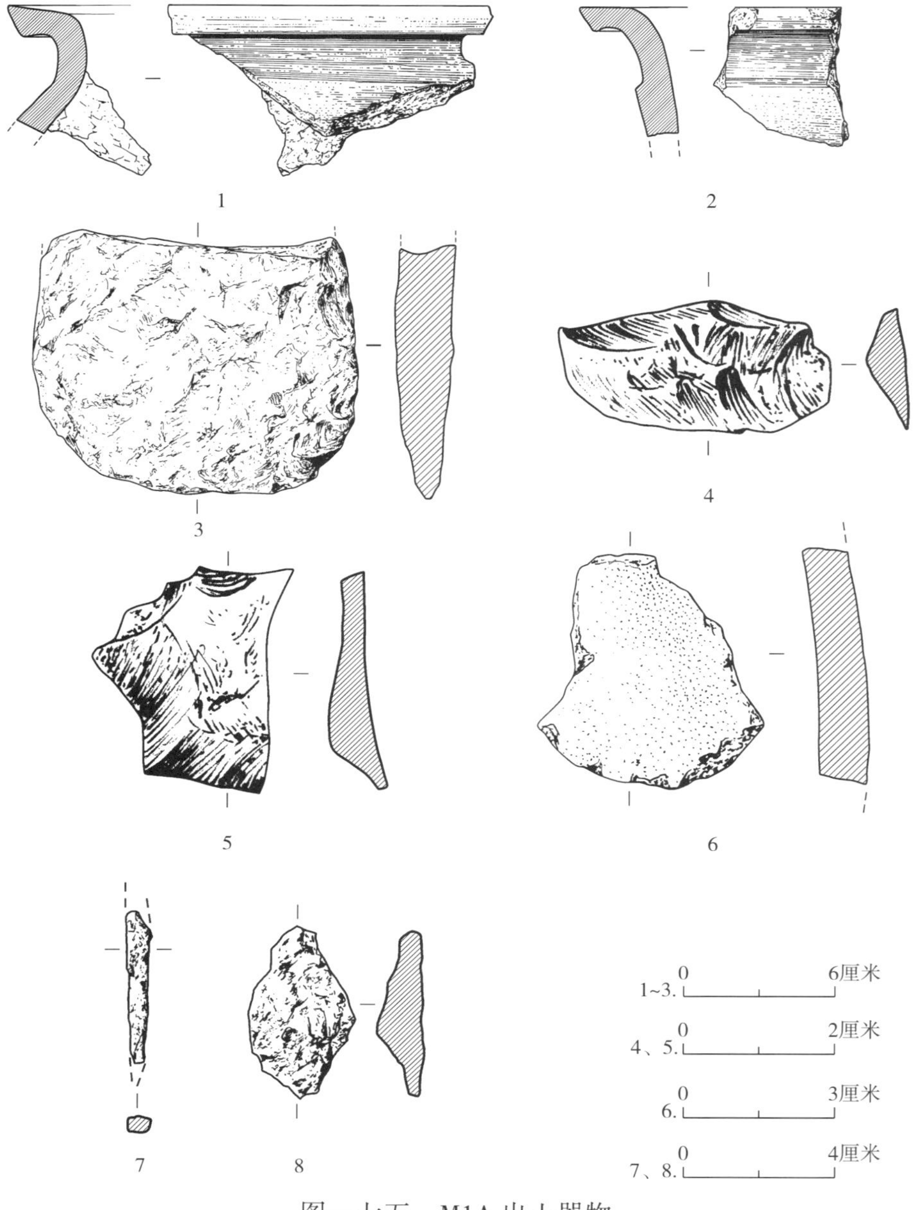

图一七五　M1A 出土器物

1、2. 陶器口沿（M1A：5、6）　3. 石铲（M1A 墓道：1）　4、5. 黑曜岩刮削器（M1A 墓道：3、4）　6. 陶腹残片（M1A 墓道：2）　7. 无头铁钉（M1A：1）　8. 铁器残片（M1A：4）

二　M1B

（一）墓葬形制

墓道前后形制不同，通长 4.5 米，可分为南北两部分。南半部分平面呈喇叭状，整体长 2.9 米，南端长方形，南北长 1.65、东西宽 1.3 米，底部平坦，略呈缓坡；北端梯形，北宽南窄，南北长 1.25、东西最宽 2.4 米，底呈斜坡状，修砌 5 级台阶。北半部分平面呈梯形，南宽北窄，南北长 1.6、东西宽 1.3~2.4 米，底部南侧呈弧坡状，向北逐渐变平坦，墓道东西两壁以石块垒砌（图一七六）。墓道填土中发现 1 件猪下颌骨。

墓门以两块大石板斜立封堵，封门石底部用多层石块倚护防止坍塌。墓门内侧为甬道，南北进深 0.4、东西宽 1.05 米（图一七七；图一八〇）。

墓室平面呈长方形，南北长 3.65、东西宽 1.55、高 1.55 米。因地表封石未做清理，从墓室内仰视，可见墓顶有 5 块盖石。墓室四壁以石块垒砌，表面涂抹一层白灰，大多已经脱落，仅底部有部分保留。墓室地面为原生土，经人工修整，表面平坦（彩版

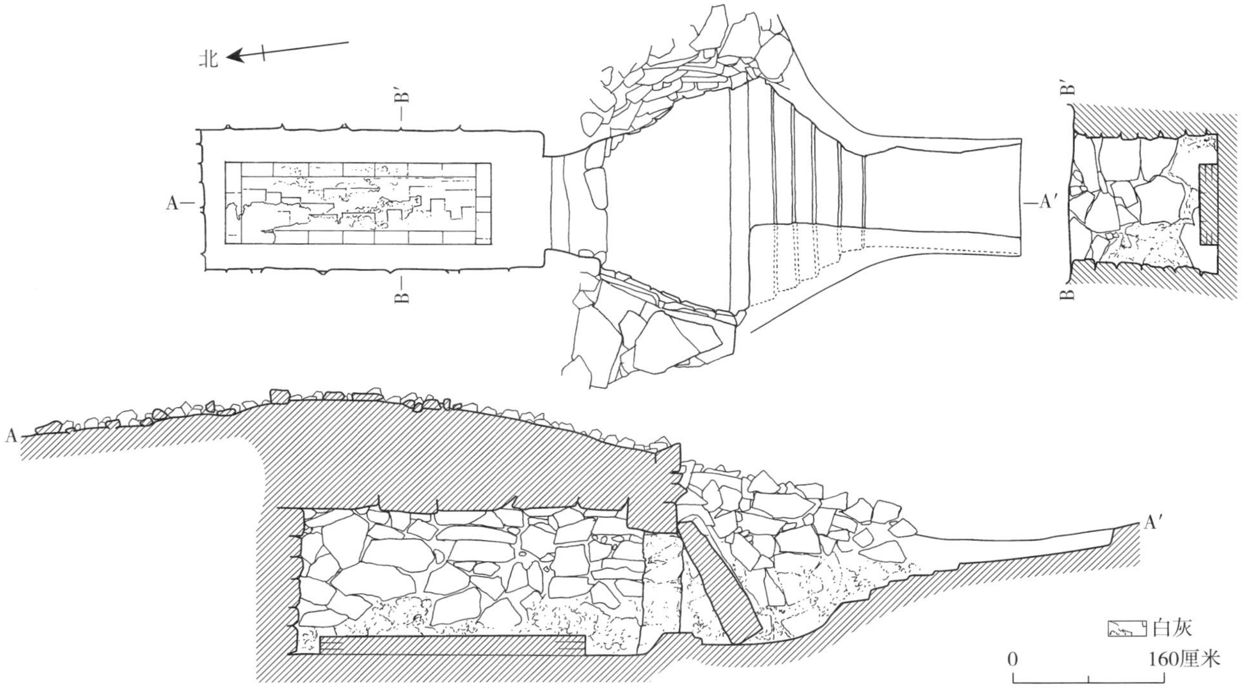

图一七六　M1B 平、剖视图

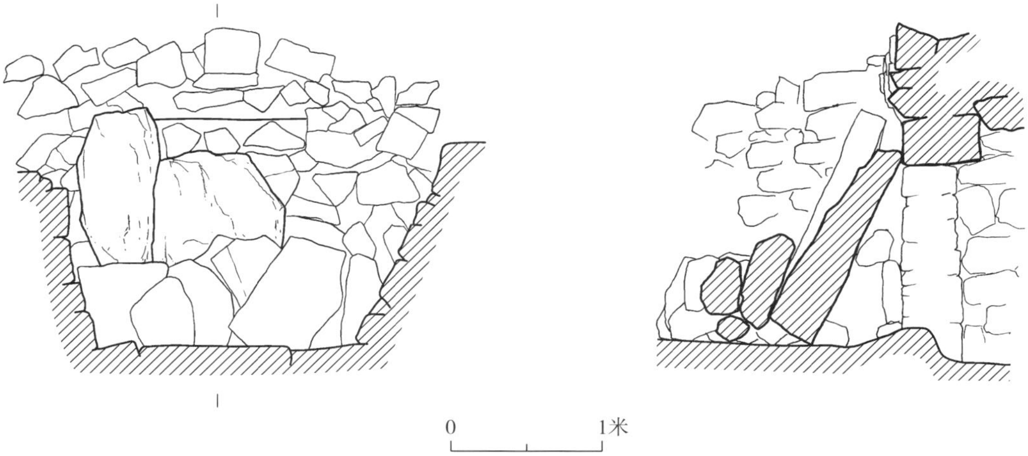

图一七七　M1B 墓口封门石立、剖视图

一〇二）。墓室正中有长方形棺床，以 3 层青砖顺砖修砌，表面涂抹白灰，边缘部分大多脱落。棺床南北长 2.85、东西宽 0.9、高 0.2 米（图一七八；彩版一〇三，1）。

墓内遭盗掘。人骨严重扰乱，仅在棺床东、西、南三侧发现部分肢骨。随葬器物多被盗，葬具亦被毁坏，棺木、鎏金棺环、泡钉、铁钉散乱分布于墓室各处，墓室西北角出土 4 件三彩陶俑（图一七九；彩版一〇三，2）。

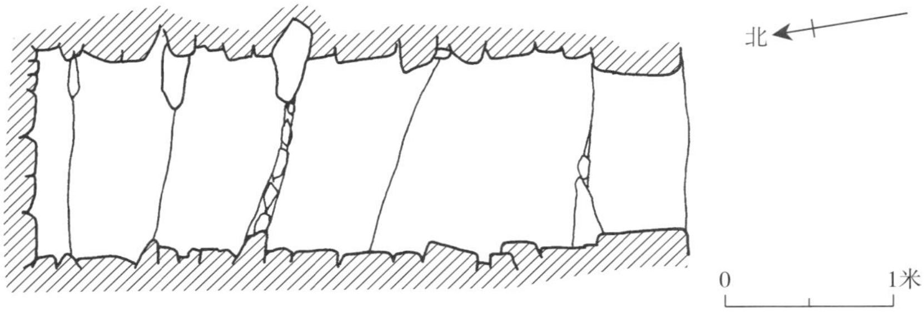

图一七八　M1B 墓室顶视图

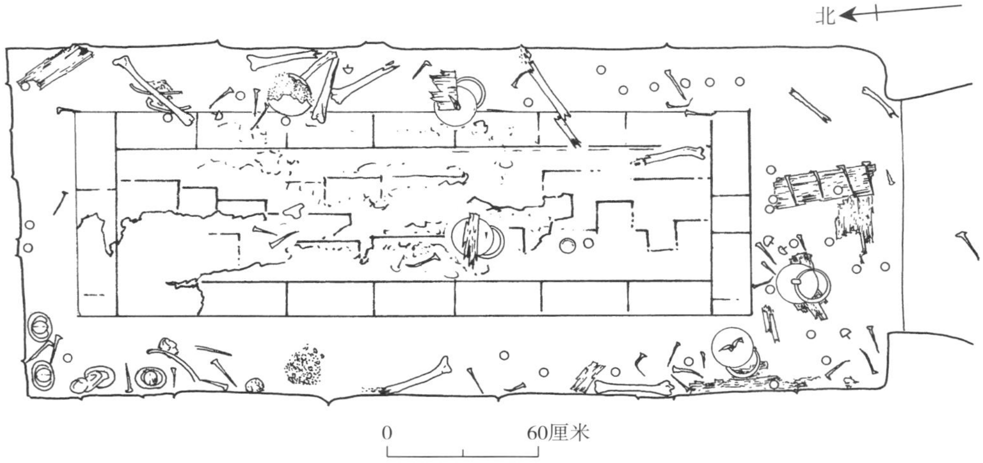

图一七九　M1B 遗物分布图

1.石国M1B封堵石（由南向北摄）

2.石国M1B墓门（由北向南摄）

图一八〇　M1B 封堵石及墓门

（二）出土遗物

陶器口沿　5件。M1B墓道：1，灰褐色泥质陶。束口。口径32、残长12.6、宽8.4厘米（图一八一，1；图一八二，1）。M1B墓道：3，灰褐色泥质陶。敛口。残长9.7、宽4.1厘米（图一八一，4；图一八二，2）。M1B墓道：4，黄灰色陶含细砂。敛口。残长5.5、宽1.8厘米（图一八一，2；图一八二，3）。M1B墓道：5，黄褐色泥质陶。敛口。残长5.7、宽1.8厘米（图一八一，3；图一八二，4）。M1B墓道：6，灰褐色泥质陶。最长9.8、宽5.7厘米（图一八一，5；图一八二，5）。

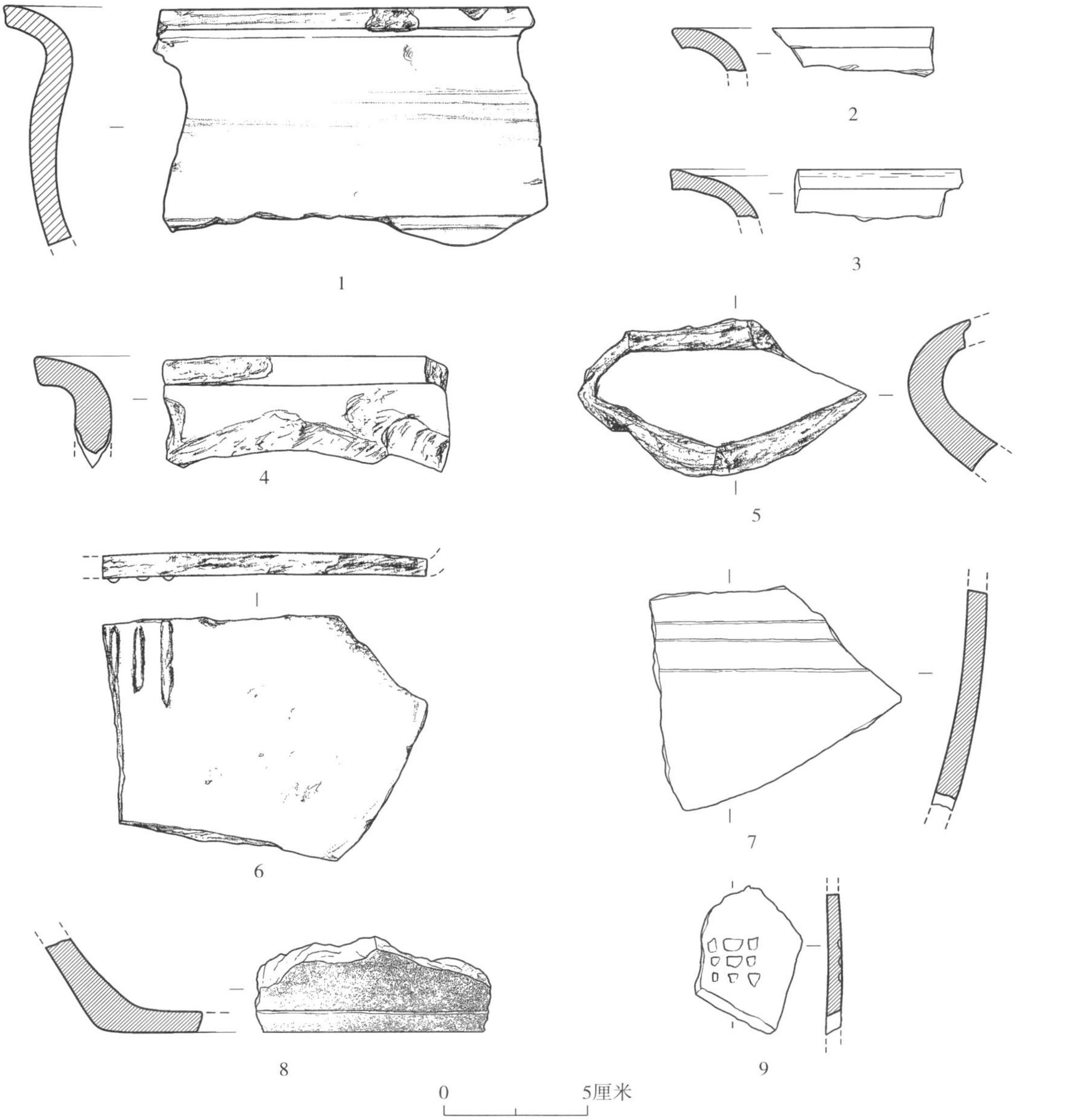

图一八一　M1B出土陶器

1~5. 陶器口沿（M1B墓道：1、4、5、3、6）　6、7、9. 陶器腹片（M1B墓道：8、7、9）　8. 陶器底（M1B墓道：2）

陶器腹片　3 件。M1B 墓道：7，灰褐色泥质陶。表面有三道刻划弦纹。最长 8.5、宽 7.9 厘米（图一八一，7；图一八二，6）。M1B 墓道：8，黄褐色泥质陶。表面有三道凸起弦纹。半径 10、宽 8.6 厘米（图一八一，6；图一八三，1）。M1B 墓道：9，黄褐色泥质陶。表面有压印方格纹。最长 5.2、宽 3.8 厘米（图一八一，9；图一八三，2）。

陶器底　1 件。M1B 墓道：2，黑褐色泥质陶。出土于墓道填土内。底径 13.1、残高 3.6 厘米（图一八一，8；图一八三，3）。

三彩女俑　4 件。其中 3 件可复原，1 件已复原。

1.陶器口沿（M1B墓道：1）

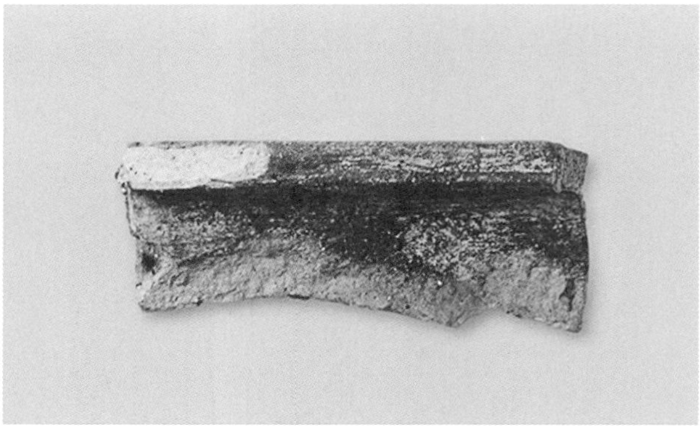

2.陶器口沿（M1B墓道：3）

3.陶器口沿（M1B墓道：4）

4.陶器口沿（M1B墓道：5）

5.陶器口沿（M1B墓道：6）

6.陶器腹片（M1B墓道：7）

图一八二　M1B 出土陶器

1.陶器腹片（M1B墓道：8）

2.陶器腹片（M1B墓道：9）

3.陶器底（M1B墓道：2）

4.筒瓦残片（M1B：10）

图一八三 M1B 出土陶器

M1B：92，残，可复原，两鬓包脸。额头处头发做成一个向前翻的圆髻。面容严肃，双手拱于胸前。身着齐胸衫裙，两条细长的系带垂到腰部下方，足蹬勾头履，脚踏低矮圆形台座。通高 42.6、底座直径 14 厘米（图一八四，1；彩版一〇四，1）。

M1B：93，残，可复原，两鬓包脸。额头处头发做成一个向前翻的圆髻。面容挂有微笑，双手拱于胸前。身着齐胸衫裙，两条细长的系带垂到腰部下方，足蹬勾头履，脚踏低矮圆形台座。通高 44.2、底座直径 14.2 厘米（图一八四，2）。

M1B：94，已复原，发中分，耳鬓处发辫折叠后在中部系绳。身与面微右倾，面有淡淡的微笑。左手握拳置于胸前，右手放于袖中，微微下垂。身着男装，长衫圆领，腰系带，铊尾在左后腰处下垂。足蹬勾头履，脚踏低矮圆形台座。通高 42、底座直径 14.5 厘米（图一八五，1；彩版一〇四，2）。

M1B：95，残，可复原，发中分，耳鬓处发辫折叠后在中部系绳。面容严肃，双手拱于胸前。身着齐胸衫裙，两条细长的系带垂到腰部下方，足蹬勾头履，脚踏低矮圆形台座。通高 45、底座直径 15 厘米（图一八五，2；彩版一〇五，1）。

银钗 1 件。M1B：90，完整，双股钗身，整体呈“J”形，钗身横截面呈圆形，钗头近元宝状。钗身长 27、钗头宽 1.6、钗身截面直径为 0.2~0.3 厘米（图一八六，1）。

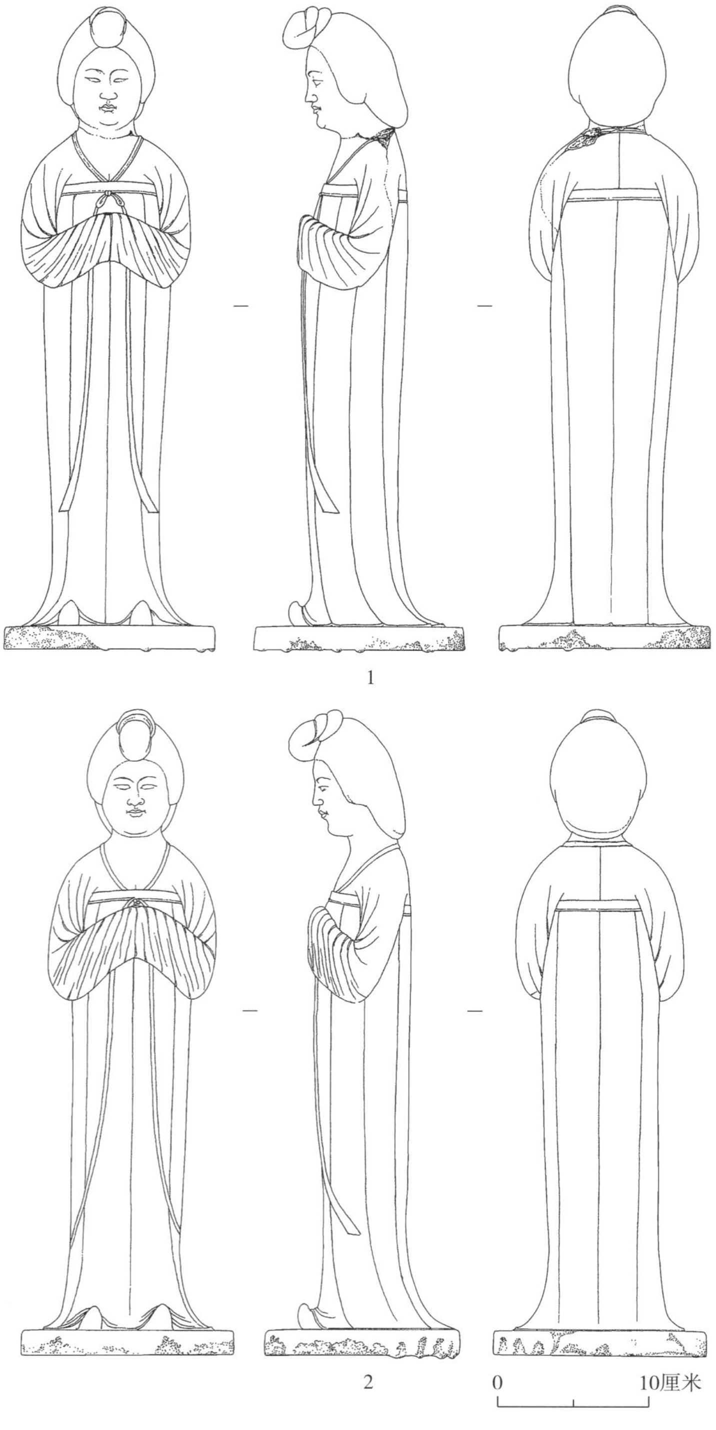

图一八四　M1B 出土三彩女俑
1.M1B：92　2.M1B：93

鎏金饰件　1 件。M1B：83，完整，上半部呈长方形，下半部呈扁长心形，在上半部左右两角及下半部心尖处残存三小钉头。上半部长 4.3、宽 1.1、下半部长 2.2、宽 1.6、通高 3.8 厘米（图一八六，3）。

铜钉形器　1 件。M1B：89，完整，可能为铜簪。一端接圆帽，一端尖圆头，身微折。帽直径 0.6、身长 12.2 厘米（图一八六，4）。

鎏金铜棺环　4 件。M1B：62，残，环上套有钉，钉嵌入棺木残块。钉尖与钉身呈 90° 弯折。表面鎏金，钉帽表面和棺环表面饰宝相花纹，余处以鱼子纹填充。环外径 12.4、内径 8.4、钉身 8.5 厘米（图一八六，2；彩版一〇五，2）。

鎏金铜泡钉、铁钉搭配使用　13 件。鎏金铜泡钉和铁钉大都钉入棺木残块。钉身横截面为方形。M1B：78，钉尖微残。鎏金铜泡钉钉身约长 1.1、铁钉身长 6.6、帽径 2.8 厘米（图一八七，1）。M1B：96，钉尖微残。鎏金铜泡钉钉身约长 1.3、铁钉身长 10.3、帽径 2.6 厘米（图一八七，3）。M1B：124，钉尖微残。鎏金铜泡钉钉身约长 1.9、铁钉身长 5.8、帽径 2.8 厘米（图一八七，2）。

鎏金铜泡钉　78 件。钉帽呈伞状，圆形，表面鎏金。从钉帽尺寸看，有两种规格。

钉帽较大者　77 件。M1B：13，长 1.7、帽径 3 厘米（图一八七，5）。M1B：14，完整，嵌入棺木残块，带有白色漆片。钉身约长 1.9、帽径 2.6 厘米（图一八七，6）。M1B：38，完整。钉身长 2.2、帽径 2.8 厘米（图一八七，7）。

钉帽较小者　1件。M1B：121，完整，长2.6、帽径1.6厘米（图一八七，8）。

鎏金大铜泡钉　1件。M1B：81，完整，钉帽平面呈圆形，表面鎏金，中心有一方孔，钉身横截面呈长方形。钉身长5、帽径12.4、方孔长2.2厘米（图一八七，9；彩版一〇五，3）。

铁钉　39件。其中按形制可分为折头铁钉、无头铁钉、铁泡钉。

折头铁钉　22件。钉首打制扁平，与钉身略呈一定弯角，钉身较直，截面为长方形。M1B：67，钉身下半部弯曲。长11.6、钉首长1.4厘米（图一八八，1）。M1B：72，尖微残，钉身长11.9厘米（图一八八，2）。M1B：138，尖微残。残长10.2、钉首长0.8厘米（图一八八，3）。

无头铁钉　15件。钉首打制扁平呈竖直状，截面多为长方形。M1B：106，钉身较直。残长11厘米（图一八八，4）。M1B：113，尖微残，钉身弯曲。残长12厘米（图一八八，5）。

铁泡钉　1件。M1B：123，尖微残。钉帽呈椭圆形，与钉身略呈直角，钉身较直，截面为长方形。长5.2、钉首长1.6厘米（图一八八，6）。

鎏金铁泡钉　1件。M1B：105，钉帽呈伞状，圆形，表面鎏金。钉

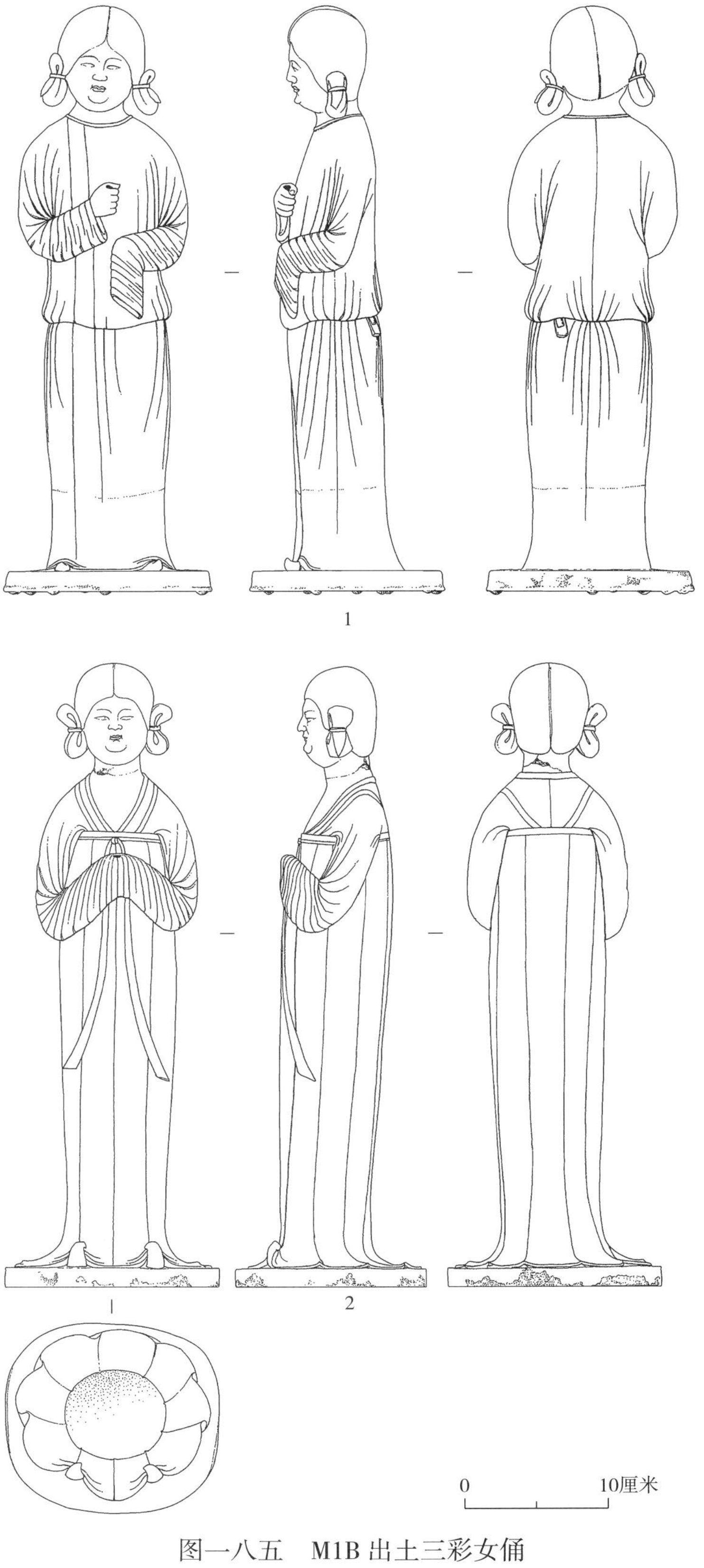

图一八五　M1B出土三彩女俑
1.M1B：94　2.M1B：95

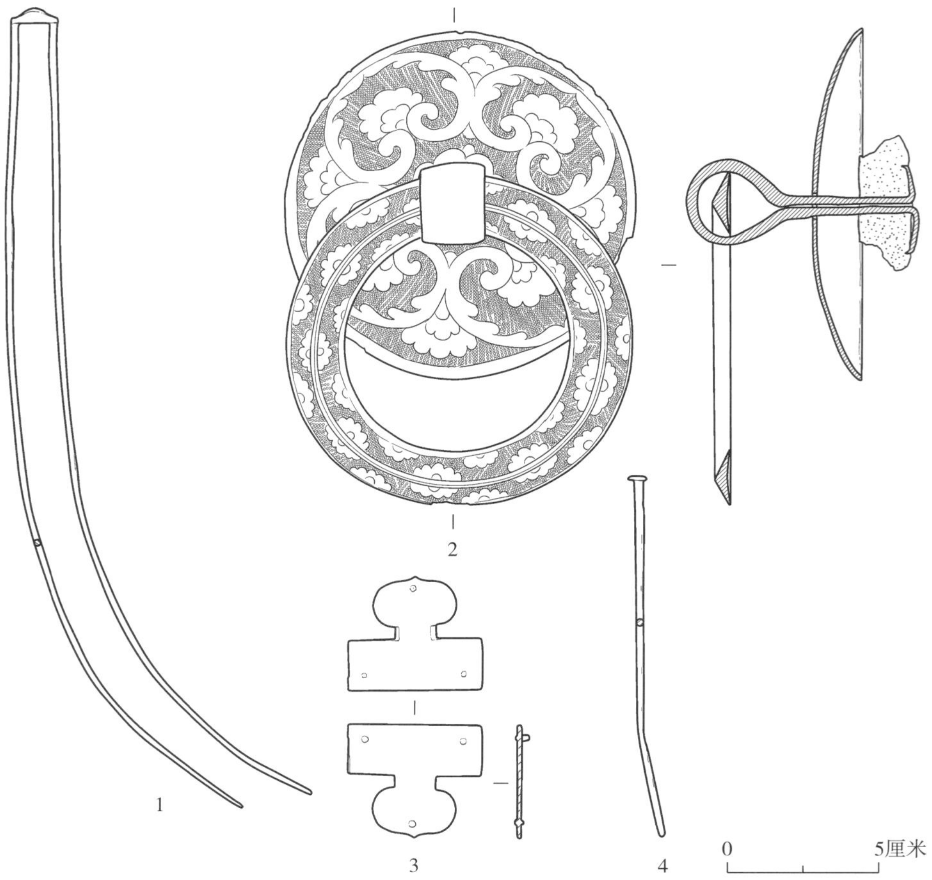

图一八六 M1B 出土金属器

1. 银钗（M1B：90） 2. 鎏金铜棺环（M1B：62） 3. 鎏金饰件（M1B：83） 4. 铜钉形器（M1B：89）

帽内壁有粘连的棺板。钉身较直，截面略呈长方形。长 1.6、帽径 2.8 厘米（图一八八，7）。

铁削 1 件。M1B：4，铸造，尖与柄残。直刃，斜弧背。残长 18.1、宽 2.3、背厚 0.5 厘米（图一八八，8；彩版一〇五，4）。

圆白石器 1 件。M1B：9，白色，正面呈圆形，横截面近椭圆形。直径 4.4 厘米（图一八八，9）。

石饼 1 件。M1B：80，横截面近方形。直径 7.4 厘米（图一八八，10）。

贝壳 1 件。M1B：86，残。最长处 4 厘米（图一八七，4）。

筒瓦残片 1 件。M1B：10，夹砂灰陶，模制。瓦舌短直，凸面有抹光处理，凹面饰麻布纹。筒瓦一端粘连有白色物体。残长 14、残宽 14.7 厘米（图一八三，4）。

三 M1C

（一）墓葬形制

墓道平面呈舌状，南北长 3.38、东西宽 1.37~2.15 米。底部斜坡状，坡度 24°，修砌 5 级踏步，每级踏步宽 0.95~1.5、高 0.12~0.35 米（图一八九）。

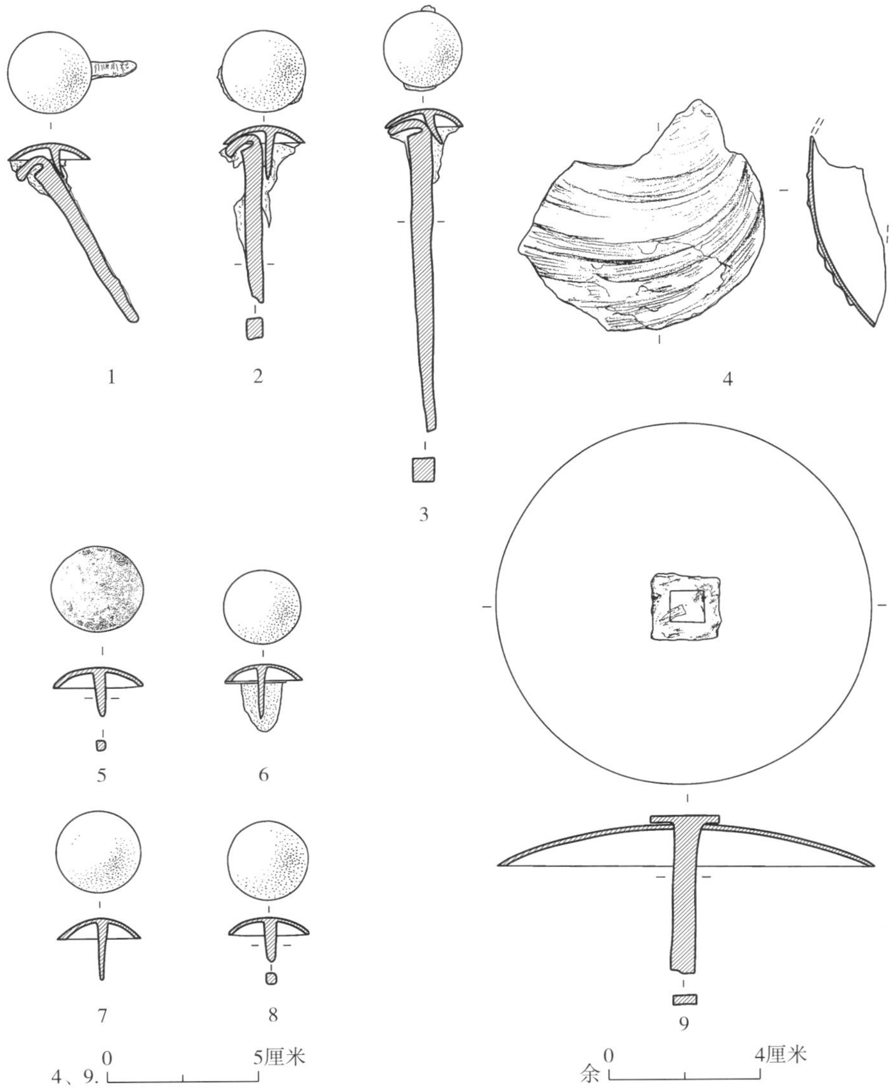

图一八七　M1B出土器物

1~3. 鎏金铜泡钉、铁钉搭配使用（M1B：78、124、96）　4. 贝壳（M1B：86）　5~8. 鎏金铜泡钉（M1B：13、14、38、121）　9. 鎏金大铜泡钉（M1B：81）

墓门以两块大石板封堵，封门石均为斜立。封门石内侧为甬道，东西宽1.1、南北进深0.5米（图一九〇、一九三）。

墓室平面呈长方形，南北长3.45、上宽1.3、下宽1.6、高1.5米。墓室四壁以石块垒砌，地面为原生土，经人工修整，表面平坦（彩版一〇六，1）。棺床位于墓室正中，以青砖垒砌，平面呈长方形，南北长2.6、东西宽1、高0.2米，表面涂抹白灰（图一九一；彩版一〇六，2）。

墓内已被盗掘，仅在墓室东侧发现数块人骨。葬具被毁，残存少量棺木，另出土较多铁钉、铜泡钉和鎏金棺环等木棺之上的构件。随葬器物大多被盗，仍出土了绞胎瓷枕、鎏金铜冠饰、鎏金铜带銙、鎏金铜铊尾等（图一九二）。

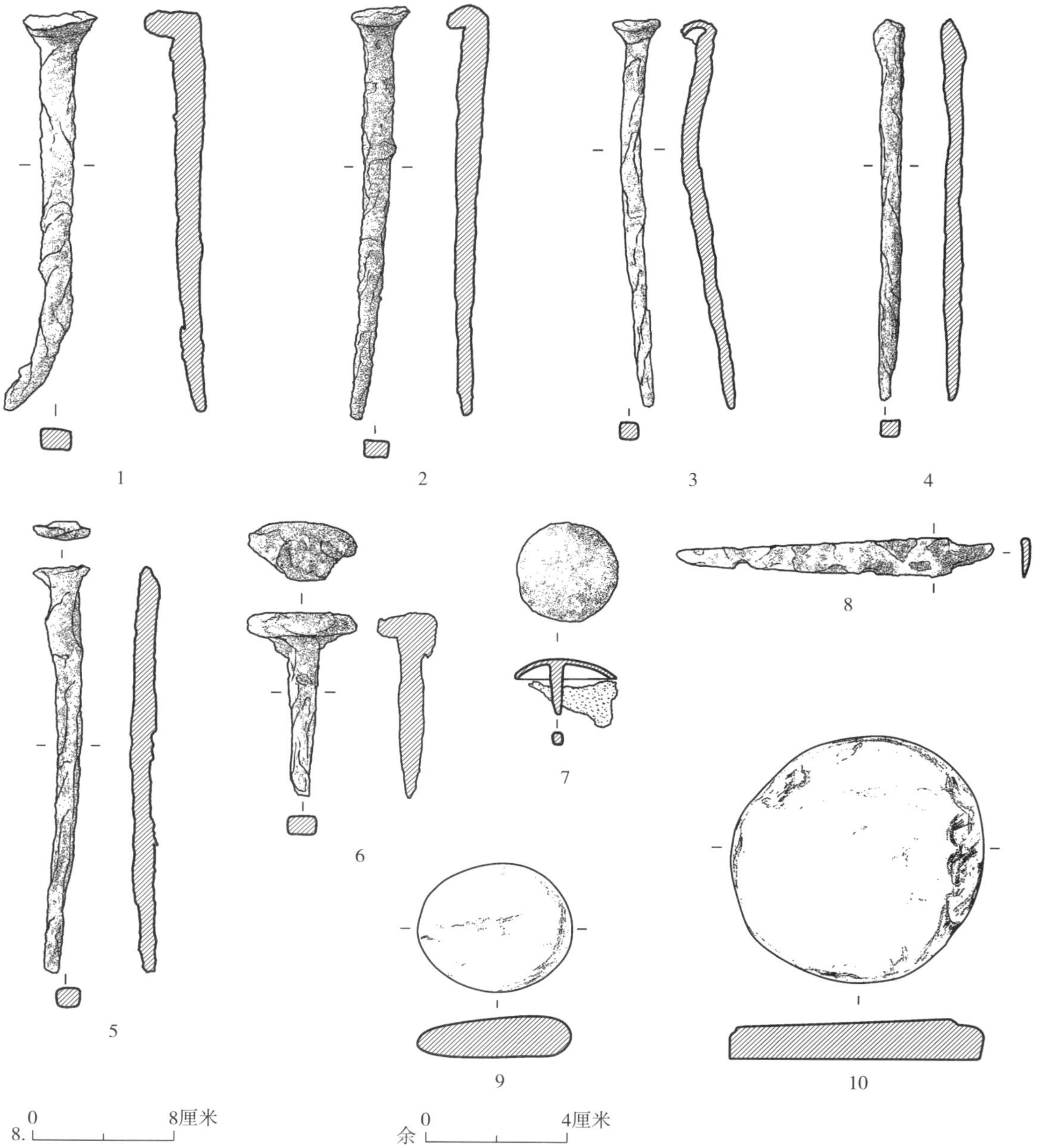

图一八八　M1B出土器物

1～3. 折头铁钉（M1B：67、72、138）4、5. 无头铁钉（M1B：106、113）6. 铁泡钉（M1B：123）7. 鎏金铁泡钉（M1B：105）8. 铁削（M1B：4）9. 圆白石器（M1B：9）10. 石饼（M1B：80）

（二）出土遗物

绞胎瓷枕　1件。M1C：8，完整，全绞胎，平面近长方形，枕面内凹，从枕面向下至底逐渐内收，枕面的四条边棱略呈弧形，且边棱基本未作抹平处理，底部四条边棱中，左右较短的边棱及四角做抹平处理，前后两条较长的边棱未作抹平处理，底面一侧有一个小圆孔。枕面长16.3、宽11.6、底长10、宽8.4、高8~10.2厘米（图一九四；彩版一〇七，1）。

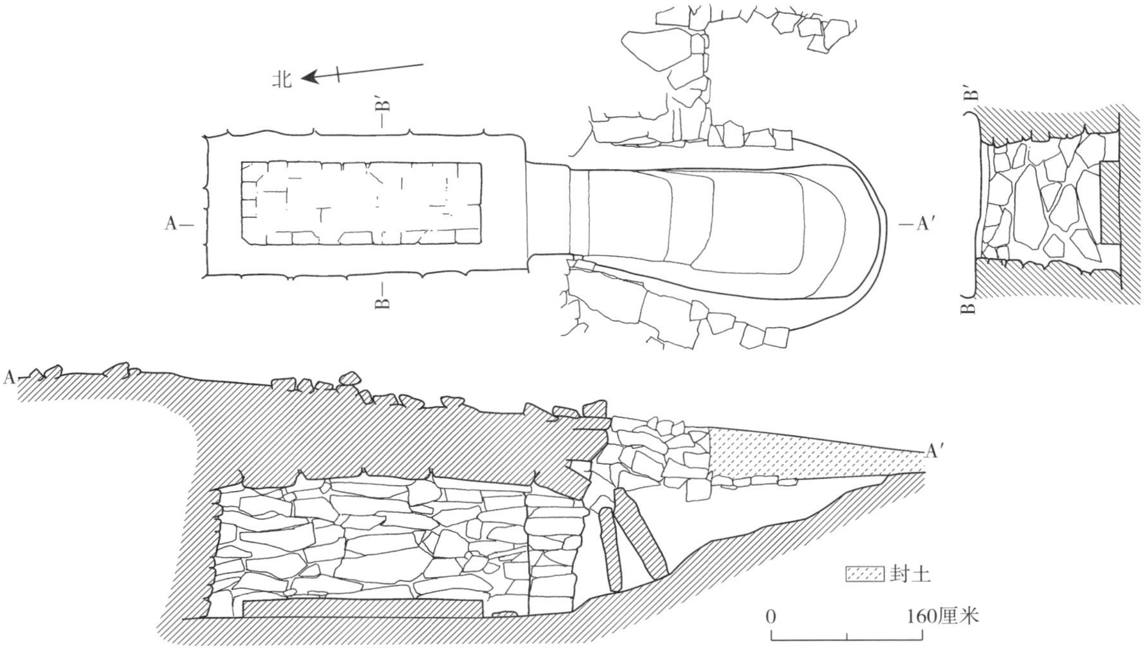

图一八九　M1C 平、剖视图

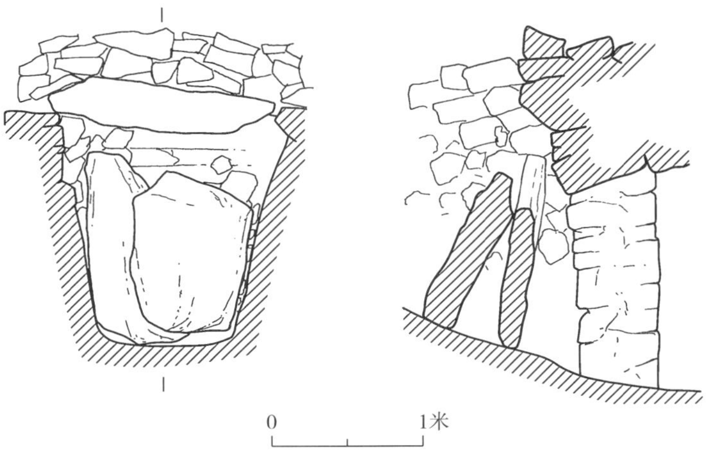

图一九〇　M1C 封门石立、剖视图

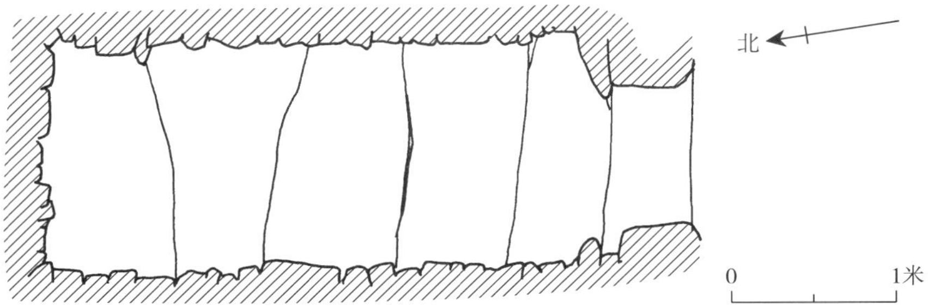

图一九一　M1C 墓室顶视图

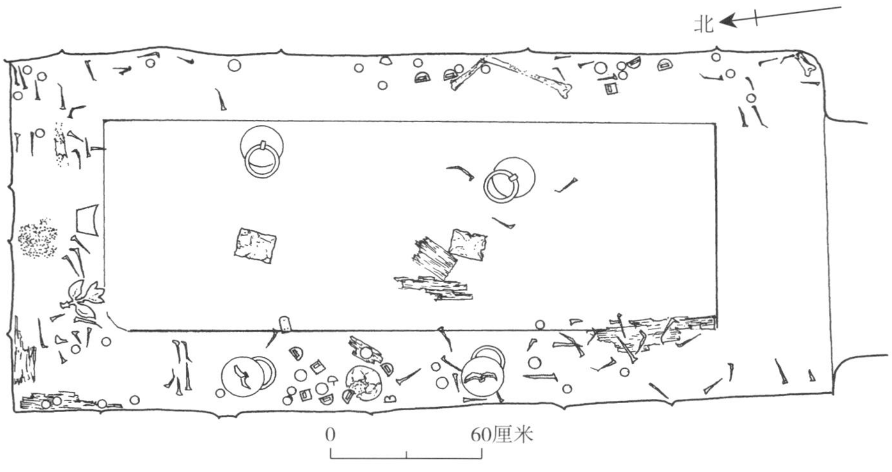

图一九二　M1C 器物分布图

1.石国M1C封门石外石堆（由南向北摄）

2.石国M1C封门石（由南向北摄）

图一九三　M1C 封堵石

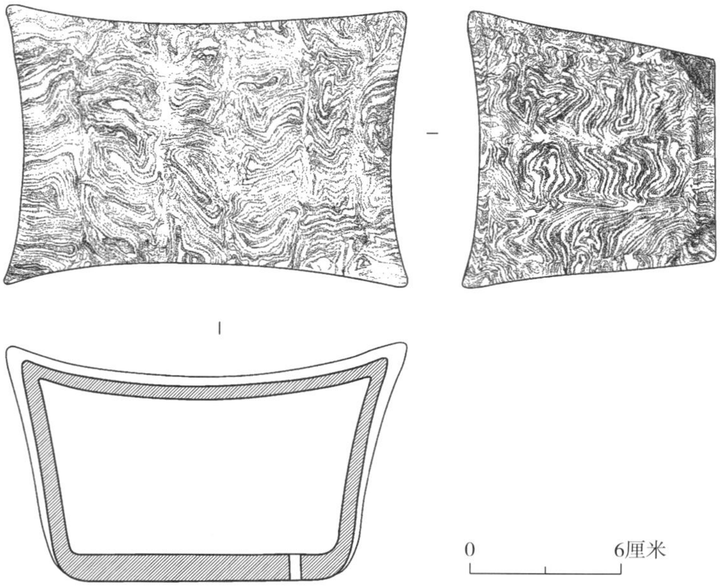

图一九四　M1C 出土绞胎瓷枕（M1C：8）

鎏金铜带具　13件。其中有带銙12件，带扣1件。带銙按形状，可分为方形銙和半圆形銙。

方形带銙　4件。形制基本相同，下有一长方形古眼，背有钉，个别残存背托，尺寸近乎一致。M1C：29，残。长3.1、宽2.6、厚0.4厘米（图一九五，1；彩版一〇八，1）。M1C：34，残。长3、宽2.7、厚0.4厘米（图一九五，2；彩版一〇八，2）。M1C：37，残。长3.2、宽2.8、厚0.4厘米（图一九五，3；彩版一〇八，3）。M1C：98，残。长3、宽2.8、厚0.4厘米（图一九五，4；彩版一〇八，4）。

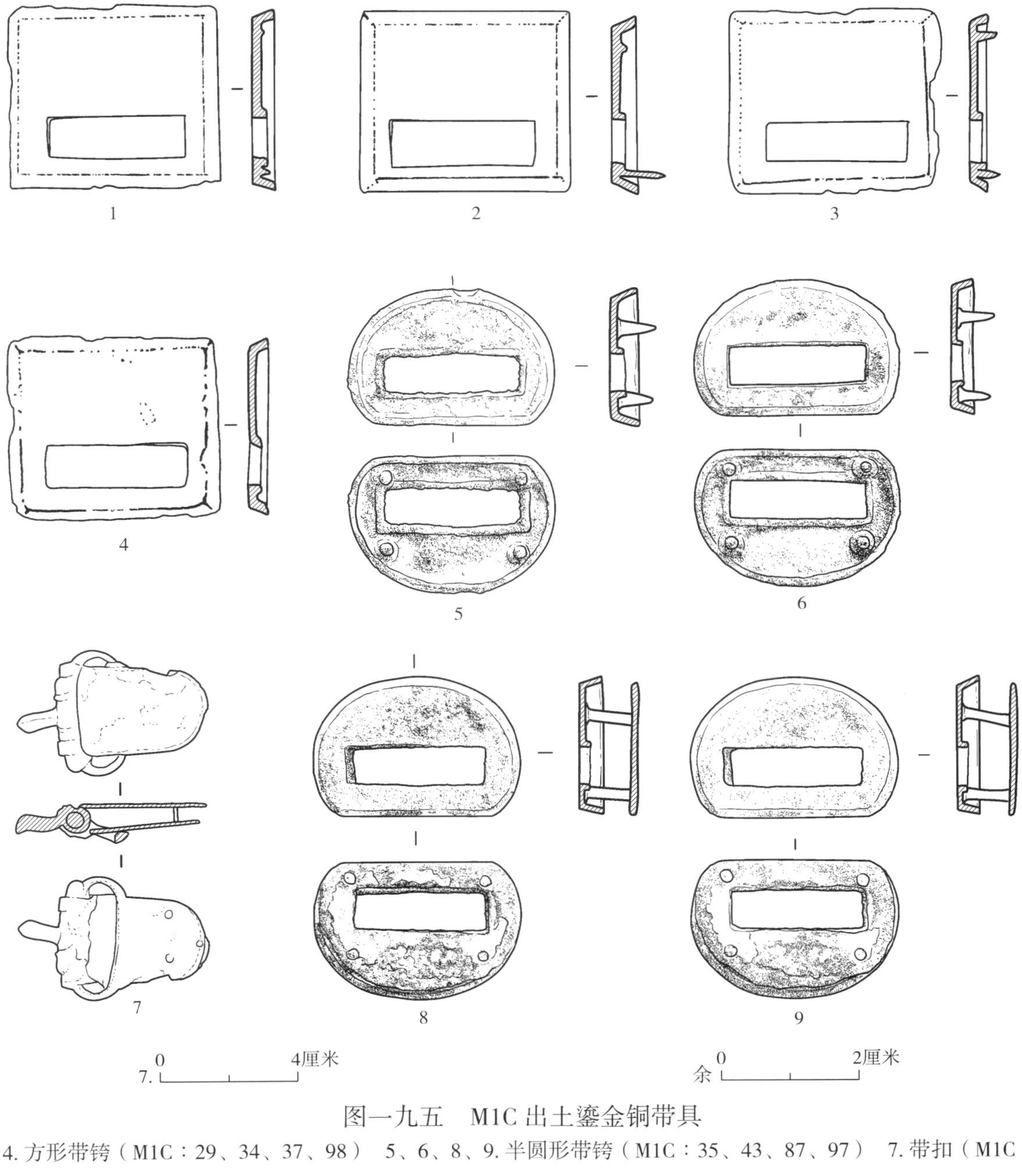

图一九五　M1C出土鎏金铜带具

1~4. 方形带銙（M1C：29、34、37、98）　5、6、8、9. 半圆形带銙（M1C：35、43、87、97）　7. 带扣（M1C：32）

半圆形带銙　8件。形制基本相同，下有一长方形古眼，背有四钉，个别残存背托，尺寸近乎一致。M1C：35，直径2.9、厚0.3厘米（图一九五，5；彩版一〇八，5）。M1C：40，残。直径3.1、厚0.4厘米（彩版一〇八，6）。M1C：41，完整，有背板。直径3.1、厚0.6厘米（彩版一〇九，1）。M1C：43，残。直径3、厚0.4厘米（图一九五，6；彩版一〇九，2）。M1C：84，残。直径2.9、厚0.3厘米（彩版一〇九，3）。M1C：87，完整，有背板。直径3、厚0.8厘米（图一九五，8；彩版一〇九，4）。M1C：97，完整。直径3、厚0.8厘米（图一九五，9；彩版一〇九，5）。M1C：137，残。直径2.9、厚0.4厘米（彩版一〇九，6）。

带扣　1件。M1C：32，扣柄呈半椭圆形，下方有两钉。长3.8、宽2.7、环径3.9厘米（图一九五，7；彩版一〇七，3）。

鎏金铜冠饰　1件。M1C：12，残。由一较厚的金片制成三叶状。中叶直挺，两侧叶作展翅状。展开时宽14、高16.3厘米（图一九六，1；彩版一〇七，2）。

鎏金铜棺环　4件。M1C：1，残。珍珠底，环座上布满宝相花纹，但花蕊处略不同于M1C：6和M1C：50。棺环上布满云纹。座径13、环外径12、内径8、钉身长7.8厘米（图一九六，2）。M1C：6，残。珍珠底，环座上布满宝相花纹，棺环上布满小簇花纹。座径15、环外径11.5、内径7.3、钉身长7厘米（图一九六，3）。M1C：50，残。环座上布满宝相花纹，棺环上布满云纹。座径12.8、环外径11.5、内径7.8、钉身长8厘米（图一九六，4）。

鎏金铜泡钉　31件。钉帽近半圆形，表面鎏金，钉帽边缘有两个小钉用来固定。

M1C：38，右钉略残。钉身长0.5、帽径0.3、直径3.4厘米（图一九八，1；图一九九，2）。M1C：78，钉尖残。嵌入棺木残块。钉身长1.2、帽径0.3、直径3.4厘米（图一九八，2）。M1C：82，钉尖残。嵌入棺木残块。左侧钉身长1.4、右侧钉身长0.9、帽径0.3、直径3厘米（图一九八，3；图一九九，3）。M1C：96，钉尖残。嵌入棺木残块。钉身长0.9、帽径0.3、直径3厘米（图一九八，4）。

铁器残件　1件。M1C：110，残。最长处8、高2.8厘米（图一九八，5）。

方形铁板　2件。铁板上不规则分布有小孔，但分散均匀，夹角处有钉。M1C：4，方形铁板，残，上有小孔40个，一面夹角处有一长1.8厘米的小钉。长16、宽12.5、厚0.3厘米（图一九七，1；图一九九，1）。M1C：5，方形铁板，残。上有小孔若干，一面在两个夹角处各残存一长1.8厘米的小钉。长16.5、宽12、厚0.3厘米（图一九七，2）。

折头铁钉　39件。钉首打制扁平，与钉身略呈直角，钉身较直，截面为方形。M1C：2，尖微残。钉身长8.6厘米（图一九八，6）。M1C：11，嵌入棺木残块中。长8、钉首长1.2厘米（图一九八，7）。M1C：121，尖微残。钉身长9.6厘米（图一九八，8）。

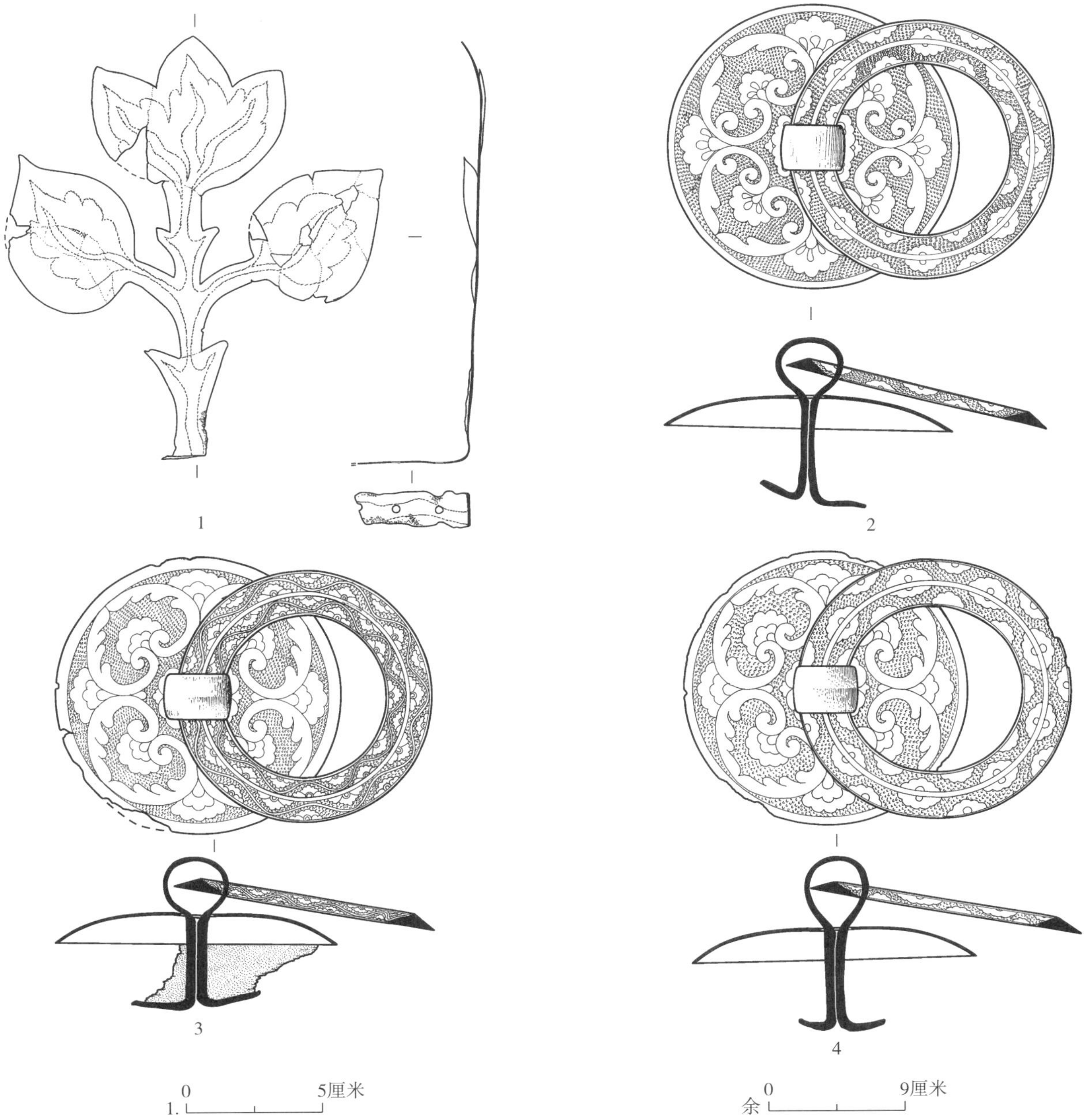

图一九六　M1C 出土铜器

1. 鎏金铜冠饰（M1C：12）　2~4. 鎏金铜棺环（M1C：1、6、50）

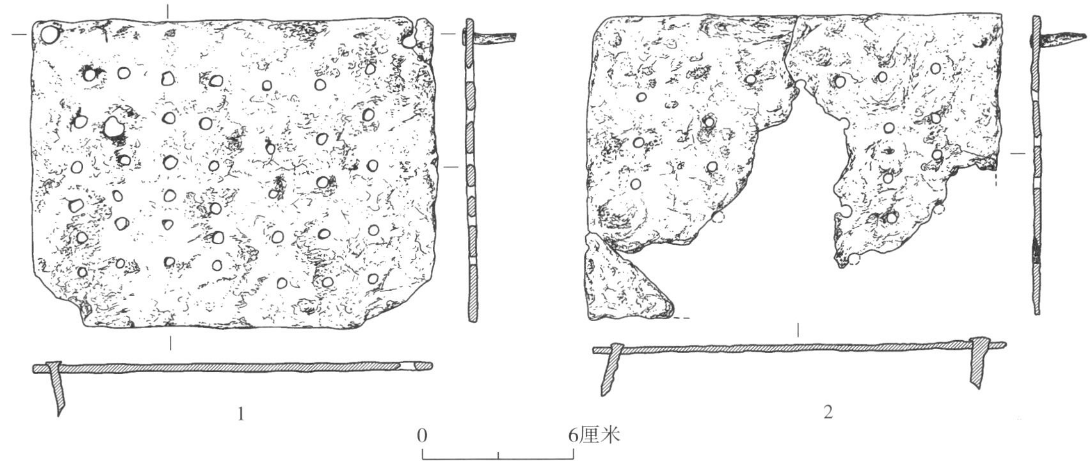

图一九七　M1C 出土方形铁板

1. M1C：4　2. M1C：5

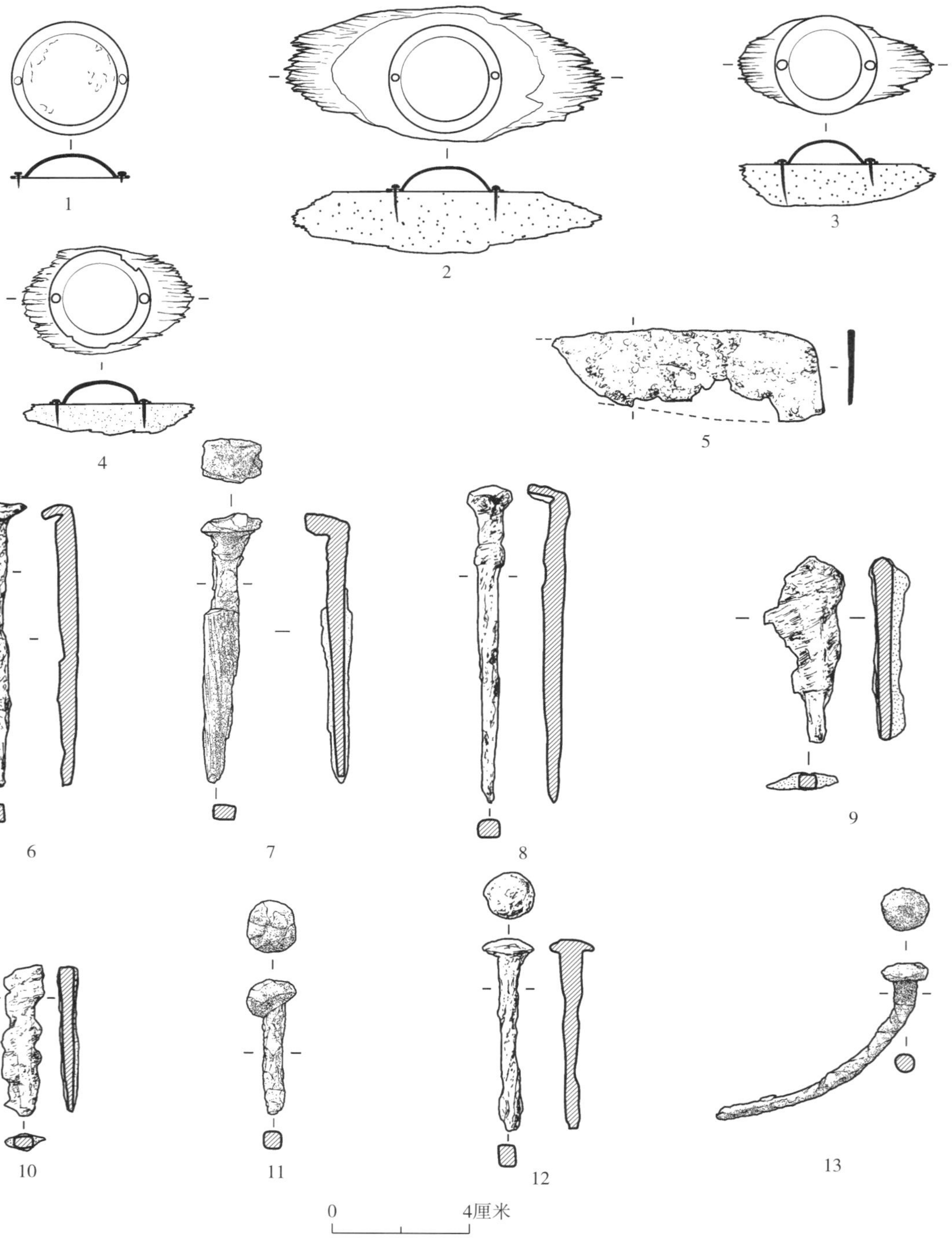

图一九八　M1C 出土金属器

1~4. 鎏金铜泡钉（M1C：38、78、82、96）　5. 铁器残件（M1C：110）　6~8. 折头铁钉（M1C：2、11、121）
9、10. 无头铁钉（M1C：25、31）　11~13. 铁泡钉（M1C：18、70、88）

铁泡钉　6 件。M1C：18，残，缺失钉身下半部。钉身横截面呈三角形。帽径 1.2、钉身残长 3 厘米（图一九八，11）。M1C：70，尖微残。帽径 1.5、钉身长 5.8、横截面长 0.8、宽 0.6 厘米（图一九八，12）。M1C：88，尖微残，钉身微曲，横截面近方形。钉帽

1.方形铁板（M1C：4）

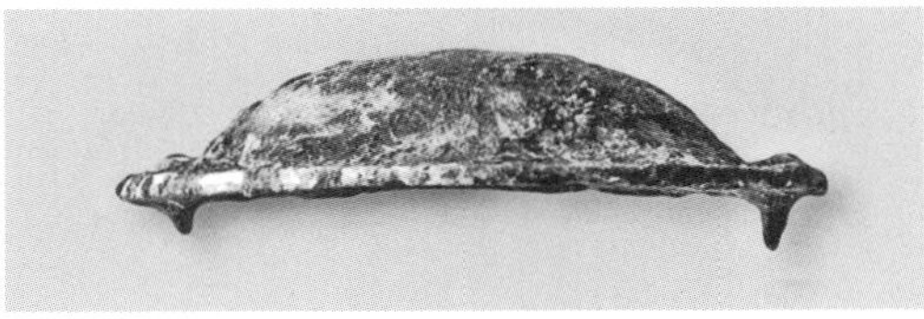

2.鎏金铜泡钉（M1C：38）

3.鎏金铜泡钉（M1C：82）

图一九九　M1C 出土金属器

直径 1.2、钉身长 6.5、横截面边长 0.5 厘米（图一九八，13）。

无头铁钉　32 件。M1C：25，被木块包裹，残。钉身长 5.6、横截面长 0.6、宽 0.5 厘米（图一九八，9）。M1C：31，被木块包裹，残。钉身长 4.5、横截面长 0.6、宽 0.4 厘米（图一九八，10）。

第三节　石国 M2A、M2B

M2A、M2B 为同封异穴石室墓。地表封石下东西并排分布 2 座墓葬，西侧为 M2A，东侧为 M2B。墓葬在山体上开凿出一个长方形墓坑，中间砌宽 1 米的石墙将墓坑一分为二，构成两座墓室的形制（图二〇〇~二〇二）。

一　M2A

（一）墓葬形制

墓道平面呈舌形，南宽北窄，南北长 4.7 米，南侧上宽 1.5、底宽 2.15 米，北侧宽 1.05 米。墓底为斜坡状，坡度 10.6°。墓道内以土石填充（图二〇六）。

墓门以未加修整的石板平放叠压封堵，封门石共 6 层，整体厚 0.8 米。封门石南侧有厚 0.65 米的封堵石，以防止封门石倒塌（图二〇三）。

墓室平面呈圆角长方形，南北长 3.1、东西宽 1.6、高 1.55 米。墓顶盖石现存 3 块，均位于北侧，南侧被盗洞破坏（图二〇四、二〇七）。墓室东壁为 M2A 和 M2B 共用的石砌隔墙，其余墙壁均为开凿后的自然山石。墙壁表面涂抹一层白灰，多已脱落，底部尚有部分保存。墓室底部亦为自然山石（彩版一一〇）。

墓室被盗，未发现棺床，人骨、木棺被盗墓者严重扰乱，人骨应分属两个个体。墓

图二〇〇　石国 M2 发掘后全景（由南向北摄）

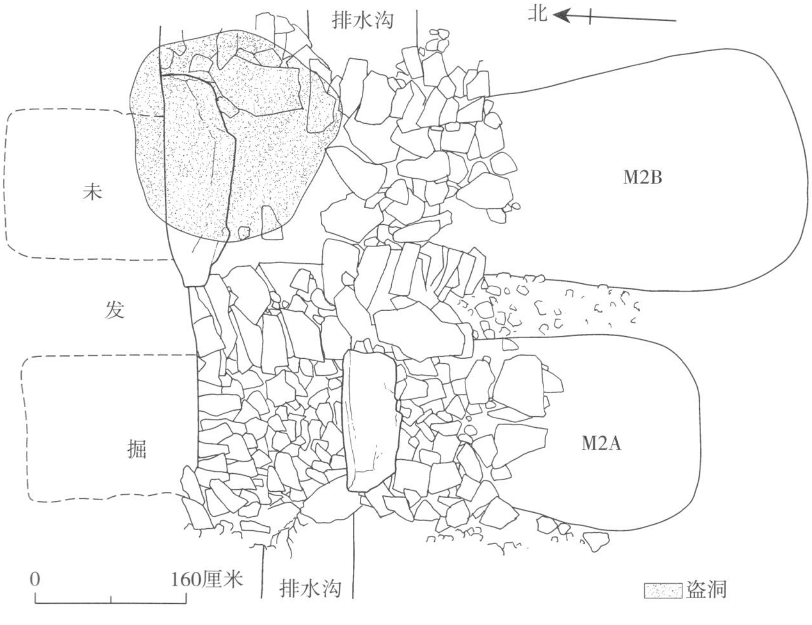

图二〇一　石国 M2 墓葬平面图

室中出土玛瑙带铐、玛瑙铊尾、鎏金铜棺环、铜泡钉、铁钉等器物（图二〇五）。

（二）出土遗物

陶器口沿　1 件。M2A：96，残，深灰色泥质陶。弧壁，束口。长 7、高 3.4 厘米（图二〇八，1；图二一二，1）。

鎏金铜托玛瑙带铐　13 件。都为玛瑙质表面，且表面无钉，背面为鎏金铜托，可见

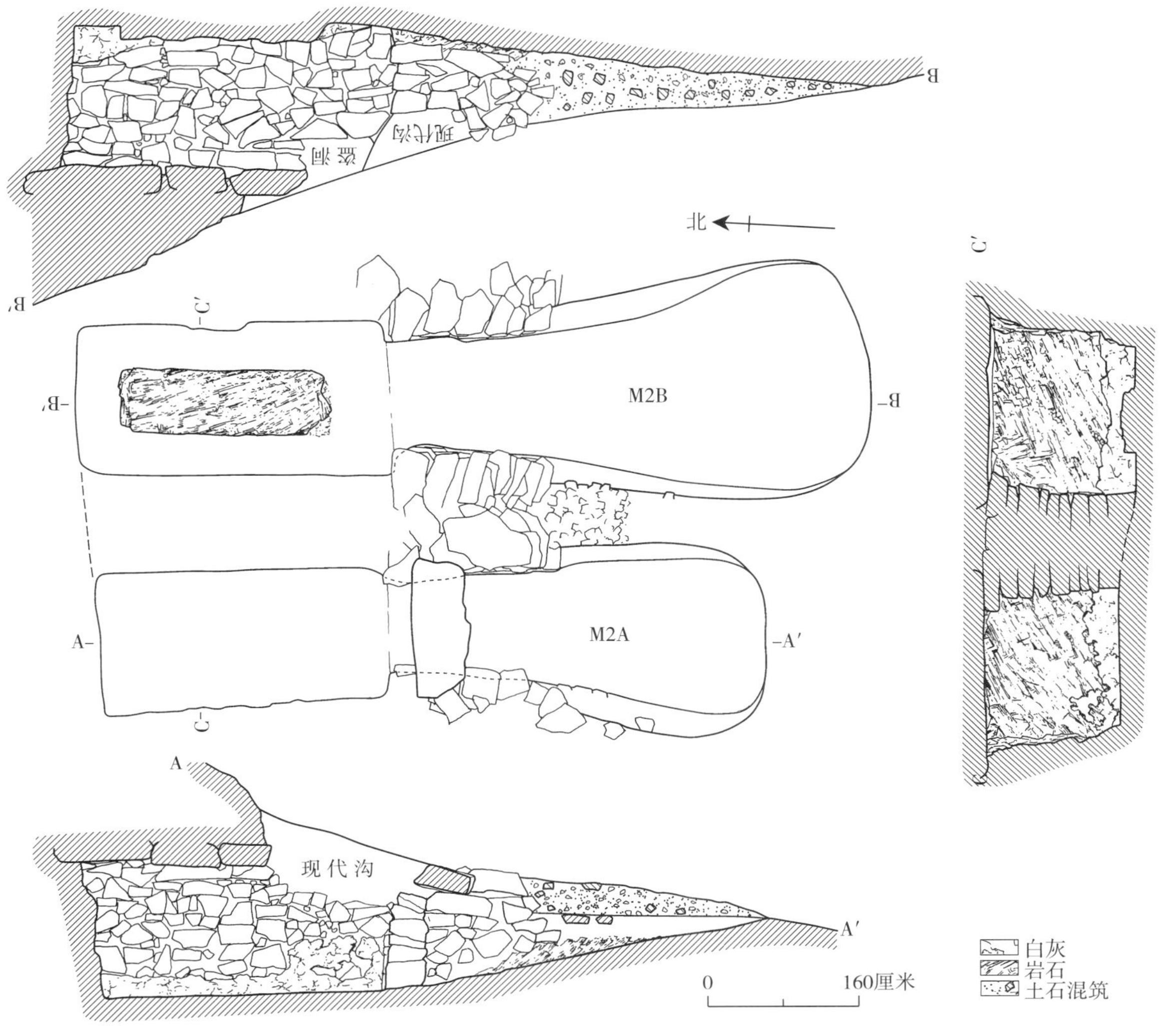

图二〇二　石国 M2 墓葬平、剖视图

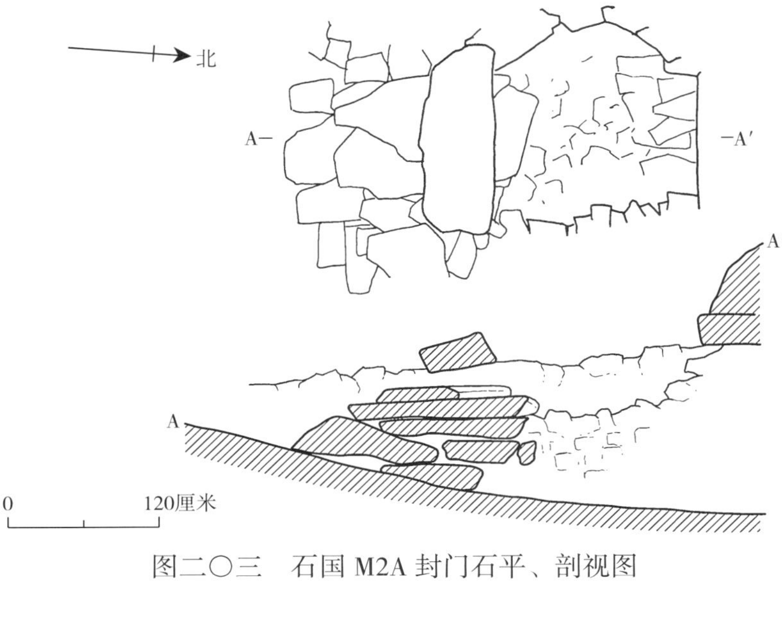

图二〇三　石国 M2A 封门石平、剖视图

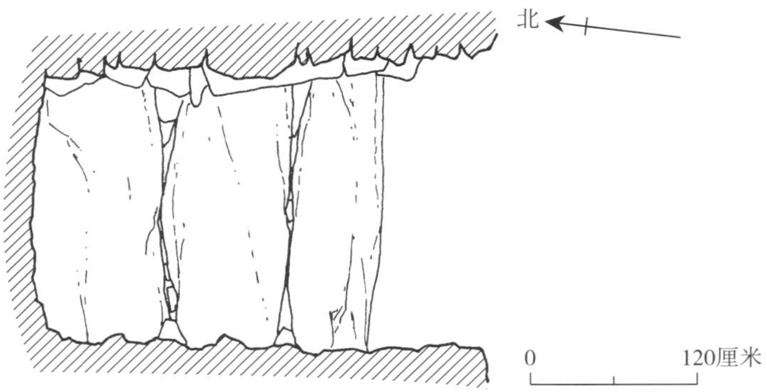

图二〇四　石国 M2A 墓室顶视图

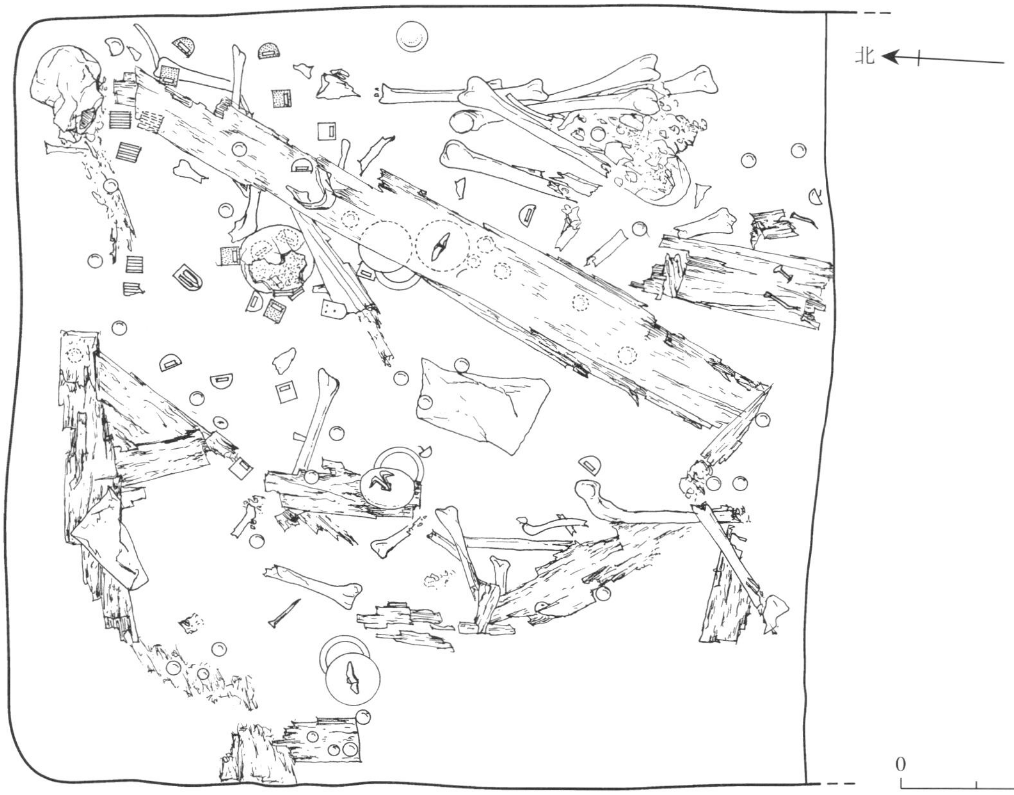

图二〇五　石国 M2A 器物分布图

图二〇六　石国 M2A 墓道及封堵石（由南向北摄）

图二〇七　石国 M2A 墓顶盖石

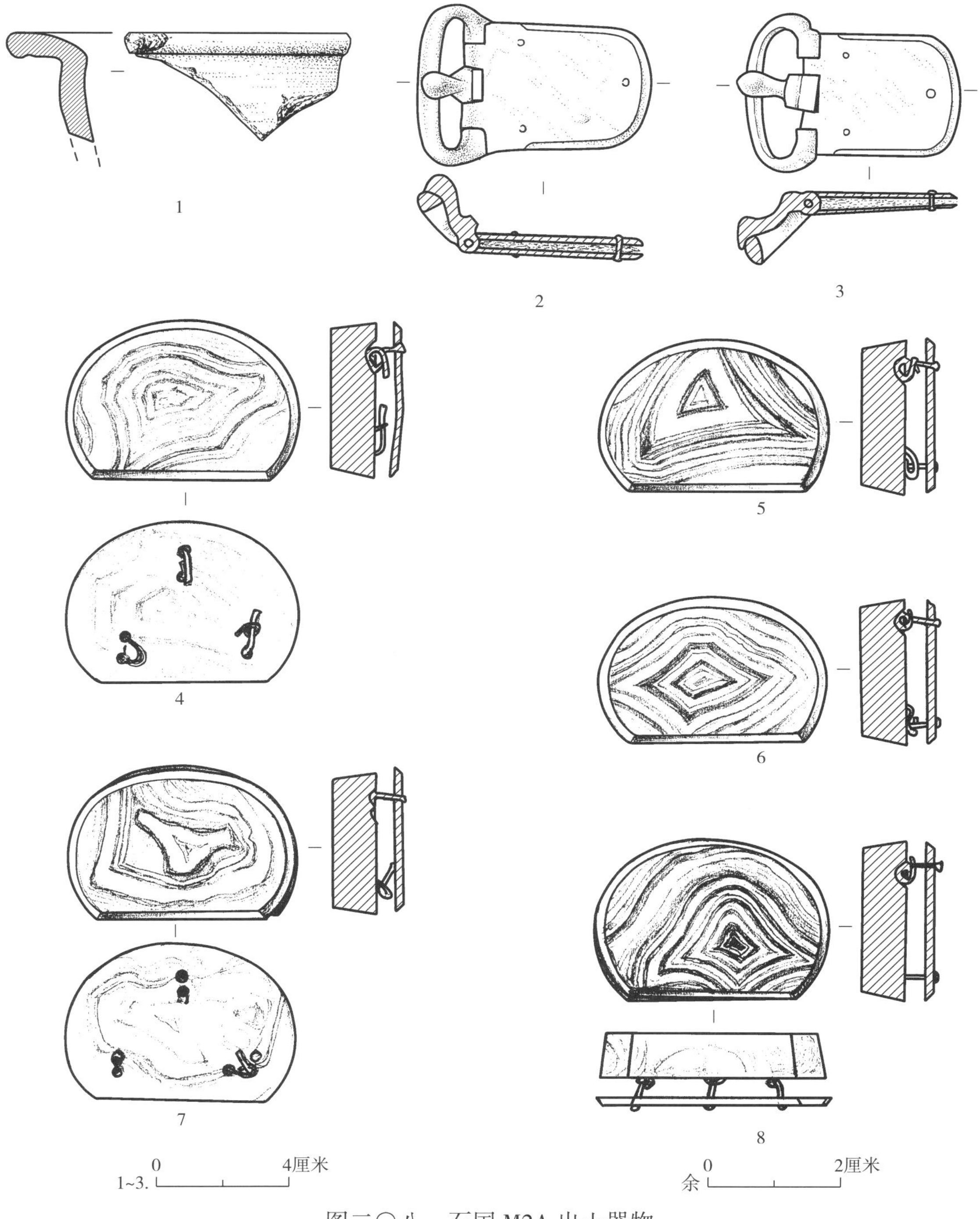

图二〇八　石国 M2A 出土器物

1. 陶器口沿（M2A：96）　2、3. 鎏金铜带扣（M2A：1、62）　4~8. 半圆形铜托玛瑙带銙（M2A：2、10、11、48、71）

用于固定的银钉。按形状，可分为方形和半圆形两种。方銙背面有 4 钉，半圆形銙背面有 3 钉。

方形玛瑙带銙　4 件。M2A：4，长 3.7、宽 3.4、厚 1 厘米（图二〇九，1；彩版一一一，1）。M2A：8，完整，背面有圆环。长 3.7、宽 3.4、厚 0.8 厘米（图二〇九，4；

彩版一一一，2）。M2A：65，残，背板固定钉子脱落，仅存1个。长3.6、宽3.4、厚0.7厘米（图二〇九，3；彩版一一一，3）。M2A：69，完整。长3.7、宽3.5、厚0.7厘米（图二〇九，2；彩版一一一，4）。

半圆形玛瑙带銙　9件。M2A：2，完整。底边2.7、厚0.7厘米（图二〇八，4；彩版一一二，1）。M2A：3，残，背面可见原有3钉，仅存1钉。底边2.6、厚0.7厘米（彩版一一二，2）。M2A：10，完整。底边2.7、厚0.7厘米（图二〇八，5；彩版一一二，3）。M2A：11，完整。底边2.6、厚0.7厘米（图二〇八，6；彩版一一二，4）。M2A：43，残，背面缺2钉。底边2.8、厚0.7厘米（彩版一一二，5）。M2A：48，残，背面缺1钉。底边2.7、厚0.7厘米（图二〇八，7；彩版一一二，6）。M2A：66，残，背面缺1钉。底边2.6、厚0.7厘米（彩版一一三，1）。M2A：71，残，背面缺2钉。底边2.6、厚0.7厘米（图二〇八，8；彩版一一三，2）。M2A：73，完整。底边2.6、厚0.7厘米（彩版一一三，3）。

玛瑙铊尾　1件。M2A：9，完整，背面可见2钉，无金属托。长5、宽3.7、厚1厘米（图二〇九，5；彩版一一三，4）。

玳瑁带銙　9件。形制一致，都为方形，表面有银钉，尺寸近乎一致。M2A：6，残。长3.6、宽3.3厘米（图二一〇，1；彩版一一三，5）。M2A：46，残，缺一角。长3.7、宽3.5厘米（图二一〇，2；彩版一一三，6）。M2A：47，残，仅存一半。长3.6、宽3.3厘米（图二一〇，3；彩版一一四，1）。M2A：55，残。长3.7、宽3.4厘米（图二一〇，4；彩版一一四，2）。M2A：56，残，缺一角。长3.6、宽3.4厘米（图二一〇，5；彩版一一四，3）。M2A：61，残，右下角缺失。长3.7、宽3.4厘米（图二一〇，6；彩版一一四，4）。M2A：63，残。长3.7、宽3.4厘米（图二一〇，7；彩版一一四，5）。M2A：64，完整。长3.8、宽3.5厘米（图二一〇，8；彩版一一四，6）。M2A：68，残。长3.8、宽3.4厘米（图二一〇，9；彩版一一五，1）。

鎏金铜带扣　2件。M2A：1，完整。扣柄长5.7、宽4、环径5.1、厚0.7厘米（图二〇八，2；彩版一一一，5）。M2A：62，完整。扣柄长4.8、宽3.8、环径4.9、最厚处0.7厘米（图二〇八，3；彩版一一一，6）。

鎏金铜棺环　4件。M2A：12，残。钉身弯曲。座径12、环外径10.6、内径7.6、钉身长11.8厘米（图二一一，1）。M2A：13，残。座径11.6、环外径10.6、内径7.6、钉身长7.5厘米（彩版一一五，2）。M2A：14，残。钉身弯曲。座径11.85、环外径10.8、内径7.6、钉身长8.2厘米（图二一一，2）。M2A：72，残。座径11.6、环外径10.5、内径7.7、钉身长9.4厘米（彩版一一五，3）。

鎏金铜泡钉　50件。泡钉钉帽呈伞状，圆形，表面鎏金，钉身截面呈长方形。按钉帽尺寸，可分为两种。

钉帽稍小者　42件。M2A：44，完整，钉身嵌入棺木残块中。帽径2.8厘米（图

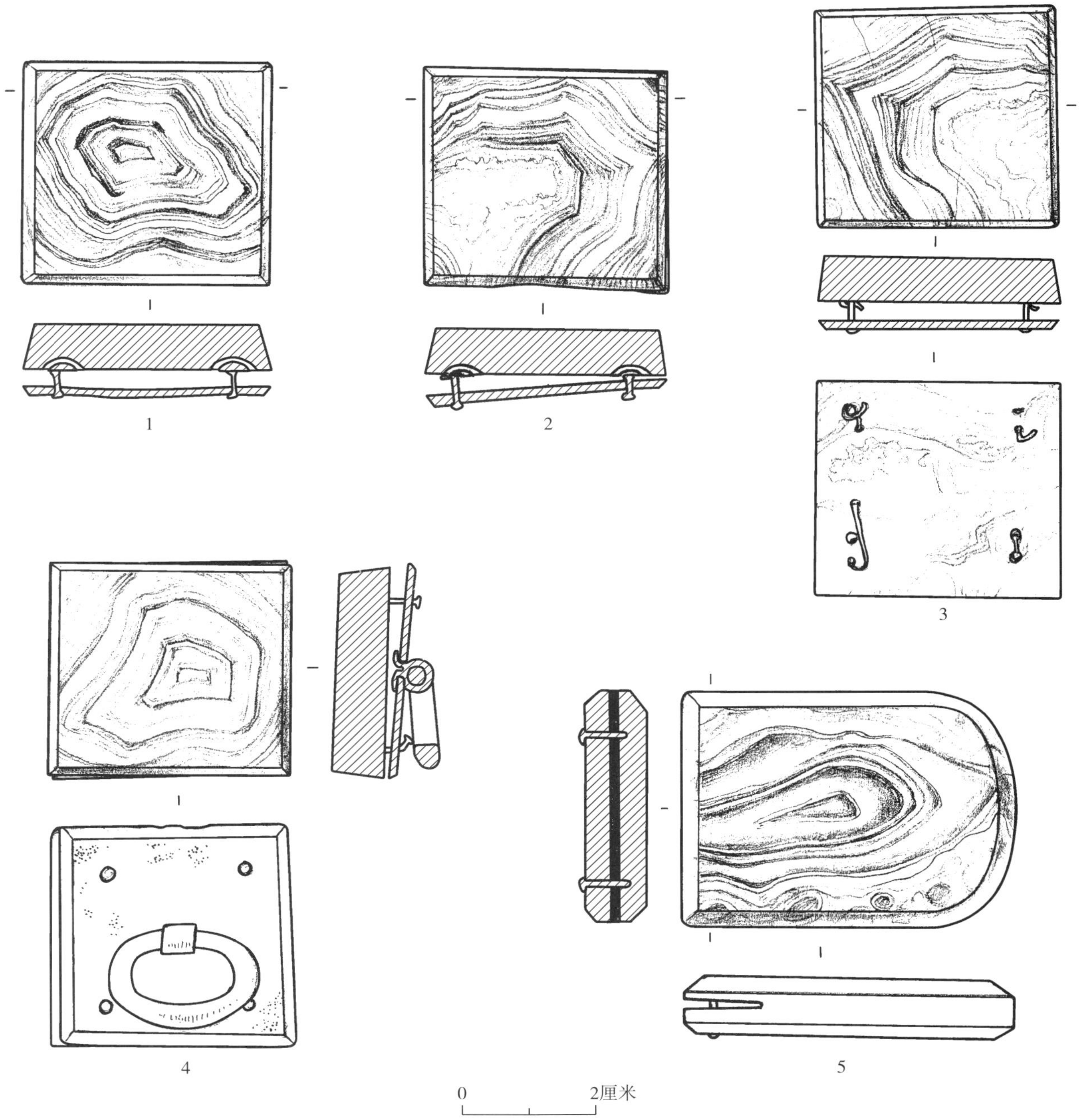

图二〇九　石国 M2A 出土玛瑙带具

1~4. 方形铜托玛瑙带銙（M2A：4、69、65、8）　5. 玛瑙铊尾（M2A：9）

二一一，3）。M2A：59，完整，钉身嵌入棺木残块中。长 2.4、帽径 2.8 厘米（图二一一，4）。M2A：76，尖微残。钉身嵌入棺木残块中。长 2.7、帽径 2.7 厘米（图二一一，5）。

钉帽稍大者　8 件。M2A：36，钉尖残。钉身长 1.4、帽径 3 厘米（图二一一，6）。M2A：38，钉尖残。钉身长 2.7、帽径 3.2 厘米（图二一一，7；图二一二，2）。M2A：80，完整，钉身较直。长 2.2、帽径 3 厘米（图二一一，8）。

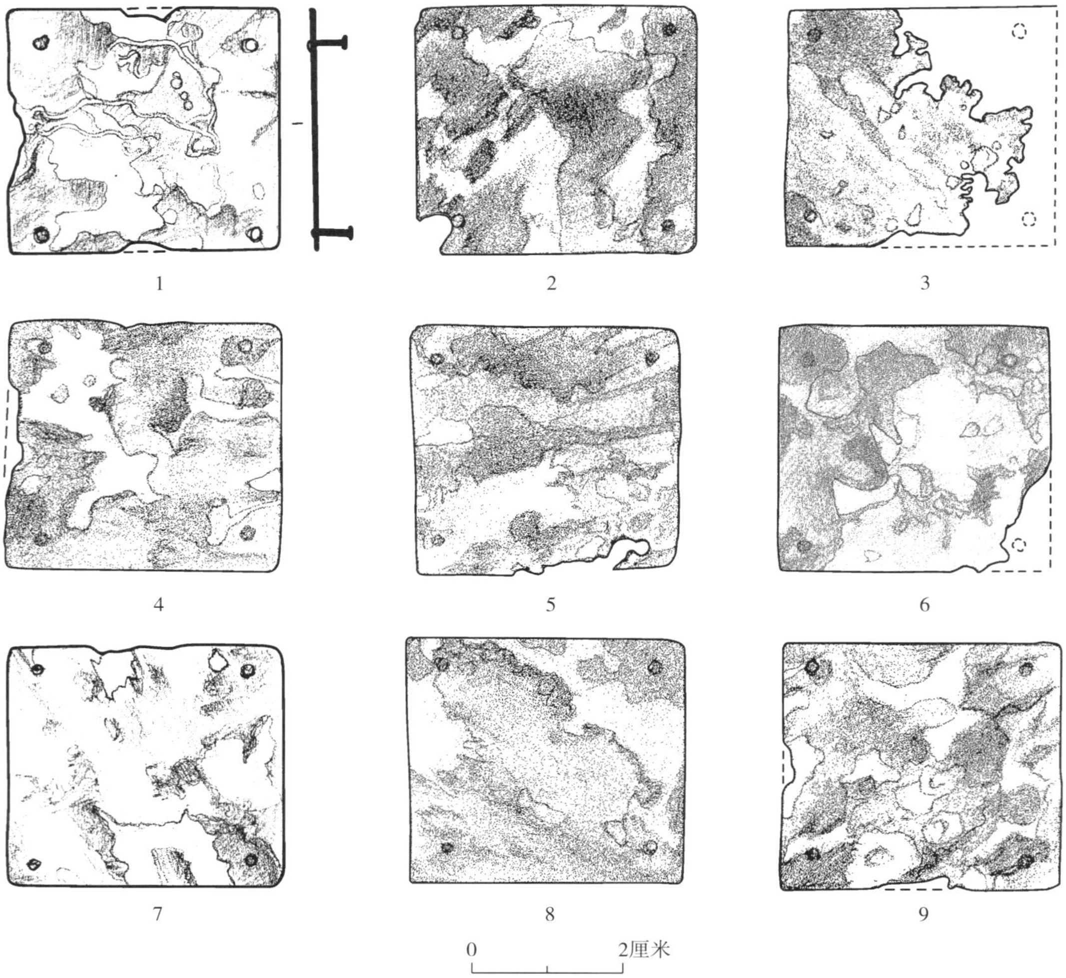

图二一〇　石国 M2A 出土玳瑁带銙

1. M2A：6　2. M2A：46　3. M2A：47　4. M2A：55　5. M2A：56　6. M2A：61　7. M2A：63　8. M2A：64　9. M2A：68

鎏金大铜泡钉　1 件。M2A：75，残，表面饰有宝相花纹。直径 9.6 厘米（彩版一一五，4）。

折头铁钉　15 件。钉首打制扁平，与钉身近呈直角，钉身截面为方形。M2A：31，钉尖残。钉身长 4.3 厘米（图二一一，9）。M2A：81，钉尖残。钉身长 4.9 厘米（图二一一，10）。M2A：90，完整，钉身较直。长 4.8、钉首长 0.8 厘米（图二一一，11）。

无头铁钉　4 件。钉身截面为长方形。M2A：84，尖微残。钉身较直。残长 7.2 厘米（图二一一，12）。M2A：86，残，钉身部分缺失，尖微残，钉身较直。残长 6.8 厘米（图二一一，13）。

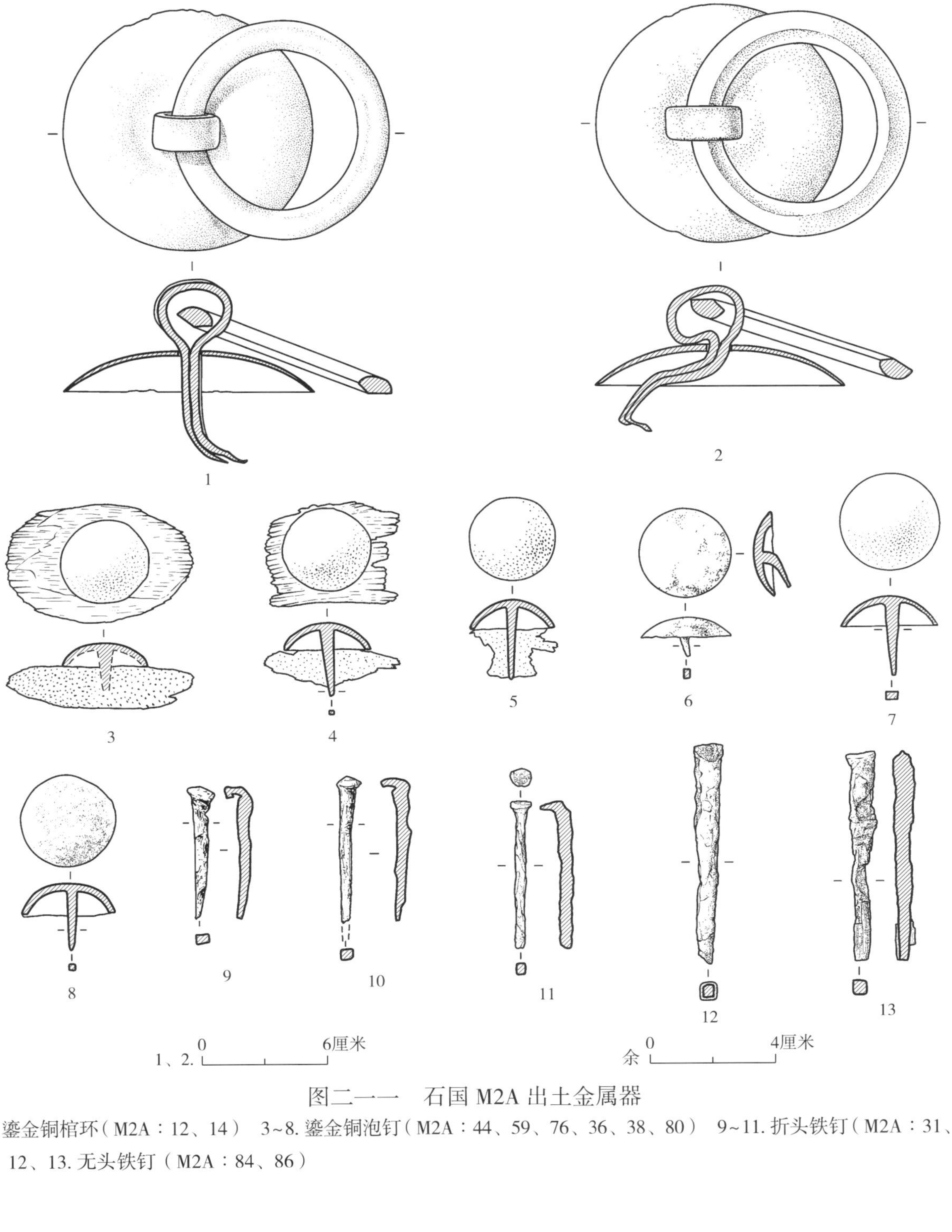

图二一一　石国 M2A 出土金属器

1~2. 鎏金铜棺环（M2A：12、14）　3~8. 鎏金铜泡钉（M2A：44、59、76、36、38、80）　9~11. 折头铁钉（M2A：31、81、90）　12、13. 无头铁钉（M2A：84、86）

二　M2B

（一）墓葬形制

墓道平面呈舌形，南宽北窄，南北长 5.2、东西宽 1.7~2.5 米。墓底为斜坡状，坡度

1.陶器口沿（M2A：96）

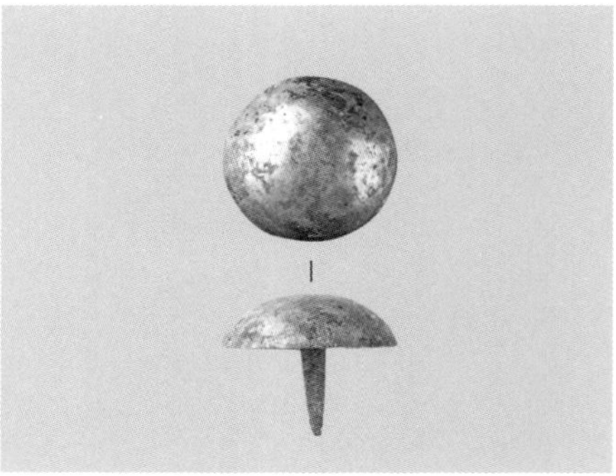

2.鎏金铜泡钉（M2A：38）

图二一二　石国 M2A 出土器物

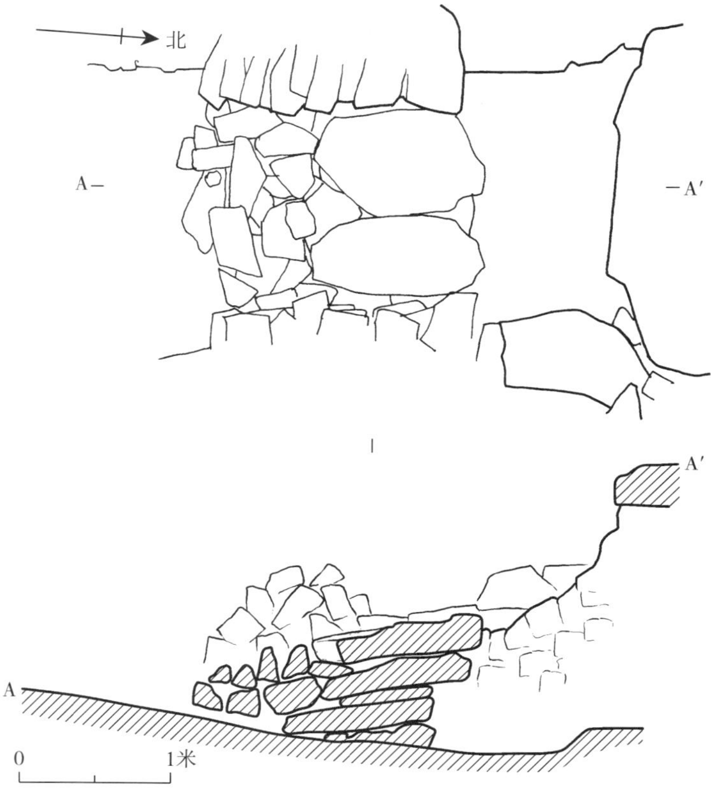

图二一三　石国 M2B 封门石平、剖视图

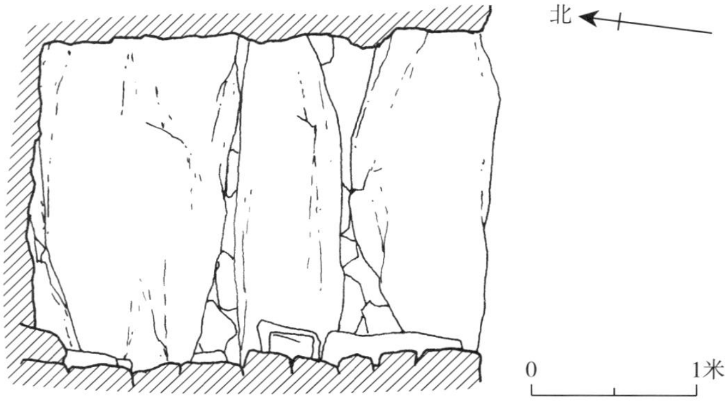

图二一四　石国 M2B 墓室顶视图

7°。墓道内以土石填充（图二一五）。

墓门同样以石板平砌封堵，共5层。封门石南侧又以较大的碎石封堵，封堵石墙长1.45、宽1.05米（图二一三）。

墓室平面呈圆角长方形，南北长3.3、东西宽1.7、高1.55米。墓顶盖石现存3块，均位于北侧，南侧被现代沟破坏（图二一四、二一六）。墓室西壁为M2A和M2B共用的石砌隔墙，其余墙壁均为开凿后的自然山石。墙壁表面涂抹一层白灰，多已脱落，底部尚有部分保存。墓室底部亦为自然山石。墓室正中有长方形棺床，直接在山体上开凿形成，与墓室为一体。棺床南北长2.25、东西宽0.72、高0.2米（彩版一一六）。

墓室已被盗扰，发现少许扰乱的人骨，应分属两个个体。残存少许陶片和棺钉等遗物。

图二一五　石国M2B墓道及墓室（由南向北摄）

图二一六　石国M2B北壁凿痕及西壁（由南向北摄）

（二）出土遗物

陶器　2件。均为残片，出自墓道。

陶器腹片　1件。M2B∶10，夹砂红陶，轮制。长7.7、宽4.8、壁厚0.8厘米（图二一七，1）。

陶器底　1件。M2B∶13，夹砂灰陶，轮制。斜壁，平底。底径约15.5、高3厘米（图二一七，2）。

鎏金铜泡钉　4件。泡钉钉帽呈伞状，圆形，表面鎏金，钉身截面呈长方形。按钉帽尺寸，可分为两种。

钉帽稍大者　3件。M2B∶11，完整。钉身长1.9、帽径3.2厘米（图二一七，3）。M2B∶14，钉尖残。钉身长1.3、帽径2.7厘米（图二一七，4）。M2B∶17，完整，嵌入棺木残块。钉身长1.8、帽径3.9厘米（图二一七，6）。

钉帽稍小者　1件。M2B∶16，嵌入棺木残块。钉帽直径1.7厘米（图二一七，5）。

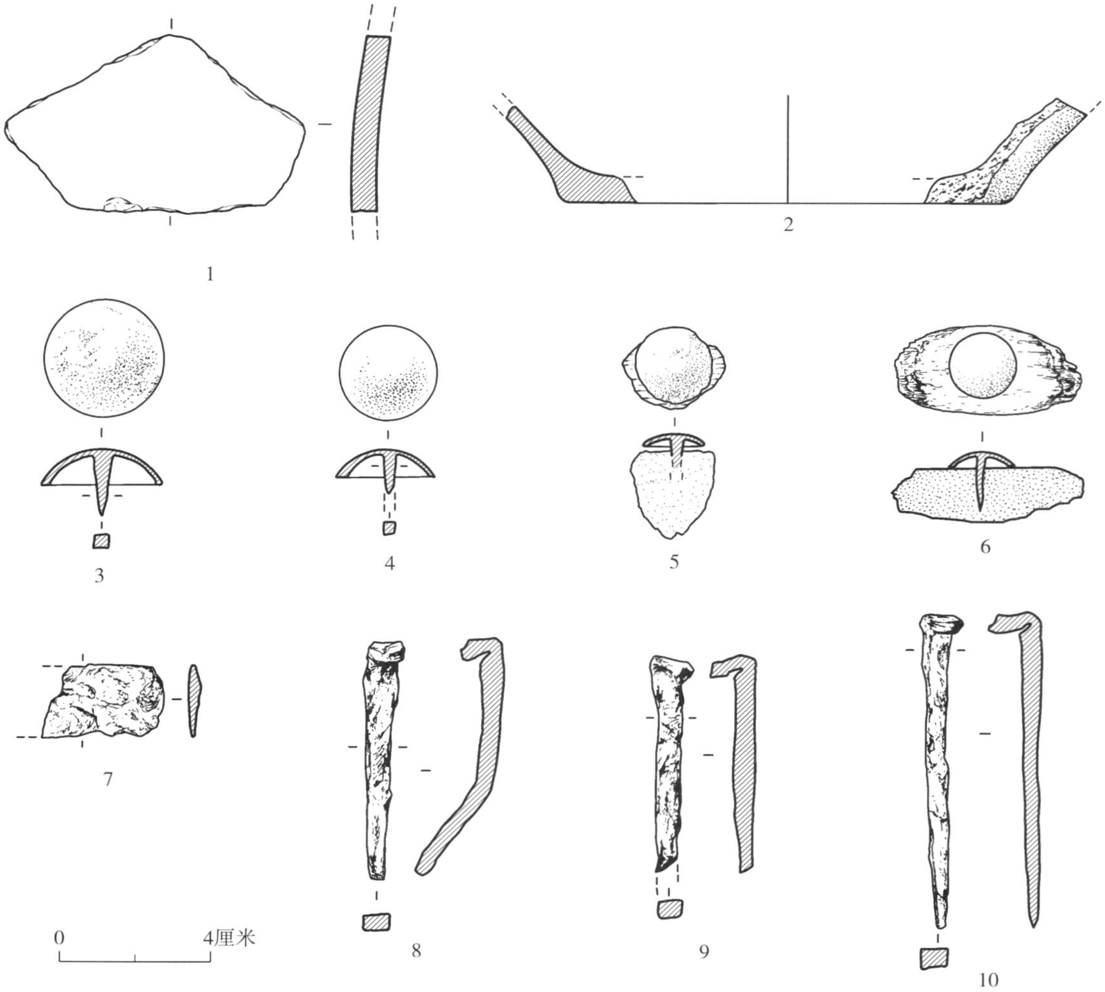

图二一七　石国 M2B 出土器物

1. 陶器腹片（M2B：10）　2. 陶器底（M2B：13）　3~6. 鎏金铜泡钉（M2B：11、14、16、17）　7. 铁刀（M2B：9）　8~10. 折头铁钉（M2B：1、8、12）

铁刀　1 件。M2B：9，残。长 3.2、宽 2 厘米（图二一七，7）。

折头铁钉　3 件。钉首打制扁平，与钉身略呈直角，钉身截面为长方形。M2B：1，钉尖残。钉身长 6.6、帽径 1.2 厘米（图二一七，8）。M2B：8，钉尖残。钉身长 6、帽径 1.3 厘米（图二一七，9）。M2B：12，钉尖残。钉身长 8.7、帽径 1.5 厘米（图二一七，10）。

第四章 结 语

龙头山墓地发现于20世纪80年代，目前已确认墓地由南至北分布有石国墓区、龙海墓区、龙湖墓区[1]。本报告即汇总了石国墓区、龙海墓区尚未公布的考古发掘资料，并提出现阶段对墓地的认识。

第一节 墓地年代

龙海墓区发现的三座纪年墓，为确认墓区的年代提供了实证。孝懿皇后墓志记载："以宝历二年（775年）二月五日戊辰，薨于文思堂侧寝……其年冬十月廿四日甲申，迁葬于珍陵台，礼也。"这是龙海墓区目前发现最早的纪年墓。其次是贞孝公主墓，据墓志记载：贞孝公主，"粤以大兴五十六年（792年）夏六月九日壬辰，终于外第……其年冬十一月廿八日巳卯，陪葬于染谷之西原，礼也。"[2]最晚的纪年墓是顺穆皇后，墓志记载其迁葬于龙海墓区的时间是"建兴十二年（829年）七月十五日迁安□陵，礼也"。据此，龙海墓区的年代应在8世纪后半叶至9世纪前半叶。

龙海墓区除了三座纪年墓可以作为墓区年代的实物证据外，出土器物亦可视为墓区年代的佐证。M13出土的菱花形银背铜镜，制作工艺十分考究，是唐代创造的特种工艺镜，出现并流行于7世纪末至8世纪中晚期，也是唐朝馈赠、赏赐、邀功等的主要用品[3]。M13出土的这款铜镜，即应是唐朝馈赠、赏赐给渤海王室的。该镜不仅与唐李倕（736年卒）墓出土的"内弧八角形，镶嵌的银背为鸟兽葡萄图案，纽做成俯卧状怪兽，镜背鱼子纹底上高浮雕对称的两个狮形怪兽和两只展翅飞翔状的瑞鸟，间以八串葡萄和枝蔓叶片"银背铜镜非常接近[4]，而且与河南偃师杏园唐墓中唐期M2603李景由纪年墓玄

[1] 龙头山墓地已经发表的龙海墓区贞孝公主墓（M1），龙湖墓区1号墓未收入本报告中。查阅参见，延边朝鲜族自治州博物馆：《渤海贞孝公主墓发掘清理简报》，《社会科学战线》1982年第1期。朴润武：《龙头山龙湖墓区调查与发掘》，《渤海墓葬研究·附录三》，吉林人民出版社，2000年。

[2] 渤海文王大钦茂（737~794年）继位初始年号为大兴，774年曾改元宝历，晚年复称大兴。参见阎万章：《渤海"贞惠公主墓碑"的研究》，《考古学报》1956年第2期。

[3] 秦浩：《隋唐考古》，南京大学出版社，1996年。

[4] 陕西省考古研究院：《唐李倕墓发掘简报》，《考古与文物》2015年第6期。

宗开元二十六年（738 年）出土的菱花形镜 B 形 Ⅰ 式鸾鸟瑞兽镜十分相似[1]。M13 出土的平脱漆奁，采用的是“金银平脱”工艺，其工艺精美奇绝，出现并流行于盛唐时期。平脱漆器也是唐皇赏赐大臣，赠予邻国、藩属的奢侈品。但安史之乱后，平脱器成为唐朝禁绝品，肃宗乾元二年（759 年）十二月布诏“禁珠玉、宝钿、平脱、金泥、刺绣”[2]；代宗大历七年（772 年）六月再次下诏“诫薄葬，不得造假花果及金手脱宝钿等物”[3]。两次禁令之后，平脱器生产一落千丈，渐渐退出了历史舞台。M13 出土的平脱漆奁，应是在两次禁令前由唐皇赏赐、赠予渤海王室的。另外，平脱漆奁上的两只孔雀相向衔绶带飞舞图案与西安何家村窖藏出土的银盒上金花孔雀图案几近相同。有学者认为该窖藏绝大多数遗珍年代应早于 763 年[4]。平脱漆奁盖中心所饰盘龙纹图案，是唐代铜镜常见之纹样，流行于唐玄宗（712~756 年）时期[5]。M10 出土的三彩男俑，头戴幞头，身穿圆领长衫，腰系带，铊尾在后腰处下垂，与唐长安城郊盛唐时期的鲜于庭海墓（723 年）出土的男俑很相近[6]，出土的三彩女俑，其发髻在中原地区盛唐时期的女俑发髻中均可找到相似之处[7]，出土的一对子母玉狮，见于辽宁朝阳唐韩贞墓，该墓主人葬于天宝三年（744 年）[8]。1 号建筑址出土的兽面脊头瓦，此前仅发现于六顶山墓地 Ⅰ 墓区 M1、M3、M4、M5[9]，这种用于斜脊下的装饰瓦件，其主要流行于渤海早期，于 8 世纪中叶逐渐为兽头所取代[10]，出土的网格纹、绳纹板瓦，与磨盘村山城 6 号建筑址出土的同类瓦件具有很强的一致性，发掘者认为此类纹饰瓦件应属于渤海早期遗存。也有学者指出，这种纹饰瓦件流行于渤海早期，渤海中晚期的西古城、八连城、上京城等渤海王城已无此类遗存，而且与纹饰瓦件共出的无榫头筒瓦也代表渤海早中期的制瓦工艺[11]。以上龙海墓区出土的遗物年代，皆与三座纪年墓的年代不悖。

石国墓区虽然没有发现纪年墓，但从墓葬形制、埋葬习俗、出土文物等方面判断，其年代要略早于龙海墓区。M2 凿山岩体以为墓穴，然后在墓穴中间筑墙一分为二，形成两个墓室，并构成两墓一组，这种同穴异室、两墓一组的形式，不见渤海其他墓地，应

[1] 中国社会科学院考古研究所:《偃师杏园唐墓》，科学出版社，2001 年。
[2] 《新唐书·肃宗纪》，中华书局，1975 年，第 159 页。
[3] 《旧唐书·代宗纪》，中华书局，1975 年，第 300 页。
[4] 杭志宏:《对何家村遗宝的一些新认识》,《文物天地》2016 年第 6 期。
[5] 秦浩:《隋唐考古》，南京大学出版社，1996 年。
[6] 中国社会科学院考古研究所:《唐长安城郊隋唐墓》，文物出版社，1980 年。
[7] 秦浩:《隋唐考古》，南京大学出版社，1996 年，第 180 页。
[8] 朝阳地区博物馆:《辽宁朝阳唐韩贞墓》,《考古》1973 年第 6 期。
[9] 吉林省文物考古研究所、敦化市文物管理所:《六顶山渤海墓葬——2004~2009 年清理发掘报告》，文物出版社，2012 年。
[10] 武松、冯恩学:《浅析渤海的脊头瓦和兽头》,《考古》2020 年第 12 期。
[11] 武松:《渤海曲背檐头筒瓦新探》,《边疆考古研究》第 28 辑，科学出版社，2020 年。武松:《渤海文化来源研究——以考古资料为中心》，吉林大学博士学位论文，2019 年。

属渤海早期高等级墓葬，年代上要早于龙海墓区两墓一组、彼此为邻、异穴异室的形制。凿山岩为墓的做法，应是受到中原地区唐代帝王陵墓“因山为陵”的影响[1]。M1 虽为同封异穴三室墓，但对封土解剖显示，M1A 和 M1B 与 M2A、M2B 构筑方法相同，也是在同一墓穴中间筑墙一分为二，形成两个墓室，即同穴异室，两墓一组。M1C 虽然与 M1A、M1B 同封，但不同穴，封土层位也存在差异，M1A、M1B 的封土是上层为封石，其下依次为搅拌的黄泥土、夯筑的黄土层和略松软的黄花土，M1C 的封土是上层为封石，其下依次为夯土层、铺石层、夯土层。由此可知，M1A、M1B 是同时修筑，而 M1C 只是封土最上层的石块与 M1A、M1B 相连。另外，M1A、M1B 墓道形制与 M1C 的墓道形制迥然有别。显然 M1A 和 M1B 关系更加密切。M1C 封土一层石、一层土的建筑工序见于西古城南墙基及宫殿基址[2]，M1A、M1B封土表面封石的做法则见于延边边墙烽火台[3]。西古城是“天宝中王所都”，即文王大钦茂的王城，已是国内外学者的共识。天宝是唐玄宗年号（742~756 年）。西古城的始建年代应在天宝初年，或略早于天宝年。延边边墙是渤海第一代高王大祚荣于 698 年建国至第二代武王大武艺 719 年继位后“斥大土宇，东北诸夷畏臣之”期间的某个时段修筑的。以上两组年代数据，为石国墓区的年代提供了参数。

石国 M1A 墓室被盗，扰乱严重。M1B 保存完好，墓内葬有 4 具人骨，2 具成年男性，1 具成年女性和 1 具儿童[4]，M2A 墓内葬有 2 具人骨，分别是 30~40 岁女性和 17~18 岁男性，M2B 墓室内亦葬有 2 具人骨，1 具 30~40 岁男性和 1 具因骨骼破碎严重无法判断性别的成年个体[5]。石国墓区两墓一组的墓内葬有双人或多人的现象未发现于龙海墓区，而龙海墓区两墓一组的每个墓内多为一个个体。多人葬是一种原始家族葬遗俗，葬者的血缘关系密切，石国墓区这种原始社会残余的血缘观念，在龙海墓区已经逐渐消失，亦可视为两个墓区年代早晚的依据之一。

石国 M1B 出土的三彩女俑，较之龙海 M10 出土的三彩女俑，也呈现出稍早的特征。如，前者形体修长，后者体态丰腴，前者衣袖紧窄，后者衣袖宽大，前者衣裙垂柳，后者裙带飘举，前者面容呆滞，后者神情生动等。此外，石国 M1B、M1C 出土的鎏金铜棺环，其宝相花纹为四分法构图，龙海 M13 出土的鎏金铜棺环上的宝相花纹为六等分法构图形式，而且前者纹样简约，后者纹样更显雍容华贵。石国 M1C 出土的三叶状鎏金冠饰采用的是写实形式，龙海 M14 出土的三叶状鎏金冠饰则变为抽象的三叶状形式。石国 M1C 出土的绞胎瓷枕与河南省巩义市黄冶窑生产的箱形枕无论是形制上还是纹理上均十

---

[1] 陈安利：《唐十八陵》，中国青年出版社，2001 年。齐东方：《隋唐考古》，文物出版社，2002 年。

[2] 吉林省文物考古研究所等编著：《西古城——2000~2005 年度渤海国中京显德府故址田野考古报告》，文物出版社，2007 年。

[3] 吉林省文物局：《吉林省长城资源调查报告》，第 166、167 页，文物出版社，2015 年。

[4] 朱泓教授 1998 年 11 月 3 日对石国 M1A、M1B、M1C 出土人骨鉴定结果。

[5] 李熙：《龙头山墓群石国墓地 2008 年度 2 号墓出土人类遗骸鉴定报告》。参见本报告附录五。

分相似：即枕形较小，边棱平直，枕面微凹，绞胎纹样呈木理纹，完全符合盛唐时期绞胎枕的特征[1]。总之，石国墓区整体年代要早于龙海墓区，应在8世纪中叶或略早于8世纪中叶。

龙湖墓区M1是一座大型石室封土墓，墓室南北长2.8、东西宽1.85、高1.8米。四壁以略作加工的花岗岩大石块垒砌，墙壁涂抹白灰，墓顶为二层抹角叠涩，石砌棺床上葬一中年女性，仰身直肢，墓内还发现一具婴儿骨骸，系母婴合葬[2]。大型抹角叠涩顶石室墓，见于敦化六顶山墓地Ⅰ墓区贞惠公主墓[3]和黑龙江省宁安三陵坟2号墓[4]。贞惠公主是文王大钦茂之二女，宝历七年（780年）葬于六顶山墓地。三灵坟墓地是渤海晚期的王陵墓地，有学者认为该墓地"可能是与渤海十一世王大彝震'拟建宫阙'后的上京相匹配的王陵园区建筑"，其中M1有可能就是大彝震的陵墓[5]。大彝震卒于857年，下葬时间不会相去太久。三灵坟是否为大彝震王陵园区暂且不论，但其墓葬均以雕凿工整的花岗岩砌筑四壁，是渤海晚期才有的特征。龙湖墓区M1四壁石材加工方式介于贞惠公主墓和三灵坟M2之间，其年代也应晚于贞惠公主墓，早于三灵坟M2。朴润武根据墓葬出土的陶器口沿与和龙北大墓群的喇叭口罐、短颈鼓腹罐及敞口罐基本相似，以及墓葬形制与贞孝公主墓、珲春马滴达墓塔、宁安三陵坟1号墓相近等，认为龙湖墓葬的年代与贞孝公主墓相近或稍晚，"推定为7世纪末"[6]，但在另一篇文章中又认为"约当9世纪末叶"[7]，从两篇文章的表述看，朴润武认为龙湖墓葬的年代应是8世纪末。综合龙湖墓葬形制、修筑方式、出土器物等，其年代约在9世纪中叶。

综上，龙头山墓地存续时间长达一个世纪。石国墓区最早，约8世纪中叶或略早于8世纪中叶，龙海墓区次之，约8世纪后半叶至9世纪前半叶，龙湖墓区最晚，约9世纪中叶。

第二节　墓地性质

1980年龙海墓区发现贞孝公主墓伊始，学界即认定龙海墓区是继六顶山墓地、三灵坟墓地之后，发现的又一处渤海王室贵族墓地。本次开展的龙头山墓地发掘工作，进一步丰富了对该墓地性质的认知。

[1] 河南省巩义市文物保护管理所：《黄冶唐三彩窑》，科学出版社，2000年，彩版六二：1。

[2] 延边朝鲜族自治州文物管理委员会、延边朝鲜族自治州博物馆：《吉林省和龙龙湖渤海墓葬》，《博物馆研究》1993年第1期。

[3] 王承礼、曹正榕：《吉林敦化六顶山渤海古墓》，《考古》1961年第6期。王承礼：《敦化六顶山渤海墓清理发掘记》，《社会科学战线》1979年第3期。

[4] 黑龙江省文物考古研究所：《考古·黑龙江》，文物出版社，2011年。

[5] 刘晓东：《渤海王陵及相关问题续论》，《北方文物》2012年第3期。

[6] 朴润武：《龙头山龙湖墓葬调查与发掘》，《渤海墓葬研究》附录三，吉林人民出版社，2000年。

[7] 延边朝鲜族自治州文物管理委员会、延边朝鲜族自治州博物馆：《吉林省和龙龙湖渤海墓葬》，《博物馆研究》1993年第1期。

龙海墓区墓葬分布在人工修整的若干台地上，Ⅴ号台地位于最高处，向东，由高渐低呈一轴线排列的是Ⅳ、Ⅲ号台地，向南，由高渐低分别是Ⅵ～Ⅷ号台地。

Ⅴ号台地占地面积约2900平方米，自西向东排列5座墓葬，分为两组。M1（贞孝公主）、M12（孝懿皇后）、M11，位于台地中部为一组，M3、M2，位于东缘为另一组。每组墓主人之间的关系应非常亲密，M1墓主人是贞孝公主，墓志文载："公主者，我，大兴宝历孝感金轮圣法大王之第四女也。""粤以大兴五十六年夏六月九日壬辰，终于外第。"大兴、宝历均为渤海第三代文王大钦茂年号，文王大兴三十七年应为宝历元年[1]，可知贞孝公主是大钦茂之四女。M12墓主人是孝懿皇后，墓志文载：皇后欝氏者"以宝历二年二月五日戊辰，薨于文思堂侧寝，春秋五十。"可知孝懿皇后是文王大钦茂之王妃，也是贞孝公主的生母，亦是《续日本纪》卷三十四，记载的光仁天皇宝龟七年（776年）十二月十二日"渤海国遣献可大夫司宾少令开国男史都蒙等一百八十七人，贺我即位，并赴彼国王妃之丧"[2]中的王妃。M11墓中未出墓志，但根据墓葬之间的距离可知，墓主人与孝懿皇后的关系，应比贞孝公主与孝懿皇后的关系更加密切。《吉林和龙市龙海渤海王室墓葬发掘简报》根据M2与M3两墓一组，彼此相邻的现象，指出顺穆皇后东侧的M2墓主人极有可能就是渤海第九代简王大明忠[3]。龙海墓区简报刊发后，学界对M2为大明忠陵墓的认定已无异议，同时对M11墓主人的身份也给予了高度关注。有学者认为："孝懿皇后墓与东侧墓葬（M11）、顺穆皇后墓与其东侧墓葬（M2），均为形制相同、规模相当的异穴合葬。据葬式葬俗等推测，M11有可能是大钦茂的陵墓，M2应是第九代简王大明忠的陵墓"[4]。亦有学者认为，"就现有材料而言，可以直白地指出：M11很可能就是渤海第三代文王大钦茂之陵墓。就Ⅱ号台地而言，M12和M11并列居中，西侧是文王之女'贞孝公主'墓，东侧是简王和其'皇后'的陵墓，那么M12既然是文王皇后，而与其并列同组的M11不是文王又会是谁呢？我这样分析，不是说M11的身份就可以认定，而只是想说这种分析的合理性"[5]。关于M11有可能是文王大钦茂陵墓的观点，对部分学者，尤其是对青年学者影响较大，所以有必要予以辨明。M11与M12、M2与M3虽然都是两墓彼此相邻，但在墓葬整体构筑上所反映的墓主人身份、地位则截然不同。例如，墓道的表现形式是，M11的墓道拐向M12的墓道，这种极为特殊的遗迹现象仅见于这组墓葬，凸显出M11墓主人身份和地位要屈尊于M12墓主人，而M3与M2墓道的表现形式恰恰相反，是M3墓道偏向于M2的墓道，具有从属于M2墓主人的意思。再如，墓

[1] 阎万章：《渤海"贞惠公主墓碑"的研究》，《考古学报》1956年第2期。

[2] 孙玉良：《渤海史料全编》，吉林文史出版社，1992年。

[3] 吉林省文物考古研究所、延边朝鲜族自治州文物管理委员会办公室：《吉林和龙市龙海渤海王室墓葬发掘简报》，《考古》2009年第6期。

[4] 王培新：《渤海早期王城考古学探索》，第一届吉林省磨盘村山城学术研讨会，中国延吉，2021年10月。

[5] 刘晓东：《渤海王陵及相关问题续论》，《北方文物》2012年第3期。

室前后、墓室高低的表现形式是，M11 的墓室要比同组的 M12 墓室略靠北，墓室整体也要比 M12 的墓室低一些，而 M3 与 M2 则反之，也就是同组的 M2 墓室在前，M3 墓室偏后，M2 墓室整体高于 M3 墓室。此种体现墓主人身份地位高低的陵墓构筑形式，在两墓一组的 M8、M9 与 M13、M14 均可以见到。由此可以推知，M11 墓主人绝不会是大钦茂。M11 墓主人是否是大钦茂的直接证据则是墓中出土的人骨。根据对墓中出土人骨鉴定可知，M11 墓内下葬的是一位成年男性，而据渤海康王致日本恒武天皇告国丧书："上天将祸，祖大行大王，以大兴五十七年（793 年）三月四日薨背……孤孙大嵩璘顿首"[1] 所载，如果大钦茂二十岁继位，其薨时也近于 80 岁，俨然已是一位老者，他与 M11 墓中出土骨殖年龄完全不符。那么，M11 墓主人既然不是大钦茂，谁生前又会比贞孝公主与孝懿皇后的关系更密切呢？考虑到 M11 出土的钉子垫片采用鎏金片与 M2 相同的情况，显示出墓主人棺具最为豪华，已达到王的级别，以及贞孝公主陪葬于孝懿皇后陵墓西侧等各种因素，与孝懿皇后相邻的 M11 墓主人极有可能是《新唐书・渤海传》中所载的文王大钦茂早逝的世子宏临。另据"推宏临子华玙为王"[2] 之记载，宏临生前已成婚生子，这与 M11 墓中成年男性人骨亦合。孝懿皇后"以简入侍，以贤被恩"。以至于她死后，文王大钦茂"凄切之怀，于斯为惨"，并且"彻悬、损馐、恸□"[3]，还遣使赴日报丧。因此，孝懿皇后死后，文王先将爱妃孝懿葬于珍陵台，然后再将早逝的世子宏临葬在其生母陵墓之东，又将 792 年终于外第的东宫之女贞孝公主葬在其生母陵墓之西。大钦茂这样安置他逝去的至亲至爱，或许可以得到些许慰藉。

Ⅳ号台地葬有 6 座墓葬。M8、M9 两墓相邻为一组，位于台地主位，且属于大型砖室墓和大型石室墓，规模与Ⅱ号台地墓葬基本一致，墓中也出土有鎏金铜钉等，足见两墓亦属于渤海王室高等级墓葬，而半环其北部 M4~M7 四座中型石室墓的墓主人地位应低于 M8、M9。

Ⅲ号台地虽未进行发掘，但考古钻探显示在台地中部有一组彼此相邻、东西并列的两座大型石室墓，编号为 M19、M20，应与Ⅱ号台地及Ⅲ号台地上两墓一组的性质相同，是两座渤海王室高等级墓葬。在其东侧地表碎石较多，有一座疑似墓葬，另在其台地的西缘，有两座墓呈南北向排列，编号为 M17、M18。

Ⅵ号台地中央 M10 是一座塔墓，墓中出土有 2 件贝壳，应是女性化妆用品，出土人骨经鉴定为约 20 岁的成年个体。M10 与其北侧Ⅱ号台地上贞孝公主墓采取塔葬形式相同，身份地位亦应不会有大的差别。从其所在位置和塔葬情况分析，很可能是孝懿皇后的另一位女儿。

---

[1] 孙玉良：《渤海史料全编》，吉林文史出版社，1992 年，第 272 页。

[2] 《新唐书・渤海传》载："钦茂死，私谥文王。子宏临早死，族弟元义立一岁，猜虐，国人杀之。"中华书局，1975 年，第 6181 页。

[3] 参见孝懿皇后墓志。

Ⅶ号台地发现的M15，是一座大型石室壁画墓，墓顶遭到破坏，墓内被盗，散存一些壁画残块。渤海墓葬现已发现的壁画墓屈指可数，只有贞孝公主墓[1]、六顶山Ⅰ区6号墓[2]和三灵坟2号墓[3]。有学者认为六顶山Ⅰ区6号墓是珍陵，大武艺之陵墓[4]，三灵坟1号墓是大彝震之陵墓[5]。三灵坟2号墓位于1号墓东北的陵园围墙内[6]，两者关系密切不言而喻。不管学者们的认知是否准确，但渤海壁画墓的墓主人身份之高是不能否认的。因此，M15墓主人身份地位不会低于王室成员。

Ⅷ号台地上的M13、M14，两墓东西并列，彼此相邻，是一同封异穴砖椁墓。两墓修筑于大型夯土台基中央，夯土台基上原有大型建筑，其建筑形制与渤海上京城北9号佛寺如出一辙[7]，四周筑有围墙。两墓保存完好，未曾受到人为和自然界的扰动，较完整地保留了当时原始下葬形态。M13为一女性，仰身直肢，提取的附于骨殖上有机物等经检测显示，墓主人下葬时身着华丽的织金锦，其金银丝与唐法门寺出土的同类制品技术完全一致[8]。随葬的唐朝特种工艺银背铜镜、银平脱漆奁、银平脱漆盒，是只有渤海王室成员才能享受的唐朝馈赠、赏赐的奢侈品。M14为一男性，仰身直肢，头戴鎏金冠饰，手握金条，腰系金框玉带，显示出墓主人生前具有极高的社会地位。与M13、M14相同的墓葬，曾见于和龙河南屯古墓[9]、敦化六顶山Ⅰ M3[10]，相近的墓葬还有三灵坟1号墓[11]。此类墓葬是受中原高等级陵墓建筑的影响[12]，学界多将其界定为渤海最高等级的埋葬方式。

石国墓区M1A、M1B、M1C三座墓葬形制与龙海墓区孝懿皇后，顺穆皇后大同小异，M1B、M1C出土的精美鎏金铜棺环，与龙海墓区M13出土的鎏金铜棺环十分相似，M1C出土的鎏金铜冠饰、绞胎瓷枕均表明两墓主人非同一般。M2“凿山为穴”，是唐陵“以山为陵”在渤海的缩小版。M2出土的玉带、犀带，在唐朝只有三品以上的官员才可服之[13]。据《册府元龟·褒异二》载，唐朝赐渤海金带者，多为渤海王的儿子、兄弟，个别为大臣和大首领。M2出土的玉带、犀带均应属唐朝的赐品，同时也表明石国墓区M1A、

[1] 延边朝鲜族自治州博物馆：《渤海贞孝公主墓发掘清理简报》，《社会科学战线》1982年第1期。
[2] 王承礼：《敦化六顶山渤海墓清理发掘记》，《社会科学战线》1979年第3期。
[3] 黑龙江省文物考古研究所：《考古・黑龙江》，文物出版社，2011年。
[4] 王承礼：《敦化六顶山渤海墓清理发掘记》，《社会科学战线》1979年第3期。
[5] 刘晓东：《渤海王陵及相关问题续论》，《北方文物》2012年第3期。
[6] 黑龙江省文物考古研究所：《考古・黑龙江》，文物出版社，2011年。
[7] 中国社会科学院考古研究所：《六顶山与渤海镇》，中国大百科全书出版社，1997年。
[8] 北京科技大学科技史与文化遗产研究院：《龙头山渤海墓地出土金属及有机质遗物检测报告》，参见本报告附录五。
[9] 郭文魁：《和龙渤海古墓出土的几件金饰》，《文物》1973年第8期。
[10] 吉林省文物考古研究所、敦化市文物管理所：《六顶山渤海墓葬——2004~2009年清理发掘报告》，文物出版社，2012年。
[11] 魏学理：《渤海国三灵坟》，《学习与探索》1981年第5期。
[12] 白森、李强：《勿吉“冢上作屋”与渤海“墓上建筑”——兼谈高句丽墓上覆瓦》，《庆祝魏存成先生七十岁论文集》，科学出版社，2015年。
[13] 《新唐书·车服志》载：“诸亲朝贺宴会之服：一品、二品服玉及通犀，三品服花犀、班犀。”中华书局，1975年，第531页。

M1B、M1C，M2A、M2B 的墓主人生前地位非常高。

龙湖墓区 M1 出土的铜棺环，虽然没有鎏金，墓内遗留的金、银饰件，同样可以证明墓主人身份并不低，尤其是 M1 采取的抹角叠涩式墓顶，通长 5.2 米的斜坡式墓道，均符合渤海高等级墓葬形制。

魏存成著《渤海考古》，根据诸文献记载和以往考证，列渤海王世系表，将渤海世系分为两大支系，一系为高王大祚荣系，即自第一代高王大祚荣至第九代简王大明忠，另一系自第十代宣王大仁秀至第十二代大虔晃为大祚荣弟大野勃系。魏存成认为自十三代王大玄锡至十五代王大諲撰，文献对其世系的记载都不明确，所以用虚线表示[1]。金毓黻在《渤海国志长编·丛考》中考定第十三代王“玄锡又为虔晃之孙”[2]，其后两王大玮瑎、大諲譔则因史书无载，是否为大野勃系不明。实际根据《新唐书·渤海传》自宣王大仁秀至大虔晃或孙或弟继位的情况，是可以推知大玮瑎、大諲譔应属于大野勃一系的。

龙头山墓地龙海墓区的发掘，引起了学界的极大关注。龙头山墓地的性质即是研究渤海历史与考古学者常常讨论的话题之一。王培新在《渤海早期王城研究中的几个问题》一文中认为“龙头山墓地的考古成果表明，最迟在第三代文王大钦茂时期，和龙龙头山已经成为渤海王室陵寝……龙头山很有可能是渤海王室大祚荣一系的墓地”[3]。这也是发掘者的认知。但有一点需要更正，也是学界迄今为止所忽视的，即《新唐书·渤海传》明确记载渤海第四代王大元义是大钦茂的族弟，所以大元义既不是大祚荣支系，也不属于大野勃支系，而是大祚荣父亲乞乞仲象兄弟一系。因此，渤海四代王大元义不会葬在龙头山墓地。目前可以肯定的是龙头山墓地龙海墓区至少埋葬有渤海三代文王大钦茂和九代简王大明忠的陵墓，也不排除五代成王大华玙至八代僖王大言义的陵墓也在龙头山墓地，或在渤海王城西古城周边的其他墓地。总之，大祚荣支系的诸王陵墓不会葬在渤海上京三灵坟陵区。

第三节　墓地特征

一　墓地以东为尊的特殊性

龙头山全长约 7.5 公里，它犹如一条长龙嵌入头道平原，卧榻于东侧的福洞河和西侧的海兰江之间，其东南是崇山峻岭，而西北是河流纵横，完全符合东南仰高，西北低垂，山高水来的葬地环境，是一处十分理想的风水宝地。石国墓区、龙海墓区、龙湖墓区由南至北分布在山之东坡，这与已知的渤海王室贵族墓地，如敦化六顶山墓地、宁安三灵

[1] 魏存成：《渤海考古》，文物出版社，2008 年。

[2] 金毓黻：《渤海国志长编·丛考》，社会科学战线杂志社翻印。

[3] 《新唐书·北狄传》载：“钦茂死，私谥文王。子宏临早死，族弟元义立一岁，猜虐，国人杀之。”中华书局，1975 年，第 6181 页。

圹墓地完全不同，不仅分布范围广，而且凸显龙头山墓地效仿中原以东为大的丧葬理念。墓地选择如此，墓葬排列亦如是。M3（顺穆皇后）在西，M2（简王）位东；M13 女性墓在西，M14 男性墓位东，都是渤海丧葬习俗以东为大的具体表征。贞孝公主墓志“陪葬于染谷之西原，礼也”的记载，更是说明以东为大是渤海的丧葬礼俗。

二　墓葬形制的多样性

龙头山墓地经考古调查、勘探初步认定墓葬 30 余座，已发掘清理 22 座，其中石国 5 座，龙海 16 座，龙湖 1 座。虽然发掘的墓葬数量有限，但其墓葬形制呈现出多样性。其中大型石室封土墓占有一半数量，计 13 座。龙海 M2、M3、M11、M12、M9、M15、M21，石国墓区 M1A、M1B、M1C、M2A、M2B，龙湖墓区 M1。然而这 11 座墓的形制也不尽相同。如龙海墓区 M2、M3、M11、M12 彼此相邻两墓一组，均为异穴、异封，而 M9 与 M8 大型砖室墓虽然也是彼此相邻两墓一组，但两墓地表上均有各自的墓域。龙海 M15、M21 为独立的墓葬，但前者无墓域，后者地表墓域明显。石国 M1A、M1B 两墓一组，同墓圹，异墓室，而且与 M1C 又是同一封土。石国 M2A、M2B，与 M1A、M1B 相同的是同一个墓圹，两个墓室，不同的是前者凿岩为墓圹，后者挖土砌石为墓圹。此外还有龙海墓区 M1（贞孝公主）、M10 采取的是塔墓形制。M12、M13 两墓一组，同封异穴砖椁墓上还修建有大型建筑。龙海 M4~M7 属中型石室墓，无论墓室、墓门、墓道，其象征性皆大于实用性。龙头山墓地表现出如此繁杂的墓葬形制，一是与墓主人身份地位有一定的关联，二是在时间上存在早晚，三是受到唐文化影响。

三　墓室构筑的粗放性

龙海墓区 M12（孝懿皇后）墓室四壁以大小不一，略经修整的毛石构筑，墓门石以一块不规整的大板石封堵，三块墓顶石与墓门石相同，少见人为加工痕迹。孝懿皇后是文王大钦茂之爱妃，薨于文王宝历二年（775 年），此时大钦茂继位（737 年）已近四十年，他执政翌年“遣使求写《唐礼》及《三国志》《晋书》《三十六国春秋》”[1] 等先进汉文化典籍以及儒家思想，早已在渤海得到了广泛的传播，他的“文治”政策也取得了成效，日本光仁天皇（776 年）都赞贺他“王修朝聘于典故，庆宝历于惟新”[2]，足见渤海社会已有了较大的进步。然而，其时陵墓的营建确是粗放的。这一方面反映出渤海上层社会的丧葬礼仪受到了中原文化的深刻影响，对丧葬的活动十分重视，“去马似云，飞旐写霞。送葬之路，薤歌接笳”。而对丧事中陵寝的营建就简约了许多，另一方面也折射出当时渤海社会的经济还十分薄弱。M13、M14 墓中出土器物可证墓主人身份地位极高，然其砖

[1]（唐）王溥：《唐会要·番夷请经史》，第 667 页，中华书局，1955 年。

[2] 孙玉良：《渤海史料全编》，吉林文史出版社，1992 年，第 265 页。

椁所用青砖，多见残断不整者，也说明了这一点。这种陵墓营建粗放的现象，一直延续到 M3 顺穆皇后、M2 简王陵墓。

第四节 墓地初识

一 关于珍陵及大钦茂陵墓的问题

贞惠公主是渤海第三代文王大钦茂之二女，墓葬发现于 1949 年，墓中出土的墓志是渤海石刻文字的首次出土。志文中贞惠公主“陪葬于珍陵之西原”的记载，引发了学界对珍陵第一波的讨论，即珍陵是谁的陵墓，是在六顶山墓地的Ⅰ区还是Ⅱ区。金毓黻先生在《关于“渤海贞惠公主墓碑研究”的补充》文中推测，珍陵是大钦茂生前预建的珍陵[1]，王承礼、曹正榕在《吉林敦化六顶山渤海古墓》结语中也认为六顶山古墓群“应包括文王大钦茂的珍陵”[2]。其后，王承礼先生纠正了自己的观点，“同意王健群同志的意见，认为珍陵是第二代王武王大武艺的陵墓，贞惠公主是孙女陪葬祖父”[3]。无论是将珍陵认定为大钦茂的陵墓也好，还是大武艺的陵墓也罢，大多没有脱离六顶山墓地。那么哪一座墓葬是珍陵呢？王承礼先生认为Ⅰ M6 位于贞惠公主墓之东，地势也好，封土最高大，墓室修治精致规整，出土壁画、涂朱石狮身、花纹砖，证明墓主人身份高于贞惠公主，所以珍陵“有可能就是 6 号墓（Ⅰ M6）”[4]。对此，有人提出质疑，认为Ⅰ M6 墓葬结构和出土器物显示，其墓葬年代晚于贞惠公主墓，当然不应是珍陵，同时综合分析了六顶山墓地两个墓区的地理形势，大型石室墓发展序列，墓葬分布状况，墓中出土器物多寡，以及埋葬遗迹特殊现象等，提出Ⅱ M6 是珍陵的意见[5]。刘晓东“赞成把珍陵看成是大武艺的陵寝的观点，也赞成珍陵就在六顶山墓地的观点，但珍陵究竟指的是六顶山墓地中的哪一座墓，目前还不好下最后的结论，还应该进一步做工作，进一步研究。”[6]也有人提出：Ⅰ M6 是珍陵没有异议，但“认为‘珍陵’的主人既不是贞惠公主的父亲大钦茂，也不是她的祖父大武艺，而是他的生母王妃！”[7]。

2004 年龙头山墓地龙海墓区 M12 出土了孝懿皇后墓志。志文有“以宝历二年（775 年）二月五日戊辰，薨于文思堂侧寝……迁葬于珍陵台，礼也”的记载，再次引发了学界对于珍陵新的认知，魏存成先生首次提出如果认为“珍陵”是大钦茂的陵墓，那么大

[1] 金毓黻：《关于“渤海贞惠公主墓碑研究”的补充》，《考古学报》1956 年第 2 期。
[2] 王承礼、曹正榕：《吉林敦化六顶山渤海古墓》，《考古》1961 年第 6 期。
[3] 王承礼：《敦化六顶山渤海墓清理发掘记》，《社会科学战线》1979 年第 3 期。
[4] 王承礼：《敦化六顶山渤海墓清理发掘记》，《社会科学战线》1979 年第 3 期。
[5] 侯莉闽、李强：《渤海珍陵新探》，《北方文物》2002 年第 2 期。
[6] 刘晓东：《渤海珍陵及相关问题》，《庆祝张忠培先生七十岁论文集》，文物出版社，2004 年。
[7] 徐学毅：《敦化六顶山“珍陵”新考》，《北方文物》2003 年第 2 期。

钦茂的“珍陵”是否会在敦化东方的其他地区[1]。接着有人认为陪葬于珍陵之西原中的珍陵，“也存在指代地名，指贞惠公主墓东之山的可能”[2]。王培新教授认为贞惠公主和贞孝公主墓志，文体、句式相同，均为唐代墓志铭文的标准格式，所以“珍陵之西原”和“染谷之西原”，应同样是指地域范围，即“珍陵”为渤海王室成员埋葬地点的通称；并根据《吉林和龙市龙海渤海王室墓葬发掘简报》渤海王室墓葬形制与规模有了清晰的标尺，即两墓一组，彼此为邻或同封异穴，在顺穆皇后东面2.6米处的M2墓主人极有可能就是渤海第九代简王大明忠的认识，提出“孝懿皇后墓与其东侧的11号墓并列安置，二墓的形制及规模相当，是彼此相邻两墓一组的合葬墓，为探寻大钦茂的陵墓提供了重要线索”[3]。刘晓东则认为龙海墓区可以作为王陵的墓葬主要有三组。一组是Ⅴ号台地东缘的M2、M3，并认为简报中顺穆皇后东侧的M2是第九代王简王大明忠的推测可以成立。其次是Ⅴ号台地中部的M12和M11，而且通过分析孝懿皇后与贞孝公主和M11的相互关系，他认为“就现有的材料而言，可以直白地指出：M11很可能就是渤海第三代王文王大钦茂的陵墓”。但又慎重地说，“这样分析，不是说M11的身份就可以认定，而只是想说明这种分析的合理性”[4]。翌年，刘晓东研究员为纪念金毓黻先生逝世50周年，撰文《渤海“珍陵”问题的再检讨》，文章通过对考古材料的梳理，结合相关史实、史料的检讨，对珍陵问题的提出，珍陵是谁的陵寝，以及珍陵所在地等相关问题进行了全面的考订后再次提出了“根据最新考古发掘资料，有理由认为，珍陵不在六顶山，而应在出有文王妃孝懿皇后墓志的龙头山墓地龙海墓区”[5]的结论。

孝懿皇后墓志文已明确记载，龙头山墓地龙海墓区Ⅴ号台地是珍陵台，孝懿皇后即为文王大钦茂之王妃，可见，珍陵应指大钦茂陵墓，龙海墓区就是珍陵的陵区，珍陵在何地亦不辩自明。根据考古调查和勘探结果可知，珍陵台上只有现已发掘的5座墓葬，所以可肯定大钦茂并没有葬在龙海墓区Ⅴ号台地的珍陵台上，至于龙海墓区的哪座墓是大钦茂的陵寝仍有待今后破解。

二 关于渤海王室归葬的问题

金毓黻先生在《关于“渤海贞惠公主墓碑研究”的补充》一文中首次谈到了这一问题，认为贞惠公主葬于六顶山墓地是“还葬故都，即大钦茂生前预建的珍陵（此系我的推测），亦在祖墓所在之地”[6]。其理由是敦化敖东城是渤海高王大祚荣建立之旧国所在，虽然贞惠公主死时渤海的国都已在上京龙泉府，但其祖墓亦在旧国六顶山。其后，吉林

[1] 魏存成：《渤海考古》，文物出版社，2008年。

[2] 王志刚等：《关于渤海“珍陵”的两点认识》，《东北史地》2009年第4期。

[3] 王培新：《渤海早期王城研究中的几个问题》，《中国边疆史地研究》2013年第2期。

[4] 刘晓东：《渤海王陵及相关问题续论》，《北方文物》2012年第3期。

[5] 刘晓东：《渤海“珍陵”问题的再检讨——纪念金毓黻先生逝世50周年》，《北方文物》2013年第3期。

[6] 金毓黻：《关于“渤海贞惠公主墓碑研究”的补充》，《考古学报》1956年第2期。

大学历史系敦化文物普查队第二小组在调查敦化境内二十四块石遗址的报告中引用了金毓黻先生的观点，而且认为“渤海在文物制度上有很多是沿袭和受影响于高句丽的，因此渤海王族死后集中葬于一地也很有可能。二十四块石遗址分布在敖东城及上京龙泉府之古官道近旁，可作为渤海国王死后还葬祖茔在路设祭临时祭坛的础石，因为它是庄严肃穆的祭坛，才有必要采取统一的规制”[1]。虽然学界对渤海旧国为敖东城，渤海二十四块石年代性质均给予否认[2]，但并未涉及渤海王室归葬祖墓的问题。龙头山墓地发掘的新资料证实了渤海王及王室成员的确存在归葬祖墓现象，但并不是归葬于六顶山墓地，也非贯穿渤海始终。目前可以确认的是渤海王及王室成员归葬的墓地为龙头山墓地，归葬最迟始于三代文王大钦茂时期，止于九代简王大明忠时期。至于大祚荣支系王室的成员归葬龙头山墓地则会滞后一段时间。自渤海十代宣王大仁秀始，一直到渤海末王大諲譔的大野勃支系陵墓不再迁往大祚荣支系墓地，应在上京北侧牡丹江右岸的三灵坟陵区。20世纪90年代初黑龙江省采用了地球物理探查技术对三灵村和三星村十几万平方米进行了勘查，此次探查结果收获巨大，令人振奋，探知到在三灵坟附近及其西数百米的区域存在墓葬和其他遗迹。这些墓葬包括在三灵坟围墙内发现位于三灵坟1号墓北侧的2、3号墓和三灵坟围墙外发现的4号墓[3]。三灵坟陵区范围的扩大为寻找渤海十代宣王始诸王及王室成员新的陵区提供了线索。大野勃支系王室家族去世后应不再迁往大祚荣支系祖墓。

三 关于塔葬的问题

据不完全统计，渤海墓葬已发现数千座，然而采取塔葬形式的墓葬，仅见于龙头山墓地龙海墓区的1号墓（贞孝公主墓）和10号墓。贞孝公主是渤海三代文王大钦茂之四女。贞孝公主墓志载：“公主者，我，大兴宝历孝感金轮圣法大王之第四女也。”[4]王承礼在《唐代渤海国〈贞孝公主墓志〉研究》一文中对大钦茂尊号金轮圣法的详解是：“金轮，是金宝轮的简称。《俱舍论十二》说，金轮为转轮圣王称金轮王。金轮王金轮转动，所向之处，随即归伏。圣法，指佛法。尊崇佛教之武则天尊号为金轮圣神皇帝，慈氏越古金轮圣神皇帝，天册金轮大圣皇帝。尊号加上‘金轮圣法’说明大钦茂崇奉佛教，效法武则天。”[5]贞孝公主不仅是文王大钦茂之四女，也是孝懿皇后的亲生女儿。孝懿皇后墓志称

[1] 吉林大学历史系敦化文物普查队第二小组：《敦化县二十四块石遗址调查记》，《吉林大学人文科学学报》1958年第3期。

[2] 李强：《渤海旧都即敖东城置疑》，《东北亚历史与文化》，辽沈书社，1992年。吉林大学边疆考古研究中心、吉林省文物考古研究所：《吉林敦化敖东城及永胜遗址考古的主要收获》，《边疆考古研究》第2辑，科学出版社，2004年。李强、侯莉闽：《延边地区渤海遗存之我见》，《北方文物》2003年第4期。王志刚：《考古学实证下的二十四块石》，《边疆考古研究》第8辑，科学出版社，2009年。李强、白淼：《二十四块石研究》，《渤海史研究》（12），延边大学出版社，2013年。

[3] 魏国志等：《谜中王国探秘》，山东画报出版社，1999年。

[4] 延边朝鲜族自治州博物馆：《渤海贞孝公主墓发掘清理简报》，《社会科学战线》1982年第1期。

[5] 王承礼：《唐代渤海国〈贞孝公主墓志〉研究》，《博物馆研究》1984年第2、3期，1985年第1期。

赞她“精研般若，栖念真如”，可见孝懿皇后已不是简单的“礼佛诵经”，而是升华到了一个更高的层次。受其父母的影响，贞孝公主奉佛、敬佛当在情理之中，这也正是贞孝公主为何采取塔葬的缘由。M10虽然没有出土证明墓主人身份的文字资料，但墓中随葬品和出土的鎏金饰件等正显示墓主人身份不会低于贞孝公主，推测是大钦茂和孝懿皇后所生的另一个公主。那么M10所采用的塔葬形式就与贞孝公主一样，是受其父母崇奉佛教影响所致，也是大钦茂“宪象中原”文化的结果。在唐代，中原地区的世俗信众受密教陀罗尼信仰的缘故，常常采用塔葬的形式[1]。然而，在以往渤海墓葬研究中，学者们无一例外地将1973年发掘的珲春马滴达塔基归入渤海砖室墓的范畴，并将其与贞孝公主墓划为同一种类型。郑永振不仅将其“归入王室贵族墓葬”[2]，而且大胆推测“元义立数月后死于因暴政而引起的内乱，死后没有必要也无法刻碑赞颂，但他是王室家族，且为王，有可能采取贞孝公主同样的王室墓葬结构”[3]。关于马滴达塔基的性质，白森在《吉林珲春马滴达塔基性质刍议》一文论述得十分清晰[4]。虽然贞孝公主墓、龙海M10塔基下的墓室与马滴达塔[5]、长白灵光塔地宫[6]形制基本相同，但性质完全有别，前者葬的是渤海王室成员，后者置放的是僧骨。

四　关于渤海墓上建筑的问题

龙海墓区发现的M13、M14是由地上建筑和地下椁室构成。这种将砖椁墓室建于夯土台基之中、不设墓道、在夯土台基之上修筑屋宇的实例，目前仅见于西古城南侧海兰江左岸的河南屯墓葬[7]和牡丹江上游右岸的敦化六顶山Ⅰ M3[8]。以往学界多将这种墓葬与在墓上发现建筑用瓦、础石等遗迹的墓葬相混同，界定为“墓上建筑”类型墓葬，并与勿吉冢上作屋或与高句丽墓上覆瓦相联系进行误读[9]。近年有人提出，M13、M14的墓葬形制不同于在封土上发现础石，但有长大的墓道者，如三灵坟1号墓[10]，也不同于墓上虽

[1] 白森、李强：《勿吉“冢上作屋”与渤海“墓上建筑”——兼谈高句丽墓上覆瓦》，《庆祝魏存成先生七十岁论文集》，科学出版社，2015年。

[2] 郑永振、严长录：《渤海墓葬研究》，吉林人民出版社，2000年。

[3] 郑永振：《高句丽渤海靺鞨墓葬比较研究》，延边大学出版社，2003年。

[4] 白森：《吉林珲春马滴达塔基性质刍议》，《北方文物》2013年第3期。

[5] 张锡英：《珲春马滴达渤海塔基清理简报》，《博物馆研究》1984年第2期。

[6] 方舟：《长白灵光塔维修中发现地宫》，《博物馆研究》1984年第2期。邵春华：《长白灵光塔》，《博物馆研究》1989年第2期。

[7] 郭文魁：《和龙渤海古墓出土的几件金饰》，《文物》1973年第8期。

[8] 吉林省文物考古研究所、敦化市文物管理所：《六顶山渤海墓葬——2004~2009年清理发掘报告》，文物出版社，2012年。

[9] 郑永振、严长录：《渤海墓葬研究》，吉林人民出版社，2000年。

[10] 魏学理：《渤海国三灵坟》，《学习与探索》1981年第5期。

有础石，但有墓门无墓道者，如蛟河七道河村渤海遗址[1]等。究其渊源，它不是来自其先世勿吉的“冢上作屋”，而是受到中原高等级陵墓建筑的影响，是后人为死者修建的陵寝[2]。总之，M13、M14的发现，填补了学界对此类墓葬的认知，也凿实了墓葬的年代为渤海时期，而非晚于渤海[3]。

五 关于渤海出土三彩的问题

唐三彩是唐代创烧经过窑变呈现出多种色彩的陶瓷艺术珍品，它一经问世，即得到了唐王朝宫廷、豪门贵族的宠爱，也受到世界各地的喜爱，渤海南部朝鲜半岛的新罗，渤海东部日本的奈良都仿造唐三彩工艺烧造出了各自的三彩器。因此，渤海是否也能仿造唐三彩烧造出渤海三彩，一直备受学界关注。本报告中的石国墓区M1B、M1C，龙海墓区M2、M3、M10，以及M13、M14建筑基址均出土有数量不等的三彩器，为进一步探讨该问题提供了新的实物资料。从直观上考察，这批出土三彩俑的总体风格与河南、西安两地三彩俑有着诸多共性，但也存在细微的差别。在施釉方面，龙头山墓地出土的三彩俑以绿色为主，釉色较淡，不见蓝色釉，而唐三彩俑呈现的是多种釉色交错使用，釉色较深，有蓝色釉。在造型上，龙头山墓地出土的三彩俑整体修长，人体各部位比例较为适中，裙摆垂落于台座中部，台座较大，呈圆形或椭圆形，唐三彩俑体形略显臃肿，裙摆下落外撇在台座边缘，台座较小，多呈三角形，方形，或无台座[4]。另外，龙头山墓地出土三彩器科技检测分析结果显示，龙头山墓地出土三彩器的胎土应来源于渤海境内，而釉料则分别与我国的河南黄冶窑、陕西唐长安醴泉坊三彩窑，以及日本铅料相同。这就说明龙头山墓地出土的部分三彩器存在一种利用引进釉料和聘请中原三彩窑口工匠在本地烧造三彩的情况。当然，也不能排除少部分三彩器从唐朝输入的可能[5]。上述认知虽然仅限于对龙头山墓地出土三彩的检测与分析，但它极大丰富了渤海三彩器研究。至于渤海其他遗址出土三彩器的情况，仍需对胎土、釉料、制作、工艺、器形、器类等进行系统的科技检测、梳理、研究。

六 墓地呈现的多元性

石国墓区M2的“凿山为陵”，龙海墓区M1（贞孝公主墓），M10的塔葬，M13、

[1] 吉林市博物馆：《吉林省蛟河市七道河村渤海建筑遗址清理简报》，《考古》1993年第2期。彭善国：《蛟河七道河村渤海遗址属性辨析》，《东北史地》2010年第3期。

[2] 白森、李强：《勿吉“冢上作屋”与渤海“墓上建筑”——兼谈高句丽墓上覆瓦》，《庆祝魏存成先生七十岁论文集》，科学出版社，2015年。

[3] 傅佳欣：《吉林和龙县河南屯古墓年代再讨论》，《7~8世纪东亚地区历史与考古国际学术讨论会论文集》，科学出版社，2001年。

[4] 洛阳博物馆：《洛阳唐三彩》，河南美术出版社，1985年。陕西省考古研究院：《唐长安醴泉坊三彩窑址》，文物出版社，2008年。郑州市文物考古研究所：《河南唐三彩与唐青花》，科学出版社，2006年。

[5] 马仁杰、崔剑锋等：《和龙龙海渤海王室墓葬出土陶瓷器科技分析》，本报告附录三。

M14 的墓上建筑等埋葬方式，均源于中原地区；制作考究的银背菱花镜，特种工艺制造的银平脱梅花瓣形漆奁，奁内盛放的女士化妆用品，银脱长方形双层漆盒、绞胎瓷枕、金带、玉带、犀带皆是中原唐王朝所馈赠或赏赐；出土的三彩男俑，头戴幞头，身着圆领长衫，腰系革带，足蹬靴，三彩女俑，头上或梳发髻，或头裹巾，身上或着男装，或衣齐胸衫裙，足蹬勾头履，与中原人着装完全一致；孝懿皇后、顺穆皇后两尊墓志，不但以汉字楷书镌刻，而且娴于书法，不仅骈偶讲究，对仗工整，而且引经据典，辞藻华美，即便丧葬礼仪上也是“送葬之路，薤歌接笳”。凡此种种，皆可视为渤海在多个层面上已经“濡染唐风”的实证。

龙头山墓地宪象中原的同时，也保留了浓郁的自身特色。石国墓区 M1 封土上层以碎石覆盖，防止封土滑落的做法与延边边墙烽火台顶层铺满碎石的做法完全相同[1]。龙海墓区墓道采用的土石分层夯筑的工艺，又与西古城（大钦茂迁往的第一座王城）外城墙基础及宫殿址台基的构造别无二致[2]，这种土石相间的建筑工艺，在其他民族的遗存中是少见的。龙海 M4~M7 中型石室墓，与传统的当地石框墓、石棺墓相近。龙海 M14、石国 M1C 出土的三叶状鎏金铜冠饰，是渤海冠饰的首次发现，它既不同于三燕文化的金步摇，也不同于新罗的金步摇、金帽翅，百济山金步摇[3]，高句丽的鎏金铜冠饰[4]，表现出独特而又鲜明的民族特色。M10 出土的三彩女俑（M10：16），头戴“入”字形裹巾，身着圆领长衫，系带于胸的装束未见于中原，也不同于贞孝公主墓壁画中的人物穿戴，它为复原渤海妇女头巾样式和着装提供了珍贵的实物标本。龙海 M13、M14 墓上建筑、龙海 1 号建筑址出土的莲花纹瓦当、花草纹瓦当、鱼骨纹檐头板瓦、短线纹檐头板瓦，都体现出渤海自身特征。

七　墓志的证史、补史

孝懿皇后和顺穆皇后两方墓志的发现，无疑是龙头山墓地最为重要的考古收获，也是渤海考古的重要里程碑。孝懿皇后墓志，志文多达 998 字，除个别字迹漫漶不清，余均清晰可识。顺穆皇后墓志，志文 141 字，仅缺失两字。在渤海文献记载极为有限的情况下，两方墓志的出土，更凸显其珍贵的史料价值。孝懿皇后志文“肃慎福地，久号隼集之林”“定都龙泉”，印证了《新唐书・渤海传》“以肃慎故地为上京，曰龙泉府”的记载。孝懿皇后“薨于文思堂侧寝”，则凿实了渤海上京城某宫殿为“文思堂”之名，补充了史书记载之阙如。“六奇善略，万里长城”，不仅证实了延边边墙是渤海国修筑，还

[1] 吉林省文物局：《吉林省长城资源调查报告》，第 166、167 页，文物出版社，2015 年。

[2] 吉林省文物考古研究所等：《西古城——2000~2005 年度渤海国中京显德府故址田野考古报告》，科学出版社，2007 年。

[3] 田立坤：《东北亚三至六世纪的黄金制品》，《庆祝魏存成先生七十岁论文集》，科学出版社，2015 年。

[4] 吉林省文物考古研究所、集安市博物馆：《集安高句丽王陵——1990~2003 年集安高句丽王陵调查报告》，文物出版社，2004 年。

说明延边边墙在775年前既已修筑完善。《松漠纪闻·渤海》记渤海国“其王旧以大为姓，右姓高、张、杨、窦、乌、李，不过数种”。显然是疏漏了孝懿皇后的“欝”姓和顺穆皇后的“泰”姓。顺穆皇后其“祖讳长文，为南海之守，父讳兴节，为中台右相”。按顺穆皇后的祖辈当在文王大钦茂之时，这就为文王大钦茂之时尚未完善五京建置提供了新证[1]，顺穆皇后的父辈应属康王大嵩璘时期，可知渤海的封建制度改革最迟在大嵩璘时已经完成，同时也印证了《新唐书·渤海传》“官有宣诏省，左相、左平章事、侍中、左常侍、谏以居之。中台省，右相、右平章事、内史、诏诰舍人居之”所载准确无误。尤其是顺穆皇后“以延平二年四月廿四日崩殡于鲜卑不易山原，率由典礼。建兴十二年七月十五日迁安□陵，礼也”极具时代穿越的记述，值得学界珍视。我国古代只有汉殇帝（106年）和后燕时的慕容麟（397年）使用过延平年号[2]，按延平年号后与“殡于鲜卑不易山原”之语相连，志文中的延平二年应是后燕慕容麟的年号。可见这一穿越时代的描述，或许隐匿着不为人知而又极为重要的渤海史实之谜。

归而言之，龙头山墓地是目前已知渤海王室陵墓保存最为完整、布局最为清晰、出土文字史料最多、积淀渤海历史元素最为厚重的最重要遗存。墓地不仅为解决渤海历史与考古诸多学术困惑提供了全新资料，同时也昭示着渤海文化演进路径始终得到了先进的唐文化滋养，而其所呈现的文化多元现象，则源于中原文化的包容性。龙头山墓地用事实证明中华民族的历史，就是历史上各民族在文化上交流互鉴，在物质上互通有无，在族群上不断融合，从而使中华大家庭成员的文明程度不断提升，文化内涵与外延不断拓展，最终共同塑造的。

---

[1] 目前中外学者对五京的设置时间尚未达成共识。主要有三说。一是以金毓黻为代表的“宣王说”，二是以白鸟库吉、魏国忠为代表的“文王说”，三是佟柱臣的“大彝震”说。

[2] 上海辞书出版社：《辞海·历史分册》，上海辞书出版社，1981年。

附表一　龙头山墓地遗迹登记表

墓区	遗迹	结构	尺寸	葬式及人骨情况	出土遗物	备注
龙海墓区	M2	长斜坡墓道，方向175°，坡度12°。甬道以石块砌筑并涂白灰。墓门以人工修整的长方形大石板封堵，再以石墙封堵石门。长方形墓室，墓室四壁以大型块石垒砌，墓底铺大石板后涂抹一层白灰，墓室前部有两条东西向摆砌的长方形青砖，墓室中后部有棺床遗痕	墓道长6.1、宽1.7~3.9米，甬道长1.1、宽1.2~1.35米，墓室南北长5.6、东西宽1.8、高1.7~1.8米，棺床长2.5、宽0.8米	葬式不明，仅存下颌骨和部分头骨残片	陶器残片4，绿釉陶器残片5，鎏金铜饰件2，鎏金铜垫片1，鎏金铜泡钉9，铁钉25，铁镞1，坡面砖1	墓室被盗严重
	M3（顺穆皇后墓）	长斜坡墓道，方向172°，坡度12°。墓门封门石近方形，其两侧以碎石块填缝。长方形墓室北高南低，以5块长方形大石板盖顶。地面以石板铺砌，表面抹黄泥，黄泥上再涂抹一层白灰。棺床位于墓室正中，以3层青砖修砌，棺床南端正中有一凸出的砖台	墓道长6、宽2.4~2.75米，甬道东西长1.15、南北宽1.1、高1.3米，墓室南北长4、东西宽1.85~2、高1.65米，棺床南北长2.4、东西宽1.15、高0.2米，砖台东西长0.8、南北宽0.35、高0.1米	人骨扰乱严重，葬式不明	顺穆皇后墓志，陶器7，三彩兽3，玳瑁片8，鎏金铜饰件1，铜垫片1，鎏金铜泡钉31，铁刀1，折头铁钉13	墓室被盗严重
	M4	墓道形制不明，底部略呈斜坡状。墓门以一长方形大石封堵，两边立条石作门框。长方形墓室，四壁以石块垒砌，墓顶覆盖5块不规则形大石板。墓室地面铺垫黄黏土	墓室南北长3.1、东西宽0.95、高1米	人骨散乱分布于墓室四角	铁钉和铜泡钉各1	墓室被盗严重
	M5	墓道、墓门皆形制不明。方形甬道。长方形墓室，四壁以石块垒砌，墓顶覆盖7块条形石板。墓室地面铺垫黄黏土	墓室南北长1.54、东西宽0.78、高0.55米，甬道南北长0.62、东西宽0.64米	骨骼遭扰乱，推测葬式应为仰身直肢，头向正南	折头铁钉10	墓室被盗扰
	M6	圆角长方形墓道，底部平坦。墓门以多块石块封堵，顶部置一长条形石板为门楣。长方形墓室，四壁以石块垒砌，墓顶覆盖4块不规则形大石板。墓室地面铺垫黄黏土	墓道长1、宽1.5米，墓室南北长2.7、东西宽0.8、高0.6米	仅有少量凌乱的骨骼集中分布于墓室北端	铁钉5	墓室被盗扰

续附表一

墓区	遗迹	结构	尺寸	葬式及人骨情况	出土遗物	备注
龙海墓区	M7	墓道平面呈舌状。方向185°。底部斜坡状，坡度8.7°。长方形墓室，方向188°，四壁以块石垒砌。墓顶以7块大石覆盖。墓底以经修整的条石铺砌四周，其内铺垫两层土，垫土与条石外框呈同一水平面	墓道长3.65、宽0.75~1.85米，墓室长2.7、宽1.1、高0.6米	未见人骨	铁垫片1，铁勺形器1，镂孔铁片1，铁铊尾1，铁器残片2，铁钉6，鎏金铜泡钉2	墓室被盗扰
	M8	喇叭形长斜坡墓道，方向172°，坡度10.2°。两侧各有一段石砌墙基，表面涂抹白灰。墓门以两块大石板封堵，封门石底部有石砌挡墙，墙上方斜置一块石板，墙下方地面铺砖。长方形甬道，底铺两排砖。长方形墓室，分内外层，外层石砌内层砖砌。墓顶以5块条形大石板覆盖，墓底铺垫黄黏土。地表可见砖瓦石块修砌的近方形墓域	墓道长5.7、宽1.6~2.3米，甬道东西长0.85、南北宽0.75米，墓室长3.05、宽1.85、高1.9米，墓域南北长6.9、东西宽6.5米	少许人骨散乱分布于墓室，至少代表2例个体	陶器2，铁带扣1，铁钩1，折头铁钉13，包银铁泡钉7，花形鎏金铜泡钉5，青砖多件	墓室被盗扰严重
	M9	长斜坡墓道，方向172°，坡度14°，中部修砌5级踏步。墓门以大石板封堵，外有两层石块垒砌的挡墙，挡墙上方斜放一块石板。长方形墓室，以石块垒砌四壁，已发掘部分墓顶覆盖4块条石和1块石板。墓底为平整的生土地面。方形棺床位于墓室正中，为青砖和土石混合修筑。墓顶地表可见用砖、瓦、石块修砌的长方形墓域	墓道长4.55、宽0.95~1.85米，甬道南北长0.6、东西宽0.85米，墓室长3.45、宽2.05、高1.75米，棺床南北长2.3、东西宽2.05、高0.2米	不见葬具，有两个个体的人骨	陶器5，鎏金铜泡钉11，鎏金长铜钉4，鎏金铜合页1，榫卯铁钉8，折头铁钉22，铁片5，板瓦7	墓室被盗严重
	M10	长斜坡墓道，方向183°，坡度24.8°，8级踏步。墓门以一大石板封堵。长方形墓室，方向186°，以4块大石板盖顶，四壁分两层砌筑，外层石砌内层青砖叠筑。墓底铺青砖，中央以青砖砌棺床	墓道长5.5、宽1.85~2.25米，甬道进深0.55米，墓室南北长3.45、东西宽1.9、高2.1米，棺床南北长2.7、东西宽1.9、高2.1米	不见葬具，仅存少许人骨散见于墓室	可复原女俑5，可复原男俑1，女俑头5，男俑头3，三彩俑身14，三彩兽3，三彩坯体1，鎏金铜饰件27，鎏金铜泡钉6，鎏金小铜钉7，贝壳2，镂孔铁片4，玉子母狮子2，骨器1，多件漆器残片（棺木腐朽剥落）	墓室被盗严重

续附表一

墓区	遗迹	结构	尺寸	葬式及人骨情况	出土遗物	备注
龙海墓区	M10T	仅剩塔基部分，平面呈“回”字形	边长6米，北墙厚1.65、西墙厚1.4米，东、南两侧墙体已破坏殆尽		采集砖构件47，其中包括素面方砖、花纹方砖、坡面方砖、起脊方砖、锯齿纹方砖、圭形砖、长方形砖、花纹榫卯砖、符号砖等。铁构件11（包括铁挂件、铁环等），铁钉47	已塌
	M11	长斜坡墓道，偏向西南，与墓室不在同一方向。坡度32°，修砌9级踏步，中部有木栅状阻隔。墓门以一块大石封堵，封门石向墓内倾斜，底部有4层石块垒砌的护墙。甬道平面呈倾斜状，两侧不对称。长方形墓室，两侧不对称，四壁以石块修砌，3块大石盖顶，抹角叠涩。墓室正中有石砌棺床	墓道南北长6.4、东西宽1.85~2.6米，甬道西侧进深1.3、东侧进深1、宽1.4米，墓室西壁长3.45、东壁长3.95、宽2.2、高1.75米，棺床复原长度2.4、宽1.35、高0.25米	不见葬具，少许人骨散乱分布于墓室中	鎏金铜饰件17，花形与缠枝蔓草纹鎏金铜饰件6，凤鸟纹鎏金铜饰件3件，马形鎏金铜饰件1，其他鎏金铜饰件7件，鎏金铜垫片2，鎏金铜泡钉14，榫卯铁钉8，铁泡钉3，折头铁钉10	墓内已被盗掘
	M12（孝懿皇后墓）	长斜坡墓道，坡度20.6°，修砌9级踏步，入口有一砖龛。墓门以一块大石竖立封堵，封门石下有垫石。长方形墓室，墓顶盖石3块，四壁石砌，正中有一整块的长方形大石板棺床	墓道南北长5、东西宽2.95米，砖龛长0.6、宽0.35、高0.25米，甬道东西宽1.65、南北进深1.25米，墓室南北长3.45、东西宽2.2、高1.9米，棺床长2.45、宽1.6、厚0.25米	不见葬具，少许人骨散乱分布于墓室中	孝懿皇后墓志，鎏金铜饰件3，鎏金铜泡钉12，玉器1，折头铁钉9，铁器残件3	墓室被盗严重
	M13、M14J	台基呈长方形，柱网布局呈“回”字形，内圈柱网所在的台基高于外圈柱网所在的台基约0.7米。两座墓葬（M13、M14）修建在中排减柱处，位于台基正中央。柱础间距约为3.1米。墓上建筑应为进深四间、面阔五间的建筑。台基四周以砖、石砌筑包边，台基南北正中央各有一砖砌的踏步。台基四周以青砖、薄石板、小石块围砌，南侧和北部正中，各有一个边缘用青砖围砌的斜坡状踏道。台基周围有四处遗迹，分别为距离台基东南部4~11米的石堆遗迹、西南角相接处的石堆遗迹、距离台基西南部约4米的水井遗迹（SJ2），台基西13米处的墙基遗迹	台基东西长21.5、南北宽17.5、最高1.5米，建筑址南部的踏道长约2.2、宽1.6米，北侧的踏道长约2、宽1.5米，复原墓域为长方形，南北长43.5、东西宽46.5米，周长约180米		大量板瓦、筒瓦、砖、瓦当、滴水、当沟、垒脊瓦、鸱吻、兽头、铁钉、陶塑件。陶器口沿9，腹片4，器耳3，器底6，器盖2，三彩陶器3，陶饰件16，铜环1，铁泡钉13，条形铁器7，钩形铁器7，铁刀1，铁锅1	墓上建筑址

续附表一

墓区	遗迹	结构	尺寸	葬式及人骨情况	出土遗物	备注
龙海墓区	M13	由土圹、砖椁、木棺构成。方向178°。长方形土圹，西壁外侧有两个半圆形浅坑，与砖椁石板盖顶持平。青砖砌筑长方形椁室，东西两壁顶部砖做平行叠涩。椁顶以4大块和若干小块薄石板封盖。盖石上有黑黄色的封土，椁室外与土圹之间的空隙用土填实。木棺置于砖椁内，已腐朽	土圹南北长3.6、宽1.9、现深1.7米，浅坑直径1.3、深0.8米，椁室南北长2.36、宽0.8～0.85、高0.8米，封土现存厚0.7～0.8米	人骨已腐朽，推测是仰身直肢一次葬，头北脚南	鱼尾形金头饰1，金钗1，金手镯2，金丝残件2，银筒饰件1，银背铜镜1，铁剪1，铁板2，铁泡钉276，折头铁钉71，鎏金铜泡钉100，鎏金铜棺环4，漆奁1，漆盒1，木梳2，蚌盒1，粉纸袋1，丝织品1	根据随葬品推断墓主人是位女性
	M14	由土圹、砖椁、木棺构成。方向178°。长方形土圹，北端连接一簸箕状浅坑。有两层盖石。第一层盖石由4块大薄石板组成，与第二层之间有厚0.1米的封土。第二层盖石亦为4块大薄石板，直接盖于砖椁顶部。青砖砌筑长方形椁室，东西两壁未做平行叠涩。椁内侧南壁中部有一条橘红色竖线条。木棺腐朽，棺木贴着砖椁四壁。砖椁南北两端各有两块长方形青砖	土圹南北长2.9、东西宽1.4、现深1.6米，坑口径1.1~1.2、底径0.8~1、现深0.5米，椁室南北长2.3、东西宽0.8~0.9、高0.8米，木棺已朽，推测长约2、宽约0.7米	人骨已腐朽，可辨认为仰身直肢一次葬，头北脚南	金冠饰1，皮弁1，金钗2，金条2，铁钉47，金托玉带具1套	随葬品表明墓主人是位男性
	M15	长斜坡墓道，坡度6.7°，底部铺垫一层石块。墓门处不见封门石。甬道两层青砖铺砌。长方形墓室，四壁石块垒砌，中央有砖砌棺床。墓顶盖石全无，地表有石块修砌的长方形墓域	墓道南北长4、东西宽0.8~2.3米，甬道进深0.65、宽1米，墓室南北长2.8、东西宽1.6、高1.4米，长方形墓域，南北长4.25、东西宽3.4米，棺床长2.1、宽0.8、高0.08米	不见葬具，出土人骨若干	未出土遗物，仅发现较多的壁画残块	墓室被盗严重
	M21	墓道、墓门、甬道皆已无存，墓室东南角亦遭破坏。未发现墓顶盖石，地表有石砌墓域。墓室墙壁以石块垒砌，四壁及地面均涂抹一层白灰。棺床位于墓室正中，平面呈长方形，底部以石块垒砌，上方铺一层青砖，表面涂抹白灰	墓室现存部分南北最大残长1.9、东西宽1.3、高1米，墓域东西宽3.45，南北最大残长2米，棺床长1.05、宽0.55、高0.2米	不见葬具、人骨	墓室中未出土遗物	墓葬被严重破坏
	J1	夯土台基式建筑，平面近正方形。台基以土分多次夯筑，四周以石块围砌，边缘齐整。台基之上的柱网布局呈“回”字形。塔基南侧约10米处立有两个石柱	台基东西长11.4、南北宽10.4、高约1米		出土大量檐头筒瓦、板瓦、普通筒瓦、砖、铁钉、壁画残块。另有鎏金铜饰件1，铁风铃1、兽面脊头瓦3	

续附表一

墓区	遗迹	结构	尺寸	葬式及人骨情况	出土遗物	备注
龙海墓区	SJ1	平面近圆形，井壁以石块修砌。北侧正中有一南北向石砌水槽与井相连，经两级石砌台阶入井	井穴直径3.2、清理深度2.25、井口径1.15、水槽宽0.65米，台阶长度与石砌水槽宽度相同		陶人头俑1，陶口沿残片1	东南为M1（贞孝公主墓）
	SJ2	井口平面近圆形，井口和井壁以石块修砌，井深4.6米处有木框架	井口径1.15、清理深度4.8米		陶口沿残片2，瓦片2	位于M13、M14墓上建筑西南侧，紧邻M13、M14
石国墓区	M1A	墓道分为两部分。南半部长斜坡，修3级生土踏步，北半部呈梯形，南端有1级踏步，墓道两壁以石块垒砌。墓门以3块大石封堵，门口两侧各有1块，中间一块位于墓内。长方形墓室，四壁石块垒砌，表面涂抹白灰。墓顶盖石原应有4块，墓底为平整生土	墓道南半部南北长2.45、东西宽1.5米，北半部南北长1.6、东西宽1.4~2.65米，甬道南北进深0.3、东西宽1.2米，墓室南北长3.65、东西宽1.55、高1.5米	未见葬具、人骨	陶口沿残片2，陶腹片1，铁钉2，铁片2，石铲1，黑曜石片2	地表封石东西长14.7、南北宽12、最高1.96米。封石下东西并排分布3座墓葬，由西向东依次为M1C、M1A、M1B。墓室被盗
	M1B	墓道分为两部分。南半部喇叭状长斜坡，有5级踏步，北半部呈梯形弧坡，墓道东西两壁以石块垒砌。墓门以两块大石板封堵，底部用多层石块倚护。长方形墓室，四壁石块垒砌，表面涂抹白灰。墓顶盖石5块，墓底为平整生土。墓室正中有长方形棺床，3层青砖修砌，表面涂抹白灰	墓道南半部整体长2.9、东西最宽2.4、北半部南北长1.6、东西宽1.3~2.4米，甬道南北进深0.4、东西宽1.05米，墓室南北长3.65、东西宽1.55、高1.55米，棺床南北长2.85、东西宽0.9、高0.2米	人骨严重扰乱	鎏金铜泡钉78，铁钉44，鎏金铜泡钉、铁钉搭配使用13，铁削1，扁圆石1，鎏金棺环4，石饼1，鎏金大铜泡钉1，鎏金饰件1，贝壳1，银钗1，三彩女俑4，陶口沿残片5，陶腹片3，陶器底1	

续附表一

墓区	遗迹	结构	尺寸	葬式及人骨情况	出土遗物	备注
石国墓区	M1C	长斜坡墓道，坡度24°，修砌5级踏步。墓门以两块大石板封堵。长方形墓室，四壁石块垒砌，墓底为平整生土。墓室正中有棺床，以青砖砌，表面抹白灰	墓道南北长3.38、东西1.37~2.15米，甬道东西宽1.1、南北进深0.5米，墓室南北长3.45、上宽1.3、下宽1.6、高1.5米，棺床南北长2.6、东西宽1、高0.2米	仅在墓室东侧发现数块人骨	鎏金铜泡钉31，铁钉77，鎏金铜棺环4，方形铁板2，绞胎瓷枕1，鎏金铜冠饰1，铁器1，铜饰1，鎏金带扣1，鎏金带銙12	
	M2A	长斜坡墓道，坡度10.6°。墓门以石板封堵，封门石共6层，南侧有一层封堵石。圆角长方形墓室，墓顶盖石现存3块。东壁为M2A和M2B共用的石砌隔墙，其余墙壁为开凿后的自然山石，表面涂抹白灰。墓底亦为自然山石	墓道长4.7、南侧上宽1.5、底宽2.15、北侧宽1.05米，封门石整体厚0.8米，墓室南北长3.1、东西宽1.6、高1.55米	人骨严重扰乱	鎏金铜泡钉50，方形鎏金铜托玉銙9，铁钉19，玳瑁9，鎏金铜棺环4，方形鎏金铜托玉銙4，鎏金铜带扣2，铊尾鎏金铜托玉銙1，鎏金大铜泡钉1，陶口沿残片1	墓室被盗严重
	M2B	长斜坡墓道，坡度7°。墓门以石板封堵，共5层，南侧又以较大的碎石封堵。圆角长方形墓室，墓顶盖石现存3块。西壁为M2A和M2B共用的石砌隔墙，其余墙壁为开凿后的自然山石，表面涂抹白灰。墓底亦为自然山石。墓室正中有长方形棺床，在山体上开凿形成	墓道南北长5.2、东西宽1.7~2.5米，封堵石墙长1.45、宽1.05米，墓室南北长3.3、东西宽1.7、高1.55米，棺床南北长2.25、东西宽0.72、高0.2米	人骨严重扰乱	铁钉3，鎏金铜泡钉4，铁刀1，陶片1，器底1，漆皮残件	

附录一

吉林省渤海国王室墓地出土银平脱梅花瓣形漆奁修复

李　澜* 程丽臻

唐代金银平脱漆器品种繁多，小到盘、匙，大到舟船，精彩纷呈。迄今为止，考古发掘出土的金银平脱漆器约有数十件，种类为镜、镜盒、册盒、仓、宝盈、碗、瓶、箱等，其中以镜和盒的数量最多。出土地点，集中在河南、陕西、四川、江苏、山东等省，边远的内蒙古、黑龙江也有少量出土[1]。出土金银平脱漆器中，以镜的数量为最多，盒次之，造型精美，纹饰富丽。吉林省龙头山古墓群渤海国王室墓地出土的银平脱梅花瓣形漆奁（M1：9），经修复处理后成为考古发掘出土的银平脱漆器中不可多得的一件精品，为银平脱漆器的研究与保护提供了宝贵的实物依据。

一　保存状况

龙头山古墓群渤海国王室墓地出土的银平脱梅花瓣形漆奁，器高2.8、最大直径29厘米。梅花瓣为八瓣，盖与器身子母扣合；奁的盖顶面、盖底面及器身四周均嵌贴有银饰花纹，花纹为龙、凤、人物、花鸟、植物等；在器身的口沿、底沿和盖的口沿包有黄铜扣条。

漆奁胎体出土时已基本腐朽不存，仅剩一些残缺不全的漆膜，强度极差。漆膜出现严重扭曲、变形、断裂等现象，部分漆膜已有酥粉现象。粘贴在漆膜上的部分银饰也出现腐蚀酥粉现象，另有部分银饰花纹与漆膜整体脱离。铜扣件均已完全与漆膜分离，断裂成长短不等的若干段（图一，1、2）。

二　器物制作工艺

金银平脱漆器的工艺流程，在明代著名漆工黄成的《髹饰录》中已有记录，现有多位专家学者对金银平脱工艺亦开展过深入研究。傅举有认为金银平脱工艺流程大致如下。（1）制作素胎或素色漆器。（2）制作金银薄片，先将黄金、白银捶揲或碾压成0.25~0.5

* 作者简介：李澜，湖北省博物馆文保部馆员；程丽臻，湖北省博物馆研究馆员。本文发表于《江汉考古》2009年第3期。

[1] 傅举有：《中国漆器金银装饰工艺之二——金银平脱漆器》，《紫禁城》2007年第4期，第136~143页。

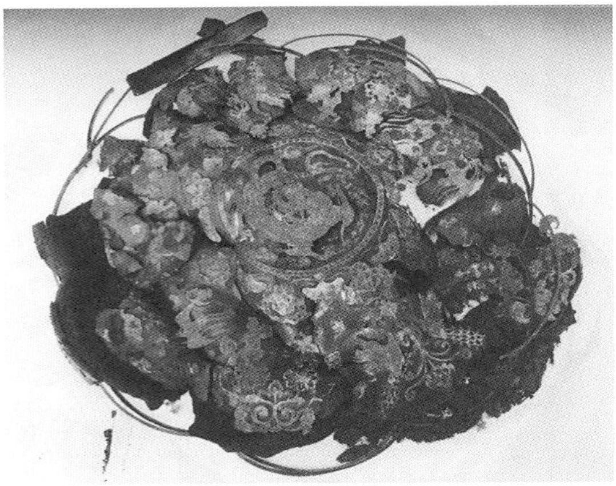

1.修复前的漆奁盖顶

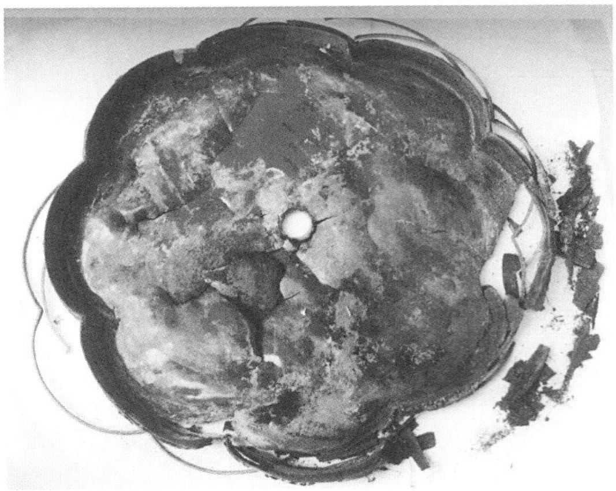

2.修复前的漆奁器身

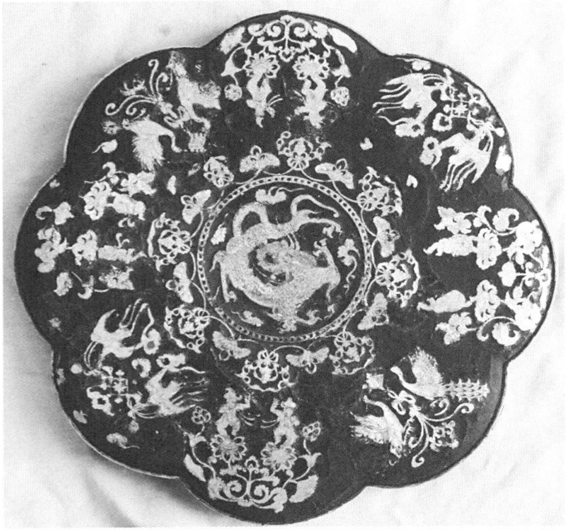

3.修复完成后的漆奁盖顶

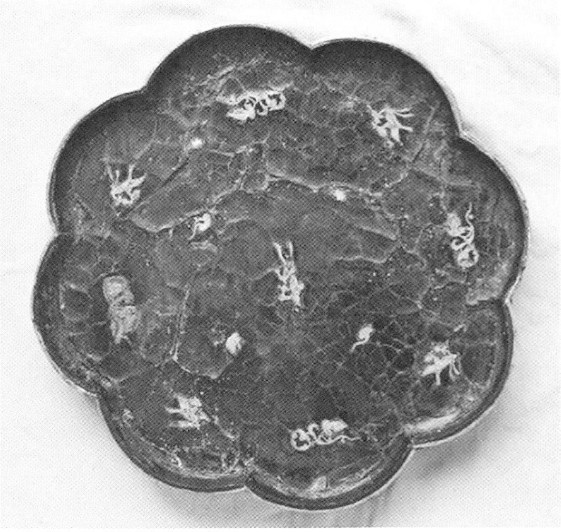

4.修复完成后的漆奁盖底

5.修复完成后的漆奁器身

图一　渤海国王室墓地出土银平脱梅花瓣形漆奁（M1：9）修复

毫米厚的薄片，并雕刻出单个的花草、飞禽、走兽、人物等图形，然后将制作好的金、银薄片纹样粘贴到器胎预先设计好的位置。（3）在贴好图形的器胎上髹漆，阴干后，再次上漆，如此反复进行多遍，直至漆层掩盖住金银图形。（4）待漆干到一定程度，反复进行压磨，直至闪光的金银图形完全露出来为止。由于金银片贴花与漆面平齐，又自漆面中脱露出来，所以，当时就把这种漆器工艺叫作“金银平脱”[1]。其他如曾如实、倪建林、刘中伟及吴磊等人均对金银平脱漆器的制作工艺进行过研究，其结论与傅举有的论述基本相同。

平脱技法与普通贴花的不同之处就在于它的花纹与漆面同一平面，所贴金银花纹中面较宽的地方还可以再雕刻细纹，但不将金银片刻透，谓之“毛雕”[2]，这种漆器富贵华丽，做工精细，深受唐代达官贵人的喜爱。

该漆奁为木胎，在深褐色漆地上，将 0.25 毫米厚的银饰嵌贴于漆器上，再反复髹漆直至漆面与银片纹饰达到同一平面。该漆奁制作工艺精美，纹饰富贵华丽，有龙、凤、人物、花鸟、植物等形象，且在龙、凤、植物上均有毛雕纹饰，形象简练逼真。依据工艺和纹饰特征判断，这件漆奁的制作工艺为金银平脱法。

三　修复

（一）修复原则

漆器修复起源于 20 世纪中期，修复方法多种多样。在大量的出土漆木器修复保护工作中，我们运用现代科学修复方法，积极尝试新型修复材料，努力使漆器的修复更具科学性，同时保留漆器的艺术美感，使修复后的文物既能体现器物的完整性，又能尽量恢复其固有的外观风格。由于漆木器文物的珍贵价值和艺术性，在其保护和修复中应遵循“修旧如旧，保持原貌”的原则。

（二）记录拍照

该漆奁保存状况很差，为保证器物的完整性和修复质量，在修复之前，首先对器物残片进行整理、编号，并对器物的外形、纹饰、残损、酥粉部位的细节情况等方面进行多角度的拍照并做好文字记录，建立器物修复档案，为修复保护工作打好基础。

（三）电脑绘图

根据原件尺寸运用 Photoshop7.0、CorelDRAW9 等软件绘制 1∶1 的线图、三视图，在绘制完成的线图上将与原件相对应的漆膜编号。

[1]　王世襄：《髹饰录解说——中国传统漆工艺研究》，文物出版社，1983 年。

[2]　傅举有：《中国漆器金银装饰工艺之二——金银平脱漆器》，《紫禁城》2007 年第 4 期，第 136~143 页。

（四）胎的制作

该漆奁出土时，奁盖、器身胎体已基本腐朽不存，仅剩一些残缺不全的漆膜，依照漆膜上下两层空隙尺寸及梅花瓣形态和整件漆奁尺寸，根据绘制好的 1∶1 线图、三视图，选用与器物年代相近的古木材制作木胎。木胎制作完成后逐一将对应的漆膜图案用拷贝纸复制在木胎上。

（五）清洗

该漆奁从考古现场带泥土整体取出，漆奁残破严重，胎体基本已腐烂，只有上下两层空鼓漆膜相连，漆膜开裂、扭曲、变形、断裂、脱落，残缺不全，保存状态很差，认真细致的清洗工作对于下一步的拼对和粘接工作至关重要。

清洗时既要去除残留的泥土和微生物又不能损坏漆膜和漆膜上的银纹饰片，还要尽可能保留文物承载的文化信息。为了避免漆膜在清洗中受损伤，必须把漆膜相连处分离。用手术刀将相连漆膜切开，让上层漆膜和下层漆膜分离。上层漆膜正面有银纹饰片，清洗时不能使用具有腐蚀性的化学药品，只能使用蒸馏水和细软毛笔轻轻刷洗表面的杂质，再用树脂修正器和手术刀刮去坚硬的污垢和漆膜反面胎体腐烂织物。

（六）漆膜软化

该漆奁出土经考古整理后已发生自然干燥，失去了本身的强度和韧性。漆膜上的银纹饰片、漆膜、漆灰及漆膜下的织物膨胀率不同，回软难度非常大。先用蒸馏水清洗器物表面残留的异物，再用配制好的溶液逐步加湿，直至木胎回湿软化，在漆膜软化时控制温度使漆膜软化定型。

（七）漆膜粘贴复原

1. 粘贴剂使用原则

准确地选择好黏合剂在漆木器修复中是非常重要的，目前可采用的黏合剂种类很多，较为常用的有：FS-101、D-801、DG-4、白虫胶、天然胶剂等，以及 SW-Z 型树脂、505 型树脂、Q/CH001-80 胶黏剂以及聚苯乙烯黏合剂，DG-4 光学透明胶黏剂。在 20 世纪 70 年代使用的漆木器修复材料主要为环氧树脂，其缺点为硬化速度慢，为修复带来诸多不便。我们结合前人经验在修复出土漆木器时通常考虑选用无色、透明，具有较高粘接强度，而且又能耐老化并且在室温条件下便于操作的黏合剂。

2. 拼对

分别将漆奁奁盖、器身线图上的漆膜编号拷贝到制作完成的木胎的相应位置上，再按编号拼对漆膜。

3. 粘贴

我们选用的黏结剂为万能超强修补剂。该黏结剂常温下流动性好，从涂刷到固化至所需强度仅需 1 小时，十分适用于手工小面积粘贴操作，且无毒、无刺激、安全环保，具有良好的应用性能。

漆膜粘贴的基本步骤如下。（1）彻底清除漆膜上的残留物。（2）将电脑绘制的线图上的漆膜编号拷贝到制作完成的木胎上。（3）用小号树脂修正器（修复工具）将黏结剂按 A：B=1：1 的比例调配好，刮刷到木胎及软化处理好的漆膜上；涂刷过程中一定要做到轻缓、仔细。（4）按照漆膜与木胎线图之间对应的编号位置进行粘贴。（5）将粘贴好的漆膜在还未干之前先用保鲜膜覆盖，再用透明胶带将保鲜膜四周固定，最后用强度和重量较大的器物加压、固定。

4. 补配

漆膜拼对、粘接完成后，修复工作只完成一半。部分漆膜粘接、整合的部分之间，会留下粘接细缝和残缺部分，对这些细缝和残缺部分都要进行补配。残缺部分比较少的，我们用加有不同色料的腻子填平，填料的选择要依据木胎的特性而定。具体方法是用树脂修正器一层层地往缝隙和残缺部位上刮涂，每刮涂一层后都要等完全干透，再用细砂纸打磨一遍，逐渐堆积到与原表面凹凸一致。对漆膜缺损部位大的地方最好尽量寻找同时代、同颜色的漆膜补配完整。

（八）铜构件复原

该漆奁有许多铜构件附件，在器身的底边、母口口沿、母口底沿、奁盖的底边、奁盖的口沿都包有黄铜扣条，已断裂变形。整件漆膜粘贴完成后，对断裂、变形的铜构件进行矫正整形处理，并复原到修复完成的器物上。

（九）修整、抛光

用小型专用打磨器将器物修复过程中的凸凹不平和边缘不整齐不光滑部分进行修整，使其平整光滑，为后期抛光做旧打好基础。待器物修整完成后用小型打磨器对银饰和铜构件进行抛光。

（一〇）上色、做旧

上色、做旧是漆器修复中最后一道工序，也是一项难度非常大的工作。首先是对材料的选用，因硝基漆具备附着力好、抗老化、色彩鲜艳、光洁度高、干燥时间短等优点，我们以硝基漆原料为主作为上色材料。修复、上色工作，要求修复工作者应具备一定的美术基础、鉴赏水平和空间构形能力。该漆奁制作工艺精美，银纹饰片上原有纹饰富贵华丽，有人物、花卉、鸟兽等纹样，但有部分银纹饰片从漆膜上脱落残缺，因此在上色做旧前需认真研究好纹饰的风格，先用软毛笔一遍一遍地将调配好的硝基漆涂抹到需上色的部位，直至与原件漆膜色彩接近，最后再用特制银粉将银饰缺失部分补全。

至此，全部修复工作基本完成（图一，3~5）。

四 结 语

经过对此件银平脱梅花瓣形漆奁长达一年之久的保护修复，我们积累了许多宝贵的经验，更加深入地了解到唐代银平脱漆器的制作工艺，并验证了相关文献中关于金银平脱漆器的制作工艺的有关结论。吉林省渤海国王室墓地出土的银平脱梅花瓣形漆奁是我国唐时期的一件制作精美的艺术珍品，通过保护修复恢复它的原貌，为今后研究与保护金银平脱漆器提供了重要参考。

致谢：在修复保护的过程中，陈中行研究员进行了全面的技术指导，木胎的制作部分由李敦学副研究员完成，在此一并致谢。

附录二

唐代梅花瓣形漆奁银平脱毛雕银饰工艺赏析

程丽臻 *

金银平脱法是唐代的一种制漆工艺，它上承汉代嵌金银箔片花纹漆器，但镂刻錾凿得更加精美。2005 年 5 月，吉林省龙头山古墓群渤海国王室墓地出土的银平脱梅花瓣形漆奁是唐代银平脱漆器，经保护及修复恢复了它的原貌。这件漆奁的制作工艺精良，造型秀美，嵌贴有精美的银饰花纹，纹饰富丽、祥瑞，是一件不可多得的艺术珍品，为研究金银平脱漆器提供了重要的实物资料。

一 基本情况

银平脱梅花瓣形漆奁于 2005 年 5 月出土，清理工作开始于 2005 年 10 月 13 日，至 2005 年 10 月 17 日完成。漆奁为木胎，胎骨上糊裹织物，面上髹黑漆与漆面在同一平面。奁身的口沿、底沿和盖的口沿包有黄铜扣条。银平脱梅花瓣形漆奁高 2.8、最大直径 29 厘米；梅花瓣为八瓣，子母扣；奁的盖顶、盖身及盒身四周均嵌贴有精美的银饰花纹，花纹为龙、凤、人物、花鸟、植物等；纹饰主题突出龙凤呈祥、吉祥如意、万寿、双喜等寓意，应是唐代贵族结婚所用的器物。

二 制作工艺

该漆奁制作工艺精美，银饰纹饰富贵华丽，有龙、凤、植物等纹样，银丝、银片纹饰均与漆面在同一平面。龙、凤、植物上有毛雕纹饰，造型生动，栩栩如生。依据工艺和纹饰特征，这件银纹平脱梅花瓣形漆奁的制作工艺为金银平脱法。据文献记载，金银平脱漆器在唐朝是皇家御用之物，也是朝廷馈赠的高档礼品。

“金银平脱法”[1]，是唐代的一种制漆工艺，它上承汉代嵌金银箔片花纹漆器，但镂刻錾凿得更加精美。唐以前的漆器在装饰之前，需用调入了油脂如清麻油或桐油的漆上光，使之罩上一层光亮的漆面，待其干后再施画或镶嵌。唐代出现了推光技法，可以直接将漆面打磨光滑。这种技法的出现，为金银平脱漆器的出现奠定了基础。

---

* 作者简介：程丽臻，湖北省博物馆研究馆员。本文发表于《文物天地》2017 年第 3 期。

[1] 王世襄：《髹饰录解说——中国传统漆工艺研究》，文物出版社，1983 年。

据傅举有[1]研究，金银平脱漆器制造的工艺过程大致如下。（1）制造素胎或素色漆器。（2）将黄金、白银捶揲或碾压成0.25~0.5毫米厚的薄片，并雕刻出单个的花草、飞禽、走兽、人物等图形，平贴于漆器预先设计好的位置。（3）在贴好图形的漆器上髹漆，阴干后，再次上漆，如此反复进行多遍，直至漆层掩盖住金银图形。（4）待漆干到一定程度，反复进行压磨，直至闪光的金银图形完全露出来为止。由于金银片贴花与漆面平齐，又自漆面中脱露出来，所以，当时就把这种漆器工艺叫作“金银平脱”。平脱技法与普通贴花的不同之处就在于它的花纹与漆面同一平面，所贴金银花纹中面较宽的地方还可以再雕刻细纹，但不将金银片刻透，谓之“毛雕”[2]，这种漆器富贵华丽，做工精细，深受唐代达官贵人的喜爱。金银平脱工艺精湛，刻画精细，题材广泛，是我国漆器工艺史上的一朵奇葩，精湛绝伦的纹饰和工艺成为中国古代艺术宝库中的一颗璀璨明珠。

三　纹饰精美

唐代金银平脱漆器品种繁多，小到盘、匙，大到舟船，精彩纷呈。但迄今为止，考古发掘出土的金银平脱漆木器仅有数十件，这种纹饰精美的银平脱漆奁出土极少。这件漆奁器形秀美，精巧别致；银饰布局巧妙，别具匠心；银饰华丽，寓意吉祥。平脱纹饰极具表现力，特别善于表现细部特征，构成了一个瑰丽无比的艺术世界。

1. 器形秀美，精巧别致

银平脱漆奁分奁盖和奁身上下两层，奁盖边和奁身边均为半圆弧形，上下各有八个瓣，半圆弧形与腊梅花花瓣形状相似，造型秀美别致，根据其形状，故称其器物为银平脱梅花瓣形漆奁（图一）。

图一　唐代银平脱梅花瓣形漆奁

[1]　傅举有：《中国漆器金银装饰工艺之二——金银平脱漆器》，《紫禁城》2007年第4期，第136~143页。

[2]　王世襄：《中国古代漆器》，文物出版社，1987年。

2. 银饰布局巧妙，别具匠心

纹饰在艺术形式上具有高度的概括性和典型性，是所处时代艺术风格的缩影，具有鲜明的时代特征。这种特征又为考古学的断代提供了依据和标准。

漆奁的奁盖上满施银饰银片，有龙、凤、植物、人物等纹样，整个银饰布局由内而外分为五部分。第一部分是中心层，银饰由一条丰满圆硕的团龙和游动的流云组成。第二部分是一圈圆形的绳纹银饰，它将中心层的银龙团团围住，隔开了与外层的关联。第三部分是由一圈紧紧依附着绳纹银饰的八只银饰蝴蝶和八只银饰蜜蜂组成。第四部分是四组八个由人物、禽兽、植物等组成的银饰图案。第五部分是由奁盖边缘口沿的一圈银饰花纹组成，奁盖边缘口沿有上下两条黄铜扣条，起到了加固奁盖、奁身边缘口沿作用。整个奁盖银饰布局巧妙，层次丰富，主题明确，内外相融，上下呼应，纹饰表现技法之精巧，别具匠心，令人叹为观止。

3. 银饰华丽，寓意吉祥

唐代，封建社会发展到了鼎盛时期，经济繁荣，国力强盛，社会相对稳定，促进了各类艺术的发展，文化上出现了姹紫嫣红的局面。漆器艺术也日臻完美，形成了金银平脱这种崭新的艺术风格。表现题材更加广泛，飞禽走兽，奇花异草，人物故事占主导地位，摆脱了战国至两汉以来神秘、怪诞的气氛；亲切、活泼、潇洒，充溢着青春的气息，更接近于现实生活的写照，并敷以浪漫的色彩。表现手法也更加多样化，构图优美，多以对称式、自由式、散点式布局，主题纹饰突出。

银平脱漆奁银饰由五部分组成，每部分的银饰华丽，寓意吉祥。龙是传说中的动物，是华夏各民族图腾精华的结晶，是装饰图案中经久不衰的题材[1]。龙的演变经过了夔龙、应龙、黄龙三个时期，黄龙萌于唐代，它是夔龙、应龙的结合体。《瑞应图》云“黄龙者，四龙之长，四方之正色，神灵之精也”。黄龙期的龙在造型和格式上逐步规范化、定型化。有坐龙、团龙、盘龙、飞龙、腾龙、云水龙、戏珠龙等。这些不同动态的龙，被组织在特定的形状中[2]。唐代规定黄为皇帝专用，龙是皇权象征，显示其至高无上的地位。漆奁的中心层是一只团龙，由一圈圆形的绳纹银饰团团围住。中心层团龙，是龙纹造型中的经典之作，造型非常独特，龙体盘屈，独占奁中。龙头高昂，颈部回收，一只前爪高抬，张口吐舌，一只后爪也高抬与尾部缠绕，身体绕呈“U”形。利用龙本身的动态，前后照应，保持构图的平衡，身体呈反弓形，更富有力度，显得健壮，威猛，其飞腾跃动之势活灵活现，龙身用“毛雕”的手法，阴刻的鬃毛飘起，威武有力。眼、鼻、口、鳞片等，栩栩如生，形象生动，这是最具艺术美的龙纹造型之一（图二）。

第三部分是由一圈紧紧依附着绳纹银饰的八只银饰蝴蝶、八只蜜蜂、八只蝙蝠及花

[1]　王文友：《龙凤文化源流》，北京工艺美术出版社，1998 年。

[2]　王文友：《龙凤文化源流》，北京工艺美术出版社，1998 年。

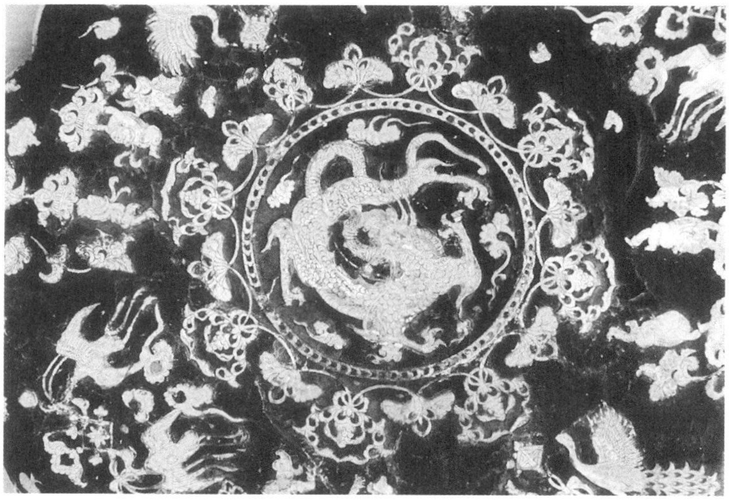

图二 唐代银平脱梅花瓣形漆奁（局部）

枝组成，它们相互环绕，翩翩飞舞，组成了一幅瑰丽的图案，毛雕部分用细线刻画，有轻盈的质感；画面充实和谐，流畅华丽，主纹饰与边饰相映生辉。

银平脱漆奁纹饰银饰图案中最精美、内容最丰富的是第四部分。由四组对称的人物、凤鸟、植物等组成。构图分为环绕式、重列式、对称式三种。它们分别为两对四只展翅高飞的孔雀、两对四只回旋低飞的凤鸟和四对八个嬉戏玩耍的儿童。凤鸟在唐代更加人格化，包含着人们对美好幸福生活的追求。“凤凰，火之精，出于东方君子之国，翱翔于四海之外，自歌自舞，见则天下大安宁。故为祥瑞之禽”[1]。标准的凤凰造型有三长，眼长、腿长、尾长，是最具艺术美的凤凰造型之一。两只孔雀立于花枝之上相对而舞，争衔团喜，开屏斗艳，虚实结合，表现了奇妙的艺术想象力（图三）。两对凤鸟相对而立，立于花蕾之上，双翅展开，回旋低飞，尾部高翘，似振翅欲飞，又似翩翩起舞，造型优美，神态端庄。口含绶带，绶与寿同音，为长寿的象征（图四）。争衔团喜，口衔同心结，成双成对的出现，是对人间夫妻之间忠贞不渝的爱情的赞美和祝福。花枝蔓草用细银拉丝，构成一幅精美的图案（图五）。八个在莲花和莲蓬之间嬉戏玩耍的儿童最为精彩，“因和得偶”，以“荷花”“莲蓬”及“白藕”构成吉祥图案。荷与和、藕与偶均为谐音，寓意为天配良缘、夫妻和睦[2]。在构图上均采用“花会”表演的组合形式，在造型上采用了童子的生活形态，在题材内容上表现了吉祥如意的大一统理念[3]，把欢庆和热闹及童趣盎然的气氛表达得淋漓尽致（图六）。

[1]《山海经·南山经·南此三经》。

[2] 梁上椿：《古镜图录》，北京大业印刷局，1940年出版一集，1941年出版二、三集，1942年出版四集补遗。

[3] 梁上椿：《古镜图录》，北京大业印刷局，1940年出版一集，1941年出版二、三集，1942年出版四集补遗。

图三　唐代银平脱梅花瓣形漆奁（局部）

图四　唐代银平脱梅花瓣形漆奁（局部）

图五　唐代银平脱梅花瓣形漆奁（局部）

图六　唐代银平脱梅花瓣形漆奁（局部）

四　结　语

金银平脱工艺起源于唐代，繁盛于唐代，衰落于五代，领风骚近200年，书写了中国漆艺技术史上光辉的一页。吉林省龙头山古墓群渤海国王室墓地出土的银平脱梅花瓣形漆奁是唐代银平脱漆器中的精品，漆奁的毛雕银饰寓意吉祥如意，布局巧妙，层次丰富，主题明确，内外相融，上下呼应。纹饰表现技法之精巧，别具匠心，令人叹为观止，是唐代一件不可多得的具有很高历史和艺术价值的珍宝。

附录三

龙头山渤海墓地出土漆奁纹饰解读和历史价值

冯恩学　高铷婧 *

吉林和龙龙海墓区是8世纪后半叶到9世纪前半叶渤海重要的王室墓地。2004~2005年，龙海渤海王室墓群进行发掘[1]。2005年，在该墓地Ⅷ号台地发现一座同封异穴墓，墓上有方形建筑台基，18块础石呈“回”字形柱网分布，有较多的建筑瓦件出土。台基中有2个并列墓室，皆为砖椁木棺。在西侧的墓室（M13）内出土了2件漆器，其中1件银平脱梅花瓣形漆奁，造型秀美，图案精美绝伦。漆奁胎体出土时已基本腐朽不存，仅剩一些残缺不全的漆膜，漆膜出现严重扭曲、变形、断裂等现象，部分漆膜已有酥粉现象，粘贴在漆膜上的部分银饰也出现腐蚀酥粉现象，另有部分银饰花纹与漆膜整体脱离。湖北省博物馆文保部李澜、程丽臻用高超的技艺对这件渤海漆器进行了长达一年的修复工作，使这件珍贵的漆奁重新恢复原形，世人才能得见其真容。李澜、程丽臻撰文详细介绍漆奁制作工艺和修复工艺[2]。程丽臻还撰文对漆奁盖面上的纹饰题材和寓意进行了深刻解读[3]，使人们对这件漆奁价值有了更深入的了解。但其中对个别题材的定名还存在不妥之处，部分花纹细节的复原有误，故有必要对漆奁盖面纹饰题材定名和艺术特点做进一步探讨。

根据发掘简报，漆奁出在木棺的头端，内装有1件铜镜、1盒哈喇油、3个纸袋胭脂粉，可知是成年女性的化妆用具。漆奁盖高2.8、直径28厘米，八曲梅花形。此件漆奁采用金银平脱的工艺，银片厚度0.25毫米。傅举有认为金银平脱工艺流程大致是：（1）制作素胎或素色漆器；（2）制作金银薄片，先将黄金、白银捶揲或碾压成0.25~0.5毫米厚的薄片，并雕刻出单个的花草、飞禽、走兽、人物等图形，然后将制作好的金、银薄片纹样粘贴到器胎预先设计好了的位置；（3）在贴好图形的器胎上髹漆，阴干后，再次上漆，如此反复进行多遍，直至漆层掩盖住金银图形；（4）待漆干到一定程度，反复进行压磨，直至闪光的金银图形完全露出来为止[5]。由于金银片贴花与漆面平齐，又自漆面

---

* 作者简介：冯恩学，吉林大学考古学院教授；高铷婧，吉林大学考古学院硕士研究生。本文发表于《地域文化研究》2021年第3期。

[1] 吉林省文物考古研究所等：《吉林和龙市龙海渤海王室墓葬发掘简报》，《考古》2009年第6期。

[2] 李澜、程丽臻：《吉林省渤海国王室墓地出土银平脱梅花瓣形漆奁修复》，《江汉考古》2009年第3期。

[3] 程丽臻：《唐代梅花瓣形漆奁银平脱毛雕银饰工艺赏析》，《文物天地》2017年第3期。

[5] 傅举有：《中国漆器金银装饰工艺之二——金银平脱漆器》，《紫禁城》2007年第4期。

中脱露出来，所以，当时就把这种漆器工艺叫作“金银平脱”。平脱技法与普通贴花的不同之处就在于它的花纹与漆面同一平面，这件梅花瓣形漆奁所贴金银花纹中面较宽的地方还雕刻细纹，但不将金银片刻透，谓之“毛雕”[1]。该漆奁为木胎，在深褐色漆地上，将0.25毫米厚的银饰嵌贴于漆器上，再反复髹漆直至漆面与银片纹饰达到同一平面。

这件银平脱梅花瓣形漆奁奁盖上纹饰主要分为盖顶中心和外侧两大区域，盖顶中心纹饰主要由云纹盘龙、锁链圈、外绕花卉飞虫三个部分组成，外侧纹饰主要由4组人物莲上戏耍、4组禽鸟衔带飞组成（图一）。

图一　漆奁盖的花纹

一　盘龙范式藏特色

盖顶中心是盘龙纹（团龙纹）（图二，1）。唐代盘龙纹在唐代铜镜上所见最多，形态花纹基本大同小异，按照龙口和镜纽的位置可以分为两种基本范式。A型口向着镜纽的龙吐宝珠型（图二，2），B型口向外镜纽在头后型（图二，3）。漆奁的盘龙口向外，在

[1]　申永峰、刘中伟：《唐代金银平脱工艺浅析》,《中原文物》2010年第2期。

头后的颈部有一颗火焰珠，龙颈挡住火焰珠的下半部，与唐镜盘龙纹 B 型构图相同。漆奁上的龙纹的特点符合唐镜盘龙的基本特点，如兽形的粗壮身体呈 C 形，四肢足全部露出而不是藏一足，细尾细颈与身差别明显，长尾缠一足，小头张大口，吐舌过唇，双角三爪肘生毛，整体造型具有精神饱满的活力等。可知，漆奁龙纹创作是遵循了唐代盘龙基本范式。

唐铜镜龙纹细部处理一般比较简单，有简洁明快的特点。西安郭家滩唐第 65 号墓出土的是唐铜镜龙纹细部处理最常见者之一（图二，2）[1]，代表了龙纹镜的龙纹细部艺术简洁之风。该镜边缘有“千”“秋”铭文，是唐玄宗在千秋节赐给群臣的镜。唐开元十七年八月五日，左丞相张说等人表请八月五日为千秋节，“著之甲令，布玉四方。群臣以是日献甘露、醇酎，上万岁寿酒，王公戚里进金镜、绶带”[2]。唐玄宗采纳张说等人的建议，将自己的生日每年农历八月初五立为“千秋节”。“千秋节”这一天在所有的庆祝活动结束后，大臣们纷纷向皇帝敬献各种精美的铜镜，唐玄宗也向四品以上的大臣颁发铜镜。

漆奁龙纹细部和花纹设计制作比赐给群臣的千秋镜龙纹华美精致，有皇家贵族气派。程丽臻评价此龙“栩栩如生，形象生动，是最具艺术美的龙纹造型之一”。细察漆奁龙纹，还有其他唐龙纹所不见或罕见的特点。其一，猛兽之目，犹如豹眼，与常见的鳄鱼之目不同。其二，龙舌超长，向下垂探勾卷，这是模仿蛙、蜥蜴吐舌捕虫之创意。其三，双角位于眼后，与常见位于眼前不同。其四，前颈后尾有相同的缠带纹，与常见的颈、身、尾都饰相同的鳞片不同。其五，蚕形腹，腹部肚皮是节状带形，上边还有一条细密斜线窄带，表示短毛。其六，前后肢的根部都生出一条向上扬起的羽毛。这些超常设计，不仅增加了龙的华美和威猛气势，还渲染了具有非凡的神异灵性。神龙居于中心，是纹饰图案的核心主题，不仅有吉祥高贵之意，还有护佑安全之用。

辽早期的耶律羽之墓（941 年）出土的一面铜镜[3]，直径 28、厚 1 厘米。龙纹造型与辽宋时期龙纹差异甚大。辽宋时期龙纹处于由唐兽体龙向元明时期的蛇体龙转变时期，身躯明显变细而灵活，颈部和尾部变粗与身体衔接有渐变趋势，卷曲身体藏一足的三足龙是基本型，张口但舌短，一般不过唇。耶律羽之墓铜镜龙纹与唐代龙纹风格一致，身、颈、尾的粗细差别明显，四肢足，口吐长舌。不仅如此，其腹部的细节，是节状的“蚕腹”，节状带之上也有一条细密斜线窄带（图二，3），这个细微特征与龙头山渤海墓漆奁龙纹的蚕腹处理方法一致。故可以判断耶律羽之墓镜是唐代铸造之镜，而非辽镜。辽初太祖阿保机帅军灭渤海后，在渤海之地建东丹国（东方契丹国之意），任命长子耶律倍为东丹王，回军时太祖病逝，次子耶律德光即皇帝位，对耶律倍不信任，耶律羽之是东丹

[1]　陈灿平：《唐千秋镜考》，《中国国家博物馆馆刊》2011 年第 5 期。

[2]　（唐）张说：《请八月五日为千秋节表并敕旨》，《张燕公集》卷一三，上海古籍出版社，1992 年，第 93 页。

[3]　内蒙古文物考古研究所等：《辽耶律羽之墓发掘简报》，《文物》1996 年第 1 期。

1.漆奁盖顶的图案

2. A型：西安郭家滩M65出土铜镜

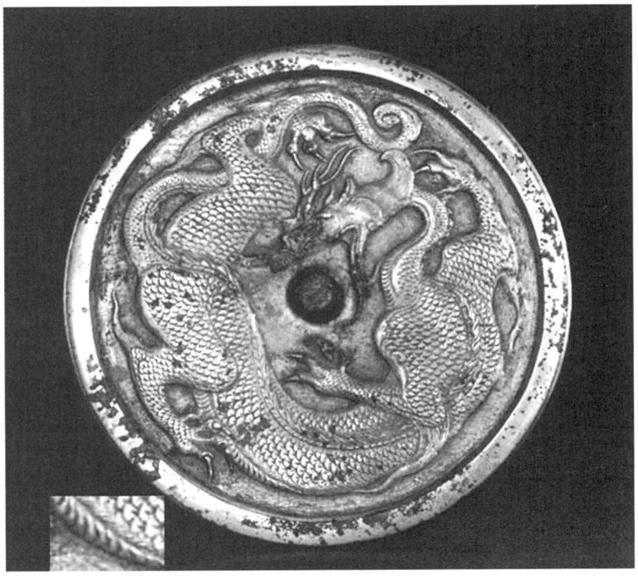

3. B型：耶律羽之墓出土铜镜

图二　漆奁盖顶纹饰与唐镜盘龙两种范式

国之相，是东丹国的实际掌权者。耶律羽之墓镜龙纹造型生动，神形兼备，每一部位都充满活力，制作工艺特别精致，是唐代龙纹镜中最精美者，应该是渤海国王室之物，渤海国亡被耶律羽之所得，死后随葬墓中。

二　蝴蝶翩翩恋花丛

盘龙外绕一圆圈为界隔，放大圆圈可以观察到是环环相连的锁链，每节是扁方形环，环前部有舌形凸起，前一环的尾边穿后一环的舌尖，环环扣接，可知不是绳纹，可称之为“锁链纹”（图二，1）。齐东方在《唐代金银器研究》中对这种纹饰进行讨论[1]，称其为绳索纹“像麦穗，又似链条”，论其作用一是作为纹样的边框将一件器物上的多种纹饰分隔开。例如，陕西省何家村窖藏出土的唐鎏金翼鹿凤鸟纹银盒，盒底中心是一只衔绶的凤鸟，中心层凤鸟纹纹饰外饰有一圈绳索纹，用黄金制成，形状为实心的心形环，环环相连（图三，1）[2]；西安市长乐坡出土的唐代“四鸾衔绶”铜镜（图三，2）[3]，内外两圈用金丝制成的圆圈环绕。锁链纹是唐代金银器皿上界隔装饰手法之一，漆奁的界隔也是银片制作，是借鉴了金银器的工艺美术。一线界隔纹饰，仍能毛雕得如此复杂精美，一丝不苟，工艺追求精湛，可见一斑。

在锁链纹的外边缘是一圈缠枝花草飞虫组合纹饰。以波状连续的植物藤蔓为骨架与莲花相结合，组成缠枝花纹，向左右延伸，是唐代流行的缠枝图案，有缠缠绵绵的美好寓意。莲花的蒂茎设计成连弧形，16 只蒂，16 朵花，巧妙形成一花双蒂，朵朵连理的图

1.何家村窖藏出土金花银盒　　2.西安长乐坡遗址出土“四鸾衔绶”镜

图三　唐代金银器上的锁链纹

[1] 齐东方：《唐代金银器研究》，中国社会科学出版社，1999 年，第 144 页。

[2] 陕西省历史博物馆：《大唐遗宝——何家村窖藏出土文物展》，陕西人民出版社，2010 年，第 39 页。

[3] 西安文物保护修复中心、陕西省历史博物馆：《现代修复理念与传统修复技术的结合——唐代四鸾衔绶金银平脱铜镜的保护修复》，第八届全国考古与文物保护（化学）学术会议，广州，2004 年。

案。花丛上有蝴蝶飞舞（程文介绍有 8 只蝴蝶，修复后原位仅存平翅蝴蝶 1 只；另有 1 只平翅蝴蝶、1 只立翅蝴蝶被误置在飞鹤图、人物图之外），动静结合，组成了一幅细腻而生动的瑰丽图案（图二，1）。

唐代李商隐以蝶入诗的有 29 首，内容涉及情爱、世情和人生际遇。在其名篇《锦瑟》中写道："庄生晓梦迷蝴蝶，望帝春心托杜鹃，沧海月明珠有泪，蓝田日暖玉生烟。"李白在《长干行》中，则用"八月蝴蝶黄，双飞西园草"，描述蝴蝶的成双成对、翩翩飞舞，反衬夫妻的离愁别恨，意境悠远。在传统文化的通俗比喻里，蝴蝶象征男子，花朵象征女子[1]，人们也习惯上将蝴蝶和一些花卉图案的组合纹饰称为"花蝶纹"或者"蝶恋花"等，这也是中国传统文化中"才子佳人"与"才郎淑女"愿望的表达。

必须注意的是，大花的上部修复出错，把花蕾上方两个抱合的叶子，理解成"蝙蝠纹"。图二上图右侧的花朵保存最完整，中心是塔形的花蕾（程文说有 8 只蜜蜂，疑此被误认为蜜蜂，或粉毁未粘贴上），上边是两层左右抱合的叶子，叶尖人字形相触，是含苞待放之态。图二上图左侧花朵上最外层的抱合叶子银片完全脱落，修复者用银粉修复成"蝙蝠纹"（图二，1）。

三　童戏胡腾莲上舞

漆奁盖顶外侧纹饰为八个梅花瓣位置的纹饰图案，是四组人物戏舞、四组禽鸟祝寿图案，采用交叉分布对称布局的形式设计。

人物戏舞又分双人正立跳舞和双人倒立杂耍两类。

双人正立跳舞图，从头戴皮帽和足穿皮靴特点可以确定是胡人，从舞姿特点可判定是唐朝流行的胡腾舞（图四，1）。胡腾舞是北朝隋唐时期传入中原地区，主要流行于入华的胡人当中，逐渐被汉人接受，并流传开来。其以踢踏跳跃为主要表现形式[2]。唐刘言史《王忠丞宅夜观舞胡腾》诗中就有关于胡腾舞的记载："石国胡儿人见少，蹲舞尊前急如鸟。织成蕃帽虚顶尖，细氎胡衫双袖小。手中抛下蒲萄盏，西顾忽思乡路远。跳身转毂宝带鸣，弄脚缤纷锦靴软。四座无言皆瞪目，横笛琵琶遍头促。乱腾新毯雪朱毛，傍拂轻花下红烛。酒阑舞罢丝管绝，木槿花西见残月。"[3]诗句"蕃帽虚顶尖，细氎胡衫双袖小""跳身转毂宝带鸣，弄脚缤纷锦靴软"都与漆奁上的人物形象纹饰一致。李端诗歌《胡腾儿》中也有描述："扬眉动目踏花毡，红汗交流珠帽偏。醉却东倾又西倒，双靴柔弱满灯前。环行急蹴皆应节，反手叉腰如却月。丝桐忽奏一曲终，呜呜画

[1]　贾玺增：《四季花与节令物》，清华大学出版社，2016 年，第 186 页。
[2]　陈海涛：《胡旋舞、胡腾舞与柘枝舞——对安伽墓与虞弘墓中舞蹈归属的浅析》，《考古与文物》2003 年第 3 期。
[3]　彭定球：《全唐诗》，第 284 卷，中华书局，1960 年。

图四　北朝到辽代的胡腾舞者

1. 漆奁盖上胡腾舞形象　2. 北周安伽墓石榻围屏　3. 固原出土绿釉乐舞扁壶　4. 唐苏思勖墓壁画

角城头发。”[1]这两首诗包含了大量的关于胡腾舞的信息，从诗中我们也可以看出胡腾舞的大体舞蹈形式和动作，主要是以跳跃的踢踏舞为主，十分细碎繁密，但均合乎音乐的节奏。胡腾舞本就是西域舞种，传入中原后加以融合发展，成为散乐百戏中的穿插舞蹈。

从出土考古资料观察，胡腾舞图在隋唐时期广泛流行，按照其起舞的场所大体可以分为三种基本范式。第一种为在地毯上跳舞，如西安东郊唐苏思勖墓中的乐舞壁画（图四，4）[2]，乐队坐地伴奏，站在中间的地毯上是一个深目高鼻、满脸胡须的胡人，高提右足，左手举至头上，像是一个跳起后刚落地的舞姿[3]。第二种为在平地上舞蹈，如北周的安伽墓石榻后屏第一幅和第六幅乐舞图，“亭前有石阶，庭院内正在表演舞蹈。中间一人身着红色翻领紧身长袍，袍内穿有红色内衣，腰系黑带，浅色裤，红袜，黑色长靴，正

[1]　彭定球：《全唐诗》，第284卷，中华书局，1960年。

[2]　陕西考古所唐墓工作组：《西安东郊唐苏思勖墓清理简报》，《考古》1960年第1期。

[3]　熊培庚：《唐苏思勖墓壁画舞乐图》，《文物》1960年第8、9期。

拍手、踢腿表演胡腾舞”（图四，2）[1]。第三种为在莲花上跳舞。如在河南安阳的范粹墓出土的黄釉瓷扁壶[2]，其上有一组乐舞图纹饰，一男舞者立于莲花台上，身穿胡服，头部微微低下，右臂举起，左臂下垂，左足踏在莲花上，右足稍稍抬起做跳跃舞动状。又如宁夏固原出土的北齐绿釉扁壶（图四，3）[3]，其上的乐舞图案中有一人物形象，右手举过头顶，左臂向后，右脚在后，左脚在前，于莲花座上做奔腾跳跃状，其头戴蕃帽，身穿胡服也是典型的西域人形象。第一、第二范式都是现实生活中胡腾舞者形象在唐墓壁画中的直观反映。第三范式于莲花上起舞与现实演出情况有所不同，应是古代工匠对于胡腾舞形象的一个艺术化提升，是艺术源于生活、又高于生活的表现。

漆奁上于莲上起舞图属于上述第三种范式，右侧舞者左脚抬起，右脚脚尖点在莲蓬正中心，作踢踏跳跃状。屈右臂向前，伸左手。舞者左肩上有长长的飘带随舞而动。头戴蕃帽，尖顶，帽尖向外侧偏（因为左位者帽顶向左偏，根据对称原则右位者的帽顶应该向右偏，由于银片脱落，修复时把右侧帽顶方向复原成向左，乃误），中空，身穿宽松上衣，但是两袖窄小，这是西域民族服装形式，与唐代的宽松长袍有一定的区别，脖子上戴有颈圈，下为宽松长裤，外穿一短靴，整体来看属于胡人装扮。左侧舞者与右侧舞者对称分布，动作神态均一致。这种搭配方式在考古发掘中也有类似发现，如辽耶律羽之墓的彩绘乐舞人物形象，每个乐舞人物在腰前和腰后都拖着一条长长的曳地宽飘带[4]；此外类似的饰物搭配也见于辽塔浮雕上的胡人乐舞图[5]，如天津蓟州区独乐寺白塔浮雕乐舞图，舞者头戴尖顶帽，腰部有宽飘带饰。

双人倒立杂耍图，倒立的人物为仅披戴围兜的童子形象（图五，1）。这种倒立起舞的方式也是乐舞百戏中的穿插舞蹈，最早见于东汉的画像砖和壁画上。内蒙古和林格尔地区东汉壁画墓中的《宁城图》也见倒立形象（图五，3）[6]。到隋唐五代时期仍流行。1991 年，西安市灞桥区唐玄宗开元十二年金乡县主墓出土的独臂倒立俑，右臂独立撑地，双腿在空中交叉前伸，弓腰抬头，姿态矫健（图五，2）[7]。漆奁上的童子倒立纹饰，右侧童子双手撑在荷花莲蓬正中，头部仰起，柳叶眉，圆脸，深目，头发短小，身体矮圆，双脚朝上，身体“S”形旋转扭动，两腿作弯曲状，右腿弯曲程度较大，整体造型呈现倒立在莲花上的姿态。左侧童子与右侧同，两童子相对表演。由此可见，漆奁上的童子形象当为汉唐散乐百戏中常见的一种杂技倒立形象。

[1] 陕西省考古研究所：《西安发现的北周安伽墓》，《文物》2001 年第 1 期。
[2] 河南省博物馆：《河南安阳北齐范粹墓发掘简报》，《文物》1972 年第 1 期。
[3] 马东海：《固原出土绿釉乐舞扁壶》，《文物》1988 年第 6 期。
[4] 冯恩学：《耶律羽之墓彩绘乐舞人物艺术形象的探讨》，《边疆考古研究》第 10 辑，科学出版社，2011 年。
[5] 巴景侃：《辽代乐舞》，万卷出版公司，2006 年，第 69~71 页。
[6] 武彩霞：《和林格尔东汉壁画墓中的乐舞百戏》，内蒙古师范大学硕士学位论文，2015 年。
[7] 雷军：《从院藏百戏俑看汉唐间“百戏”的发展》，《文物天地》2017 年第 5 期。

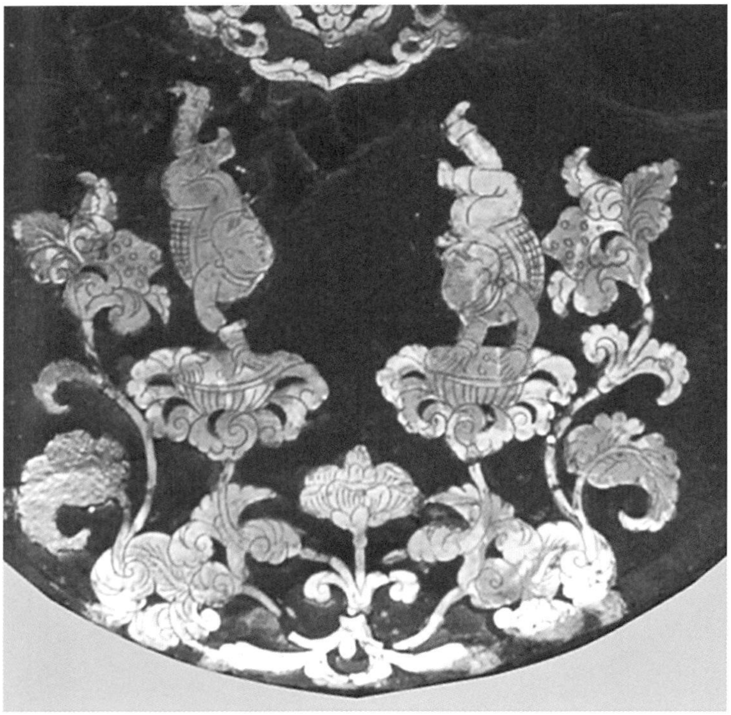

1.漆奁盖上的童子倒立形象

2.西安灞桥区金乡县唐墓出土倒立童子俑

3.内蒙古和林格尔地区东汉墓《宁城图》中的倒立童子

图五　百戏中的倒立童子

童戏和胡腾舞常见于节庆时的演出，表现出热闹场面。把童戏和胡腾设计在莲蓬上，增加了艺术性。莲蓬多子，有莲花化生、连生贵子等寓意，莲藕与“偶”同音，寓意佳偶天成，都是一种美好祝愿的表达。程丽臻将其概括为：“在构图上采用‘花会’表演的组合形式，在造型上采用童子的生活形态，在题材内容上表现了吉祥如意的大一统理念。”

四　仙鹤孔雀反向飞

四组禽鸟图由两组仙鹤衔绶带飞舞图和两组孔雀衔绶带飞舞图交叉对称搭配组成。

漆奁仙鹤衔绶带飞舞图的仙鹤形象（图六，1）与西安长乐坡遗址出土“四鸾衔绶镜”的所谓“鸾鸟”一致（图三，2）。仙鹤衔绶带是古代艺术常见的吉祥题材，但是仙鹤常被误解为凤凰或鸾鸟。仙鹤是以鹤为原型，基本保持鹤的自然体态。鹤呈长喙、长颈、长腿、短尾，以适应站立潜水处水中啄食的需要，飞翔时长腿平直后伸。凤凰作为百鸟之王，艺术造型有4个特点：（1）头上有冠毛饰，以显其尊；（2）钩尖曲喙，取猛禽之喙形，以显其威；（3）必有长长的凤尾，以显其美；（4）眼睛细长，妇孺皆知的关公就是凤眼。如陕西何家村窖藏出土金花银盒上的凤纹就是唐代凤纹的典型代表（图三，1）。鸾鸟是凤凰所生的美丽神鸟，也有长尾，与仙鹤差异明显。在龙头山的塔墓（M13）与漆奁并列摆放着1件长方形漆盒，花纹也是银箔平脱工艺，应是同一个漆器作坊的产品。漆盒上有长尾的凤凰和鸾鸟。故可以肯定，漆奁上俯冲的禽鸟，直长喙、圆目、短尾、长腿平直后伸，是仙鹤。其衔同心结绶带飞舞是表示“贺寿”“贺喜”之意。西安长乐坡遗址出土“四鸾衔绶镜”实际是仙鹤衔绶带的贺寿镜。

孔雀衔绶带飞舞图（图六，2），两只孔雀头部一大一小，为一雄一雌。两孔雀头部微微昂起，脖颈细长，颈部的羽毛清晰可见，扁杏仁般的眼睛注视着上方，双翅展开向后收拢，向上振翅翱翔，翅膀上的羽毛如鱼鳞状随风向后舞动，飞翔时双腿弯曲于下腹部，右边的孔雀拖着长尾，犹如碧纱宫扇还未完全平展开来。在陕西何家村窖藏曾出土过一件孔雀纹银盒（图六，3）[1]，盒身正面雕刻一对振翅扬尾的孔雀，立于莲花座之上，口衔下垂的莲蓬状物，余白填以山峰、花鸟、流云、萱草等。整体构图和造型与这件漆奁上的孔雀有很多类似之处。雌雄孔雀成对出现，有佳偶天成的美好寓意，古人将其称为爱情鸟，寓意爱情忠贞不渝。

漆奁上仙鹤和孔雀口衔绶带同心结，绶带挽结，有永结同心的美好祝愿。如唐代薛涛诗《春望词四首》中有记：“风花日将老，佳期犹渺渺。不结同心人，空结同心草。”[2]寓意对爱人的思念之情。唐玄宗李隆基《千秋节赐群臣镜》中记：“更衔长绶带，留意感人深。”衔绶带有祝长寿之意[3]。

孔雀向上飞翔，仙鹤向下俯冲，反向背离行进，似乎与和谐美满主题不符。穿插相

[1]　陕西省历史博物馆：《大唐遗宝——何家村窖藏出土文物展》，陕西人民出版社，2010年，第43页。

[2]　彭定球：《全唐诗》，第803卷，中华书局，1960年。

[3]　高次若：《漫话千秋镜与开元盛世千秋节》，《文博》2007年第1期。

1.漆奁盖上仙鹤　　2.漆奁盖上孔雀　　3.陕西何家村窖藏银盒上的金花孔雀

图六　仙鹤、孔雀

邻的人物图，胡腾正立跳跃，童子倒立蹬耍，人头像是反向的，面向也是相反的。禽鸟做反向飞翔设计应该是出于对人物呈正倒姿势的呼应之需，是追求统一中有变化之美，体现层次丰富、意境深远之趣。在一个水平线上的上下反向舞动，洋溢着忽高忽低、你来我往的生动气氛。与扣人心弦的莲蓬上童戏胡腾演出搭配，共同营造出喜庆热闹的场面。

五　结　语

漆奁装饰工艺上采用唐朝最先进的金银平脱技术和微观毛雕细腻表现手法，金银平脱是唐代漆器创新工艺，金银平脱器在唐代是罕见贵重的器物。漆器的整洁明亮，搭配熠熠发光的银片纹饰，高雅而富贵。盖顶装饰布局上，纹饰分三层，层次清晰，题材繁多而不乱，吉祥贺喜主题鲜明，喜庆气氛四溢；既遵循了平衡、对称的形式美原则，又在风格统一中尽显变化之巧思，具有深邃艺术美感和令人回味悠长的意蕴。人物花鸟造型准确写实，气韵生动。盘龙的大胆创新，豹目、蛙舌、蚕腹、四翼，增强了威猛和神秘，为迄今为止唐龙作品中最精美者。漆奁装饰艺术精美绝伦，是唐代金银漆器中的珍品，其艺术价值不亚于何家村窖藏金银器之精美者。

陕西历史博物馆杭志宏在《对何家村遗宝的一些新认识》中指出“从质量上讲，何家村窖藏金银器，厚重的器壁，复杂精美的纹饰，在工艺上较晚唐带刻铭的皇室作坊的作品更精美绝伦，这种不计成本的制作工艺，应属皇室或中央官府金银作坊的出品无疑”。他论证西安何家村窖藏位于邠王府李守礼旧宅，绝大多数器物是吐蕃 763 年攻入长安时邠王李守礼之子李承宏被立为皇帝时，李承宏从皇宫府库、皇室金银作坊院搜集之物[1]。龙头山渤海墓出土的漆奁装饰精美，做工精湛，也应该属于唐朝宫廷之器。渤海国是当时唐王朝的一个藩属国，不仅向唐朝进贡土特产，还把王子作为质子常驻长安，渤海王室才能够得到唐皇帝的赏赐。龙头山龙海墓区是珍陵，M13 的墓主是渤海国王室重要人物，这件漆奁可能是唐皇帝赏赐品。

[1]　杭志宏：《对何家村遗宝的一些新认识》，《文物天地》2016 年第 6 期。

附录四

龙头山渤海墓地龙海墓区出土陶瓷器科技分析

马仁杰　崔剑锋　常东雪　金和天　李　强*

一　研究背景

龙头山渤海墓地为目前发现的渤海国（698~926年）较大规模的王室贵族墓地之一。1980年，渤海第三代文王大钦茂之四女贞孝公主墓被发现清理后，龙头山墓地开始受到大量关注[2]。龙头山墓地由南至北可分为石国墓区、龙海墓区、龙湖墓区，经过2004~2005年的系统发掘，共清理墓葬14座、井1眼。根据出土的墓志推定，M1为贞孝公主墓，M12、M3分别为孝懿皇后墓和顺穆皇后墓。M2也被认为很可能是渤海第九代简王大明忠之墓。这表明龙头山墓地是8世纪中叶至9世纪初的渤海国诸多王室陵寝所在。

龙头山墓地出土了极为丰富的考古资料，大量发现的三彩俑为进一步探讨渤海三彩的产地提供了新的实物资料。渤海国能够烧造建筑釉陶已为诸多学者论及，但能否烧造精美的三彩器仍聚讼不已。山崎一雄早年对比分析了上京城琉璃构件和唐三彩的胎釉成分，发现二者在原料和烧造工艺上存在明显差别[3]。近年来大量开展的渤海釉陶科技分析工作取得了丰富的成果，尤其是铅同位素比值分析方法的引入，对于渤海釉陶的原料、工艺乃至产地有了更为清晰的认识。

崔剑锋等分析了六顶山墓群出土的绞胎和三彩器的胎釉成分和铅同位素比值，发现它们很有可能是黄冶窑的产品[4]。降幡顺子等分析了俄罗斯远东地区克拉斯基诺城址出土的釉陶样品，认为渤海三彩的烧成温度远低于唐三彩，而其铅料来源多样，中国北部、

* 作者简介：马仁杰，北京大学考古文博学院助理研究员；崔剑锋，北京大学考古文博学院教授；常东雪，南京大学博士研究生；金和天，北京市考古研究院馆员；李强，延边朝鲜族自治州文物保护中心研究员。

[2] 延边朝鲜族自治州博物馆：《渤海贞孝公主墓发掘清理简报》，《社会科学战线》1982年第1期，第174~180页。

[3] ［日］山崎一雄：《渤海三彩と唐三彩などの釉薬と胎土の比較》，《東洋陶磁》，1989年。

[4] 崔剑锋等：《六顶山墓群绞胎、三彩等样品的检测分析报告》，《六顶山渤海墓葬——2004~2009年清理发掘报告》，文物出版社，2012年，第266~269页。

南部以及日本的铅矿都有使用[1]。近期，对于渤海城址建筑釉陶的科技分析也基本明确了为本地烧造的，其胎料为本地的高铁易熔黏土，并采用了从中原和日本进口的铅料，混合胎体黏土以及着色剂配制铅釉[2]。

然而，渤海国出土的三彩器的工艺产地尚需大量科技分析加以研判。渤海国自建立以来就一直与周边地区保持着文化经济的交流。龙头山墓地位于渤海国中京城和东京城附近，也是渤海朝贡道、日本道和新罗道的必经之路。诸多文化因素汇聚于此，三彩器正是文化互动的最为直观表现，有待借助科技手段揭示其背后的文化交流面貌。以下综合已有的渤海釉陶以及中原窑址出土唐三彩的科技检测成果进行分析探究。

二　样品介绍与分析方法

（一）样品介绍

重点挑选墓葬中出土的各类三彩器进行检测分析。样品基本出自龙海墓区 M10 砖室塔墓以及 M13、M14 建筑址，取样情况详见表一。M10 为大型砖室塔墓，墓内扰乱堆积中出土有大量三彩俑残片，胎体普遍细腻洁白，俑身内芯生烧发灰。这些三彩俑造型服饰与中原别无二致，不过施釉技法、尺寸比例等方面存在一定差别。M13、M14 为同封异穴砖椁木棺墓，其上四周有夯土台基，建筑址中出土很多白胎建筑饰件，选取部分进行分析。另选取一些建筑址中出土的砖瓦、鸱吻等红胎、灰胎建筑构件对比分析。此外还对 M2 中出土的三件白瓷器进行产地溯源研究（表一）。

表一　龙海墓区出土陶瓷器取样情况

出土单位	三彩	建筑饰件	建筑构件	其他
J1 建筑址			7 瓦	
M2	1 三彩片			3 白瓷
M3	3 三彩兽			
M10	31 俑		6 砖	
M13、M14	4 三彩片			
M13、M14 建筑址		18	5 瓦 4 砖	3 陶器

[1] Furihata Junko, Nakamura Akiko, Shoda Shinya, Evgeniya Gelman, Saito Tsutomu, Kojima Yoshitaka. In Pursuit of Evidence for Local Production of Bohai Tricolored Earthenware: Chemical Analyses of Lead Glaze Ceramics Excavated from Kraskino and Gorbatka in the Russian Maritime Province, *Asian Archaeology*, 2015, 3, 145–165.

[2] 常东雪：《渤海国釉陶的产地研究》，南京大学硕士学位论文，2019 年。

（二）分析方法

1. 胎釉主量元素成分分析

所用仪器为日本堀场制作所 Horiba Inc. 生产的 XGT-7000 型 X 荧光显微镜。分析条件：X 射线入射光斑直径：1.2mm；X 光管管电压：30kV；X 光管管电流：0.029mA；数据采集时间：120s；时间控制在约 30%；数据处理方法为单标样基本参数法，标样为 Corning 公司的玻璃标准物质 Corning-D。

2. 微区形貌观察及成分分析

所用仪器为日立公司 TM3030 台式电子显微镜及 EDS 能谱仪。SEM 测试模式选用低真空，扫描电压为 15kV，测试时间通常控制在 90~120 秒。尽量避开腐蚀层，选取不同区域进行多次扫描，测定平均成分。

3. 铅同位素比值和微量元素分析

铅同位素比值分析用于研究三彩器铅料的来源。铅同位素比值测定在北京大学地球与空间科学学院造山带与地壳演化教育部重点实验室完成，使用的仪器是 VG AXIOM 型高分辨多接收电感耦合等离子体质谱仪（MC-ICP-MS）。步骤如下：刮取约 0.5mg 铅釉粉末，置于聚四氟乙烯烧杯中，加入王水，加热消解。消解完全后，取 20~30ml 清液待测。使用电感耦合等离子体原子发射光谱仪（ICP-AES）测量溶液中的 Pb 含量，并加去离子水将 Pb 含量稀释到 400~1000ppb，然后加入 5ml 0.5ppm 的国际 T1 标准 SRM997 作为内标。之后使用 MC-ICP-MS 测定铅同位素比值。为保证仪器的稳定性和精确度，在测量样品前后会采用国际标样 NBS981 校正。NBS981 的测定值分别是：$^{207}Pb/^{206}Pb=0.914585$，$^{208}Pb/^{206}Pb=2.16701$，$^{206}Pb/^{204}Pb=16.9356$，$^{207}Pb/^{204}Pb=15.4891$。

使用 pXRF 测定白瓷釉层微量元素含量。所用仪器为 Thermo Fisher 研制的 Niton XL3t600 型便携能量色散 X 射线荧光分析仪。配置 Au 靶和高性能微型 X 射线激发管，测试电压 30kV，工作电流 40μA。配备电子冷却 Si-PIN 探测器，工作温度 -35℃。窗口材料为有机薄膜（MOXTEK AP3.3 膜），此种有机薄膜对于轻元素的特征谱线有较高的透过率。

三　分析结果

本次共分析了龙海墓区出土的 39 件三彩器，41 件建筑构件、建筑饰件，3 件日用陶器，3 件白瓷的胎釉元素成分，主要检测了其中的主量元素 Na_2O、MgO、Al_2O_3、SiO_2、K_2O、CaO、TiO_2、MnO、Fe_2O_3 的百分含量，铅釉还需另外关注其中的 CuO、PbO 含量，结果详见附表一~三。以下分别介绍胎釉成分分析结果，并尝试借助铅同位素比值分析和微量元素分析方法分别明确三彩器的铅料来源和白瓷的产地。

（一）胎体成分分析

1. 白胎

白色胎质见于所有三彩器以及 M13、M14 建筑址出土的部分建筑饰件中，日用陶器中也有白胎器物的发现。这类白胎器物化学组成上显著高铝低硅，Al_2O_3 含量通常在 30% 以上，甚至高达 37%，SiO_2 含量多在 55%～65% 之间，属于典型的高岭土质胎。胎色大多灰暗，对应的胎体 Fe_2O_3 含量基本介于 1.5%～2.5%。胎体助熔剂 K_2O、CaO 含量大多低于 2%，部分样品胎体 CaO 含量略高。这样的高铝质胎很难烧制，加上胎体助熔剂含量较少，经常存在生烧的情况，扫描电镜下也观察到白胎胎体中存在较多孔隙、粗颗粒石英、未粉碎的黏土团块和富铁矿物，碎屑分选性较差，玻璃化程度很低。

在图一所示散点图中，仅白胎瓷器胎体的 Fe_2O_3 含量略低，其余白胎建筑饰件、日用器与三彩器均具有相同的含量范围，应该使用了与三彩器相同来源的高岭土原料。M3 出

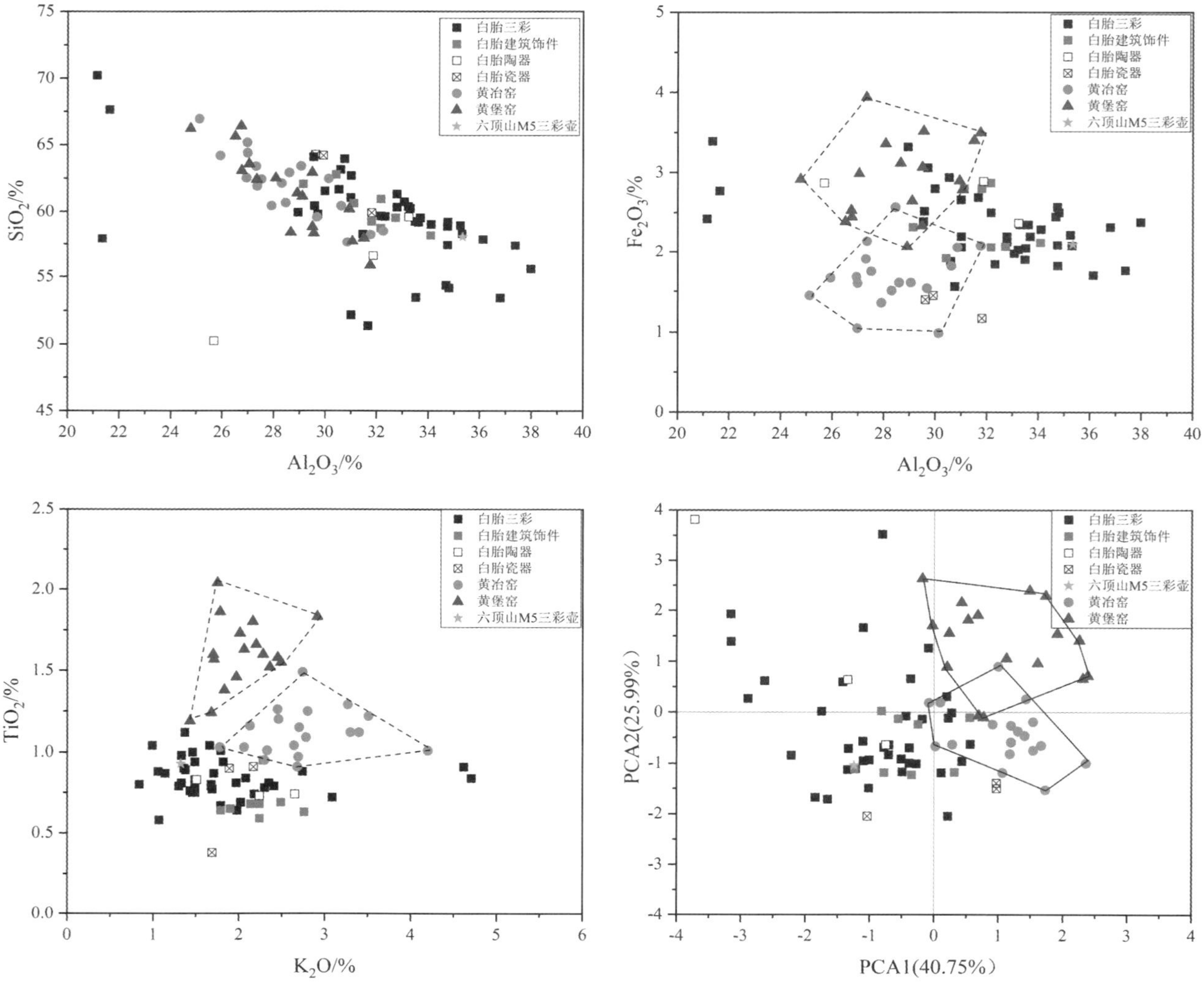

图一　渤海白胎器物、唐三彩胎体主量元素散点图

土的白胎三彩兽与三彩马胎体化学组成接近，Al_2O_3 含量仅约 22%，应是使用了另一类相同来源的胎土。大部分白胎器物与六顶山三彩壶（M5：28）具有相同的成分特征，表明渤海三彩器似有共同的高岭土来源，并且还被用于日用陶器和建筑饰件的烧造。

以往诸多研究表明，渤海国建筑釉陶主要使用本地的高铁易熔黏土制胎，只有三彩器以及部分建筑饰件存在使用高岭土制胎的情况。而高岭土是中原与北方地区广泛使用的一类制胎原料，两京地区的黄冶窑和黄堡窑即普遍使用高岭土生产白胎三彩器。黄冶窑和黄堡窑三彩器胎体的化学元素组成存在明显差别，较之黄堡窑三彩，黄冶窑三彩胎体具有较低的 Fe_2O_3、TiO_2 含量，较高的 K_2O 含量。将渤海白胎器物与中原唐三彩对比，如图一所示，包括六顶山 M5 三彩壶在内，龙海墓区的这批白胎器物具有更低的 K_2O、TiO_2 含量，Fe_2O_3 含量也处于中等水平，与黄冶窑及黄堡窑都存在差别。

高岭土的理论成分中 Al_2O_3 含量可达 39.5%，而实际成分中 Al_2O_3 含量多介于 30%~35% 之间，优质高岭土的 Al_2O_3 含量可达 38%。如图二所示，渤海白胎器物中使用的这类高岭土与中原地区常见白瓷的胎体成分也存在较大差别。北方细白瓷中的胎体 Al_2O_3 含量通常接近 30%，唐代巩县窑、定窑白瓷以及辽代龙泉务窑白瓷胎体的 Al_2O_3 含量可达 39%。但是这些白瓷胎体的 Fe_2O_3、TiO_2 含量通常较低，与这批渤海白胎器物不尽相同。地质调查也发现，吉林舒兰市水曲柳黏土、吉林永吉县大口钦黏土的主要矿物成分为高岭土。除了胎土淘洗程度造成的差异外，不排除渤海国所用高岭土产自本地的可能。

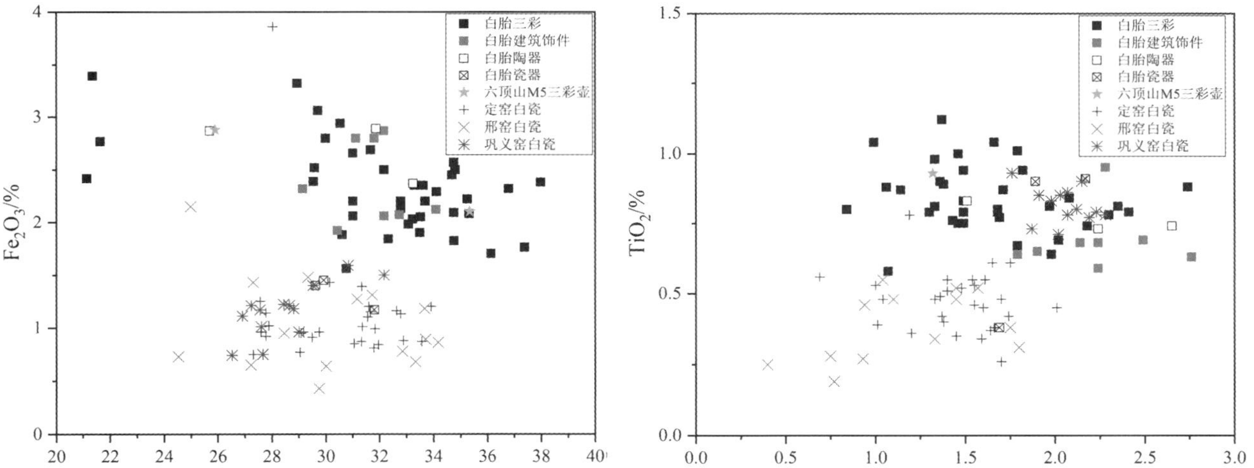

图二　渤海白胎器物、北方白瓷胎体主量元素散点图

2. 红胎、灰胎

龙海墓区还发现大量红色以及灰色胎质的器物，尤其是在陶器，砖瓦类建筑构件，鸱吻、兽头类建筑饰件中都有大量使用。红胎和灰胎的化学组成差别不大，主要氧化物的含量范围较为接近，如 Al_2O_3 含量基本在 17%~20% 之间，K_2O 含量基本在 2%~4% 之

间。二者的差别在于红胎的化学组成波动较小，Fe_2O_3 含量也明显更低，集中在 6%～7% 之间，而灰胎的化学组成波动较大，Fe_2O_3 含量通常高于 7%。总体来看，二者均属于典型的高铁易熔黏土质胎，颜色的差异应主要在于烧成气氛的不同。

如图三所示，红胎、灰胎样品均与以往分析的渤海建筑釉陶的胎体化学组成十分接近，六类主要氧化物 Al_2O_3、SiO_2、Fe_2O_3、CaO、K_2O、TiO_2 的含量范围差别不大。除去东京八连城的高铝质胎以外，龙海墓区这批样品与上京、中京以及东京的釉陶胎体几乎没有差别。实际上，这类高铁低铝的胎体原料是我国古代陶瓷业中广泛使用的一类易熔黏土，其成分中铝含量很低，容易烧成，同时很高的铁含量也起到了一定的助熔作用，有效降低烧成温度[1]。

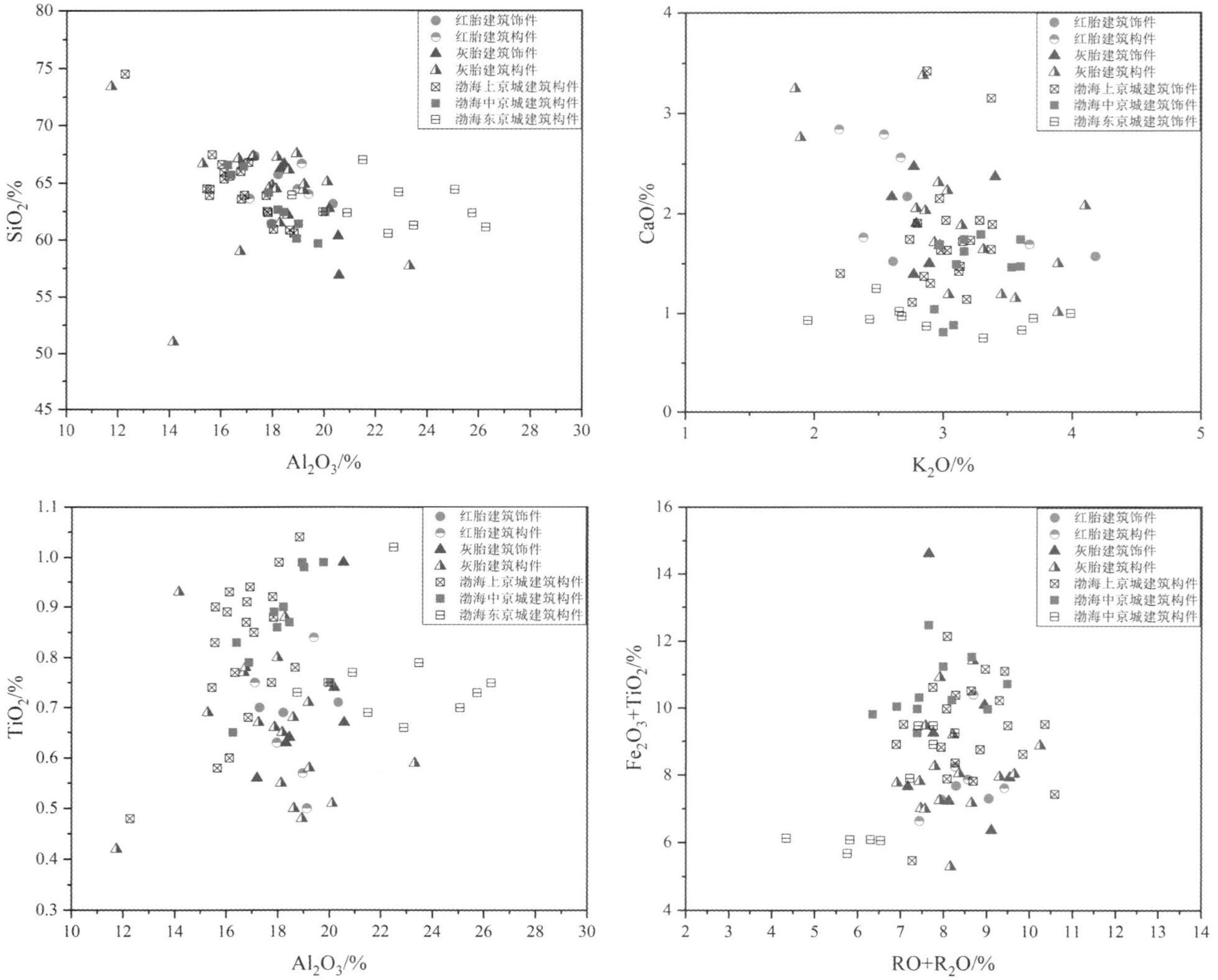

图三　渤海红（灰）胎器物、渤海釉陶建筑构件胎体主量元素散点图

[1]　李家治：《中国科学技术史·陶瓷卷》，科学出版社，1998 年，第 9 页。

陶器（M13、M14J：186）胎体为易熔黏土质胎，表面存有一层金层，肉眼可见金层之下似乎尚有一层棕釉层。扫描电镜分析结果表明，金层表面剥落严重，局部露出高铅层。样品截面可见，金层厚度约 20μm，局部较厚，其下存在一层铅釉层，部分金层渗入铅釉中。铅釉层主要元素含量与下述三彩釉完全一致，Fe_2O_3 含量略高，故釉色发黄。金层主要成分为 Au72%，Ag2.7%，Pb8.2%，O9.9%。未检测到 Hg 元素的大量富集，排除鎏金的可能。金层应是涂覆在铅料表面一次烧造形成的（图四）。

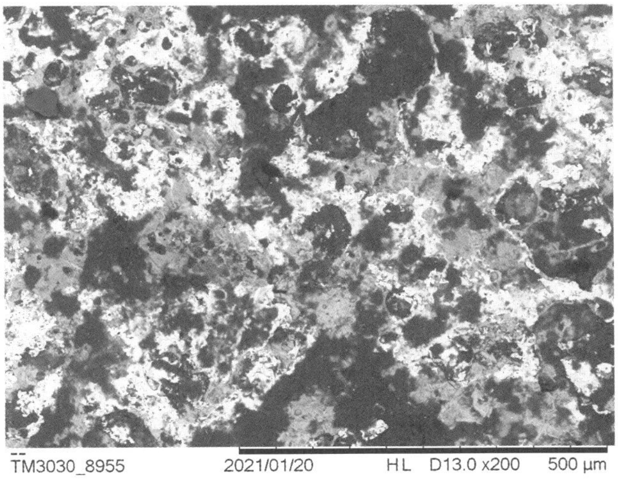

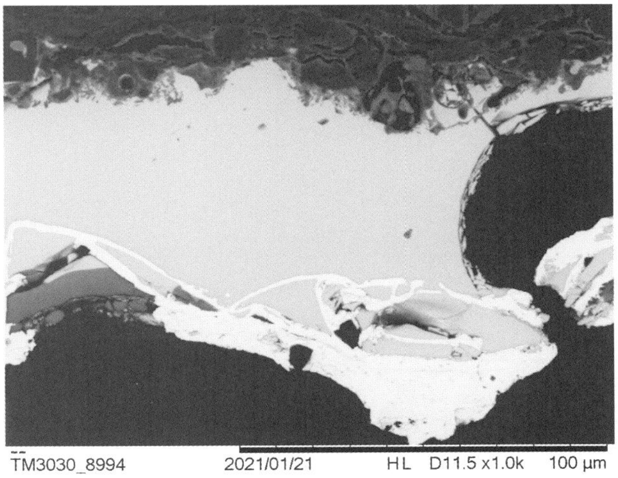

图四　陶器（M13、M14J：186）表面及截面 SEM 背散射照片

（二）铅釉成分分析

铅釉中的 PbO、K_2O、Na_2O、MgO、CaO 等为助熔剂，其中 PbO 为最主要的助熔剂。SiO_2 和 Al_2O_3 在高温下与 PbO 发生化学反应形成釉层，其中 Al_2O_3 含量的增加会提高釉层的黏度，在烧成过程中减少流釉。而釉色取决于铅釉中着色元素的种类和含量。重点测定釉层中的 Na_2O、MgO、Al_2O_3、SiO_2、K_2O、CaO、TiO_2、MnO、Fe_2O_3、CuO、PbO 的含量，以探讨三彩器的釉层成分以及配釉工艺。

三彩器的釉层大多腐蚀严重、光泽暗淡，明显可见腐蚀形成的银釉现象。釉层成分中，铅含量也因腐蚀剥落影响，通常低于 40%，而硅、铝含量相对较高，SiO_2 含量基本处于 40%~50% 之间，Al_2O_3 含量基本处于 10%~20% 之间。分釉色来看，棕釉、白釉样品的铅含量更高，绿釉的铅含量略低。釉色因着色元素的种类和含量而异，如图五所示。绿釉富铜，CuO 含量多在 1% 以上，棕釉富铁，Fe_2O_3 含量多在 2% 以上，而白釉几乎不含 CuO，具有较低的 Fe_2O_3 含量。较之建筑釉陶，这批三彩器釉色更为纯正，不存在釉陶的绿中发黄现象。

至于三彩器的配釉工艺，可从釉中 Al_2O_3、SiO_2 含量关系的角度进行研究。Nigel Wood 在分析汉代铅釉陶时，将每个样品釉层成分中的 PbO、CuO 等着色元素去除，仅留

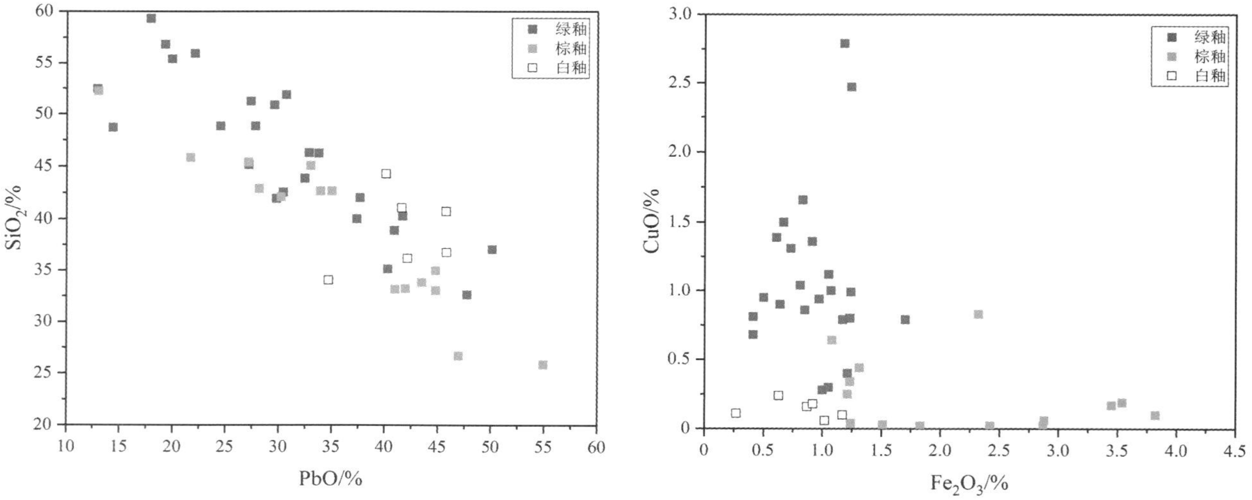

图五　三彩器釉层主量元素散点图

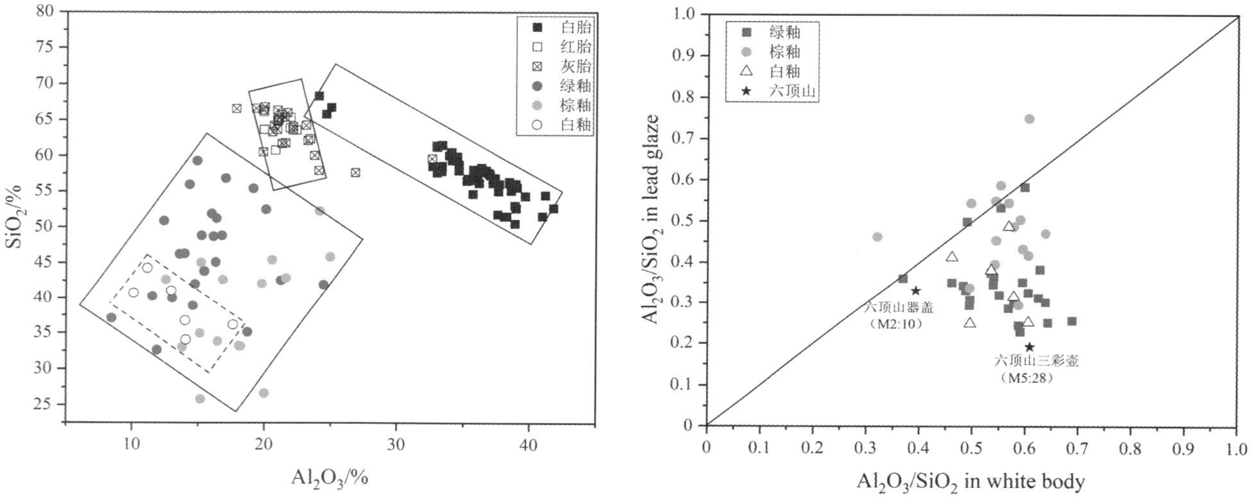

图六　三彩器胎釉 Al_2O_3、SiO_2 含量散点图和三彩器胎釉铝硅比散点图

下 Na、Mg、Al、Si、K 和 Ca 等黏土中最常见的氧化物，将其标准化处理，然后判断硅料的加入方式[1]。这批样品的标准化处理结果表明，棕釉样品的 Al_2O_3 含量多在 30% 以上，与胎体较为接近，而绿釉和白釉样品的 Al_2O_3 含量大都低于 25%，与胎体存在明显差别。据此推测，配制棕釉时，很可能直接使用了胎土作为硅质原料，而绿釉和白釉中使用了另外的硅质原料。

实际上，可以直接比对胎釉的 Al_2O_3、SiO_2 含量以及铝硅比（Al_2O_3/SiO_2），从而判断配釉所用硅料类别，结果如图六所示。陶瓷胎体中的 Al_2O_3、SiO_2 含量通常是负相关的，这是由于黏土主要成分就是 Al_2O_3 和 SiO_2，故具有反比关系。铝硅散点图上可见，前述白

[1] N. Wood, J. Watt 等著，刘绍德译：《某些汉代铅釉器的研究》，《92’古陶瓷科学技术国际讨论会论文集》，上海古陶瓷科学技术研究会，1992 年，第 98~107 页。

胎、红胎、灰胎样品均呈明显的反比关系，而铅釉中的 Al_2O_3、SiO_2 含量则大都具有较为明显的正比关系，与各类胎体均不同。这表明铅釉中的 Al_2O_3、SiO_2 具有共同的来源，且不同于各类胎体，很可能是一类单独加入的硅质原料。铝硅比（Al_2O_3/SiO_2）散点图中也具有相同的规律，位于对角线附近的样品对应直接使用胎土配釉的情况。这批渤海三彩中，棕釉样品中确实有很多处于对角线附近，或许直接使用了胎土配釉。而绿釉、白釉样品大都处于对角线下方，即釉层铝硅比明显低于胎体，证实了一类高硅质原料的添加。六顶山墓地出土三彩壶中的绿釉以及器盖中的棕釉具有相似的情况，绿釉铝硅比（Al_2O_3/SiO_2）远远低于胎体。

考虑到绿釉、白釉中杂质元素较少，龙海墓区的这批三彩俑或许添加了 SiO_2 含量更高的长石、石英砂、石英等硅质原料配制绿釉和白釉。扫描电镜下也可见个别样品胎釉结合处分布有石英、钾长石颗粒（图七），或许是尚未熔融的配釉原料。绿釉和棕釉还需要分别加入铜、铁着色剂。三彩器表层铅釉熔融充分，个别样品胎体中渗入的铅釉中可见大量金属颗粒，一定程度上保留了配釉所用原料的成分特征。三彩俑（M10：27）胎体中渗入的釉料呈细长条状，厚度可达0.4mm，成分与表层铅釉没有差别（图八）。其中可见大量球状铅颗粒弥散分布，直径最大者可达20μm，铅颗粒边缘常有灰色富铜相，含Cu74%，Pb9%，O6%，不含其他金属元素。这表明三彩器所用绿釉着色剂应为金属铜或铜的氧化矿。棕釉所用的着色剂应该也为金属铁或铁的氧化矿。

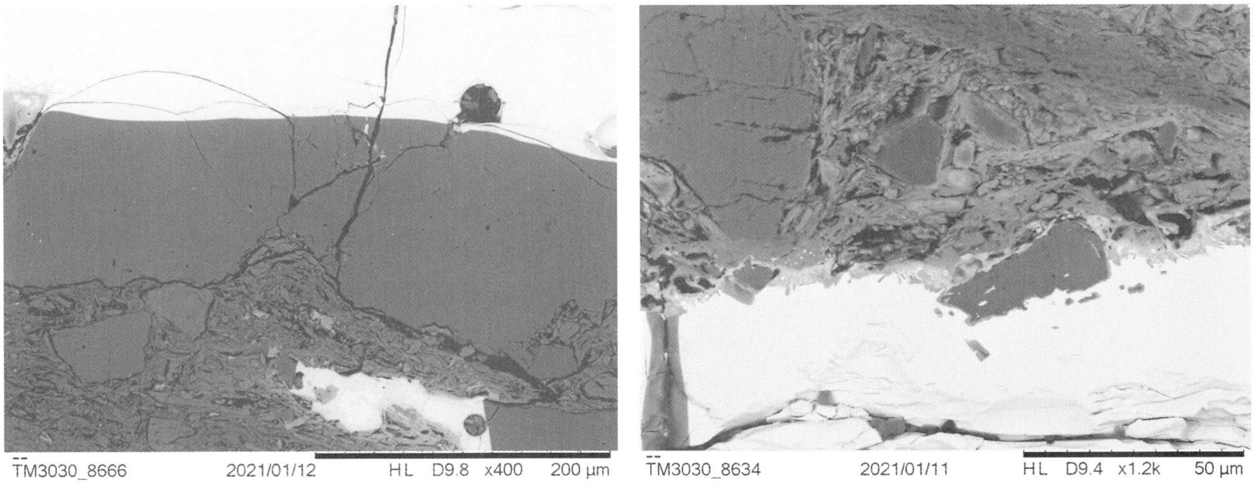

图七　绿釉三彩俑铅釉层SEM背散射照片
左：M10：31（铅釉下层石英颗粒）　右：M10：33（铅釉下层钾长石颗粒）

而渤海建筑釉陶多直接使用胎土作为硅质原料，加入的高铁质胎同时引入较多的 Fe_2O_3，以致配制的绿釉经常出现发黄的现象。如此看来，渤海三彩的配釉工艺明显异于

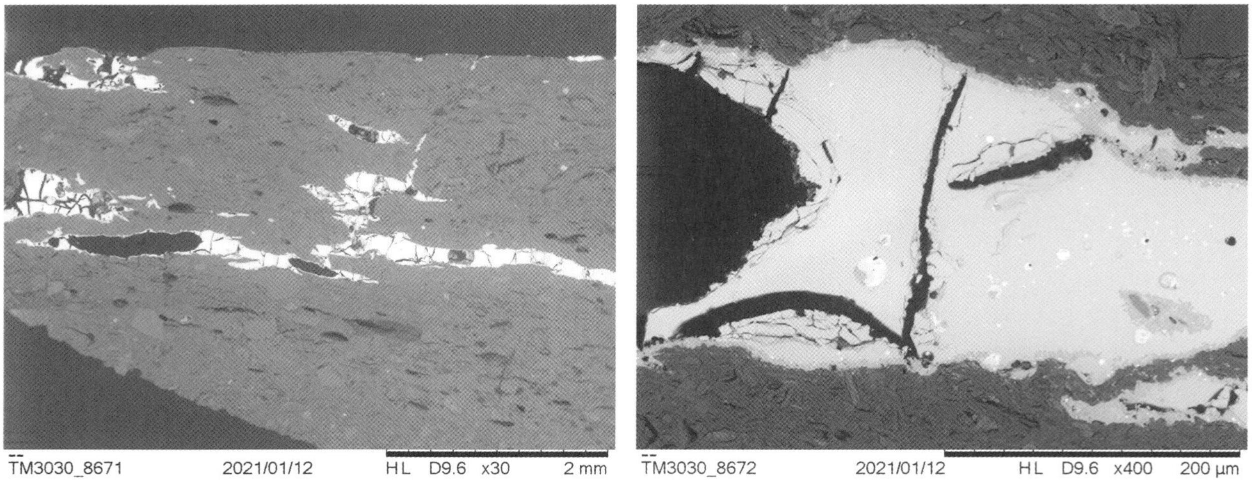

图八　绿釉三彩俑（M10：27）截面 SEM 背散射照片
（左：铅釉渗入胎体　右：铅釉中的金属颗粒）

本地生产的建筑釉陶，再次体现出与釉陶技术传统的差异，而与唐三彩存在较多共性[1]。

（三）铅料来源研究

诸多迹象表明，唐三彩的对外辐射包含了成品、工艺、原料等多个方面。从原料的角度出发，借助铅同位素比值分析，直接考察釉料来源，更能表征地区间的技术交流情况。以往的铅同位素比值分析揭示了渤海国城址釉陶建筑构件的铅料来源情况，从中原和日本引进是渤海国获取铅料的直接途径。而对于三彩器的铅料来源研究较少，更缺少从胎料和釉料角度对于渤海国出土三彩器产地来源以及生产背景的综合认识。

图九虚线框标示了窑址出土唐三彩的铅同位素比值范围。上京龙泉府遗址大部分釉陶建筑构件的铅同位素比值接近黄冶窑。东京八连城遗址和中京西古城遗址的釉陶建筑构件的铅同位素比值十分接近、非常集中，均与奈良三彩接近，说明两个遗址使用的铅料同源，可能是同一批铅料，并且来自日本。克拉斯基诺遗址釉陶日用器的铅同位素比值相对分散，多与黄冶窑和黄堡窑的范围重叠，部分接近奈良三彩的范围。

龙海墓区这批三彩器的铅同位素比值范围更加分散，大部分接近黄冶窑的铅料范围，个别明显处于醴泉坊三彩以及奈良三彩的范围附近，表明来自中原多个地区的铅料以及日本的铅料被同时用于这批三彩器的生产中。分墓地来看，石国墓区 M1B 出土三彩俑所用铅料落入黄冶窑范围内。龙海墓区 M2 出土的三彩片以及 M3 出土的三彩兽、三彩马与渤海东京城和中京城的铅料完全一致，应当都源自日本。龙海墓区 M13、M14 中随葬的 4 件三彩器的铅同位素比值明显富 Th 铅，具有更高的 $^{208}Pb/^{206}Pb$ 比值，与醴泉坊所用的

[1]　Dongxue Chang, et al. Characterizing the chemical composition of Tang Sancai wares from five Tang dynasty kiln sites. Ceramics International, 2020, 46(4):4778-4785.

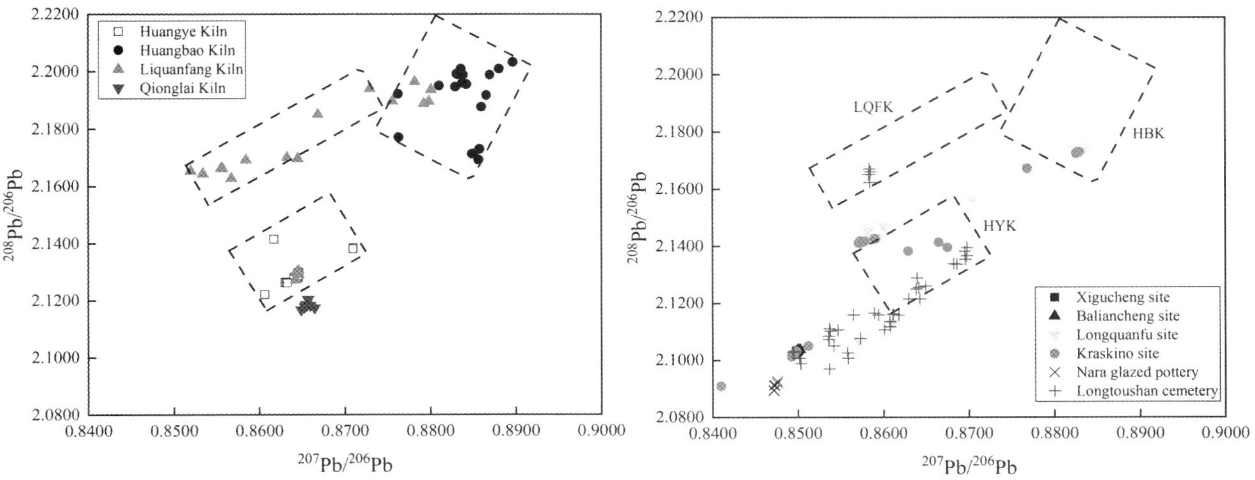

图九　唐三彩、渤海釉陶铅同位素比值散点图（^{207}Pb/^{206}Pb–^{208}Pb/^{206}Pb）

一部分铅料完全一致。龙海墓区 M10 出土的三彩俑残片的铅同位素比值范围较为宽泛，大都落入黄冶窑的铅料范围内，部分介于黄冶窑铅料与渤海所用日本铅料的范围之间，或许反映了不同来源铅料的混用现象。

综上分析，渤海国出土的白胎三彩器是以来自中原和日本的铅料配釉生产的，其中来自中原的铅料较为分散，对应多处矿床，而来自日本的铅料十分集中，或许对应一处矿点。科技分析揭示出渤海国出土的三彩器的釉料依赖于进口，但仍不能排除渤海三彩是本地生产的可能。尤其是白胎三彩器中使用日本铅料配釉的现象说明存在一种来料的“组合加工”模式，三彩器的配釉工艺也体现出与唐三彩的关联，这都展现出东亚地区存在一个紧密的区域互动圈来维持渤海三彩的生产模式。

风格上的分析也表明，以 M10 三彩俑为例，三彩男俑头戴幞头，足蹬皮靴，一身唐装，三彩女俑的发式、勾头履、服饰与唐代宫廷中的侍女装束别无二致，不过施釉技法、尺寸比例等方面具有自身特色。结合前述胎釉原料、工艺的共性与差异，或许可以推测，一些渤海三彩器或许是由渤海国聘请的来自中原地区生产三彩器窑口的工匠携带原料烧制的。

（四）白瓷产地研究

渤海遗址和墓葬中很少出土瓷器，如果放到 8~10 世纪初东亚陶瓷贸易的大背景下，就会发现其数量与类型既不如统一新罗，更不如日本。渤海与唐之往来，主要通过朝贡道和营州道，后者在安史之乱后阻塞，故渤海名马、熟铜唯赖始于山东半岛登州的朝贡道达至于唐。渤海遗址中罕见瓷器，尤其罕见南方越窑、长沙窑产品，或与此情势有关[1]。

白瓷仅出土于龙海墓区 M2 中。依据胎质釉色分类，包含 1 件细白瓷（04JHLLM2：24）以

[1]　彭善国：《试析渤海遗址出土的釉陶和瓷器》，《边疆考古研究》，科学出版社，2006 年，第 127~136 页。

及 2 件粗白瓷（04JHLLM2：4、13）。以下从主量元素和微量元素两个角度对三件白瓷的工艺和产地进行初步的分析。

三件白瓷胎体的 Al_2O_3 含量均约为 30%，属于典型的高岭土质胎，细白瓷胎质细腻洁白，具有较低的 TiO_2 含量。两件粗白瓷胎质粗糙，如图二所示，单看 TiO_2 含量，比较接近巩义窑白瓷，而细白瓷（04JHLLM2：24）十分接近邢窑、定窑区域。细白瓷的釉层属于钙釉，助熔剂中 K_2O 含量 1.61%，CaO 含量 6.12%，TiO_2 含量仅 0.07%。两件粗白瓷的釉层成分十分接近，为典型的碱钙釉，助熔剂中 K_2O 含量约为 4%，CaO 含量约为 2%，TiO_2 含量超过 0.2%。

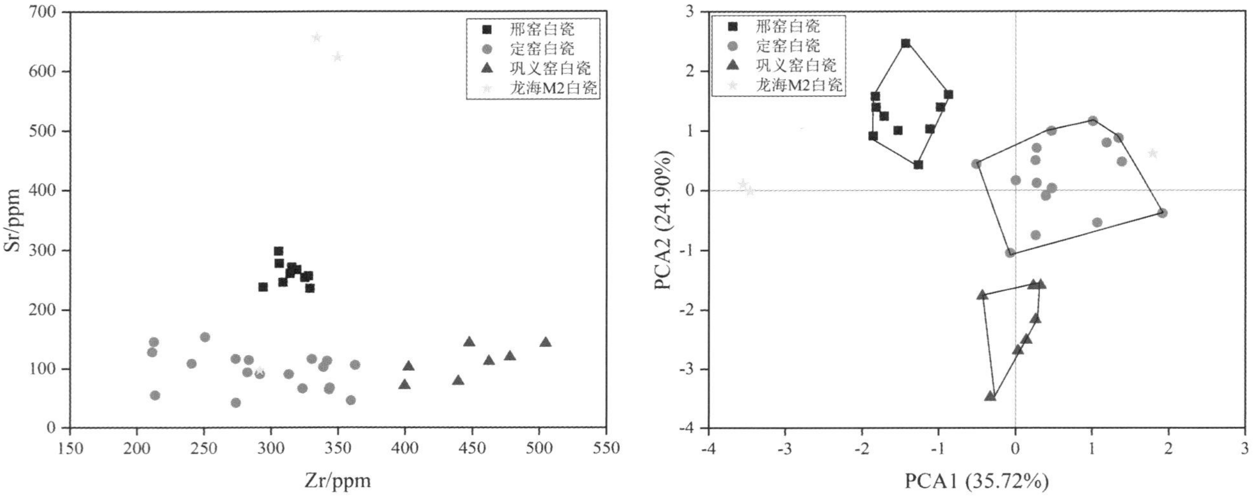

图一〇　白瓷 Zr–Sr 散点图和主成分因子散点图

定窑创烧于中晚唐时期，对定窑五代细白瓷的成分分析显示其胎釉成分和邢窑唐代的部分细白瓷十分接近，说明早期定窑显然继承了邢窑的制瓷工艺。定窑釉中钙质原料含量的降低，也显然和邢窑精细白瓷的配釉工艺很相似。这也是早期定窑和邢窑白瓷较难区分的最主要原因[1]。龙海墓区这件细白瓷更是具有相似的胎釉成分特征，难以判定具体产地。

使用 pXRF 测试瓷器釉面微量元素含量，据此区分产地。由于元素丰度和测试时间限制，部分元素测试结果不理想。去除 60s 内未检出的元素。重点分析含量明显高于检出限的元素包括 Zr、Sr、Rb、Th、Pb、Zn、Cu、Ni、Fe、Mn。部分样品个别元素含量低于检出限，用对应的误差取整后替换。重点比对唐代北方地区著名窑厂生产的白瓷器，结果如图一〇所示。巩义窑白瓷有着更高的 Zr 含量，大多高至 350ppm 以上。邢窑白瓷的釉层微量元素中 Sr、Cu 含量较高，分别超过 200ppm 和 100ppm，而定窑和巩义窑白瓷

[1] 崔剑锋等：《定窑、邢窑和巩义窑部分白瓷的成分分析及比较研究》，《文物保护与考古科学》2012 年第 4 期，第 1～10 页。

釉层中的 Sr、Cu 含量均较低。然后选取 Zr、Sr、Rb、Th、Zn、Cu、Fe、Mn 进行主成分分析，提取三个主成分因子。PC1/PC2 组合区分效果明显，总体贡献率达到 60.62%。已知窑口的瓷片样品分别聚集，明显分开。未知窑口的样品分散聚集，据此可推测未知瓷片窑口。细白瓷（M2：24）与五代定窑白瓷的范围接近，很可能来自定窑。两件粗白瓷聚在一起，来源相同，具体产地有待明确。

四　结　论

白色胎质见于所有三彩器以及部分建筑饰件中，日用陶器、瓷器中也有白胎器物的发现。M3 出土三彩器胎体的 Al_2O_3 含量都只有 22%，应为一类共同来源的胎土，其余白胎器物属于典型的高岭土质胎。大部分白胎器物与六顶山 M5 三彩壶具有相同的成分特征，表明渤海所用的高岭土质胎似有共同来源。不过与唐三彩和北方白瓷的胎体组成存在明显差别，不排除渤海国所用高岭土产自本地的可能。

龙海墓区还发现大量红色以及灰色胎质的器物，尤其是在陶器、砖瓦类建筑构件、鸱吻、兽头类建筑饰件中都有大量使用。红胎和灰胎的 Fe_2O_3 含量存在一定差异，均属于典型的高铁易熔黏土质胎，颜色的差异在于烧成气氛的不同。这与以往分析的渤海建筑釉陶的胎体化学组成十分接近，属于一类本地胎土。

三彩器的釉层表面常可见腐蚀形成的银釉现象。釉中铅含量也因腐蚀剥落影响，通常低于 40%，而硅、铝含量相对较高。绿釉富铜，棕釉富铁，白釉着色元素含量较低。棕釉样品的标准化处理结果与胎体成分较为接近，而绿釉和白釉样品处理后的 Al_2O_3 含量明显低于胎体。同时棕釉样品的胎釉铝硅比大多接近，而绿釉、白釉样品釉中的 SiO_2 含量明显偏高。据此推测，配制棕釉时，很可能直接使用了胎土作为硅质原料，而绿釉和白釉中添加了另外的硅质原料。扫描电镜下也可见个别样品胎釉结合处分布有石英、钾长石颗粒，或许是尚未熔融的配釉原料。釉料中未熔融的铅颗粒边缘残存的富铜颗粒应是配制绿釉时作为着色剂加入的金属铜或铜的氧化矿。

龙海墓区三彩器的铅同位素比值范围比较分散，大部分接近黄冶窑的铅料范围，个别明显处于醴泉坊三彩以及奈良三彩的铅料范围附近，表明来自中原多个地区的铅料以及日本的铅料被同时用于这批三彩器的生产。M2、M3 所用铅料同源，均来自日本，再次印证了对于 M2 墓主身份的推测。M13、M14 所用铅料与醴泉坊同源，而 M10 所用铅料大多与黄冶窑同源。铅料的利用因墓葬而异，除了与年代早晚、资源丰歉相关外，背后反映的地区之间的交流互动更值得关注。

M2 出土了三件白瓷。其中一件细白瓷的胎釉组成与定窑、邢窑接近。釉层微量元素分析结果表明，细白瓷与五代定窑白瓷的范围接近，很可能来自早期定窑。两件粗白瓷来源相同，产地有待明确。

科技分析揭示出渤海国出土的三彩器的釉料依赖于进口，但仍不能排除渤海三彩是本地生产的可能。尤其是白胎三彩器中使用日本铅料配釉的现象说明存在一种来料的“组合加工”模式，三彩器的配釉工艺也体现出与唐三彩的关联，这都展现出东亚地区存在一个紧密的区域互动圈来维持渤海三彩的生产模式。

附表一　龙海墓区出土三彩器胎釉化学组成（wt%）

墓号	器名	编号	部位	Na_2O	MgO	Al_2O_3	SiO_2	K_2O	CaO	TiO_2	MnO	Fe_2O_3	CuO	PbO
M10	三彩俑底座	M10：28	白胎	0.60	0.28	34.75	58.88	1.36	0.62	0.90	0.02	2.57		
			棕釉	1.88	1.14	21.60	42.87	1.52	1.14	0.06	0.03	1.23	0.34	28.17
			绿釉	0	1.12	8.45	37.06	0.74	0.48	0.03	0.05	0.81	1.04	50.11
M10	三彩俑底座	M10：117	白胎	0.56	0.26	36.80	53.43	4.71	1.05	0.84	0.02	2.32		
			绿釉	1.62	0.68	14.30	55.95	0.18	2.29	0.09	0	2.07	0.72	22.08
M10	三彩俑底座	M10：118	白胎	0.57	0.27	34.80	54.16	4.62	2.14	0.91	0.02	2.50		
			绿釉	1.55	0.65	14.85	59.31	0.49	2.62	0.09	0.01	1.70	0.79	17.92
M10	三彩俑底座	M10：119	白胎	0.63	0.29	33.07	60.73	1.68	0.83	0.79	0.01	1.98		
			棕釉	1.26	0.53	20.57	45.40	0.15	1.99	0.08	0.07	2.42	0.02	27.15
M10	三彩俑底座	M10：120	白胎	0.67	1.07	29.71	59.79	2.30	2.60	0.78	0.02	3.06		
			棕釉	1.08	1.76	24.93	45.82	0.38	2.12	0.06	0.06	1.83	0.02	21.66
M10	三彩俑内芯	M10：121	白胎	0.68	0.32	30.60	63.14	1.33	1.07	0.98	0	1.88		
M10	三彩俑内芯	M10：122	白胎	0.54	0.59	37.98	55.58	1.38	0.60	0.89	0.06	2.38		
M10	三彩俑内芯	M10：123	白胎	0.59	0.28	33.49	59.25	1.37	1.67	1.12	0.05	1.90		
M10	三彩俑内芯	M10：124	白胎	0.63	0.30	33.69	59.52	1.49	1.38	0.75	0.04	2.20		
M10	三彩俑残片	M10：125	白胎	0.68	0.49	28.94	59.94	2.74	2.98	0.88	0.03	3.32		
			绿釉	1.50	0.64	16.77	48.84	0.10	2.35	0.06	0.01	0.97	0.94	27.80
M10	三彩俑残片	M10：126	白胎	0.65	0.31	33.30	60.24	1.49	0.85	0.79	0.01	2.35		
			棕釉	0	1.27	15.17	25.85	0.12	0.54	0.04	0.06	1.31	0.44	54.94
			绿釉	2.20	0.94	18.72	35.13	0.48	0.59	0.04	0.06	0.64	0.90	40.28
M10	三彩俑残片	M10：127	白胎	0.66	0.41	32.79	61.30	1.14	0.63	0.87	0.01	2.20		
			绿釉	0	0.99	14.58	38.90	1.22	1.06	0.06	0.05	1.05	1.12	40.89
			白釉	0	1.02	14.00	36.76	0.78	0.40	0.05	0	0.92	0.18	45.81

续附表一

墓号	器名	编号	部位	Na_2O	MgO	Al_2O_3	SiO_2	K_2O	CaO	TiO_2	MnO	Fe_2O_3	CuO	PbO
M10	三彩俑残片	M10：128	白胎	0.68	0.32	29.54	64.07	1.06	1.06	0.88	0.01	2.39		
			绿釉	2.13	0	14.72	42.02	0.35	0.95	0.02	0.05	0.61	1.39	37.67
			白釉	1.96	11.84	14.05	34.05	0.17	0.86	0.04	0.03	0.63	0.24	34.68
M10	三彩俑残片	M10：129	白胎	0.65	0.95	32.17	59.66	1.66	1.34	1.04	0.02	2.50		
			绿釉	1.47	0.62	19.13	55.40	0.40	1.85	0.03	0.03	0.41	0.68	19.93
M10	三彩俑躯体	M10：13	白胎	0.68	0.92	30.76	63.94	1.07	0.51	0.58	0	1.56		
M10	三彩俑残片	M10：130	白胎	0.67	0.32	30.54	61.64	1.79	1.05	1.01	0.03	2.94		
			绿釉	0	2.97	15.96	51.87	0.34	0.88	0.04	0.02	0.67	1.50	30.70
			白釉	0	1.09	10.12	40.73	0.71	0.47	0.05	0.03	0.87	0.16	45.76
M10	三彩俑残片	M10：131	白胎	0.64	0.71	31.47	58.29	1.68	2.04	0.80	0.02	4.35		
			绿釉	2.64	1.18	11.89	32.62	0.10	1.24	0.04	0.01	0.83	1.66	47.74
M10	三彩俑残片	M10：132	白胎	0.59	0.28	35.25	58.95	1.33	0.53	0.81	0.03	2.22		
			绿釉	0	0.85	24.44	41.94	0.83	0.41	0.06	0.02	1.21	0.40	29.79
M10	三彩俑褐釉残片	M10：133	白胎	0.65	0.30	32.79	60.33	1.82	1.02	0.94	0.01	2.13		
			棕釉	0	0.88	18.19	33.15	0.35	1.80	0.14	0.11	3.82	0.10	40.96
M10	三彩俑躯体	M10：14	白胎	0.67	0.31	31.00	61.04	1.97	1.52	0.81	0.01	2.66		
M10	三彩俑躯体	M10：15	白胎	0.56	1.49	33.52	6.46	1.30	3.83	0.79	0	2.05		
			绿釉	1.35	0.56	20.08	52.46	0.19	4.09	0.06	0.01	0.41	0.81	19.93
M10	三彩俑躯体	M10：2	白胎	0.57	1.95	31.67	51.38	1.46	9.25	1.00	0.02	2.69		
M10	三彩俑（绿釉）	M10：31	白胎	0.67	1.72	29.99	61.52	2.35	2.22	0.81	0.01	2.80		
			绿釉	1.34	5.36	16.11	48.70	0.44	11.58	0.09	0	1.17	0.79	14.38
M10	三彩俑（残）	M10：34	白胎	0.61	0.94	34.11	59.04	1.46	0.81	0.75		2.29		
			棕釉	2.36	1.02	16.46	33.82	0.23	0.84	0.04	0.01	1.08	0.64	43.48
			绿釉	1.12	2.01	17.04	56.82	0.34	1.84	0.05	0.01	0.50	0.95	19.27
			白釉	1.98	0	12.95	41.06	0.34	1.65	0.02	0.01	0.27	0.11	41.59
M10	三彩俑（残）	M10：36	白胎	0.61	0.29	35.31	58.32	1.69	0.94	0.77	0	2.08		
			棕釉	0	1.10	20	26.69	0.10	1.57	0.08	0.11	2.88	0.06	46.94

续附表一

墓号	器名	编号	部位	Na_2O	MgO	Al_2O_3	SiO_2	K_2O	CaO	TiO_2	MnO	Fe_2O_3	CuO	PbO
M10	三彩俑（残）	M10：41	白胎	0.60	1.16	33.62	59.18	1.71	0.51	0.87	0	2.35		
			棕釉	2.49	1.07	18.08	33.21	0.71	1.00	0.06	0.05	1.24	0.04	41.96
			绿釉	2.18	0.94	11.52	40.28	0.29	0.97	0.04	0.02	0.73	1.31	41.68
			白釉	0	1.14	17.62	36.17	0.67	0.99	0.06	0.05	1.02	0.06	42.13
M10	三彩俑手部	M10：47	白胎	0.63	0.29	32.32	59.63	3.02	0.63	1.63	0.01	1.84		
			棕釉	1.82	0	16.87	42.65	0.16	1.36	0.13	0	2.87	0.02	33.93
M10	三彩俑底座	M10：54	白胎	0.65	0.31	33.23	60.37	1.49	0.97	0.94	0.01	2.03		
			绿釉	1.63	0	16.35	51.23	0.08	1.53	0.04	0.04	0.85	0.86	27.37
M10	三彩俑躯体	M10：6	白胎	0.59	0	34.68	54.37	0.99	5.87	1.04	0.02	2.45		
			棕釉	0	4.70	19.80	42.10	0.13	1.28	0.06	0.04	1.21	0.25	30.21
			绿釉	0	0.92	13.94	46.27	0.50	3.16	0.09	0.01	1.24	0.99	32.84
M10	三彩俑躯体	M10：7	白胎	0.58	0	37.38	57.40	1.43	0.67	0.76	0.01	1.76		
M10	三彩俑躯体	M10：8	白胎	0.58	1.40	36.13	57.88	0.84	0.66	0.80	0.01	1.70		
			绿釉	0	0.58	15.23	48.82	0	8.24	0.11	0.03	1.23	0.80	24.51
M13、M14	三彩片	M13、M14J：182	白胎	0.59	0.28	34.75	57.43	2.41	1.66	0.79	0.01	2.09		
			棕釉	2.60	0	13.78	33.02	0.99	0.56	0.06	0.04	2.93	1.13	44.79
			绿釉	2.24	0.97	13.01	39.99	0.81	1.56	0.05	0.02	1.18	2.79	37.36
			白釉	0	0.97	11.14	44.27	1.81	0.29	0.03	0.02	1.17	0.10	40.10
M13、M14	三彩片	M13、M14J：183	白胎	0.69	0.32	31.01	62.68	1.79	0.77	0.67	0.01	2.06		
			棕釉	0	0.89	15.19	45.05	1.50	0.47	0.05	0.05	3.54	0.19	32.99
			绿釉	0	0.94	13.57	46.23	0.53	1.10	0.06	0.02	1.24	2.47	33.75
M13、M14	三彩片	M13、M14J：184	白胎	0.58	1.48	31.01	52.17	1.49	10.24	0.83	0.02	2.20		
			棕釉	0	1.06	15.11	34.97	0.28	0.57	0.01	0.01	2.32	0.83	44.78
			绿釉	2.22	0.95	15.42	43.84	1.73	0.99	0.04	0.02	0.91	1.36	32.45
M13、M14	三彩片	M13、M14J：185	白胎	0.60	0.28	34.76	59.22	2.02	0.59	0.69	0	1.82		
			棕釉	2.25	0.96	12.55	42.65	2.35	0.44	0.04	0.06	3.45	0.17	35.00
			绿釉	1.66	0.93	12.38	50.86	0.89	0.57	0.04	0.01	1.07	1.00	29.57
M2	三彩片	M2：23	白胎	0.63	2.22	29.58	60.42	3.09	0.80	0.72	0.02	2.52		
			绿釉	1.60	0.68	21.22	42.54	0.76	1.06	0.06	0.05	1.05	0.30	30.41

续附表一

墓号	器名	编号	部位	Na_2O	MgO	Al_2O_3	SiO_2	K_2O	CaO	TiO_2	MnO	Fe_2O_3	CuO	PbO
M3	三彩马头	M3：14	白胎	0.80	1.41	21.63	67.65	2.18	2.81	0.74	0.01	2.77		
			棕釉	1.33	1.33	24.12	52.23	1.22	5.05	0.12	0.02	1.51	0.03	13.01
M3	三彩兽	M3：5	白胎	0.71	1.40	21.35	57.92	2.08	12.28	0.84	0.02	3.39		
			绿釉	0	2.64	16.29	45.13	0.86	5.44	0.11	0.01	1.00	0.28	27.18
M3	三彩马躯体	M3：8	白胎	0.81	0.59	21.14	70.21	1.98	2.21	0.64	0.01	2.42		

附表二　龙海墓区出土建筑饰件、建筑构件胎体化学组成（wt%）

类别	墓号	器名	编号	部位	Na_2O	MgO	Al_2O_3	SiO_2	K_2O	CaO	TiO_2	MnO	Fe_2O_3
建筑饰件	M13、M14建筑址	饰件	M13、M14J：31	白胎	0.67	1.07	29.14	62.06	2.28	1.49	0.95	0.03	2.32
		饰件	M13、M14J：32	白胎	0.61	1.96	32.73	59.52	1.79	0.67	0.64	0.01	2.07
		饰件	M13、M14J：33	白胎	0.65	1.17	31.12	60.61	2.24	0.73	0.68	0.02	2.80
		饰件	M13、M14J：34	白胎	0.61	1.52	31.80	59.24	2.49	0.82	0.69	0.02	2.80
		饰件	M13、M14J：35	白胎	0.60	1.62	34.09	58.18	1.90	0.83	0.65	0.01	2.12
		饰件	M13、M14J：36	白胎	0.64	0.64	32.16	58.74	2.76	1.55	0.63	0.00	2.87
		饰件	M13、M14J：37	白胎	0.66	0.73	32.17	60.94	2.24	0.60	0.59	0.01	2.06
		饰件	M13、M14J：38	白胎	0.67	0.53	30.43	62.77	2.14	0.85	0.68	0.01	1.92
		鸱吻	M13、M14J：276	红胎	0.82	2.58	18.22	65.73	2.72	2.17	0.69	0.09	6.99
		鸱吻	M13、M14J：46	红胎	0.82	3.00	17.30	67.36	2.61	1.52	0.70	0.12	6.57
		兽头	M13、M14J：51	红胎	0.78	2.52	20.35	63.17	4.18	1.57	0.71	0.13	6.59
		兽眼	M13、M14J：105	灰胎	0.75	4.10	17.89	64.55	2.79	1.90	0.66	0.09	7.27
		鸱吻	M13、M14J：280	灰胎	0.75	2.13	20.58	56.87	2.60	2.17	0.67	0.29	13.94
		兽头	M13、M14J：284	灰胎	0.82	2.19	18.45	66.66	2.77	1.39	0.64	0.06	7.02
		刻纹饰件	M13、M14J：42	灰胎	0.80	2.67	18.31	66.28	2.97	1.68	0.63	0.05	6.60
		兽角	M13、M14J：80	灰胎	0.76	2.61	20.19	62.71	2.89	1.50	0.74	0.09	8.51
		鸱吻	M13、M14J：97	灰胎	0.74	2.97	20.55	60.33	2.77	2.47	0.99	0.08	9.10
		鸱吻	M13、M14J：99	灰胎	0.83	2.51	17.20	67.25	3.40	2.37	0.56	0.09	5.80
建筑构件	1号建筑址	板瓦	J1：5	灰胎	0.80	1.89	20.11	65.09	3.04	1.19	0.51	0.10	7.26
		板瓦	J1：54	灰胎	0.79	2.62	19.18	64.36	3.31	1.64	0.71	0.04	7.34
		板瓦	J1：52	灰胎	0.82	2.44	18.93	67.56	3.89	1.01	0.48	0.05	4.81

续附表二

类别	墓号	器名	编号	部位	Na_2O	MgO	Al_2O_3	SiO_2	K_2O	CaO	TiO_2	MnO	Fe_2O_3
建筑构件	1号建筑址	瓦当	J1：44	灰胎	0.80	2.09	18.62	66.13	3.14	1.88	0.50	0.07	6.75
		瓦当	J1：48	灰胎	0.75	3.32	18.60	62.16	4.10	2.08	0.68	0.13	8.20
		纹饰板瓦	J1：67	红胎	0.79	2.15	19.39	64.02	2.54	2.79	0.84	0.08	7.41
		纹饰板瓦	J1：68	红胎	0.81	2.40	18.97	64.48	3.67	1.69	0.57	0.12	7.30
	M8	方砖	M8：36	灰胎	0.83	1.48	17.99	64.80	2.96	2.31	0.80	0.16	8.67
	M10	符号砖	M10：80	灰胎	0.78	2.24	16.75	58.99	2.52	8.80	0.78	0.14	9.00
		符号砖	M10：79	灰胎	0.85	2.58	15.29	66.71	2.84	3.38	0.69	0.14	7.35
		花纹砖	M10：72（2）	灰胎	0.82	2.56	17.87	64.58	2.79	2.05	0.66	0.14	8.54
		花纹砖	M10：77	灰胎	0.71	2.31	23.31	57.71	2.86	2.03	0.59	0.14	10.33
		脚印砖	M10：78	灰胎	0.98	1.94	11.74	73.44	1.89	2.76	0.42	0.25	6.57
		坡面方砖	M10：76	灰胎	0.77	3.27	18.13	64.49	3.03	2.23	0.55	0.12	7.40
	M13、M14建筑址	筒瓦	M13、M14J：218	红胎	0.76	3.43	17.96	61.40	2.67	2.56	0.63	0.07	6.98
		瓦当	M13、M14J：221	红胎	0.80	2.50	19.13	66.70	2.38	1.76	0.50	0.08	6.14
		瓦当	M13、M14J：109	灰胎	0.82	2.01	18.18	67.26	3.45	1.19	0.65	0.07	6.37
		瓦当	M13、M14J：149	灰胎	0.81	1.92	17.26	67.35	3.56	1.15	0.67	0.13	7.15
		文字板瓦	M13、M14J：211	灰胎	0.78	2.48	19.22	64.88	3.89	1.50	0.58	0.08	6.59
		穿孔砖	M13、M14J：263	灰胎	0.85	2.30	16.68	67.14	2.93	1.71	0.77	0.11	7.50
		方砖	M13、M14J：254	灰胎	0.95	2.76	14.15	51.02	2.16	19.29	0.93	0.16	8.58
		弧边砖	M13、M14J：269	红胎	0.80	2.86	17.12	63.64	2.19	2.84	0.75	0.16	9.65
		砖构件	M13、M14J：264	灰胎	0.79	2.79	18.28	61.47	1.85	3.25	0.88	0.15	10.54

附表三　龙海墓区出土陶日用器、白瓷胎釉化学组成（wt%）

类别	墓号	器名	编号	部位	Na_2O	MgO	Al_2O_3	SiO_2	K_2O	CaO	TiO_2	MnO	Fe_2O_3
陶日用器	M13、M14建筑址	陶器	M13、M14J：62	白胎	0.78	0.90	25.69	50.26	1.51	17.[illegible]7	0.83	0	2.87
		陶器	M13、M14J：53	白胎	0.64	1.35	31.87	56.58	2.65	3.28	0.74	0	2.89
		陶器	M13、M14J：48	白胎	0.63	0	33.24	59.59	2.24	1.19	0.73	0	2.37
白瓷	M2	白瓷碗	M2：4	白胎	0.71	0	29.92	64.19	2.17	0.65	0.91	0.01	1.45
				白釉	0.91	1.17	16.57	74.71	3.86	2.26	0.18	0.01	0.32
		白瓷口沿	M2：13	白胎	0.68	0.70	29.62	64.26	1.89	0.54	0.90	0.01	1.41
				白釉	0.92	0.73	16.71	74.27	4.23	2.52	0.21	0.01	0.39
		白瓷口沿	M2：24	白胎	0.69	1.63	31.81	59.89	1.69	2.69	0.38	0.04	1.17
				白釉	0.85	2.46	15.94	71.16	1.83	6.32	0.05	0.11	1.25

附录五

龙头山渤海墓地出土金属和有机质遗物检测报告

李辰元　王　冲　程枭翔　黎高波　葛帅坤*

为配合吉林和龙龙头山龙海墓区、石国墓区考古发掘报告资料整理工作，受吉林省文物考古研究院和吉林省文保科技有限公司委托，对龙头山古墓群出土金属、有机质类文物进行科技检测分析。

经过对出土遗物整体的统计发现，金属遗物在石国墓和龙海墓两处遗址的占比分别为91%、63%，且从材料类型来看基本涵盖了铁器、铜器、贵金属器和复合器等较为丰富的门类，因此能够较为全面地反映唐渤海国冶金生产手工业链条的生产加工以及同周边文化的交流贸易等信息，同时对研究渤海时期历史文化具有极高的研究价值。本次检测分析取样主要以基体材料为准，分为铁、铜、贵金属三个大类，并对其进行分别采样，设计不同的检测方法对遗物进行初步的系统性探索，为考古研究提供较为全面的理化数据及较为初步的技术发展推演模型。

另外，针对出土的少量有机质遗物（漆器残片、蛤蜊油、化妆粉、木材），通过现有的科技检测分析手段进行初步检测分析，也可对其工艺、原材料信息进行提炼，对其艺术及技术维度进行合理地趋近和推演。

一　金属遗物检测报告

（一）制样及检测简介

无损测试包括便携式XRF与超景深显微镜检测。本次测试使用THERMO公司的便携式NITON系列XRF检测设备T2-500对表面无腐蚀或腐蚀较轻的部分进行无损检测，每个样品根据其表面形貌和保存情况平均测试2~6个点，测试时间统一控制在45秒，采集信号较弱的样品将时间延长至90秒。对于工艺细节及反射矿相观察检测使用KEYENCE公司的VHX-600系列光学显微镜，针对样品的细部结构及色彩细节进行可见光下的20~500倍的观察，并采用数字合成方式拍摄超景深照片，同时可以粗略地还原样品的三维结构。在环形光源下可以起到部分偏光矿相观测效果，能够利用反射光获取部

* 作者简介：李辰元，北京科技大学科技史与文化遗产研究院讲师；王冲，湖北省文物考古研究院馆员；程枭翔，深圳博物馆馆员；黎高波，北京科技大学科技史与文化遗产研究院博士研究生；葛帅坤，绍兴市文物考古研究所馆员。

分暗场矿物图像，帮助进一步判断物相。实验中对颜色敏感型的观察样品会进行白平衡的校准，方便后期进行对比分析。

介入测试包括传统的金相观察检测及表征样品成分结构的SEM-EDS检测。标准程序首先对外观形貌的观察和记录完成后，对较小的且质地较软的样品使用电动微型精钢无齿锯进行切割取样，较大的且质地较为坚硬的样品使用金刚石带锯进行切割。切割后的部分样品使用ERGO公司的5400低黏度胶水进行脆弱质地样品的加固，再使用TROJAN公司的树脂冷镶材料进行常温镶嵌，并对多孔连通质地样品进行真空镶嵌保证结构稳定，减少加工过程中对样品本身的二次污染。随即根据样品质地对样品进行不同目数的水砂纸打磨以及搭配不同颗粒度的抛光液进行抛光处理。对不同的样品使用硝酸酒精或三氯化铁盐酸乙醇等侵蚀溶液进行预处理后，分析显微镜使用LEICA公司的DM400M型显微镜，矿相照片拍摄使用OLYMPUS公司的BH2-UM型矿相显微镜分别进行。检测中对抛光好的样品表面进行了真空碳膜/金膜喷涂后，使用TESCAN公司的钨灯丝光源VAGA3-XMU扫描电子显微镜配合BRUKER公司的XFLASH-DETECTOR系列610M能谱分析仪。能谱测试中的工作电压控制在15kV~20kV，束流强度根据实验需求进行了微调，半定量的元素组分采样分析使用软件的自动模式（无标样模式），所有测试数据计数率采取软件自动优化模式及精确检测模式，计量数均达到有效范围内。

（二）龙头山出土铁器检测

1. 出土铁器取样统计（表一）

表一　铁器取样统计表

出土单位	铁钉	铁剪	挂件	饰件	铁板	铁鼻	铁铃	合计
龙海10号墓墓上塔基	4		3	1		1		9
龙海13、14建筑基址	5							5
龙海13墓内	5	1			1			7
龙海1号建筑址	1						1	2
石国M1B	5							5
石国M1C	13							13
合计	33	1	3	1	1	1	1	41

2. 典型出土铁器取样描述

J1：86，铁风铃，取样部位：边缘残部。J1：90，铁钉，取样部位：尖端取不同截面。M1B：63，铁钉，取样部位：尖端取不同截面，表面较多粉锈且锈蚀物层状剥落，包裹沙土，少量瘤状锈蚀结核和盐结晶，少量裂隙，可能保有金属基体，器物保存较完整，重度锈蚀。M1B：123，铁钉，取样部位：尖端取不同截面，表面较多粉锈且较严重锈蚀物层状剥落，包裹沙土，无瘤状锈蚀结核，大量裂隙，可能保有金属基体，器物保存不完整，重度锈蚀。M10T：1，铁挂件，取样部位：器物端部，表面少量粉锈且无层状锈蚀脱落，少量瘤状锈蚀结核，少量裂隙，锈层较薄，明显保存有金属基体，器物碎裂但保存现状较好。M10T：3，铁挂件，取样部位：器物端部，表面少量粉锈且无层状锈蚀脱落，少量瘤状锈蚀结核，少量裂隙，锈层较薄，明显保存有金属基体，器物碎裂但保存现状较好。M10T：6，铁鼻，取样部位：器物端部，表面少量粉锈且无层状锈蚀脱落，少量瘤状锈蚀结核，少量裂隙，锈层较薄，明显保存有金属基体，器物碎裂但保存现状较好。M10T：39，铁残件，取样部位：边缘残缺取样表面较多粉锈且轻微锈蚀物层状剥落，少量瘤状锈蚀结核，少量裂隙，保有金属基体，器物保存较完整，中度锈蚀。M10T：50，铁钉，取样部位：尖端取不同截面，表面较多粉锈且轻微锈蚀物层状剥落，少量瘤状锈蚀结核，少量裂隙，保有金属基体，器物保存较完整，中度锈蚀。M13：157，铁剪，取样部位：刃部和端部，表面严重锈蚀物层状剥落，包裹沙土，无瘤状锈蚀结核，大量裂隙，可能保有金属基体，器物保存完整，中度锈蚀，已进行修复。M13：167，铁片残件，取样部位：边缘残部取样，表面较多粉锈且轻微锈蚀物层状剥落，少量瘤状锈蚀结核，少量裂隙，可能保有金属基体，器物保存不完整，中度锈蚀。M2B：9，铁片，取样部位：边缘残部取样，表面较多粉锈且轻微锈蚀物层状剥落，少量瘤状锈蚀结核，少量裂隙，可能保有金属基体，器物保存不完整，中度锈蚀。

3. 出土铁器检测结果

本次检测针对保有金属基体的钢铁遗物，主要采用了介入性手段，包括传统的金相组织检验方法和成分结构的SEM-EDS，对以上进行取样的钢铁遗物进行了选择性的取样。对典型的样品及锈蚀较为严重无法直接获取金属基体信息的样品，采用扫描电子显微镜及能谱分析仪对样品中的夹杂物组分及组分含量进行检测分析，从而进一步细化和判定金属的制作工艺等关键信息。

（1）典型钢铁样品金相显微组织（图一～一四）

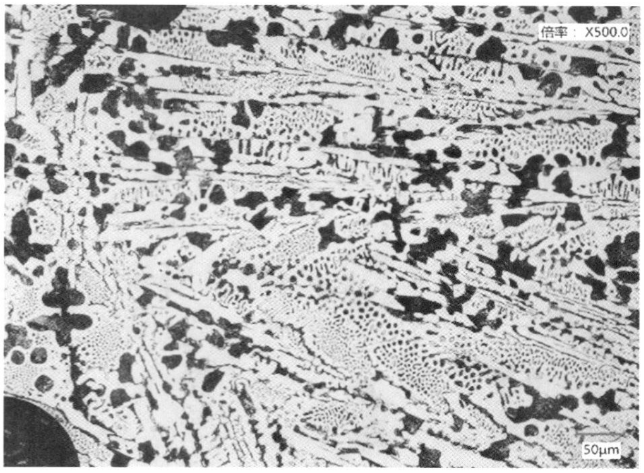

图一　样品J1：86金相图

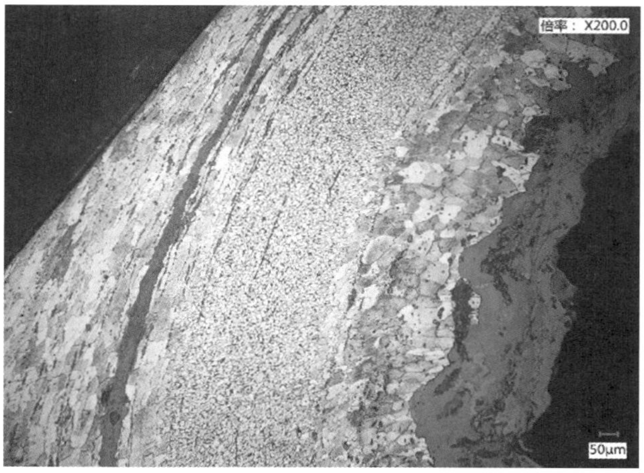

图二　样品J1：90金相图

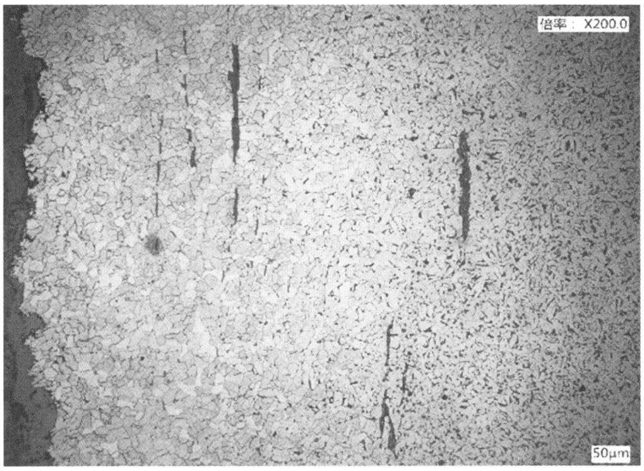

图三　样品 M1B：123 金相图

图四　样品 M1B：123 金相图

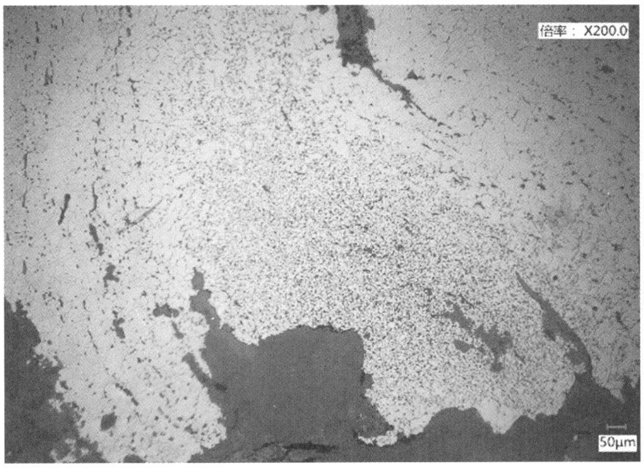

图五　样品 M10T：1 金相图

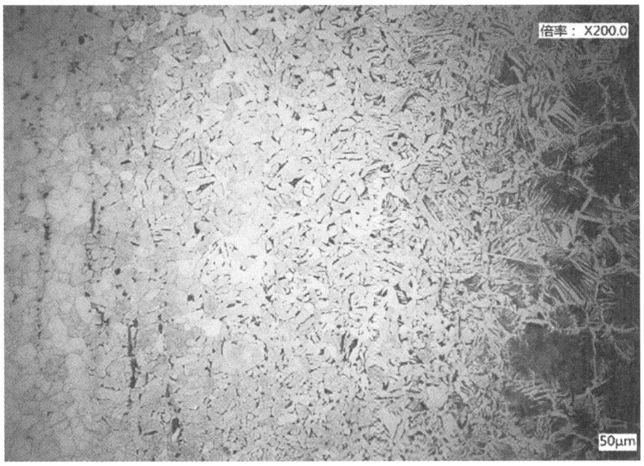

图六　样品 M10T：1 金相图

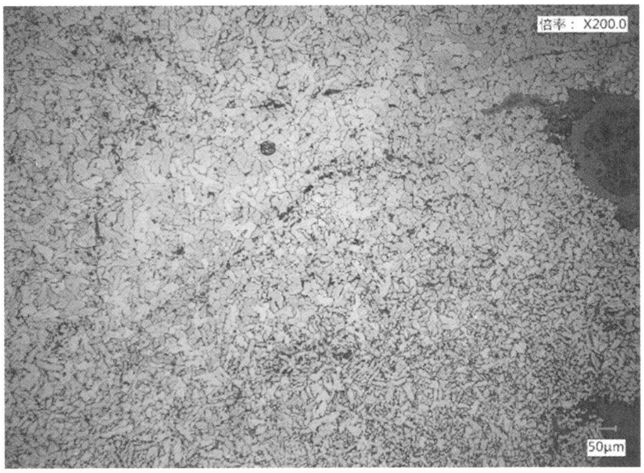

图七　样品 M10T：3 金相图

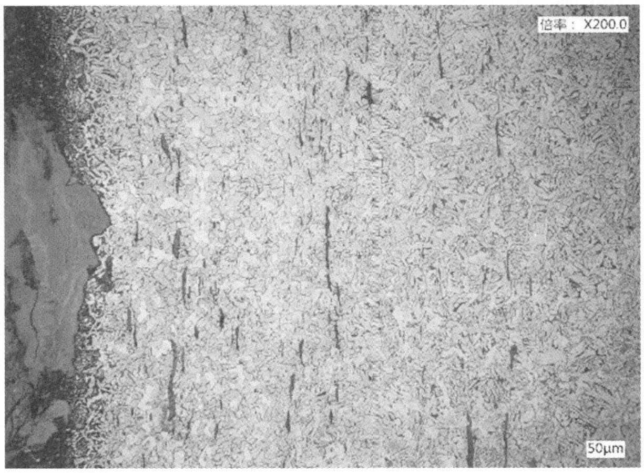

图八　样品 M10T：3 金相图

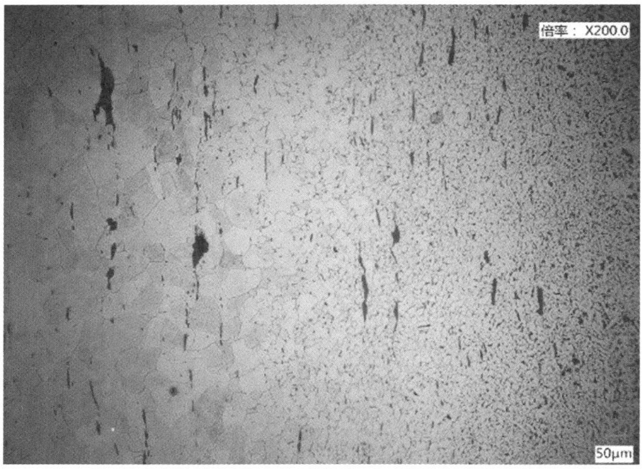

图九　样品 M10T：6 金相图

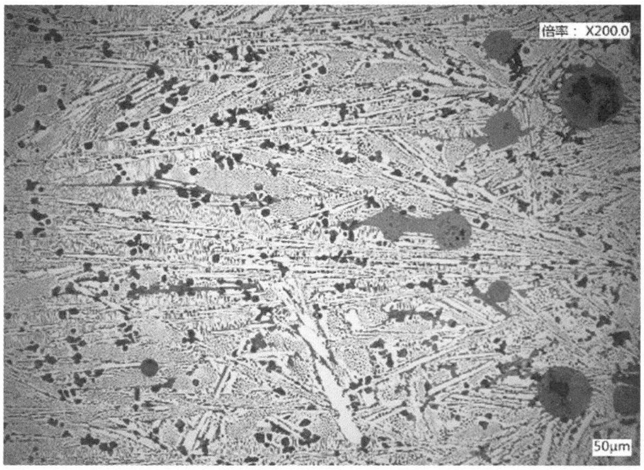

图一〇　样品 M10T：39 金相图

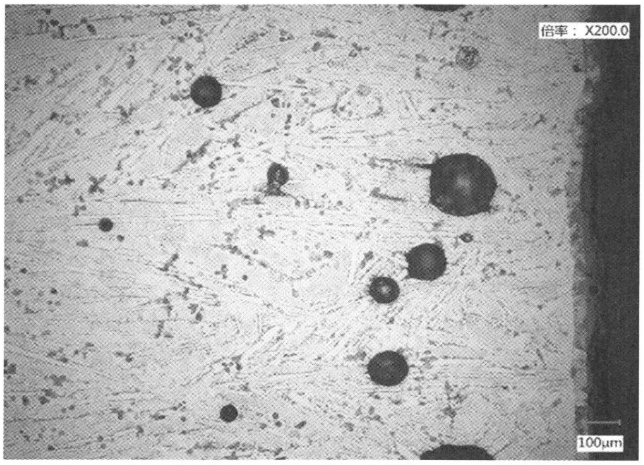

图一一　样品 M10T：39 金相图

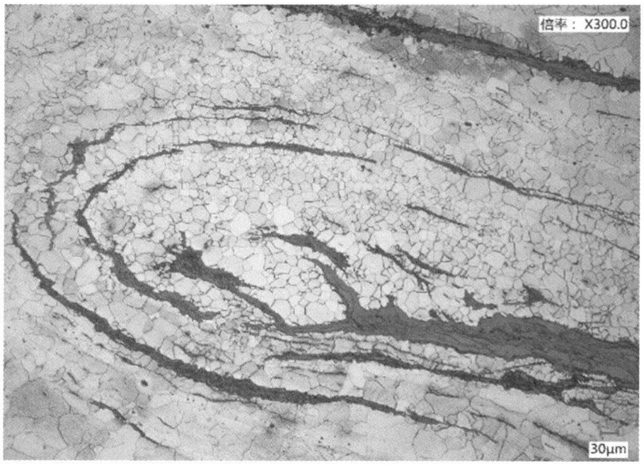

图一二　样品 M10T：50 金相图

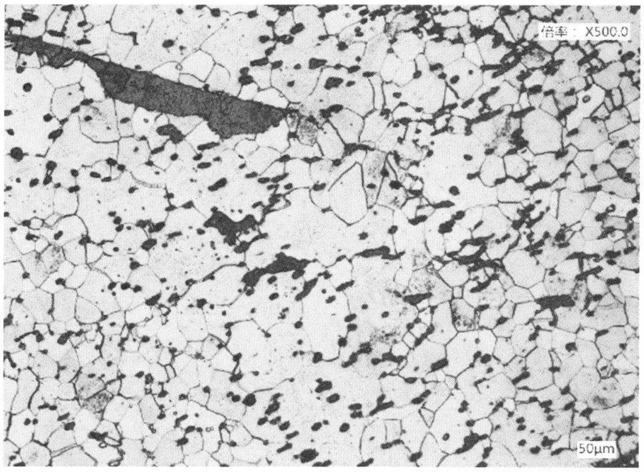

图一三　样品 M13：157 金相图

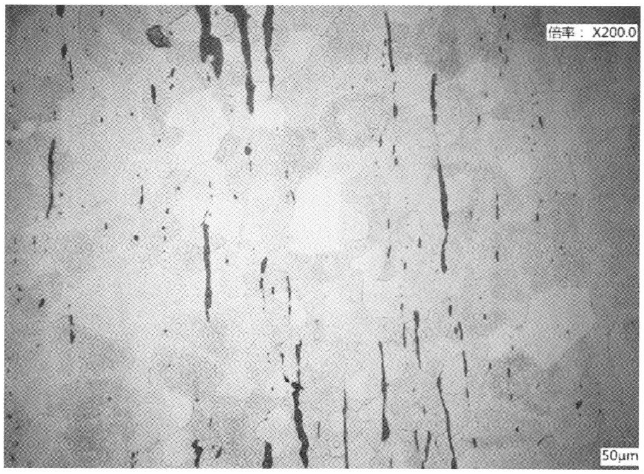

图一四　样品 M13、M14J：308 金相图

（2）典型钢铁样品电镜能谱分析结果（图一五～二〇）

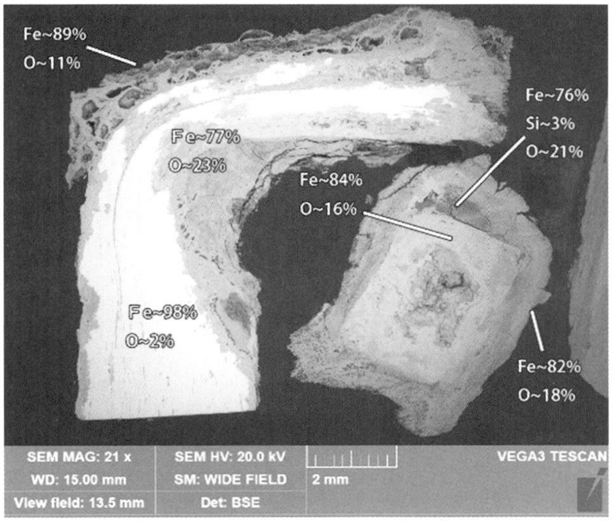

图一五　样品 M1C：11 电镜背散射图

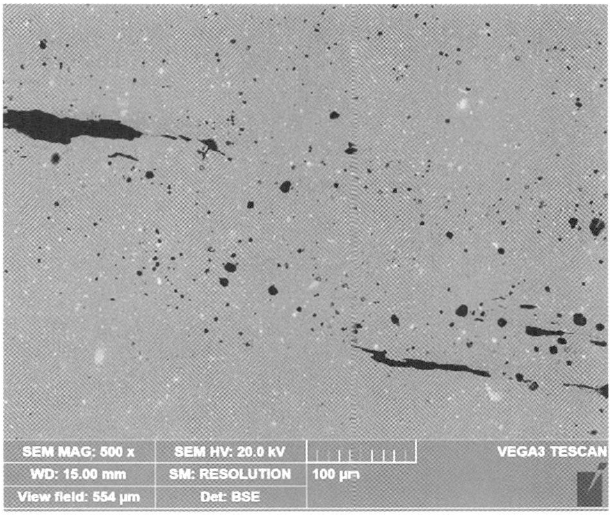

图一六　样品 M1B：123 电镜背散射图

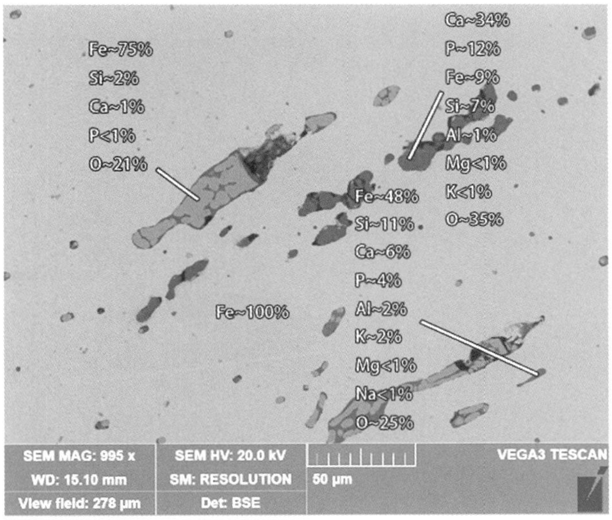

图一七　样品 M10T：01 电镜背散射图

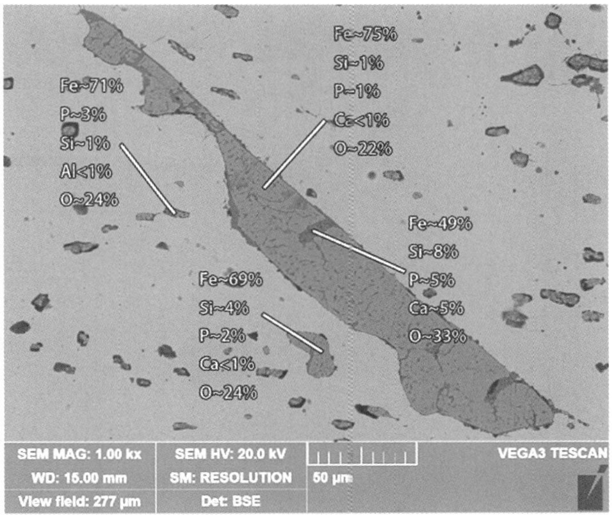

图一八　样品 M13：157 电镜背散射图

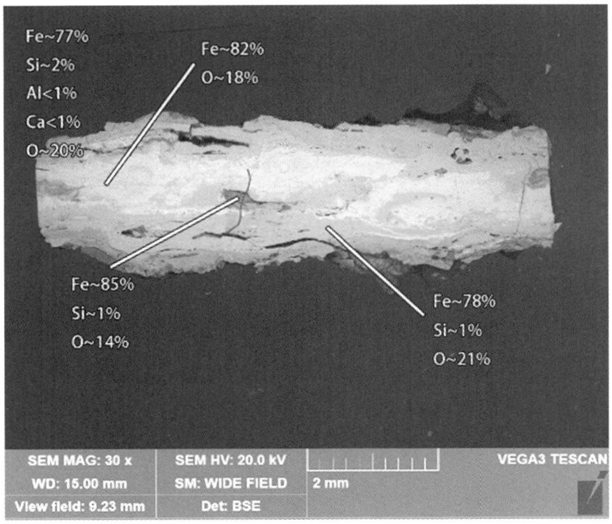

图一九　样品 M2B：9 电镜背散射图

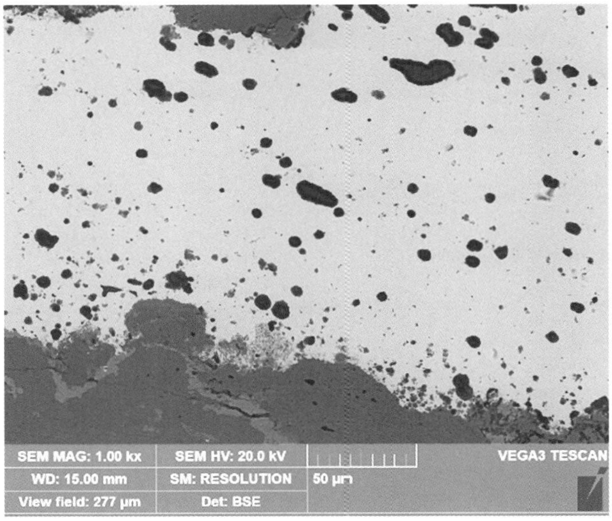

图二〇　样品 M13：157 电镜背散射图

（3）钢铁样品金相与电镜能谱描述（表二）

表二　钢铁样品金相与电镜能谱描述

出土编号	器物名称	金相组织观察及电镜能谱表征描述		材质 / 工艺
J1：86	铁风铃	金相	金相图多见以莱氏体为主的共晶白口铁，部分位置存在少量一次渗碳体呈针状分布，应为含碳量偏高的共晶白口铁器物，可见少量球状石墨存在和腐蚀孔洞。可能经过短时间的退火球墨化热加工，未见其他机械加工痕迹	共晶白口铁 / 铸造 / 退火
		电镜	电镜背散射表征残留部分腐蚀氧化的莱氏体组织及珠光体组织，辅助进一步确认其为共晶白口铁制品，夹杂物较少，但存在较多的气孔和铸造缺陷，导致样品内部腐蚀形成众多裂隙	
J1：90	铁钉	金相	金相图见单一铁素体的熟铁组织及铁素体 + 珠光体的低碳亚共析钢组织，可见分层现象，长条状复相夹杂沿一定方向排列大量分布且形变量较大，但晶胞形变相对有限，因此判断为熟铁渗碳热加工工艺；珠光体组织与熟铁组织分布异常原因可能是二次锻打造成	渗碳低碳钢 / 热锻
M1B：63	铁钉	金相	样品附属腐蚀严重，复相夹杂物较多，形变量有限，金相图见单一铁素体的熟铁组织及铁素体 + 珠光体的低碳亚共析钢组织，长条状复相夹杂沿一定方向排列，但晶胞形变相对有限，因此判断为熟铁渗碳热加工工艺	渗碳低碳钢 / 热锻
		电镜	电镜表征可见夹杂物主要分为两类，一类是氧化铁为主的单相夹杂，另一类是成分与冶炼炉渣类似的复相夹杂，夹杂物除铁元素外按质量比排序，其含有少量钾、钠、铝、镁等元素以及约 10% 的硅、钙元素和 3%~8% 的磷元素，因此初步判定为炒钢制品	
M1B：113	铁残件	金相	样品附属腐蚀严重，复相夹杂物较多，形变量有限，金相图见单一铁素体的熟铁组织及铁素体 + 珠光体的低碳亚共析钢组织，长条状复相夹杂沿一定方向排列，但晶胞形变相对有限，因此判断为熟铁渗碳热加工工艺	渗碳低碳钢 / 热锻
M1B：123	铁钉	金相	金相图见铁素体 + 珠光体的低碳亚共析钢组织，边缘具有针刺状魏氏体组织，可见明显金相过渡现象，长条状复相夹杂沿一定方向排列大量分布且形变量较大，但晶胞形变相对有限，因此判断为熟铁渗碳热加工工艺，并进行淬火处理	渗碳低碳钢 / 热锻 / 淬火
		电镜	电镜表征可见夹杂物主要分为两类，一类是氧化铁为主的单相夹杂，另一类是成分与冶炼炉渣类似的复相夹杂，夹杂物除铁元素外按质量比排序，其含有少量钾、钠、铝、镁等元素以及约 10% 的硅、钙元素和 3%~8% 的磷元素，因此初步判定为炒钢制品	
M1C：11	铁钉	金相	样品附属腐蚀严重，复相夹杂物较多，形变量有限，金相图见单一铁素体的熟铁组织及铁素体 + 珠光体的低碳亚共析钢组织，长条状复相夹杂沿一定方向排列，但晶胞形变相对有限，因此判断为熟铁渗碳热加工工艺	渗碳低碳钢 / 热锻
		电镜	电镜表征可见夹杂物主要分为两类，一类是氧化铁为主的单相夹杂，另一类是成分与冶炼炉渣类似的复相夹杂，夹杂物除铁元素外按质量比排序，其含有少量钾、钠、铝、镁等元素以及约 10% 的硅、钙元素和 3%~8% 的磷元素，因此初步判定为炒钢制品	

续表二

出土编号	器物名称	金相组织观察及电镜能谱表征描述		材质 / 工艺
M1C：56	铁钉	金相	金相图见单一铁素体的熟铁组织及铁素体 + 珠光体的低碳亚共析钢组织，可见分层现象，长条状复相夹杂沿一定方向排列大量分布且形变量较大，但晶胞形变相对有限，因此判断为熟铁渗碳热加工工艺；珠光体组织与熟铁组织分布异常原因可能是二次锻打造成	渗碳低碳钢 / 热锻
M10T：1	铁挂件	金相	金相图见铁素体 + 珠光体的低碳亚共析钢组织，边缘具有针刺状魏氏体组织，可见明显金相过渡现象，长条状复相夹杂沿一定方向排列大量分布且形变量较大，但晶胞形变相对有限，因此判断为熟铁渗碳热加工工艺，并进行淬火处理	渗碳低碳钢 / 热锻 / 淬火
		电镜	电镜表征可见夹杂物主要分为两类，一类是氧化铁为主的单相夹杂，另一类是成分与冶炼炉渣类似的复相夹杂，夹杂物除铁元素外按质量比排序，其含有少量钾、钠、铝、镁等元素以及约 10% 的硅、钙元素和 3%~8% 的磷元素，因此初步判定为炒钢制品	
M10T：3	铁挂件	金相	金相图见铁素体 + 珠光体的低碳亚共析钢组织，边缘具有针刺状魏氏体组织，可见明显金相过渡现象，长条状复相夹杂沿一定方向排列大量分布且形变量较大，但晶胞形变相对有限，因此判断为熟铁渗碳热加工工艺，并进行淬火处理	渗碳低碳钢 / 热锻 / 淬火
M10T：6	铁鼻	金相	样品附属腐蚀严重，复相夹杂物较多，形变量有限，金相图见单一铁素体的熟铁组织及铁素体 + 珠光体的低碳亚共析钢组织，长条状复相夹杂沿一定方向排列，但晶胞形变相对有限，因此判断为熟铁渗碳热加工工艺	渗碳低碳钢 / 热锻
M10T：39	铁残件	金相	金相图多见以莱氏体为主的共晶白口铁，部分位置存在少量一次渗碳体呈针状分布，应为含碳量偏高的共晶白口铁器物，可见少量球状石墨的存在和腐蚀孔洞。可能经过短时间的退火球墨化热加工处理，未见其他机械加工痕迹	共晶白口铁 / 铸造 / 退火
M10T：50	铁钉	金相	金相图见铁素体 + 珠光体的低碳亚共析钢组织，边缘具有针刺状魏氏体组织，可见明显金相过渡现象，长条状复相夹杂沿一定方向排列大量分布且形变量较大，但晶胞形变相对有限，因此判断为熟铁渗碳热加工工艺，并进行淬火处理	渗碳低碳钢 / 热锻 / 淬火
M10T：54	铁钉	金相	样品附属腐蚀严重，复相夹杂物较多，形变量有限，金相图见单一铁素体的熟铁组织及铁素体 + 珠光体的低碳亚共析钢组织，长条状复相夹杂沿一定方向排列，但晶胞形变相对有限，因此判断为熟铁渗碳热加工工艺	渗碳低碳钢 / 热锻
M13：157	铁剪	金相	金相图见铁素体 + 珠光体的低碳亚共析钢组织，长条状复相夹杂沿一定方向排列大量分布且形变量较大，但几乎晶胞无形变且晶粒较为细碎，因此判定器物进行了热锻退火，增加器物的机械韧性	渗碳低碳钢 / 热锻
		电镜	电镜表征可见夹杂物主要分为两类，一类是氧化铁为主的单相夹杂，另一类是成分与冶炼炉渣类似的复相夹杂，夹杂物除铁元素外按质量比排序，其含有少量钾、钠、铝、镁等元素以及约 10% 的硅、钙元素和 3%~8% 的磷元素，因此初步判定为炒钢制品	

续表二

出土编号	器物名称	金相组织观察及电镜能谱表征描述		材质 / 工艺
M13：167	铁片残件	金相	腐蚀严重，未见明显金相组织，基体残留部分含有少量夹杂物，可能为生铁铸造而成	生铁 / 铸造
M13、M14J：308	铁钉	金相	锈蚀较为严重，金相图见单一铁素体组织，长条状复相夹杂沿一定方向排列大量分布且形变量较大，但晶胞形变相对有限，因此判断为熟铁热加工工艺，渗碳层可能完全锈蚀未能残留	渗碳低碳钢 / 热锻
M13、M14J：330	铁残件	金相	锈蚀较为严重，金相图见单一铁素体组织，长条状复相夹杂沿一定方向排列大量分布且形变量较大，但晶胞形变相对有限，因此判断为熟铁热加工工艺，渗碳层可能完全锈蚀未能残留	渗碳低碳钢 / 热锻
		电镜	电镜表征可见夹杂物主要分为两类，一类是氧化铁为主的单相夹杂，另一类是成分与冶炼炉渣类似的复相夹杂，夹杂物除铁元素外按质量比排序，其含有少量钾、钠、铝、镁等元素以及约 10% 的硅、钙元素和 3%~8% 的磷元素，因此初步判定为炒钢制品	
M2B：9	铁钉	金相	锈蚀较为严重，金相图见单一铁素体组织，长条状复相夹杂沿一定方向排列大量分布且形变量较大，但晶胞形变相对有限，因此判断为熟铁热加工工艺，渗碳层可能完全锈蚀未能残留	渗碳低碳钢 / 热锻
		电镜	锈蚀较为严重，未能辨识出残留组织结构	

（4）出土钢铁遗物小结

从检测结果分析，遗址出土的钢铁遗物应主要为生铁冶炼体系产品，除较大的共晶白口铁铸造器物外，绝大多数器物为渗碳低碳钢的铁钉等一系列工具类产品，这一结果基本符合渤海国钢铁制品的制造特点，利用规模化生铁产业生产熔点较低的铸铁制品，并进一步通过脱碳（如炒钢）获得纯铁后再进一步热加工（如固体渗碳）获得具有良好机械性能的产品。这一类产品的生产较适合规模化的生产，但由于在文献记载中没有对渤海人使用钢铁制品的直接证据，《渤海国志长编》卷一七《食货考》中仅提到的“渤海人长于炼铁”一说[1]。文献中也提到渤海国有两处重要的钢铁生产基地，一处广州为铁利州府，其位置在今阿城附近，有规模宏大的金代冶铁遗址，因此很有可能是女真人后期重新在渤海国冶炼厂的基础上继承并使用的。而另外一处以“位城之铁”闻名的铁州，在今敦化市附近。因此渤海国的钢铁生产加工应该是以少数几处较为集中的大型生铁冶炼工厂为基础，通过贸易路线将所生产的铸铁作为原料输送到国家的各个角落，并与其他的势力进行交易。

同时渤海国工匠应该普遍掌握了进行小规模使用生铁原料进行钢铁制品加工成型的技术，相对的地广人稀促进了贸易网络不断地发展，使得中原地区先进的生产技术在东北地区演进出了特有的生产传统。这种传统不但促使交通网络更为广泛地延伸到了每一个角落，同时催生了更加简单灵活的一类加工钢制产品的新技术的萌发和广泛的应用。在前人研究中国提到的渤海遗物中发现的“夹钢”生产技术，以及唐宋时期流行的“灌钢”技术，都

[1] 金毓黻：《渤海国志长编》，《社会科学战线》杂志社，1982 年，第 380~401 页。

是一种用生铁和熟铁两种原料进行组合利用的生产策略。这种生产技术除了需要对钢铁生产技术有较为深刻认知和丰富的经验外，更为重要的是其在进行较小规模的生产上可能较大规模的铸铁器脱碳在经济成本上更为合理。考虑到在较大的时间范围内渤海国的北部地区有使用块炼铁技术进行生产的报道，且从现有的遗迹遗物中无法根本性地判定渤海工匠是进行了小规模的块炼铁生产还是采用“炒钢”一类的脱碳方法获得熟铁，但至少说明利用已有的成熟贸易网络，以可锻铸铁铁锭作为载体的钢铁原料供应，在当时已经比进行较为分散的中小规模的生铁生产或单独使用块炼铁生产具有更便宜成本并获得更优质的产品。

（三）龙头山出土有色金属检测

1. 出土铜器取样统计（表三）

表三　出土铜器取样统计表

器物类别	出土单位	器物数量统计（件）	
铜泡钉	石国 M1B	6 件	共计 79 件
	石国 M1C	50 件	
	龙海 10 墓内	1 件	
	龙海 13 墓内	20 件	
	石国 M2B	2 件	
其他铜饰	龙海 1 号建筑址	1 件	共计 9 件
	石国 M1C	2 件	
	龙海 10 墓内	3 件	
	龙海 13 墓内	1 件	
	龙海 1 号建筑址	1 件	
	石国 M1A	1 件	

2. 典型出土铜器取样

J1：85，鎏金饰件，取样部位：边缘残部，样品存在裂隙但仍具有较好的金属韧性，遗物表面少量铜绿色粉状锈蚀，少数位置存在褐色锈蚀物固着；表面鎏金层保存较好附着均匀。M1C：19，鎏金铜泡钉，取样部位：边缘残部，样品基体锈蚀严重且几乎不具有金属韧性，本体碎裂且存在较多裂隙；表面被锈蚀物覆盖，铜绿色粉锈下为褐色锈蚀物；表面鎏金层几乎完全脱落仅在少数位置能够观察到残留。M1C：45，鎏金铜泡钉，取样部位：边缘残部，样品基体锈蚀严重且几乎不具有金属韧性，本体碎裂且存在较多裂隙；表面被锈蚀物覆盖，铜绿色粉锈下为褐色锈蚀物；表面鎏金层脱落仅在部分位置能够观察到残留。M1C：59，鎏金铜泡钉，取样部位：边缘残部，样品基体部分锈蚀仍有金属韧性，本体碎裂且存在部分裂隙；表面被锈蚀物和沙土覆盖，少量铜绿色粉锈下为褐色锈蚀物；表面鎏金层保存较好，仅少量脱落，部分位置能够观察到明显残留。M1C：78，鎏金铜泡钉，取样部位：边缘残部，样品基体部分锈蚀仍有金属韧性，本体碎裂且存在部分裂隙；表面被锈蚀物和沙土覆盖，少量铜绿色粉锈下为褐色锈蚀物；表面鎏金层保存较好，仅少量脱落，部分位置能够观察到明显残留。M1C：94，鎏金铜泡钉，取样部位：边缘残部，样品基体部分锈蚀仍有金属韧性，本体碎裂且存在部分裂隙；表面被锈蚀物和沙土覆盖，少量铜绿色粉锈下为褐色锈蚀物；表面鎏金层保存较好，仅少量脱落，部分位置能够观察到明显残留。M1C：95，鎏金铜泡钉，取样部位：边缘残部，样品基体部分锈蚀仍有金属韧性，本体碎裂且存在部分裂隙；表面被锈蚀物和沙土覆盖，少量铜绿色粉锈下为褐色锈蚀物；表面鎏金层保存较好，仅少量脱落，部分位置能够观察到明显残留。M1C：119，鎏金铜泡钉，取样部位：边缘残部，样品基体锈蚀严重且几乎不具有金属韧性，本体碎裂且存在较多裂隙；表面被锈蚀物覆盖，铜绿色粉锈下为褐色锈蚀物；表面鎏金层脱落仅在部分位置能够观察到残留。M1C：137，鎏金铜带铐，取样部位：边缘残部，样品基体部分锈蚀仍有金属韧性，本体存在部分裂隙；表面被铜绿色粉锈覆盖，具有少量微小结核；表面鎏金层保存较好，少量脱落但大部分被覆盖，部分位置能够观察到明显残留。M13：403，鎏金铜泡钉，取样部位：边缘残部，样品基体部分锈蚀仍有金属韧性，本体碎裂且存在部分裂隙；表面被锈蚀物和沙土覆盖，少量铜绿色粉锈下为褐色锈蚀物；表面鎏金层保存较好，仅少量脱落，部分位置能够观察到明显残留。M2B：16，鎏金铜泡钉，取样部位：边缘残部，样品基体部分锈蚀仍有金属韧性，本体碎裂且存在部分裂隙；表面被锈蚀物和沙土覆盖，少量铜绿色粉锈下为褐色锈蚀物；表面鎏金层保存较好，仅少量脱落，部分位置能够观察到明显残留。M1C：12，鎏金冠饰，取样部位：边缘残部，样品基底完全矿化，重度锈蚀，锈层主要呈黑褐色，少量铜绿色粉状锈蚀附着；表面鎏金层脱落但仍保留少量金层，整体碎裂且具有大量裂缝；脱落鎏金层保存较为完好，仅在表面有较多划痕及粘连粉状锈蚀。

3. 出土铜器检测分析结果

针对保存较好的铜器样品，本次实验检测主要采用的是无损的检测方式，对轻度锈蚀且表面较为洁净的样品进行了手持式 XRF 检测，每件样品依据前述方法进行了多点检测并对误差较大的数据进行剔除后取平均数作为检测结果。同时对细节处可能保有加工痕迹的样品进行了现场的超景深检测，由于库房光线较弱采用外置光源进行补光，因此造成图像颜色偏暖与实际色准有一定差距，特此说明。对已经破碎的样品采用了介入性手段，包括传统的金相组织检验方法和成分结构的 SEM-EDS 分析检测，对以上取样的铜器遗物进行选择性取样。对典型的样品及锈蚀较为严重无法直接获取金属基体信息的样品，本次检测利用扫描电子显微镜及能谱分析仪，对样品中的基体组分及鎏金层组分含量进行检测分析，从而进一步细化和判定金属的制作工艺等关键信息。

4. 铜制样品便携式 XRF 检测结果（表四）

表四　铜制样品便携式 XRF 检测结果

编号	器物编号	器物名称	数量	质地	保存情况	备注	PXRF 检测数据（加权平均值）									
							Cu	Au	As	Zn	Pb	Sn	Fe	Sb	Bi	Ag
1	M1B：6	鎏金铜泡钉	1	铜	完整		48.31	32.14	5.45	0.42	3.50	3.05	6.37	0.18	0.58	—
2	M1B：8	鎏金铜泡钉	1	铜	完整		72.47	12.85	0.61	0.39	3.02	6.33	3.71	0.44	0.17	—
3	M1B：14	鎏金铜泡钉	1	铜	完整		52.78	28.33	2.16	0.37	5.10	4.84	5.69	0.48	0.26	—
4	M1B：17	鎏金铜泡钉	1	铜	完整		40.78	51.79	3.31	0.43	0.64	0.15	2.44	—	0.45	—
5	M1B：18	鎏金铜泡钉	1	铜	完整		41.22	56.26	0.66	0.44	0.69	—	0.48	—	0.26	—
6	M1B：19	鎏金铜泡钉	1	铜	完整		39.64	46.13	0.26	0.46	1.52	7.72	3.73	0.53	—	—
7	M1B：25	鎏金铜泡钉	1	铜	完整		56.33	33.59	0.31	0.48	1.70	2.96	4.17	0.35	0.10	—
8	M1B：26	鎏金铜泡钉	1	铜	完整		60.07	34.08	2.73	0.33	0.46	0.17	1.34	—	0.81	—
9	M1B：27	鎏金铜泡钉	1	铜	完整		59.93	29.09	0.75	0.33	2.38	2.60	4.66	0.26	—	—
10	M1B：28	鎏金铜泡钉	1	铜	完整		49.66	42.51	0.29	0.44	1.59	2.93	2.20	0.37	—	—
11	M1B：30	鎏金铜泡钉	1	铜	完整		38.82	37.54	1.70	0.48	3.02	2.51	15.63	0.19	0.11	—
12	M1B：31	鎏金铜泡钉	1	铜	完整		44.18	35.43	5.82	0.38	3.58	3.44	6.27	0.20	0.71	—
13	M1B：32	鎏金铜泡钉	1	铜	残		51.17	37.01	1.04	0.42	3.30	3.34	3.17	0.43	0.10	—
14	M1B：35	鎏金铜泡钉	1	铜	完整		48.41	43.67	3.71	0.47	0.63	0.17	1.86	—	1.09	—
15	M1B：36	鎏金铜泡钉	1	铜	完整		45.68	25.24	8.93	0.37	5.44	4.80	8.10	0.27	1.17	—
16	M1B：37	鎏金铜泡钉	1	铜	完整		48.15	28.63	5.55	0.41	4.90	3.37	6.51	—	2.49	—
17	M1B：38	鎏金铜泡钉	1	铜	完整		40.20	56.34	1.19	0.47	0.65	—	0.94	—	0.21	—
18	M1B：39	鎏金铜泡钉	1	铜	完整		61.84	30.37	3.81	0.31	0.54	0.14	2.20	—	0.79	—
19	M1B：40	鎏金铜泡钉	1	铜	完整		41.43	53.71	2.00	0.42	0.65	—	1.39	—	0.39	—
20	M1B：41	鎏金铜泡钉	1	铜	完整		65.33	30.30	2.14	0.32	0.44	0.11	0.63	—	0.73	—
21	M1B：43	鎏金铜泡钉	1	铜	完整		54.40	29.38	3.31	0.46	0.31	0.33	10.68	—	1.14	—
22	M1B：44	鎏金铜泡钉	1	铜	完整		41.98	50.45	0.28	0.42	1.56	2.81	2.16	0.33	—	—
23	M1B：46	鎏金铜泡钉	1	铜	完整		51.53	33.21	5.16	0.39	4.16	3.09	1.00	0.12	1.35	—
24	M1B：47	鎏金铜泡钉	1	铜	残		43.25	48.10	0.61	0.42	2.46	3.60	1.20	0.37	—	—
25	M1B：48	鎏金铜泡钉	1	铜	完整		43.52	48.49	3.31	0.46	0.61	0.25	2.62	—	0.75	—
26	M1B：53	鎏金铜泡钉	1	铜	完整		57.65	28.84	5.62	0.33	0.48	0.31	4.89	—	1.88	—
27	M1B：54	鎏金铜泡钉	1	铜	残		53.64	37.90	3.98	0.37	0.56	0.18	1.97	—	1.40	—
28	M1B：55	鎏金铜泡钉	1	铜	残		67.81	22.88	2.02	0.55	0.11	0.33	5.18	—	1.12	—
29	M1B：56	鎏金铜泡钉	1	铜	残		60.11	28.60	6.11	0.28	0.55	0.21	2.26	—	1.87	—

续表四

编号	器物编号	器物名称	数量	质地	保存情况	备注	PXRF 检测数据（加权平均值）									
							Cu	Au	As	Zn	Pb	Sn	Fe	Sb	Bi	Ag
30	M1B：59	鎏金铜泡钉	1	铜	完整		66.42	25.17	2.39	0.36	0.32	0.17	4.10	—	1.06	—
31	M1B：60	鎏金铜泡钉	1	铜	完整		44.68	37.17	4.65	0.52	3.17	2.94	6.11	0.21	0.55	—
32	M1B：65	鎏金铜泡钉	1	铜	完整		52.21	39.88	2.77	0.37	0.56	0.14	3.20	—	0.88	—
33	M1B：66	鎏金铜泡钉	1	铜	完整		48.78	41.42	2.80	0.52	0.59	0.24	4.34	—	1.31	—
34	M1B：69	鎏金铜泡钉	1	铜	完整		59.66	34.57	2.48	0.33	0.57	0.13	1.60	—	0.66	—
35	M1B：77	鎏金铜泡钉	1	铜	完整		60.67	33.73	2.45	0.31	0.53	0.23	0.92	—	1.16	—
36	M1B：79	鎏金铜泡钉	1	铜	完整		60.15	34.62	2.62	0.37	0.49	0.14	0.69	—	0.92	—
37	M1B：81	鎏金大铜泡	1	铜	完整	正面	44.47	49.86	2.38	0.50	0.71	—	1.55	—	0.55	—
						背面	91.64	—	5.06	—	0.09	0.16	2.00	—	1.05	
38	M1B：83	鎏金饰件	2	铜	残	正面	32.55	6.14	7.91	0.29	38.49	12.03	2.03	0.26	0.30	—
						背面	18.29	—	—	—	57.50	1.95	9.44	—	—	12.82
39	M1B：89	铜簪	1	铜	完整		71.56	—	1.04	12.53	10.56	3.80	0.36	—	0.15	—
40	M1B：90	银钗	1	银	完整		0.88	0.54	—	—	0.14	—	0.86	—	0.07	97.51
41	M1B：101	鎏金铜泡钉	1	铜	完整		52.41	39.75	0.42	0.41	1.52	2.93	2.11	0.34	0.12	—
42	M1B：109	鎏金铜泡钉	1	铜	完整		57.92	36.79	2.12	0.40	0.55	0.15	1.02	—	1.05	—
43	M1B：110	鎏金铜泡钉	1	铜	完整		49.76	41.21	0.39	0.40	1.89	2.72	3.26	0.37	—	—
44	M1B：112	鎏金铜泡钉	1	铜	完整		38.59	30.95	8.66	0.43	6.52	4.30	9.32	0.29	0.94	—
45	M1B：114	鎏金铜泡钉	1	铜	完整		51.91	37.75	0.56	0.38	2.27	3.08	3.56	0.39	0.10	—
46	M1B：115	鎏金铜泡钉	1	铜	完整		56.25	40.22	1.67	0.36	0.56	—	0.46	—	0.48	—
47	M1B：116	鎏金铜泡钉	1	铜	完整		38.13	56.65	1.49	0.42	0.63	—	2.40	—	0.27	—
48	M1B：117	鎏金铜泡钉	1	铜	完整		62.33	15.65	2.16	0.32	3.50	3.19	12.38	0.24	0.22	—
49	M1B：118	鎏金铜泡钉	1	铜	完整		49.52	33.46	0.83	0.37	3.55	3.10	8.69	0.34	0.14	—
50	M1B：119	鎏金铜泡钉	1	铜	完整		57.94	29.67	1.14	0.33	2.61	4.24	3.60	0.28	0.20	—
51	M1B：120	鎏金铜泡钉	1	铜	完整		51.87	41.64	2.11	0.34	0.54	0.14	2.84	—	0.51	—
52	M1B：121	鎏金铜泡钉	1	铜	完整		51.80	29.60	2.02	0.32	4.05	3.24	8.45	0.33	0.18	—
53	M1B：127	鎏金铜泡钉	1	铜	完整		65.54	31.01	1.48	0.29	0.35	0.15	0.85	—	0.34	—
54	M1B：128	鎏金铜泡钉	1	铜	完整		52.38	37.87	3.07	0.36	0.52	0.25	4.84	—	0.71	—
55	M1B：131	鎏金铜泡钉	1	铜	完整		48.07	44.89	—	0.41	1.54	2.50	2.23	0.36	—	—
56	M1B：139	鎏金铜泡钉	1	铜	完整		55.63	37.24	0.30	0.41	1.78	2.69	1.58	0.36	—	—

续表四

编号	器物编号	器物名称	数量	质地	保存情况	备注	PXRF 检测数据（加权平均值）									
							Cu	Au	As	Zn	Pb	Sn	Fe	Sb	Bi	Ag
57	M1B：141	鎏金铜泡钉	1	铜	完整		61.01	32.30	3.61	0.30	0.48	0.20	0.76	—	1.34	—
58	M1B：142	鎏金铜泡钉	1	铜	完整		62.17	16.81	2.69	0.38	3.90	4.21	9.26	0.32	0.27	—
59	M1B：145	鎏金铜泡钉	1	铜	完整		50.63	33.28	4.16	0.31	0.47	—	10.87	—	0.28	—
60	M1B：147	鎏金铜泡钉	1	铜	残		55.86	35.13	2.35	0.38	2.81	2.32	0.68	—	0.46	—
61	M1B：148	鎏金铜泡钉	1	铜	完整		59.84	35.00	2.60	0.26	0.48	0.13	0.83	—	0.86	—
62	M1B：149	鎏金铜泡钉	1	铜	完整		63.01	30.46	2.98	0.30	0.49	0.19	1.34	—	1.22	—
63	M1C：29	鎏金带銙	1	铜	完整		31.85	37.74	1.97	2.73	15.04	9.94	0.72	—	—	—
64	M1C：32	鎏金带扣	1	铜	完整	正面	23.28	31.09	4.79	0.36	13.58	23.88	2.06	0.63	0.32	—
						背面	42.73	0.12	4.16	0.23	20.50	26.82	4.42	0.60	0.42	
65	M1C：34	鎏金带銙	1	铜	完整		61.44	7.20	—	2.26	23.78	2.01	3.30	—	—	—
66	M1C：35	鎏金带銙	1	铜	完整		53.72	4.97	—	9.09	28.45	2.98	0.79	—	—	—
67	M1C：40	鎏金带銙	1	铜	完整		39.52	16.86	1.53	2.87	30.15	7.83	1.06	—	0.18	—
68	M1C：41	鎏金带銙	1	铜	完整		61.38	5.95	—	2.40	23.46	5.82	0.99	—	—	—
69	M1C：43	鎏金带銙	1	铜	完整		44.60	19.16	1.44	2.92	24.94	6.00	0.83	0.12	—	—
70	M1C：84	鎏金带銙	1	铜	完整		49.85	18.73	1.59	1.96	14.93	11.51	1.21	—	0.22	—
71	M1C：87	鎏金带銙	1	铜	完整		43.56	4.08	—	2.59	44.69	2.68	2.39	—	—	—
72	M1C：97	鎏金带銙	1	铜	完整		14.36	33.72	7.97	1.35	28.46	12.80	0.97	—	0.37	—
73	M1C：98	鎏金带銙	1	铜	完整		21.74	57.80	2.56	1.12	6.37	9.70	0.37	0.18	0.14	—
74	M1C：137	鎏金带銙	1	铜	完整		30.55	29.39	0.95	2.64	23.39	11.26	1.43	0.21	0.18	—
75	M2A：1	鎏金铜带扣	1	铜	完整	正面	49.05	44.50	—	0.42	1.36	3.22	1.45	—	—	—
						背面	50.31	36.31	—	0.44	1.95	4.80	6.19	—	—	—
76	M2A：2	D 形鎏金铜托玉銙	2	铜	完整	正面	44.61	0.14	—	—	25.31	26.87	2.36	0.44	0.27	—
						背面	68.72	—	—	—	21.10	9.62	0.44	0.13	—	—
77	M2A：3	D 形鎏金铜托玉銙	1	铜	完整		54.65	0.38	—	—	16.13	26.26	1.85	0.37	0.36	—
78	M2A：4	方形鎏金铜托玉銙	1	铜	完整	正面	84.79	—	—	—	8.25	6.58	0.27	0.12	—	—
						背面	70.94	0.07	—	—	10.73	15.53	2.25	0.36	0.11	—
79	M2A：7	鎏金铜泡钉	1	铜	完整		56.01	31.94	5.32	0.24	1.35	2.98	1.10	0.57	0.49	—
80	M2A：8	方形鎏金铜托玉銙	1	铜	完整		68.19	—	—	—	23.48	7.37	0.84	0.13	—	—

续表四

编号	器物编号	器物名称	数量	质地	保存情况	备注	PXRF检测数据（加权平均值）									
							Cu	Au	As	Zn	Pb	Sn	Fe	Sb	Bi	Ag
81	M2A：10	D形鎏金铜托玉镑	1	铜	完整		39.34	—	—	—	39.74	18.28	2.36	0.28	—	—
82	M2A：11	D形鎏金铜托玉镑	1	铜	完整		70.25	0.22	—	—	11.91	16.30	0.87	0.23	0.22	—
83	M2A：12	鎏金棺环	1	铜	完整	正面	29.41	61.98	1.88	0.40	0.72	3.02	2.13	0.47	—	—
						背面	40.67	47.64	5.84	0.43	1.07	2.96	0.27	0.66	0.46	—
84	M2A：13	鎏金棺环	1	铜	完整	正面	26.24	64.11	2.07	0.48	0.58	2.21	3.59	0.57	0.16	—
						背面	98.52	—	—	—	—	—	1.48	—	—	—
85	M2A：14	鎏金棺环	1	铜	完整	正面	36.12	53.24	4.36	0.43	0.84	3.72	0.29	0.61	0.38	—
						背面	49.69	43.64	0.76	0.47	0.66	3.59	0.64	0.43	0.12	—
86	M2A：15	鎏金铜泡钉	1	铜	完整		58.94	25.30	2.43	0.36	1.02	5.99	4.96	0.58	0.41	—
87	M2A：16	鎏金铜泡钉	1	铜	完整		26.02	61.44	2.79	0.48	0.66	3.21	4.65	0.55	0.19	—
88	M2A：17	鎏金铜泡钉	1	铜	完整		31.91	59.47	2.81	0.38	2.37	2.21	0.26	0.42	0.16	—
89	M2A：18	鎏金铜泡钉	1	铜	完整		32.33	56.85	5.40	0.39	1.19	1.89	0.98	0.66	0.30	—
90	M2A：19	鎏金铜泡钉	1	铜	完整		63.60	22.47	7.38	0.22	1.83	2.87	0.27	0.72	0.64	—
91	M2A：21	鎏金铜泡钉	1	铜	完整		54.02	31.60	7.67	0.34	1.26	3.30	0.48	0.60	0.72	—
92	M2A：22	鎏金铜泡钉	1	铜	完整		40.77	47.89	4.76	0.41	1.14	2.02	1.81	0.72	0.48	—
93	M2A：23	鎏金铜泡钉	1	铜	完整		42.33	40.24	7.88	0.41	1.01	1.39	2.63	0.93	0.50	2.68
94	M2A：24	鎏金铜泡钉	1	铜	完整		33.49	54.92	5.51	0.42	1.14	1.89	1.59	0.67	0.38	—
95	M2A：25	鎏金铜泡钉	1	铜	完整		52.69	37.99	3.84	0.27	1.29	1.99	0.93	0.70	0.30	—
96	M2A：27	鎏金铜泡钉	1	铜	残		66.13	14.61	10.94	0.38	0.93	2.30	3.57	0.51	0.61	—
97	M2A：29	鎏金铜泡钉	1	铜	完整		47.63	38.95	4.94	0.41	1.55	3.23	2.30	0.72	0.27	—
98	M2A：30	鎏金铜泡钉	1	铜	残		39.14	46.88	0.62	0.39	1.17	5.79	0.59	1.48	0.65	3.29
99	M2A：32	鎏金铜泡钉	1	铜	完整		47.13	39.86	3.48	0.40	0.94	5.11	2.21	0.56	0.32	—
100	M2A：35	鎏金铜泡钉	1	铜	完整		53.59	31.36	9.14	0.27	1.30	2.41	0.29	0.82	0.80	—
101	M2A：36	鎏金铜泡钉	1	铜	完整		49.71	33.19	3.10	0.30	1.40	5.29	1.24	1.39	1.55	2.84
102	M2A：37	鎏金铜泡钉	1	铜	完整		66.87	16.92	10.39	0.18	1.41	1.73	0.65	0.71	1.13	—
103	M2A：38	鎏金铜泡钉	1	铜	完整		31.12	57.80	4.27	0.39	0.99	0.64	1.35	0.74	0.27	2.44
104	M2A：39	鎏金铜泡钉	1	铜	完整		57.08	25.16	3.60	0.30	1.83	5.22	0.66	1.59	1.76	2.81
105	M2A：42	鎏金铜泡钉	1	铜	完整		47.43	41.79	3.49	0.33	1.38	3.95	0.74	0.61	0.27	—

续表四

编号	器物编号	器物名称	数量	质地	保存情况	备注	PXRF 检测数据（加权平均值）									
							Cu	Au	As	Zn	Pb	Sn	Fe	Sb	Bi	Ag
106	M2A：43	D 形鎏金铜托玉锈	1	铜	完整	正面	22.44	—	—	0.11	47.00	24.45	5.42	0.35	0.24	—
						背面	69.99	—	—	—	18.83	10.62	0.36	0.19	—	—
107	M2A：48	D 形鎏金铜托玉锈	1	铜	完整	正面	60.54	—	—	—	28.60	8.96	1.77	0.13	—	—
		D 形鎏金铜托玉锈	1	铜	完整	背面	34.74	—	2.58	—	43.30	16.60	2.48	0.30	—	—
108	M2A：49	鎏金铜泡钉	1	铜	残		41.24	45.63	4.37	0.44	1.76	4.20	1.48	0.58	0.31	—
109	M2A：50	鎏金铜泡钉	1	铜	完整		18.10	70.16	3.21	0.51	1.05	3.38	0.39	0.57	0.19	2.43
110	M2A：51	鎏金铜泡钉	1	铜	完整		58.61	26.39	7.01	0.33	2.15	4.05	0.28	0.57	0.59	—
111	M2A：52	鎏金铜泡钉	1	铜	完整		59.86	27.59	5.68	0.31	1.40	2.45	1.55	0.71	0.45	—
112	M2A：53	鎏金铜泡钉	1	铜	完整		49.52	38.52	5.55	0.40	0.72	3.74	0.23	0.77	0.55	—
113	M2A：54	鎏金铜泡钉	1	铜	完整		17.50	71.52	4.10	0.49	3.51	1.81	0.31	0.53	0.22	—
114	M2A：57	鎏金铜泡钉	1	铜	完整		50.44	39.13	2.67	0.35	1.85	3.79	0.73	0.60	0.44	—
115	M2A：60	鎏金铜泡钉	1	铜	完整		54.61	32.74	6.73	0.43	0.84	1.61	1.71	0.69	0.64	—
116	M2A：62	鎏金铜带扣	1	铜	完整	正面	40.55	9.66	1.36	—	29.12	16.32	2.42	0.33	0.24	—
						背面	40.73	1.89	3.35	0.16	26.98	25.02	0.97	0.58	0.32	—
117	M2A：65	方形鎏金铜托玉锈	1	铜	完整	正面	83.14	—	—	—	6.43	9.68	0.57	0.19	—	—
						背面	69.60	—	—	—	12.36	12.96	4.88	0.21	—	—
118	M2A：66	D 形鎏金铜托玉锈	1	铜	完整		62.38	0.11	—	—	25.27	11.07	1.04	0.13	—	—
119	M2A：71	D 形鎏金铜托玉锈	1	铜	完整		53.13	—	—	—	33.02	12.57	1.03	0.24	—	—
120	M2A：73	D 形鎏金铜托玉锈	1	铜	完整		72.52	—	—	—	14.30	12.02	0.96	0.21	—	—
121	M2A：74	鎏金铜泡钉	1	铜	残		43.67	49.23	2.20	0.40	1.17	1.97	0.71	0.39	0.26	—
122	M2A：75	鎏金铜大泡钉	1	铜	完整	正面	47.60	41.75	1.12	0.44	1.43	5.68	—	1.70	0.29	—
						背面	75.06	—	8.96	0.14	3.87	8.14	0.70	1.74	1.39	—
123	M2A：76	鎏金铜泡钉	1	铜	完整		55.89	29.71	6.50	0.29	2.15	2.74	1.48	0.62	0.63	—
124	M2A：79	鎏金铜泡钉	1	铜	完整		58.07	29.12	6.75	0.25	1.54	2.66	0.48	0.57	0.55	—
125	M2A：94	鎏金铜泡钉	1	铜	完整		42.99	47.50	3.55	0.38	0.77	3.30	0.66	0.53	0.33	—
126	J1：85	鎏金饰件	1	铜	微残	正面	82.15	11.86	—	0.19	0.21	—	0.82	—	—	4.77
						背面	99.52	—	—	—	—	—	0.48	—	—	—

续表四

编号	器物编号	器物名称	数量	质地	保存情况	备注	PXRF 检测数据（加权平均值）									
							Cu	Au	As	Zn	Pb	Sn	Fe	Sb	Bi	Ag
127	M10：64	鎏金铜饰件	1	铜	残	正面	13.71	84.30	—	0.54	0.58	—	0.87	—	—	—
						背面	98.35	0.24	0.75	—	—	—	0.66	—	—	—
128	M10：66	鎏金铜饰件	1	铜	残	正面	88.10	9.69	—	0.23	0.13	—	1.85	—	—	—
129	M10：67	鎏金铜饰件	1	铜	残	正面	32.07	65.45	0.15	0.39	0.43	—	1.51	—	—	—
130	M10：68	鎏金铜饰件	1	铜	残	正面	49.41	48.53	—	0.41	0.50	—	1.15	—	—	—
						背面	98.20	0.13	0.46	—	—	—	1.21	—	—	—
131	M10：69	鎏金铜饰件	1	铜	残	正面	31.54	66.30	—	0.39	0.63	—	1.14	—	—	—
						背面	99.53	—	—	—	0.26	—	0.21	—	—	—
132	M10：70	鎏金铜饰件	1	铜	残	正面	68.85	27.71	0.44	0.48	0.10	—	2.25	—	0.17	—
						背面	97.48	1.15	0.67	—	0.04	—	0.66	—	—	—
133	M10：71	鎏金铜饰件	1	铜	残	正面	30.09	67.95	—	0.43	0.61	—	0.92	—	—	—
						背面	97.61	1.19	—	—	—	—	1.20	—	—	—
134	M10：72	鎏金铜饰件	1	铜	残	正面	29.61	68.69	—	0.25	0.46	—	0.99	—	—	—
						背面	99.23	0.21	0.18	—	—	—	0.39	—	—	—
135	M10：73	鎏金铜饰件	1	铜	残	正面	24.23	73.69	—	0.52	0.64	—	0.92	—	—	—
						背面	97.81	0.18	—	0.19	0.05	—	1.78	—	—	—
136	M10：74	鎏金铜饰件	1	铜	残	正面	31.15	67.28	—	0.27	0.41	—	0.89	—	—	—
						背面	99.13	—	—	—	0.04	—	0.83	—	—	—
137	M10：75	鎏金铜饰件	1	铜	残	正面	40.09	57.04	—	0.45	0.54	—	1.88	—	—	—
						背面	98.18	0.22	0.48	—	—	—	1.13	—	—	—
138	M10：77	鎏金铜饰件	1	铜	残	正面	56.20	41.67	—	0.42	0.37	—	1.34	—	—	—
						背面	97.90	0.25	0.56	—	0.05	—	1.24	—	—	—
139	M10：79	鎏金铜饰件	1	铜	残	正面	27.82	67.96	—	0.37	0.42	—	3.44	—	—	—
						背面	92.81	5.57	0.18	—	0.08	—	1.36	—	—	—
140	M10：80	鎏金铜饰件	1	铜	残	正面	29.19	68.80	—	0.35	0.52	—	1.14	—	—	—
						背面	98.80	0.14	—	—	—	—	1.06	—	—	—
141	M10：83	鎏金铜饰件	1	铜	残	正面	30.22	66.12	—	0.35	0.46	—	2.85	—	—	—
						背面	99.12	0.13	0.35	—	0.07	—	0.34	—	—	—
142	M10：84	鎏金铜饰件	1	铜	残	正面	36.98	60.50	—	0.38	0.54	—	1.60	—	—	—
						背面	99.09	0.42	—	—	—	—	0.49	—	—	—

续表四

编号	器物编号	器物名称	数量	质地	保存情况	备注	PXRF 检测数据（加权平均值）									
							Cu	Au	As	Zn	Pb	Sn	Fe	Sb	Bi	Ag
143	M10：85	鎏金铜饰件	1	铜	残		29.00	67.48	—	0.46	0.34	—	2.72	—	—	—
144	M10：86	鎏金铜饰件	1	铜	残		45.51	53.06	—	0.36	0.55	—	0.52	—	—	—
145	M10：87	鎏金铜饰件	1	铜	残		50.84	44.44	—	0.42	0.36	—	3.94	—	—	—
146	M10：88	鎏金铜饰件	1	铜	残		26.77	69.39	—	0.47	0.36	—	3.01	—	—	—
147	M10：89	鎏金铜饰件	1	铜	残		21.08	76.83	—	0.30	0.49	—	1.31	—	—	—
148	M10：90	鎏金铜饰件	1	铜	残		21.68	74.22	—	0.25	0.39	—	3.47	—	—	—
149	M10：91	鎏金铜饰件	1	铜	残		48.87	48.59	0.23	0.48	0.18	0.14	1.37	—	0.13	—
150	M10：93	鎏金铜饰件	1	铜	残		28.74	66.24	—	0.44	0.38	—	4.20	—	—	—
151	M10：94	鎏金铜饰件	1	铜	残		39.90	58.38	—	0.38	0.50	—	0.84	—	—	—
152	M10：95	鎏金铜饰件	1	铜	残		55.45	38.75	0.21	0.43	—	—	5.06	—	0.11	—
153	M10：96	鎏金铜饰件	1	铜	残		46.51	51.21	0.15	0.34	0.17	—	1.49	—	0.11	—
154	M10：97	鎏金铜饰件	1	铜	残		45.73	52.62	0.37	0.28	0.40	—	0.59	—	—	—
155	M10：98	鎏金铜泡钉	1	铜	完整	正面	40.94	57.07	0.58	0.46	0.63	—	0.32	—	—	—
						背面	93.50	—	5.29	—	—	—	0.64	—	0.56	—
156	M10：99	鎏金铜泡钉	1	铜	微残	正面	36.20	62.31	0.43	0.36	0.70	—	—	—	—	—
						背面	93.82	—	5.21	—	—	—	0.63	—	0.33	—
157	M10：100	鎏金铜泡钉	1	铜	微残		38.87	59.31	—	0.51	0.49	—	0.82	—	—	—
158	M10：101	鎏金铜泡钉	1	铜	微残		67.71	30.81	—	0.50	0.27	—	0.71	—	—	—
159	M10：103	鎏金铜泡钉	1	铜	微残		56.91	40.80	—	0.53	0.35	—	1.41	—	—	—
160	M10：104	鎏金铜泡钉	1	铜	完整		43.95	52.15	—	0.52	0.35	—	3.03	—	—	—
161	M10：105	鎏金铜泡钉	1	铜	完整		96.39	0.26	1.89	—	—	—	0.63	—	0.84	—
162	M10：106	鎏金铜泡钉	1	铜	完整		86.98	0.43	9.07	—	—	—	2.04	—	1.48	—
163	M10：107	鎏金铜泡钉	1	铜	完整		95.18	0.79	2.55	—	0.11	0.23	0.51	—	0.65	—
164	M10：108	鎏金铜泡钉	1	铜	完整		92.90	—	5.13	—	—	—	1.11	—	0.87	—
165	M10：109	鎏金铜泡钉	1	铜	完整		99.23	—	0.12	—	—	0.48	0.17	—	—	—
166	M10：110	鎏金铜泡钉	1	铜	完整		99.44	0.16	—	—	—	—	0.40	—	—	—
167	M13：1	花式鎏金铜泡钉	1	铜	钉残		71.77	26.11	—	0.40	0.23	—	1.36	—	0.13	—
168	M13：2	花式鎏金铜泡钉	1	铜	钉残		93.95	5.28	0.40	—	—	—	0.37	—	—	—

续表四

编号	器物编号	器物名称	数量	质地	保存情况	备注	PXRF 检测数据（加权平均值）									
							Cu	Au	As	Zn	Pb	Sn	Fe	Sb	Bi	Ag
169	M13：3	花式鎏金铜泡钉	1	铜	钉残		68.76	27.44	—	0.48	0.20	—	2.96	—	0.16	—
170	M13：4	鎏金铜棺环	1	铜	完整	正面	59.97	35.83	0.86	0.43	0.46	—	2.35	—	0.10	—
						背面	96.92	2.07	0.41	—	—	—	0.52	—	0.08	—
171	M13：5	鎏金铜泡钉	1	铜	微残		91.81	4.50	1.63	0.28	—	—	1.70	—	0.09	—
172	M13：6	鎏金铜泡钉	1	铜	完整		79.95	19.43	—	0.28	0.26	—	0.09	—	—	—
173	M13：10	鎏金铜泡钉	1	铜	微残		53.90	44.18	0.24	0.36	0.41	—	0.91	—	—	—
174	M13：15	鎏金铜棺环	1	铜	完整	正面	98.66	0.13	0.75	—	0.13	—	0.32	—	—	—
						背面	83.61	15.19	—	0.29	0.10	—	0.73	—	0.07	—
175	M13：16	鎏金铜棺环	2	铜	完整	正面	56.35	41.32	—	0.51	0.39	—	1.43	—	—	—
						背面	98.22	—	0.83	—	0.23	—	0.72	—	—	—
176	M13：22	花式鎏金铜泡钉	1	铜	钉残		80.52	17.89	0.94	0.24	0.25	—	0.16	—	—	—
177	M13：23	鎏金铜泡钉	1	铜	完整		50.86	47.96	—	0.46	0.59	—	0.13	—	—	—
178	M13：26	鎏金铜泡钉	1	铜	完整		75.63	23.30	0.27	0.23	0.35	—	0.21	—	—	—
179	M13：27	鎏金铜棺环	1	铜	完整	正面	87.95	10.23	0.95	0.20	0.12	—	0.48	—	0.07	—
						背面	86.73	11.56	—	0.26	0.19	—	1.15	—	0.10	—
180	M13：28	花式鎏金铜泡钉	1	铜	钉残		60.13	38.70	—	0.38	0.46	—	0.33	—	—	—
181	M13：30	鎏金铜泡钉	1	铜	完整		44.56	53.88	—	0.39	0.66	—	0.51	—	—	—
182	M13：37	鎏金铜泡钉	1	铜	钉残		41.21	54.85	—	0.40	0.64	—	2.90	—	—	—
183	M13：44	花式鎏金铜泡钉	1	铜	钉残		20.04	78.36	—	0.57	0.68	—	0.35	—	—	—
184	M13：45	花式鎏金铜泡钉	1	铜	钉残		88.57	8.12	—	0.23	0.16	—	2.92	—	—	—
185	M13：49	花式鎏金铜泡钉	1	铜	钉残		83.56	13.86	—	0.35	—	—	2.13	—	0.10	—
186	M13：66	花式鎏金铜泡钉	1	铜	钉残		74.16	23.82	—	0.30	0.29	—	1.41	—	—	—
187	M13：70	花式鎏金铜泡钉	1	铜	钉残		75.53	22.54	0.28	0.40	0.19	—	1.05	—	—	—
188	M13：71	花式鎏金铜泡钉	1	铜	钉残		90.81	8.25	0.20	0.15	0.09	—	0.49	—	—	—

续表四

编号	器物编号	器物名称	数量	质地	保存情况	备注	PXRF 检测数据（加权平均值）									
							Cu	Au	As	Zn	Pb	Sn	Fe	Sb	Bi	Ag
189	M13：72	花式鎏金铜泡钉	1	铜	钉残		91.28	7.34	0.37	0.25	—	—	0.66	—	0.09	—
190	M13：74	花式鎏金铜泡钉	1	铜	钉残		75.21	23.62	—	0.28	0.33	—	0.55	—	—	—
191	M13：75	鎏金铜泡钉	1	铜	钉残		74.88	23.48	—	0.30	0.30	—	1.04	—	—	—
192	M13：81	花式鎏金铜泡钉	1	铜	钉残		55.30	43.13	—	0.51	0.38	—	0.67	—	—	—
193	M13：82	花式鎏金铜泡钉	1	铜	钉残		82.91	16.21	—	0.31	0.20	—	0.37	—	—	—
194	M13：84	花式鎏金铜泡钉	1	铜	钉残		58.97	37.78	—	0.51	0.35	—	2.39	—	—	—
195	M13：87	花式鎏金铜泡钉	1	铜	钉残		98.32	0.31	0.30	—	0.07	—	1.00	—	—	—
196	M13：93	花式鎏金铜泡钉	1	铜	钉残		93.06	5.77	0.28	0.28	—	—	0.55	—	0.06	—
197	M13：107	鎏金铜泡钉	1	铜	钉残		85.79	11.31	0.26	0.27	0.14	—	2.17	—	0.06	—
198	M13：112	花式鎏金铜泡钉	1	铜	钉残		74.10	23.92	—	0.43	0.22	—	1.34	—	—	—
199	M13：120	鎏金铜泡钉	1	铜	完整		77.74	20.37	—	0.30	0.28	—	1.31	—	—	—
200	M13：125	鎏金铜泡钉	1	铜	钉残		52.19	39.52	—	0.54	0.44	—	7.31	—	—	—
201	M13：158	银筒饰件	1	银	完整	正面	1.46	0.21	—	—	—	—	0.62	—	—	97.71
						背面	0.60	0.20	—	—	0.18	—	0.69	—	0.05	98.28
202	M13：159	鱼尾形金刀	1	金	完整	正面	0.27	93.98	—	—	0.16	—	0.38	—	—	5.21
						正面	0.27	94.39	—	—	—	—	0.61	—	—	4.74

5. 铜制样品金相分析结果（图二一～三〇）

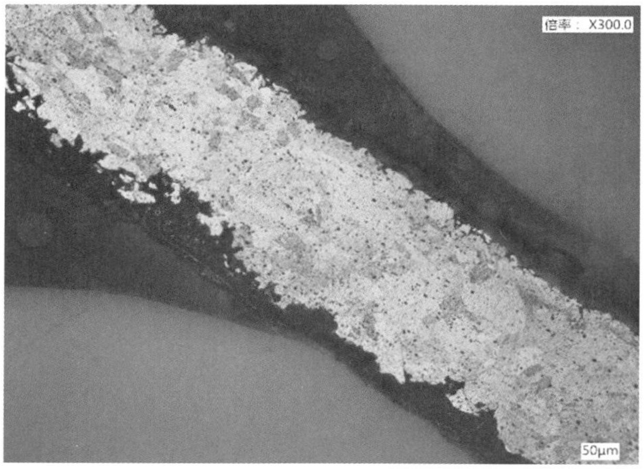

图二一　样品 J1：85 金相图

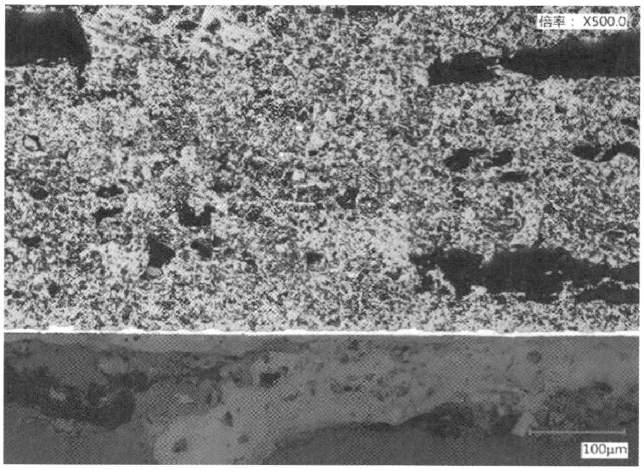

图二二　样品 M1C：15 金相图

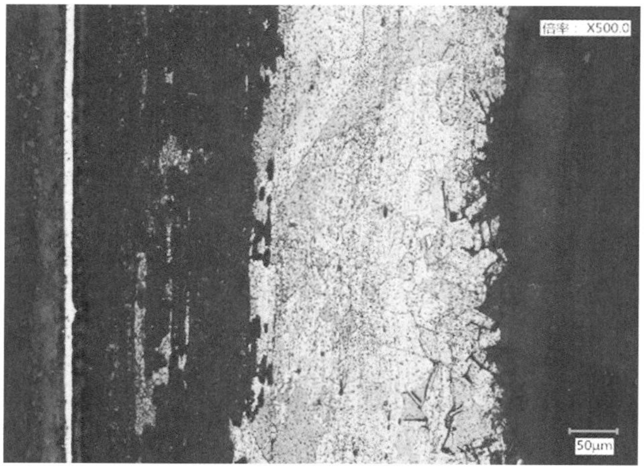

图二三　样品 M1C：22 金相图

图二四　样品 M1C：45 金相图

图二五　样品 M1C：54 金相图

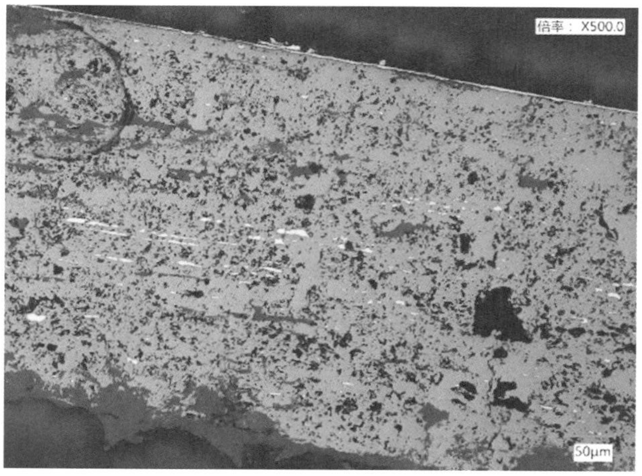

图二六　样品 M1C：66 金相图

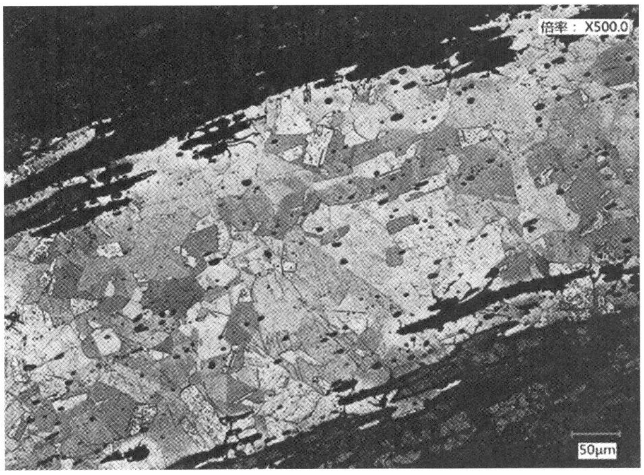

图二七　样品 M1C：94 金相图

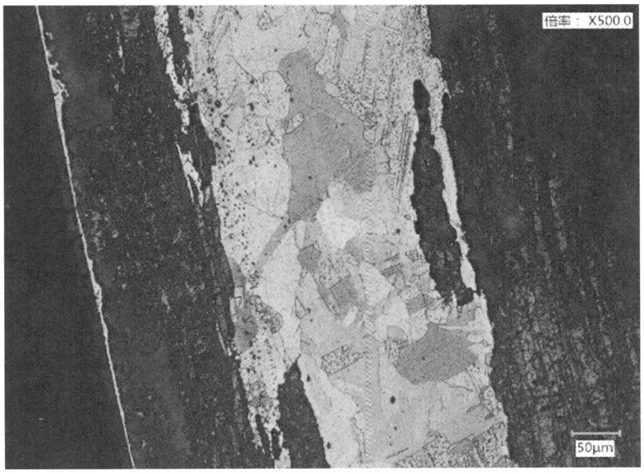

图二八　样品 M1C：134 金相图

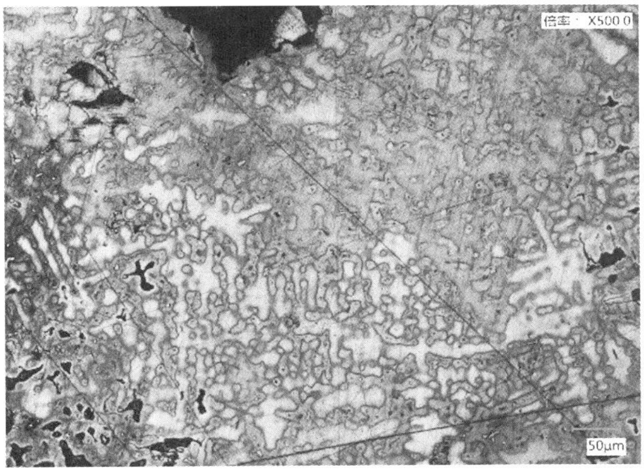

图二九　样品 M2B：16 金相图

图三〇　样品 M2B：17 金相图

6. 典型样品超景深图像（图三一 ~ 三六）

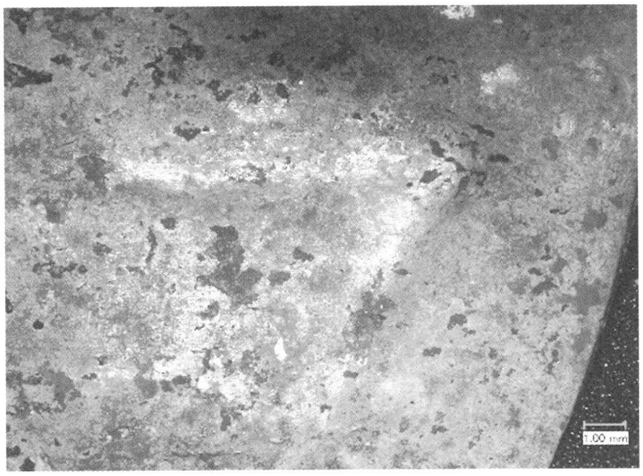

图三一　样品 M1C：12 超景深图

图三二　样品 M1C：12 超景深图

图三三　样品 M1C：12 超景深图

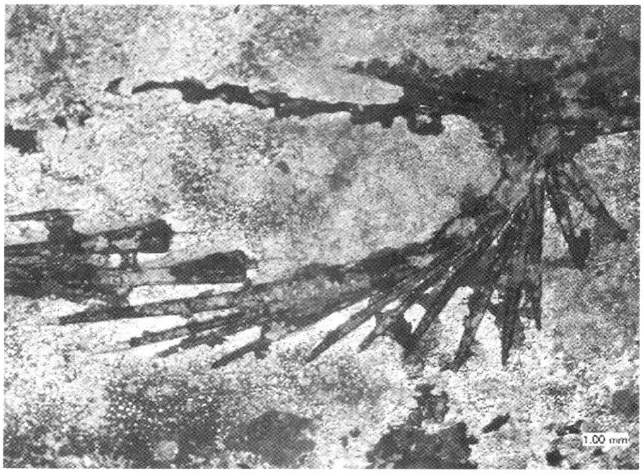

图三四　样品 M1C：12 超景深图

图三五　样品 M1C：12 金层

图三六　M1C：12 基体

7. 典型样品电镜能谱分析结果（图三七 ~ 五六）

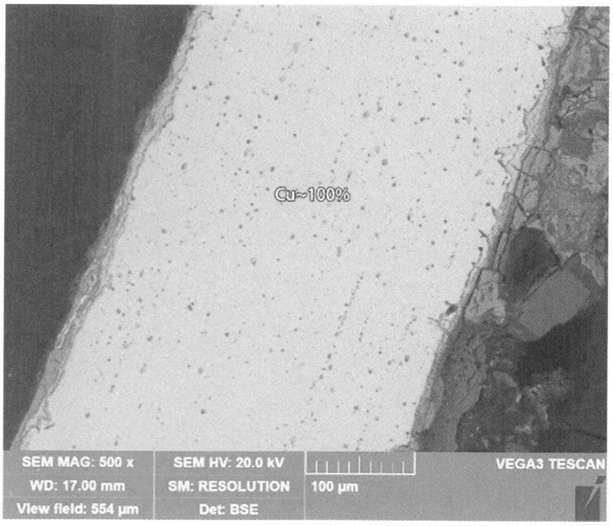

图三七　样品 J1：85 背散射图

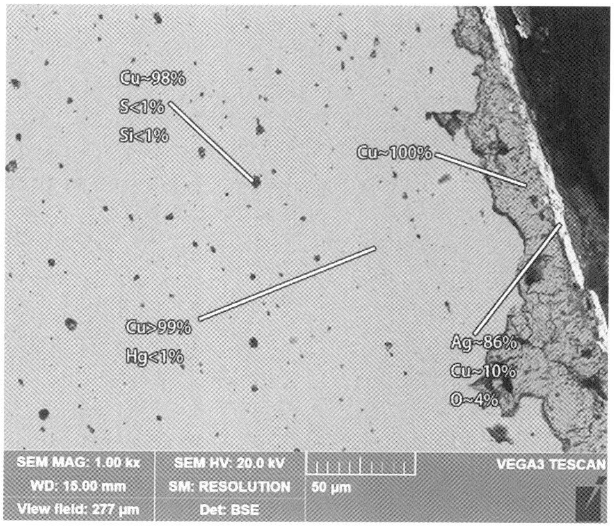

图三八　样品 J1：85 背散射图

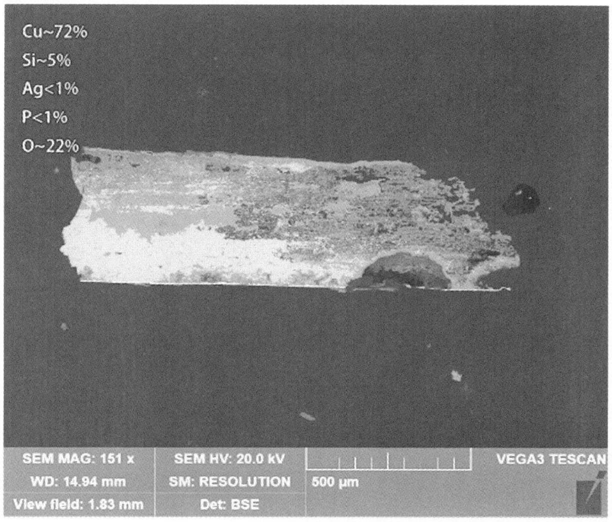

图三九　样品 M1C：14 背散射图

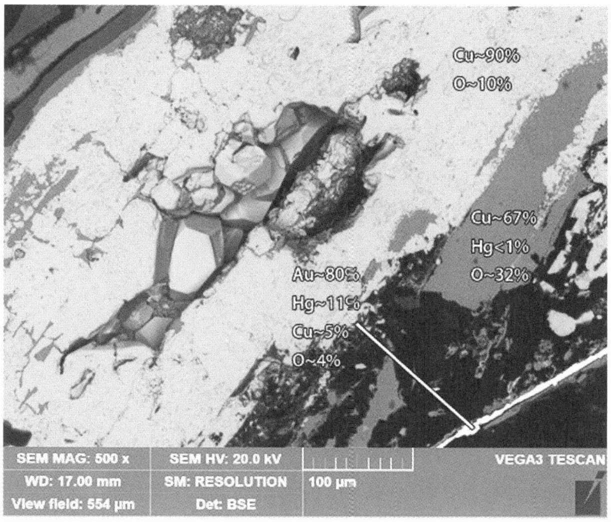

图四〇　样品 M1C：15 背散射图

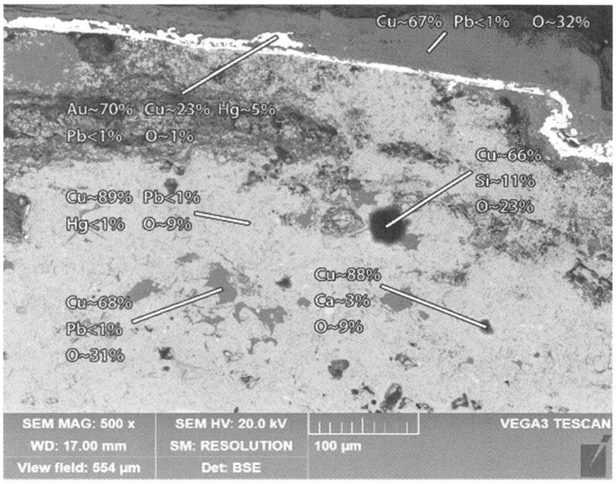

图四一　样品 M1C：19 背散射图

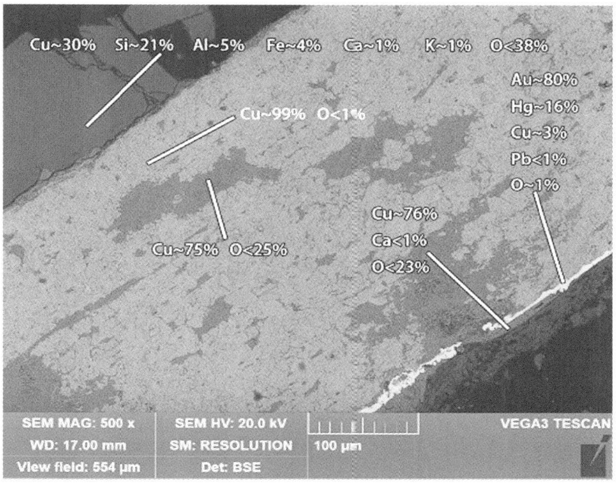

图四二　样品 M1C：20 背散射图

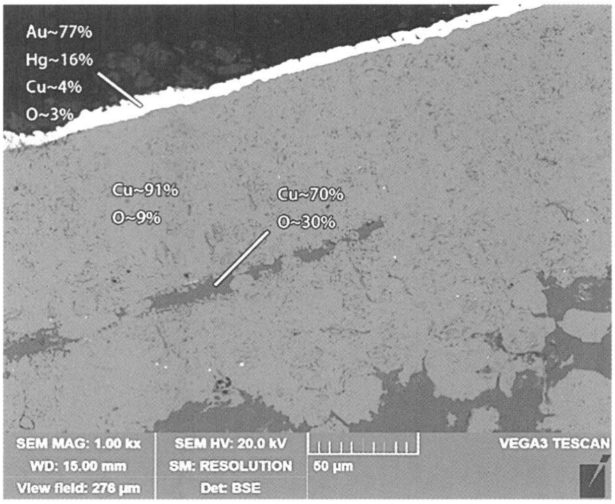

图四三　样品 M1C：42 背散射图

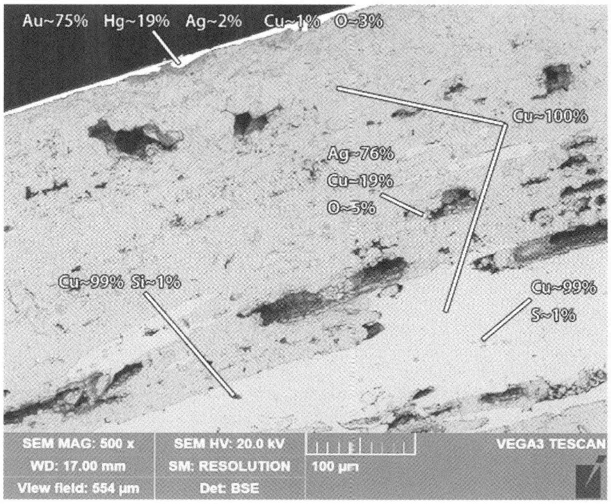

图四四　样品 M1C：45 背散射图

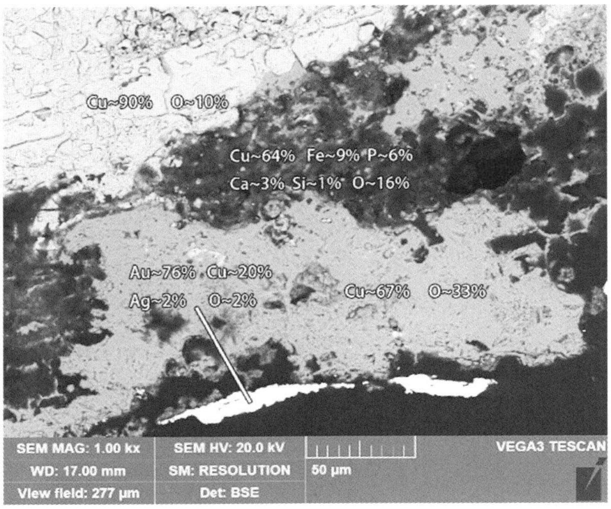

图四五　样品 M1C：53 背散射图

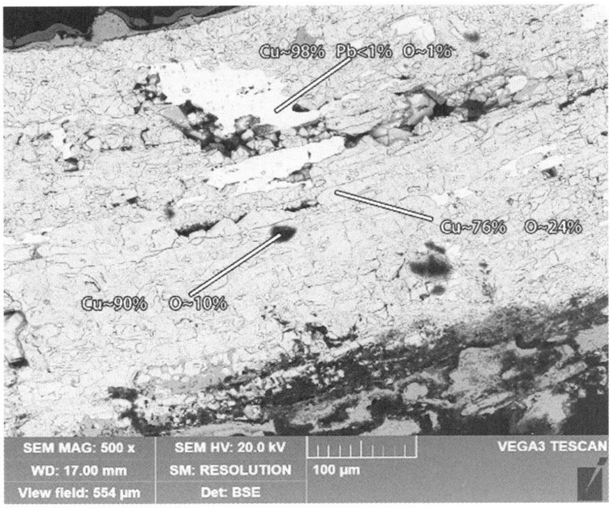

图四六　样品 M1C：53 背散射图

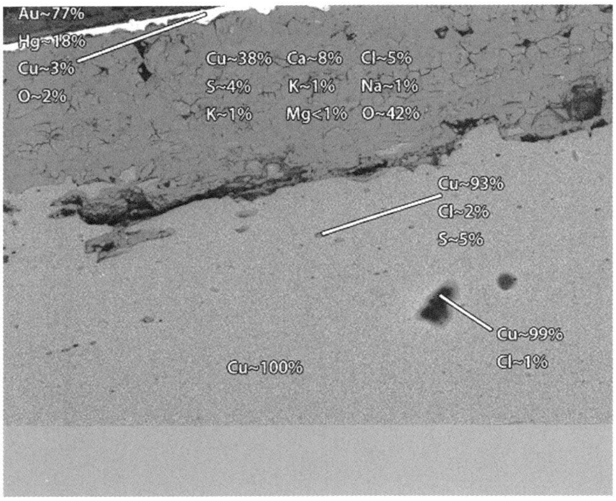

图四七　样品 M1C：59 背散射图

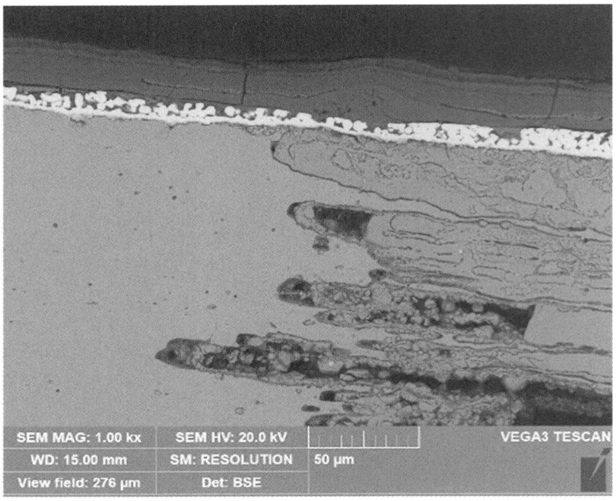

图四八　样品 M1C：78 背散射图

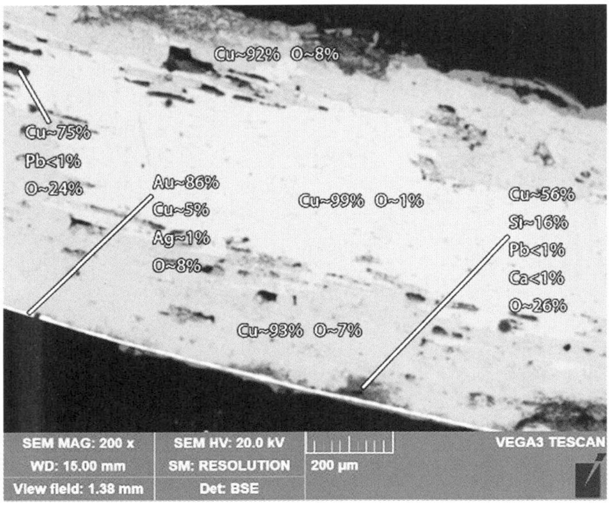

图四九　样品 M1C：94 背散射图

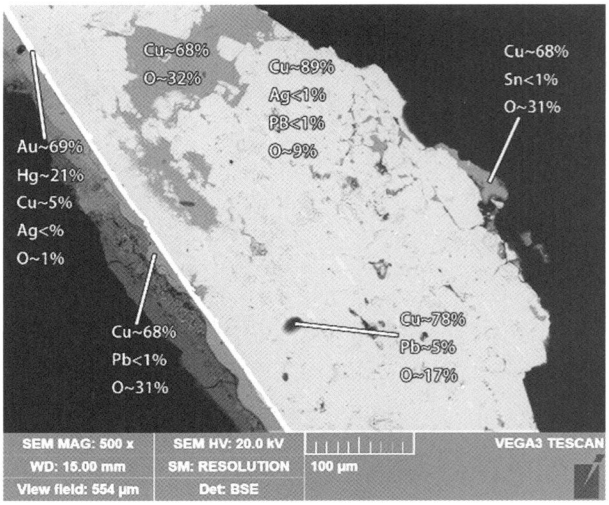

图五○　样品 M1C：119 背散射图

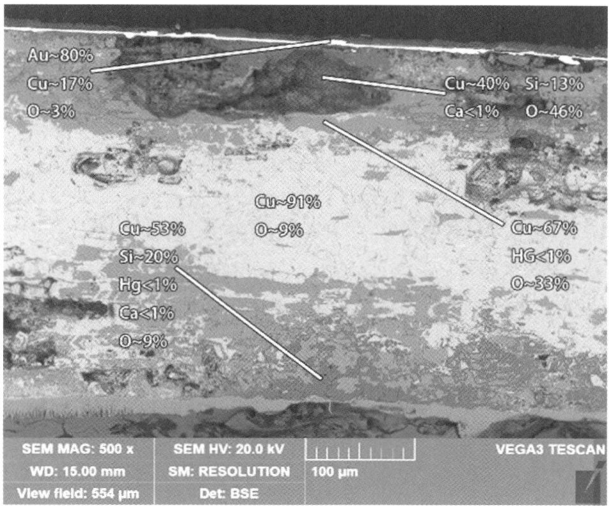

图五一　样品 M1C：139 背散射图

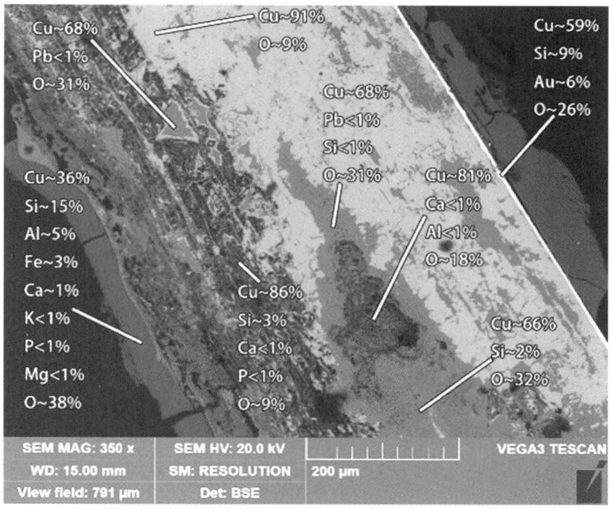

图五二　样品 M1C：141 背散射图

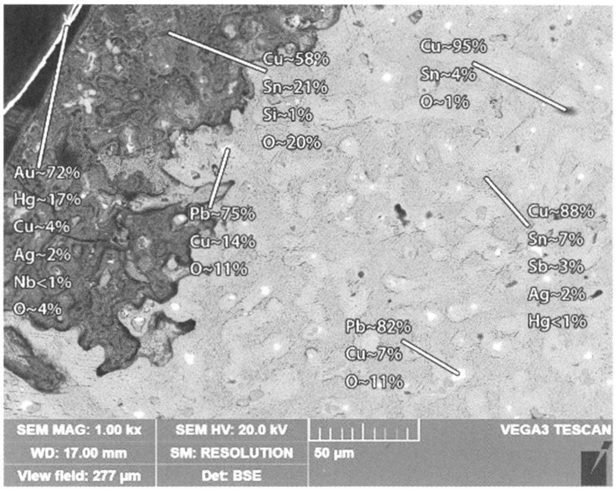

图五三　样品 M2B：17 背散射图

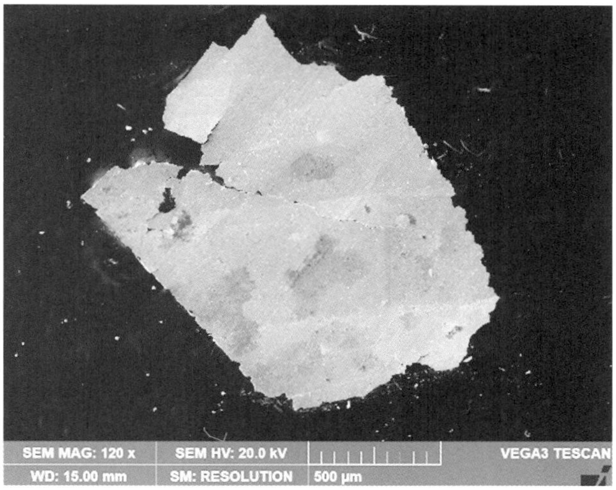

图五四　样品 M1C：12 背散射图

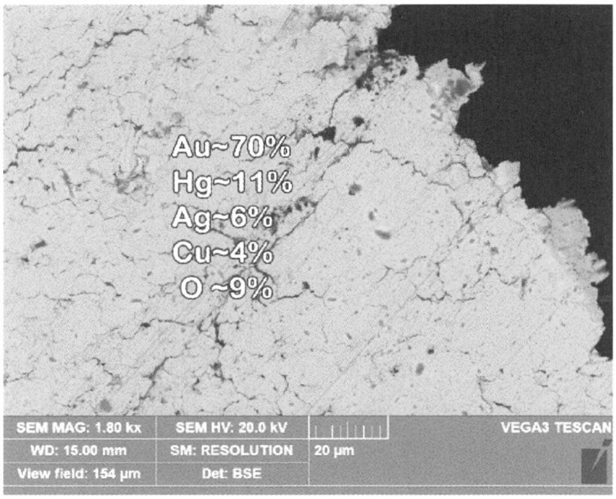

图五五　样品 M1C：12 背散射图

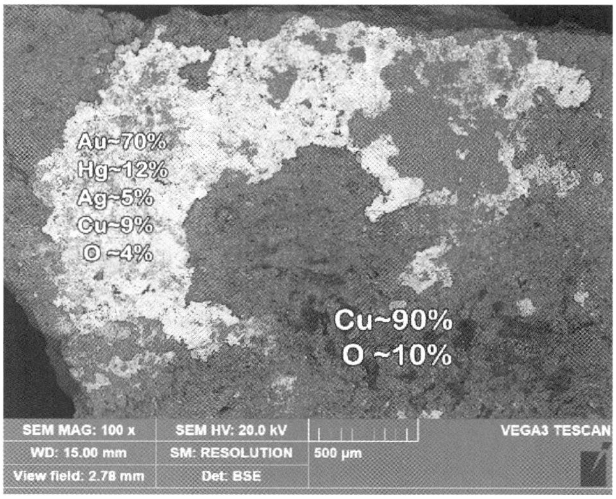

图五六　样品 M1C：12 背散射图

8. 铜制样品组织观察及外观表征描述（表五）

表五　铜制样品组织观察及外观表征

出土编号	器物名称	金相组织观察及电镜能谱表征描述		材质 / 工艺
J1：85	鎏金铜饰件	金相	样品基体见单一 α 固溶体晶粒，整体晶粒分布均匀，见夹杂物形变及等轴孪晶组织判定为热锻加工	红铜 / 热锻
		电镜	器物基体较为纯净的红铜组织未见其他金属明显聚集赋存，少量硫化铜夹杂物弥散分布，表面纤薄贵金属层为银汞混合物，可能为银汞剂加工残留	
M1C：14	鎏金铜泡	金相	样品腐蚀较为严重，几乎不见金属基体留存，暗场观察下矿化严重且组织有明显同向形变，应为机械加工痕迹；外侧鎏金层结构均匀，保存良好，但与基体交界处已腐蚀	砷铅锡青铜 / 鎏金 / 热锻
		电镜	基体部分几乎均约为 20% 的氧化铜组织，通过背散射图能够辨识优先腐蚀的晶界，晶体形变量较少，因此可判断为热加工器物，基体组织中能检测到少量含锡含砷组织以及氧化铅、金属银、铋微小颗粒。鎏金层为典型的金汞剂残留物质，细部可见球状金属颗粒和汞蒸发留下空隙结构	
M1C：15	鎏金铜泡	金相	样品腐蚀较为严重，几乎不见金属基体留存，暗场观察下矿化严重组织有明显同向形变，应为机械加工痕迹；外侧鎏金层结构均匀，保存良好，但与基体交界处已腐蚀	砷铅锡青铜 / 鎏金 / 热锻
		电镜	基体部分几乎均约为 7% 的氧化铜组织，通过背散射图能够辨识优先腐蚀的晶界，晶体形变量较少因此可判断为热加工器物，基体组织中能检测到少量含锡含砷组织以及氧化铅、金属银、铋微小颗粒。鎏金层为典型的金汞剂残留物质，细部可见球状金属颗粒和汞蒸发留下空隙结构	
M1C：16	鎏金铜泡	金相	样品腐蚀较为严重，几乎不见金属基体留存，暗场观察下矿化严重组织有明显同向形变，应为机械加工痕迹；外侧鎏金层结构均匀，保存良好，但与基体交界处已腐蚀	砷铅锡青铜 / 鎏金 / 热锻
M1C：16	鎏金铜泡	电镜	基体部分几乎均约为 9% 的氧化铜组织，通过背散射图能够辨识优先腐蚀的晶界，晶体形变量较少，因此可判断为热加工器物，基体组织中能检测到少量含锡含砷组织以及氧化铅、金属银、铋微小颗粒。鎏金层为典型的金汞剂残留物质，细部可见球状金属颗粒和汞蒸发留下空隙结构	砷铅锡青铜 / 鎏金 / 热锻
M1C：19	鎏金铜泡	金相	样品腐蚀较为严重，几乎不见金属基体留存，暗场观察下矿化严重组织有明显同向形变，应为机械加工痕迹；外侧鎏金层结构均匀，保存良好，但与基体交界处已腐蚀	砷铅锡青铜 / 鎏金 / 热锻
		电镜	基体部分几乎均约为 12% 的氧化铜组织，通过背散射图能够辨识优先腐蚀的晶界，晶体形变量较少因此可判断为热加工器物，基体组织中能检测到少量含锡含砷组织以及氧化铅、金属银、铋微小颗粒。鎏金层为典型的金汞剂残留物质，细部可见球状金属颗粒和汞蒸发留下空隙结构	

续表五

出土编号	器物名称	金相组织观察及电镜能谱表征描述		材质 / 工艺
M1C：20	鎏金铜泡	金相	样品腐蚀较为严重，几乎不见金属基体留存，暗场观察下矿化严重组织有明显同向形变，应为机械加工痕迹；外侧鎏金层结构均匀，保存良好，但与基体交界处已腐蚀	砷铅锡青铜 / 鎏金 / 热锻
		电镜	基体部分几乎均约为 6% 的氧化铜组织，通过背散射图能够辨识优先腐蚀的晶界，晶体形变量较少，因此可判断为热加工器物，基体组织中能检测到少量含锡含砷组织以及氧化铅、金属银、铋微小颗粒。鎏金层为典型的金汞剂残留物质，细部可见球状金属颗粒和汞蒸发留下空隙结构	
M1C：22	鎏金铜泡	金相	样品中度腐蚀但仍旧保有基体，残余基体可见 α 固溶体晶粒，整体晶粒分布均匀，见夹杂物形变及等轴孪晶组织判定为热锻加工；外侧鎏金层结构均匀，保存良好，但与基体交界处已腐蚀	砷铅锡青铜 / 鎏金 / 热锻
		电镜	基体部分几乎都约为 5% 的氧化铜组织，通过背散射图能够辨识优先腐蚀的晶界，晶体形变量较少因此可判断为热加工器物，基体组织中能检测到少量含锡含砷组织以及氧化铅、金属银、铋微小颗粒。鎏金层为典型的金汞剂残留物质，细部可见球状金属颗粒和汞蒸发留下空隙结构	
M1C：42	鎏金铜泡	金相	样品腐蚀较为严重，几乎不见金属基体留存，暗场观察下矿化严重组织有明显同向形变，应为机械加工痕迹；外侧鎏金层结构均匀，保存良好，但与基体交界处已腐蚀	砷铅锡青铜 / 鎏金 / 热锻
		电镜	基体部分几乎均约为 9% 的氧化铜组织，通过背散射图能够辨识优先腐蚀的晶界，晶体形变量较少，因此可判断为热加工器物，基体组织中能检测到少量含锡含砷组织以及氧化铅、金属银、铋微小颗粒。鎏金层为典型的金汞剂残留物质，含有少量银，细部可见球状金属颗粒和汞蒸发留下空隙结构	
M1C：45	鎏金铜泡	金相	样品中度腐蚀但仍旧保有基体，残余基体可见 α 固溶体晶粒，整体晶粒分布均匀，见夹杂物形变及等轴孪晶组织判定为热锻加工；外侧鎏金层结构均匀，保存良好，但与基体交界处已腐蚀	砷铅锡青铜 / 鎏金 / 热锻
		电镜	基体部分几乎均约为 9% 的氧化铜组织，通过背散射图能够辨识优先腐蚀的晶界，晶体形变量较少，因此可判断为热加工器物，基体组织中能检测到少量含锡含砷组织以及氧化铅、金属银、铋微小颗粒。鎏金层为典型的金汞剂残留物质，含有少量银，细部可见球状金属颗粒和汞蒸发留下空隙结构	
M1C：53	鎏金铜泡	金相	样品中度腐蚀但仍旧保有基体，残余基体可见 α 固溶体晶粒，整体晶粒分布均匀，见夹杂物形变及等轴孪晶组织判定为热锻加工；外侧鎏金层结构均匀，保存良好，但与基体交界处已腐蚀	砷铅锡青铜 / 鎏金 / 热锻
		电镜	基体部分几乎均约为 9% 的氧化铜组织，通过背散射图能够辨识优先腐蚀的晶界，晶体形变量较少因此可判断为热加工器物，基体组织中能检测到少量含锡含砷组织以及氧化铅、金属银、铋微小颗粒。鎏金层为典型的金汞剂残留物质，含有少量银，细部可见球状金属颗粒和汞蒸发留下空隙结构	

续表五

<table>
<tr><th>出土编号</th><th>器物名称</th><th colspan="2">金相组织观察及电镜能谱表征描述</th><th>材质 / 工艺</th></tr>
<tr><td rowspan="2">M1C：59</td><td rowspan="2">鎏金铜泡</td><td>金相</td><td>样品基体见单一 α 固溶体晶粒，整体晶粒分布均匀，见夹杂物形变及等轴孪晶组织判定为热锻加工</td><td rowspan="2">红铜 / 鎏金 / 热锻</td></tr>
<tr><td>电镜</td><td>器物基体较为纯净的红铜组织未见其他金属明显聚集赋存，少量硫化铜夹杂物弥散分布，表面纤薄贵金属层为银汞混合物，可能为银汞剂加工残留</td></tr>
<tr><td rowspan="2">M1C：78</td><td rowspan="2">鎏金铜泡</td><td>金相</td><td>样品腐蚀较为严重，几乎不见金属基体留存，暗场观察下矿化严重组织有明显同向形变，应为机械加工痕迹；外侧鎏金层结构均匀，保存良好与基体交界处结合紧密</td><td rowspan="2">砷铅锡青铜 / 鎏金 / 热锻</td></tr>
<tr><td>电镜</td><td>基体部分几乎均约为 6% 的氧化铜组织但仍有金属残留，通过背散射图能够辨识优先腐蚀的晶界，晶体形变量较少，因此可判断为热加工器物，基体组织中能检测到少量含锡含砷组织以及氧化铅、金属银、铋微小颗粒。鎏金层为典型的金汞剂残留物质，细部可见球状金属颗粒和汞蒸发留下空隙结构</td></tr>
<tr><td rowspan="2">M1C：85</td><td rowspan="2">鎏金铜泡</td><td>金相</td><td>样品腐蚀较为严重，几乎不见金属基体留存，暗场观察下矿化严重组织有明显同向形变，应为机械加工痕迹；外侧鎏金层结构均匀，保存较差且消失殆尽</td><td rowspan="2">砷铅锡青铜 / 鎏金 / 热锻</td></tr>
<tr><td>电镜</td><td>基体部分几乎均约为 9% 的氧化铜组织但仍有金属残留，通过背散射图能够辨识优先腐蚀的晶界，晶体形变量较少，因此可判断为热加工器物，基体组织中能检测到少量含锡含砷组织以及氧化铅、金属银、铋微小颗粒。鎏金层为典型的金汞剂残留物质，含有少量银，细部可见球状金属颗粒和汞蒸发留下空隙结构</td></tr>
<tr><td rowspan="2">M1C：94</td><td rowspan="2">鎏金铜泡</td><td>金相</td><td>样品腐蚀较为严重，几乎不见金属基体留存，暗场观察下矿化严重组织有明显同向形变，应为机械加工痕迹；外侧鎏金层结构均匀，保存较差且消失殆尽</td><td rowspan="2">砷铅锡青铜 / 鎏金 / 热锻</td></tr>
<tr><td>电镜</td><td>基体部分几乎均约为 9% 的氧化铜组织但仍有金属残留，通过背散射图能够辨识优先腐蚀的晶界，晶体形变量较少，因此可判断为热加工器物，基体组织中能检测到少量含锡含砷组织以及氧化铅、金属银、铋微小颗粒。鎏金层为典型的金汞剂残留物质，含有少量银，细部可见球状金属颗粒和汞蒸发留下空隙结构</td></tr>
<tr><td rowspan="2">M1C：119</td><td rowspan="2">鎏金铜泡</td><td>金相</td><td>样品腐蚀较为严重，几乎不见金属基体留存，暗场观察下矿化严重组织有明显同向形变，应为机械加工痕迹；外侧鎏金层结构均匀，保存良好，但与基体交界处已腐蚀</td><td rowspan="2">砷铅锡青铜 / 鎏金 / 热锻</td></tr>
<tr><td>电镜</td><td>基体部分几乎均约为 11% 的氧化铜组织，通过背散射图能够辨识优先腐蚀的晶界，晶体形变量较少，因此可判断为热加工器物，基体组织中能检测到少量含锡含砷组织以及氧化铅、金属银、铋微小颗粒。鎏金层为典型的金汞剂残留物质，含有少量银，细部可见球状金属颗粒和汞蒸发留下空隙结构</td></tr>
</table>

续表五

出土编号	器物名称	金相组织观察及电镜能谱表征描述		材质 / 工艺
M1C：134	鎏金铜泡	金相	样品中度腐蚀但仍旧保有基体，残余基体可见 α 固溶体晶粒，整体晶粒分布均匀，见夹杂物形变及等轴孪晶组织判定为热锻加工；外侧鎏金层结构均匀，保存良好，但与基体交界处已腐蚀	砷铅锡青铜 / 鎏金 / 热锻
		电镜	基体部分几乎均约为 5% 的氧化铜组织，通过背散射图能够辨识优先腐蚀的晶界，晶体形变量较少，因此可判断为热加工器物，基体组织中能检测到少量含锡含砷组织以及氧化铅、金属银、铋微小颗粒。鎏金层为典型的金汞剂残留物质，含有少量银，细部可见球状金属颗粒和汞蒸发留下空隙结构	
M1C：139	鎏金铜泡	金相	样品腐蚀较为严重，几乎不见金属基体留存，暗场观察下矿化严重组织有明显同向形变，应为机械加工痕迹；外侧鎏金层结构均匀，保存良好，但与基体交界处已腐蚀	砷铅锡青铜 / 鎏金 / 热锻
		电镜	基体部分几乎均约为 16% 的氧化铜组织，通过背散射图能够辨识优先腐蚀的晶界，晶体形变量较少，因此可判断为热加工器物，基体组织中能检测到少量含锡含砷组织以及氧化铅、金属银、铋微小颗粒。鎏金层为典型的金汞剂残留物质，含有少量银，细部可见球状金属颗粒和汞蒸发留下空隙结构	
M1C：141	鎏金铜泡	金相	样品腐蚀较为严重，几乎不见金属基体留存，暗场观察下矿化严重组织有明显同向形变，应为机械加工痕迹；外侧鎏金层结构均匀，保存良好，但与基体交界处已腐蚀	砷铅锡青铜 / 鎏金 / 热锻
M1C：141	鎏金铜泡	电镜	样品中度腐蚀但仍旧保有基体，残余基体可见 α 固溶体晶粒，整体晶粒分布均匀，见夹杂物形变及等轴孪晶组织判定为热锻加工；外侧鎏金层结构均匀，保存良好，但与基体交界处已腐蚀	砷铅锡青铜 / 鎏金 / 热锻
M2B：16	鎏金铜泡	金相	样品保存较好，金相组织见明显（α+δ）共析组织形成枝晶偏析，偏析组织均匀未见形变，夹杂物较为稀少，组织澄净，应为铸造器物	砷铅锡青铜 / 鎏金 / 热锻
		电镜	基体部分为砷铜组织，通过背散射图能够辨识明显的偏析现象，基体组织中能检测到少量含锡含砷组织以及金属银、锑等微小颗粒。鎏金层为典型的金汞剂残留物质，含有少量银，细部可见球状金属颗粒和汞蒸发留下空隙结构	
M2B：17	鎏金铜泡	金相	样品保存较好，金相组织见明显（α+δ）共析组织形成枝晶偏析，偏析组织均匀未见形变，夹杂物较为稀少，组织澄净，应为铸造器物	砷铅锡青铜 / 鎏金 / 热锻
		电镜	基体部分为锡青铜组织，通过背散射图能够辨识明显的偏析现象，基体组织中能检测到少量含锡含砷组织以及金属银、锑等微小颗粒。鎏金层为典型的金汞剂残留物质，含有少量银，细部可见球状金属颗粒和汞蒸发留下空隙结构	

9. 出土铜器结果分析小结

利用EDS数据审视p-XRF数据中样品大多数为含有砷、锡、铅合金元素的青铜饰件，从合金元素的分布来看，除了其中少量几件含有微量的银、铋、锑元素外，在进行电镜和能谱测试的样品中没有发现其他合金元素，工艺上来看其中大都为热锻产品，少数为铸造产品。能谱数据和XRF数据除了鎏金部分金元素赋存情况有较大出入外，所反映的金属基体数据与背面无鎏金层部分数据基本能够保持组分种类的一致。同时表面含金的青铜饰件和红铜饰件都采用了类似的鎏金工艺，虽然鎏金层的厚度不一，但技术都较为成熟且相对普通铜饰件保存更为完好。就掌握的信息能够粗略地说明出土的铜制饰件至少使用了包括铸造、锻打（包括冷锻和热加工）、鎏金在内的多种制造方法对器物进行成形加工，且使用的原料（红铜与多元青铜）可能存在差异。可见这些较为精巧饰品的生产过程是较为复杂的，如此丰富多样的加工手段说明工匠对于材料性质的认知和对工艺的掌握都是颇为娴熟的。

如上所述针对产品的研究中所获取的数据主要为p-XRF和EDS两种，其中前者方便针对古代样品进行广谱性的数据统计及分析，考虑到样品本身的锈蚀情况及手持荧光设备的系统性偏差，在数据层面需要使用更系统性的方式进行数据统合和解读。样品基本属于铜基质的合金材料所构成的器物，其中砷、锡和铅的赋存情况较其他金属相比占比更高，金和银的赋存情况与鎏金或镀金工艺有直接的关系，由于p-XRF的检测反映的是对象表层数微米的赋存情况，因此这些数据所阐释的基本上也是器物外表面的元素组成情况，与材料基体本身可能会有一定的差距。在所有馆藏样品中，鎏金样品器物表面明显呈金色，在对其保存较好的部分进行XRF检测时，发现其具有较高的金元素赋存，大多数此类残块的金色表面都仅存在于一侧，或两侧赋存情况有较大的差异。通过占绝对多数的鎏金铜泡样品金相观察发现其纵切面 α 固溶体形存在孪晶且变量较大，且未发现滑移带，由此判断其为热锻加工而成的纯铜或青铜制品为主。其内部晶粒较大越向边缘晶粒越细碎，因此可以判断钉子除钉帽部分经过较大形变的机械加工外，其钉体部分也经过锤打使得靠外侧的晶粒大量地破碎，并在加热后重新形成更为细小致密的晶粒结构。在纵切样品中还观察到了较多的铜的硫化物夹杂，通过能谱数据分析，发现夹杂物的铜硫元素摩尔比例基本上维持在同一水平，鉴于能谱数据无法进行精确的定量分析，因此可以初步判断其夹杂物应为硫化亚铜，可能其原材料为硫化矿的冶炼产物。而夹杂物的赋存形态也可以帮助判断整个器物的形变量大小分布，可以判定前一样品同样在靠近外侧的部分经历了机械加工造成了较大形变，这符合通过晶粒大小做出的判断。但并非所有样品的横切面样品中都能够发现铜的硫化物夹杂，除了可能二者所使用的加工原材料并不相同外，也可能由于后者的锈蚀更为严重，晶界大量腐蚀造成无法观察到广泛分布的铜硫化物夹杂。

表面的鎏金层根据能谱测定，其中含有一定量的汞元素和银元素，可以判定其为较为典型的使用“金汞齐”的火镀金法进行镀金加工。鎏金层虽然已经严重脱落，但从残存的部分可以观察到，鎏金层与铜钉基体结合较为紧密，工艺水平较高，但有些遗物表面金层大多流失或覆盖，在电镜背散射图中能够更加清楚地看到鎏金铜器的鎏金层十分均匀，并与铜质基体保持着很好地结合。鎏金青铜遗物检测中最具代表性的器物为龙头山墓地出土的（M14：1）鎏金冠饰，本次检测在馆内对其进行p-XRF分析，从冠部较薄的结构和较高的弹性形变强度来看，可以排除其为纯金质地的可能性，而使用吸铁石并不能够感受到任何吸引力以及表面渗出的少许含铜的锈迹可以推断其内部应是青铜质地，并在表面采用鎏金或包金工艺覆盖了较厚的一层黄金（XRF数据：Fe 0.5%/Cu 0.5%/Au 91.6%/Ag 7.3%/Pb 0.1%），用刻针錾刻出细腻均匀的原点组成精美的流云缠枝纹饰。类似的工艺在渤海国其他的鎏金器物中屡有发现。冠饰在基部采用一枚青铜销钉与已经严重锈蚀的铁质部件（XRF数据：Fe 99.0%）及有机材料固定在一起（XRF数据：Fe 56.8%/Cu 43.1%/Pb 0.1%），由于只能进行表面的无损检测无法进一步研究其更为细节的结构。

另外一件冠饰的加工工艺也十分具有代表性，但由于其锈蚀情况较为严重，本次检测为尽可能减少对其扰动，仅对其碎裂剥落的两块残块进行了取样，其基体为典型的红铜材质，其外表面能够清晰地观察到鎏金层的残留，从鎏金层和其残留部分的能谱数据来看（O 4%/Cu 9%/Au 70%/Ag 5%/Hg 12%）发现这一极薄的金属层是由金银和汞混合而成的，其汞质量组分约为10%。根据过往的研究，汞在鎏金的过程中通过加热是无法完全去除的，残留的汞可以作为判定鎏金工艺的重要参考，且其汞残留量和鎏金层厚度也符合中国古代鎏金工艺的技术特点，在鎏金后对器物表面经过精细的打磨机工艺处理，且鎏金层厚度纤薄均一，代表了其较为高超的工艺水平。总体来看，鎏金样品的纵切鎏金层存在多孔的颗粒状结构，根据传统工艺的记载，这种结构空洞可能是由于汞齐在加热过程中的作为溶剂的汞单质汽化流失所造成的，其颗粒状的微观形貌可以作为同类出土渤海鎏金器使用“金汞齐”的火镀金法进行镀金加工的重要参考。

（四）出土金银器检测分析

纯粹的贵金属器物出土较为稀少，本次检测针对青铜镜的纯银镜背以及图样中散碎的金银丝样品进行了取样和分析。针对贵金属出土遗物主要采用的都是无损检测，特别是对工艺细节进行了超景深的观察和成分的统计分析。

1. 银背铜镜

遗物（M13：168）为镶有精致的银质镜背的青铜镜，其工艺的繁复和设计的精巧是所有金属遗物之最。该铜镜由铸造的且具有浓厚佛教艺术特点的高锡青铜八角莲瓣镜身（XRF数据：Fe 0.5%/Cu 57.5%/As 1.8%/Sn 32.4%/Sb 1.6%/Pb 6.1%）和经过捶揲錾刻的银质片状镜背两个部分组成（XRF数据：Fe 0.3%/Cu 0.6%/Ag 97.8%/Pb 0.4%/Bi 0.1%）。而从铜镜边缘锈蚀部分的 p-XRF 检测数据来看，较高的铅锡含量可能代表两个部分是通过锡镴焊料紧密地焊接在一起的。镜子正面虽然有少量的锈蚀但整体保存状况良好，表面能够观察到抛光打磨的痕迹。铜镜背面刻有精美的缠枝纹及猛兽、珍禽图样，整体设计流畅而不失细节，特别是作为镜纽的猛兽造型采用立体的结构塑造了形态憨厚可爱的形象与镜背上其他浮凸造型浑然一体，体现了高超的工艺水平和艺术造诣，与唐代中晚期中原王朝出土的金银器类似。

2. 金银丝

本次检测取样遗物银丝 M13：36 成分为纯银（图五七），不含其他有色金属成分，遗物保存状况较为理想，通过对散落的遗物进行收集取样发现，遗物表面附着较薄的锈层，金属仍然具有良好的延展性和弹性，同时在其内部还能够观察到残留的有机质纤维丝线。

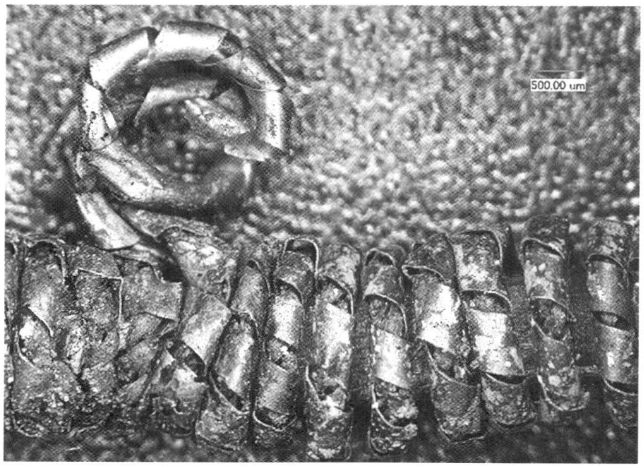

Spectrum	O	Al	Si	S	Ag	Sum
M13:36 0	4.0	0.0	0.0	0.0	**96.0**	100.0
M13:36 1	8.2	0.0	0.5	0.0	**91.2**	100.0
M13:36 2	9.3	0.0	0.6	0.0	**90.1**	100.0
M13:36 3	9.2	0.6	0.8	0.4	**89.0**	100.0
M13:36 4	10.9	0.0	0.8	0.8	**87.5**	100.0
M13:36 5	10.7	0.6	1.4	0.0	**87.4**	100.0
M13:36 6	11.3	0.5	0.6	0.0	**87.6**	100.0
M13:36 7	13.9	0.9	1.1	0.0	**84.2**	100.0
M13:36 8	15.9	1.0	1.3	0.0	**81.9**	100.0
M13:36 9	9.8	0.0	0.6	0.7	**88.9**	100.0
M13:36 10	8.1	0.0	0.6	0.4	**91.0**	100.0

图五七　银丝 M13：36 现场取样及能谱数据

通过超景深观察及测量共获得 11 组数据，主要测量银丝的直径、制作银丝条带的宽度和厚度以及露出丝线（双股）的直径。由测量数据发现，银丝样品的工艺成熟度较高，包裹丝线的银质金属条带粗细、薄厚均匀，内部丝线和银丝直径同样较为一致，数据波动考虑到银丝延展及埋藏发掘过程的挤压扭曲可以认为各维度数据较为一致（图五八～六五）。

纯银制品还被应用在多个带銙的镶嵌上，如遗物 M2A：46、47 便是玛瑙带銙用于链接玛瑙（图六七、六八）、皮具与带銙的重要链接部件。仔细观察这些银丝（图六九、七〇）区别于上述纤细的银丝由捶揲切割的银带撵制而成，这些粗细不均的银丝是直接根据开孔情况锻打加工而成，工艺较为简单。

本次取样的遗物金丝 M13：165（图七一～七三、七六～七九）较银丝 M13：36 更为纤细（图五九～六六），成分为纯金不含其他有色金属成分，遗物保存状况较为理想，通过对散落的遗物进行收集取样发现，遗物仅在表面附着少量泥土，无锈蚀现象，且金属仍然具

样品编号：**M13:36**（单位μm）

#	直径	条带宽	双股线径	条带厚
1	468	699	151	18
	433	684	154	17
	451	691	161	14
2	510	708	158	15
	451	672	154	15
3	442	670	156	13
	514	672	151	15
	439	689	161	15
4	455	712	166	14
5	465	701	181	14
	444	689	152	13
	436	694	161	15
6	500	679	154	15
	514	689	158	15
7	501	706	168	19
	449	681	166	18
	463	672	152	16
	451	677	153	16
8	489	679	167	15
	490	680	159	15
	477	690	163	13
9	500	678	164	13
	498	689	166	15
	492	697	153	18
	488	707	162	12
10	487	633	170	13
	468	625	163	14
	503	667	158	14
11	505	692	160	13
	511	695	166	15
	473	672	153	15

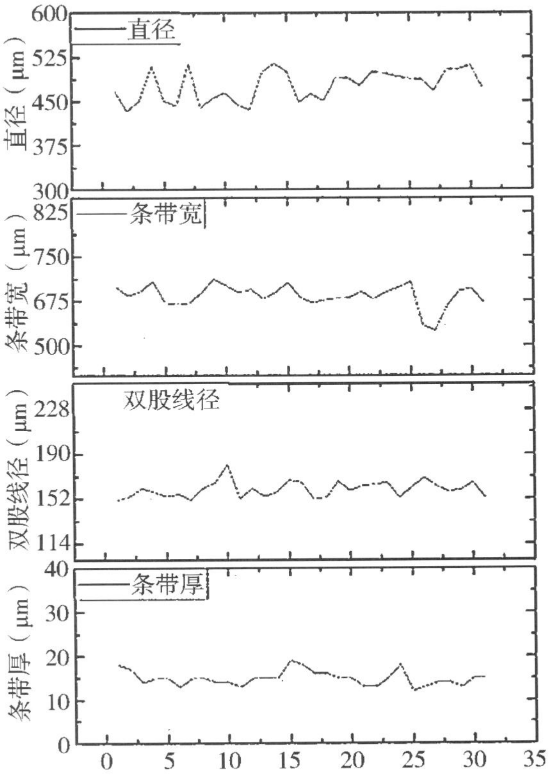

图五八　遗物超景深测量统计表

图五九　银丝 M13：36 景深示意图

有良好的延展性和弹性，同时在其内部还能够观察到残留的有机质纤维丝线。通过超景深观察及测量金丝的工艺较银丝更为稳定且成熟度较高，包裹丝线的金条带粗细、薄厚均匀，且相较银丝直径同样均匀且更细，数据波动考虑到延展及埋藏发掘过程的挤压扭曲形变因素，可以认为各维度数据较为一致。金银丝的制作工艺总体看与同时代中原的金银丝制作工艺基本一致（图七四、七五），除了金丝制品没有发现类似法门寺的刻划线外其他技术细节如出一辙，因此很可能为中原地区的舶来品。

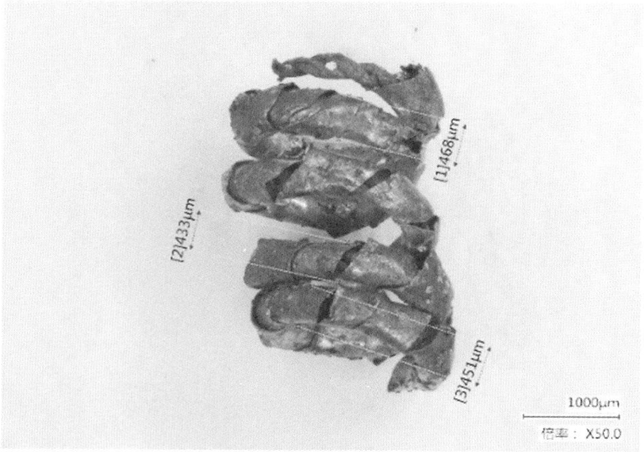

图六〇　银丝 M13：36 测量

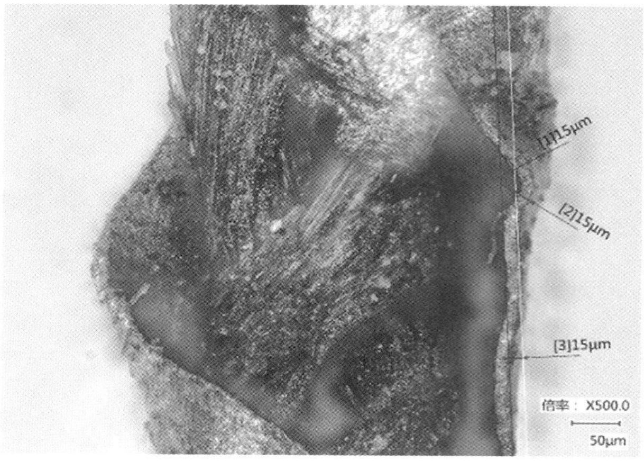

图六一　银丝 M13：36 测量

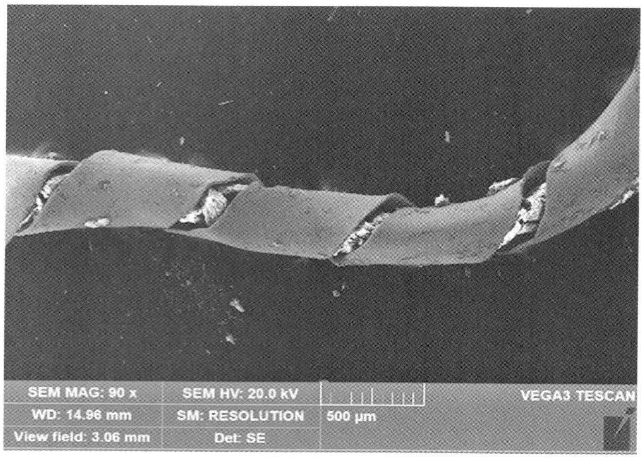

图六二　银丝 M13：36 背散射图

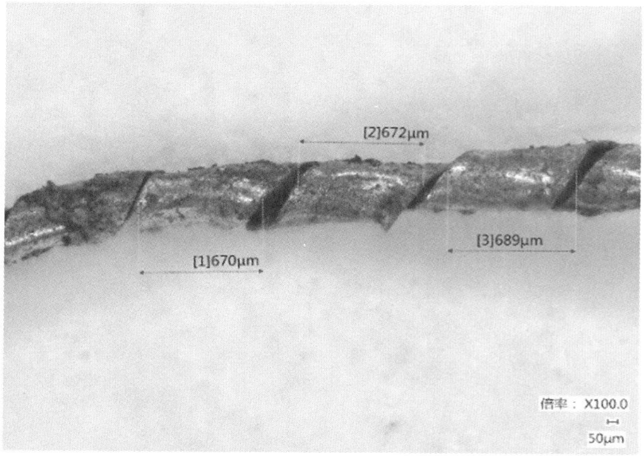

图六三　银丝 M13：36 测量

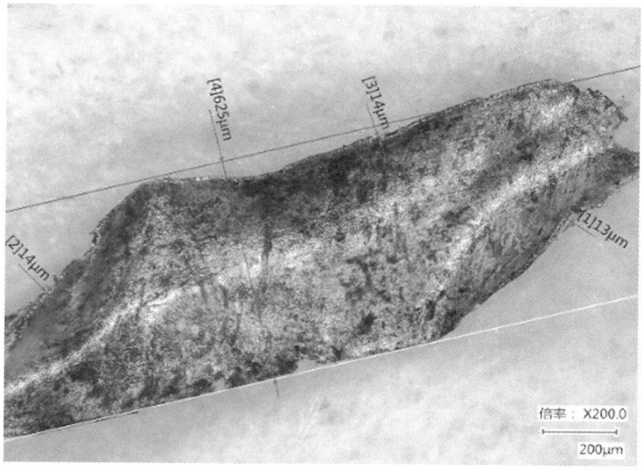

图六四　银丝 M13：36 测量

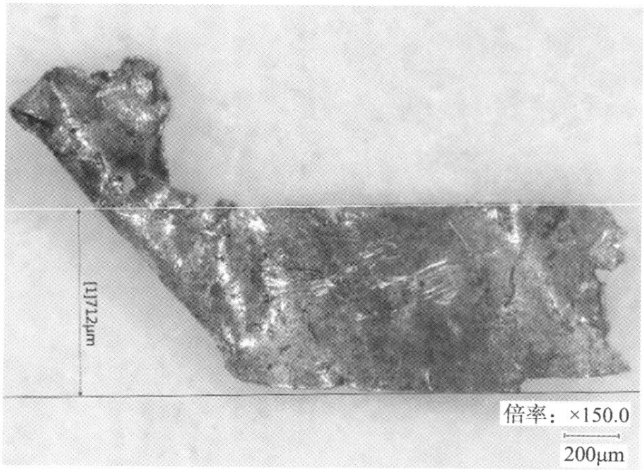

图六五　银丝 M13：36 测量

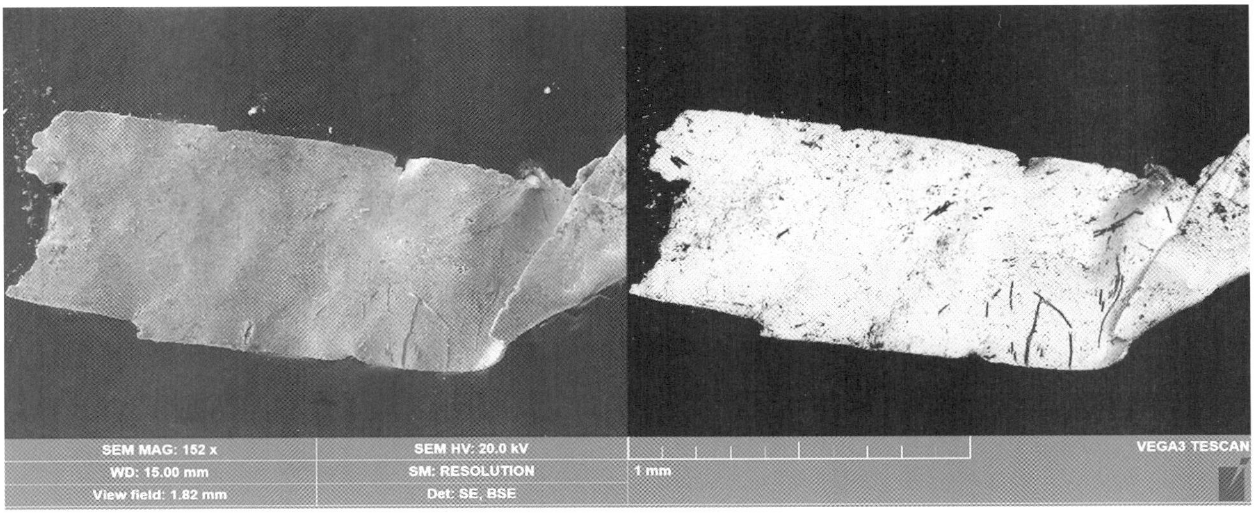

图六六　银丝 M13：36 二次电子像（左）与背散射（右）图

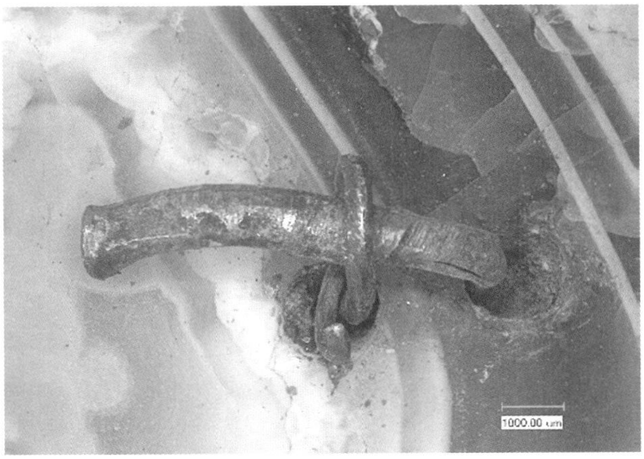

图六七　银丝 M2A：46 超景深图

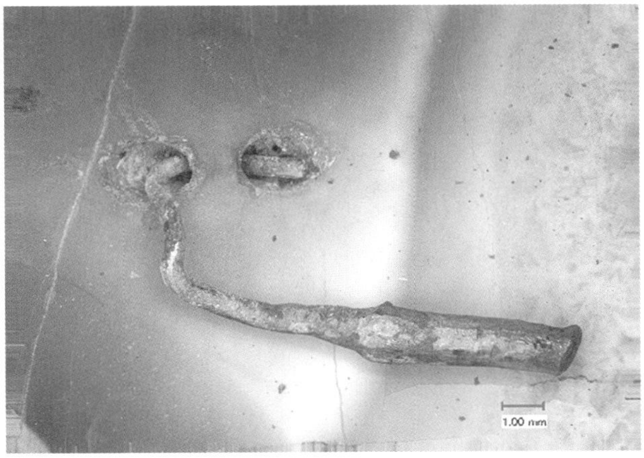

图六八　银丝 M2A：47 超景深图

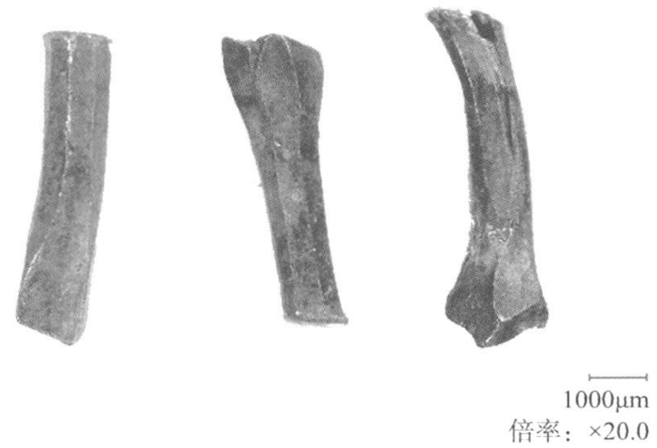

图六九　银丝 M2A：55 超景深图

图七〇　银丝 M2A：55 超景深图

Spectrum	O	Na	Al	Si	K	Ca	**Au**	Sum
M13:165 0	9.4	0.0	0.0	0.0	0.0	0.0	**90.6**	100.0
M13:165 1	5.3	0.0	0.0	0.0	0.0	0.0	**94.7**	100.0
M13:165 2	3.6	0.0	0.0	0.0	0.0	0.0	**96.4**	100.0
M13:165 3	5.9	0.0	0.0	0.0	0.0	0.0	**94.1**	100.0
M13:165 4	9.0	0.0	0.0	0.7	0.0	0.0	**90.3**	100.0
M13:165 5	7.6	0.0	0.0	0.6	0.0	0.0	**91.7**	100.0
M13:165 6	14.8	0.0	0.6	1.0	0.0	0.0	**83.6**	100.0
M13:165 7	18.2	0.0	0.5	0.6	0.0	0.0	**80.7**	100.0
M13:165 8	5.3	0.0	0.0	0.0	0.0	0.0	**94.7**	100.0
M13:165 9	7.3	0.0	0.0	0.0	0.0	0.0	**92.7**	100.0
M13:165 10	7.3	0.0	0.0	0.0	0.0	0.0	**92.7**	100.0
M13:165 11	24.7	1.7	1.2	1.1	0.5	1.4	**69.3**	100.0
M13:165 12	14.7	0.0	0.6	0.9	0.0	0.6	**83.1**	100.0
M13:165 13	6.0	0.0	0.0	0.0	0.0	0.0	**94.0**	100.0

图七一　金丝 M13：165 现场取样及能谱数据

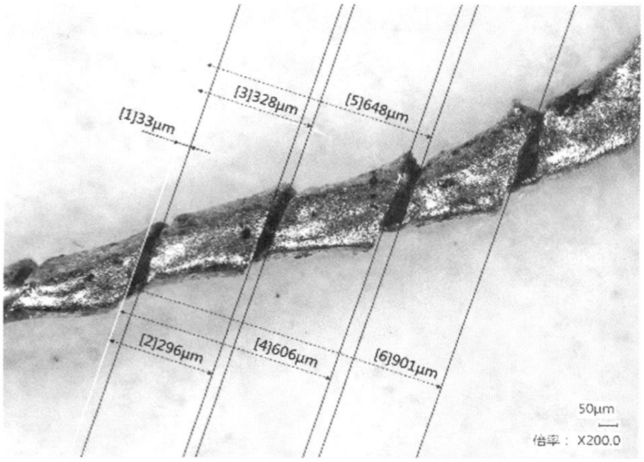

图七二　金丝 M13：165 测量

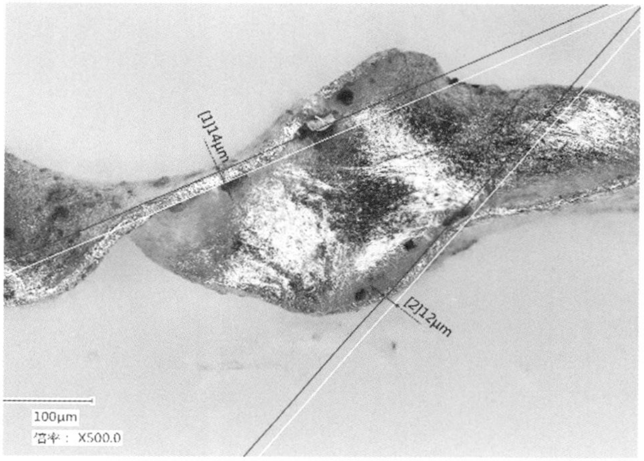

图七三　金丝 M13：165 测量

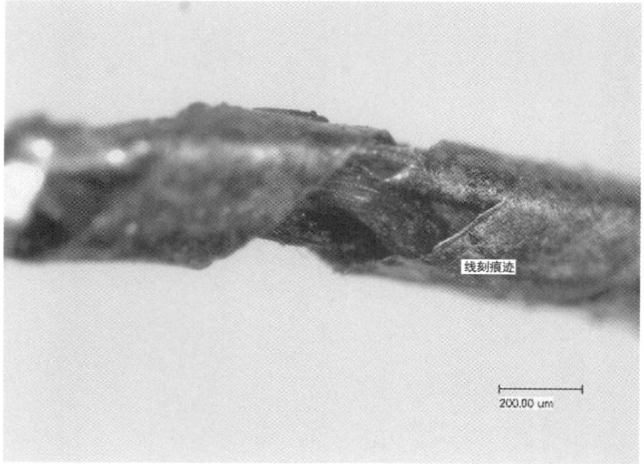

图七四　法门寺出土金丝样品

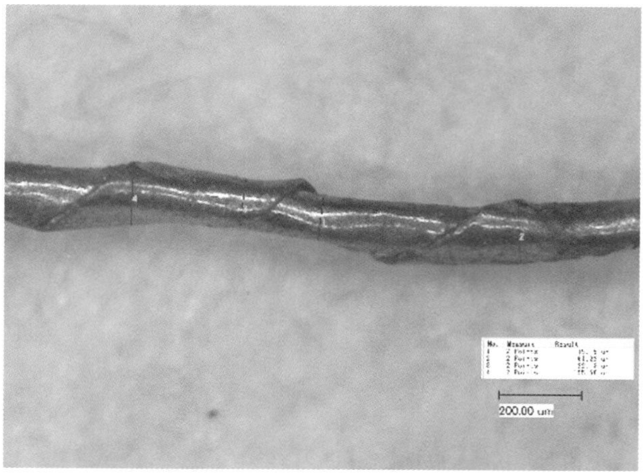

图七五　法门寺出土银丝样品

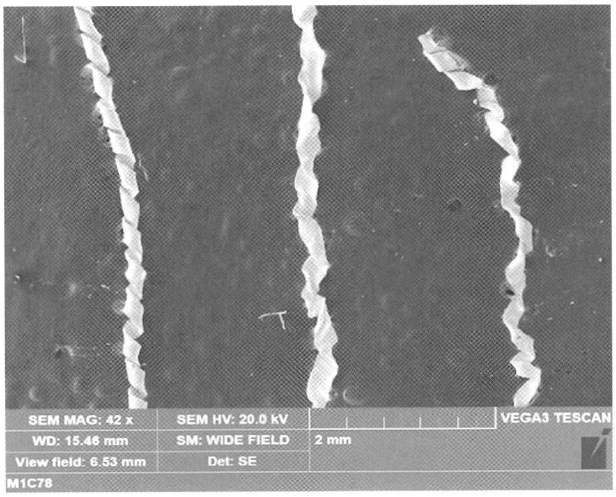

图七六　金丝 M13：165 二次电子像图

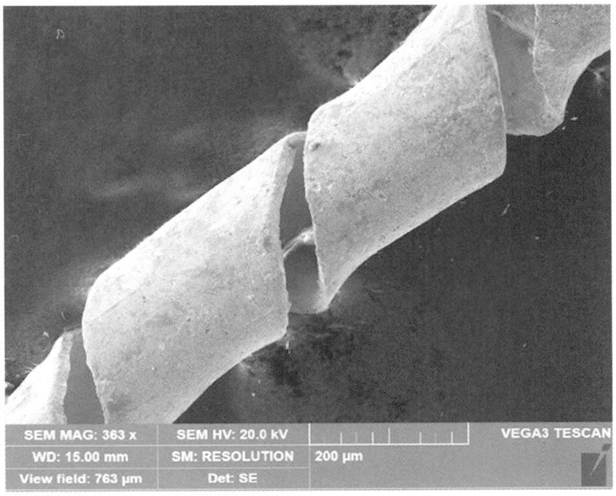

图七七　金丝 M13：165 二次电子像图

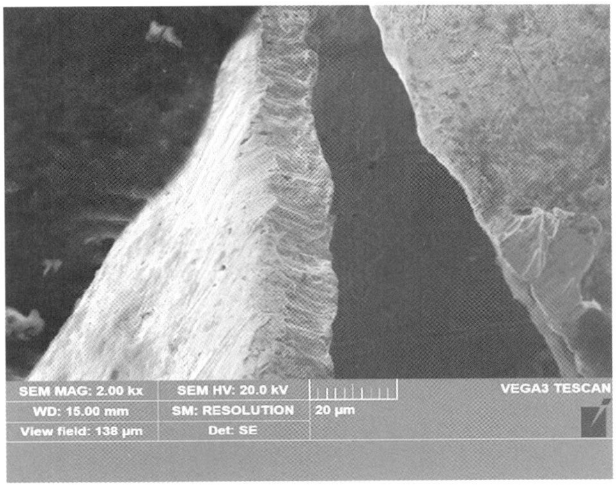

图七八　金丝 M13：165 二次电子像图

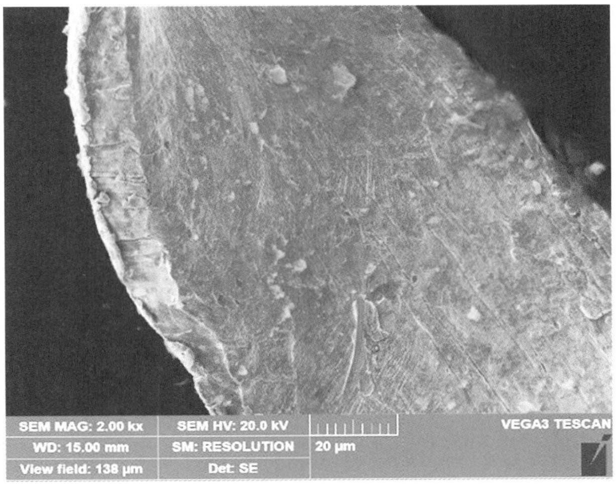

图七九　金丝 M13：165 二次电子像图

二　有机遗物检测报告

（一）有机质类文物取样清单及试样形貌

对吉林和龙头山龙海墓区、石国墓区考古发掘报告资料整理发现少量有机质文物，因此本次检测分析还采集了龙头山古墓群出土的 8 件有机质文物试样（共计 10 个），包括漆皮残片、蛤蜊油、化妆粉等，具体信息详见下表（表六）。

表六　有机质类文物科技检测分析取样清单一览表

编号	文物编号	试样名称	数量 / 个	备注
1	M1B	漆皮残片	1	漆器

续表一

编号	文物编号	试样名称	数量 / 个	备注
2	M10：112	漆皮残片	1	漆器
3	M10	漆皮残片	3	漆器
4	M13	蛤蜊油	1	
5	M13：172	化妆粉	1	
6	M13：23	织物	1	纺织品
7	M13	铜镜带	1	纺织品
8	M10：112	漆皮 木材	1	漆器
试样数量合计			10	

（二）有机质类文物检测分析方法介绍

漆器分析主要采用热辅助水解—甲基化裂解气相色谱 / 质谱技术分析古代漆器样品的大漆种类。根据漆酚的不同，大漆可以分为 3 大类：urushiol、laccol 和 thitsiol。以 urushiol 为主的大漆所属漆树种为 *Rhus vernicifera*，主要生长在中国、日本、韩国；以 laccol 为主的大漆所属漆树种为 *Rhus succedanea*，主要生长在越南北部、中国台湾；以 thitsiol 为主的大漆所属漆树种为 *Melanorrhoea usitate*，主要生长在缅甸和泰国。热裂解气相色谱质谱技术可以检测出三种大漆的裂解产物，鉴定结果已经成功地应用在古代漆器样品中，准确科学地判定了古代漆器所使用的大漆种类。同时，热裂解气相色谱质谱技术可以检测出文物样品中其他有机物的特征裂解化合物，确定样品所含有的有机物种类。

另外，漆器残片采用视频显微镜、扫描电子显微镜 –X 射线光谱（SEM–EDS）、X 射线衍射（XRD）、拉曼显微镜对古代漆器样品的横截面结构和无机材料进行分析，揭示古代壁画和漆器材料和工艺的整体信息，对古代材料研究和工艺复原提供科学数据和资料支撑。

1. 实验仪器设备信息

本批漆器、壁画试样所使用的实验仪器设备信息如下。

（1）扫描电镜能谱检测分析技术（SEM–EDS）：采用 Tescan 公司生产的 VEGA 3 XMU 型号扫描电子显微镜（SEM），对铜镜带和织物的显微形貌、结构进行观测，并配置 Bruker Nano Gmbh 610M 型号 X 射线能谱仪（EDS）对化妆粉的无机成分进行分析。

（2）显微共聚焦拉曼光谱检测分析技术（LRM）：采用 HORIBA 公司生产的 XplORA PLUS 全自动显微共聚焦激光拉曼光谱仪，配合 Olympus 公司生产的 BX–41 显微镜对化妆粉的无机成分进行分析。

（3）傅里叶红外光谱仪检测分析技术（FTIR）：采用赛默飞公司生产的傅里叶变换红外光谱仪 IS5，配置 ID7 ATR 附件对铜镜带和织物进行分析。

（4）热裂解气相色谱质谱检测分析技术（Py-GC/MS）：采用日本 Frontier Lab 公司生产的 PY-3030D 热裂解仪，联用日本 Shimazu 公司生产的 GCMS-QP2010Ultra 气相色谱质谱仪对 10 件样品中的有机成分进行分析。GC/MS 数据分析软件采用美国国家标准技术研究所（NIST）开发的自动质谱反褶积和识别系统（AMDIS）和盖蒂保护研究所的科学家 Michael Schilling 开发的 RAdICAL 系统。

（三）有机质类文物试样检测分析结果

1. 化妆粉试样的成分分析

对化妆粉进行扫描电镜能谱分析和激光拉曼测试。能谱分析选取位置如图八〇化妆粉能谱分析选区位置示意图所示，拉曼测试结果如图八一化妆粉的拉曼谱图所示。

检测结果：化妆粉的能谱分析结果表明，其含有铅、汞、氯等元素，结合拉曼谱图，化妆粉为铅白［$2PbCO_3 \cdot Pb(OH)_2$］与轻粉（Hg_2Cl_2）。

2. 铜镜带、织物的材质分析

（1）形貌分析

检测结果：从铜镜带和织物的扫描电镜形貌结构图（图八二、八三）可以看出，铜镜带试样和织物试样的显微直径均约 10 μm，且表面光滑，与丝的显微特征相似，推测铜镜带试样和织物试样可能为丝织品。

（2）红外光谱分析

为了进一步确定铜镜带和织物的材质是否为丝，对它们分别进行了红外光谱检测分析，红外光谱图详见图八四。

检测结果：铜镜带试样红外光谱图和织物试样红外光谱图均与谱库中丝的红外光谱图一致，表明铜镜带试样和织物试样的材质为丝。

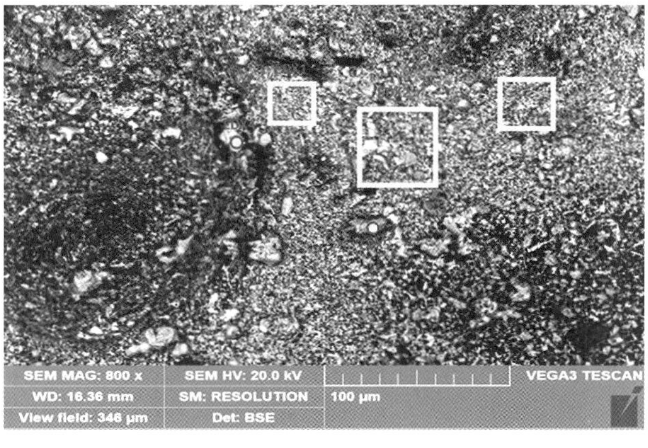

图八〇　化妆粉能谱分析选区位置示意图

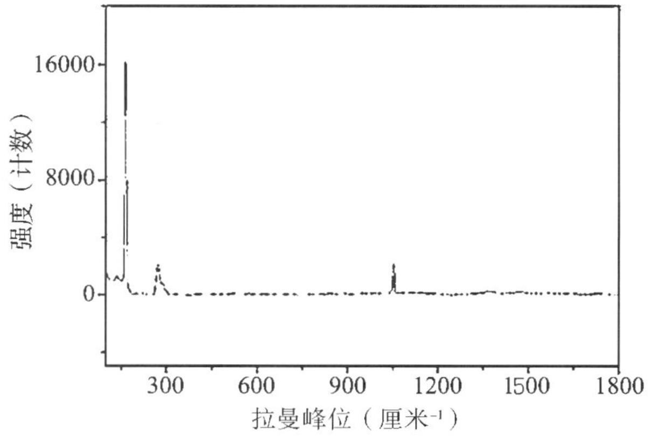

图八一　化妆粉的拉曼谱图

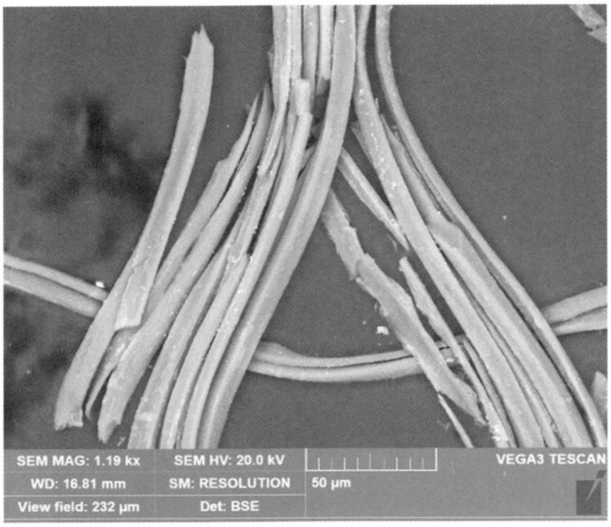

图八二　铜镜带试样的纤维形貌

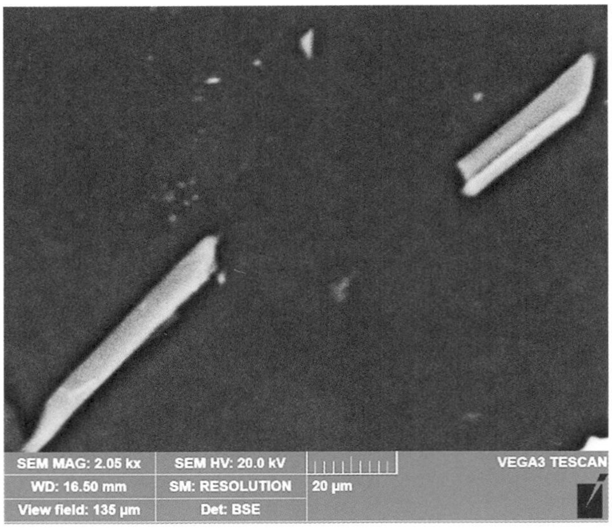

图八三　织物试样的纤维形貌

（3）热裂解有机成分分析

采用热裂解气相色谱质谱技术对 10 件文物试样进行有机成分分析，其检测试样编号分别为：M1B- 漆皮、M10：112- 漆皮、M10- 漆皮 1（最上层）、M10- 漆皮 2、M10- 漆皮 3、M13- 蛤蜊油、M13：172- 化妆粉、M13：23- 织物、M13 铜镜带、M10：112 漆皮、木材，总离子流色谱图结果（图八五）分别如下。

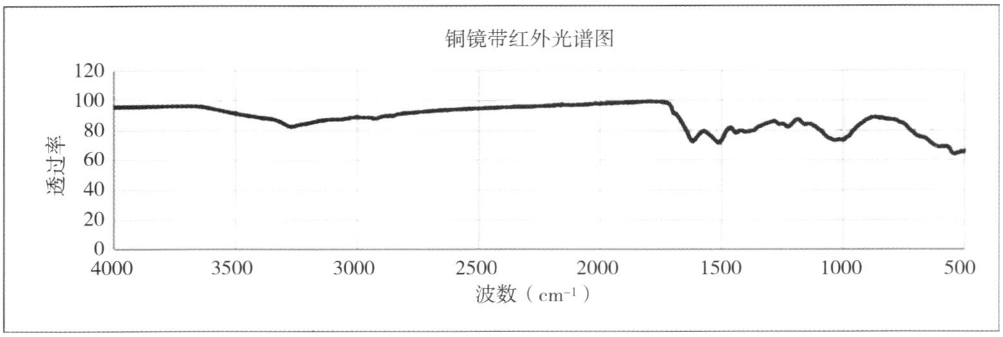

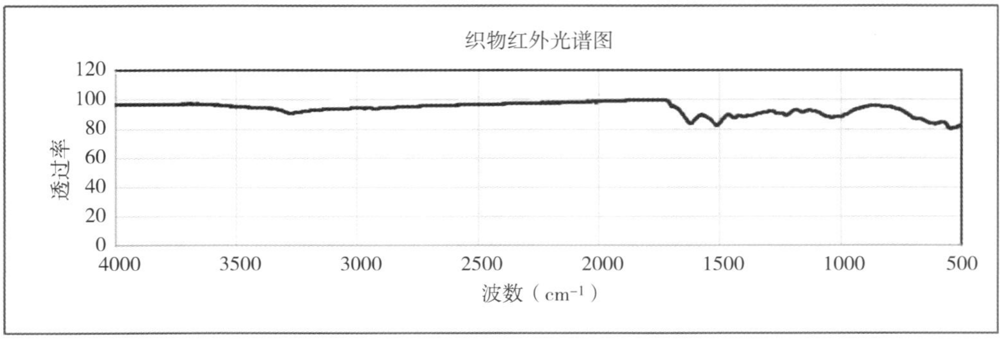

图八四　铜镜带和织物的红外光谱图

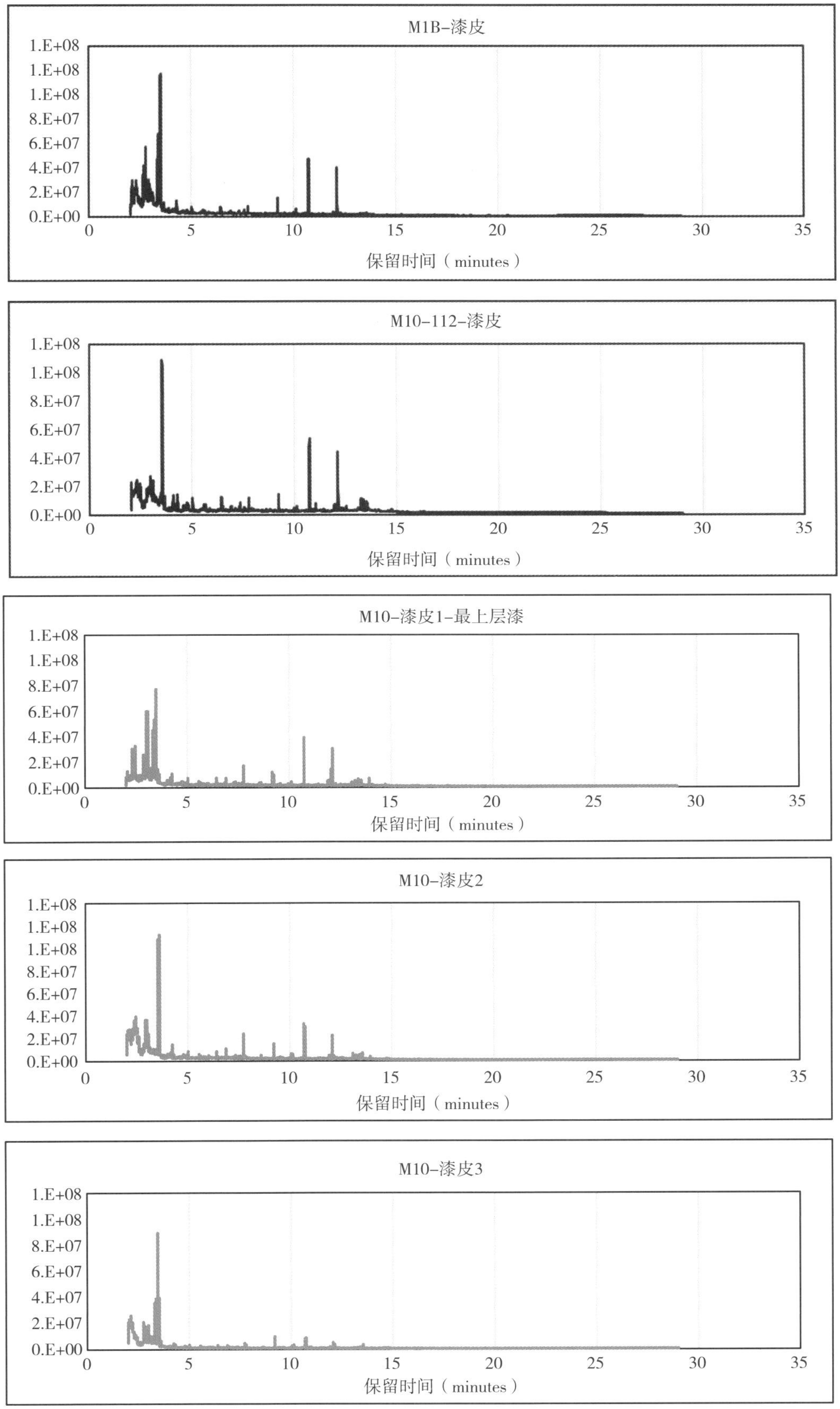

图八五 -1　10 件文物试样总离子流色谱图（TIC）

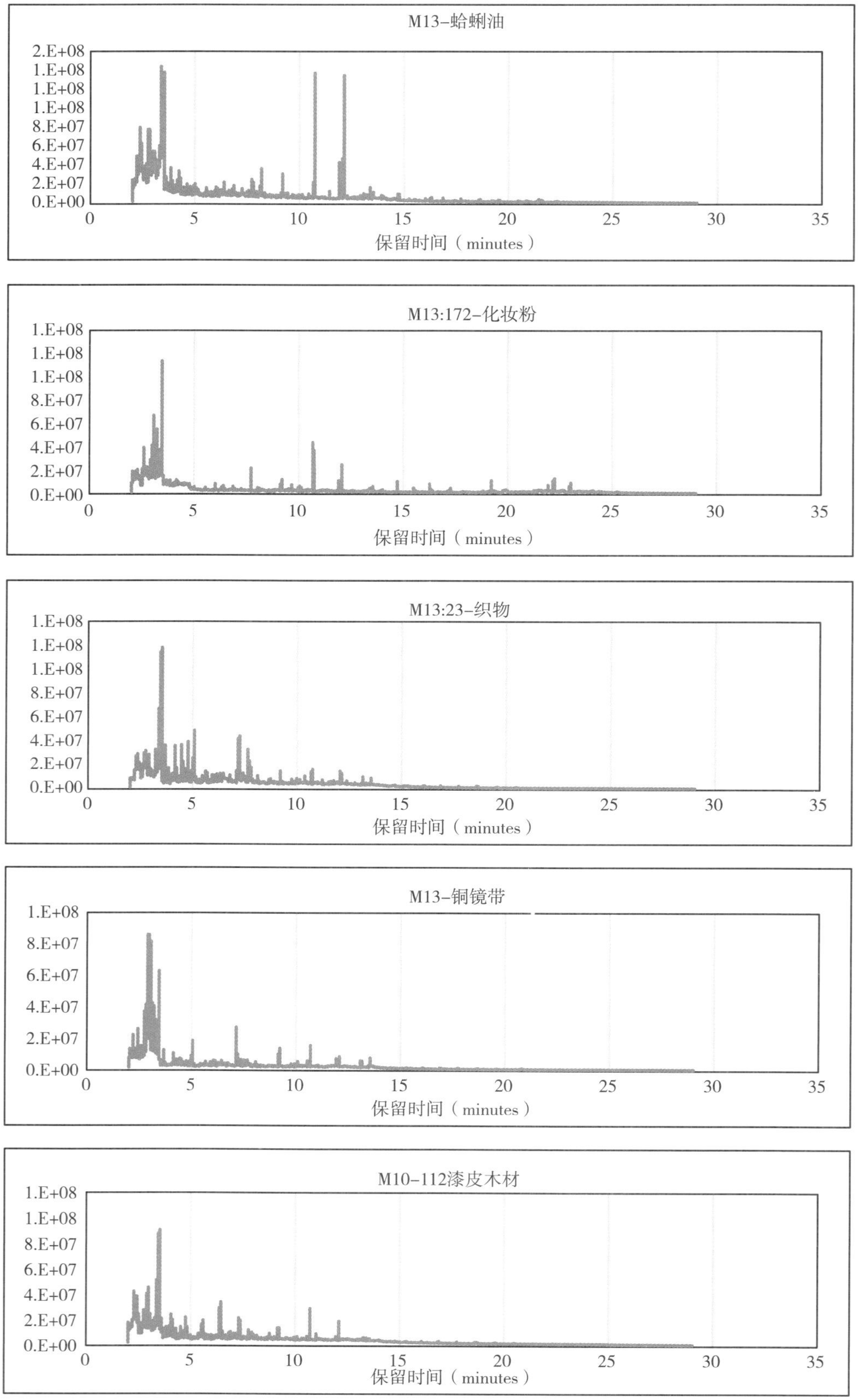

图八五–2　10件文物试样总离子流色谱图（TIC）

以M1B-漆皮试样中大漆、M1B-漆皮试样中干性油、M13-蛤蜊油试样中动物油、M13：172-化妆粉试样中植物油的裂解产物及试样中蛋白质材料与淀粉的裂解产物统计分析如下。

（4）检测结果

5件漆皮样品和漆皮木材样品的裂解产物中以大漆的成分和干性油的成分为主。以M1B-漆皮为例，大漆和干性油的成分分布见图八六中M1B-漆皮样品中大漆的裂解产物和图八七中M1B-漆皮样品中干性油的裂解产物。分析结果显示5件漆皮样品和漆皮木材样品的有机成分为大漆和干性油，且所用大漆是从生长于中国、日本和韩国的漆树（*Rhus vernicifera*）上割取的。

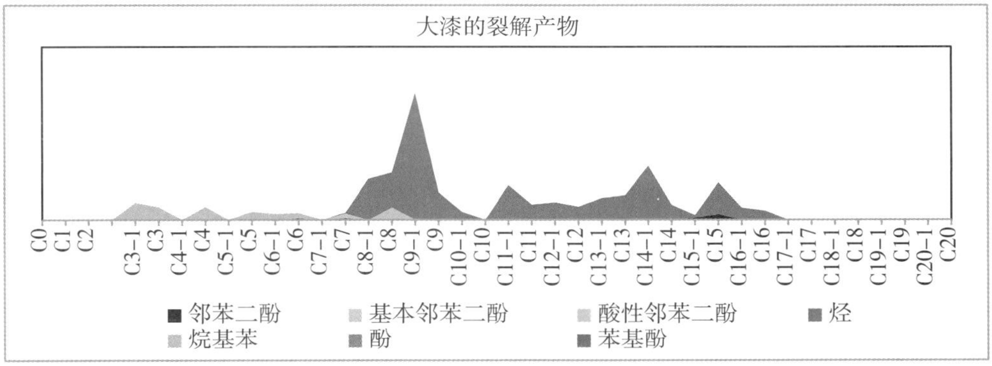

图八六　M1B-漆皮样品中大漆的裂解产物

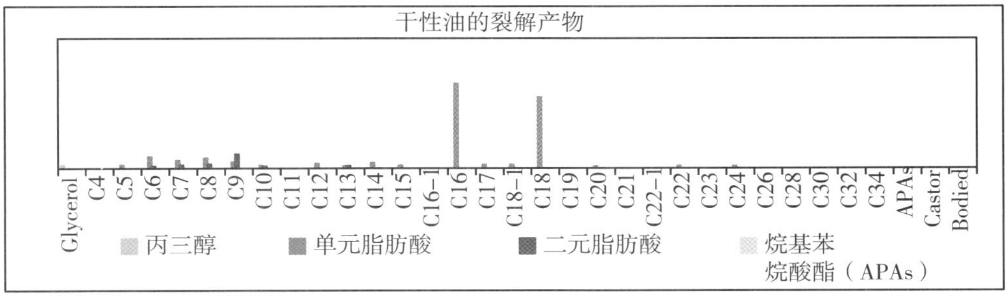

图八七　M1B-漆皮样品中干性油的裂解产物

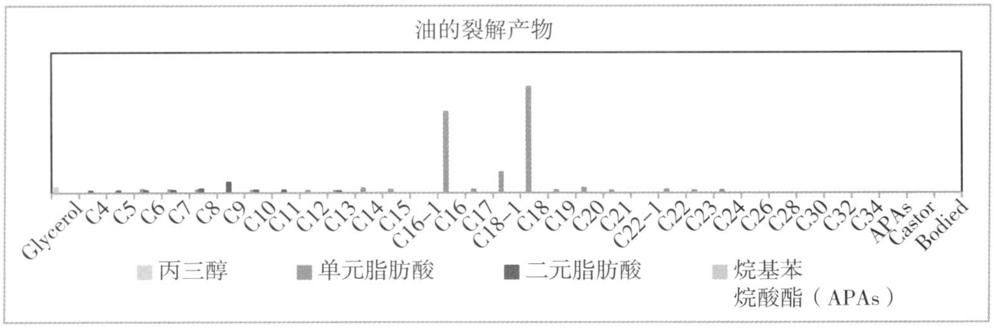

图八八　M13-蛤蜊油样品中油的裂解产物

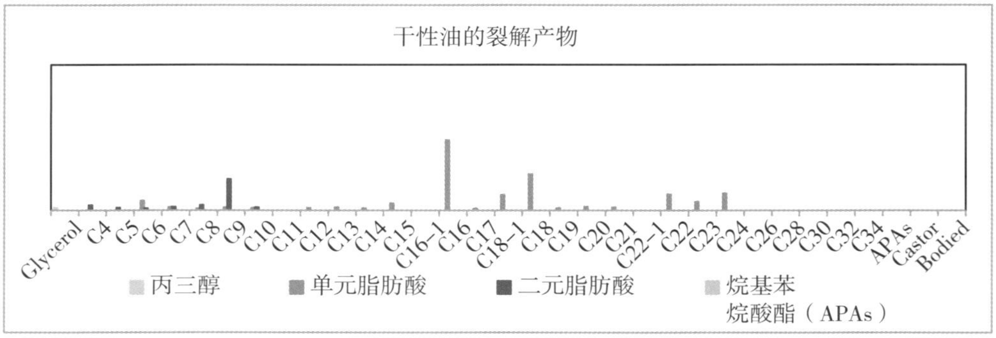

图八九　M13：172 化妆粉样品中植物油的裂解产物

表七　样品中蛋白质材料和淀粉的裂解产物

有机材料分类	蛤蜊油样品	化妆粉样品	织物样品	铜镜带样品
蛋白质类材料				
1- 甲基 -1H 吡咯	—	—	4187013	—
鱼鳔胶特征产物	—	78199	—	—
吡啶	—	—	1480858	—
3- 甲基 -1H 吡咯	21807532	—	3150278	1250120
1- 甲基 -2,5- 吡咯烷二酮	9075406	—	—	—
1- 甲基吡咯 -2- 羧酸甲酯	12784099	4368965	—	—
1- 甲基 -5- 氧 -L- 脯氨酸甲酯	24733470	23767495	15289864	8109923
1,3- 二甲基吲哚	2362222	1675228	1888727	507913
磷酸三甲酯	10370383	22117739	84579637	102015651
淀粉				
Schell 甘露糖	14586316	—	—	—

注：“—”表明该物质没有被检测到或匹配度较低。

蛤蜊油的裂解产物中以油、蛋白质材料和多糖的成分为主，成分分布见图八八中 M13- 蛤蜊油样品中油的裂解产物和表七样品中蛋白质材料和淀粉的裂解产物，结果显示蛤蜊油的有机成分为油、蛋白质材料和淀粉，暂无法确定油的种类。

化妆粉的裂解产物中以干性油、蛋白质材料的成分为主，成分分布见图八九中 M13：172 化妆粉样品中植物油的裂解产物和表七样品中蛋白质材料和淀粉的裂解产物。

铜镜带与织物的裂解产物一致，以蛋白质材料的成分为主，成分分布见表七样品中蛋白质材料和淀粉的裂解产物。丝织品的主要成分是蛋白质，这与扫描电镜和红外光谱分析得出的结构一致，表明铜镜带和织物的材质为丝，它们是丝织品。

3. 分析结论

5 件漆皮残片和漆皮木材样品的主要有机成分为大漆和干性油；蛤蜊油的有机成分为油、蛋白质材料和淀粉；化妆粉的矿物颜料为铅白和轻粉，有机材料为干性油、蛋白质材料；织物和铜镜带为丝织品。

附录六

龙头山渤海墓地龙海墓区2004年度发掘出土人类遗骸鉴定报告

詹　芃*

本报告中鉴定的人类遗骸标本，出土于吉林省和龙市龙头山古墓群龙海墓区，发掘年度为2004年。

受发掘单位委托，吉林大学考古学院人类学实验室对送检标本进行了体质人类学相关信息采集和初步分析。报告中的标本编号，依据发掘记录及随标本送检的遗物标签。

本报告中的术语和相关鉴定标准的使用依据以下参考书目：

《人体测量手册》，邵象清，上海辞书出版社，1985。

《法医人类学》，陈世贤，人民卫生出版社，1998。

《法医人类学经典》，张继宗，科学出版社，2007。

《体质人类学》，朱泓，高等教育出版社，2004。

《Standards for data collection from human skeletal remains》, Jane E.Buikstra and Douglas H.Ubelaker, Arkansas Archeological Survey, 1994.

《The human bone manual》, Tim D. White and Pieter A. folkens, Academic Press, 2005.

《Human Osteology》, Tim D. White, Academic Press, 2000.

《The Archaeology of Disease》, Charlotte Roberts and Keith Manchester, 1995

一　送检标本保存现状及性别、死亡年龄信息

1. M2：颅骨，约45岁成年个体，性别特征不明显，故未作判定。

保存情况：左侧顶骨缺少翼区部分，右侧顶骨顶结节部分缺失，额骨残存眉间及以上部分，无眼眶无冠状缝，枕骨余枕外隆突以上部分，前囟部分缺失。上颌无牙齿保留。下颌臼齿齿质完全暴露，左侧下颌舌侧第一第二前臼齿之间下颌圆枕。臼齿齿冠普遍存在偏斜式磨耗现象，可能与该个体生前用齿习惯或牙齿的工具性使用行为相关。

---

* 作者简介：詹芃，吉林大学考古学院。

2. M3（棺床与西壁过道之间）：颅骨，20~25 岁女性个体。

保存情况：颅骨较完整，仅左侧顶骨翼角缺失，颧弓残缺。矢状缝（外缝）在前囟点附近愈合，右侧眶上缘眶下缘与枕大孔后缘有破损，右侧人字缝颅外缝有愈合趋势，翼区有单片骨骼位于蝶骨大翼上方，颅基底缝愈合，两侧泪骨缺失，下鼻甲缺失，筛骨垂直板破损水平板缺失，存在人字点骨，长 48、宽 45 毫米。上颌保存有两侧第一第二臼齿，下颌保存有两侧第二臼齿、第三臼齿（图一）。

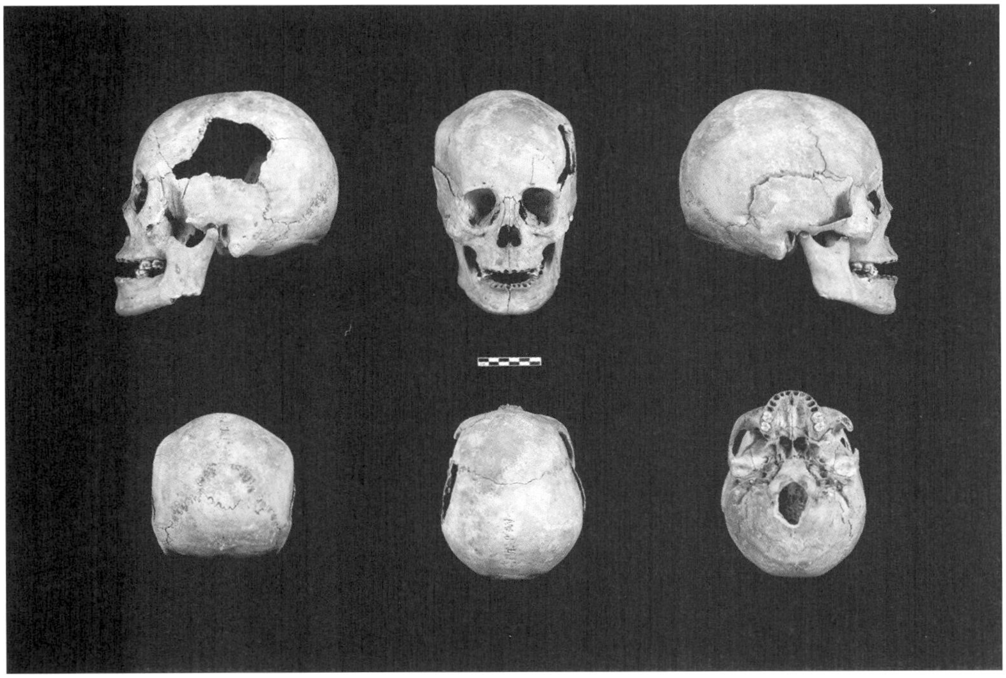

图一　M3

3. M4：下颌骨，成年个体。

保存情况：仅保留下颌，下颌缝已愈合，牙齿保留有左侧的第一前臼齿、第一第二臼齿，右侧第一第二臼齿，第三臼齿未萌出。根据臼齿磨耗程度判定，死亡年龄在 20~25 岁。

4. M6：仅保留有颅骨残片，成年个体。

保存情况：残有左侧下颌骨，枕骨，左右顶骨，额骨，右侧颞骨，左侧颞骨只保留有鳞部。牙齿保留有下颌左侧第一臼齿，犬齿，第二臼齿。死亡年龄约在 25~30 岁。

5. M8：保留有颅骨残片。根据对残片的分析，采集的标本至少代表了两例个体。将其分别编号为 a 与 b。

保存情况：a 个体，左侧额骨与枕骨，额中缝未愈合，骨壁较薄且光滑，应为一未成年个体。

b 个体，右侧额骨眼眶部分与部分上颌。下颌右侧第一臼齿咬合面有龋齿，第三臼齿基本处于刚萌出状态，死亡年龄在 25~30 岁。

6. M9（东北）：颅骨，男性成年个体，约 45 岁个体。

保存情况：左侧颧骨缺失，疑为取样用，上颌骨颧上颌缝缺失，其余无异常。上颌左侧犬齿根尖部位在上颌表面形成一窦孔，左侧第一臼齿近中龋，第二第三臼齿之间颊侧邻面龋，齿质全部暴露。下颌粗隆发达，左侧下颌髁后缘缺失。下颌牙齿存在偏斜式磨耗，右侧第一臼齿近中龋，第三臼齿已萌出（图二）。

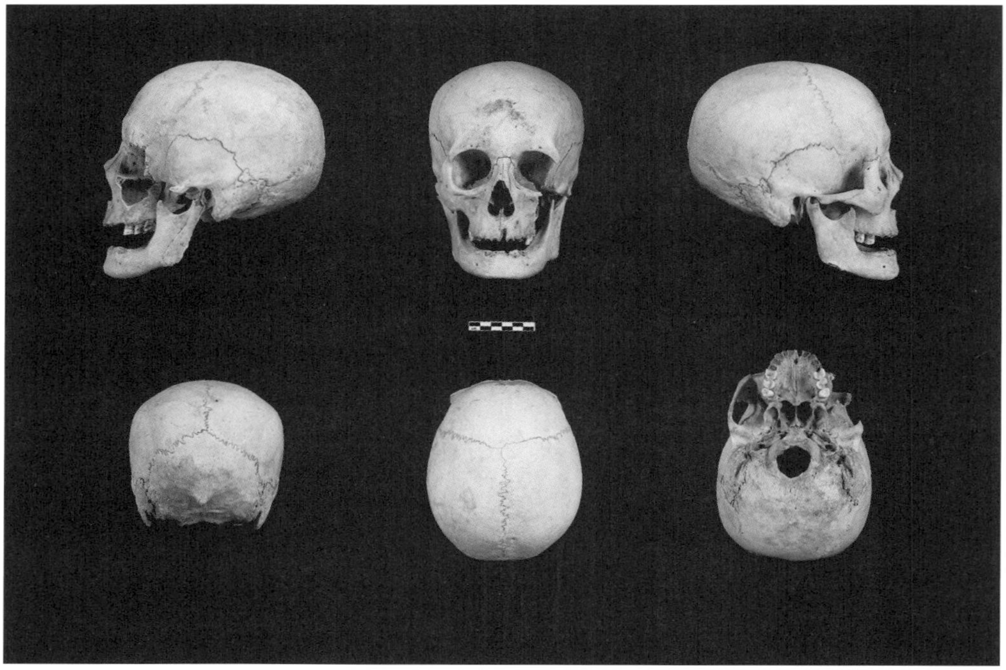

图二　M9

7. M9（西南）：颅骨，女性成年个体。

保存情况：颅骨面颅部残缺。下颌牙齿生前脱落，牙槽突基本愈合，下颌髁突残缺，左侧下颌支后缘与两侧下颌角有取样痕迹。

8. M10：颅骨，成年个体。

保存情况：仅保留有人字点附近的顶骨、枕骨。下颌牙齿保留有两侧的第一第二臼齿，右侧第三臼齿已萌出，齿冠已完全形成，下颌缝已愈合。齿尖略有磨耗，年龄约 20 岁。

9. M15：女性，约 20 岁。

保存情况：颅骨面颅部残缺，颅底部残缺，额骨正中有一瘤状突起。除人字缝靠近星区 1/3 部分外，其余颅缝皆愈合。下颌完整，下颌缝已愈合，牙齿保留有下颌左侧第二前臼齿，两侧第一第二臼齿。前臼齿、臼齿齿尖部分略有磨耗。腰椎一块，保留有椎弓板、椎弓根、椎体后部。左侧锁骨完整无异常，右侧仅保留胸骨端。右侧肱骨完整，三角肌粗隆发达，肱骨头向内后侧偏转。右侧尺骨近端保留。左侧第一掌骨基本完整。肋骨五根均不完整，右侧 4 根，两根近端保留，所有远端缺失，左侧 1 根近端保留远端缺失。左侧髋骨基本完整，从坐骨大切迹、耻骨下角等部位的形态判断其为女性，耻骨联合面残损，但仍可判断其年龄应在20岁上下。耻骨结节不明显，与耻骨联合基本相融，耻骨下支与坐骨支融合无骨骺。左侧股骨近端缺失，远端基本完整。右侧股骨基本完整，可能存在膝内翻的情况。左侧胫骨保留骨干中部1/3。右侧胫骨近端缺失，远端内髁缺失。腓骨保留部分骨干（图三）。

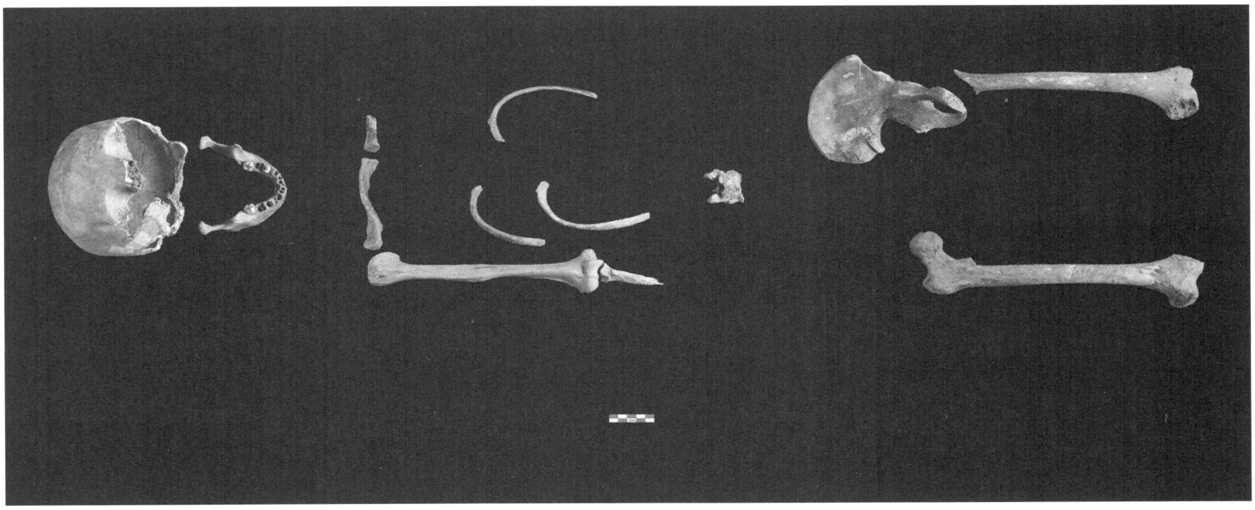

图三　M15

以下3例标本分别出土于M11、M12，包含颅骨及部分体骨。原标签因保存情况不佳有损毁，所以用实验室鉴定编号对个体进行标注。

10. SY01：女性，约20岁。

保存情况：胸椎1块，左侧横突缺失，脊椎椎弓根与椎体相接处骨骺尚未愈合。左侧桡骨远端缺失，环状关节面不完整，骨间嵴左侧有啮齿类动物啃咬痕迹。肋骨左右各一，残。保留有左侧髋骨，耻骨缺失，坐骨支缺失，髋臼已愈合，髂嵴骨骺未愈合，从坐骨大切迹看判断其为女性。左侧股骨近端大转子缺失，远端内髁缺失，远端骨骺未完全愈合。左侧胫骨远端内侧、后侧有残缺，近端胫骨粗隆外侧有残缺，近端内后侧有残缺。左侧距骨、跟骨，跟骨后半部外侧缺失（图四）。

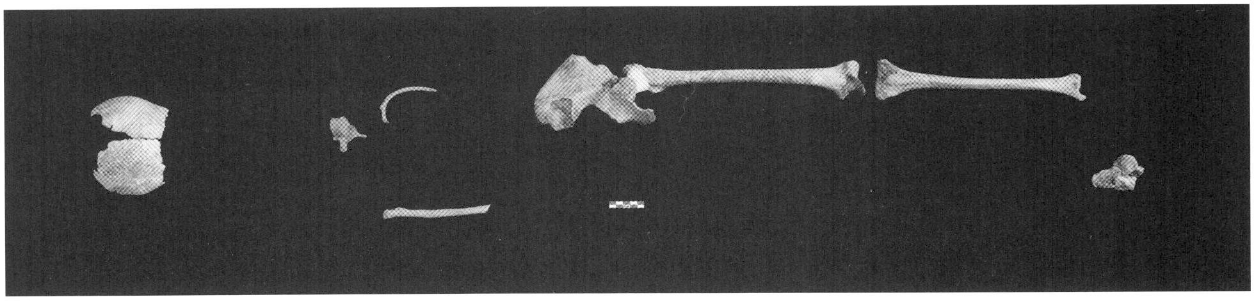

图四　SY01人骨

11. SY02：成年个体。

保存情况：肋骨 3 根，残，其一可确定为左侧。左侧锁骨完整无异常。右侧肩胛骨保留大部分，肩峰缺失，喙突缺失，肩胛盂上半缺失，肩胛下角缺失，肩胛骨后缘缺失。左侧肱骨近端远端皆缺失，远端保留小部分鹰嘴窝，三角肌粗隆较发达，肱骨体表面有取样痕迹。左侧尺骨，下端缺失。左侧桡骨，近端缺失（环状关节面，桡骨颈），桡骨粗隆保留，远端缺失。无法判断性别年龄（图五：左）。

12. SY03：成年个体。

保存情况：左侧尺骨远端缺失。右侧胫骨近端缺失，保留部分胫骨粗隆，远端内髁缺失。腓骨仅保留部分骨干，暂不能判断其侧别（图五：右）。

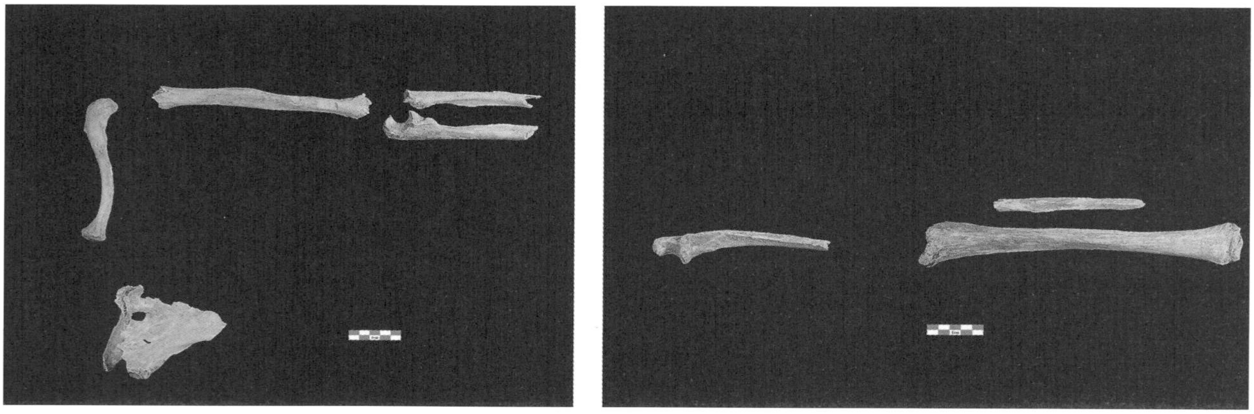

图五　SY02、SY03 人骨

小结：从以上性别与死亡年龄判定结果分析，可以初步得出以下几点信息。

1. 死亡年龄一项，绝大多数个体都已达成年标准（本报告中的成年标准采用 18 岁为标志点）。送检样品中仅见一例未成年个体。据此可以推测，该墓地埋葬的个体应以成年个体为大宗。未成年或婴幼儿个体应有其他的埋葬方式。

2. 性别判定一项，虽有部分个体从形态学角度难以判定，但可以确定的是，男女两性在墓地中均有出现。

3. 墓地中的埋葬方式以单人葬为主体。虽有现象指向可能存在合葬墓的可能性，但这种合葬是敛骨葬还是陪葬或者殉葬，以目前掌握的信息还不能有结论。

4. 该墓地曾被盗扰，不能排除墓穴中的遗骸有从其他墓穴混入的可能性。

二　颅骨测量性状数据及形态特征

送检样品中有 3 例个体可采集颅骨形态测量数据。所测项目与数值见表一。

表一　龙头山墓地颅骨测量性状数据表

单位：长度mm　角度°　指数%

马丁号	测量项目	M3（女性）	M9东北（男性）	M9西南（女性）
1	颅骨最大长 g-op	179	177	166
5	颅基底长 n-enba	96	98.5	94
8	颅骨最大宽 eu-eu		146	124
9	颅骨最小宽 ft-ft	89	89	90
11	耳点间宽 au-au	125.5	122	115.7
12	枕骨最大宽 ast-ast	110.5	111.5	94
7	枕骨大孔长 enba-o		33.2	34
16	枕骨大孔宽		31.5	27
17	颅高 b-ba	137	139	136.2
21	耳上颅高 po-po	117	115	111
40	面底长 pr-enba	92	91	
43	上面宽 fmt-fmt	99	102	103
44	两眶宽 ek-ek	94.5		
45	面宽/颧点间宽 zy-zy			
46	中面宽 zm-zm			
48	上面高 n-pr	70	77	
	上面高 n-sd	74	78.5	
50	前眶间宽 mf-mf	15.8	16	
51	眶宽 mf-ek L	41.5		
	眶宽 mf-ek R	42	43	
51a	眶宽 d-ek L			
	眶宽 d-ek R		40	
52	眶高 L	39		
	眶高 R		36	
MH	颧骨高 fmo-zm L			43.5
	颧骨高 fmo-zm R	47	47	43
MB	颧骨宽 zm-rim.Orb.L			21
	颧骨宽 zm-rim.Orb.R	23	24	21
54	鼻宽	25	25.2	
55	鼻高 n-ns	52	57.5	
SC	鼻最小宽	8.1	9	

续表一

马丁号	测量项目	M3（女性）	M9 东北（男性）	M9 西南（女性）
60	上齿槽弓长 pr–alv	47		
61	上颌齿槽弓宽 emk–emk	60		
62	腭长 ol–sta	42		
63	腭宽 enm–enm	39		
FC	两眶内宽 fmo–fmo	92	95	99
32	额侧角 I ∠ n–m and FH	82	81	77
	额侧角 II ∠ g–m and FH	76	75.5	72
	前囟角∠ g–b and FH	43	44	40
72	总面角∠ n–pr and FH	84	87	
73	中面角∠ n–ns and FH	89	88	
74	齿槽面角∠ ns–pr and FH	64	76	
75	鼻梁侧角∠ n–rhi and FH	76		

测量性状数据相对比较完整的是 M9 中出土的两例个体。M9 东北为男性，M9 西南为女性。通过数据分析对样本的颅面部形态特征总结如下。

脑颅部分：颅指数一项，男性表现为圆颅型，女性表现为接近中颅的长颅型。颅长高指数一项，男性表现为正颅型，女性表现为高颅型。颅宽高指数，男性表现为中颅型，女性表现为狭颅型。

面颅部分：仅可知男性为狭鼻型。

本文标本的样本量不能满足群体特征分析的基本要求，故仅报道分析个体颅骨形态特征。从 M9 两例标本数据对比分析，男女两性的颅骨遗传性状差异性较大，存在不同来源的可能性。

经与现代亚洲蒙古人种各地方性人群颅骨形态数据变异范围的比对，M9 男性个体的数据落入北亚蒙古人种变异范围的有 6 项，落入东亚与东北亚蒙古人种变异范围的分别有 5 项。结合非测量性状的观察结果，M9 个体在形态上更接近现代亚洲蒙古人种的北亚类型。

附录七

龙头山渤海墓地石国墓区 2008 年度 2 号墓出土人类遗骸鉴定报告

李　熙 *

吉林省延边朝鲜族自治州和龙龙头山渤海墓地石国墓区 2 号墓（M2）于 2008 年 6 月进行了系统清理。该墓葬为同封异穴墓，包括两个墓室，编号分别为 A 墓室与 B 墓室。共四个个体。

现场鉴定结果如下。

No.1：男性（M2B 南），30~40 岁。

颅骨整体骨壁较厚，额结节不显著，眉弓发育显著，突出程度中等，范围未延伸至眶上缘二分之一处。鼻根点略有凹陷，眶上缘圆顿，乳突中等，下颌窝深且大，枕外隆突中等，前额中等，无额中缝、眶上孔及眶上切迹。

下颌骨整体宽大厚重，下颌体与下颌联合较高，下颌支宽大粗糙，下颌角较小且下颌角区外翻。髁突粗壮。下颌骨左右侧各有一个颏孔，颏棘直径约 5 毫米，存在下颌圆枕。

盆骨保存相对完整，大而厚重。耻骨结节圆顿，耻骨弓下角较小，呈“V”字形。坐骨大切迹窄而深，髋臼较大略向外侧。髂骨高而陡直，髂翼较厚，耳状关节面大而直，骶骨长而窄，骶骨岬显著，骶骨上部第一骶椎上关节面大于骶骨底部三分之一。

股骨粗壮，颈干角较大。

综上，该个体表现出较为明显的男性特征。

该个体牙齿磨耗相对较重，且出现了偏斜磨耗的情况。第一臼齿磨耗出现三级，门齿磨耗二级，出现齿质点与线状齿质条纹，判断个体年龄应在 30~40 岁。上颌左侧门齿出现较严重的唇面龋齿，下颌右侧第一前臼齿齿冠唇侧出现龋齿样条纹。下颌右侧第三臼齿阻生。现保留牙齿如下（以阴影表示）：

8	7	6	5	4	3	2	1	1	2	3	4	5	6	7	8
8	7	6	5	4	3	2	1	1	2	3	4	5	6	7	8

* 作者简介：李熙，吉林大学考古学院。

测量该个体长骨最大长的骨骼主要有：

左侧股骨最大长 42 厘米

右侧股骨最大长 42 厘米

右侧肱骨最大长 29.4 厘米

右侧尺骨最大长 24.5 厘米

右侧胫骨最大长约为 35.1 厘米

根据邵象清著《人体测量手册》中国汉族男性 31~40 岁股骨最大长推算身高的一元回归方程，推测该个体死亡时身高约为 161.4425 厘米。

No.2：男性（M2A），17~18 岁。

该个体颅骨缺失。下颌骨两侧下颌支均缺失。整体上看下颌骨粗大厚重，肌嵴较为粗壮，下颌体与下颌联合较高，颏部粗糙。下颌骨左右侧均有一个颏孔，无下颌圆枕，下颌骨颏隆突下部前翘，颏形为圆形。

保留有两侧髂骨（微损）、骶骨第一骶椎、两侧股骨、两侧胫骨、两侧桡骨等骨骼。

从盆骨形态来看，耻骨弓下角较小，髋臼较大略显外侧方，坐骨大切迹窄而深，外张不明显。髂翼较厚，耳状关节面大而陡直，骶骨第一骶椎上关节面大于第一骶椎上面部的三分之一，两侧股骨颈干角较大。盆骨的组成骨已完全愈合，推测该个体年龄已经超过 16 岁。髂嵴骨骺、坐骨结节骨骺、两侧股骨下端骨骺、左侧大转子骨骺、两侧胫骨上端骨骺、左侧肱骨头骨骺、右侧桡骨下端骨骺没有愈合痕迹，右侧大转子骨骺出现愈合现象，但未完全愈合。推测该个体年龄当小于 19 岁。

综上该个体年龄大致为 17~18 岁，表现出较为明显的男性特征。

整体上看牙齿磨耗较轻。下颌保留牙齿情况如下（以阴影表示）：

8	7	6	5	4	3	2	1	1	2	3	4	5	6	7	8

值得注意的是该个体右侧坐骨大切迹下端、闭孔上端有一个直径约 3 毫米，前后贯通的圆润孔洞，其成因有待考察。另外，两侧桡骨、右侧肱骨上有铜锈侵染的痕迹。

测量该个体长骨最大长的骨骼主要有：

左侧股骨最大长 43 厘米（含骨骺）

右侧股骨最大长 42.6 厘米（含骨骺）

根据邵象清著《人体测量手册》中国汉族男性 21~30 岁股骨最大长推算身高的一元回归方程，推测该个体死亡时身高约为 163.076 厘米。

No.3：女性（M2A 南），30~40 岁。

颅骨保留额骨较完整，右侧顶骨较好。左侧顶骨保留前半部分，枕骨保留右半部分。整体上看颅骨骨壁较薄，眶上缘薄锐，眉间突度及眉弓突度不明显，较平直，发育较弱。无额中缝，没有冠状缝小骨，枕外隆突不发达。

该个体下颌骨保存较好。整体上看下颌骨纤细光滑，重量较轻。下颌体与下颌联合较低，下颌支较窄，明显向后倾斜。下颌角区陡直，角度较大。颏形为圆形，颏隆突下部前翘，下颌骨左右两侧各有一个颏孔，无下颌圆枕。颏棘为小隆起，髁突纤小。

该个体保留有残破的右侧髋骨、两侧胫骨中部残段、右侧尺骨上段、左侧肱骨残段、左侧股骨上段等残破骨骼。骨壁光滑纤细。坐骨大切迹向两侧张开角度较大，宽而浅。耳状关节面小而倾斜，髂骨较低。该个体左侧股骨头骨骺已经愈合，尺骨上段骨骺愈合。

综上该个体年龄大致为 30~40 岁，表现出较为明显的女性特征。

下颌骨牙齿较小，两侧均可观察到未萌出的第三臼齿，整体上看牙齿磨耗较轻。下颌骨右侧第一臼齿发现唇面龋齿。该个体保留牙齿如下（以阴影表示）：

8	7	6	5	4	3	2	1	1	2	3	4	5	6	7	8
8	7	6	5	4	3	2	1	1	2	3	4	5	6	7	8

综合分析石国墓地 2 号墓以上三个个体，他们在以下五个方面表现出较为强烈的一致性：

1. 牙齿磨耗程度大致相同，这可能与他们所处时代、身份地位、饮食习惯有一定关联。
2. 颏形基本为圆形。
3. 第一前臼齿犬齿化。
4. 臼齿整体及齿尖形态基本相似。
5. 下颌骨颏隆突下部前翘相同。

No.4：性别不详（M2B），成年。

该个体仅保留右侧尺骨上段及一些破碎的骨骼，难以判断性别及具体年龄。根据尺骨上端骨骺愈合程度来看，应当为一成年个体。

The Longtoushan Bohai Royal Cemetery

(Abstract)

The Longtoushan Bohai royal cemetery is located on Longtoushan hill in the south of Toudao Town, Helong City, Yanbian Korean Autonomous Prefecture, Jilin Province, about six kilometers northwest of Xigucheng, the former capital city of Bohai kingdom. Longtoushan Hill is an elongated ridge,stretching from north to south, about 7.5 kilometers in length,with an elevation of approximately 400 meters.In the east of the hill, the Fudonghe River flows from south to north and empties into the Hailanjiang River. The Longtoushan royal cemetery is divided into Shiguo Area, Longhai Area and Longhu Area from south to north. The first tomb was discovered in the 1970s. From 1980 to 1981, excavations of Princess Zhenxiao's tomb and over a dozen others in the Longhai area confirmed this site as the burial ground of the Bohai royal family and nobility. From 2004 to 2005,the Cultural Relics and Archaeology Institute of Jilin Province and the Yanbian Cultural Relics Management Committee jointly excavated the Longhai area. The main part of this book is an archaeological report of this excavation. From 1997 to 1998, and from 2007 to 2008, small-scale exploration and excavations were carried out in the Longhai area and Shiguo area, and the excavation materials are also included in this report.

The Longhai area is located in the middle of the east slope of the Longtoushan hill and is the most important area of the whole cemetery. Twenty-one tombs, one building site and two wells have been found in this area, distributed on multi-level terraces. There are five terraces from east to west, from low to high, namely terraces I to Ⅴ. From No. Ⅴ platform southwards to the foot of the hill, there are also three platforms from low to high named No. Ⅵ to No. Ⅷ platform. The No. 1 platform has been confirmed to have no remains by exploration. A building site J1 was found on platform Ⅱ. Four tombs were found on platform Ⅲ, numbered M17~M20, and six tombs were found on platform Ⅳ, numbered M4~M9. Platform Ⅴ is the highest platform in the Longhai area, which has been artificially repaired(restored) and is high in the north and low in the south. Five tombs have been found on this platform. From west to east, they are M1 (tomb of Princess Zhenxiao[贞孝]) and M12 (tomb of Queen Xiaoyi[孝懿]), M11, M3 (tomb of Queen Shunmu[顺穆]), M2. M10 was found on platform Ⅵ. M15 and M21 were found on the Ⅶ platform. M13 and M14 were found on platform Ⅷ.

15 tombs were unearthed in this excavation, which can be divided into four types: stone chamber or stone-chamber tombs, brick chamber tombs, tower tombs, and brick tombs in different caves.

M2 and M3, adjacent to each other along an east-west axis, are large stone-chamber tombs with elongated sloping passageways. The passage floors are paved with stone slabs coated in white plaster, and the chambers contain brick coffin beds. The chamber of M2 is 5.6 meters long and 1.8 meters wide with traces of fire on the floor of the tomb. The chamber of M3 is four meters long and between 1.9 and 2.4 meters wide and M3 unearthed a tomb record of Empress Shunmu（顺穆）, the queen of the ninth king of the Bohai kingdom, King Jian Da Mingzhong（大明忠）. The epitaph identifies the tomb's occupant as Queen Tai Shi, consort of King Jian (Da Mingzhong, the 9th Bohai ruler), and records her reburial here on July 5th, 829 CE (12th year of Jianxing).The two tombs were robbed seriously, only a small amount of human bones remained in M2, and the human bones in M3 were also disturbed, so the burial style is unknown. There are some relics such as sancai animals unearthed in M3.

M11 and M12 are alongside each other from east to west, are large stone-chamber tombs with stepped passage, and coffin bed in the chamber, the two tombs are also heavily robbed. There many gilted ornaments were found in M11. A small square brick niche with carbonized remains was found in the front section of the M12 tomb passage. The tombstone of Xiao Yi, queen of third Bohai king Da Qinmao（大钦茂）was unearthed in the tomb chamber. The epitaph contains the record of "Queen Xiaoyi（孝懿）... died on February 5th of the second year of Baoli calendar (775CE)" and a small amount of jade products were also unearthed from this tomb.

M8 is a large brick chamber tomb with a sloped passage, rectangular in plan, the walls on the outer layer are stone and the inner layer are brick. The tomb is 3.2 meters long and 1.85 meters wide. The floor of the tomb is paved with bricks and painted with white ash, and the roof is covered with 5 large stone slabs. The original surface at the top of tomb was built with tiles and stones to create a clear area. The earth and stones capped by the tomb's roof stone are approximately 0.6m thick, and are probably conical in shape, based on the surviving remains of the tomb.

M10 has the same shape and structure or style as M1 (Princess Zhenxiao's [贞孝] tomb). Both are pagota tombs, consisting of a brick pagota on the tomb and a brick chamber tomb with a stepped path under the tower. The walls of tomb are built in two layers, with stone walls on the outer layer and brick walls on the inner layer. The tomb is 3.4 meters long, 1.8 meters wide, and

2 meters high. The coffin bed is built with blue bricks or Qingzhuan, which is 0.1 meters above the floor of the tomb and occupies three-quarters of the area of the tomb. Many gilt ornaments, sancai human figurines and a few sancai animal figurines were unearthed from the tomb.

M13 and M14 are tombs with brick outer coffins in different caves but in same tomb mound, the two coffins are juxtaposed, and the wooden coffin is placed inside the brick outer coffin, which has decayed (The wooden coffin is placed in the brick coffin and is decayed). The inner side of M14 brick outer coffin is 2.3 meters long, 0.8-0.9 meters wide and 0.8 meters high. There is a rammed earth foundation platform on it, which is rectangular and central protrusion gradually lowering or lowers around it. The platform is 21.5 meters long from east to west, 17.5 meters wide from north to south, and 1.5 meters high. According to the columns' distribution on the platform the building should be five rooms long and four rooms wide. On the head of M13 tomb, there are lacquer casket and lacquer box, and in the lacquer casket there are bronze mirror and puff, so it is inferred that the tomb owner is a female. The occupant of M14 is inferred to be male based on the discovery of a gold head ornament.

There are 2 stone chamber tombs were excavated in Shiguo area, M1 is a stone- chamber tomb with a stairway (a stepped tomb path) and three chambers are under the same soil seal (tomb mound), and there are coffin beds in each chamber. A gilt leaf-shaped copper crown was unearthed from M1C. M2 is a stone tomb with two chambers side by side with a slope access (a sloped tomb path). The tomb is seriously disturbed. There is a jade belt which use gilded or gild copper to supporting and connecting in M2A.

Longtoushan cemetery is royal cemetery of Bohai kingdom, the Da Qinmao's（大钦茂）Mausoleum, Zhenling, is located in longhai area.The construction of the mausoleum or tomb in Bohai at this time has basically formed a system, that is, two tombs in a group, adjacent to each other, or two caves have same mound. M2 located 2.6 meters to the east of Queen Shunmu's（顺穆）tomb, from the scale of its tomb, the craftsmanship of the stone gate and some other evidences, the owner of M2 tomb is not only closely related to Queen Shunmu（顺穆）, but also significantly higher status. The owner of the tomb is very likely to be the ninth-generation King Jian Da Mingzhong（大明忠）of Bohai. The Bohai Kingdom was the Huhan Prefecture of the Tang Dynasty, and the Longtoushan Cemetery data showed that the Bohai Kingdom exhibited profound Tang cultural influences, particularly in burial practices, epitaph styles, and the use of sancai figurines. The excavation data provided precious materials for the study of the tomb system of the Bohai royal family, whether the West Ancient City was Xianzhou City, the composition of the Bohai culture and the ethnic type of the Bohai royal family.

бохайский могильник членов королевского дома Иаристократии Лунтоушань

(РЕЗЮМЕ)

Могильник Лунтоушань находится в южной части посёлка Тоудао уезда Хэлун Яньбяньского корейского национального автономного округа провинции Цзилинь, на горе Лунтоушань, на расстоянии около 6 км от городища Сигучэн (столицы бохайского вана). Гора Лунтоушань имеет форму прямоугольника, вытянутого по линии север–юг. Её общая длина составляет 7,5 км, высота над уровнем моря – 400 м. К востоку от горы с юга на север протекает река Фудон, впадающая в реку Хайланьцзян. Могильник Лунтоушань состоит из трёх частей——районы Шиго, Лунхай и Лунху. Могильник обнаружен в 1970 гг. В 1980 и 1981 гг. было раскопано погребение принцессы Чжэнь Сяо, и в то время он считается могильником членов королевского дома и аристократии. В 2004-2005 гг. Институтом памятников культуры и археологии провинции Цзилинь совместно с Яньбяньским управляющим советом памятников культуры в районе Лунхай проводились археологические раскопки. Данная монография является отчётом о результатах исследований этих лет. Кроме того, в этом отчёте содержатся сведения об археологических материалах, полученных в ходе раскопок и небольших разведок в районах Лунхай и Лунху в 1997, 1998, 2007, 2008 гг.

Район Лунхай расположен в средней части восточного склона горы Лунтоушань. Это наиболее значимый район могильника. Здесь зафиксированы 21 погребение, остатки одного сооружения и 2 колодца, которые находятся на нескольких террасах. Всего в данном районе 5 террас (они получили порядковые номера Ⅰ ~ Ⅴ), которые идут снизу вверх с востока на запад. К югу от террасы Ⅴ также расположены еще 3 террасы, получившие порядковые номера Ⅵ ~ Ⅷ. В результате разведки установлено, что на террасе I нет археологических объектов. На террасе Ⅱ выявлены остатка сооружения —— J1. На террасе Ⅲ обнаружены 4 погребения —— M17~M20, а на террасе Ⅳ – 6 погребений—— M4 ~ M9. Терраса Ⅴ является самой высокой в районе Лунхай. Она была образована в процессе деятельности человека, ее северная часть выше южной. На этой террасе выявлены 5 погребений —— M1 (погребение принцессы Чжэнь Сяо), M12 (погребение королевы Сяо-и), M11, M3 (погребение королевы Шунь-му), M2. На террасе Ⅵ находится M10, на террасе Ⅶ – M15, M21, на террасе Ⅷ – M13, M14.

Во время раскопок были исследованы 15 погребений. По форме их можно разделить на 4 группы —— погребения в каменных склепах, погребения в кирпичных склепах, могилы с пагодой и погребения в кирпичном саркофаге (внешнем гробе), находящиеся в разных ямах под общей насыпью.

M2 и M3 расположены в один ряд по линии восток-запад. Они представляют собой погребения в каменных склепах с длинными наклонными дромосами большого размера. Дно склепов было вымощено серо-синими кирпичами и обмазано белой штукатуркой. В склепе находилась кирпичная платформа для гроба. Склеп M2 имеет длину 5,6 м и ширину 1,8 м. На дне сохранились следы огня. В склепе M3 длинной 4 м и шириной 1,9~2,4 м внутри найдена стела королевы Шунь-му. Шунь-му являлась женой девятого короля Бохая Да Минчжуна (Цзянь-вана). В тексте стелы есть слова: “цзянь ван хуан хоу тай ши е (简王皇后泰氏也)” (императрица Цзянь-вана из рода Тай); “цзянь син ши эр нянь ци юе ши у жи, цянь ань … лин, ли е (建兴十二年七月十五日，迁安□陵，礼也)” (в 12-й год эры правления Цзянь-син (829 г.) 15 числа 7 месяца, перезахоронена на … кладбище, согласно обряду) и т. д. Оба погребения были сильно разграблены. В склепе M2 сохранилось немного костей. В склепе M3 кости также были потревожены, погребальный обряд восстановить не удалось. В погребении M3 найдены глазурованные (саньцай) статуи животных и другие артефакты.

M11 и M12 расположены в один ряд по линии восток-запад. Это крупные погребения в каменных склепах со ступенчатыми дромосами. В склепах есть платформы для гробов. Оба погребения были разграблены, тем не менее, в склепе M11 обнаружено немало позолоченных украшений. Дромос M11 имел уклон в сторону M12. В начале дромоса M12 находился ящик из кирпича, в котором сохранялись карбонизированные материалы. В этом склепе найдена стела погребения королевы Сяо-и, которая была женой третьего короля Да Циньмао (Вэнь-вана). По письменным текстам известно, что во 2-й год эры правления Бао-ли (775 г.) 5 числа 2 месяца королева Сяо-и скончалась в боковой спальне дворца называвшегося Вэньсы (文思堂侧寝), и 24 числа 10 месяца этого года, т. е. зимой, было перезахоронена в Чжэньлинтай (珍陵台) (платформа мавзолея Чжэньлин). В погребении найдено несколько артефактов из нефрита.

M8— большое погребение в каменном склепе с длинным наклонным дромосом.

Склеп имеет в плане форму прямоугольника, его внешние стены сложены из камня, а внутренние – из кирпича. Длина склепа 3,2 м, ширина – 1,85 м. Дно склепа вымощено серо-синими кирпичами и покрыто белой штукатуркой снаружи; а свод сложен из пяти каменных плит. На древней поверхности земли на уровне крыши могильной камеры из серо-синих кирпичей, плоской черепицы и камней выложена ясная граница могилы. Толщина слоя из грунта и камня над каменными плитами свода составляет около 0,6 м.

Форма М10 была такой же, как и форма раскопанной М1 (погребение принцессы Чжэнь Сяо). Оба погребения относятся к могилам с пагодой. Они состоят из кирпичной пагоды, расположенной над погребением и самого погребения в кирпичном склепе со ступенчатым дромосом. Внутренняя стена склепа сложена из кирпича, внешняя – из камня. Длина склепа по линии север–юг составляет 3,4 м, по линии запад–восток – 1,8 м. Высота сооружения 2 м. Платформа для гроба сложена из серо-синих кирпичей, она выше дна склепа на 0,1 м и занимает 3/4 площади всего склепа. В погребении найдено немало позолоченных украшений, глазурованных (саньцай) статуй людей и животных.

М13 и М14 являются погребениями в кирпичных саркофагах (внешних гробах), находящихся в разных ямах и под общими насыпями. Два кирпичных саркофага расположены в один ряд по линии восток-запад. Внутри этих саркофагов сохранились следы деревянных гробов. Длина кирпичного саркофага (внешнего гроба) М13 по линии север–юг составляет 2,36 м, ширина – 0,8~0,85, высота – 0,8 м. Над погребением находилось наземное сооружение. Оно было возведено на утрамбованной земляной прямоугольной платформе, длина которой по линии восток-запад 21,5 м, по линии север–юг – 17,5 м, высота до 1,5 м. При этом ее центральная часть была выше краев. Сооружение представляло собой здание колоннадной конструкции - шесть рядов колонн по пять в каждом из них. В головах погребенного обнаружены лаковые коробка и шкатулка, в последней находились бронзовое зеркало, пуховка и другие предметы для макияжа. Эти находки позволяют предположить исследователям, что захоронение является женским. В М14, погребенный был мужчиной, найдено золотое украшение головного убора.

В районе Шиго были исследованы 2 погребения в каменных склепах. М1 относятся к погребениям в каменных склепах со ступенчатым дромосом. Оно включало в себя три склепа, которые находились под общей насыпью. В каждом из них сохранились платформы для гроба. В склепе М1С найдено бронзовое позолоченное украшение в виде головного убора с лепестками. М2 является погребением в каменном склепе с наклонным дромосом, включавшее два склепа. Они расположены в один ряд и сильно разграблены. В склепе M2A найдены позолоченные наремнные накладки, изготовленные из позолоченных бронзовых пластин, на которые сверху были помещены нефритовые.

Лунтоушань является могильником членов королевского дома и бохайской аристократии. В районе Лунхай находится и кладбище Чжэнь, где был похоронен Да Цинмао. В это время уже сформировались правила строительства погребений. Эти правила прослеживаются в том, что в каждой группе по два погребения, которые расположены либо в один ряд, либо в разных склепах под общей насыпью. Размер погребения, обработка каменных входов и другие характеристики M2, которая находится к востоку от M3 (погребение королевы Шунь-му), показывают, что оба захоронения тесно связаны друг с другом. И так как ранг погребенного в M2, явно выше, чем статус королевы Шунь-му, вполне вероятно, что это захоронение принадлежит Да Минчжуну (Цзянь-вану), т. е. девятому королю Бохая. Государство Бохай является областью Хуханьчжоу. Материалы могильника Лунтоушань свидетельствуют, что государство Бохай испытало влияние танской культуры. Материалы археологических раскопок являются ценным источником информации для изучения погребального обряда представителей королевского дома и бохайской аристократии, отождествления городища Сигучэн со столицей бохайского вана (Вэнь-вана) Сяньчжоу, определения составляющих бохайскую культуру элементов, выяснения этнической принадлежности членов королевского дома и решения других вопросов.

竜頭山渤海王室墓地です

（提要）

2004～2005年、吉林省文物考古研究所は延辺朝鮮族自治州文物管理委員会など各機関の協力下に、竜頭山墓地竜海墓区で考古学的な発掘調査を実施した。本書は今度発掘調査の報告書である。また、1997～1998年、2007～2008年度に、竜海墓区と石国墓区で小規模的な発掘調査が行われており、その発掘調査資料も本報告書に収録されている。

竜頭山墓地は吉林省延辺朝鮮族自治州和竜市頭道鎮南部の竜頭山にあり、渤海王城である西古城から北西に約6キロ離れている。竜頭山は縦長の丘で、南北に伸び、全長は約7.5キロメートルで、海抜400メートルである。その東には福洞河が南から北へ流れ、海蘭江に流れ込む。竜頭山墓地は南から北へ石国墓区·海墓区·湖墓区に分かれている。竜頭山墓葬は1970年代に発見された。1980～1981年、竜海墓区で貞孝公主の墓が発掘され、渤海の王室·貴族たちの埋葬地であることが確認された。

竜海墓区は竜頭山の中部の東斜面に位置し、竜頭山墓地の中で最も重要な墓区である。遺跡が複数の階段の台地に分布し、合わせて墓葬21基、建物址1基、井戸2基が発見されている。墓区は东から西へ高くなって、5つの台地（Ⅰ～Ⅴ号台地）がある。Ⅴ号台地南側から麓までに、また3つの台地（Ⅵ～Ⅷ号台地）がある。Ⅰ号台地には探査により、遺跡を発見しなっかた。Ⅱ号台地に建物址1基（J1）、Ⅲ号台地に墓葬4基（M 17～M 20）、Ⅳ号台地に墓葬6基（M 4～M 9）を発見した。Ⅴ号台地は竜海墓区に最高点に分布し、人工の修正を経て、北は高く南は低く、墓葬が5基を発見し、西から東への順にM 1（貞孝公主墓）、M 12、M 11、M 3、M 2である。Ⅵ号台地に墓葬1基（M 10）、Ⅶ号台地に墓葬2基（M 15、M 21）、Ⅷ台に墓葬2基（M 13、M 14）を発見した。

2004、2005年度には発掘調査している15基の墓葬のなかで、石室墓、磚室墓、塔墓、同墳異穴磚槨墓などの4種類が分けられる。

M 2とM 3は東西に並び、長い斜面の墓道をもつ大型の石室墓であり、墓室の底面には石板が敷かれ、石板には白灰が塗られて、磚積みの棺床がある。M 2の墓室は長さ5.6、幅1.8メートルで、床面には火の跡が残っている。M 3の墓室は長さ4、幅1.9 —2.4メートルで、渤海第9代王簡王大明忠の皇后である順穆皇后墓誌が出土している。墓誌銘は、

「簡王皇后泰氏也」、「建興十二年（829 年）七月十五日、遷安□陵、礼也」と記録している。この 2 基の墓は盗難がひどく、M 2 にはわずかに人骨が残っており、M 3 にも人骨が荒らされて、葬式は不明で、三彩獣俑などの遺物が出土している。

M 11 とM 12 は東西に並び、階段墓道付きの大型石室墓であり、墓室に棺床がある。この 2 基の墓も盗難がひどい。M 11 の墓道はM 12 側に偏っており、金製の装飾品が多く出土している。M 12 の墓道の前方には方形磚積みの龕があり、そこに炭化さらたものが残る。M 12 の墓室から渤海第 3 代王文王大欽茂の皇后である孝懿皇后墓誌が出土している。墓誌銘は「孝懿皇后……宝暦二年（775 年）二月五日薨於文思堂側寝……其年冬十月廿四日遷葬於珍陵臺」と記録して、玉器が少量出土している。

M 8 は、大型磚室墓である。墓室の平面は長方形で、長さ 3.2、幅 1.85 メートルで、内層の壁が磚造り、外層が石壁である。墓室の底面に青磚を敷き詰めて白灰を塗り、天井部に 5 枚の大きな石板を覆われている。墓室の上の地表に青磚・平瓦・石など厚さ約 0.6 メートルで埋めつき、墓域を造る。

M 10 は、すでに発掘された貞孝公主墓のように、塔墓である。墓の上の塔と階段付き墓道の室墓と構成されている。墓室は内層の壁が磚造り、外層が石壁である。墓室は南北 3.4、東西 1.8、高さ 2 メートルで、棺床は青磚で積んで、高さ 0.1 メートルで、墓室の面積の 4 分の 3 を占める。多数の金具、三彩人物俑と少量の三彩獣俑が出土している。

M 13、M 14 は、同墳異穴磚槨墓であり、2 基の槨室が東西に並んで、木棺を槨室の中において、朽ちていた。M 13 の槨室は、長さ 2.36、幅 0.8~0.85、高さ 0.8 メートルである。M 14 の槨室は、長さ 2.3、幅 0.8~0.9、高さ 0.8 メートルである。M 13 とM 14 の槨室が土築台基の上に建ち、台基は長方形を呈して、中央の突起は四方だんだん低くなって、東西の長さは 21.5、南北の幅 17.5、最高 1.5 メートルである。基壇の柱網の配置からわかるように、幅五間、奥行四間である。M 13 の被葬者の頭部には、漆奩・漆盒が置き、漆奩の中に銅鏡、粉扑（パフ）などの化粧品があり、被葬者は女性と推定される。M 14 墓被葬者が男性で、金冠飾 1 点を出土している。

石国墓区には石室墓 2 基を発掘した。石国M 1 は、3 基の墓室が並ぶ階段墓道付きの石室墓で、3 つの墓室は同じ封土にあり、いずれも棺床がある。M 1 C墓室には金葉形銅冠飾 1 点を出土している。石国M 2 は、斜面式墓道を伴った 2 つの墓室を併設した石室墓で、墓室の盗難が深刻で、M 2A 墓室には金銅託玉帯が出土している。

竜頭山墓地は渤海王室墓地で、竜海墓区は大欽茂の墓“珍陵”の所在地である。この間で、渤海の陵墓は、基本的に 2 つの墓室が組み合わせることで、お互いに隣接し、または同墳異穴の形になっている。M 3（順穆皇后墓）の東に 2.6 メートルにあるM 2 は、その規模や石門の加工製作などから、両者の関係が密接であるだけでなく、M 2 の被葬者の地位が皇后よりもはるかに高いことが明らかになっており、被葬者は渤海簡王大明忠である可能性が高い。渤海は、唐の忽汗州だった。竜頭山墓葬は、渤海が唐の文化に深く影響を受けたことを示している。発掘された墓葬は渤海王室の墓葬制度、西古城が文王時の都だった顕州城、渤海文化の構成と渤海王室の人種などを研究する上で貴重な資料である。

용두산 발해 왕실 묘지

(요 약)

용두산묘지는 길림성 연변조선족자치주 화룡시 두도진 남쪽의 용두산에 위치하고 있다. 서북쪽으로는 발해왕성인 서고성과 6㎞정도 떨어진 있다. 용두산은 장방형 구릉이며 남－북 방형이 상대적으로 길고 전체 길이 7.5㎞이다. 용두산일대의 해발은 약 400m 달하다. 용두산 동쪽에는 복동하가 남에서 북으로 흐르고 있으며 해란강으로 합류되어 있다. 용두산묘지는 남에서 북으로 석국묘구·용해묘구와 용호묘구로 구분할 수 있다. 이 묘지는 1970 년대에 발견되었으며 1980-1981 년 용두산묘지 용해묘구에 정효공주묘의 발굴 조사에 따라 발해왕실과 귀족묘지로 확인되었다. 2004-2005 년에 길림성문물고고연구소와 연변문물관리위원회가 연합하여 용해묘구에 대한 발굴 조사하였다. 이 보고서는 이번 발굴조사의 자료 정리 결과이며 1997~1998 년, 2007-2008 년에 용해묘구와 석국묘구에 대한 소규모 시굴과 발굴 조사 자료도 같이 수록되어 있다.

용해묘구는 용두산 중간부분 동쪽 산기슭에 위치하고 있다. 이 묘구는 용두산묘지에 가장 중요한 부분이며 무덤 21 기, 건물지 1 기, 우물 2 기 등의 유구가 확인되었는데 여러층의 대지에 분포하고 있다. 묘구에는 동에서 서로 갈수로 높아지고 있으며 모두 5 개의 대지가 있는데 Ⅰ~Ⅴ호 대지로 명명되었다. Ⅴ호 대지부터 남으로 갈수록 낮아지고 또 3 개 대지가 있으며 Ⅵ~Ⅷ호 대지로 명명되었다. 시굴 조사의 결과에 따라 Ⅰ호 대지에 유구가 없다. Ⅱ호 대지에 건물지 1 기가 있으며 J1 로 명명되었다. Ⅲ호 대지에는 무덤 4 기가 있으며 M17-M20 호로 명명되었다. Ⅳ호 대지에는 무덤 6 기가 있으며 M4-M9 호로 명명되었다. Ⅴ호 대지는 이 묘지에 가장 높은 것이며 인공으로 정비되어 남쪽에 높고 북쪽에 낮다. 이 대지에 모두 무덤 5 기가 발견되었으며 M1 (정효공주묘)·M12 (효의황후묘)·M11·M3 (순목황후묘)·M2 호로 각각 명명되었다. Ⅶ호 대지와 Ⅷ호 대지에 각각 2 기 무덤이 발견되었으며 서로 M15·M21 과 M13·M14 호로 명명되었다.

이번 발굴 조사는 모두 15 기 무덤이 확인되었는데 형태에 따라 석실묘·전실묘·탑묘·이혈동봉 전곽묘로 구분할 수 있다.

M2 와 M3 은 동서로 병열되었는데 긴 사파묘도가 있는 대형 석실묘이다. 무덤 바

닥에 석판을 깔고 있으며 석판 위에 백회를 깔고 있고 묘실에 벽돌로 쌓은 관상이 있다. M2 호는 길이 5.6m, 너비 1.8m 이며 무덤 바닥에 불로 화소 흔적이 남아 있다. M3 호는 길이 4m, 너비 1.9-2.4m 이다. 3 호 무덤에 순목황후의 묘지가 발견되었으며 무덤 주인공이 발해 제 9 대 왕인 簡王 大明忠의 황후이다. 묘지에는 "簡王皇后泰氏也"、"建興十二年 (829 년) 七月十五日, 遷安□陵, 禮也"' 라는 기록 등이 있다. 두 무덤이 도굴이 심하게 되어 있다. M2 호에는 소량적인 인골이 남아 있으며 M3 호에서의 인골도 심하게 파괴된 상태이다. 두 무덤의 매장 방식이 알 수 없으며 M3 호에서는 삼채수 등의 유물이 출토되어 있다.

M11 와 M12 도 동서로 병열되었는데 계단식 묘도가 있는 대형 석실묘이다. 묘실에 관상이 있으며 두 무덤이 모두 심하게 도굴되어 있다. M11 의 묘도가 M12 쪽으로 편향되어 있으며 무덤에서 많은 금동 장식품이 출토되었다. M12 호는 묘도 앞에 벽돌로 쌓은 작은 감실이 방형으로 띠고 있으며 그 안에 탄화된 곡물이 있다. 묘실안에 발해 제 3 대 왕인 대흠무의 황후 효의황후의 묘지가 출토되어 있다. 묘지의 기록에 따라 효의황후가 보력 2 년 (775 년) 2 월 5 일에 문사당에 사거하였는데 그 해 겨울 10 월 24 일에 진릉대로 이장하였다. 이 무덤 안에 소량적인 옥기도 출토 되어 있다.

M8 호 무덤은 사파묘도가 있는 대형 전실묘이며 묘실의 평면형태가 장방형으로 띠고 있다. 묘실은 내외 2 층으로 만들어 있으며 외측에는 돌로 만들고 내측에는 벽돌로 만들었다. 묘실 길이 3.2m, 너비 1.85m 이다. 묘실 바닥에 청색 벽돌을 깔고 그 위에 다시 백회를 깔고 있다. 무덤 정상에는 5 개의 대형 석판을 덮어 있다. 무덤 정상 구지표에 청색 벽돌 · 평기와 · 괴석 등으로 만든 묘역 흔적을 뚜렷하게 확인할 수 있다. 무덤 정상에 덮은 흙과 돌의 잔존 두께가 약 0.6m 이다.

M10 호은 이미 조사된 M1 호 (정효공주묘) 과 형태적으로 같고 모두 탑묘에 속한다. 지표에 있는 전탑이 탑신 밑에 계단식 묘도를 있는 전실묘과 같이 구성하였다. 묘실은 2 층으로 만들며 외측은 돌로 만든 석벽이며 내측은 벽돌로 만든 전벽이다. 묘실 남북 길이 3.4m, 동서 너비 1.8m, 높이 2m 이다. 무덤 바닥에 청색 벽돌로 깔고 있고 높이 약 0.1m 이며 그의 면적은 묘실 전체의 3/4 정도 달하다. 이 묘실에는 많은 금동 장식품, 삼채 인물용과 소량적인 삼채 동물용 등이 출토되었다.

M13 호와 M14 호는 이혈동봉전곽묘이다. 두 무덤이 동서로 병열하여 목관이 전곽안에 안치되었으며 이미 썩었다. M13 호의 전곽은 남북 길이 2.36m, 너비 0.8~0.85m, 높이 0.8m 이다. M14 호의 전곽은 안쪽 남북 길이 2.3m, 너비 0.8~0.9m, 높이 0.8m 이다. 그 위에 항토 기대식 건축물이 있으며 평면형태는 장방형으로 띠고 있고 중앙부분이 주변부분보다 약간 높다. 이 건축물의 동서 길이 21.5m, 남북 너비 17.5m, 최고 높이 1.5m 이다. 기대식 건축물의 기동에 따라 이 건물이 길이 5 간이며 너비 4 간이다. M13 호의 무덤 주인공의 머리쪽 합이나 화장상자 등의 칠기

가 있으며 그 상자 안에 동경 · 파우더 퍼프 등 화장품이 있다 . 출토 유물에 따라 무덤 주인공이 여성으로 추정되었다 . M14 호 무덤의 주인공이 남성인데 금동 관식 1 점 출토되었다 .

석국묘구에는 모두 2 기의 무덤이 조사하였는데 M1 은 3 기의 무덤이 병열으로 계단식 묘도가 있는 석실묘이다 . 3 기의 무덤이 같은 분구 밑에 위치하고 있으며, 묘실에는 모두 관상이 있다 . M1C 에서는 금동 엽형관식이 출토되었다 . M2 호는 사파묘도가 있는 석실묘인데 역시 2 기의 묘실이 병열되어 있다 . 묘실이 심하게 도굴되었으며 M2A 에서 금동 받침에서 옥제 허리띠가 출토되었다 .

용두산묘지는 발해의 왕실묘지인데 대흠무의 진릉이 그 곳에 위치하고 있다 . 이 시기에 발해가 이미 릉묘조영제도가 형성되었으며 2 무덤이 한 세트로 서로 인근하거나 동봉이혈로 조영하였다 . 손목황후묘 동쪽 약 2.6m 떨어진 곳에 M2 호 무덤이 있는데 그의 규모나 석문의 가공 기술 등을 통한 살펴보면 양자가 밀접한 관계가 있는 것이 뿐만 아니라 M2 호 무덤 주인공의 위세가 더 높은 것도 알 수 있다 . 이에 따라 M2 호 무덤의 주인공이 발해 제 9 대왕인 건왕 대명충일 것을 추정할 수 있다 . 발해는 당나라 시기의 忽汗州인데 용두산묘지의 자료를 통한 발해가 당나라의 문화를 많이 흡수하는 것을 다시 보여다 . 발굴 조사 자료가 발해 왕실제도나 서고성이 문왕이 조영하는 현주성일, 발해문화의 구성과 왕실의 인종 유형 등 문제에 대한 진귀한 연구자료를 제공하였다 .

彩版

1. 龙海墓区远景

2. 龙海墓区地貌局部

彩版一　龙海墓区

1. 兽面脊头瓦（J1：74）

2. 兽面脊头瓦（J1：75）

3. 兽面脊头瓦（J1：76）

4. C型瓦当（J1：48）

5. A型瓦当（J1：72）

6. A型瓦当（J1：72）侧面

彩版二　J1 建筑址出土脊头瓦与瓦当

1．B型瓦当（J1：36）

2．B型瓦当（J1：38）

3．D型瓦当（J1：40）

4．E型瓦当（J1：42）

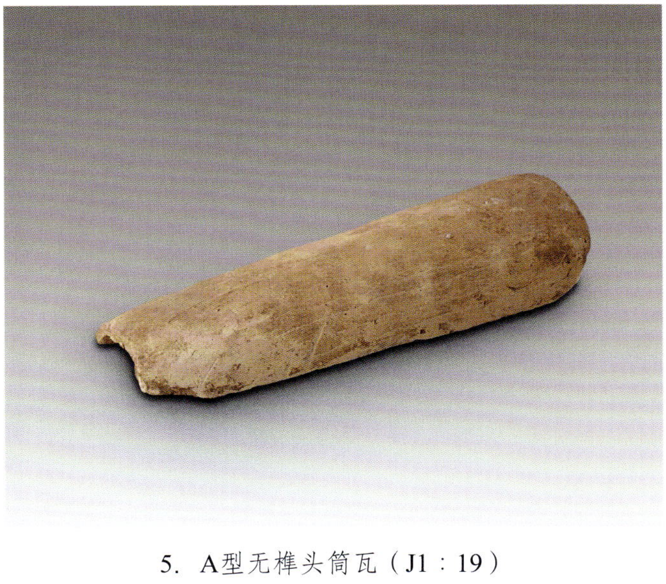

5．A型无榫头筒瓦（J1：19）

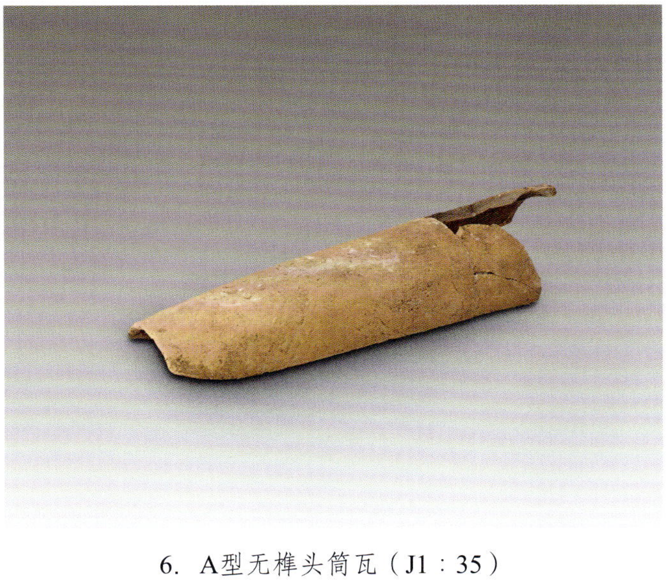

6．A型无榫头筒瓦（J1：35）

彩版三　J1 建筑址出土瓦当与无榫头筒瓦

1．J1：21

2．J1：25

3．J1：32

4．J1：33

5．J1：26

6．J1：27

彩版四　J1 建筑址出土B型无榫头筒瓦

1. 竹节状椽头筒瓦（J1：30）

2. 竹节状椽头筒瓦（J1：31）

3. 竹节状椽头筒瓦（J1：71）

4. 竹节状椽头筒瓦（J1：103）

5. Aa型指压纹板瓦（J1：3）

6. Aa型指压纹板瓦（J1：6）

彩版五　J1建筑址出土筒瓦与板瓦

1. Aa型指压纹板瓦（J1：109）

2. Ab型指压纹板瓦（J1：56）

3. Ab型指压纹板瓦（J1：104）

4. B型栉齿纹板瓦（J1：49）

5. B型栉齿纹板瓦（J1：50）

6. B型栉齿纹板瓦（J1：51）

彩版六　J1 建筑址出土板瓦

1. C型刻划短线纹板瓦（J1：69）

2. A型普通板瓦（J1：14）

3. A型普通板瓦（J1：58）

4. B型普通板瓦（J1：4）

5. B型普通板瓦（J1：16）

6. C型普通板瓦（J1：61）

彩版七　J1 建筑址出土板瓦

1. C型普通板瓦（J1：62）

2. C型普通板瓦（J1：63）

3. C型普通板瓦（J1：59）

4. 鎏金铜饰件（J1：85）

5. 壁画残块（J1：92）

6. 壁画残块（J1：96）

彩版八　J1 建筑址出土器物

1. M4清理后全景（由南向北摄）

2. M4清理后局部（由北向南摄）

彩版九　M4清理后场景

1. M4出土人骨（上为北）

2. M5出土人骨（上为西）

彩版一〇　M4、M5出土人骨

彩版一一　M5清理后场景（由南向北摄）

彩版一二　M6清理后场景（由南向北摄）

1. M6清理后场景（由北向南摄）

2. M6墓室内北部出土人骨（上为北）

彩版一三　M6清理后场景

1. M7清理后场景（由南向北摄）

2. M7清理后场景（由北向南摄）

彩版一四　M7清理后场景

1. M8清理后场景（由南向北摄）

2. M8清理后局部（由北向南摄）

彩版一五　M8清理后场景

1. M8封门石及墓道清理中（由南向北摄）

2. M8封门石及墓道清理后（由南向北摄）

彩版一六　M8封门石及墓道

彩版一七　M8墓室清理后场景（由南向北摄）

1. M8墓域东侧边（由南向北摄）

2. M8墓域外侧东北角（由东北向西南摄）

彩版一八　M8墓域

1. M8墓内堆积出土人骨（上为南）

2. M8墓内堆积出土人骨（上为南）

3. M8墓内堆积出土人骨（上为南）

彩版一九　M8出土人骨

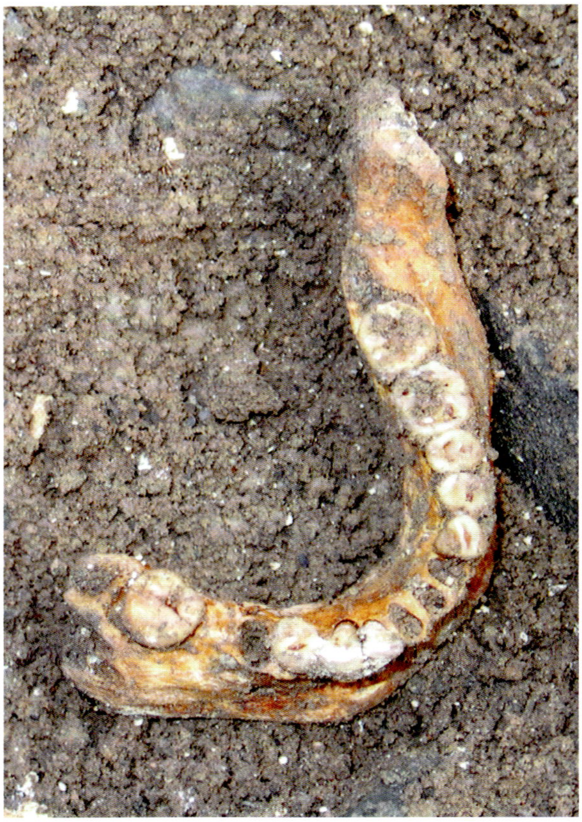

1. M8墓室堆积中出土下颌骨

2. M8出土股骨与腓骨

3. M8出土肢骨

4. M8出土肢骨

彩版二〇　M8出土下颌骨及肢骨

1. 铁器残件（M8：8）

2. 铁钩（M8：26）

3. 折头铁钉（M8：20）

4. 包银铁泡钉（M8：2）

5. 花形鎏金铜泡钉（M8：12）

6. “崇宁重宝”铜钱（M8：5）

彩版二一　M8出土器物

1. M9清理后全景（由南向北摄）

2. M9清理后全景（由北向南摄）

彩版二二　M9清理后全景

1. M9墓室北壁

2. M9墓室中棺床

彩版二三　M9墓室北壁及棺床

1. M9墓室底部出土头盖骨

2. M9墓室底部出土头盖骨和股骨

3. M9墓室底部出土人骨

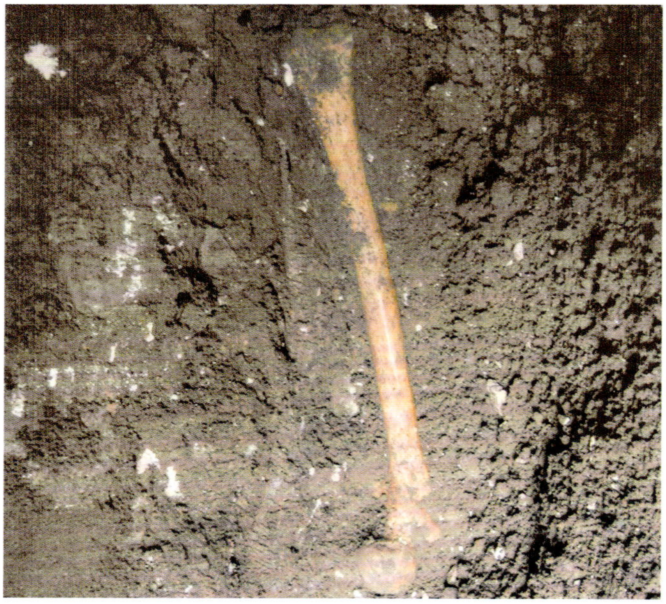

4. M9墓室底部出土股骨

彩版二四　M9出土人骨场景

1. 陶罐（M9：52）

2. 竖凹弦纹檐头板瓦（M9J：8）

3. 指压纹檐头板瓦（M9J：1）

彩版二五　M9出土陶罐与板瓦

1. 鎏金铜泡钉（M9：11）

2. 鎏金铜泡钉（M9：9）

3. 花形钉帽鎏金铜泡钉（M9：10）

4. 鎏金长铜钉（M9：13）

5. 鎏金长铜钉（M9：14）

6. 鎏金铜合页（M9：1）

彩版二六　M9出土器物

1. M2清理后场景（由南向北摄）

2. M2清理后场景（由北向南摄）

彩版二七　M2清理后场景

1. M2墓门石外侧甬道东壁

2. M2墓门石外侧甬道西壁

彩版二八　M2墓门外侧甬道东西壁

1. M2封门石（由南向北摄）

2. M2封门石打开后场景（由南向北摄）

彩版二九　M2封门石

1. M2墓室全景（由南向北摄）

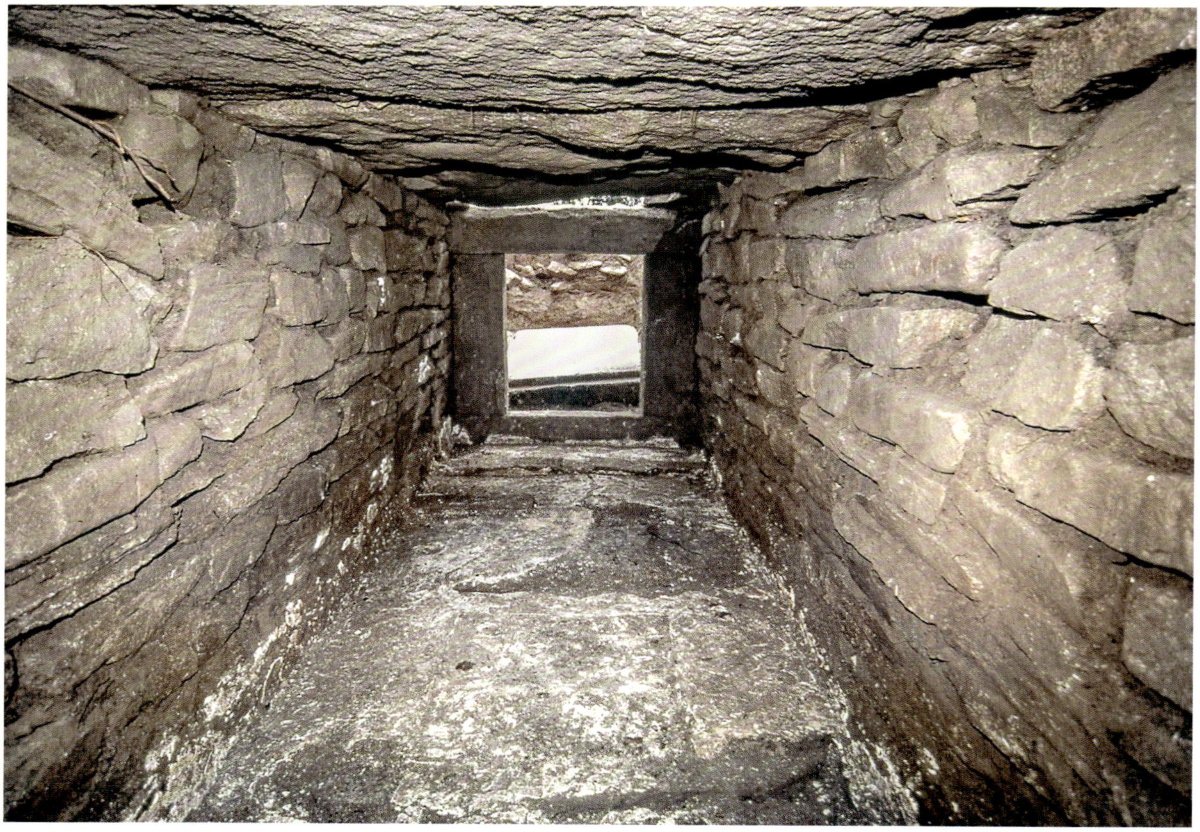

2. M2墓室全景（由北向南摄）

彩版三〇　M2墓室清理后场景

1. M2墓室底部南侧两道青砖（由南向北摄）

2. M2墓室东壁盗洞

彩版三一　M2墓室底部及东壁

1. M2棺床遗迹（由南向北摄）

2. M2墓内淤土（由南向北摄）

彩版三二　M2墓室及墓室内堆积

1. 绿釉陶器（M2：23）

2. 细白瓷碟（M2：31）

3. 白瓷碗口沿（M2：4）

4. 黑釉瓷碗（M2：3）内底

5. 黑釉瓷碗（M2：3）

6. 白瓷碗口沿（M2：13）

彩版三三　M2 出土晚期盗扰瓷器

1. 鎏金铜饰件（M2：2）

2. 鎏金铜饰件（M2：16）

3. 鎏金铜垫片（M2：1）

4. 鎏金铜泡钉（M2：22）

5. 鎏金铜泡钉（M2：26）

6. 鎏金铜泡钉（M2：30）

彩版三四　M2出土鎏金铜器

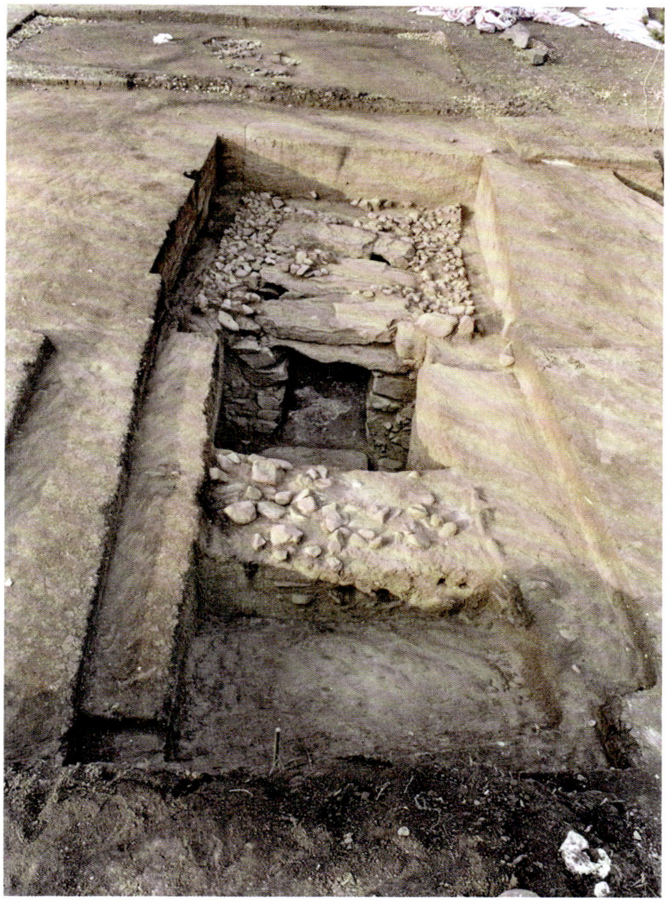

1. M3清理后场景（由南向北摄）

2. M3清理后场景（由北向南摄）

彩版三五　M3清理后场景

1. M3封门石（由南向北摄）

2. M3甬道中墓碑（由南向北摄）

彩版三六　M3封门石及甬道中墓碑

1. M3墓室（由南向北摄）

2. M3墓室内出土壁画残片

彩版三七　M3墓室及墓室壁画残块

1. M3墓室底部出土颅骨

2. M3墓室底部东侧出土股骨

彩版三八　M3墓室出土人骨

1. 三彩卧兽（M3：5）

2. 三彩卧兽（M3：5）后视

3. 三彩兽头（M3：14）

4. 三彩兽头（M3：14）后视

5. 三彩兽身（M3：8）

6. 三彩兽身（M3：8）后视

彩版三九　M3 出土三彩器

1. 玳瑁片（M3：41）

2. 玳瑁片（M3：45）

3. 鎏金铜饰件（M3盗1：1）

4. 铜垫片（M3盗1：2）

5. 鎏金铜泡钉（M3：1）

6. 鎏金铜泡钉（M3：18）

彩版四〇　M3 出土器物

彩版四一　M3出土顺穆皇后墓志

1. M11清理后场景（由南向北摄）

2. M11棺床（由南向北摄）

彩版四二　M11清理后场景

彩版四三　M11墓道（由北向南摄）

1. M11墓室（由南向北摄）

2. M11墓室及墓口（由北向南摄）

彩版四四　M11墓室

1. M11墓室底部出土头盖骨

2. M11墓室底部出土人骨

彩版四五　M11出土人骨

1. 花形饰件（M11：15）

2. 花形饰件（M11：18）

3. 蔓草纹饰件（M11：21）

4. 蔓草纹饰件（M11：20）

5. 蔓草纹饰件（M11：22）

6. 蔓草纹饰件（M11：25）

彩版四六　M11 出土鎏金铜饰件

1. 凤鸟纹鎏金铜饰件（M11∶19）

2. 凤鸟纹鎏金铜饰件（M11∶24-1）

3. 凤鸟纹鎏金铜饰件（M11∶24-2）

4. 马形鎏金铜饰件（M11∶23）

5. 鎏金铜饰件（M11∶26）

6. 鎏金铜垫片（M11∶16）

彩版四七　M11 出土鎏金铜器

1. 双钉头型鎏金铜泡钉（M11：1）

2. 三钉头型鎏金铜泡钉（M11：3）

3. 单钉头型六瓣花形鎏金铜泡钉（M11：4）

4. 单钉头型素面鎏金铜泡钉（M11：11）

彩版四八　M11出土鎏金铜泡钉

1. M12全景（由南向北摄）

2. M12全景（由北向南摄）

彩版四九　M12清理后场景

1. M12墓道（由南向北摄）

2. M12墓道（由北向南摄）

彩版五〇　M12墓道

1. 小龛盖顶（上为北）

2. 小龛揭盖后（上为南）

3. 小龛盖底炭化残留物（上为南）

彩版五一　M12墓道南端小龛

1. M12墓室及塌落墓顶盖石（由南向北摄）

2. M12门楣石（由北向南摄）

彩版五二　M12墓室

1. M12墓室中出土动物骨骼

2. M12墓室中出土人骨

3. M12墓室中出土人骨

彩版五三　M12出土动物骨骼

1. 鎏金铜泡钉（M12：1）

2. 鎏金铜泡钉（M12：6）

3. 玉羊（M12：17）

4. 玉羊（M12：17）侧视

彩版五四　M12 出土器物

彩版五五　M12 出土孝懿皇后墓志

1. 水井1（SJ1）清理前（由东向西摄）

2. 水井1（SJ1）清理场景（由南向北摄）

彩版五六　SJ1清理场景

1. M10墓上砖塔倒塌堆积（由北向南摄）

2. M10塔基全景（由北向南摄）

彩版五七　M10塔基

1. M10墓门打开后甬道中堆积（由南向北摄）

2. M10墓室中堆积（由南向北摄）

彩版五八　M10甬道及墓室中堆积

1. M10墓室出土人下颌骨

2. M10墓室底部出土漆皮

彩版五九　M10墓室出土人骨与漆皮

1. 三彩女俑（M10∶5）

2. 三彩女俑（M10∶10）

彩版六〇　M10 出土三彩女俑

1. 三彩女俑（M10：4）

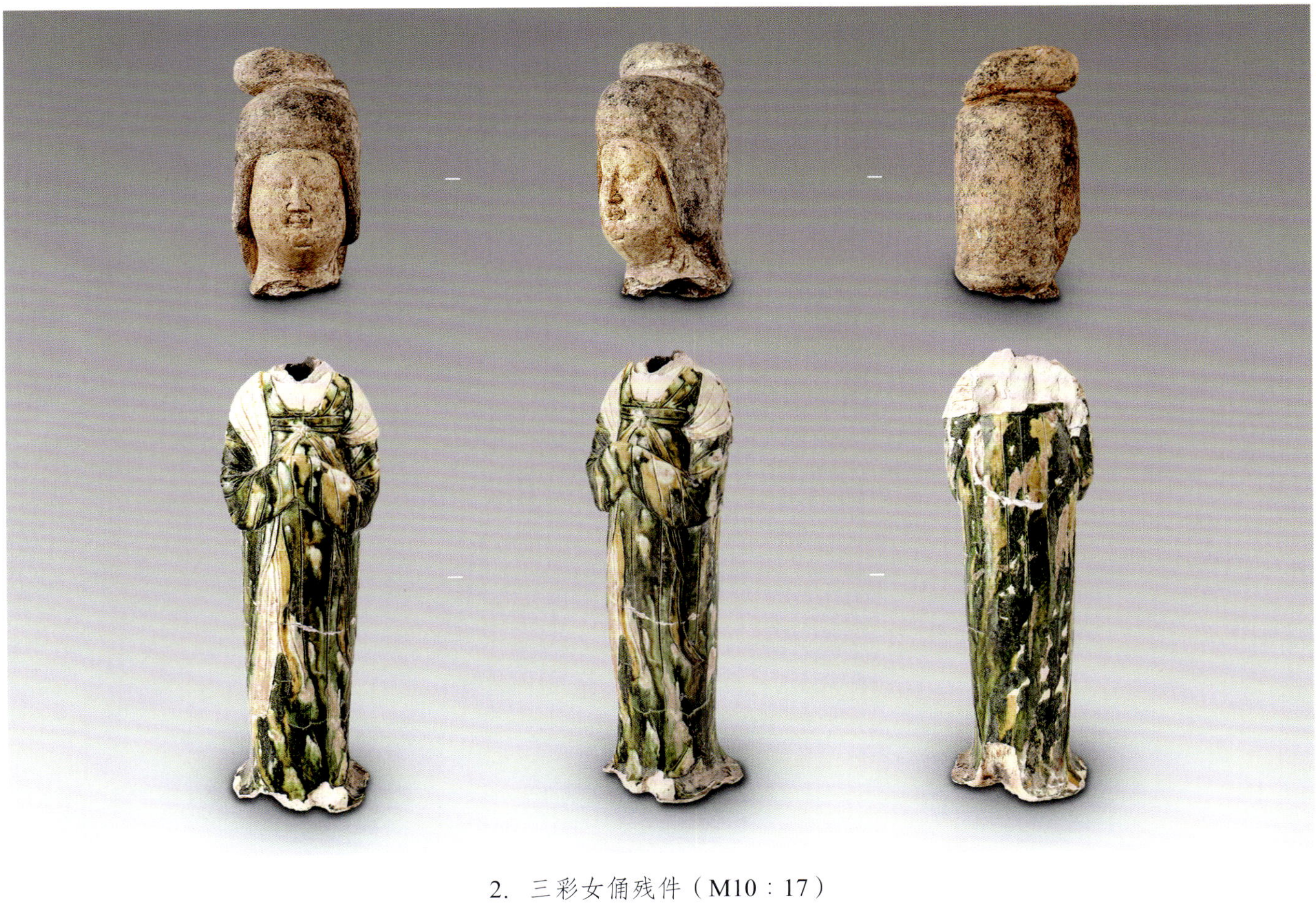

2. 三彩女俑残件（M10：17）

彩版六一　M10出土三彩女俑

1. 三彩女俑（M10：16）

2. 三彩俑身（M10：7）

3. 三彩俑身（M10：2）

4. 三彩俑身（M10：25）

彩版六二　M10 出土三彩女俑

1. 女俑头（M10：9）

2. 女俑头（M10：22）

3. 女俑头（M10：23）

4. 女俑头（M10：20）

5. 女俑头（M10：19）

6. 男俑头（M10：1）

彩版六三　M10出土三彩俑头

1. 男俑头（M10：21）

2. 男俑头（M10：24）

3. 三彩坯体（M10：61）

4. 三彩残俑（M10：28）

5. 三彩残俑（M10：8）

6. 三彩兽（M10：59）

7. 三彩兽（M10：57）

8. 三彩兽（M10：58）

彩版六四 M10出土三彩器

1. 三彩俑身（M10：11）

2. 三彩俑身（M10：14）

3. 三彩俑身（M10：15）

4. 三彩俑身（M10：27）

5. 三彩俑身（M10：13）

6. 三彩俑身（M10：12）

彩版六五　M10 出土三彩俑

1. 三彩残俑（M10：18）

2. 三彩残俑（M10：3）

3. 三彩残俑（M10：26）

4. A型鎏金铜饰件（M10：72）

5. B型鎏金铜饰件（M10：68）

6. F型鎏金铜饰件（M10：81）

7. D型鎏金铜饰件（M10：66）

彩版六六　M10出土器物

1. C型鎏金铜饰件（M10：67）

2. 忍冬纹鎏金铜饰件（M10：78）

3. E型鎏金铜饰件（M10：79）

4. G型鎏金铜饰件（M10：65）

5. B型鎏金铜泡钉（M10：100）

6. A型鎏金铜泡钉（M10：99）

7. 鎏金小铜钉（M10：109）

8. 贝壳（M10：60）

彩版六七　M10出土器物

1. 镂孔铁片（M10：113）

2. 镂孔铁片（M10：115）

3. 玉子母狮子（M10：62）

4. 玉子母狮子（M10：62）

5. 玉子母狮子（M10：62）

6. 玉子母狮子（M10：63）

彩版六八　M10 出土器物

1. M15清理后场景（由北向南摄）

2. M15封门砖及墓室（由南向北摄）

彩版六九　M15清理后场景

1. M15棺床（由东向西摄）

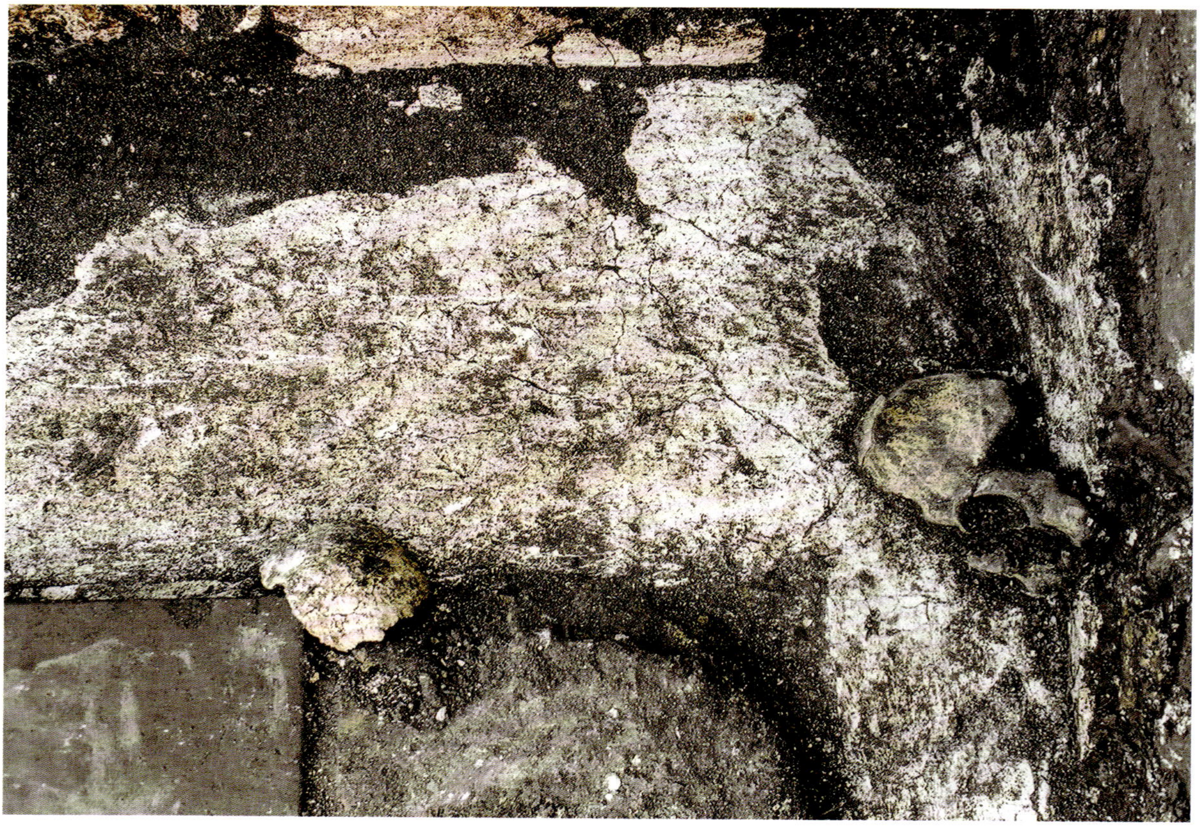

2. M15墓室西北部出土人骨（上为西）

彩版七〇　M15棺床及墓室中出土人骨

1. M15：1

2. M15：2

3. M15：3

4. M15：4

5. M15：5

6. M15：6

彩版七一　M15墓室内壁画残块

1. M15 : 7

2. M15 : 8

3. M15 : 9

4. M15 : 10

5. M15 : 11

6. M15 : 12

彩版七二　M15墓室内壁画残块

彩版七三　M13、M14及墓上夯土台基式建筑基址全景（由北向南摄）

1. 三彩炉残器（M13、M14J：183）

2. 三彩炉残器（M13、M14J：182）

3. 灰白陶饰件（M13、M14J：34）

4. 灰白陶饰件（M13、M14J：37）

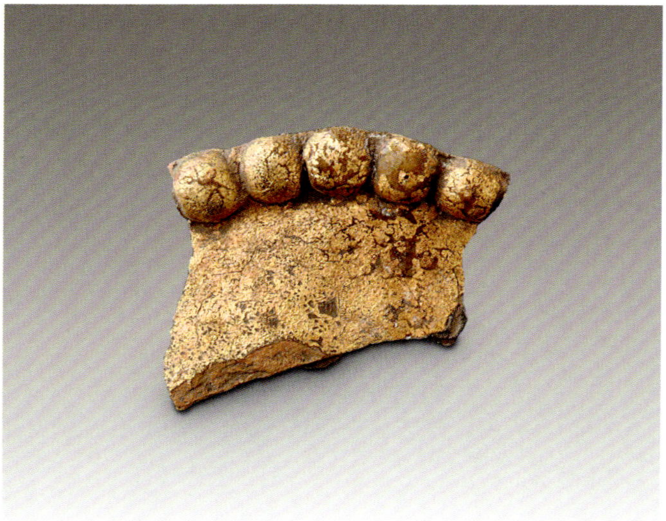

5. 鎏金陶饰件（M13、M14J：186）

6. 鎏金陶饰件（M13、M14J：188）

彩版七四　M13、M14墓上建筑出土器物

1. 泥质红褐陶饰件（M13、M14J：39）

2. 红褐陶佛造像螺髻（M13、M14J：189）

3. 钩形铁器（M13、M14J：202）

4. 铁刀（M13、M14J：198）

5. 鸱吻胴部兽面（M13、M14J：274）

6. 鸱吻纵带（M13、M14J：366）

彩版七五　M13、M14 墓上建筑出土器物

1. 刻划房屋纹陶板（M13、M14J：41）

2. 刻划房屋纹陶板（M13、M14J：252）

3. 刻划鹿纹陶板（M13、M14J：253）

4. 鸱吻胴部（M13、M14J：278）

5. 鸱吻鳍部（M13、M14J：63）

彩版七六　M13、M14 墓上建筑出土鸱吻

1. 兽耳（M13、M14J：86）

2. 兽眼（M13、M14J：101）

3. 兽鼻（M13、M14J：283）

4. 兽头嘴部（M13、M14J：287）

5. A型板瓦（M13、M14J：2）

6. 凹面戳印麻点纹板瓦（M13、M14J：44）

彩版七七　M13、M14 墓上建筑出土建筑构件

1. A型瓦当（M13、M14J：110）

2. B型瓦当（M13、M14J：107）

3. C型瓦当（M13、M14J：121）

4. D型瓦当（M13、M14J：126）

5. E型瓦当（M13、M14J：122）

6. F型瓦当（M13、M14J：151）

彩版七八　M13、M14墓上建筑出土瓦当

1. G型瓦当（M13、M14J：115）

2. A型曲背檐头筒瓦（M13、M14J：246）

3. B型曲背檐头筒瓦（M13、M14J：113）

4. 长条形砖（M13、M14J：14）

5. 长条形砖（M13、M14J：17）

彩版七九　M13、M14 墓上建筑出土器物

1. 无榫头筒瓦（M13、M14J：12）

2. 文字或符号筒瓦（M13、M14J：229）

3. 文字或符号筒瓦（M13、M14J：19）

4. 文字或符号筒瓦（M13、M14J：210）

5. 文字或符号筒瓦（M13、M14J：18）

6. 文字或符号筒瓦（M13、M14J：209）

彩版八〇 M13、M14 墓上建筑出土筒瓦

1. B型板瓦（M13、M14J：237）

2. C型板瓦（M13、M14J：4）

3. 刻划文字或符号板瓦（M13、M14J：211）

4. 刻划文字或符号板瓦（M13、M14J：20）

5. 刻划文字或符号板瓦（M13、M14J：212）

6. 刻划文字或符号板瓦（M13、M14J：238）

彩版八一　M13、M14墓上建筑出土板瓦

1. 改制当沟（M13、M14J：23）

2. 预制当沟（M13、M14J：22）

3. 垒脊瓦（M13、M14J：29）

4. 榫卯砖（M13、M14J：254）

5. 坡面方砖（M13、M14J：255）

6. 圭形砖（M13、M14J：267）

彩版八二　M13、M14墓上建筑出土器物

1. M13椁内木棺（由北向南摄）

2. M13清理后场景（由北向南摄）

3. M13木棺上的鎏金泡钉（由北向南摄）

4. M13出土鎏金铜棺环

彩版八三　M13 墓室

1. M13出土人骨与器物（上为西）

2. M13砖椁南部器物分布情况（上为北）

3. M13砖椁北部器物分布情况（上为东）

4. M13揭去腐朽棺木后出土金丝场景

彩版八四　M13 墓室

1. 环首银筒（M13：158）

2. 环首鱼尾形金头饰（M13：159）

3. 金钗（M13：161）

4. 金手镯（M13：162、163）

5. 鎏金铜棺环（M13：27）

6. 六瓣花形鎏金铜泡钉（M13：28）

彩版八五　M13出土器物

1. 金丝状饰件（M13：164）

2. 金丝状饰件（M13：165）

3. 银丝状饰件（M13：36）

4. 鎏金铜泡钉（M13：61）

5. 六瓣花形鎏金铜泡钉（M13：83）

6. 六瓣花形鎏金铜泡钉（M13：101）

彩版八六　M13出土金属器

1. M13出土漆奁（M13：156）盖修复前

2. M13出土漆奁（M13：156）中随葬器物

彩版八七　M13出土漆奁（M13：156）修复前

1. M13出土漆奁（M13：156）中化妆粉及纸袋

2. M13出土漆奁（M13：156）中纸袋展开

彩版八八　M13出土漆奁（M13：156）中化妆粉及纸袋

1. M13出土漆奁（M13：156）修复后

2. M13出土漆奁（M13：156）盖修复后

彩版八九　M13出土漆奁（M13：156）修复后

1. M13出土漆奁（M13：156）盖内壁修复后

2. M13出土漆奁（M13：156）盖内壁局部纹饰

3. M13出土漆奁（M13：156）盖内壁局部纹饰

彩版九〇　M13出土漆奁（M13：156）盖内壁修复后

1. 木梳（M13：170）

2. 蚌盒（M13：171）

3. 银背铜镜（M13：168）

4. 方形镂孔铁板（M13：166）

5. 鎏金铜泡钉与铁钉（M13：55）

6. 铁剪刀（M13：157）

彩版九一　M13 墓室出土器物

1. M13出土漆盒（M13：160）活板表面修复后

2. M13出土漆盒（M13：160）活板里面修复后

彩版九二　M13出土漆盒（M13：160）活板修复后

1. M13出土漆盒（M13：160）修复前

2. M13出土漆盒（M13：160）修复前开盖后

彩版九三　M13出土漆盒（M13：160）修复前

1. M13出土漆盒（M13：160）前侧修复前

2. M13出土漆盒（M13：160）后侧修复前

3. M13出土漆盒（M13：160）右侧修复前

彩版九四　M13出土漆盒（M13：160）修复前

1. M13出土漆盒（M13：160）前侧

2. M13出土漆盒（M13：160）后侧

3. M13出土漆盒（M13：160）右前侧

彩版九五　M13出土漆盒（M13：160）修复后

1. M14清理后全景（由南向北摄）

2. M14人骨（上为北）

3. M14金冠饰、皮弁等出土场景（上为东）

4. M14带具出土场景（上为西）

彩版九六　M14墓室

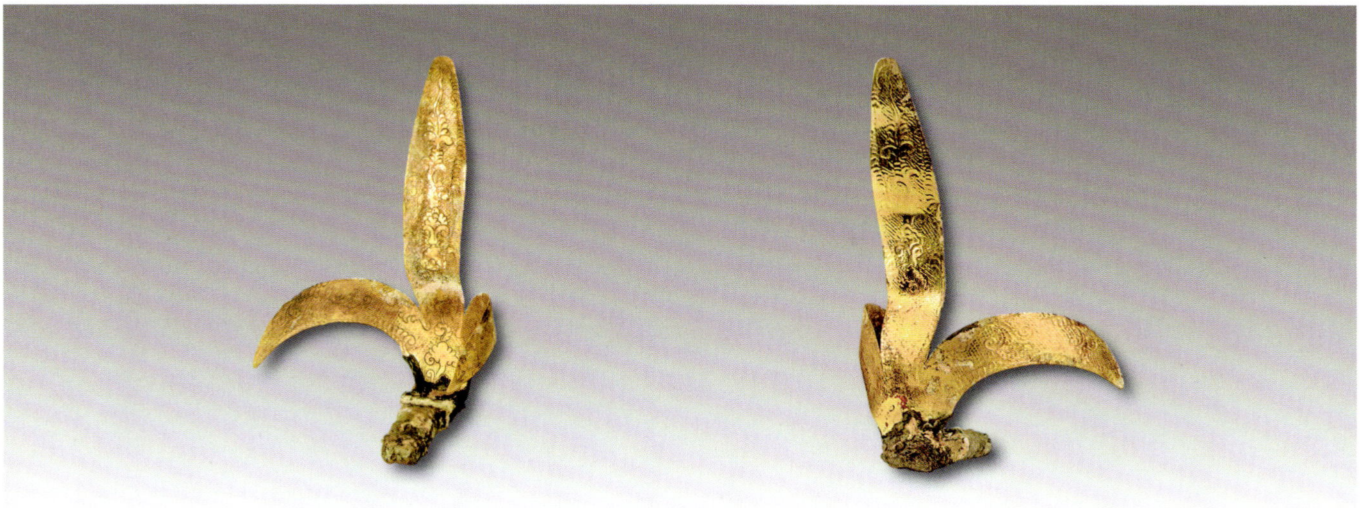

1. 三叶形金冠（M14：1）

2. 皮弁（M14：2）修复前

3. 皮弁（M14：2）修复后

彩版九七　M14 出土器物

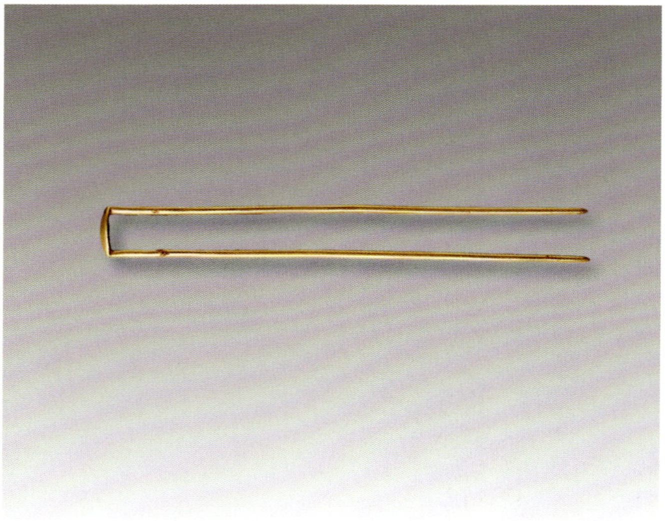

1. 金钗（M14：3）

2. 金条（M14：5、6）

3. 方形金托玉带銙（M14：7-1）

4. 方形金托玉带銙（M14：7-2）

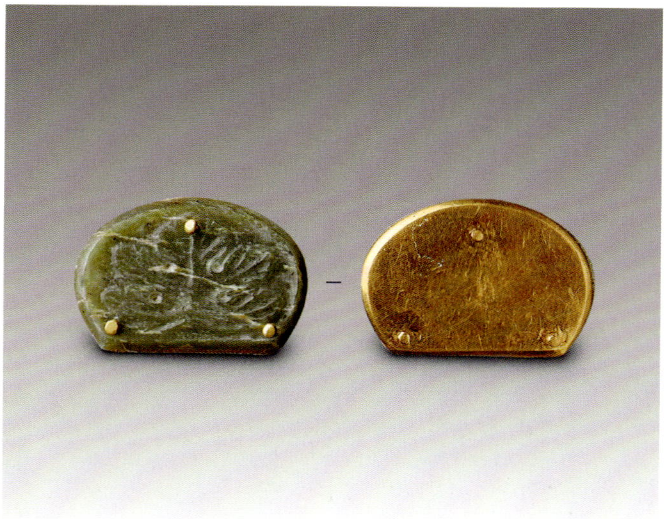

5. 半圆形金托玉带銙（M14：7-3）

6. 玉铊尾（M14：7-18）

彩版九八　M14出土器物

1. 金带扣（M14：7-20）

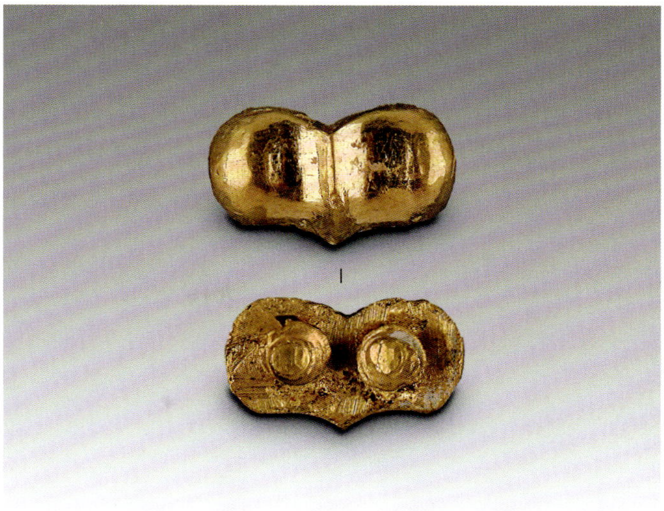

2. 桃形双钉小金饰件（M14：7-21）

3. 亚腰形金带饰（M14：7-22）

4. 单钉小金带饰（M14：7-24）

5. 莲纹小金带饰（M14：7-25）

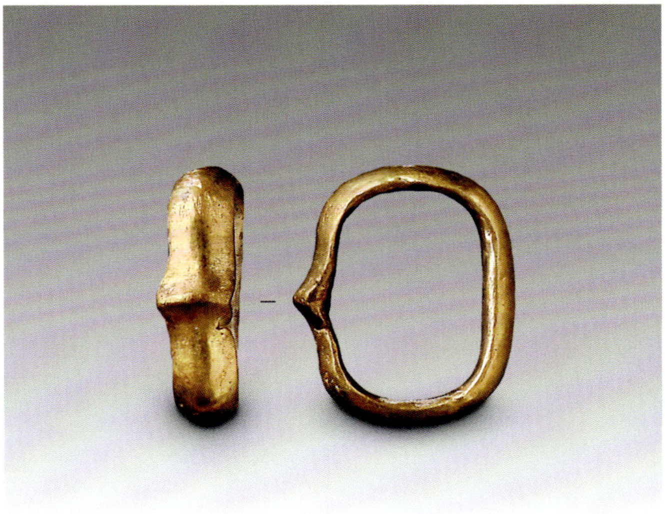

6. 环形金带饰（M14：7-27）

彩版九九　M14 出土器物

1. 石国墓区远眺

2. 石国墓区M1全景（由南向北摄）

彩版一〇〇　石国墓区远景及M1全景

1. 石国墓区M1A封门石及被破坏的墓顶（由南向北摄）

2. 石国墓区M1A墓室（由南向北摄）

彩版一〇一　石国墓区 M1A

1. 石国墓区M1B墓门（由南向北摄）

2. 石国墓区M1B墓室（由南向北摄）

彩版一〇二　石国墓区 M1B

1. 石国墓区M1B棺床（由南向北摄）

2. 石国墓区M1B墓室西北角三彩陶俑（由南向北摄）

彩版一〇三　石国墓区 M1B

1. 三彩女俑（M1B：92）

2. 三彩女俑（M1B：94）

彩版一〇四　石国墓区 M1B 出土三彩女俑

1. 三彩女俑（M1B：95）

2. 鎏金铜棺环（M1B：62）

3. 鎏金大铜泡钉（M1B：81）

4. 铁削（M1B：4）

彩版一〇五　石国墓区 M1B出土器物

1. 石国墓区M1C墓顶盖石

2. 石国墓区M1C棺床（由南向北摄）

彩版一〇六　石国墓区 M1C

1. 绞胎瓷枕（M1C：8）

2. 鎏金铜冠饰（M1C：12）

3. 铜带扣（M1C：32）

彩版一〇七　石国墓区 M1C出土器物

1. 方形鎏金铜带銙（M1C：29）

2. 方形鎏金铜带銙（M1C：34）

3. 方形鎏金铜带銙（M1C：37）

4. 方形鎏金铜带銙（M1C：98）

5. 半圆形鎏金铜带銙（M1C：35）

6. 半圆形鎏金铜带銙（M1C：40）

彩版一〇八　石国墓区 M1C 出土鎏金铜带銙

1. M1C : 41

2. M1C : 43

3. M1C : 84

4. M1C : 87

5. M1C : 97

6. M1C : 137

彩版一〇九　石国墓区 M1C 出土半圆形鎏金铜带銙

1. M2A墓室北壁与东壁（由南向北摄）

2. M2A墓室（由南向北摄）

彩版一一〇　石国墓区 M2A墓室

1. 方形玛瑙带銙（M2A：4）

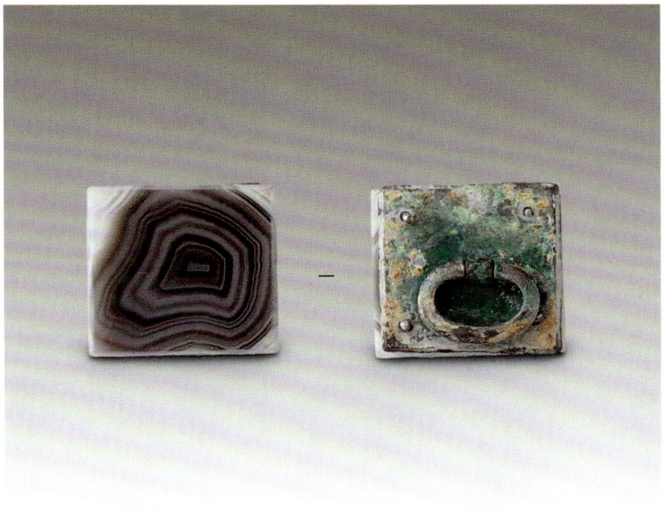

2. 方形玛瑙带銙（M2A：8）

3. 方形玛瑙带銙（M2A：65）

4. 方形玛瑙带銙（M2A：69）

5. 鎏金铜带扣（M2A：1）

6. 鎏金铜带扣（M2A：62）

彩版一一一　石国墓区 M2A 出土器物

1. M2A：2

2. M2A：3

3. M2A：10

4. M2A：11

5. M2A：43

6. M2A：48

彩版一一二　石国墓区 M2A出土半圆形玛瑙带銙

1. 半圆形玛瑙带銙（M2A：66）

2. 半圆形玛瑙带銙（M2A：71）

3. 半圆形玛瑙带銙（M2A：73）

4. 玛瑙铊尾（M2A：9）

5. 玳瑁带銙（M2A：6）

6. 玳瑁带銙（M2A：46）

彩版一一三　石国墓区 M2A出土带銙

1. M2A：47

2. M2A：55

3. M2A：56

4. M2A：61

5. M2A：63

6. M2A：64

彩版一一四　石国墓区 M2A出土玳瑁带銙

1. 玳瑁带銙（M2A：68）

2. 鎏金铜棺环（M2A：13）

3. 鎏金铜棺环（M2A：72）

4. 鎏金大铜泡钉（M2A：75）

彩版一一五　石国墓区 M2A出土器物

1. M2B墓顶盖石

2. M2B墓室及棺床（由南向北摄）

彩版一一六　石国墓区 M2B